工程质量安全法规文件汇编

住房和城乡建设部工程质量安全监管司　编

中国建筑工业出版社

图书在版编目（CIP）数据

工程质量安全法规文件汇编／住房和城乡建设
部工程质量安全监管司编．—北京：中国建筑工
业出版社，2011.9
　ISBN 978-7-112-13440-3

Ⅰ．①工…　Ⅱ．①住…　Ⅲ．①建筑工程－工程质量监
督－法规－汇编－中国②建筑工程－工程质量监督－文件
－汇编－中国　Ⅳ．D922.297.9②TU712

中国版本图书馆 CIP 数据核字（2011）第 153727 号

　　本书是工程质量安全法规文件的汇编本，内容包括五部分，分别为
法律法规；部文（函）；部安委会文件；部办公厅文（函）；司文（函）。
　　本书适用于建筑施工技术人员、建筑工程设计人员、科研人员及建
筑工程管理人员使用。

＊　　＊　　＊

　　责任编辑：常　燕

工程质量安全法规文件汇编
住房和城乡建设部工程质量安全监管司　编
＊
中国建筑工业出版社出版、发行（北京西郊百万庄）
各地新华书店、建筑书店经销
北京国民图文设计中心制版
北京京丰印刷厂印刷
＊

开本：787×1092 毫米　1/16　印张：34⅜　字数：837 千字
2012 年 2 月第一版　　2012 年 2 月第一次印刷
定价：**62.00** 元
ISBN 978-7-112-13440-3
（20307）

目　录

一、法律法规

二、部文（函）

三、部安委会文件

四、部办公厅文（函）

五、司文（函）

一、法 律 法 规

（一）法　律

中华人民共和国建筑法

（1997 年 11 月 1 日第八届全国人民代表大会常务委员会第二十八次会议通过，1997 年 11 月 1 日中华人民共和国主席令第 91 号公布，自 1998 年 3 月 1 日起施行）

第一章　总　　则

第一条　为了加强对建筑活动的监督管理，维护建筑市场秩序，保证建筑工程的质量和安全，促进建筑业健康发展，制定本法。

第二条　在中华人民共和国境内从事建筑活动，实施对建筑活动的监督管理，应当遵守本法。

本法所称建筑活动，是指各类房屋建筑及其附属设施的建造和与其配套的线路、管道、设备的安装活动。

第三条　建筑活动应当确保建筑工程质量和安全，符合国家的建筑工程安全标准。

第四条　国家扶持建筑业的发展，支持建筑科学技术研究，提高房屋建筑设计水平，鼓励节约能源和保护环境，提倡采用先进技术、先进设备、先进工艺、新型建筑材料和现代管理方式。

第五条　从事建筑活动应当遵守法律、法规，不得损害社会公共利益和他人的合法权益。

任何单位和个人都不得妨碍和阻挠依法进行的建筑活动。

第六条　国务院建设行政主管部门对全国的建筑活动实施统一监督管理。

第二章　建　筑　许　可

第一节　建筑工程施工许可

第七条　建筑工程开工前，建设单位应当按照国家有关规定向工程所在地县级以上人民政府建设行政主管部门申请领取施工许可证；但是，国务院建设行政主管部门确定的限额以下的小型工程除外。

按照国务院规定的权限和程序批准开工报告的建筑工程，不再领取施工许可证。

第八条　申请领取施工许可证，应当具备下列条件：

（一）已经办理该建筑工程用地批准手续；

（二）在城市规划区的建筑工程，已经取得规划许可证；

（三）需要拆迁的，其拆迁进度符合施工要求；

（四）已经确定建筑施工企业；

（五）有满足施工需要的施工图纸及技术资料；

（六）有保证工程质量和安全的具体措施；

（七）建设资金已经落实；

（八）法律、行政法规规定的其他条件。

建设行政主管部门应当自收到申请之日起十五日内，对符合条件的申请颁发施工许可证。

第九条 建设单位应当自领取施工许可证之日起三个月内开工。因故不能按期开工的，应当向发证机关申请延期；延期以两次为限，每次不超过三个月。既不开工又不申请延期或者超过延期时限的，施工许可证自行废止。

第十条 在建的建筑工程因故中止施工的，建设单位应当自中止施工之日起一个月内，向发证机关报告，并按照规定做好建筑工程的维护管理工作。

建筑工程恢复施工时，应当向发证机关报告；中止施工满一年的工程恢复施工前，建设单位应当报发证机关核验施工许可证。

第十一条 按照国务院有关规定批准开工报告的建筑工程，因故不能按期开工或者中止施工的，应当及时向批准机关报告情况。因故不能按期开工超过六个月的，应当重新办理开工报告的批准手续。

第二节 从 业 资 格

第十二条 从事建筑活动的建筑施工企业、勘察单位、设计单位和工程监理单位，应当具备下列条件：

（一）有符合国家规定的注册资本；

（二）有与其从事的建筑活动相适应的具有法定执业资格的专业技术人员；

（三）有从事相关建筑活动所应有的技术装备；

（四）法律、行政法规规定的其他条件。

第十三条 从事建筑活动的建筑施工企业、勘察单位、设计单位和工程监理单位，按照其拥有的注册资本、专业技术人员、技术装备和已完成的建筑工程业绩等资质条件，划分为不同的资质等级，经资质审查合格，取得相应等级的资质证书后，方可在其资质等级许可的范围内从事建筑活动。

第十四条 从事建筑活动的专业技术人员，应当依法取得相应的执业资格证书，并在执业资格证书许可的范围内从事建筑活动。

第三章 建筑工程发包与承包

第一节 一 般 规 定

第十五条 建筑工程的发包单位与承包单位应当依法订立书面合同，明确双方的权利和义务。

发包单位和承包单位应当全面履行合同约定的义务。不按照合同约定履行义务的，依法承担违约责任。

第十六条 建筑工程发包与承包的招标投标活动，应当遵循公开、公正、平等竞争的原则，择优选择承包单位。

建筑工程的招标投标，本法没有规定的，适用有关招标投标法律的规定。

第十七条 发包单位及其工作人员在建筑工程发包中不得收受贿赂、回扣或者索取其他好处。

承包单位及其工作人员不得利用向发包单位及其工作人员行贿、提供回扣或者给予其他好处等不正当手段承揽工程。

第十八条 建筑工程造价应当按照国家有关规定，由发包单位与承包单位在合同中约定。公开招标发包的，其造价的约定，须遵守招标投标法律的规定。

发包单位应当按照合同的约定，及时拨付工程款项。

第二节 发 包

第十九条 建筑工程依法实行招标发包，对不适于招标发包的可以直接发包。

第二十条 建筑工程实行公开招标的，发包单位应当依照法定程序和方式，发布招标公告，提供载有招标工程的主要技术要求、主要的合同条款、评标的标准和方法以及开标、评标、定标的程序等内容的招标文件。

开标应当在招标文件规定的时间、地点公开进行。开标后应当按照招标文件规定的评标标准和程序对标书进行评价、比较，在具备相应资质条件的投标者中，择优选定中标者。

第二十一条 建筑工程招标的开标、评标、定标由建设单位依法组织实施，并接受有关行政主管部门的监督。

第二十二条 建筑工程实行招标发包的，发包单位应当将建筑工程发包给依法中标的承包单位。建筑工程实行直接发包的，发包单位应当将建筑工程发包给具有相应资质条件的承包单位。

第二十三条 政府及其所属部门不得滥用行政权力，限定发包单位将招标发包的建筑工程发包给指定的承包单位。

第二十四条 提倡对建筑工程实行总承包，禁止将建筑工程肢解发包。

建筑工程的发包单位可以将建筑工程的勘察、设计、施工、设备采购一并发包给一个工程总承包单位，也可以将建筑工程勘察、设计、施工、设备采购的一项或者多项发包给一个工程总承包单位；但是，不得将应当由一个承包单位完成的建筑工程肢解成若干部分发包给几个承包单位。

第二十五条 按照合同约定，建筑材料、建筑构配件和设备由工程承包单位采购的，发包单位不得指定承包单位购入用于工程的建筑材料、建筑构配件和设备或者指定生产厂、供应商。

第三节 承 包

第二十六条 承包建筑工程的单位应当持有依法取得的资质证书，并在其资质等级许可的业务范围内承揽工程。

禁止建筑施工企业超越本企业资质等级许可的业务范围或者以任何形式用其他建筑施工企业的名义承揽工程。禁止建筑施工企业以任何形式允许其他单位或者个人使用本企业的资质证书、营业执照，以本企业的名义承揽工程。

第二十七条 大型建筑工程或者结构复杂的建筑工程，可以由两个以上的承包单位联合共同承包。共同承包的各方对承包合同的履行承担连带责任。

两个以上不同资质等级的单位实行联合共同承包的，应当按照资质等级低的单位的业务许可范围承揽工程。

第二十八条 禁止承包单位将其承包的全部建筑工程转包给他人，禁止承包单位将其承包的全部建筑工程肢解以后以分包的名义分别转包给他人。

第二十九条 建筑工程总承包单位可以将承包工程中的部分工程发包给具有相应资质条件的分包单位；但是，除总承包合同中约定的分包外，必须经建设单位认可。施工总承包的，建筑工程主体结构的施工必须由总承包单位自行完成。

建筑工程总承包单位按照总承包合同的约定对建设单位负责；分包单位按照分包合同的约定对总承包单位负责。总承包单位和分包单位就分包工程对建设单位承担连带责任。

禁止总承包单位将工程分包给不具备相应资质条件的单位。禁止分包单位将其承包的工程再分包。

第四章 建 筑 工 程 监 理

第三十条 国家推行建筑工程监理制度。

国务院可以规定实行强制监理的建筑工程的范围。

第三十一条 实行监理的建筑工程，由建设单位委托具有相应资质条件的工程监理单位监理。建设单位与其委托的工程监理单位应当订立书面委托监理合同。

第三十二条 建筑工程监理应当依照法律、行政法规及有关的技术标准、设计文件和建筑工程承包合同，对承包单位在施工质量、建设工期和建设资金使用等方面，代表建设单位实施监督。

工程监理人员认为工程施工不符合工程设计要求、施工技术标准和合同约定的，有权要求建筑施工企业改正。

工程监理人员发现工程设计不符合建筑工程质量标准或者合同约定的质量要求的，应当报告建设单位要求设计单位改正。

第三十三条 实施建筑工程监理前，建设单位应当将委托的工程监理单位、监理的内容及监理权限，书面通知被监理的建筑施工企业。

第三十四条 工程监理单位应当在其资质等级许可的监理范围内，承担工程监理业务。

工程监理单位应当根据建设单位的委托，客观、公正地执行监理任务。

工程监理单位与被监理工程的承包单位以及建筑材料、建筑构配件和设备供应单位不得有隶属关系或者其他利害关系。

工程监理单位不得转让工程监理业务。

第三十五条 工程监理单位不按照委托监理合同的约定履行监理义务，对应当监督检查的项目不检查或者不按照规定检查，给建设单位造成损失的，应当承担相应的赔偿责任。

工程监理单位与承包单位串通，为承包单位谋取非法利益，给建设单位造成损失的，应当与承包单位承担连带赔偿责任。

第五章　建筑安全生产管理

第三十六条　建筑工程安全生产管理必须坚持安全第一、预防为主的方针，建立健全安全生产的责任制度和群防群治制度。

第三十七条　建筑工程设计应当符合按照国家规定制定的建筑安全规程和技术规范，保证工程的安全性能。

第三十八条　建筑施工企业在编制施工组织设计时，应当根据建筑工程的特点制定相应的安全技术措施；对专业性较强的工程项目，应当编制专项安全施工组织设计，并采取安全技术措施。

第三十九条　建筑施工企业应当在施工现场采取维护安全、防范危险、预防火灾等措施；有条件的，应当对施工现场实行封闭管理。

施工现场对毗邻的建筑物、构筑物和特殊作业环境可能造成损害的，建筑施工企业应当采取安全防护措施。

第四十条　建设单位应当向建筑施工企业提供与施工现场相关的地下管线资料，建筑施工企业应当采取措施加以保护。

第四十一条　建筑施工企业应当遵守有关环境保护和安全生产的法律、法规的规定，采取控制和处理施工现场的各种粉尘、废气、废水、固体废物以及噪声、振动对环境的污染和危害的措施。

第四十二条　有下列情形之一的，建设单位应当按照国家有关规定办理申请批准手续：

（一）需要临时占用规划批准范围以外场地的；

（二）可能损坏道路、管线、电力、邮电通讯等公共设施的；

（三）需要临时停水、停电、中断道路交通的；

（四）需要进行爆破作业的；

（五）法律、法规规定需要办理报批手续的其他情形。

第四十三条　建设行政主管部门负责建筑安全生产的管理，并依法接受劳动行政主管部门对建筑安全生产的指导和监督。

第四十四条　建筑施工企业必须依法加强对建筑安全生产的管理，执行安全生产责任制度，采取有效措施，防止伤亡和其他安全生产事故的发生。

建筑施工企业的法定代表人对本企业的安全生产负责。

第四十五条　施工现场安全由建筑施工企业负责。实行施工总承包的，由总承包单位负责。分包单位向总承包单位负责，服从总承包单位对施工现场的安全生产管理。

第四十六条　建筑施工企业应当建立健全劳动安全生产教育培训制度，加强对职工安全生产的教育培训；未经安全生产教育培训的人员，不得上岗作业。

第四十七条　建筑施工企业和作业人员在施工过程中，应当遵守有关安全生产的法律、法规和建筑行业安全规章、规程，不得违章指挥或者违章作业。作业人员有权对影响人身健康的作业程序和作业条件提出改进意见，有权获得安全生产所需的防护用品。作业人员对危及生命安全和人身健康的行为有权提出批评、检举和控告。

第四十八条　建筑施工企业必须为从事危险作业的职工办理意外伤害保险，支付保险费。

第四十九条　涉及建筑主体和承重结构变动的装修工程，建设单位应当在施工前委托原设计单位或者具有相应资质条件的设计单位提出设计方案；没有设计方案的，不得施工。

第五十条　房屋拆除应当由具备保证安全条件的建筑施工单位承担，由建筑施工单位负责人对安全负责。

第五十一条　施工中发生事故时，建筑施工企业应当采取紧急措施减少人员伤亡和事故损失，并按照国家有关规定及时向有关部门报告。

第六章　建筑工程质量管理

第五十二条　建筑工程勘察、设计、施工的质量必须符合国家有关建筑工程安全标准的要求，具体管理办法由国务院规定。

有关建筑工程安全的国家标准不能适应确保建筑安全的要求时，应当及时修订。

第五十三条　国家对从事建筑活动的单位推行质量体系认证制度。从事建筑活动的单位根据自愿原则可以向国务院产品质量监督管理部门或者国务院产品质量监督管理部门授权的部门认可的认证机构申请质量体系认证。经认证合格的，由认证机构颁发质量体系认证证书。

第五十四条　建设单位不得以任何理由，要求建筑设计单位或者建筑施工企业在工程设计或者施工作业中，违反法律、行政法规和建筑工程质量、安全标准，降低工程质量。

建筑设计单位和建筑施工企业对建设单位违反前款规定提出的降低工程质量的要求，应当予以拒绝。

第五十五条　建筑工程实行总承包的，工程质量由工程总承包单位负责，总承包单位将建筑工程分包给其他单位的，应当对分包工程的质量与分包单位承担连带责任。分包单位应当接受总承包单位的质量管理。

第五十六条　建筑工程的勘察、设计单位必须对其勘察、设计的质量负责。勘察、设计文件应当符合有关法律、行政法规的规定和建筑工程质量、安全标准、建筑工程勘察、设计技术规范以及合同的约定。设计文件选用的建筑材料、建筑构配件和设备，应当注明其规格、型号、性能等技术指标，其质量要求必须符合国家规定的标准。

第五十七条　建筑设计单位对设计文件选用的建筑材料、建筑构配件和设备，不得指定生产厂、供应商。

第五十八条　建筑施工企业对工程的施工质量负责。

建筑施工企业必须按照工程设计图纸和施工技术标准施工，不得偷工减料。工程设计的修改由原设计单位负责，建筑施工企业不得擅自修改工程设计。

第五十九条　建筑施工企业必须按照工程设计要求、施工技术标准和合同的约定，对建筑材料、建筑构配件和设备进行检验，不合格的不得使用。

第六十条　建筑物在合理使用寿命内，必须确保地基基础工程和主体结构的质量。

建筑工程竣工时，屋顶、墙面不得留有渗漏、开裂等质量缺陷；对已发现的质量缺陷，建筑施工企业应当修复。

第六十一条　交付竣工验收的建筑工程，必须符合规定的建筑工程质量标准，有完整的工程技术经济资料和经签署的工程保修书，并具备国家规定的其他竣工条件。

建筑工程竣工经验收合格后，方可交付使用；未经验收或者验收不合格的，不得交付使用。

第六十二条　建筑工程实行质量保修制度。

建筑工程的保修范围应当包括地基基础工程、主体结构工程、屋面防水工程和其他土建工程，以及电气管线、上下水管线的安装工程，供热、供冷系统工程等项目；保修的期限应当按照保证建筑物合理寿命年限内正常使用，维护使用者合法权益的原则确定。具体的保修范围和最低保修期限由国务院规定。

第六十三条　任何单位和个人对建筑工程的质量事故、质量缺陷都有权向建设行政主管部门或者其他有关部门进行检举、控告、投诉。

第七章　法　律　责　任

第六十四条　违反本法规定，未取得施工许可证或者开工报告未经批准擅自施工的，责令改正，对不符合开工条件的责令停止施工，可以处以罚款。

第六十五条　发包单位将工程发包给不具有相应资质条件的承包单位的，或者违反本法规定将建筑工程肢解发包的，责令改正，处以罚款。

超越本单位资质等级承揽工程的，责令停止违法行为，处以罚款，可以责令停业整顿，降低资质等级；情节严重的，吊销资质证书；有违法所得的，予以没收。

未取得资质证书承揽工程的，予以取缔，并处罚款；有违法所得的，予以没收。

以欺骗手段取得资质证书的，吊销资质证书，处以罚款；构成犯罪的，依法追究刑事责任。

第六十六条　建筑施工企业转让、出借资质证书或者以其他方式允许他人以本企业的名义承揽工程的，责令改正，没收违法所得，并处罚款，可以责令停业整顿，降低资质等级；情节严重的，吊销资质证书。对因该项承揽工程不符合规定的质量标准造成的损失，建筑施工企业与使用本企业名义的单位或者个人承担连带赔偿责任。

第六十七条　承包单位将承包的工程转包的，或者违反本法规定进行分包的，责令改正，没收违法所得，并处罚款，可以责令停业整顿，降低资质等级；情节严重的，吊销资质证书。

承包单位有前款规定的违法行为的，对因转包工程或者违法分包的工程不符合规定的质量标准造成的损失，与接受转包或者分包的单位承担连带赔偿责任。

第六十八条　在工程发包与承包中索贿、受贿、行贿，构成犯罪的，依法追究刑事责任；不构成犯罪的，分别处以罚款，没收贿赂的财物，对直接负责的主管人员和其他直接责任人员给予处分。

对在工程承包中行贿的承包单位，除依照前款规定处罚外，可以责令停业整顿，降低资质等级或者吊销资质证书。

第六十九条　工程监理单位与建设单位或者建筑施工企业串通，弄虚作假、降低工程质量的，责令改正，处以罚款，降低资质等级或者吊销资质证书；有违法所得的，予以没收；造成损失的，承担连带赔偿责任；构成犯罪的，依法追究刑事责任。

工程监理单位转让监理业务的，责令改正，没收违法所得，可以责令停业整顿，降低资质等级；情节严重的，吊销资质证书。

第七十条 违反本法规定，涉及建筑主体或者承重结构变动的装修工程擅自施工的，责令改正，处以罚款；造成损失的，承担赔偿责任；构成犯罪的，依法追究刑事责任。

第七十一条 建筑施工企业违反本法规定，对建筑安全事故隐患不采取措施予以消除的，责令改正，可以处以罚款；情节严重的，责令停业整顿，降低资质等级或者吊销资质证书；构成犯罪的，依法追究刑事责任。

建筑施工企业的管理人员违章指挥、强令职工冒险作业，因而发生重大伤亡事故或者造成其他严重后果的，依法追究刑事责任。

第七十二条 建设单位违反本法规定，要求建筑设计单位或者建筑施工企业违反建筑工程质量、安全标准，降低工程质量的，责令改正，可以处以罚款；构成犯罪的，依法追究刑事责任。

第七十三条 建筑设计单位不按照建筑工程质量、安全标准进行设计的，责令改正，处以罚款；造成工程质量事故的，责令停业整顿，降低资质等级或者吊销资质证书，没收违法所得，并处罚款；造成损失的，承担赔偿责任；构成犯罪的，依法追究刑事责任。

第七十四条 建筑施工企业在施工中偷工减料的，使用不合格的建筑材料、建筑构配件和设备的，或者有其他不按照工程设计图纸或者施工技术标准施工的行为的，责令改正，处以罚款；情节严重的，责令停业整顿，降低资质等级或者吊销资质证书；造成建筑工程质量不符合规定的质量标准的，负责返工、修理，并赔偿因此造成的损失；构成犯罪的，依法追究刑事责任。

第七十五条 建筑施工企业违反本法规定，不履行保修义务或者拖延履行保修义务的，责令改正，可以处以罚款，并对在保修期内因屋顶、墙面渗漏、开裂等质量缺陷造成的损失，承担赔偿责任。

第七十六条 本法规定的责令停业整顿、降低资质等级和吊销资质证书的行政处罚，由颁发资质证书的机关决定；其他行政处罚，由建设行政主管部门或者有关部门依照法律和国务院规定的职权范围决定。

依照本法规定被吊销资质证书的，由工商行政管理部门吊销其营业执照。

第七十七条 违反本法规定，对不具备相应资质等级条件的单位颁发该等级资质证书的，由其上级机关责令收回所发的资质证书，对直接负责的主管人员和其他直接责任人员给予行政处分；构成犯罪的，依法追究刑事责任。

第七十八条 政府及其所属部门的工作人员违反本法规定，限定发包单位将招标发包的工程发包给指定的承包单位的，由上级机关责令改正；构成犯罪的，依法追究刑事责任。

第七十九条 负责颁发建筑工程施工许可证的部门及其工作人员对不符合施工条件的建筑工程颁发施工许可证的，负责工程质量监督检查或者竣工验收的部门及其工作人员对不合格的建筑工程出具质量合格文件或者按合格工程验收的，由上级机关责令改正，对责任人员给予行政处分；构成犯罪的，依法追究刑事责任；造成损失的，由该部门承担相应的赔偿责任。

第八十条 在建筑物的合理使用寿命内，因建筑工程质量不合格受到损害的，有权向责任者要求赔偿。

第八章 附　则

第八十一条 本法关于施工许可、建筑施工企业资质审查和建筑工程发包、承包、禁止转包，以及建筑工程监理、建筑工程安全和质量管理的规定，适用于其他专业建筑工程的建筑活动，具体办法由国务院规定。

第八十二条 建设行政主管部门和其他有关部门在对建筑活动实施监督管理中，除按照国务院有关规定收取费用外，不得收取其他费用。

第八十三条 省、自治区、直辖市人民政府确定的小型房屋建筑工程的建筑活动，参照本法执行。

依法核定作为文物保护的纪念建筑物和古建筑等的修缮，依照文物保护的有关法律规定执行。

抢险救灾及其他临时性房屋建筑和农民自建低层住宅的建筑活动，不适用本法。

第八十四条 军用房屋建筑工程建筑活动的具体管理办法，由国务院、中央军事委员会依据本法制定。

第八十五条 本法自 1998 年 3 月 1 日起施行。

（二）行 政 法 规

建设工程质量管理条例

（2000 年 1 月 10 日国务院第 25 次常务会议通过，2000 年 1 月 30 日
中华人民共和国国务院令第 279 号发布，自发布之日起施行）

第一章 总　则

第一条 为了加强对建设工程质量的管理，保证建设工程质量，保护人民生命和财产安全，根据《中华人民共和国建筑法》，制定本条例。

第二条 凡在中华人民共和国境内从事建设工程的新建、扩建、改建等有关活动及实施对建设工程质量监督管理的，必须遵守本条例。

本条例所称建设工程，是指土木工程、建筑工程、线路管道和设备安装工程及装修工程。

第三条 建设单位、勘察单位、设计单位、施工单位、工程监理单位依法对建设工程质量负责。

第四条 县级以上人民政府建设行政主管部门和其他有关部门应当加强对建设工程质量的监督管理。

第五条 从事建设工程活动，必须严格执行基本建设程序，坚持先勘察、后设计、再施工的原则。

县级以上人民政府及其有关部门不得超越权限审批建设项目或者擅自简化基本建设程序。

第六条 国家鼓励采用先进的科学技术和管理方法，提高建设工程质量。

第二章　建设单位的质量责任和义务

第七条 建设单位应当将工程发包给具有相应资质等级的单位。

建设单位不得将建设工程肢解发包。

第八条 建设单位应当依法对工程建设项目的勘察、设计、施工、监理以及与工程建设有关的重要设备、材料等的采购进行招标。

第九条 建设单位必须向有关的勘察、设计、施工、工程监理等单位提供与建设工程有关的原始资料。

原始资料必须真实、准确、齐全。

第十条 建设工程发包单位，不得迫使承包方以低于成本的价格竞标，不得任意压缩合理工期。

建设单位不得明示或者暗示设计单位或者施工单位违反工程建设强制性标准，降低建设工程质量。

第十一条 建设单位应当将施工图设计文件报县级以上人民政府建设行政主管部门或者其他有关部门审查。施工图设计文件审查的具体办法，由国务院建设行政主管部门会同国务院其他有关部门制定。

施工图设计文件未经审查批准的，不得使用。

第十二条 实行监理的建设工程，建设单位应当委托具有相应资质等级的工程监理单位进行监理，也可以委托具有工程监理相应资质等级并与被监理工程的施工承包单位没有隶属关系或者其他利害关系的该工程的设计单位进行监理。

下列建设工程必须实行监理：

（一）国家重点建设工程；

（二）大中型公用事业工程；

（三）成片开发建设的住宅小区工程；

（四）利用外国政府或者国际组织贷款、援助资金的工程；

（五）国家规定必须实行监理的其他工程。

第十三条 建设单位在领取施工许可证或者开工报告前，应当按照国家有关规定办理工程质量监督手续。

第十四条 按照合同约定，由建设单位采购建筑材料、建筑构配件和设备的，建设单位应当保证建筑材料、建筑构配件和设备符合设计文件和合同要求。

建设单位不得明示或者暗示施工单位使用不合格的建筑材料、建筑构配件和设备。

第十五条 涉及建筑主体和承重结构变动的装修工程，建设单位应当在施工前委托原设计单位或者具有相应资质等级的设计单位提出设计方案；没有设计方案的，不得施工。

房屋建筑使用者在装修过程中，不得擅自变动房屋建筑主体和承重结构。

第十六条　建设单位收到建设工程竣工报告后，应当组织设计、施工、工程监理等有关单位进行竣工验收。

建设工程竣工验收应当具备下列条件：

（一）完成建设工程设计和合同约定的各项内容；

（二）有完整的技术档案和施工管理资料；

（三）有工程使用的主要建筑材料、建筑构配件和设备的进场试验报告；

（四）有勘察、设计、施工、工程监理等单位分别签署的质量合格文件；

（五）有施工单位签署的工程保修书。

建设工程经验收合格的，方可交付使用。

第十七条　建设单位应当严格按照国家有关档案管理的规定，及时收集、整理建设项目各环节的文件资料，建立、健全建设项目档案，并在建设工程竣工验收后，及时向建设行政主管部门或者其他有关部门移交建设项目档案。

第三章　勘察、设计单位的质量责任和义务

第十八条　从事建设工程勘察、设计的单位应当依法取得相应等级的资质证书，并在其资质等级许可的范围内承揽工程。

禁止勘察、设计单位超越其资质等级许可的范围或者以其他勘察、设计单位的名义承揽工程。禁止勘察、设计单位允许其他单位或者个人以本单位的名义承揽工程。

勘察、设计单位不得转包或者违法分包所承揽的工程。

第十九条　勘察、设计单位必须按照工程建设强制性标准进行勘察、设计，并对其勘察、设计的质量负责。

注册建筑师、注册结构工程师等注册执业人员应当在设计文件上签字，对设计文件负责。

第二十条　勘察单位提供的地质、测量、水文等勘察成果必须真实、准确。

第二十一条　设计单位应当根据勘察成果文件进行建设工程设计。

设计文件应当符合国家规定的设计深度要求，注明工程合理使用年限。

第二十二条　设计单位在设计文件中选用的建筑材料、建筑构配件和设备，应当注明规格、型号、性能等技术指标，其质量要求必须符合国家规定的标准。

除有特殊要求的建筑材料、专用设备、工艺生产线等外，设计单位不得指定生产厂、供应商。

第二十三条　设计单位应当就审查合格的施工图设计文件向施工单位作出详细说明。

第二十四条　设计单位应当参与建设工程质量事故分析，并对因设计造成的质量事故，提出相应的技术处理方案。

第四章　施工单位的质量责任和义务

第二十五条　施工单位应当依法取得相应等级的资质证书，并在其资质等级许可的范围内承揽工程。

禁止施工单位超越本单位资质等级许可的业务范围或者以其他施工单位的名义承揽工程。禁止施工单位允许其他单位或者个人以本单位的名义承揽工程。

施工单位不得转包或者违法分包工程。

第二十六条　施工单位对建设工程的施工质量负责。

施工单位应当建立质量责任制，确定工程项目的项目经理、技术负责人和施工管理负责人。

建设工程实行总承包的，总承包单位应当对全部建设工程质量负责；建设工程勘察、设计、施工、设备采购的一项或者多项实行总承包的，总承包单位应当对其承包的建设工程或者采购的设备的质量负责。

第二十七条　总承包单位依法将建设工程分包给其他单位的，分包单位应当按照分包合同的约定对其分包工程的质量向总承包单位负责，总承包单位与分包单位对分包工程的质量承担连带责任。

第二十八条　施工单位必须按照工程设计图纸和施工技术标准施工，不得擅自修改工程设计，不得偷工减料。

施工单位在施工过程中发现设计文件和图纸有差错的，应当及时提出意见和建议。

第二十九条　施工单位必须按照工程设计要求、施工技术标准和合同约定，对建筑材料、建筑构配件、设备和商品混凝土进行检验，检验应当有书面记录和专人签字；未经检验或者检验不合格的，不得使用。

第三十条　施工单位必须建立、健全施工质量的检验制度，严格工序管理，作好隐蔽工程的质量检查和记录。隐蔽工程在隐蔽前，施工单位应当通知建设单位和建设工程质量监督机构。

第三十一条　施工人员对涉及结构安全的试块、试件以及有关材料，应当在建设单位或者工程监理单位监督下现场取样，并送具有相应资质等级的质量检测单位进行检测。

第三十二条　施工单位对施工中出现质量问题的建设工程或者竣工验收不合格的建设工程，应当负责返修。

第三十三条　施工单位应当建立、健全教育培训制度，加强对职工的教育培训；未经教育培训或者考核不合格的人员，不得上岗作业。

第五章　工程监理单位的质量责任和义务

第三十四条　工程监理单位应当依法取得相应等级的资质证书，并在其资质等级许可的范围内承担工程监理业务。

禁止工程监理单位超越本单位资质等级许可的范围或者以其他工程监理单位的名义承担工程监理业务。禁止工程监理单位允许其他单位或者个人以本单位的名义承担工程监理业务。

工程监理单位不得转让工程监理业务。

第三十五条　工程监理单位与被监理工程的施工承包单位以及建筑材料、建筑构配件和设备供应单位有隶属关系或者其他利害关系的，不得承担该项建设工程的监理业务。

第三十六条　工程监理单位应当依照法律、法规以及有关技术标准、设计文件和建设工程承包合同，代表建设单位对施工质量实施监理，并对施工质量承担监理责任。

第三十七条　工程监理单位应当选派具备相应资格的总监理工程师和监理工程师进驻施工现场。

未经监理工程师签字，建筑材料、建筑构配件和设备不得在工程上使用或者安装，施工单位不得进行下一道工序的施工。未经总监理工程师签字，建设单位不拨付工程款，不进行竣工验收。

第三十八条　监理工程师应当按照工程监理规范的要求，采取旁站、巡视和平行检验等形式，对建设工程实施监理。

第六章　建设工程质量保修

第三十九条　建设工程实行质量保修制度。

建设工程承包单位在向建设单位提交工程竣工验收报告时，应当向建设单位出具质量保修书。质量保修书中应当明确建设工程的保修范围、保修期限和保修责任等。

第四十条　在正常使用条件下，建设工程的最低保修期限为：

（一）基础设施工程、房屋建筑的地基基础工程和主体结构工程，为设计文件规定的该工程的合理使用年限；

（二）屋面防水工程、有防水要求的卫生间、房间和外墙面的防渗漏，为5年；

（三）供热与供冷系统，为2个采暖期、供冷期；

（四）电气管线、给排水管道、设备安装和装修工程，为2年。

其他项目的保修期限由发包方与承包方约定。

建设工程的保修期，自竣工验收合格之日起计算。

第四十一条　建设工程在保修范围和保修期限内发生质量问题的，施工单位应当履行保修义务，并对造成的损失承担赔偿责任。

第四十二条　建设工程在超过合理使用年限后需要继续使用的，产权所有人应当委托具有相应资质等级的勘察、设计单位鉴定，并根据鉴定结果采取加固、维修等措施，重新界定使用期。

第七章　监　督　管　理

第四十三条　国家实行建设工程质量监督管理制度。

国务院建设行政主管部门对全国的建设工程质量实施统一监督管理。国务院铁路、交通、水利等有关部门按照国务院规定的职责分工，负责对全国的有关专业建设工程质量的监督管理。

县级以上地方人民政府建设行政主管部门对本行政区域内的建设工程质量实施监督管理。县级以上地方人民政府交通、水利等有关部门在各自的职责范围内，负责对本行政区域内的专业建设工程质量的监督管理。

第四十四条　国务院建设行政主管部门和国务院铁路、交通、水利等有关部门应当加强对有关建设工程质量的法律、法规和强制性标准执行情况的监督检查。

第四十五条　国务院发展计划部门按照国务院规定的职责，组织稽查特派员，对国家出资的重大建设项目实施监督检查。

国务院经济贸易主管部门按照国务院规定的职责，对国家重大技术改造项目实施监督检查。

第四十六条　建设工程质量监督管理，可以由建设行政主管部门或者其他有关部门委托的建设工程质量监督机构具体实施。

从事房屋建筑工程和市政基础设施工程质量监督的机构，必须按照国家有关规定经国务院建设行政主管部门或者省、自治区、直辖市人民政府建设行政主管部门考核；从事专业建设工程质量监督的机构，必须按照国家有关规定经国务院有关部门或者省、自治区、直辖市人民政府有关部门考核。经考核合格后，方可实施质量监督。

第四十七条　县级以上地方人民政府建设行政主管部门和其他有关部门应当加强对有关建设工程质量的法律、法规和强制性标准执行情况的监督检查。

第四十八条　县级以上人民政府建设行政主管部门和其他有关部门履行监督检查职责时，有权采取下列措施：

（一）要求被检查的单位提供有关工程质量的文件和资料；

（二）进入被检查单位的施工现场进行检查；

（三）发现有影响工程质量的问题时，责令改正。

第四十九条　建设单位应当自建设工程竣工验收合格之日起 15 日内，将建设工程竣工验收报告和规划、公安消防、环保等部门出具的认可文件或者准许使用文件报建设行政主管部门或者其他有关部门备案。

建设行政主管部门或者其他有关部门发现建设单位在竣工验收过程中有违反国家有关建设工程质量管理规定行为的，责令停止使用，重新组织竣工验收。

第五十条　有关单位和个人对县级以上人民政府建设行政主管部门和其他有关部门进行的监督检查应当支持与配合，不得拒绝或者阻碍建设工程质量监督检查人员依法执行职务。

第五十一条　供水、供电、供气、公安消防等部门或者单位不得明示或者暗示建设单位、施工单位购买其指定的生产供应单位的建筑材料、建筑构配件和设备。

第五十二条　建设工程发生质量事故，有关单位应当在 24 小时内向当地建设行政主管部门和其他有关部门报告。对重大质量事故，事故发生地的建设行政主管部门和其他有关部门应当按照事故类别和等级向当地人民政府和上级建设行政主管部门和其他有关部门报告。

特别重大质量事故的调查程序按照国务院有关规定办理。

第五十三条　任何单位和个人对建设工程的质量事故、质量缺陷都有权检举、控告、投诉。

第八章　罚　则

第五十四条　违反本条例规定，建设单位将建设工程发包给不具有相应资质等级的勘察、设计、施工单位或者委托给不具有相应资质等级的工程监理单位的，责令改正，处50 万元以上 100 万元以下的罚款。

第五十五条　违反本条例规定，建设单位将建设工程肢解发包的，责令改正，处工程合同价款 0.5％以上 1％以下的罚款；对全部或者部分使用国有资金的项目，并可以暂停项目执行或者暂停资金拨付。

第五十六条　违反本条例规定，建设单位有下列行为之一的，责令改正，处 20 万元以上 50 万元以下的罚款：

（一）迫使承包方以低于成本的价格竞标的；

（二）任意压缩合理工期的；

（三）明示或者暗示设计单位或者施工单位违反工程建设强制性标准，降低工程质量的；

（四）施工图设计文件未经审查或者审查不合格，擅自施工的；

（五）建设项目必须实行工程监理而未实行工程监理的；

（六）未按照国家规定办理工程质量监督手续的；

（七）明示或者暗示施工单位使用不合格的建筑材料、建筑构配件和设备的；

（八）未按照国家规定将竣工验收报告、有关认可文件或者准许使用文件报送备案的。

第五十七条　违反本条例规定，建设单位未取得施工许可证或者开工报告未经批准，擅自施工的，责令停止施工，限期改正，处工程合同价款1％以上2％以下的罚款。

第五十八条　违反本条例规定，建设单位有下列行为之一的，责令改正，处工程合同价款2％以上4％以下的罚款；造成损失的，依法承担赔偿责任：

（一）未组织竣工验收，擅自交付使用的；

（二）验收不合格，擅自交付使用的；

（三）对不合格的建设工程按照合格工程验收的。

第五十九条　违反本条例规定，建设工程竣工验收后，建设单位未向建设行政主管部门或者其他有关部门移交建设项目档案的，责令改正，处1万元以上10万元以下的罚款。

第六十条　违反本条例规定，勘察、设计、施工、工程监理单位超越本单位资质等级承揽工程的，责令停止违法行为，对勘察、设计单位或者工程监理单位处合同约定的勘察费、设计费或者监理酬金1倍以上2倍以下的罚款；对施工单位处工程合同价款2％以上4％以下的罚款；可以责令停业整顿，降低资质等级；情节严重的，吊销资质证书；有违法所得的，予以没收。

未取得资质证书承揽工程的，予以取缔，依照前款规定处以罚款；有违法所得的，予以没收。

以欺骗手段取得资质证书承揽工程的，吊销资质证书，依照本条第一款规定处以罚款；有违法所得的，予以没收。

第六十一条　违反本条例规定，勘察、设计、施工、工程监理单位允许其他单位或者个人以本单位名义承揽工程的，责令改正，没收违法所得，对勘察、设计单位和工程监理单位处合同约定的勘察费、设计费和监理酬金1倍以上2倍以下的罚款；对施工单位处工程合同价款2％以上4％以下的罚款；可以责令停业整顿，降低资质等级；情节严重的，吊销资质证书。

第六十二条　违反本条例规定，承包单位将承包的工程转包或者违法分包的，责令改正，没收违法所得，对勘察、设计单位处合同约定的勘察费、设计费25％以上50％以下的罚款；对施工单位处工程合同价款0.5％以上1％以下的罚款；可以责令停业整顿，降低资质等级；情节严重的，吊销资质证书。

工程监理单位转让工程监理业务的，责令改正，没收违法所得，处合同约定的监理酬金25％以上50％以下的罚款；可以责令停业整顿，降低资质等级；情节严重的，吊销资质证书。

第六十三条　违反本条例规定，有下列行为之一的，责令改正，处10万元以上30万元以下的罚款：

（一）勘察单位未按照工程建设强制性标准进行勘察的；

（二）设计单位未根据勘察成果文件进行工程设计的；

（三）设计单位指定建筑材料、建筑构配件的生产厂、供应商的；

（四）设计单位未按照工程建设强制性标准进行设计的。

有前款所列行为，造成工程质量事故的，责令停业整顿，降低资质等级；情节严重的，吊销资质证书；造成损失的，依法承担赔偿责任。

第六十四条 违反本条例规定，施工单位在施工中偷工减料的，使用不合格的建筑材料、建筑构配件和设备的，或者有不按照工程设计图纸或者施工技术标准施工的其他行为的，责令改正，处工程合同价款 2％以上 4％以下的罚款；造成建设工程质量不符合规定的质量标准的，负责返工、修理，并赔偿因此造成的损失；情节严重的，责令停业整顿，降低资质等级或者吊销资质证书。

第六十五条 违反本条例规定，施工单位未对建筑材料、建筑构配件、设备和商品混凝土进行检验，或者未对涉及结构安全的试块、试件以及有关材料取样检测的，责令改正，处 10 万元以上 20 万元以下的罚款；情节严重的，责令停业整顿，降低资质等级或者吊销资质证书；造成损失的，依法承担赔偿责任。

第六十六条 违反本条例规定，施工单位不履行保修义务或者拖延履行保修义务的，责令改正，处 10 万元以上 20 万元以下的罚款，并对在保修期内因质量缺陷造成的损失承担赔偿责任。

第六十七条 工程监理单位有下列行为之一的，责令改正，处 50 万元以上 100 万元以下的罚款，降低资质等级或者吊销资质证书；有违法所得的，予以没收；造成损失的，承担连带赔偿责任：

（一）与建设单位或者施工单位串通、弄虚作假、降低工程质量的；

（二）将不合格的建设工程、建筑材料、建筑构配件和设备按照合格签字的。

第六十八条 违反本条例规定，工程监理单位与被监理工程的施工承包单位以及建筑材料、建筑构配件和设备供应单位有隶属关系或者其他利害关系承担该项建设工程的监理业务的，责令改正，处 5 万元以上 10 万元以下的罚款，降低资质等级或者吊销资质证书；有违法所得的，予以没收。

第六十九条 违反本条例规定，涉及建筑主体或者承重结构变动的装修工程，没有设计方案擅自施工的，责令改正，处 50 万元以上 100 万元以下的罚款；房屋建筑使用者在装修过程中擅自变动房屋建筑主体和承重结构的，责令改正，处 5 万元以上 10 万元以下的罚款。

有前款所列行为，造成损失的，依法承担赔偿责任。

第七十条 发生重大工程质量事故隐瞒不报、谎报或者拖延报告期限的，对直接负责的主管人员和其他责任人员依法给予行政处分。

第七十一条 违反本条例规定，供水、供电、供气、公安消防等部门或者单位明示或者暗示建设单位或者施工单位购买其指定的生产供应单位的建筑材料、建筑构配件和设备的，责令改正。

第七十二条 违反本条例规定，注册建筑师、注册结构工程师、监理工程师等注册执业人员因过错造成质量事故的，责令停止执业 1 年；造成重大质量事故的，吊销执业资格证书，5 年以内不予注册；情节特别恶劣的，终身不予注册。

第七十三条 依照本条例规定，给予单位罚款处罚的，对单位直接负责的主管人员和其他直接责任人员处单位罚款数额5％以上10％以下的罚款。

第七十四条 建设单位、设计单位、施工单位、工程监理单位违反国家规定，降低工程质量标准，造成重大安全事故，构成犯罪的，对直接责任人员依法追究刑事责任。

第七十五条 本条例规定的责令停业整顿，降低资质等级和吊销资质证书的行政处罚，由颁发资质证书的机关决定；其他行政处罚，由建设行政主管部门或者其他有关部门依照法定职权决定。

依照本条例规定被吊销资质证书的，由工商行政管理部门吊销其营业执照。

第七十六条 国家机关工作人员在建设工程质量监督管理工作中玩忽职守、滥用职权、徇私舞弊，构成犯罪的，依法追究刑事责任；尚不构成犯罪的，依法给予行政处分。

第七十七条 建设、勘察、设计、施工、工程监理单位的工作人员因调动工作、退休等原因离开该单位后，被发现在该单位工作期间违反国家有关建设工程质量管理规定，造成重大工程质量事故的，仍应当依法追究法律责任。

第九章 附 则

第七十八条 本条例所称肢解发包，是指建设单位将应当由一个承包单位完成的建设工程分解成若干部分发包给不同的承包单位的行为。

本条例所称违法分包，是指下列行为：

（一）总承包单位将建设工程分包给不具备相应资质条件的单位的；

（二）建设工程总承包合同中未有约定，又未经建设单位认可，承包单位将其承包的部分建设工程交由其他单位完成的；

（三）施工总承包单位将建设工程主体结构的施工分包给其他单位的；

（四）分包单位将其承包的建设工程再分包的。

本条例所称转包，是指承包单位承包建设工程后，不履行合同约定的责任和义务，将其承包的全部建设工程转给他人或者将其承包的全部建设工程肢解以后以分包的名义分别转给其他单位承包的行为。

第七十九条 本条例规定的罚款和没收的违法所得，必须全部上缴国库。

第八十条 抢险救灾及其他临时性房屋建筑和农民自建低层住宅的建设活动，不适用本条例。

第八十一条 军事建设工程的管理，按照中央军事委员会的有关规定执行。

第八十二条 本条例自发布之日起施行。

建设工程勘察设计管理条例

（2000年9月20日国务院第31次常务会议通过，2000年9月25日
中华人民共和国国务院令第293号公布，自公布之日起施行）

第一章 总 则

第一条 为了加强对建设工程勘察、设计活动的管理，保证建设工程勘察、设计质

量，保护人民生命和财产安全，制定本条例。

第二条　从事建设工程勘察、设计活动、必须遵守本条例。

本条例所称建设工程勘察，是指根据建设工程的要求，查明、分析、评价建设场地的地质地理环境特征和岩土工程条件，编制建设工程勘察文件的活动。

本条例所称建设工程设计，是指根据建设工程的要求，对建设工程所需的技术、经济、资源、环境等条件进行综合分析、论证，编制建设工程设计文件的活动。

第三条　建设工程勘察、设计应当与社会、经济发展水平相适应，做到经济效益、社会效益和环境效益相统一。

第四条　从事建设工程勘察、设计活动，应当坚持先勘察、后设计、再施工的原则。

第五条　县级以上人民政府建设行政主管部门和铁路、交通、水利等有关部门应当依照本条例的规定，加强对建设工程勘察、设计活动的监督管理。

建设工程勘察、设计单位必须依法进行建设工程勘察、设计，严格执行工程建设强制性标准，并对建设工程勘察、设计的质量负责。

第六条　国家鼓励在建设工程勘察、设计活动中采用先进技术、先进工艺、先进设备、新型材料和现代管理方法。

第二章　资质资格管理

第七条　国家对从事建设工程勘察、设计活动的单位，实行资质管理制度。具体办法由国务院建设行政主管部门商国务院有关部门制定。

第八条　建设工程勘察、设计单位应当在其资质等级许可的范围内承揽建设工程勘察、设计业务。

禁止建设工程勘察、设计单位超越其资质等级许可的范围或者以其他建设工程勘察、设计单位的名义承揽建设工程勘察、设计业务。禁止建设工程勘察、设计单位允许其他单位或者个人以本单位的名义承揽建设工程勘察、设计业务。

第九条　国家对从事建设工程勘察、设计活动的专业技术人员，实行执业资格注册管理制度。

未经注册的建设工程勘察、设计人员，不得以注册执业人员的名义从事建设工程勘察、设计活动。

第十条　建设工程勘察、设计注册执业人员和其他专业技术人员只能受聘于一个建设工程勘察、设计单位；未受聘于建设工程勘察、设计单位的，不得从事建设工程的勘察、设计活动。

第十一条　建设工程勘察、设计单位资质证书和执业人员注册证书，由国务院建设行政主管部门统一制作。

第三章　建设工程勘察设计发包与承包

第十二条　建设工程勘察、设计发包依法实行招标发包或者直接发包。

第十三条　建设工程勘察、设计应当依据《中华人民共和国招标投标法》的规定，实行招标发包。

第十四条　建设工程勘察、设计方案评标，应当以投标人的业绩、信誉和勘察、设计人员的能力以及勘察、设计方案的优劣为依据，进行综合评定。

第十五条　建设工程勘察、设计的招标人应当在评标委员会推荐的候选方案中确定中标方案。但是，建设工程勘察、设计的招标人认为评标委员会推荐的候选方案不能最大限度满足招标文件规定的要求的，应当依法重新招标。

第十六条　下列建设工程的勘察、设计，经有关主管部门批准，可以直接发包：

（一）采用特定的专利或者专有技术的；

（二）建筑艺术造型有特殊要求的；

（三）国务院规定的其他建设工程的勘察、设计。

第十七条　发包方不得将建设工程勘察、设计业务发包给不具有相应勘察、设计资质等级的建设工程勘察、设计单位。

第十八条　发包方可以将整个建设工程的勘察、设计发包给一个勘察、设计单位；也可以将建设工程的勘察、设计分别发包给几个勘察、设计单位。

第十九条　除建设工程主体部分的勘察、设计外，经发包方书面同意，承包方可以将建设工程其他部分的勘察、设计再分包给其他具有相应资质等级的建设工程勘察、设计单位。

第二十条　建设工程勘察、设计单位不得将所承揽的建设工程勘察、设计转包。

第二十一条　承包方必须在建设工程勘察、设计资质证书规定的资质等级和业务范围内承揽建设工程的勘察、设计业务。

第二十二条　建设工程勘察、设计的发包方与承包方，应当执行国家规定的建设工程勘察、设计程序。

第二十三条　建设工程勘察、设计的发包方与承包方应当签订建设工程勘察、设计合同。

第二十四条　建设工程勘察、设计发包方与承包方应当执行国家有关建设工程勘察费、设计费的管理规定。

第四章　建设工程勘察设计文件的编制与实施

第二十五条　编制建设工程勘察、设计文件，应当以下列规定为依据：

（一）项目批准文件；

（二）城市规划；

（三）工程建设强制性标准；

（四）国家规定的建设工程勘察、设计深度要求。

铁路、交通、水利等专业建设工程，还应当以专业规划的要求为依据。

第二十六条　编制建设工程勘察文件，应当真实、准确，满足建设工程规划、选址、设计、岩土治理和施工的需要。

编制方案设计文件，应当满足编制初步设计文件和控制概算的需要。

编制初步设计文件，应当满足编制施工招标文件、主要设备材料订货和编制施工图设计文件的需要。

编制施工图设计文件，应当满足设备材料采购、非标准设备制作和施工的需要，并注明建设工程合理使用年限。

第二十七条　设计文件中选用的材料、构配件、设备，应当注明其规格、型号、性能等技术指标，其质量要求必须符合国家规定的标准。

除有特殊要求的建筑材料、专用设备和工艺生产线等外，设计单位不得指定生产厂、供应商。

第二十八条　建设单位、施工单位、监理单位不得修改建设工程勘察、设计文件；确需修改建设工程勘察、设计文件的，应当由原建设工程勘察、设计单位修改。经原建设工程勘察、设计单位书面同意，建设单位也可以委托其他具有相应资质的建设工程勘察、设计单位修改。修改单位对修改的勘察、设计文件承担相应责任。

施工单位、监理单位发现建设工程勘察、设计文件不符合工程建设强制性标准、合同约定的质量要求的，应当报告建设单位，建设单位有权要求建设工程勘察、设计单位对建设工程勘察、设计文件进行补充、修改。

建设工程勘察、设计文件内容需要作重大修改的，建设单位应当报经原审批机关批准后，方可修改。

第二十九条　建设工程勘察、设计文件中规定采用的新技术、新材料，可能影响建设工程质量和安全，又没有国家技术标准的，应当由国家认可的检测机构进行试验、论证，出具检测报告，并经国务院有关部门或者省、自治区、直辖市人民政府有关部门组织的建设工程技术专家委员会审定后，方可使用。

第三十条　建设工程勘察、设计单位应当在建设工程施工前，向施工单位和监理单位说明建设工程勘察、设计意图，解释建设工程勘察、设计文件。

建设工程勘察、设计单位应当及时解决施工中出现的勘察、设计问题。

第五章　监　督　管　理

第三十一条　国务院建设行政主管部门对全国的建设工程勘察、设计活动实施统一监督管理。国务院铁路、交通、水利等有关部门按照国务院规定的职责分工，负责对全国的有关专业建设工程勘察、设计活动的监督管理。

县级以上地方人民政府建设行政主管部门对本行政区域内的建设工程勘察、设计活动实施监督管理。县级以上地方人民政府交通、水利等有关部门在各自的职责范围内，负责对本行政区域内的有关专业建设工程勘察、设计活动的监督管理。

第三十二条　建设工程勘察、设计单位在建设工程勘察、设计资质证书规定的业务范围内跨部门、跨地区承揽勘察、设计业务的，有关地方人民政府及其所属部门不得设置障碍，不得违反国家规定收取任何费用。

第三十三条　县级以上人民政府建设行政主管部门或者交通、水利等有关部门应当对施工图设计文件中涉及公共利益、公众安全、工程建设强制性标准的内容进行审查。

施工图设计文件未经审查批准的，不得使用。

第三十四条　任何单位和个人对建设工程勘察、设计活动中的违法行为都有权检举、控告、投诉。

第六章　罚　　则

第三十五条　违反本条例第八条规定的，责令停止违法行为，处合同约定的勘察费、设计费 1 倍以上 2 倍以下的罚款，有违法所得的，予以没收；可以责令停业整顿，降低资质等级；情节严重的，吊销资质证书。

未取得资质证书承揽工程的，予以取缔，依照前款规定处以罚款；有违法所得的，予以没收。

以欺骗手段取得资质证书承揽工程的，吊销资质证书，依照本条第一款规定处以罚款；有违法所得的，予以没收。

第三十六条　违反本条例规定，未经注册，擅自以注册建设工程勘察、设计人员的名义从事建设工程勘察、设计活动的，责令停止违法行为，没收违法所得，处违法所得 2 倍以上 5 倍以下罚款；给他人造成损失的，依法承担赔偿责任。

第三十七条　违反本条例规定，建设工程勘察、设计注册执业人员和其他专业技术人员未受聘于一个建设工程勘察、设计单位或者同时受聘于两个以上建设工程勘察、设计单位，从事建设工程勘察、设计活动的，责令停止违法行为，没收违法所得，处违法所得 2 倍以上 5 倍以下的罚款；情节严重的，可以责令停止执行业务或者吊销资格证书；给他人造成损失的，依法承担赔偿责任。

第三十八条　违反本条例规定，发包方将建设工程勘察、设计业务发包给不具有相应资质等级的建设工程勘察、设计单位的，责令改正，处 50 万元以上 100 万元以下的罚款。

第三十九条　违反本条例规定，建设工程勘察、设计单位将所承揽的建设工程勘察、设计转包的，责令改正，没收违法所得，处合同约定的勘察费、设计费 25％以上 50％以下的罚款，可以责令停业整顿，降低资质等级；情节严重的，吊销资质证书。

第四十条　违反本条例规定，有下列行为之一的，依照《建设工程质量管理条例》第六十三条的规定给予处罚：

（一）勘察单位未按照工程建设强制性标准进行勘察的；

（二）设计单位未根据勘察成果文件进行工程设计的；

（三）设计单位指定建筑材料、建筑构配件的生产厂、供应商的；

（四）设计单位未按照工程建设强制性标准进行设计的。

第四十一条　本条例规定的责令停业整顿、降低资质等级和吊销资质证书、资格证书的行政处罚，由颁发资质证书、资格证书的机关决定；其他行政处罚，由建设行政主管部门或者其他有关部门依据法定职权范围决定。

依照本条例规定被吊销资质证书的，由工商行政管理部门吊销其营业执照。

第四十二条　国家机关工作人员在建设工程勘察、设计活动的监督管理工作中玩忽职守、滥用职权、徇私舞弊，构成犯罪的，依法追究刑事责任；尚不构成犯罪的，依法给予行政处分。

第七章　附　　则

第四十三条　抢险救灾及其他临时性建筑和农民自建两层以下住宅的勘察、设计活动，不适用本条例。

第四十四条　军事建设工程勘察、设计的管理，按照中央军事委员会的有关规定执行。

第四十五条　本条例自公布之日起施行。

建设工程安全生产管理条例

(2003 年 11 月 12 日国务院第 28 次常务会议通过，2003 年 11 月 24 日
中华人民共和国国务院令第 393 号公布，自 2004 年 2 月 1 日起施行)

第一章 总 则

第一条 为了加强建设工程安全生产监督管理，保障人民群众生命和财产安全，根据《中华人民共和国建筑法》、《中华人民共和国安全生产法》，制定本条例。

第二条 在中华人民共和国境内从事建设工程的新建、扩建、改建和拆除等有关活动及实施对建设工程安全生产的监督管理，必须遵守本条例。

本条例所称建设工程，是指土木工程、建筑工程、线路管道和设备安装工程及装修工程。

第三条 建设工程安全生产管理，坚持安全第一、预防为主的方针。

第四条 建设单位、勘察单位、设计单位、施工单位、工程监理单位及其他与建设工程安全生产有关的单位，必须遵守安全生产法律、法规的规定，保证建设工程安全生产，依法承担建设工程安全生产责任。

第五条 国家鼓励建设工程安全生产的科学技术研究和先进技术的推广应用，推进建设工程安全生产的科学管理。

第二章 建设单位的安全责任

第六条 建设单位应当向施工单位提供施工现场及毗邻区域内供水、排水、供电、供气、供热、通信、广播电视等地下管线资料，气象和水文观测资料，相邻建筑物和构筑物、地下工程的有关资料，并保证资料的真实、准确、完整。

建设单位因建设工程需要，向有关部门或者单位查询前款规定的资料时，有关部门或者单位应当及时提供。

第七条 建设单位不得对勘察、设计、施工、工程监理等单位提出不符合建设工程安全生产法律、法规和强制性标准规定的要求，不得压缩合同约定的工期。

第八条 建设单位在编制工程概算时，应当确定建设工程安全作业环境及安全施工措施所需费用。

第九条 建设单位不得明示或者暗示施工单位购买、租赁、使用不符合安全施工要求的安全防护用具、机械设备、施工机具及配件、消防设施和器材。

第十条 建设单位在申请领取施工许可证时，应当提供建设工程有关安全施工措施的资料。

依法批准开工报告的建设工程，建设单位应当自开工报告批准之日起 15 日内，将保证安全施工的措施报送建设工程所在地的县级以上地方人民政府建设行政主管部门或者其他有关部门备案。

第十一条 建设单位应当将拆除工程发包给具有相应资质等级的施工单位。

建设单位应当在拆除工程施工 15 日前，将下列资料报送建设工程所在地的县级以上地方人民政府建设行政主管部门或者其他有关部门备案：

（一）施工单位资质等级证明；

（二）拟拆除建筑物、构筑物及可能危及毗邻建筑的说明；

（三）拆除施工组织方案；

（四）堆放、清除废弃物的措施。

实施爆破作业的，应当遵守国家有关民用爆炸物品管理的规定。

第三章　勘察、设计、工程监理及其他有关单位的安全责任

第十二条　勘察单位应当按照法律、法规和工程建设强制性标准进行勘察，提供的勘察文件应当真实、准确，满足建设工程安全生产的需要。

勘察单位在勘察作业时，应当严格执行操作规程，采取措施保证各类管线、设施和周边建筑物、构筑物的安全。

第十三条　设计单位应当按照法律、法规和工程建设强制性标准进行设计，防止因设计不合理导致生产安全事故的发生。

设计单位应当考虑施工安全操作和防护的需要，对涉及施工安全的重点部位和环节在设计文件中注明，并对防范生产安全事故提出指导意见。

采用新结构、新材料、新工艺的建设工程和特殊结构的建设工程，设计单位应当在设计中提出保障施工作业人员安全和预防生产安全事故的措施建议。

设计单位和注册建筑师等注册执业人员应当对其设计负责。

第十四条　工程监理单位应当审查施工组织设计中的安全技术措施或者专项施工方案是否符合工程建设强制性标准。

工程监理单位在实施监理过程中，发现存在安全事故隐患的，应当要求施工单位整改；情况严重的，应当要求施工单位暂时停止施工，并及时报告建设单位。施工单位拒不整改或者不停止施工的，工程监理单位应当及时向有关主管部门报告。

工程监理单位和监理工程师应当按照法律、法规和工程建设强制性标准实施监理，并对建设工程安全生产承担监理责任。

第十五条　为建设工程提供机械设备和配件的单位，应当按照安全施工的要求配备齐全有效的保险、限位等安全设施和装置。

第十六条　出租的机械设备和施工机具及配件，应当具有生产（制造）许可证、产品合格证。

出租单位应当对出租的机械设备和施工机具及配件的安全性能进行检测，在签订租赁协议时，应当出具检测合格证明。

禁止出租检测不合格的机械设备和施工机具及配件。

第十七条　在施工现场安装、拆卸施工起重机械和整体提升脚手架、模板等自升式架设设施，必须由具有相应资质的单位承担。

安装、拆卸施工起重机械和整体提升脚手架、模板等自升式架设设施，应当编制拆装方案、制定安全施工措施，并由专业技术人员现场监督。

施工起重机械和整体提升脚手架、模板等自升式架设设施安装完毕后，安装单位应当

自检，出具自检合格证明，并向施工单位进行安全使用说明，办理验收手续并签字。

第十八条 施工起重机械和整体提升脚手架、模板等自升式架设设施的使用达到国家规定的检验检测期限的，必须经具有专业资质的检验检测机构检测。经检测不合格的，不得继续使用。

第十九条 检验检测机构对检测合格的施工起重机械和整体提升脚手架、模板等自升式架设设施，应当出具安全合格证明文件，并对检测结果负责。

第四章 施工单位的安全责任

第二十条 施工单位从事建设工程的新建、扩建、改建和拆除等活动，应当具备国家规定的注册资本、专业技术人员、技术装备和安全生产等条件，依法取得相应等级的资质证书，并在其资质等级许可的范围内承揽工程。

第二十一条 施工单位主要负责人依法对本单位的安全生产工作全面负责。施工单位应当建立健全安全生产责任制度和安全生产教育培训制度，制定安全生产规章制度和操作规程，保证本单位安全生产条件所需资金的投入，对所承担的建设工程进行定期和专项安全检查，并做好安全检查记录。

施工单位的项目负责人应当由取得相应执业资格的人员担任，对建设工程项目的安全施工负责，落实安全生产责任制度、安全生产规章制度和操作规程，确保安全生产费用的有效使用，并根据工程的特点组织制定安全施工措施，消除安全事故隐患，及时、如实报告生产安全事故。

第二十二条 施工单位对列入建设工程概算的安全作业环境及安全施工措施所需费用，应当用于施工安全防护用具及设施的采购和更新、安全施工措施的落实、安全生产条件的改善，不得挪作他用。

第二十三条 施工单位应当设立安全生产管理机构，配备专职安全生产管理人员。

专职安全生产管理人员负责对安全生产进行现场监督检查。发现安全事故隐患，应当及时向项目负责人和安全生产管理机构报告；对于违章指挥、违章操作的，应当立即制止。

专职安全生产管理人员的配备办法由国务院建设行政主管部门会同国务院其他有关部门制定。

第二十四条 建设工程实行施工总承包的，由总承包单位对施工现场的安全生产负总责。

总承包单位应当自行完成建设工程主体结构的施工。

总承包单位依法将建设工程分包给其他单位的，分包合同中应当明确各自的安全生产方面的权利、义务。总承包单位和分包单位对分包工程的安全生产承担连带责任。

分包单位应当服从总承包单位的安全生产管理，分包单位不服从管理导致生产安全事故的，由分包单位承担主要责任。

第二十五条 垂直运输机械作业人员、安装拆卸工、爆破作业人员、起重信号工、登高架设作业人员等特种作业人员，必须按照国家有关规定经过专门的安全作业培训，并取得特种作业操作资格证书后，方可上岗作业。

第二十六条 施工单位应当在施工组织设计中编制安全技术措施和施工现场临时用电

方案，对下列达到一定规模的危险性较大的分部分项工程编制专项施工方案，并附具安全验算结果，经施工单位技术负责人、总监理工程师签字后实施，由专职安全生产管理人员进行现场监督：

（一）基坑支护与降水工程；

（二）土方开挖工程；

（三）模板工程；

（四）起重吊装工程；

（五）脚手架工程；

（六）拆除、爆破工程；

（七）国务院建设行政主管部门或者其他有关部门规定的其他危险性较大的工程。

对前款所列工程中涉及深基坑、地下暗挖工程、高大模板工程的专项施工方案，施工单位还应当组织专家进行论证、审查。

本条第一款规定的达到一定规模的危险性较大工程的标准，由国务院建设行政主管部门会同国务院其他有关部门制定。

第二十六条 建设工程施工前，施工单位负责项目管理的技术人员应当对有关安全施工的技术要求向施工作业班组、作业人员作出详细说明，并由双方签字确认。

第二十八条 施工单位应当在施工现场入口处、施工起重机械、临时用电设施、脚手架、出入通道口、楼梯口、电梯井口、孔洞口、桥梁口、隧道口、基坑边沿、爆破物及有害危险气体和液体存放处等危险部位，设置明显的安全警示标志。安全警示标志必须符合国家标准。

施工单位应当根据不同施工阶段和周围环境及季节、气候的变化，在施工现场采取相应的安全施工措施。施工现场暂时停止施工的，施工单位应当做好现场防护，所需费用由责任方承担，或者按照合同约定执行。

第二十九条 施工单位应当将施工现场的办公、生活区与作业区分开设置，并保持安全距离；办公、生活区的选址应当符合安全性要求。职工的膳食、饮水、休息场所等应当符合卫生标准。施工单位不得在尚未竣工的建筑物内设置员工集体宿舍。

施工现场临时搭建的建筑物应当符合安全使用要求。施工现场使用的装配式活动房屋应当具有产品合格证。

第三十条 施工单位对因建设工程施工可能造成损害的毗邻建筑物、构筑物和地下管线等，应当采取专项防护措施。

施工单位应当遵守有关环境保护法律、法规的规定，在施工现场采取措施，防止或者减少粉尘、废气、废水、固体废物、噪声、振动和施工照明对人和环境的危害和污染。

在城市市区内的建设工程，施工单位应当对施工现场实行封闭围挡。

第三十一条 施工单位应当在施工现场建立消防安全责任制度，确定消防安全责任人，制定用火、用电、使用易燃易爆材料等各项消防安全管理制度和操作规程，设置消防通道、消防水源，配备消防设施和灭火器材，并在施工现场入口处设置明显标志。

第三十二条 施工单位应当向作业人员提供安全防护用具和安全防护服装，并书面告知危险岗位的操作规程和违章操作的危害。

作业人员有权对施工现场的作业条件、作业程序和作业方式中存在的安全问题提出批评、检举和控告，有权拒绝违章指挥和强令冒险作业。

在施工中发生危及人身安全的紧急情况时，作业人员有权立即停止作业或者在采取必要的应急措施后撤离危险区域。

第三十三条 作业人员应当遵守安全施工的强制性标准、规章制度和操作规程，正确使用安全防护用具、机械设备等。

第三十四条 施工单位采购、租赁的安全防护用具、机械设备、施工机具及配件，应当具有生产（制造）许可证、产品合格证，并在进入施工现场前进行查验。

施工现场的安全防护用具、机械设备、施工机具及配件必须由专人管理，定期进行检查、维修和保养，建立相应的资料档案，并按照国家有关规定及时报废。

第三十五条 施工单位在使用施工起重机械和整体提升脚手架、模板等自升式架设设施前，应当组织有关单位进行验收，也可以委托具有相应资质的检验检测机构进行验收；使用承租的机械设备和施工机具及配件的，由施工总承包单位、分包单位、出租单位和安装单位共同进行验收。验收合格的方可使用。

《特种设备安全监察条例》规定的施工起重机械，在验收前应当经有相应资质的检验检测机构监督检验合格。

施工单位应当自施工起重机械和整体提升脚手架、模板等自升式架设设施验收合格之日起30日内，向建设行政主管部门或者其他有关部门登记。登记标志应当置于或者附着于该设备的显著位置。

第三十六条 施工单位的主要负责人、项目负责人、专职安全生产管理人员应当经建设行政主管部门或者其他有关部门考核合格后方可任职。

施工单位应当对管理人员和作业人员每年至少进行一次安全生产教育培训，其教育培训情况记入个人工作档案。安全生产教育培训考核不合格的人员，不得上岗。

第三十七条 作业人员进入新的岗位或者新的施工现场前，应当接受安全生产教育培训。未经教育培训或者教育培训考核不合格的人员，不得上岗作业。

施工单位在采用新技术、新工艺、新设备、新材料时，应当对作业人员进行相应的安全生产教育培训。

第三十八条 施工单位应当为施工现场从事危险作业的人员办理意外伤害保险。

意外伤害保险费由施工单位支付。实行施工总承包的，由总承包单位支付意外伤害保险费。意外伤害保险期限自建设工程开工之日起至竣工验收合格止。

第五章 监 督 管 理

第三十九条 国务院负责安全生产监督管理的部门依照《中华人民共和国安全生产法》的规定，对全国建设工程安全生产工作实施综合监督管理。

县级以上地方人民政府负责安全生产监督管理的部门依照《中华人民共和国安全生产法》的规定，对本行政区域内建设工程安全生产工作实施综合监督管理。

第四十条 国务院建设行政主管部门对全国的建设工程安全生产实施监督管理。国务院铁路、交通、水利等有关部门按照国务院规定的职责分工，负责有关专业建设工程安全生产的监督管理。

县级以上地方人民政府建设行政主管部门对本行政区域内的建设工程安全生产实施监

督管理。县级以上地方人民政府交通、水利等有关部门在各自的职责范围内，负责本行政区域内的专业建设工程安全生产的监督管理。

第四十一条　建设行政主管部门和其他有关部门应当将本条例第十条、第十一条规定的有关资料的主要内容抄送同级负责安全生产监督管理的部门。

第四十二条　建设行政主管部门在审核发放施工许可证时，应当对建设工程是否有安全施工措施进行审查，对没有安全施工措施的，不得颁发施工许可证。

建设行政主管部门或者其他有关部门对建设工程是否有安全施工措施进行审查时，不得收取费用。

第四十三条　县级以上人民政府负有建设工程安全生产监督管理职责的部门在各自的职责范围内履行安全监督检查职责时，有权采取下列措施：

（一）要求被检查单位提供有关建设工程安全生产的文件和资料；

（二）进入被检查单位施工现场进行检查；

（三）纠正施工中违反安全生产要求的行为；

（四）对检查中发现的安全事故隐患，责令立即排除；重大安全事故隐患排除前或者排除过程中无法保证安全的，责令从危险区域内撤出作业人员或者暂时停止施工。

第四十四条　建设行政主管部门或者其他有关部门可以将施工现场的监督检查委托给建设工程安全监督机构具体实施。

第四十五条　国家对严重危及施工安全的工艺、设备、材料实行淘汰制度。具体目录由国务院建设行政主管部门会同国务院其他有关部门制定并公布。

第四十六条　县级以上人民政府建设行政主管部门和其他有关部门应当及时受理对建设工程生产安全事故及安全事故隐患的检举、控告和投诉。

第六章　生产安全事故的应急救援和调查处理

第四十七条　县级以上地方人民政府建设行政主管部门应当根据本级人民政府的要求，制定本行政区域内建设工程特大生产安全事故应急救援预案。

第四十八条　施工单位应当制定本单位生产安全事故应急救援预案，建立应急救援组织或者配备应急救援人员，配备必要的应急救援器材、设备，并定期组织演练。

第四十九条　施工单位应当根据建设工程施工的特点、范围，对施工现场易发生重大事故的部位、环节进行监控，制定施工现场生产安全事故应急救援预案。实行施工总承包的，由总承包单位统一组织编制建设工程生产安全事故应急救援预案，工程总承包单位和分包单位按照应急救援预案，各自建立应急救援组织或者配备应急救援人员，配备救援器材、设备，并定期组织演练。

第五十条　施工单位发生生产安全事故，应当按照国家有关伤亡事故报告和调查处理的规定，及时、如实地向负责安全生产监督管理的部门、建设行政主管部门或者其他有关部门报告；特种设备发生事故的，还应当同时向特种设备安全监督管理部门报告。接到报告的部门应当按照国家有关规定，如实上报。

实行施工总承包的建设工程，由总承包单位负责上报事故。

第五十一条　发生生产安全事故后，施工单位应当采取措施防止事故扩大，保护事故现场。需要移动现场物品时，应当做出标记和书面记录，妥善保管有关证物。

第五十二条　建设工程生产安全事故的调查、对事故责任单位和责任人的处罚与处理，按照有关法律、法规的规定执行。

第七章　法　律　责　任

第五十三条　违反本条例的规定，县级以上人民政府建设行政主管部门或者其他有关行政管理部门的工作人员，有下列行为之一的，给予降级或者撤职的行政处分；构成犯罪的，依照刑法有关规定追究刑事责任：

（一）对不具备安全生产条件的施工单位颁发资质证书的；

（二）对没有安全施工措施的建设工程颁发施工许可证的；

（三）发现违法行为不予查处的；

（四）不依法履行监督管理职责的其他行为。

第五十四条　违反本条例的规定，建设单位未提供建设工程安全生产作业环境及安全施工措施所需费用的，责令限期改正；逾期未改正的，责令该建设工程停止施工。

建设单位未将保证安全施工的措施或者拆除工程的有关资料报送有关部门备案的，责令限期改正，给予警告。

第五十五条　违反本条例的规定，建设单位有下列行为之一的，责令限期改正，处20万元以上50万元以下的罚款；造成重大安全事故，构成犯罪的，对直接责任人员，依照刑法有关规定追究刑事责任；造成损失的，依法承担赔偿责任：

（一）对勘察、设计、施工、工程监理等单位提出不符合安全生产法律、法规和强制性标准规定的要求的；

（二）要求施工单位压缩合同约定的工期的；

（三）将拆除工程发包给不具有相应资质等级的施工单位的。

第五十六条　违反本条例的规定，勘察单位、设计单位有下列行为之一的，责令限期改正，处10万元以上30万元以下的罚款；情节严重的，责令停业整顿，降低资质等级，直至吊销资质证书；造成重大安全事故，构成犯罪的，对直接责任人员，依照刑法有关规定追究刑事责任；造成损失的，依法承担赔偿责任：

（一）未按照法律、法规和工程建设强制性标准进行勘察、设计的；

（二）采用新结构、新材料、新工艺的建设工程和特殊结构的建设工程，设计单位未在设计中提出保障施工作业人员安全和预防生产安全事故的措施建议的。

第五十七条　违反本条例的规定，工程监理单位有下列行为之一的，责令限期改正；逾期未改正的，责令停业整顿，并处10万元以上30万元以下的罚款；情节严重的，降低资质等级，直至吊销资质证书；造成重大安全事故，构成犯罪的，对直接责任人员，依照刑法有关规定追究刑事责任；造成损失的，依法承担赔偿责任：

（一）未对施工组织设计中的安全技术措施或者专项施工方案进行审查的；

（二）发现安全事故隐患未及时要求施工单位整改或者暂时停止施工的；

（三）施工单位拒不整改或者不停止施工，未及时向有关主管部门报告的；

（四）未依照法律、法规和工程建设强制性标准实施监理的。

第五十八条　注册执业人员未执行法律、法规和工程建设强制性标准的，责令停止执业3个月以上1年以下；情节严重的，吊销执业资格证书，5年内不予注册；造成重大安全事故的，终身不予注册；构成犯罪的，依照刑法有关规定追究刑事责任。

第五十九条 违反本条例的规定，为建设工程提供机械设备和配件的单位，未按照安全施工的要求配备齐全有效的保险、限位等安全设施和装置的，责令限期改正，处合同价款 1 倍以上 3 倍以下的罚款；造成损失的，依法承担赔偿责任。

第六十条 违反本条例的规定，出租单位出租未经安全性能检测或者经检测不合格的机械设备和施工机具及配件的，责令停业整顿，并处 5 万元以上 10 万元以下的罚款；造成损失的，依法承担赔偿责任。

第六十一条 违反本条例的规定，施工起重机械和整体提升脚手架、模板等自升式架设设施安装、拆卸单位有下列行为之一的，责令限期改正，处 5 万元以上 10 万元以下的罚款；情节严重的，责令停业整顿，降低资质等级，直至吊销资质证书；造成损失的，依法承担赔偿责任：

（一）未编制拆装方案、制定安全施工措施的；

（二）未由专业技术人员现场监督的；

（三）未出具自检合格证明或者出具虚假证明的；

（四）未向施工单位进行安全使用说明，办理移交手续的。

施工起重机械和整体提升脚手架、模板等自升式架设设施安装、拆卸单位有前款规定的第（一）项、第（三）项行为，经有关部门或者单位职工提出后，对事故隐患仍不采取措施，因而发生重大伤亡事故或者造成其他严重后果，构成犯罪的，对直接责任人员，依照刑法有关规定追究刑事责任。

第六十二条 违反本条例的规定，施工单位有下列行为之一的，责令限期改正；逾期未改正的，责令停业整顿，依照《中华人民共和国安全生产法》的有关规定处以罚款；造成重大安全事故，构成犯罪的，对直接责任人员，依照刑法有关规定追究刑事责任：

（一）未设立安全生产管理机构、配备专职安全生产管理人员或者分部分项工程施工时无专职安全生产管理人员现场监督的；

（二）施工单位的主要负责人、项目负责人、专职安全生产管理人员、作业人员或者特种作业人员，未经安全教育培训或者经考核不合格即从事相关工作的；

（三）未在施工现场的危险部位设置明显的安全警示标志，或者未按照国家有关规定在施工现场设置消防通道、消防水源、配备消防设施和灭火器材的；

（四）未向作业人员提供安全防护用具和安全防护服装的；

（五）未按照规定在施工起重机械和整体提升脚手架、模板等自升式架设设施验收合格后登记的；

（六）使用国家明令淘汰、禁止使用的危及施工安全的工艺、设备、材料的。

第六十三条 违反本条例的规定，施工单位挪用列入建设工程概算的安全生产作业环境及安全施工措施所需费用的，责令限期改正，处挪用费用 20％以上 50％以下的罚款；造成损失的，依法承担赔偿责任。

第六十四条 违反本条例的规定，施工单位有下列行为之一的，责令限期改正；逾期未改正的，责令停业整顿，并处 5 万元以上 10 万元以下的罚款；造成重大安全事故，构成犯罪的，对直接责任人员，依照刑法有关规定追究刑事责任：

（一）施工前未对有关安全施工的技术要求作出详细说明的；

（二）未根据不同施工阶段和周围环境及季节、气候的变化，在施工现场采取相应的安全施工措施，或者在城市市区内的建设工程的施工现场未实行封闭围挡的；

（三）在尚未竣工的建筑物内设置员工集体宿舍的；

（四）施工现场临时搭建的建筑物不符合安全使用要求的；

（五）未对因建设工程施工可能造成损害的毗邻建筑物、构筑物和地下管线等采取专项防护措施的。

施工单位有前款规定第（四）项、第（五）项行为，造成损失的，依法承担赔偿责任。

第六十五条 违反本条例的规定，施工单位有下列行为之一的，责令限期改正；逾期未改正的，责令停业整顿，并处 10 万元以上 30 万元以下的罚款；情节严重的，降低资质等级，直至吊销资质证书；造成重大安全事故，构成犯罪的，对直接责任人员，依照刑法有关规定追究刑事责任；造成损失的，依法承担赔偿责任：

（一）安全防护用具、机械设备、施工机具及配件在进入施工现场前未经查验或者查验不合格即投入使用的；

（二）使用未经验收或者验收不合格的施工起重机械和整体提升脚手架、模板等自升式架设设施的；

（三）委托不具有相应资质的单位承担施工现场安装、拆卸施工起重机械和整体提升脚手架、模板等自升式架设设施的；

（四）在施工组织设计中未编制安全技术措施、施工现场临时用电方案或者专项施工方案的。

第六十六条 违反本条例的规定，施工单位的主要负责人、项目负责人未履行安全生产管理职责的，责令限期改正；逾期未改正的，责令施工单位停业整顿；造成重大安全事故、重大伤亡事故或者其他严重后果，构成犯罪的，依照刑法有关规定追究刑事责任。

作业人员不服管理、违反规章制度和操作规程冒险作业造成重大伤亡事故或者其他严重后果，构成犯罪的，依照刑法有关规定追究刑事责任。

施工单位的主要负责人、项目负责人有前款违法行为，尚不够刑事处罚的，处 2 万元以上 20 万元以下的罚款或者按照管理权限给予撤职处分；自刑罚执行完毕或者受处分之日起，5 年内不得担任任何施工单位的主要负责人、项目负责人。

第六十七条 施工单位取得资质证书后，降低安全生产条件的，责令限期改正；经整改仍未达到与其资质等级相适应的安全生产条件的，责令停业整顿，降低其资质等级直至吊销资质证书。

第六十八条 本条例规定的行政处罚，由建设行政主管部门或者其他有关部门依照法定职权决定。

违反消防安全管理规定的行为，由公安消防机构依法处罚。

有关法律、行政法规对建设工程安全生产违法行为的行政处罚决定机关另有规定的，从其规定。

第八章 附 则

第六十九条 抢险救灾和农民自建低层住宅的安全生产管理，不适用本条例。

第七十条　军事建设工程的安全生产管理，按照中央军事委员会的有关规定执行。

第七十一条　本条例自 2004 年 2 月 1 日起施行。

（三）部 门 规 章

建设行政处罚程序暂行规定

（1999 年 2 月 3 日建设部令第 66 号发布）

第一章　总　　则

第一条　为保障和监督建设行政执法机关有效实施行政管理，保护公民、法人和其他组织的合法权益，促进建设行政执法工作程序化、规范化，根据《行政处罚法》的有关规定，结合建设系统实际，制定本规定。

第二条　本规定所称建设行政处罚是指建设行政执法机关对违反建设法律、法规、规章的公民、法人和其他组织而实施的行政处罚。

本规定所称建设行政执法机关（以下简称执法机关），是指依法取得行政处罚权的建设行政主管部门、建设系统的行业管理部门以及依法取得委托执法资格的组织。

本规定所称建设行政执法人员（以下简称执法人员），是指依法从事行政处罚工作的人员。

第三条　本规定所称的行政处罚包括：

（一）警告；

（二）罚款；

（三）没收违法所得、没收违法建筑物、构筑物和其他设施；

（四）责令停业整顿、责令停止执业业务；

（五）降低资质等级、吊销资质证书、吊销执业资格证书和其他许可证、执照；

（六）法律、行政法规规定的其他行政处罚。

第四条　执法机关实施行政处罚，依照法律、法规和本规定执行。

第二章　管　　辖

第五条　执法机关依照法律、法规、规章及地方人民政府的职责分工，在职权范围内行使行政处罚权。

第六条　执法机关发现应当处罚的案件不属于自己管辖的，应当将案件移送有管辖权的执法机关。

行政执法过程中发生的管辖权争议，由双方协商解决；协商不成的，报请共同的上级机关或者当地人民政府决定。

执法机关认为确有必要，需要委托其他机关或者组织行使执法权的，执法机关应当依照《行政处罚法》的有关规定与被委托机关或者组织办理委托手续。

第三章 行政处罚程序

第一节 一般程序

第七条 执法机关依据职权，或者依据当事人的申诉、控告等途径发现违法行为。

执法机关对于发现的违法行为，认为应当给予行政处罚的，应当立案，但适用简易程序的除外。

立案应当填写立案审批表，附上相关材料，报主管领导批准。

第八条 立案后，执法人员应当及时进行调查，收集证据；必要时可依法进行检查。

执法人员调查案件，不得少于二人，并应当出示执法身份证件。

第九条 执法人员对案件进行调查，应当收集以下证据：

书证、物证、证人证言、视听资料、当事人陈述、鉴定结论、勘验笔录和现场笔录。

只有查证属实的证据，才能作为处罚的依据。

第十条 执法人员询问当事人及证明人，应当个别进行。询问应当制作笔录，笔录经被询问人核对无误后，由被询问人逐页在笔录上签名或者盖章。如有差错、遗漏，应当允许补正。

第十一条 执法人员应当收集、调取与案件有关的原始凭证作为书证。调取原始凭证有困难的，可以复制，但复制件应当标明"经核对与原件无误"，并由出具书证人签名或者盖章。

调查取证应当有当事人在场，对所提取的物证要开具物品清单，由执法人员和当事人签名或者盖章，各执一份。

对违法嫌疑物品进行检查时，应当制作现场笔录，并有当事人在场。当事人拒绝到场的，应当在现场笔录中注明。

第十二条 执法机关查处违法行为过程中，在证据可能灭失或者难以取得的情况下，可以对证据先行登记保存。

先行登记保存证据，必须当场清点，开具清单，清单由执法人员和当事人签名或者盖章，各执一份。

第十三条 案件调查终结，执法人员应当出具书面案件调查终结报告。

调查终结报告的内容包括：当事人的基本情况、违法事实、处罚依据、处罚建议等。

第十四条 调查终结报告连同案件材料，由执法人员提交执法机关的法制工作机构，由法制工作机构会同有关单位进行书面核审。

第十五条 执法机关的法制工作机构接到执法人员提交的核审材料后，应当登记，并指定具体人员负责核审。

案件核审的主要内容包括：

（一）对案件是否有管辖权；

（二）当事人的基本情况是否清楚；

（三）案件事实是否清楚，证据是否充分；

（四）定性是否准确；

（五）适用法律、法规、规章是否正确；

（六）处罚是否适当；

（七）程序是否合法。

第十六条 执法机关的法制工作机构对案件核审后，应当提出以下书面意见：

（一）对事实清楚、证据充分、定性准确、程序合法、处理适当的案件，同意执法人员意见。

（二）对定性不准、适用法律不当、处罚不当的案件，建议执法人员修改。

（三）对事实不清、证据不足的案件，建议执法人员补正。

（四）对程序不合法的案件，建议执法人员纠正。

（五）对超出管辖权的案件，按有关规定移送。

第十七条 对执法机关法制工作机构提出的意见，执法人员应当采纳。

第十八条 执法机关法制工作机构与执法人员就有关问题达不成一致意见时，给予较轻处罚的，报请本机关分管负责人决定；给予较重处罚的，报请本机关负责人集体讨论决定或者本机关分管负责人召集的办公会议讨论决定。

第十九条 执法机关对当事人作出行政处罚，必须制作行政处罚决定书。行政处罚决定书的内容包括：

（一）当事人的名称或者姓名、地址；

（二）违法的事实和证据；

（三）行政处罚的种类和依据；

（四）行政处罚的履行方式和期限；

（五）不服行政处罚决定，申请行政复议或者提起行政诉讼的途径和期限；

（六）作出处罚决定的机关和日期。

行政处罚决定书必须盖有作出处罚机关的印章。

第二十条 行政处罚决定生效后，任何人不得擅自变更或者解除。处罚决定确有错误需要变更或者修改的，应当由原执法机关撤销原处罚决定，重新作出处罚决定。

第二节 听 证 程 序

第二十一条 执法机关在作出吊销资质证书、执业资格证书、责令停业整顿（包括属于停业整顿性质的、责令在规定的时限内不得承接新的业务）、责令停止执业业务、没收违法建筑物、构筑物和其他设施以及处以较大数额罚款等行政处罚决定之前，应当告知当事人有要求举行听证的权利。较大数额罚款的幅度，由省、自治区、直辖市人民政府确定。

省、自治区、直辖市人大常委会或者人民政府对听证范围有特殊规定的，从其规定。

第二十二条 当事人要求听证的，应当自接到听证通知之日起三日内以书面或者口头方式向执法机关提出。执法机关应当组织听证。

自听证通知送达之日起三日内，当事人不要求举行听证的，视为放弃要求举行听证的权利。

第二十三条　执法机关应当在听证的七日前，通知当事人举行听证的日期、地点；听证一般由执法机关的法制工作机构人员或者执法机关指定的非本案调查人员主持。

听证规则可以由省、自治区、直辖市建设行政主管部门依据《行政处罚法》的规定制定。

第三节　简易程序

第二十四条　违法事实清楚、证据确凿，对公民处以五十元以下、对法人或者其他组织处以一千元以下罚款或者警告的行政处罚，可以当场作出处罚决定。

第二十五条　当场作出处罚决定，执法人员应当向当事人出示执法证件，填写处罚决定书并交付当事人。

第二十六条　当场作出的行政处罚决定书应当载明当事人的违法行为、处罚依据、罚款数额、时间、地点、执法机关名称，并由执法人员签名或者盖章。

第四章　送　达

第二十七条　执法机关送达行政处罚决定书或者有关文书，应当直接送受送达人。送达必须有送达回执。受送达人应当在送达回执上签名或者盖章，并注明签收日期。签收日期为送达日期。

受送达人拒绝接受行政处罚决定书或者有关文书的，送达人应当邀请有关基层组织的代表或者其他人到场见证，在送达回执上注明拒收事由和日期，由送达人、见证人签名或者盖章，把行政处罚决定书或者有关文书留在受送达人处，即视为送达。

第二十八条　不能直接送达或者直接送达有困难的，按下列规定送达：

（一）受送达人不在的，交其同住的成年家属签收；

（二）受送达人已向执法机关指定代收人的，由代收人签收；

（三）邮寄送达的，以挂号回执上注明的收件日期为送达日期；

（四）受送达人下落不明的，以公告送达，自公告发布之日起三个月即视为送达。

第二十九条　行政处罚决定一经作出即发生法律效力，当事人应当自觉履行。当事人不履行处罚决定，执法机关可以依法强制执行或者申请人民法院强制执行。

第三十条　当事人不服执法机关作出的行政处罚决定，可以依法向同级人民政府或上一级建设行政主管部门申请行政复议；也可以依法直接向人民法院提起行政诉讼。

行政复议和行政诉讼期间，行政处罚决定不停止执行，但法律、行政法规另有规定的除外。

第五章　监督与管理

第三十一条　行政处罚终结后，执法人员应当及时将立案登记表、案件处理批件、证据材料、行政处罚决定书和执行情况记录等材料立卷归档。

上级交办的行政处罚案件办理终结后，承办单位应当及时将案件的处理结果向交办单位报告。

第三十二条　执法机关及其执法人员应当在法定职权范围内、依法定程序从事执法活动；超越职权范围、违反法定程序所作出的行政处罚无效。

第三十三条　执法机关从事行政执法活动，应当自觉接受地方人民政府法制工作部门和上级执法机关法制工作机构的监督管理。

第三十四条 对当场作出的处罚决定，执法人员应当定期将当场处罚决定书向所属执法机关的法制工作机构或者指定机构备案。

执法机关作出属于听证范围的行政处罚决定之日起七日内，应当向上级建设行政主管部门的法制工作机构或者有关部门备案。

各级建设行政主管部门，要对本行政区域内的执法机关作出的处罚决定的案件进行逐月统计。省、自治区、直辖市建设行政主管部门，应当在每年的二月底以前，向国务院建设行政主管部门的法制工作机构报送上一年度的执法统计报表和执法工作总结。

第三十五条 上级执法机关发现下级执法机关作出的处罚决定确有错误，可以责令其限期纠正。对拒不纠正的，上级机关可以依据职权，作出变更或者撤销行政处罚的决定。

第三十六条 执法人员玩忽职守，滥用职权，徇私舞弊的，由所在单位或者上级机关给予行政处分；构成犯罪的，依法追究刑事责任。

第三十七条 对于无理阻挠、拒绝执法人员依法行使职权，打击报复执法人员的单位或者个人，由建设行政主管部门或者有关部门视情节轻重，根据有关法律、法规的规定依法追究其责任。

第六章 附 则

第三十八条 建设行政处罚的有关文书，由省、自治区、直辖市人民政府或者建设行政主管部门统一制作。

第三十九条 本规定由建设部负责解释。

第四十条 本规定自发布之日起施行。

房屋建筑工程质量保修办法

（2000 年 6 月 30 日建设部令第 80 号发布）

第一条 为保护建设单位、施工单位、房屋建筑所有人和使用人的合法权益，维护公共安全和公众利益，根据《中华人民共和国建筑法》和《建设工程质量管理条例》，制订本办法。

第二条 在中华人民共和国境内新建、扩建、改建各类房屋建筑工程（包括装修工程）的质量保修，适用本办法。

第三条 本办法所称房屋建筑工程质量保修，是指对房屋建筑工程竣工验收后在保修期限内出现的质量缺陷，予以修复。

本办法所称质量缺陷，是指房屋建筑工程的质量不符合工程建设强制性标准以及合同的约定。

第四条 房屋建筑工程在保修范围和保修期限内出现质量缺陷，施工单位应当履行保修义务。

第五条 国务院建设行政主管部门负责全国房屋建筑工程质量保修的监督管理。

县级以上地方人民政府建设行政主管部门负责本行政区域内房屋建筑工程质量保修的监督管理。

第六条 建设单位和施工单位应当在工程质量保修书中约定保修范围、保修期限和保修责任等，双方约定的保修范围、保修期限必须符合国家有关规定。

第七条 在正常使用条件下，房屋建筑工程的最低保修期限为：

（一）地基基础工程和主体结构工程，为设计文件规定的该工程的合理使用年限；

（二）屋面防水工程、有防水要求的卫生间、房间和外墙面的防渗漏，为 5 年；

（三）供热与供冷系统，为 2 个采暖期、供冷期；

（四）电气管线、给排水管道、设备安装为 2 年；

（五）装修工程为 2 年。

其他项目的保修期限由建设单位和施工单位约定。

第八条 房屋建筑工程保修期从工程竣工验收合格之日起计算。

第九条 房屋建筑工程在保修期限内出现质量缺陷，建设单位或者房屋建筑所有人应当向施工单位发出保修通知。施工单位接到保修通知后，应当到现场核查情况，在保修书约定的时间内予以保修。发生涉及结构安全或者严重影响使用功能的紧急抢修事故，施工单位接到保修通知后，应当立即到达现场抢修。

第十条 发生涉及结构安全的质量缺陷，建设单位或者房屋建筑所有人应当立即向当地建设行政主管部门报告，采取安全防范措施；由原设计单位或者具有相应资质等级的设计单位提出保修方案，施工单位实施保修，原工程质量监督机构负责监督。

第十一条 保修完成后，由建设单位或者房屋建筑所有人组织验收。涉及结构安全的，应当报当地建设行政主管部门备案。

第十二条 施工单位不按工程质量保修书约定保修的，建设单位可以另行委托其他单位保修，由原施工单位承担相应责任。

第十三条 保修费用由质量缺陷的责任方承担。

第十四条 在保修期限内，因房屋建筑工程质量缺陷造成房屋所有人、使用人或者第三方人身、财产损害的，房屋所有人、使用人或者第三方可以向建设单位提出赔偿要求。建设单位向造成房屋建筑工程质量缺陷的责任方追偿。

第十五条 因保修不及时造成新的人身、财产损害，由造成拖延的责任方承担赔偿责任。

第十六条 房地产开发企业售出的商品房保修，还应当执行《城市房地产开发经营管理条例》和其他有关规定。

第十七条 下列情况不属于本办法规定的保修范围：

（一）因使用不当或者第三方造成的质量缺陷；

（二）不可抗力造成的质量缺陷。

第十八条 施工单位有下列行为之一的，由建设行政主管部门责令改正，并处 1 万元以上 3 万元以下的罚款。

（一）工程竣工验收后，不向建设单位出具质量保修书的；

（二）质量保修的内容、期限违反本办法规定的。

第十九条 施工单位不履行保修义务或者拖延履行保修义务的，由建设行政主管部门责令改正，处 10 万元以上 20 万元以下的罚款。

第二十条　军事建设工程的管理，按照中央军事委员会的有关规定执行。

第二十一条　本办法由国务院建设行政主管部门负责解释。

第二十二条　本办法自发布之日起施行。

建筑工程施工许可管理办法

（1999 年 10 月 15 日建设部令第 71 号发布，根据 2001 年 7 月 4 日
建设部令第 91 号修正）

第一条　为了加强对建筑活动的监督管理，维护建筑市场秩序，保证建筑工程的质量和安全，根据《中华人民共和国建筑法》，制定本办法。

第二条　在中华人民共和国境内从事各类房屋建筑及其附属设施的建造、装修装饰和与其配套的线路、管道、设备的安装，以及城镇市政基础设施工程的施工，建设单位在开工前应当依照本办法的规定，向工程所在地的县级以上人民政府建设行政主管部门（以下简称发证机关）申请领取施工许可证。

工程投资额在 30 万元以下或者建筑面积在 300 平方米以下的建筑工程，可以不申请办理施工许可证。省、自治区、直辖市人民政府建设行政主管部门可以根据当地的实际情况，对限额进行调整，并报国务院建设行政主管部门备案。

按照国 104 务院规定的权限和程序批准开工报告的建筑工程，不再领取施工许可证。

第三条　本办法规定必须申请领取施工许可证的建筑工程未取得施工许可证的，一律不得开工。

任何单位和个人不得将应该申请领取施工许可证的工程项目分解为若干限额以下的工程项目，规避申请领取施工许可证。

第四条　建设单位申请领取施工许可证，应当具备下列条件，并提交相应的证明文件：

（一）已经办理该建筑工程用地批准手续。

（二）在城市规划区的建筑工程，已经取得建设工程规划许可证。

（三）施工场地已经基本具备施工条件，需要拆迁的，其拆迁进度符合施工要求。

（四）已经确定施工企业。按照规定应该招标的工程没有招标，应该公开招标的工程没有公开招标，或者肢解发包工程，以及将工程发包给不具备相应资质条件的，所确定的施工企业无效。

（五）有满足施工需要的施工图纸及技术资料，施工图设计文件已按规定进行了审查。

（六）有保证工程质量和安全的具体措施。施工企业编制的施工组织设计中有根据建筑工程特点制定的相应质量、安全技术措施，专业性较强的工程项目编制了专项质量、安全施工组织设计，并按照规定办理了工程质量、安全监督手续。

（七）按照规定应该委托监理的工程已委托监理。

（八）建设资金已经落实。建设工期不足一年的，到位资金原则上不得少于工程合同价的 50％，建设工期超过一年的，到位资金原则上不得少于工程合同价的 30％。建设单

位应当提供银行出具的到位资金证明，有条件的可以实行银行付款保函或者其他第三方担保。

（九）法律、行政法规规定的其他条件。

第五条 申请办理施工许可证，应当按照下列程序进行：

（一）建设单位向发证机关领取《建筑工程施工许可证申请表》。

（二）建设单位持加盖单位及法定代表人印鉴的《建筑工程施工许可证申请表》，并附本办法第四条规定的证明文件，向发证机关提出申请。

（三）发证机关在收到建设单位报送的《建筑工程施工许可证申请表》和所附证明文件后，对于符合条件的，应当自收到申请之日起十五日内颁发施工许可证；对于证明文件不齐全或者失效的，应当限期要求建设单位补正，审批时间可以自证明文件补正齐全后作相应顺延；对于不符合条件的，应当自收到申请之日起十五日内书面通知建设单位，并说明理由。

建筑工程在施工过程中，建设单位或者施工单位发生变更的，应当重新申请领取施工许可证。

第六条 建设单位申请领取施工许可证的工程名称、地点、规模，应当与依法签订的施工承包合同一致。

施工许可证应当放置在施工现场备查。

第七条 施工许可证不得伪造和涂改。

第八条 建设单位应当自领取施工许可证之日起三个月内开工。因故不能按期开工的，应当在期满前向发证机关申请延期，并说明理由；延期以两次为限，每次不超过三个月。既不开工又不申请延期或者超过延期次数、时限的，施工许可证自行废止。

第九条 在建的建筑工程因故中止施工的，建设单位应当自中止施工之日起一个月内向发证机关报告，报告内容包括中止施工的时间、原因、在施部位、维护管理措施等，并按照规定做好建筑工程的维护管理工作。

建筑工程恢复施工时，应当向发证机关报告；中止施工满一年的工程恢复施工前，建设单位应当报发证机关核验施工许可证。

第十条 对于未取得施工许可证或者为规避办理施工许可证将工程项目分解后擅自施工的，由有管辖权的发证机关责令改正，对于不符合开工条件的，责令停止施工，并对建设单位和施工单位分别处以罚款。

第十一条 对于采用虚假证明文件骗取施工许可证的，由原发证机关收回施工许可证，责令停止施工，并对责任单位处以罚款；构成犯罪的，依法追究刑事责任。

第十二条 对于伪造施工许可证的，该施工许可证无效，由发证机关责令停止施工，并对责任单位处以罚款；构成犯罪的，依法追究刑事责任。

对于涂改施工许可证的，由原发证机关责令改正，并对责任单位处以罚款；构成犯罪的，依法追究刑事责任。

第十三条 本办法中的罚款，法律、法规有幅度规定的从其规定。无幅度规定的，有违法所得的处 5000 元以上 30000 元以下的罚款，没有违法所得的处 5000 元以上 10000 元以下的罚款。

第十四条 发证机关及其工作人员对不符合施工条件的建筑工程颁发施工许可证的，由其上级机关责令改正，对责任人员给予行政处分；徇私舞弊、滥用职权的，不得继续从事施工许可管理工作；构成犯罪的，依法追究刑事责任。

对于符合条件、证明文件齐全有效的建筑工程，发证机关在规定时间内不予颁发施工许可证的，建设单位可以依法申请行政复议或者提起行政诉讼。

第十五条 建筑工程施工许可证由国务院建设行政主管部门制定格式，由各省、自治区、直辖市人民政府建设行政主管部门统一印制。

施工许可证分为正本和副本，正本和副本具有同等法律效力。复印的施工许可证无效。

第十六条 本办法关于施工许可管理的规定适用于其他专业建筑工程。有关法律、行政法规有明确规定的，从其规定。

抢险救灾工程、临时性建筑工程、农民自建两层以下（含两层）住宅工程，不适用本办法。

军事房屋建筑工程施工许可的管理，按国务院、中央军事委员会制定的办法执行。

第十七条 省、自治区、直辖市人民政府建设行政主管部门可以根据本办法制定实施细则。

第十八条 本办法由国务院建设行政主管部门负责解释。

第十九条 本办法自 1999 年 12 月 1 日起施行。

超限高层建筑工程抗震设防管理规定

（2002 年 7 月 25 日建设部令第 111 号发布）

第一条 为了加强超限高层建筑工程的抗震设防管理，提高超限高层建筑工程抗震设计的可靠性和安全性，保证超限高层建筑工程抗震设防的质量，根据《中华人民共和国建筑法》、《中华人民共和国防震减灾法》、《建设工程质量管理条例》、《建设工程勘察设计管理条例》等法律、法规，制定本规定。

第二条 本规定适用于抗震设防区内超限高层建筑工程的抗震设防管理。

本规定所称超限高层建筑工程，是指超出国家现行规范、规程所规定的适用高度和适用结构类型的高层建筑工程，体型特别不规则的高层建筑工程，以及有关规范、规程规定应当进行抗震专项审查的高层建筑工程。

第三条 国务院建设行政主管部门负责全国超限高层建筑工程抗震设防的管理工作。

省、自治区、直辖市人民政府建设行政主管部门负责本行政区内超限高层建筑工程抗震设防的管理工作。

第四条 超限高层建筑工程的抗震设防应当采取有效的抗震措施，确保超限高层建筑工程达到规范规定的抗震设防目标。

第五条 在抗震设防区内进行超限高层建筑工程的建设时，建设单位应当在初步设计阶段向工程所在地的省、自治区、直辖市人民政府建设行政主管部门提出专项报告。

第六条 超限高层建筑工程所在地的省、自治区、直辖市人民政府建设行政主管部门，负责组织省、自治区、直辖市超限高层建筑工程抗震设防专家委员会对超限高层建筑工程进行抗震设防专项审查。

审查难度大或者审查意见难以统一的，工程所在地的省、自治区、直辖市人民政府建设行政主管部门可请全国超限高层建筑工程抗震设防专家委员会提出专项审查意见，并报国务院建设行政主管部门备案。

第七条 全国和省、自治区、直辖市的超限高层建筑工程抗震设防审查专家委员会委员分别由国务院建设行政主管部门和省、自治区、直辖市人民政府建设行政主管部门聘任。

超限高层建筑工程抗震设防专家委员会应当由长期从事并精通高层建筑工程抗震的勘察、设计、科研、教学和管理专家组成，并对抗震设防专项审查意见承担相应的审查责任。

第八条 超限高层建筑工程的抗震设防专项审查内容包括：建筑的抗震设防分类、抗震设防烈度（或者设计地震动参数）、场地抗震性能评价、抗震概念设计、主要结构布置、建筑与结构的协调、使用的计算程序、结构计算结果、地基基础和上部结构抗震性能评估等。

第九条 建设单位申报超限高层建筑工程的抗震设防专项审查时，应当提供以下材料：

（一）超限高层建筑工程抗震设防专项审查表；

（二）设计的主要内容、技术依据、可行性论证及主要抗震措施；

（三）工程勘察报告；

（四）结构设计计算的主要结果；

（五）结构抗震薄弱部位的分析和相应措施；

（六）初步设计文件；

（七）设计时参照使用的国外有关抗震设计标准、工程和震害资料及计算机程序；

（八）对要求进行模型抗震性能试验研究的，应当提供抗震试验研究报告。

第十条 建设行政主管部门应当自接到抗震设防专项审查全部申报材料之日起 25 日内，组织专家委员会提出书面审查意见，并将审查结果通知建设单位。

第十一条 超限高层建筑工程抗震设防专项审查费用由建设单位承担。

第十二条 超限高层建筑工程的勘察、设计、施工、监理，应当由具备甲级（一级及以上）资质的勘察、设计、施工和工程监理单位承担，其中建筑设计和结构设计应当分别由具有高层建筑设计经验的一级注册建筑师和一级注册结构工程师承担。

第十三条 建设单位、勘察单位、设计单位应当严格按照抗震设防专项审查意见进行超限高层建筑工程的勘察、设计。

第十四条 未经超限高层建筑工程抗震设防专项审查，建设行政主管部门和其他有关部门不得对超限高层建筑工程施工图设计文件进行审查。

超限高层建筑工程的施工图设计文件审查应当由经国务院建设行政主管部门认定的具有超限高层建筑工程审查资格的施工图设计文件审查机构承担。

施工图设计文件审查时应当检查设计图纸是否执行了抗震设防专项审查意见；未执行专项审查意见的，施工图设计文件审查不能通过。

第十五条 建设单位、施工单位、工程监理单位应当严格按照经抗震设防专项审查和施工图设计文件审查的勘察设计文件进行超限高层建筑工程的抗震设防和采取抗震措施。

第十六条 对国家现行规范要求设置建筑结构地震反应观测系统的超限高层建筑工

程，建设单位应当按照规范要求设置地震反应观测系统。

第十七条 建设单位违反本规定，施工图设计文件未经审查或者审查不合格，擅自施工的，责令改正，处以 20 万元以上 50 万元以下的罚款。

第十八条 勘察、设计单位违反本规定，未按照抗震设防专项审查意见进行超限高层建筑工程勘察、设计的，责令改正，处以 1 万元以上 3 万元以下的罚款；造成损失的，依法承担赔偿责任。

第十九条 国家机关工作人员在超限高层建筑工程抗震设防管理工作中玩忽职守，滥用职权，徇私舞弊，构成犯罪的，依法追究刑事责任；尚不构成犯罪的，依法给予行政处分。

第二十条 省、自治区、直辖市人民政府建设行政主管部门，可结合本地区的具体情况制定实施细则，并报国务院建设行政主管部门备案。

第二十一条 本规定自 2002 年 9 月 1 日起施行。1997 年 12 月 23 日建设部颁布的《超限高层建筑工程抗震设防管理暂行规定》（建设部令第 59 号）同时废止。

城市抗震防灾规划管理规定

（2003 年 9 月 19 日建设部令第 117 号发布）

第一条 为了提高城市的综合抗震防灾能力，减轻地震灾害，根据《中华人民共和国城市规划法》、《中华人民共和国防震减灾法》等有关法律、法规，制定本规定。

第二条 在抗震设防区的城市，编制与实施城市抗震防灾规划，必须遵守本规定。

本规定所称抗震设防区，是指地震基本烈度 6 度及 6 度以上地区（地震动峰值加速度≥0.05g 的地区）。

第三条 城市抗震防灾规划是城市总体规划中的专业规划。在抗震设防区的城市，编制城市总体规划时必须包括城市抗震防灾规划。城市抗震防灾规划的规划范围应当与城市总体规划相一致，并与城市总体规划同步实施。

城市总体规划与防震减灾规划应当相互协调。

第四条 城市抗震防灾规划的编制要贯彻"预防为主，防、抗、避、救相结合"的方针，结合实际、因地制宜、突出重点。

第五条 国务院建设行政主管部门负责全国的城市抗震防灾规划综合管理工作。

省、自治区人民政府建设行政主管部门负责本行政区域内的城市抗震防灾规划的管理工作。

直辖市、市、县人民政府城乡规划行政主管部门会同有关部门组织编制本行政区域内的城市抗震防灾规划，并监督实施。

第六条 编制城市抗震防灾规划应当对城市抗震防灾有关的城市建设、地震地质、工程地质、水文地质、地形地貌、土层分布及地震活动性等情况进行深入调查研究，取得准确的基础资料。

有关单位应当依法为编制城市抗震防灾规划提供必需的资料。

第七条 编制和实施城市抗震防灾规划应当符合有关的标准和技术规范，应当采用先进技术方法和手段。

第八条　城市抗震防灾规划编制应当达到下列基本目标：

（一）当遭受多遇地震时，城市一般功能正常；

（二）当遭受相当于抗震设防烈度的地震时，城市一般功能及生命线系统基本正常，重要工矿企业能正常或者很快恢复生产；

（三）当遭受罕遇地震时，城市功能不瘫痪，要害系统和生命线工程不遭受严重破坏，不发生严重的次生灾害。

第九条　城市抗震防灾规划应当包括下列内容：

（一）地震的危害程度估计，城市抗震防灾现状、易损性分析和防灾能力评价，不同强度地震下的震害预测等。

（二）城市抗震防灾规划目标、抗震设防标准。

（三）建设用地评价与要求：

1. 城市抗震环境综合评价，包括发震断裂、地震场地破坏效应的评价等；

2. 抗震设防区划，包括场地适宜性分区和危险地段、不利地段的确定，提出用地布局要求；

3. 各类用地上工程设施建设的抗震性能要求。

（四）抗震防灾措施：

1. 市、区级避震通道及避震疏散场地（如绿地、广场等）和避难中心的设置与人员疏散的措施；

2. 城市基础设施的规划建设要求：城市交通、通讯、给排水、燃气、电力、热力等生命线系统，及消防、供油网络、医疗等重要设施的规划布局要求；

3. 防止地震次生灾害要求：对地震可能引起的水灾、火灾、爆炸、放射性辐射、有毒物质扩散或者蔓延等次生灾害的防灾对策；

4. 重要建（构）筑物、超高建（构）筑物、人员密集的教育、文化、体育等设施的布局、间距和外部通道要求；

5. 其他措施。

第十条　城市抗震防灾规划中的抗震设防标准、建设用地评价与要求、抗震防灾措施应当列为城市总体规划的强制性内容，作为编制城市详细规划的依据。

第十一条　城市抗震防灾规划应当按照城市规模、重要性和抗震防灾的要求，分为甲、乙、丙三种模式：

（一）位于地震基本烈度七度及七度以上地区（地震动峰值加速度$\geqslant 0.10g$的地区）的大城市应当按照甲类模式编制；

（二）中等城市和位于地震基本烈度六度地区（地震动峰值加速度等于$0.05g$的地区）的大城市按照乙类模式编制；

（三）其他在抗震设防区的城市按照丙类模式编制。

甲、乙、丙类模式抗震防灾规划的编制深度应当按照有关的技术规定执行。规划成果应当包括规划文本、说明、有关图纸和软件。

第十二条　抗震防灾规划应当由省、自治区建设行政主管部门或者直辖市城乡规划行政主管部门组织专家评审，进行技术审查。专家评审委员会的组成应当包括规划、勘察、抗震等方面的专家和省级地震主管部门的专家。甲、乙类模式抗震防灾规划评审时应当有三名以上建设部全国城市抗震防灾规划审查委员会成员参加。全国城市抗震防灾规划审查委员会委员由国务院建设行政主管部门聘任。

第十三条 经过技术审查的抗震防灾规划应当作为城市总体规划的组成部分，按照法定程序审批。

第十四条 批准后的抗震防灾规划应当公布。

第十五条 城市抗震防灾规划应当根据城市发展和科学技术水平等各种因素的变化，与城市总体规划同步修订。对城市抗震防灾规划进行局部修订，涉及修改总体规划强制性内容的，应当按照原规划的审批要求评审和报批。

第十六条 抗震设防区城市的各项建设必须符合城市抗震防灾规划的要求。

第十七条 在城市抗震防灾规划所确定的危险地段不得进行新的开发建设，已建的应当限期拆除或者停止使用。

第十八条 重大建设工程和各类生命线工程的选址与建设应当避开不利地段，并采取有效的抗震措施。

第十九条 地震时可能发生严重次生灾害的工程不得建在城市人口稠密地区，已建的应当逐步迁出；正在使用的，迁出前应当采取必要的抗震防灾措施。

第二十条 任何单位和个人不得在抗震防灾规划确定的避震疏散场地和避震通道上搭建临时性建（构）筑物或者堆放物资。

重要建（构）筑物、超高建（构）筑物、人员密集的教育、文化、体育等设施的外部通道及间距应当满足抗震防灾的原则要求。

第二十一条 直辖市、市、县人民政府城乡规划行政主管部门应当建立举报投诉制度，接受社会和舆论的监督。

第二十二条 省、自治区人民政府建设行政主管部门应当定期对本行政区域内的城市抗震防灾规划的实施情况进行监督检查。

第二十三条 任何单位和个人从事建设活动违反城市抗震防灾规划的，按照《中华人民共和国城市规划法》等有关法律、法规和规章的有关规定处罚。

第二十四条 本规定自 2003 年 11 月 1 日起施行。本规定颁布前，城市抗震防灾规划管理规定与本规定不一致的，以本规定为准。

建筑施工企业安全生产许可证管理规定

（2004 年 7 月 5 日建设部令第 128 号发布）

第一章 总 则

第一条 为了严格规范建筑施工企业安全生产条件，进一步加强安全生产监督管理，防止和减少生产安全事故，根据《安全生产许可证条例》、《建设工程安全生产管理条例》等有关行政法规，制定本规定。

第二条 国家对建筑施工企业实行安全生产许可制度。

建筑施工企业未取得安全生产许可证的，不得从事建筑施工活动。

本规定所称建筑施工企业，是指从事土木工程、建筑工程、线路管道和设备安装工程及装修工程的新建、扩建、改建和拆除等有关活动的企业。

第三条　国务院建设主管部门负责中央管理的建筑施工企业安全生产许可证的颁发和管理。

省、自治区、直辖市人民政府建设主管部门负责本行政区域内前款规定以外的建筑施工企业安全生产许可证的颁发和管理，并接受国务院建设主管部门的指导和监督。

市、县人民政府建设主管部门负责本行政区域内建筑施工企业安全生产许可证的监督管理，并将监督检查中发现的企业违法行为及时报告安全生产许可证颁发管理机关。

第二章　安全生产条件

第四条　建筑施工企业取得安全生产许可证，应当具备下列安全生产条件：

（一）建立、健全安全生产责任制，制定完备的安全生产规章制度和操作规程；

（二）保证本单位安全生产条件所需资金的投入；

（三）设置安全生产管理机构，按照国家有关规定配备专职安全生产管理人员；

（四）主要负责人、项目负责人、专职安全生产管理人员经建设主管部门或者其他有关部门考核合格；

（五）特种作业人员经有关业务主管部门考核合格，取得特种作业操作资格证书；

（六）管理人员和作业人员每年至少进行一次安全生产教育培训并考核合格；

（七）依法参加工伤保险，依法为施工现场从事危险作业的人员办理意外伤害保险，为从业人员交纳保险费；

（八）施工现场的办公、生活区及作业场所和安全防护用具、机械设备、施工机具及配件符合有关安全生产法律、法规、标准和规程的要求；

（九）有职业危害防治措施，并为作业人员配备符合国家标准或者行业标准的安全防护用具和安全防护服装；

（十）有对危险性较大的分部分项工程及施工现场易发生重大事故的部位、环节的预防、监控措施和应急预案；

（十一）有生产安全事故应急救援预案、应急救援组织或者应急救援人员，配备必要的应急救援器材、设备；

（十二）法律、法规规定的其他条件。

第三章　安全生产许可证的申请与颁发

第五条　建筑施工企业从事建筑施工活动前，应当依照本规定向省级以上建设主管部门申请领取安全生产许可证。

中央管理的建筑施工企业（集团公司、总公司）应当向国务院建设主管部门申请领取安全生产许可证。

前款规定以外的其他建筑施工企业，包括中央管理的建筑施工企业（集团公司、总公司）下属的建筑施工企业，应当向企业注册所在地省、自治区、直辖市人民政府建设主管部门申请领取安全生产许可证。

第六条　建筑施工企业申请安全生产许可证时，应当向建设主管部门提供下列材料：

（一）建筑施工企业安全生产许可证申请表；

（二）企业法人营业执照；

（三）第四条规定的相关文件、材料。

建筑施工企业申请安全生产许可证，应当对申请材料实质内容的真实性负责，不得隐瞒有关情况或者提供虚假材料。

第七条　建设主管部门应当自受理建筑施工企业的申请之日起 45 日内审查完毕；经审查符合安全生产条件的，颁发安全生产许可证；不符合安全生产条件的，不予颁发安全生产许可证，书面通知企业并说明理由。企业自接到通知之日起应当进行整改，整改合格后方可再次提出申请。

建设主管部门审查建筑施工企业安全生产许可证申请，涉及铁路、交通、水利等有关专业工程时，可以征求铁路、交通、水利等有关部门的意见。

第八条　安全生产许可证的有效期为 3 年。安全生产许可证有效期满需要延期的，企业应当于期满前 3 个月向原安全生产许可证颁发管理机关申请办理延期手续。

企业在安全生产许可证有效期内，严格遵守有关安全生产的法律法规，未发生死亡事故的，安全生产许可证有效期届满时，经原安全生产许可证颁发管理机关同意，不再审查，安全生产许可证有效期延期 3 年。

第九条　建筑施工企业变更名称、地址、法定代表人等，应当在变更后 10 日内，到原安全生产许可证颁发管理机关办理安全生产许可证变更手续。

第十条　建筑施工企业破产、倒闭、撤销的，应当将安全生产许可证交回原安全生产许可证颁发管理机关予以注销。

第十一条　建筑施工企业遗失安全生产许可证，应当立即向原安全生产许可证颁发管理机关报告，并在公众媒体上声明作废后，方可申请补办。

第十二条　安全生产许可证申请表采用建设部规定的统一式样。

安全生产许可证采用国务院安全生产监督管理部门规定的统一式样。

安全生产许可证分正本和副本，正、副本具有同等法律效力。

第四章　监　督　管　理

第十三条　县级以上人民政府建设主管部门应当加强对建筑施工企业安全生产许可证的监督管理。建设主管部门在审核发放施工许可证时，应当对已经确定的建筑施工企业是否有安全生产许可证进行审查，对没有取得安全生产许可证的，不得颁发施工许可证。

第十四条　跨省从事建筑施工活动的建筑施工企业有违反本规定行为的，由工程所在地的省级人民政府建设主管部门将建筑施工企业在本地区的违法事实、处理结果和处理建议抄告原安全生产许可证颁发管理机关。

第十五条　建筑施工企业取得安全生产许可证后，不得降低安全生产条件，并应当加强日常安全生产管理，接受建设主管部门的监督检查。安全生产许可证颁发管理机关发现企业不再具备安全生产条件的，应当暂扣或者吊销安全生产许可证。

第十六条　安全生产许可证颁发管理机关或者其上级行政机关发现有下列情形之一

的，可以撤销已经颁发的安全生产许可证：

（一）安全生产许可证颁发管理机关工作人员滥用职权、玩忽职守颁发安全生产许可证的；

（二）超越法定职权颁发安全生产许可证的；

（三）违反法定程序颁发安全生产许可证的；

（四）对不具备安全生产条件的建筑施工企业颁发安全生产许可证的；

（五）依法可以撤销已经颁发的安全生产许可证的其他情形。

依照前款规定撤销安全生产许可证，建筑施工企业的合法权益受到损害的，建设主管部门应当依法给予赔偿。

第十七条　安全生产许可证颁发管理机关应当建立、健全安全生产许可证档案管理制度，定期向社会公布企业取得安全生产许可证的情况，每年向同级安全生产监督管理部门通报建筑施工企业安全生产许可证颁发和管理情况。

第十八条　建筑施工企业不得转让、冒用安全生产许可证或者使用伪造的安全生产许可证。

第十九条　建设主管部门工作人员在安全生产许可证颁发、管理和监督检查工作中，不得索取或者接受建筑施工企业的财物，不得谋取其他利益。

第二十条　任何单位或者个人对违反本规定的行为，有权向安全生产许可证颁发管理机关或者监察机关等有关部门举报。

第五章　罚　　则

第二十一条　违反本规定，建设主管部门工作人员有下列行为之一的，给予降级或者撤职的行政处分；构成犯罪的，依法追究刑事责任：

（一）向不符合安全生产条件的建筑施工企业颁发安全生产许可证的；

（二）发现建筑施工企业未依法取得安全生产许可证擅自从事建筑施工活动，不依法处理的；

（三）发现取得安全生产许可证的建筑施工企业不再具备安全生产条件，不依法处理的；

（四）接到对违反本规定行为的举报后，不及时处理的；

（五）在安全生产许可证颁发、管理和监督检查工作中，索取或者接受建筑施工企业的财物，或者谋取其他利益的。

由于建筑施工企业弄虚作假，造成前款第（一）项行为的，对建设主管部门工作人员不予处分。

第二十二条　取得安全生产许可证的建筑施工企业，发生重大安全事故的，暂扣安全生产许可证并限期整改。

第二十三条　建筑施工企业不再具备安全生产条件的，暂扣安全生产许可证并限期整改；情节严重的，吊销安全生产许可证。

第二十四条　违反本规定，建筑施工企业未取得安全生产许可证擅自从事建筑施工活动的，责令其在建项目停止施工，没收违法所得，并处 10 万元以上 50 万元以下的罚款；造成重大安全事故或者其他严重后果，构成犯罪的，依法追究刑事责任。

第二十五条　违反本规定，安全生产许可证有效期满未办理延期手续，继续从事建筑施工活动的，责令其在建项目停止施工，限期补办延期手续，没收违法所得，并处 5 万元以上 10 万元以下的罚款；逾期仍不办理延期手续，继续从事建筑施工活动的，依照本规定第二十四条的规定处罚。

第二十六条　违反本规定，建筑施工企业转让安全生产许可证的，没收违法所得，处 10 万元以上 50 万元以下的罚款，并吊销安全生产许可证；构成犯罪的，依法追究刑事责任；接受转让的，依照本规定第二十四条的规定处罚。

冒用安全生产许可证或者使用伪造的安全生产许可证的，依照本规定第二十四条的规定处罚。

第二十七条　违反本规定，建筑施工企业隐瞒有关情况或者提供虚假材料申请安全生产许可证的，不予受理或者不予颁发安全生产许可证，并给予警告，1 年内不得申请安全生产许可证。

建筑施工企业以欺骗、贿赂等不正当手段取得安全生产许可证的，撤销安全生产许可证，3 年内不得再次申请安全生产许可证；构成犯罪的，依法追究刑事责任。

第二十八条　本规定的暂扣、吊销安全生产许可证的行政处罚，由安全生产许可证的颁发管理机关决定；其他行政处罚，由县级以上地方人民政府建设主管部门决定。

第六章　附　　则

第二十九条　本规定施行前已依法从事建筑施工活动的建筑施工企业，应当自《安全生产许可证条例》施行之日起（2004 年 1 月 13 日起）1 年内向建设主管部门申请办理建筑施工企业安全生产许可证；逾期不办理安全生产许可证，或者经审查不符合本规定的安全生产条件，未取得安全生产许可证，继续进行建筑施工活动的，依照本规定第二十四条的规定处罚。

第三十条　本规定自公布之日起施行。

房屋建筑和市政基础设施工程
施工图设计文件审查管理办法

（2004 年 8 月 23 日建设部令第 134 号发布）

第一条　为了加强对房屋建筑工程、市政基础设施工程施工图设计文件审查的管理，根据《建设工程质量管理条例》、《建设工程勘察设计管理条例》，制定本办法。

第二条　在中华人民共和国境内从事房屋建筑工程、市政基础设施工程施工图设计文件审查和实施监督管理的，必须遵守本办法。

第三条　国家实施施工图设计文件（含勘察文件，以下简称施工图）审查制度。

本办法所称施工图审查，是指建设主管部门认定的施工图审查机构（以下简称审查机构）按照有关法律、法规，对施工图涉及公共利益、公众安全和工程建设强制性标准的内容进行的审查。

施工图未经审查合格的，不得使用。

第四条 国务院建设主管部门负责规定审查机构的条件、施工图审查工作的管理办法，并对全国的施工图审查工作实施指导、监督。

省、自治区、直辖市人民政府建设主管部门负责认定本行政区域内的审查机构，对施工图审查工作实施监督管理，并接受国务院建设主管部门的指导和监督。

市、县人民政府建设主管部门负责对本行政区域内的施工图审查工作实施日常监督管理，并接受省、自治区、直辖市人民政府建设主管部门的指导和监督。

第五条 省、自治区、直辖市人民政府建设主管部门应当按照国家确定的审查机构条件，并结合本行政区域区的建设规模，认定相应数量的审查机构。

审查机构是不以营利为目的的独立法人。

第六条 审查机构按承接业务范围分两类，一类机构承接房屋建筑、市政基础设施工程施工图审查业务范围不受限制；二类机构可以承接二级及以下房屋建筑、市政基础设施工程的施工图审查。

第七条 一类审查机构应当具备下列条件：

（一）注册资金不少于 100 万元。

（二）有健全的技术管理和质量保证体系。

（三）审查人员应当有良好的职业道德，具有 15 年以上所需专业勘察、设计工作经历；主持过不少于 5 项一级以上建筑工程或者大型市政公用工程或者甲级工程勘察项目相应专业的勘察设计；已实行执业注册制度的专业，审查人员应当具有一级注册建筑师、一级注册结构工程师或者勘察设计注册工程师资格，未实行执业注册制度的，审查人员应当有高级工程师以上职称。

（四）从事房屋建筑工程施工图审查的，结构专业审查人员不少于 6 人，建筑、电气、暖通、给排水、勘察等专业审查人员各不少于 2 人；从事市政基础设施工程施工图审查的，所需专业的审查人员不少于 6 人，其他必须配套的专业审查人员各不少于 2 人；专门从事勘察文件审查的，勘察专业审查人员不少于 6 人。

（五）审查人员原则上不得超过 65 岁，60 岁以上审查人员不超过该专业审查人员规定数的 1/2。

承担超限高层建筑工程施工图审查的，除具备上述条件外，还应当具有主持过超限高层建筑工程或者 100 米以上建筑工程结构专业设计的审查人员不少于 3 人。

第八条 二类审查机构应当具备下列条件：

（一）注册资金不少于 50 万元。

（二）有健全的技术管理和质量保证体系。

（三）审查人员应当有良好的职业道德，具有 10 年以上所需专业勘察、设计工作经历；主持过不少于 5 项二级以上建筑工程或者中型以上市政公用工程或者乙级以上工程勘察项目相应专业的勘察设计；已实行执业注册制度的专业，审查人员应当具有一级注册建筑师、一级注册结构工程师或者勘察设计注册工程师资格，未实行执业注册制度的，审查人员应当有工程师以上职称。

（四）从事房屋建筑工程施工图审查的，各专业审查人员不少于 2 人；从事市政基础设施工程施工图审查的，所需专业的审查人员不少于 4 人，其他必须配套的专业审查人员各不少于 2 人；专门从事勘察文件审查的，勘察专业审查人员不少于 4 人。

（五）审查人员原则上不得超过 65 岁，60 岁以上审查人员不超过该专业审查人员规定数的 1/2。

第九条 建设单位应当将施工图送审查机构审查。

建设单位可以自主选择审查机构，但是审查机构不得与所审查项目的建设单位、勘察设计企业有隶属关系或者其他利害关系。

第十条 建设单位应当向审查机构提供下列资料：

（一）作为勘察、设计依据的政府有关部门的批准文件及附件；

（二）全套施工图。

第十一条 审查机构应当对施工图审查下列内容：

（一）是否符合工程建设强制性标准；

（二）地基基础和主体结构的安全性；

（三）勘察设计企业和注册执业人员以及相关人员是否按规定在施工图上加盖相应的图章和签字；

（四）其他法律、法规、规章规定必须审查的内容。

第十二条 施工图审查原则上不超过下列时限：

（一）一级以上建筑工程、大型市政工程为 15 个工作日，二级及以下建筑工程、中型及以下市政工程为 10 个工作日。

（二）工程勘察文件，甲级项目为 7 个工作日，乙级及以下项目为 5 个工作日。

第十三条 审查机构对施工图进行审查后，应当根据下列情况分别作出处理：

（一）审查合格的，审查机构应当向建设单位出具审查合格书，并将经审查机构盖章的全套施工图交还建设单位。审查合格书应当有各专业的审查人员签字，经法定代表人签发，并加盖审查机构公章。审查机构应当在 5 个工作日内将审查情况报工程所在地县级以上地方人民政府建设主管部门备案。

（二）审查不合格的，审查机构应当将施工图退建设单位并书面说明不合格原因。同时，应当将审查中发现的建设单位、勘察设计企业和注册执业人员违反法律、法规和工程建设强制性标准的问题，报工程所在地县级以上地方人民政府建设主管部门。

施工图退建设单位后，建设单位应当要求原勘察设计企业进行修改，并将修改后的施工图报原审查机构审查。

第十四条 任何单位或者个人不得擅自修改审查合格的施工图。

确需修改的，凡涉及本办法第十一条规定内容的，建设单位应当将修改后的施工图送原审查机构审查。

第十五条 审查机构对施工图审查工作负责，承担审查责任。

施工图经审查合格后，仍有违反法律、法规和工程建设强制性标准的问题，给建设单位造成损失的，审查机构依法承担相应的赔偿责任；建设主管部门对审查机构、审查机构的法定代表人和审查人员依法作出处理或者处罚。

第十六条 审查机构应当建立、健全内部管理制度。施工图审查应当有经各专业审查人员签字的审查记录，审查记录、审查合格书等有关资料应当归档保存。

第十七条　未实行执业注册制度的审查人员，应当参加省、自治区、直辖市人民政府建设主管部门组织的有关法律、法规和技术标准的培训，每年培训时间不少于40学时。

第十八条　县级以上人民政府建设主管部门应当及时受理对施工图审查工作中违法、违规行为的检举、控告和投诉。

第十九条　按规定应当进行审查的施工图，未经审查合格的，建设主管部门不得颁发施工许可证。

第二十条　县级以上人民政府建设主管部门应当加强对审查机构的监督检查，主要检查下列内容：

（一）是否符合规定的条件；

（二）是否超出认定的范围从事施工图审查；

（三）是否使用不符合条件的审查人员；

（四）是否按规定上报审查过程中发现的违法违规行为；

（五）是否按规定在审查合格书和施工图上签字盖章；

（六）施工图审查质量；

（七）审查人员的培训情况。

建设主管部门实施监督检查时，有权要求被检查的审查机构提供有关施工图审查的文件和资料。

第二十一条　县级以上人民政府建设主管部门对审查机构报告的建设单位、勘察设计企业、注册执业人员的违法违规行为，应当依法进行处罚。

第二十二条　审查机构违反本办法规定，有下列行为之一的，县级以上地方人民政府建设主管部门责令改正，处1万元以上3万元以下的罚款；情节严重的，省、自治区、直辖市人民政府建设主管部门撤销对审查机构的认定：

（一）超出认定的范围从事施工图审查的；

（二）使用不符合条件审查人员的；

（三）未按规定上报审查过程中发现的违法违规行为的；

（四）未按规定在审查合格书和施工图上签字盖章的；

（五）未按规定的审查内容进行审查的。

第二十三条　审查机构出具虚假审查合格书的，县级以上地方人民政府建设主管部门处3万元罚款，省、自治区、直辖市人民政府建设主管部门撤销对审查机构的认定；有违法所得的，予以没收。

第二十四条　依照本办法规定，给予审查机构罚款处罚的，对机构的法定代表人和其他直接责任人员处机构罚款数额5%以上10%以下的罚款。

第二十五条　省、自治区、直辖市人民政府建设主管部门未按照本办法规定认定审查机构的，国务院建设主管部门责令改正。

第二十六条　国家机关工作人员在施工图审查监督管理工作中玩忽职守、滥用职权、徇私舞弊，构成犯罪的，依法追究刑事责任；尚不构成犯罪的，依法给予行政处分。

第二十七条　本办法自公布之日起施行。

建设工程质量检测管理办法

（2005 年 9 月 28 日建设部令第 141 号发布）

第一条 为了加强对建设工程质量检测的管理，根据《中华人民共和国建筑法》、《建设工程质量管理条例》，制定本办法。

第二条 申请从事对涉及建筑物、构筑物结构安全的试块、试件以及有关材料检测的工程质量检测机构资质，实施对建设工程质量检测活动的监督管理，应当遵守本办法。

本办法所称建设工程质量检测（以下简称质量检测），是指工程质量检测机构（以下简称检测机构）接受委托，依据国家有关法律、法规和工程建设强制性标准，对涉及结构安全项目的抽样检测和对进入施工现场的建筑材料、构配件的见证取样检测。

第三条 国务院建设主管部门负责对全国质量检测活动实施监督管理，并负责制定检测机构资质标准。

省、自治区、直辖市人民政府建设主管部门负责对本行政区域内的质量检测活动实施监督管理，并负责检测机构的资质审批。

市、县人民政府建设主管部门负责对本行政区域内的质量检测活动实施监督管理。

第四条 检测机构是具有独立法人资格的中介机构。检测机构从事本办法附件一规定的质量检测业务，应当依据本办法取得相应的资质证书。

检测机构资质按照其承担的检测业务内容分为专项检测机构资质和见证取样检测机构资质。检测机构资质标准由附件二规定。

检测机构未取得相应的资质证书，不得承担本办法规定的质量检测业务。

第五条 申请检测资质的机构应当向省、自治区、直辖市人民政府建设主管部门提交下列申请材料：

（一）《检测机构资质申请表》一式三份；

（二）工商营业执照原件及复印件；

（三）与所申请检测资质范围相对应的计量认证证书原件及复印件；

（四）主要检测仪器、设备清单；

（五）技术人员的职称证书、身份证和社会保险合同的原件及复印件；

（六）检测机构管理制度及质量控制措施。

《检测机构资质申请表》由国务院建设主管部门制定式样。

第六条 省、自治区、直辖市人民政府建设主管部门在收到申请人的申请材料后，应当即时作出是否受理的决定，并向申请人出具书面凭证；申请材料不齐全或者不符合法定形式的，应当在 5 日内一次性告知申请人需要补正的全部内容。逾期不告知的，自收到申请材料之日起即为受理。

省、自治区、直辖市建设主管部门受理资质申请后，应当对申报材料进行审查，自受理之日起 20 个工作日内审批完毕并作出书面决定。对符合资质标准的，自作出决定之日起 10 个工作日内颁发《检测机构资质证书》，并报国务院建设主管部门备案。

第七条 《检测机构资质证书》应当注明检测业务范围，分为正本和副本，由国务院建设主管部门制定式样，正、副本具有同等法律效力。

第八条 检测机构资质证书有效期为 3 年。资质证书有效期满需要延期的，检测机构应当在资质证书有效期满 30 个工作日前申请办理延期手续。

检测机构在资质证书有效期内没有下列行为的，资质证书有效期届满时，经原审批机关同意，不再审查，资质证书有效期延期 3 年，由原审批机关在其资质证书副本上加盖延期专用章；检测机构在资质证书有效期内有下列行为之一的，原审批机关不予延期：

（一）超出资质范围从事检测活动的；

（二）转包检测业务的；

（三）涂改、倒卖、出租、出借或者以其他形式非法转让资质证书的；

（四）未按照国家有关工程建设强制性标准进行检测，造成质量安全事故或致使事故损失扩大的；

（五）伪造检测数据，出具虚假检测报告或者鉴定结论的。

第九条 检测机构取得检测机构资质后，不再符合相应资质标准的，省、自治区、直辖市人民政府建设主管部门根据利害关系人的请求或者依据职权，可以责令其限期改正；逾期不改的，可以撤回相应的资质证书。

第十条 任何单位和个人不得涂改、倒卖、出租、出借或者以其他形式非法转让资质证书。

第十一条 检测机构变更名称、地址、法定代表人、技术负责人，应当在 3 个月内到原审批机关办理变更手续。

第十二条 本办法规定的质量检测业务，由工程项目建设单位委托具有相应资质的检测机构进行检测。委托方与被委托方应当签订书面合同。

检测结果利害关系人对检测结果发生争议的，由双方共同认可的检测机构复检，复检结果由提出复检方报当地建设主管部门备案。

第十三条 质量检测试样的取样应当严格执行有关工程建设标准和国家有关规定，在建设单位或者工程监理单位监督下现场取样。提供质量检测试样的单位和个人，应当对试样的真实性负责。

第十四条 检测机构完成检测业务后，应当及时出具检测报告。检测报告经检测人员签字、检测机构法定代表人或者其授权的签字人签署，并加盖检测机构公章或者检测专用章后方可生效。检测报告经建设单位或者工程监理单位确认后，由施工单位归档。

见证取样检测的检测报告中应当注明见证人单位及姓名。

第十五条 任何单位和个人不得明示或者暗示检测机构出具虚假检测报告，不得篡改或者伪造检测报告。

第十六条 检测人员不得同时受聘于两个或者两个以上的检测机构。

检测机构和检测人员不得推荐或者监制建筑材料、构配件和设备。

检测机构不得与行政机关，法律、法规授权的具有管理公共事务职能的组织以及所检测工程项目相关的设计单位、施工单位、监理单位有隶属关系或者其他利害关系。

第十七条 检测机构不得转包检测业务。

检测机构跨省、自治区、直辖市承担检测业务的，应当向工程所在地的省、自治区、直辖市人民政府建设主管部门备案。

第十八条 检测机构应当对其检测数据和检测报告的真实性和准确性负责。

检测机构违反法律、法规和工程建设强制性标准，给他人造成损失的，应当依法承担相应的赔偿责任。

第十九条 检测机构应当将检测过程中发现的建设单位、监理单位、施工单位违反有关法律、法规和工程建设强制性标准的情况，以及涉及结构安全检测结果的不合格情况，及时报告工程所在地建设主管部门。

第二十条 检测机构应当建立档案管理制度。检测合同、委托单、原始记录、检测报告应当按年度统一编号，编号应当连续，不得随意抽撤、涂改。

检测机构应当单独建立检测结果不合格项目台账。

第二十一条 县级以上地方人民政府建设主管部门应当加强对检测机构的监督检查，主要检查下列内容：

（一）是否符合本办法规定的资质标准；

（二）是否超出资质范围从事质量检测活动；

（三）是否有涂改、倒卖、出租、出借或者以其他形式非法转让资质证书的行为；

（四）是否按规定在检测报告上签字盖章，检测报告是否真实；

（五）检测机构是否按有关技术标准和规定进行检测；

（六）仪器设备及环境条件是否符合计量认证要求；

（七）法律、法规规定的其他事项。

第二十二条 建设主管部门实施监督检查时，有权采取下列措施：

（一）要求检测机构或者委托方提供相关的文件和资料；

（二）进入检测机构的工作场地（包括施工现场）进行抽查；

（三）组织进行比对试验以验证检测机构的检测能力；

（四）发现有不符合国家有关法律、法规和工程建设标准要求的检测行为时，责令改正。

第二十三条 建设主管部门在监督检查中为收集证据的需要，可以对有关试样和检测资料采取抽样取证的方法；在证据可能灭失或者以后难以取得的情况下，经部门负责人批准，可以先行登记保存有关试样和检测资料，并应当在 7 日内及时作出处理决定，在此期间，当事人或者有关人员不得销毁或者转移有关试样和检测资料。

第二十四条 县级以上地方人民政府建设主管部门，对监督检查中发现的问题应当按规定权限进行处理，并及时报告资质审批机关。

第二十五条 建设主管部门应当建立投诉受理和处理制度，公开投诉电话号码、通讯地址和电子邮件信箱。

检测机构违反国家有关法律、法规和工程建设标准规定进行检测的，任何单位和个人都有权向建设主管部门投诉。建设主管部门收到投诉后，应当及时核实并依据本办法对检测机构作出相应的处理决定，于30日内将处理意见答复投诉人。

第二十六条　违反本办法规定，未取得相应的资质，擅自承担本办法规定的检测业务的，其检测报告无效，由县级以上地方人民政府建设主管部门责令改正，并处1万元以上3万元以下的罚款。

第二十七条　检测机构隐瞒有关情况或者提供虚假材料申请资质的，省、自治区、直辖市人民政府建设主管部门不予受理或者不予行政许可，并给予警告，1年之内不得再次申请资质。

第二十八条　以欺骗、贿赂等不正当手段取得资质证书的，由省、自治区、直辖市人民政府建设主管部门撤销其资质证书，3年内不得再次申请资质证书；并由县级以上地方人民政府建设主管部门处以1万元以上3万元以下的罚款；构成犯罪的，依法追究刑事责任。

第二十九条　检测机构违反本办法规定，有下列行为之一的，由县级以上地方人民政府建设主管部门责令改正，可并处1万元以上3万元以下的罚款；构成犯罪的，依法追究刑事责任：

（一）超出资质范围从事检测活动的；

（二）涂改、倒卖、出租、出借、转让资质证书的；

（三）使用不符合条件的检测人员的；

（四）未按规定上报发现的违法违规行为和检测不合格事项的；

（五）未按规定在检测报告上签字盖章的；

（六）未按照国家有关工程建设强制性标准进行检测的；

（七）档案资料管理混乱，造成检测数据无法追溯的；

（八）转包检测业务的。

第三十条　检测机构伪造检测数据，出具虚假检测报告或者鉴定结论的，县级以上地方人民政府建设主管部门给予警告，并处3万元罚款；给他人造成损失的，依法承担赔偿责任；构成犯罪的，依法追究其刑事责任。

第三十一条　违反本办法规定，委托方有下列行为之一的，由县级以上地方人民政府建设主管部门责令改正，处1万元以上3万元以下的罚款：

（一）委托未取得相应资质的检测机构进行检测的；

（二）明示或暗示检测机构出具虚假检测报告，篡改或伪造检测报告的；

（三）弄虚作假送检试样的。

第三十二条　依照本办法规定，给予检测机构罚款处罚的，对检测机构的法定代表人和其他直接责任人员处罚款数额5%以上10%以下的罚款。

第三十三条　县级以上人民政府建设主管部门工作人员在质量检测管理工作中，有下列情形之一的，依法给予行政处分；构成犯罪的，依法追究刑事责任：

（一）对不符合法定条件的申请人颁发资质证书的；

（二）对符合法定条件的申请人不予颁发资质证书的；

（三）对符合法定条件的申请人未在法定期限内颁发资质证书的；

（四）利用职务上的便利，收受他人财物或者其他好处的；

（五）不依法履行监督管理职责，或者发现违法行为不予查处的。

第三十四条 检测机构和委托方应当按照有关规定收取、支付检测费用。没有收费标准的项目由双方协商收取费用。

第三十五条 水利工程、铁道工程、公路工程等工程中涉及结构安全的试块、试件及有关材料的检测按照有关规定，可以参照本办法执行。节能检测按照国家有关规定执行。

第三十六条 本规定自 2005 年 11 月 1 日起施行。

附件一：

质量检测的业务内容

一、专项检测

（一）地基基础工程检测

1. 地基及复合地基承载力静载检测；

2. 桩的承载力检测；

3. 桩身完整性检测；

4. 锚杆锁定力检测。

（二）主体结构工程现场检测

1. 混凝土、砂浆、砌体强度现场检测；

2. 钢筋保护层厚度检测；

3. 混凝土预制构件结构性能检测；

4. 后置埋件的力学性能检测。

（三）建筑幕墙工程检测

1. 建筑幕墙的气密性、水密性、风压变形性能、层间变位性能检测；

2. 硅酮结构胶相容性检测。

（四）钢结构工程检测

1. 钢结构焊接质量无损检测；

2. 钢结构防腐及防火涂装检测；

3. 钢结构节点、机械连接用紧固标准件及高强度螺栓力学性能检测；

4. 钢网架结构的变形检测。

二、见证取样检测

1. 水泥物理力学性能检验；

2. 钢筋（含焊接与机械连接）力学性能检验；

3. 砂、石常规检验；

4. 混凝土、砂浆强度检验；

5. 简易土工试验；

6. 混凝土掺加剂检验；

7. 预应力钢绞线、锚夹具检验；

8. 沥青、沥青混合料检验。

附件二：

检测机构资质标准

一、专项检测机构和见证取样检测机构应满足下列基本条件：

（一）专项检测机构的注册资本不少于 100 万元人民币，见证取样检测机构不少于 80 万元人民币；

（二）所申请检测资质对应的项目应通过计量认证；

（三）有质量检测、施工、监理或设计经历，并接受了相关检测技术培训的专业技术人员不少于 10 人；边远的县（区）的专业技术人员可不少于 6 人；

（四）有符合开展检测工作所需的仪器、设备和工作场所；其中，使用属于强制检定的计量器具，要经过计量检定合格后，方可使用；

（五）有健全的技术管理和质量保证体系。

二、专项检测机构除应满足基本条件外，还需满足下列条件：

（一）地基基础工程检测类

专业技术人员中从事工程桩检测工作 3 年以上并具有高级或者中级职称的不得少于 4 名，其中 1 人应当具备注册岩土工程师资格。

（二）主体结构工程检测类

专业技术人员中从事结构工程检测工作 3 年以上并具有高级或者中级职称的不得少于 4 名，其中 1 人应当具备二级注册结构工程师资格。

（三）建筑幕墙工程检测类

专业技术人员中从事建筑幕墙检测工作 3 年以上并具有高级或者中级职称的不得少于 4 名。

（四）钢结构工程检测类

专业技术人员中从事钢结构机械连接检测、钢网架结构变形检测工作 3 年以上并具有高级或者中级职称的不得少于 4 名，其中 1 人应当具备二级注册结构工程师资格。

三、见证取样检测机构除应满足基本条件外，专业技术人员中从事检测工作 3 年以上并具有高级或者中级职称的不得少于 3 名；边远的县（区）可不少于 2 人。

房屋建筑工程抗震设防管理规定

（2006 年 1 月 27 日建设部令第 148 号发布）

第一条 为了加强对房屋建筑工程抗震设防的监督管理，保护人民生命和财产安全，根据《中华人民共和国防震减灾法》、《中华人民共和国建筑法》、《建设工程质量管理条例》、《建设工程勘察设计管理条例》等法律、行政法规，制定本规定。

第二条 在抗震设防区从事房屋建筑工程抗震设防的有关活动，实施对房屋建筑工程抗震设防的监督管理，适用本规定。

第三条　房屋建筑工程的抗震设防，坚持预防为主的方针。

第四条　国务院建设主管部门负责全国房屋建筑工程抗震设防的监督管理工作。

县级以上地方人民政府建设主管部门负责本行政区域内房屋建筑工程抗震设防的监督管理工作。

第五条　国家鼓励采用先进的科学技术进行房屋建筑工程的抗震设防。

制定、修订工程建设标准时，应当及时将先进适用的抗震新技术、新材料和新结构体系纳入标准、规范，在房屋建筑工程中推广使用。

第六条　新建、扩建、改建的房屋建筑工程，应当按照国家有关规定和工程建设强制性标准进行抗震设防。

任何单位和个人不得降低抗震设防标准。

第七条　建设单位、勘察单位、设计单位、施工单位、工程监理单位，应当遵守有关房屋建筑工程抗震设防的法律、法规和工程建设强制性标准的规定，保证房屋建筑工程的抗震设防质量，依法承担相应责任。

第八条　城市房屋建筑工程的选址，应当符合城市总体规划中城市抗震防灾专业规划的要求；村庄、集镇建设的工程选址，应当符合村庄与集镇防灾专项规划和村庄与集镇建设规划中有关抗震防灾的要求。

第九条　采用可能影响房屋建筑工程抗震安全，又没有国家技术标准的新技术、新材料的，应当按照有关规定申请核准。申请时，应当说明是否适用于抗震设防区以及适用的抗震设防烈度范围。

第十条　《建筑工程抗震设防分类标准》中甲类和乙类建筑工程的初步设计文件应当有抗震设防专项内容。

超限高层建筑工程应当在初步设计阶段进行抗震设防专项审查。

新建、扩建、改建房屋建筑工程的抗震设计应当作为施工图审查的重要内容。

第十一条　产权人和使用人不得擅自变动或者破坏房屋建筑抗震构件、隔震装置、减震部件或者地震反应观测系统等抗震设施。

第十二条　已建成的下列房屋建筑工程，未采取抗震设防措施且未列入近期拆除改造计划的，应当委托具有相应设计资质的单位按现行抗震鉴定标准进行抗震鉴定：

（一）《建筑工程抗震设防分类标准》中甲类和乙类建筑工程；

（二）有重大文物价值和纪念意义的房屋建筑工程；

（三）地震重点监视防御区的房屋建筑工程。

鼓励其他未采取抗震设防措施且未列入近期拆除改造计划的房屋建筑工程产权人，委托具有相应设计资质的单位按现行抗震鉴定标准进行抗震鉴定。

经鉴定需加固的房屋建筑工程，应当在县级以上地方人民政府建设主管部门确定的限期内采取必要的抗震加固措施；未加固前应当限制使用。

第十三条　从事抗震鉴定的单位，应当遵守有关房屋建筑工程抗震设防的法律、法规和工程建设强制性标准的规定，保证房屋建筑工程的抗震鉴定质量，依法承担相应责任。

第十四条　对经鉴定需抗震加固的房屋建筑工程，产权人应当委托具有相应资质的设计、施工单位进行抗震加固设计与施工，并按国家规定办理相关手续。

抗震加固应当与城市近期建设规划、产权人的房屋维修计划相结合。经鉴定需抗震加固的房屋建筑工程在进行装修改造时，应当同时进行抗震加固。

有重大文物价值和纪念意义的房屋建筑工程的抗震加固，应当注意保持其原有风貌。

第十五条　房屋建筑工程的抗震鉴定、抗震加固费用，由产权人承担。

第十六条　已按工程建设标准进行抗震设计或抗震加固的房屋建筑工程在合理使用年限内，因各种人为因素使房屋建筑工程抗震能力受损的，或者因改变原设计使用性质，导致荷载增加或需提高抗震设防类别的，产权人应当委托有相应资质的单位进行抗震验算、修复或加固。需要进行工程检测的，应由委托具有相应资质的单位进行检测。

第十七条　破坏性地震发生后，当地人民政府建设主管部门应当组织对受损房屋建筑工程抗震性能的应急评估，并提出恢复重建方案。

第十八条　震后经应急评估需进行抗震鉴定的房屋建筑工程，应当按照抗震鉴定标准进行鉴定。经鉴定需修复或者抗震加固的，应当按照工程建设强制性标准进行修复或者抗震加固。需易地重建的，应当按照国家有关法律、法规的规定进行规划和建设。

第十九条　当发生地震的实际烈度大于现行地震动参数区划图对应的地震基本烈度时，震后修复或者建设的房屋建筑工程，应当以国家地震部门审定、发布的地震动参数复核结果，作为抗震设防的依据。

第二十条　县级以上地方人民政府建设主管部门应当加强对房屋建筑工程抗震设防质量的监督管理，并对本行政区域内房屋建筑工程执行抗震设防的法律、法规和工程建设强制性标准情况，定期进行监督检查。

县级以上地方人民政府建设主管部门应当对村镇建设抗震设防进行指导和监督。

第二十一条　县级以上地方人民政府建设主管部门应当对农民自建低层住宅抗震设防进行技术指导和技术服务，鼓励和指导其采取经济、合理、可靠的抗震措施。

地震重点监视防御区县级以上地方人民政府建设主管部门应当通过拍摄科普教育宣传片、发送农房抗震图集、建设抗震样板房、技术培训等多种方式，积极指导农民自建低层住宅进行抗震设防。

第二十二条　县级以上地方人民政府建设主管部门有权组织抗震设防检查，并采取下列措施：

（一）要求被检查的单位提供有关房屋建筑工程抗震的文件和资料；

（二）发现有影响房屋建筑工程抗震设防质量的问题时，责令改正。

第二十三条　地震发生后，县级以上地方人民政府建设主管部门应当组织专家，对破坏程度超出工程建设强制性标准允许范围的房屋建筑工程的破坏原因进行调查，并依法追究有关责任人的责任。

国务院建设主管部门应当根据地震调查情况，及时组织力量开展房屋建筑工程抗震科学研究，并对相关工程建设标准进行修订。

第二十四条　任何单位和个人对房屋建筑工程的抗震设防质量问题都有权检举和投诉。

第二十五条　违反本规定，擅自使用没有国家技术标准又未经审定通过的新技术、新材料，或者将不适用于抗震设防区的新技术、新材料用于抗震设防区，或者超出经审定的抗震烈度范围的，由县级以上地方人民政府建设主管部门责令限期改正，并处以1万元以上3万元以下罚款。

第二十六条 违反本规定，擅自变动或者破坏房屋建筑抗震构件、隔震装置、减震部件或者地震反应观测系统等抗震设施的，由县级以上地方人民政府建设主管部门责令限期改正，并对个人处以1000元以下罚款，对单位处以1万元以上3万元以下罚款。

第二十七条 违反本规定，未对抗震能力受损、荷载增加或者需提高抗震设防类别的房屋建筑工程，进行抗震验算、修复和加固的，由县级以上地方人民政府建设主管部门责令限期改正，逾期不改的，处以1万元以下罚款。

第二十八条 违反本规定，经鉴定需抗震加固的房屋建筑工程在进行装修改造时未进行抗震加固的，由县级以上地方人民政府建设主管部门责令限期改正，逾期不改的，处以1万元以下罚款。

第二十九条 本规定所称抗震设防区，是指地震基本烈度六度及六度以上地区（地震动峰值加速度≥0.05g的地区）。

本规定所称超限高层建筑工程，是指超出国家现行规范、规程所规定的适用高度和适用结构类型的高层建筑工程，体型特别不规则的高层建筑工程，以及有关规范、规程规定应当进行抗震专项审查的高层建筑工程。

第三十条 本规定自2006年4月1日起施行。

建设工程勘察质量管理办法

（2002年12月4日建设部令第115号发布，根据2007年11月22日
建设部令第163号修正）

第一章 总 则

第一条 为了加强对建设工程勘察质量的管理，保证建设工程质量，根据《中华人民共和国建筑法》、《建设工程质量管理条例》、《建设工程勘察设计管理条例》等有关法律、法规，制定本办法。

第二条 凡在中华人民共和国境内从事建设工程勘察活动的，必须遵守本办法。

本办法所称建设工程勘察，是指根据建设工程的要求，查明、分析、评价建设场地的地质地理环境特征和岩土工程条件，编制建设工程勘察文件的活动。

第三条 工程勘察企业应当按照有关建设工程质量的法律、法规、工程建设强制性标准和勘察合同进行勘察工作，并对勘察质量负责。

勘察文件应当符合国家规定的勘察深度要求，必须真实、准确。

第四条 国务院建设行政主管部门对全国的建设工程勘察质量实施统一监督管理。

国务院铁路、交通、水利等有关部门按照国务院规定的职责分工，负责对全国的有关专业建设工程勘察质量的监督管理。

县级以上地方人民政府建设行政主管部门对本行政区域内的建设工程勘察质量实施监

督管理。

县级以上地方人民政府有关部门在各自的职责范围内，负责对本行政区域内的有关专业建设工程勘察质量的监督管理。

第二章　质量责任和义务

第五条　建设单位应当为勘察工作提供必要的现场工作条件，保证合理的勘察工期，提供真实、可靠的原始资料。

建设单位应当严格执行国家收费标准，不得迫使工程勘察企业以低于成本的价格承揽任务。

第六条　工程勘察企业必须依法取得工程勘察资质证书，并在资质等级许可的范围内承揽勘察业务。

工程勘察企业不得超越其资质等级许可的业务范围或者以其他勘察企业的名义承揽勘察业务；不得允许其他企业或者个人以本企业的名义承揽勘察业务；不得转包或者违法分包所承揽的勘察业务。

第七条　工程勘察企业应当健全勘察质量管理体系和质量责任制度。

第八条　工程勘察企业应当拒绝用户提出的违反国家有关规定的不合理要求，有权提出保证工程勘察质量所必需的现场工作条件和合理工期。

第九条　工程勘察企业应当参与施工验槽，及时解决工程设计和施工中与勘察工作有关的问题。

第十条　工程勘察企业应当参与建设工程质量事故的分析，并对因勘察原因造成的质量事故，提出相应的技术处理方案。

第十一条　工程勘察项目负责人、审核人、审定人及有关技术人员应当具有相应的技术职称或者注册资格。

第十二条　项目负责人应当组织有关人员做好现场踏勘、调查，按照要求编写《勘察纲要》，并对勘察过程中各项作业资料验收和签字。

第十三条　工程勘察企业的法定代表人、项目负责人、审核人、审定人等相关人员，应当在勘察文件上签字或者盖章，并对勘察质量负责。

工程勘察企业法定代表人对本企业勘察质量全面负责；项目负责人对项目的勘察文件负主要质量责任；项目审核人、审定人对其审核、审定项目的勘察文件负审核、审定的质量责任。

第十四条　工程勘察工作的原始记录应当在勘察过程中及时整理、核对，确保取样、记录的真实和准确，严禁离开现场追记或者补记。

第十五条　工程勘察企业应当确保仪器、设备的完好。钻探、取样的机具设备、原位测试、室内试验及测量仪器等应当符合有关规范、规程的要求。

第十六条　工程勘察企业应当加强职工技术培训和职业道德教育，提高勘察人员的质量责任意识。观测员、试验员、记录员、机长等现场作业人员应当接受专业培训，方可上岗。

第十七条　工程勘察企业应当加强技术档案的管理工作。工程项目完成后，必须将全部资料分类编目，装订成册，归档保存。

第三章 监 督 管 理

第十八条 工程勘察文件应当经县级以上人民政府建设行政主管部门或者其他有关部门（以下简称工程勘察质量监督部门）审查。工程勘察质量监督部门可以委托施工图设计文件审查机构（以下简称审查机构）对工程勘察文件进行审查。

审查机构应当履行下列职责：

（一）监督检查工程勘察企业有关质量管理文件、文字报告、计算书、图纸图表和原始资料等是否符合有关规定和标准；

（二）发现勘察质量问题，及时报告有关部门依法处理。

第十九条 工程勘察质量监督部门应当对工程勘察企业质量管理程序的实施、试验室是否符合标准等情况进行检查，并定期向社会公布检查和处理结果。

第二十条 工程勘察发生重大质量、安全事故时，有关单位应当按照规定向工程勘察质量监督部门报告。

第二十一条 任何单位和个人有权向工程勘察质量监督部门检举、投诉工程勘察质量、安全问题。

第四章 罚 则

第二十二条 工程勘察企业违反《建设工程勘察设计管理条例》、《建设工程质量管理条例》的，由工程勘察质量监督部门按照有关规定给予处罚。

第二十三条 违反本办法规定，建设单位未为勘察工作提供必要的现场工作条件或者未提供真实、可靠原始资料的，由工程勘察质量监督部门责令改正；造成损失的，依法承担赔偿责任。

第二十四条 违反本办法规定，工程勘察企业未按照工程建设强制性标准进行勘察、弄虚作假、提供虚假成果资料的，由工程勘察质量监督部门责令改正，处 10 万元以上 30 万元以下的罚款；造成工程质量事故的，责令停业整顿，降低资质等级；情节严重的，吊销资质证书；造成损失的，依法承担赔偿责任。

第二十五条 违反本办法规定，工程勘察企业有下列行为之一的，由工程勘察质量监督部门责令改正，处 1 万元以上 3 万元以下的罚款：

（一）勘察文件没有责任人签字或者签字不全的；

（二）原始记录不按照规定记录或者记录不完整的；

（三）不参加施工验槽的；

（四）项目完成后，勘察文件不归档保存的。

第二十六条 审查机构未按照规定审查，给建设单位造成损失的，依法承担赔偿责任；情节严重的，由工程勘察质量监督部门撤销委托。

第二十七条 依照本办法规定，给予勘察企业罚款处罚的，由工程勘察质量监督部门对企业的法定代表人和其他直接责任人员处以企业罚款数额的 5％以上 10％以下的罚款。

第二十八条 国家机关工作人员在建设工程勘察质量监督管理工作中玩忽职守、滥用职权、徇私舞弊的，依法给予行政处分；构成犯罪的，依法追究刑事责任。

第五章 附 则

第二十九条 本办法自 2003 年 2 月 1 日起施行。

建筑起重机械安全监督管理规定

（2008 年 1 月 28 日建设部令第 166 号发布）

第一条 为了加强建筑起重机械的安全监督管理，防止和减少生产安全事故，保障人民群众生命和财产安全，依据《建设工程安全生产管理条例》、《特种设备安全监察条例》、《安全生产许可证条例》，制定本规定。

第二条 建筑起重机械的租赁、安装、拆卸、使用及其监督管理，适用本规定。

本规定所称建筑起重机械，是指纳入特种设备目录，在房屋建筑工地和市政工程工地安装、拆卸、使用的起重机械。

第三条 国务院建设主管部门对全国建筑起重机械的租赁、安装、拆卸、使用实施监督管理。

县级以上地方人民政府建设主管部门对本行政区域内的建筑起重机械的租赁、安装、拆卸、使用实施监督管理。

第四条 出租单位出租的建筑起重机械和使用单位购置、租赁、使用的建筑起重机械应当具有特种设备制造许可证、产品合格证、制造监督检验证明。

第五条 出租单位在建筑起重机械首次出租前，自购建筑起重机械的使用单位在建筑起重机械首次安装前，应当持建筑起重机械特种设备制造许可证、产品合格证和制造监督检验证明到本单位工商注册所在地县级以上地方人民政府建设主管部门办理备案。

第六条 出租单位应当在签订的建筑起重机械租赁合同中，明确租赁双方的安全责任，并出具建筑起重机械特种设备制造许可证、产品合格证、制造监督检验证明、备案证明和自检合格证明，提交安装使用说明书。

第七条 有下列情形之一的建筑起重机械，不得出租、使用：

（一）属国家明令淘汰或者禁止使用的；

（二）超过安全技术标准或者制造厂家规定的使用年限的；

（三）经检验达不到安全技术标准规定的；

（四）没有完整安全技术档案的；

（五）没有齐全有效的安全保护装置的。

第八条 建筑起重机械有本规定第七条第（一）、（二）、（三）项情形之一的，出租单位或者自购建筑起重机械的使用单位应当予以报废，并向原备案机关办理注销手续。

第九条 出租单位、自购建筑起重机械的使用单位，应当建立建筑起重机械安全技术档案。

建筑起重机械安全技术档案应当包括以下资料：

（一）购销合同、制造许可证、产品合格证、制造监督检验证明、安装使用说明书、备案证明等原始资料；

（二）定期检验报告、定期自行检查记录、定期维护保养记录、维修和技术改造记录、运行故障和生产安全事故记录、累计运转记录等运行资料；

（三）历次安装验收资料。

第十条 从事建筑起重机械安装、拆卸活动的单位（以下简称安装单位）应当依法取得建设主管部门颁发的相应资质和建筑施工企业安全生产许可证，并在其资质许可范围内承揽建筑起重机械安装、拆卸工程。

第十一条 建筑起重机械使用单位和安装单位应当在签订的建筑起重机械安装、拆卸合同中明确双方的安全生产责任。

实行施工总承包的，施工总承包单位应当与安装单位签订建筑起重机械安装、拆卸工程安全协议书。

第十二条 安装单位应当履行下列安全职责：

（一）按照安全技术标准及建筑起重机械性能要求，编制建筑起重机械安装、拆卸工程专项施工方案，并由本单位技术负责人签字；

（二）按照安全技术标准及安装使用说明书等检查建筑起重机械及现场施工条件；

（三）组织安全施工技术交底并签字确认；

（四）制定建筑起重机械安装、拆卸工程生产安全事故应急救援预案；

（五）将建筑起重机械安装、拆卸工程专项施工方案，安装、拆卸人员名单，安装、拆卸时间等材料报施工总承包单位和监理单位审核后，告知工程所在地县级以上地方人民政府建设主管部门。

第十三条 安装单位应当按照建筑起重机械安装、拆卸工程专项施工方案及安全操作规程组织安装、拆卸作业。

安装单位的专业技术人员、专职安全生产管理人员应当进行现场监督，技术负责人应当定期巡查。

第十四条 建筑起重机械安装完毕后，安装单位应当按照安全技术标准及安装使用说明书的有关要求对建筑起重机械进行自检、调试和试运转。自检合格的，应当出具自检合格证明，并向使用单位进行安全使用说明。

第十五条 安装单位应当建立建筑起重机械安装、拆卸工程档案。

建筑起重机械安装、拆卸工程档案应当包括以下资料：

（一）安装、拆卸合同及安全协议书；

（二）安装、拆卸工程专项施工方案；

（三）安全施工技术交底的有关资料；

（四）安装工程验收资料；

（五）安装、拆卸工程生产安全事故应急救援预案。

第十六条 建筑起重机械安装完毕后，使用单位应当组织出租、安装、监理等有关单位进行验收，或者委托具有相应资质的检验检测机构进行验收。建筑起重机械经验收合格后方可投入使用，未经验收或者验收不合格的不得使用。

实行施工总承包的，由施工总承包单位组织验收。

建筑起重机械在验收前应当经有相应资质的检验检测机构监督检验合格。

检验检测机构和检验检测人员对检验检测结果、鉴定结论依法承担法律责任。

第十七条　使用单位应当自建筑起重机械安装验收合格之日起 30 日内，将建筑起重机械安装验收资料、建筑起重机械安全管理制度、特种作业人员名单等，向工程所在地县级以上地方人民政府建设主管部门办理建筑起重机械使用登记。登记标志置于或者附着于该设备的显著位置。

第十八条　使用单位应当履行下列安全职责：

（一）根据不同施工阶段、周围环境以及季节、气候的变化，对建筑起重机械采取相应的安全防护措施；

（二）制定建筑起重机械生产安全事故应急救援预案；

（三）在建筑起重机械活动范围内设置明显的安全警示标志，对集中作业区做好安全防护；

（四）设置相应的设备管理机构或者配备专职的设备管理人员；

（五）指定专职设备管理人员、专职安全生产管理人员进行现场监督检查；

（六）建筑起重机械出现故障或者发生异常情况的，立即停止使用，消除故障和事故隐患后，方可重新投入使用。

第十九条　使用单位应当对在用的建筑起重机械及其安全保护装置、吊具、索具等进行经常性和定期的检查、维护和保养，并做好记录。

使用单位在建筑起重机械租期结束后，应当将定期检查、维护和保养记录移交出租单位。

建筑起重机械租赁合同对建筑起重机械的检查、维护、保养另有约定的，从其约定。

第二十条　建筑起重机械在使用过程中需要附着的，使用单位应当委托原安装单位或者具有相应资质的安装单位按照专项施工方案实施，并按照本规定第十六条规定组织验收。验收合格后方可投入使用。

建筑起重机械在使用过程中需要顶升的，使用单位委托原安装单位或者具有相应资质的安装单位按照专项施工方案实施后，即可投入使用。

禁止擅自在建筑起重机械上安装非原制造厂制造的标准节和附着装置。

第二十一条　施工总承包单位应当履行下列安全职责：

（一）向安装单位提供拟安装设备位置的基础施工资料，确保建筑起重机械进场安装、拆卸所需的施工条件；

（二）审核建筑起重机械的特种设备制造许可证、产品合格证、制造监督检验证明、备案证明等文件；

（三）审核安装单位、使用单位的资质证书、安全生产许可证和特种作业人员的特种作业操作资格证书；

（四）审核安装单位制定的建筑起重机械安装、拆卸工程专项施工方案和生产安全事故应急救援预案；

（五）审核使用单位制定的建筑起重机械生产安全事故应急救援预案；

（六）指定专职安全生产管理人员监督检查建筑起重机械安装、拆卸、使用情况；

（七）施工现场有多台塔式起重机作业时，应当组织制定并实施防止塔式起重机相互碰撞的安全措施。

第二十二条　监理单位应当履行下列安全职责：

（一）审核建筑起重机械特种设备制造许可证、产品合格证、制造监督检验证明、备案证明等文件；

（二）审核建筑起重机械安装单位、使用单位的资质证书、安全生产许可证和特种作业人员的特种作业操作资格证书；

（三）审核建筑起重机械安装、拆卸工程专项施工方案；

（四）监督安装单位执行建筑起重机械安装、拆卸工程专项施工方案情况；

（五）监督检查建筑起重机械的使用情况；

（六）发现存在生产安全事故隐患的，应当要求安装单位、使用单位限期整改，对安装单位、使用单位拒不整改的，及时向建设单位报告。

第二十三条　依法发包给两个及两个以上施工单位的工程，不同施工单位在同一施工现场使用多台塔式起重机作业时，建设单位应当协调组织制定防止塔式起重机相互碰撞的安全措施。

安装单位、使用单位拒不整改生产安全事故隐患的，建设单位接到监理单位报告后，应当责令安装单位、使用单位立即停工整改。

第二十四条　建筑起重机械特种作业人员应当遵守建筑起重机械安全操作规程和安全管理制度，在作业中有权拒绝违章指挥和强令冒险作业，有权在发生危及人身安全的紧急情况时立即停止作业或者采取必要的应急措施后撤离危险区域。

第二十五条　建筑起重机械安装拆卸工、起重信号工、起重司机、司索工等特种作业人员应当经建设主管部门考核合格，并取得特种作业操作资格证书后，方可上岗作业。

省、自治区、直辖市人民政府建设主管部门负责组织实施建筑施工企业特种作业人员的考核。

特种作业人员的特种作业操作资格证书由国务院建设主管部门规定统一的样式。

第二十六条　建设主管部门履行安全监督检查职责时，有权采取下列措施：

（一）要求被检查的单位提供有关建筑起重机械的文件和资料；

（二）进入被检查单位和被检查单位的施工现场进行检查；

（三）对检查中发现的建筑起重机械生产安全事故隐患，责令立即排除；重大生产安全事故隐患排除前或者排除过程中无法保证安全的，责令从危险区域撤出作业人员或者暂时停止施工。

第二十七条　负责办理备案或者登记的建设主管部门应当建立本行政区域内的建筑起重机械档案，按照有关规定对建筑起重机械进行统一编号，并定期向社会公布建筑起重机械的安全状况。

第二十八条　违反本规定，出租单位、自购建筑起重机械的使用单位，有下列行为之一的，由县级以上地方人民政府建设主管部门责令限期改正，予以警告，并处以5000元以上1万元以下罚款：

（一）未按照规定办理备案的；

（二）未按照规定办理注销手续的；

（三）未按照规定建立建筑起重机械安全技术档案的。

第二十九条　违反本规定，安装单位有下列行为之一的，由县级以上地方人民政府建设主管部门责令限期改正，予以警告，并处以 5000 元以上 3 万元以下罚款：

（一）未履行第十二条第（二）、（四）、（五）项安全职责的；

（二）未按照规定建立建筑起重机械安装、拆卸工程档案的；·

（三）未按照建筑起重机械安装、拆卸工程专项施工方案及安全操作规程组织安装、拆卸作业的。

第三十条 违反本规定，使用单位有下列行为之一的，由县级以上地方人民政府建设主管部门责令限期改正，予以警告，并处以 5000 元以上 3 万元以下罚款：

（一）未履行第十八条第（一）、（二）、（四）、（六）项安全职责的；

（二）未指定专职设备管理人员进行现场监督检查的；

（三）擅自在建筑起重机械上安装非原制造厂制造的标准节和附着装置的。

第三十一条 违反本规定，施工总承包单位未履行第二十一条第（一）、（三）、（四）、（五）、（七）项安全职责的，由县级以上地方人民政府建设主管部门责令限期改正，予以警告，并处以 5000 元以上 3 万元以下罚款。

第三十二条 违反本规定，监理单位未履行第二十二条第（一）、（二）、（四）、（五）项安全职责的，由县级以上地方人民政府建设主管部门责令限期改正，予以警告，并处以 5000 元以上 3 万元以下罚款。

第三十三条 违反本规定，建设单位有下列行为之一的，由县级以上地方人民政府建设主管部门责令限期改正，予以警告，并处以 5000 元以上 3 万元以下罚款；逾期未改的，责令停止施工：

（一）未按照规定协调组织制定防止多台塔式起重机相互碰撞的安全措施的；

（二）接到监理单位报告后，未责令安装单位、使用单位立即停工整改的。

第三十四条 违反本规定，建设主管部门的工作人员有下列行为之一的，依法给予处分；构成犯罪的，依法追究刑事责任：

（一）发现违反本规定的违法行为不依法查处的；

（二）发现在用的建筑起重机械存在严重生产安全事故隐患不依法处理的；

（三）不依法履行监督管理职责的其他行为。

第三十五条 本规定自 2008 年 6 月 1 日起施行。

市政公用设施抗灾设防管理规定

（2008 年 10 月 7 日住房和城乡建设部令第 1 号发布）

第一条 为了加强对市政公用设施抗灾设防的监督管理，提高市政公用设施的抗灾能力，保障市政公用设施的运行安全，保护人民生命财产安全，根据《中华人民共和国城乡规划法》、《中华人民共和国防震减灾法》、《中华人民共和国突发事件应对法》、《建设工程质量管理条例》等法律、行政法规，制定本规定。

第二条 市政公用设施的抗灾设防，适用本规定。

本规定所称市政公用设施，是指规划区内的城市道路（含桥梁）、城市轨道交通、供水、排水、燃气、热力、园林绿化、环境卫生、道路照明等设施及附属设施。

本规定所称抗灾设防是指针对地震、台风、雨雪冰冻、暴雨、地质灾害等自然灾害所采取的工程和非工程措施。

第三条 市政公用设施抗灾设防实行预防为主、平灾结合的方针。

第四条 国务院住房和城乡建设主管部门（以下简称国务院住房城乡建设主管部门）依法负责全国市政公用设施抗灾设防的监督管理工作。

县级以上地方人民政府建设主管部门依法负责本行政区域内市政公用设施抗灾设防的具体管理工作。

第五条 国务院住房城乡建设主管部门和省、自治区、直辖市人民政府建设主管部门应当根据实际防灾要求，制定、修订有关工程建设标准，将市政公用设施的抗灾设防要求和先进、适用、成熟的技术措施纳入工程建设标准。

第六条 国家鼓励采用符合工程建设标准的先进技术方法和材料设备，进行市政公用设施的抗灾设计与施工。在工程设计和施工中采用可能影响市政公用设施抗灾能力，且无相应工程建设标准的新技术、新材料的，应当按照国家有关规定申请核准。

第七条 市政公用设施的建设单位、勘察单位、设计单位、施工单位、工程监理单位，市政公用设施的运营、养护单位以及从事市政公用设施抗灾抗震鉴定、工程检测活动的单位，应当遵守有关建设工程抗灾设防的法律、法规和技术标准，依法承担相应责任。

第八条 城乡规划中的防灾专项规划应当包括以下内容：

（一）在对规划区进行地质灾害危险性评估的基础上，对重大市政公用设施和可能发生严重次生灾害的市政公用设施，进行灾害及次生灾害风险、抗灾性能、功能失效影响和灾时保障能力评估，并制定相应的对策；

（二）根据各类灾害的发生概率、城镇规模以及市政公用设施的重要性、使用功能、修复难易程度、发生次生灾害的可能性等，提出市政公用设施布局、建设和改造的抗灾设防要求和主要措施；

（三）避开可能产生滑坡、塌陷、水淹危险或者周边有危险源的地带，充分考虑人们及时、就近避难的要求，利用广场、停车场、公园绿地等设立避难场所，配备应急供水、排水、供电、消防、通讯、交通等设施。

第九条 城乡规划中的市政公用设施专项规划应当满足下列要求：

（一）快速路、主干道以及对抗灾救灾有重要影响的道路应当与周边建筑和设施设置足够的间距，广场、停车场、公园绿地、城市轨道交通应当符合发生灾害时能尽快疏散人群和救灾的要求；

（二）水源、气源和热源设置，供水、燃气、热力干线的设计以及相应厂站的布置，应当满足抗灾和灾后迅速恢复供应的要求，符合防止和控制爆炸、火灾等次生灾害的要求，重要厂站应当配有自备电源和必要的应急储备；

（三）排水设施应当充分考虑下沉式立交桥下、地下工程和其他低洼地段的排水要求，防止次生洪涝灾害；

（四）生活垃圾集中处理和污水处理设施应当符合灾后恢复运营和预防二次污染的要求，环境卫生设施配置应当满足灾后垃圾清运的要求；

（五）法律、法规、规章规定的其他要求。

第十条　市政公用设施的选址和建设应当符合城乡规划以及防灾专项规划、市政公用设施各项专业规划和有关工程建设标准的要求。

位于抗震设防区、洪涝易发区或者地质灾害易发区内的市政公用设施的选址和建设还应当分别符合城市抗震防灾、洪涝防治和地质灾害防治等专项规划的要求。

第十一条　新建、改建和扩建市政公用设施应当按照有关工程建设标准进行抗灾设防。任何单位和个人不得擅自降低抗灾设防标准。

第十二条　新建、改建和扩建市政公用设施应当按照国家有关标准设置安全监测、健康监测、应急自动处置和防灾设施，并与主体工程同时设计、同时施工、同时投入使用。安全监测、健康监测、应急自动处置和防灾设施投资应当纳入建设项目预算。

第十三条　对重大市政公用设施和可能发生严重次生灾害的市政公用设施进行可行性研究时，建设单位应当组织专家对工程选址和设计方案进行抗灾设防专项论证。

第十四条　对抗震设防区的下列市政公用设施，建设单位应当在初步设计阶段组织专家进行抗震专项论证：

（一）属于《建筑工程抗震设防分类标准》中特殊设防类、重点设防类的市政公用设施；

（二）结构复杂或者采用隔震减震措施的大型城镇桥梁和城市轨道交通桥梁，直接作为地面建筑或者桥梁基础以及处于可能液化或者软黏土层的隧道；

（三）超过一万平方米的地下停车场等地下工程设施；

（四）震后可能发生严重次生灾害的共同沟工程、污水集中处理设施和生活垃圾集中处理设施；

（五）超出现行工程建设标准适用范围的市政公用设施。

国家或者地方对抗震设防区的市政公用设施还有其他规定的，还应当符合其规定。

第十五条　市政公用设施抗震专项论证的内容包括：市政公用设施的抗震设防类别、抗震设防烈度及设计地震动参数的采用、场地类型和场地抗震性能、抗震概念设计、抗震计算、抗震及防止次生灾害措施、基础抗震性能等。对有特殊要求的工程，还应当论证其地震应急处置方案和健康监测方案设计。

第十六条　建设单位组织抗震专项论证时，应当有三名以上国家或者工程所在地的省、自治区、直辖市市政公用设施抗震专项论证专家库成员参加。

国家或者省、自治区、直辖市的市政公用设施抗震专项论证专家库成员分别由国务院住房城乡建设主管部门和省、自治区、直辖市人民政府建设主管部门公布。

第十七条　对风荷载起控制作用的城镇桥梁和城市轨道交通桥梁等市政公用设施，建设单位应当在初步设计阶段组织专家进行抗风专项论证。

第十八条　施工图审查机构在进行施工图审查时，应当审查市政公用设施抗灾设防内容。

对应当进行抗灾设防专项论证、抗震专项论证、抗风专项论证的市政公用设施，建设单位应当在提交施工图的同时将专项论证意见送施工图审查机构。

对应当进行而未进行抗灾设防专项论证、抗震专项论证、抗风专项论证的市政公用设施，或者进行了抗灾设防专项论证、抗震专项论证、抗风专项论证的市政公用设施，其设计图纸未执行专项论证意见的，施工图审查结论为不合格。

第十九条　建设单位应当针对市政公用设施建设期间的防灾薄弱环节，组织制定技术措施和应急预案，并组织实施。

第二十条　市政公用设施的运营、养护单位应当定期对市政公用设施进行维护、检查和更新，确保市政公用设施的抗灾能力。

市政公用设施的运营、养护单位应当加强对重大市政公用设施、可能发生严重次生灾害的市政公用设施的关键部位和关键设备的安全监测、健康监测工作，定期对土建工程和运营设施的抗灾性能进行评价，并制定相应的技术措施。

市政公用设施的运营、养护单位应当保存有关市政公用设施抗灾设防资料和维护、检查、监测、评价、鉴定、修复、加固、更新、拆除等记录，建立信息系统，实行动态管理，并及时将有关资料报城建档案管理机构备案。

第二十一条　任何单位和个人不得擅自变动或者破坏市政公用设施的防灾设施、抗震抗风构件、隔震或者振动控制装置、安全监测系统、健康监测系统、应急自动处置系统以及地震反应观测系统等设施。

第二十二条　市政公用设施的运营、养护单位应当按照工程建设标准和应急措施，设置安全报警、监控电视、漏电报警、燃气等易燃易爆气体和有毒有害气体报警、防汛、消防、逃生、紧急疏散照明、应急发电、应急通讯、救援等器材和设备，定期维护、检查、更新，并保持正常运行。

第二十三条　市政公用设施超出合理使用年限，或者在合理使用年限内，但因环境、人为等各种因素抗灾能力受损的，市政公用设施的运营、养护单位应当委托具有相应资质的单位进行检测评估，需要进行修复或者加固的，应当委托具有相应资质的单位进行修复或者加固。

第二十四条　抗震设防区内已建成的下列市政公用设施，原设计未采取抗震设防措施且未列入近期改造、改建、拆除计划的，市政公用设施的产权单位应当委托具有相应设计资质的单位按照抗震鉴定标准进行抗震鉴定：

（一）属于《建筑工程抗震设防分类标准》中特殊设防类、重点设防类的城镇桥梁、城市轨道交通，燃气、供水、排水、热力设施；

（二）第（一）项之外的其他重大市政公用设施和可能发生严重次生灾害的市政公用设施；

（三）有重大文物价值和纪念意义的市政公用设施；

（四）地震重点监视防御区内的市政公用设施。

经鉴定不符合抗震要求的市政公用设施应当进行改造、改建，或者由具有相应资质的设计、施工单位按照有关工程建设标准依法进行抗震加固设计与施工；未进行改造、改建或者加固前，应当限制使用。

第二十五条　县级以上地方人民政府建设主管部门应当根据当地实际情况，制定自然灾害应急预案并组织实施。

市政公用设施的运营、养护单位应当根据市政公用设施的具体情况，制定自然灾害应急预案，建立应急抢险和救援队伍，配备抢险、救援器材设备，并定期组织演练。定期演练每年不得少于一次。

第二十六条　灾害发生时，县级以上地方人民政府建设主管部门以及市政公用设施的运营、养护单位应当按照相应的应急预案及时组织应对响应。

第二十七条　灾害发生后，县级以上地方人民政府建设主管部门应当组织工程技术人员对受灾的市政公用设施进行应急评估，并及时将市政公用设施因灾直接经济损失情况报上级建设主管部门以及同级人民政府民政主管部门。

经应急评估需进行抗灾鉴定的市政公用设施，其运营、养护单位应当委托具有相应资质的单位，按照国家有关工程建设标准进行鉴定。经鉴定需修复、加固或者重建的，应当按照工程建设标准进行修复、加固或者重建。

经应急评估可继续使用的市政公用设施，其运营、养护单位应当进行安全性检查，经检查合格后，方可恢复运营、使用。

第二十八条　自然灾害发生后，县级以上地方人民政府建设主管部门应当组织专家，对破坏程度超出工程建设标准允许范围的市政公用设施进行调查分析，对因违反工程建设强制性标准造成破坏的，依法追究有关责任人的责任。

第二十九条　灾区人民政府建设主管部门进行恢复重建时，应当坚持基础设施先行的原则。

需易地重建的市政公用设施，应当按照国家有关法律、法规的规定进行规划和建设。

地震后修复或者建设市政公用设施，应当以国家地震部门审定、发布的地震动参数复核结果，作为抗震设防的依据。

当发生超过当地设防标准的其他自然灾害时，灾后修复或者建设的市政公用设施，应当以国家相关灾害预测、预报部门公布的灾害发生概率，作为抗灾设防的依据。

第三十条　县级以上地方人民政府建设主管部门应当加强对市政公用设施抗灾设防质量的监督管理，并对本行政区域内市政公用设施执行抗灾设防的法律、法规和工程建设强制性标准情况，定期进行监督检查，并可以采取下列措施：

（一）要求被检查的单位提供有关市政公用设施抗灾设防的文件和资料；

（二）发现有影响市政公用设施抗灾设防质量的问题时，责令相关责任人委托具有资质的专业机构进行必要的检测、鉴定，并提出整改措施。

第三十一条　违反本规定，擅自采用没有工程建设标准又未经核准的新技术、新材料的，由县级以上地方人民政府建设主管部门责令限期改正，并处以 1 万元以上 3 万元以下罚款。

第三十二条　违反本规定，擅自变动或者破坏市政公用设施的防灾设施、抗震抗风构件、隔震或者振动控制装置、安全监测系统、健康监测系统、应急自动处置系统以及地震反应观测系统等设施的，由县级以上地方人民政府建设主管部门责令限期改正，并对个人处以 1000 元以下罚款，对单位处以 1 万元以上 3 万元以下罚款。

第三十三条　违反本规定，未对经鉴定不符合抗震要求的市政公用设施进行改造、改建或者抗震加固，又未限制使用的，由县级以上地方人民政府建设主管部门责令限期改正，逾期不改的，处以 1 万元以上 3 万元以下罚款。

第三十四条　本规定所称重大市政公用设施，包括快速路、主干道、对抗灾救灾有重要影响的城镇道路上的大型桥梁（含大型高架桥、立交桥）、隧道工程、城市广场、防灾公园绿地，公共地下停车场工程、城市轨道交通工程、城镇水源工程、水厂、供水排水主干管、高压和次高压城镇燃气热力枢纽工程、城镇燃气热力管道主干管、城镇排水工程、大型污水处理中心、大型垃圾处理设施等。

本规定所称可能发生严重次生灾害的市政公用设施，是指遭受破坏后可能引发强烈爆炸或者大面积的火灾、污染、水淹等情况的市政公用设施。

本规定所称抗震设防区，是指地震基本烈度六度及六度以上地区（地震动峰值加速度$\geqslant 0.05$g 的地区）。

第三十五条 本规定自 2008 年 12 月 1 日起施行，建设部 1994 年 11 月 10 日发布的《建设工程抗御地震灾害管理规定》（建设部令第 38 号）同时废止。

房屋建筑和市政基础设施工程竣工验收备案管理办法

（2000 年 4 月 4 日建设部令第 78 号发布，根据 2009 年 10 月 19 日住房和城乡建设部令第 2 号修正）

第一条 为了加强房屋建筑和市政基础设施工程质量的管理，根据《建设工程质量管理条例》，制定本办法。

第二条 在中华人民共和国境内新建、扩建、改建各类房屋建筑和市政基础设施工程的竣工验收备案，适用本办法。

第三条 国务院住房和城乡建设主管部门负责全国房屋建筑和市政基础设施工程（以下统称工程）的竣工验收备案管理工作。

县级以上地方人民政府建设主管部门负责本行政区域内工程的竣工验收备案管理工作。

第四条 建设单位应当自工程竣工验收合格之日起 15 日内，依照本办法规定，向工程所在地的县级以上地方人民政府建设主管部门（以下简称备案机关）备案。

第五条 建设单位办理工程竣工验收备案应当提交下列文件：

（一）工程竣工验收备案表；

（二）工程竣工验收报告。竣工验收报告应当包括工程报建日期，施工许可证号，施工图设计文件审查意见，勘察、设计、施工、工程监理等单位分别签署的质量合格文件及验收人员签署的竣工验收原始文件，市政基础设施的有关质量检测和功能性试验资料以及备案机关认为需要提供的有关资料；

（三）法律、行政法规规定应当由规划、环保等部门出具的认可文件或者准许使用文件；

（四）法律规定应当由公安消防部门出具的对大型的人员密集场所和其他特殊建设工程验收合格的证明文件；

（五）施工单位签署的工程质量保修书；

（六）法规、规章规定必须提供的其他文件。

住宅工程还应当提交《住宅质量保证书》和《住宅使用说明书》。

第六条 备案机关收到建设单位报送的竣工验收备案文件，验证文件齐全后，应当在工程竣工验收备案表上签署文件收讫。

工程竣工验收备案表一式两份,一份由建设单位保存,一份留备案机关存档。

第七条 工程质量监督机构应当在工程竣工验收之日起5日内,向备案机关提交工程质量监督报告。

第八条 备案机关发现建设单位在竣工验收过程中有违反国家有关建设工程质量管理规定行为的,应当在收讫竣工验收备案文件15日内,责令停止使用,重新组织竣工验收。

第九条 建设单位在工程竣工验收合格之日起15日内未办理工程竣工验收备案的,备案机关责令限期改正,处20万元以上50万元以下罚款。

第十条 建设单位将备案机关决定重新组织竣工验收的工程,在重新组织竣工验收前,擅自使用的,备案机关责令停止使用,处工程合同价款2%以上4%以下罚款。

第十一条 建设单位采用虚假证明文件办理工程竣工验收备案的,工程竣工验收无效,备案机关责令停止使用,重新组织竣工验收,处20万元以上50万元以下罚款;构成犯罪的,依法追究刑事责任。

第十二条 备案机关决定重新组织竣工验收并责令停止使用的工程,建设单位在备案之前已投入使用或者建设单位擅自继续使用造成使用人损失的,由建设单位依法承担赔偿责任。

第十三条 竣工验收备案文件齐全,备案机关及其工作人员不办理备案手续的,由有关机关责令改正,对直接责任人员给予行政处分。

第十四条 抢险救灾工程、临时性房屋建筑工程和农民自建低层住宅工程,不适用本办法。

第十五条 军用房屋建筑工程竣工验收备案,按照中央军事委员会的有关规定执行。

第十六条 省、自治区、直辖市人民政府住房和城乡建设主管部门可以根据本办法制定实施细则。

第十七条 本办法自发布之日起施行。

房屋建筑和市政基础设施工程质量监督管理规定

(2010年8月1日住房和城乡建设部令第5号发布)

第一条 为了加强房屋建筑和市政基础设施工程质量的监督,保护人民生命和财产安全,规范住房城乡建设主管部门及其工程质量监督机构(以下简称主管部门)的质量监督行为,根据《中华人民共和国建筑法》、《建设工程质量管理条例》等有关法律、行政法规,制定本规定。

第二条 在中华人民共和国境内主管部门实施对新建、扩建、改建房屋建筑和市政基础设施工程质量监督管理的,适用本规定。

第三条 国务院住房和城乡建设主管部门负责全国房屋建筑和市政基础设施工程(以下简称工程)质量监督管理工作。

县级以上地方人民政府建设主管部门负责本行政区域内工程质量监督管理工作。

工程质量监督管理的具体工作可以由县级以上地方人民政府建设主管部门委托所属的

工程质量监督机构（以下简称监督机构）实施。

第四条　本规定所称工程质量监督管理，是指主管部门依据有关法律法规和工程建设强制性标准，对工程实体质量和工程建设、勘察、设计、施工、监理单位（以下简称工程质量责任主体）和质量检测等单位的工程质量行为实施监督。

本规定所称工程实体质量监督，是指主管部门对涉及工程主体结构安全、主要使用功能的工程实体质量情况实施监督。

本规定所称工程质量行为监督，是指主管部门对工程质量责任主体和质量检测等单位履行法定质量责任和义务的情况实施监督。

第五条　工程质量监督管理应当包括下列内容：

（一）执行法律法规和工程建设强制性标准的情况；

（二）抽查涉及工程主体结构安全和主要使用功能的工程实体质量；

（三）抽查工程质量责任主体和质量检测等单位的工程质量行为；

（四）抽查主要建筑材料、建筑构配件的质量；

（五）对工程竣工验收进行监督；

（六）组织或者参与工程质量事故的调查处理；

（七）定期对本地区工程质量状况进行统计分析；

（八）依法对违法违规行为实施处罚。

第六条　对工程项目实施质量监督，应当依照下列程序进行：

（一）受理建设单位办理质量监督手续；

（二）制订工作计划并组织实施；

（三）对工程实体质量、工程质量责任主体和质量检测等单位的工程质量行为进行抽查、抽测；

（四）监督工程竣工验收，重点对验收的组织形式、程序等是否符合有关规定进行监督；

（五）形成工程质量监督报告；

（六）建立工程质量监督档案。

第七条　工程竣工验收合格后，建设单位应当在建筑物明显部位设置永久性标牌，载明建设、勘察、设计、施工、监理单位等工程质量责任主体的名称和主要责任人姓名。

第八条　主管部门实施监督检查时，有权采取下列措施：

（一）要求被检查单位提供有关工程质量的文件和资料；

（二）进入被检查单位的施工现场进行检查；

（三）发现有影响工程质量的问题时，责令改正。

第九条　县级以上地方人民政府建设主管部门应当根据本地区的工程质量状况，逐步建立工程质量信用档案。

第十条　县级以上地方人民政府建设主管部门应当将工程质量监督中发现的涉及主体结构安全和主要使用功能的工程质量问题及整改情况，及时向社会公布。

第十一条　省、自治区、直辖市人民政府建设主管部门应当按照国家有关规定，对本行政区域内监督机构每三年进行一次考核。

监督机构经考核合格后，方可依法对工程实施质量监督，并对工程质量监督承担监督责任。

第十二条 监督机构应当具备下列条件：

（一）具有符合本规定第十三条规定的监督人员。人员数量由县级以上地方人民政府建设主管部门根据实际需要确定。监督人员应当占监督机构总人数的75％以上；

（二）有固定的工作场所和满足工程质量监督检查工作需要的仪器、设备和工具等；

（三）有健全的质量监督工作制度，具备与质量监督工作相适应的信息化管理条件。

第十三条 监督人员应当具备下列条件：

（一）具有工程类专业大学专科以上学历或者工程类执业注册资格；

（二）具有三年以上工程质量管理或者设计、施工、监理等工作经历；

（三）熟悉掌握相关法律法规和工程建设强制性标准；

（四）具有一定的组织协调能力和良好职业道德。

监督人员符合上述条件经考核合格后，方可从事工程质量监督工作。

第十四条 监督机构可以聘请中级职称以上的工程类专业技术人员协助实施工程质量监督。

第十五条 省、自治区、直辖市人民政府建设主管部门应当每两年对监督人员进行一次岗位考核，每年进行一次法律法规、业务知识培训，并适时组织开展继续教育培训。

第十六条 国务院住房和城乡建设主管部门对监督机构和监督人员的考核情况进行监督抽查。

第十七条 主管部门工作人员玩忽职守、滥用职权、徇私舞弊，构成犯罪的，依法追究刑事责任；尚不构成犯罪的，依法给予行政处分。

第十八条 抢险救灾工程、临时性房屋建筑工程和农民自建低层住宅工程，不适用本规定。

第十九条 省、自治区、直辖市人民政府建设主管部门可以根据本规定制定具体实施办法。

第二十条 本规定自2010年9月1日起施行。

（四）相关法律、行政法规

中华人民共和国突发事件应对法

（2007年8月30日第十届全国人民代表大会常务委员会第二十九次会议通过）

第一章 总　　则

第一条 为了预防和减少突发事件的发生，控制、减轻和消除突发事件引起的严重社会危害，规范突发事件应对活动，保护人民生命财产安全，维护国家安全、公共安全、环境安全和社会秩序，制定本法。

第二条　突发事件的预防与应急准备、监测与预警、应急处置与救援、事后恢复与重建等应对活动，适用本法。

第三条　本法所称突发事件，是指突然发生，造成或者可能造成严重社会危害，需要采取应急处置措施予以应对的自然灾害、事故灾难、公共卫生事件和社会安全事件。

按照社会危害程度、影响范围等因素，自然灾害、事故灾难、公共卫生事件分为特别重大、重大、较大和一般四级。法律、行政法规或者国务院另有规定的，从其规定。

突发事件的分级标准由国务院或者国务院确定的部门制定。

第四条　国家建立统一领导、综合协调、分类管理、分级负责、属地管理为主的应急管理体制。

第五条　突发事件应对工作实行预防为主、预防与应急相结合的原则。国家建立重大突发事件风险评估体系，对可能发生的突发事件进行综合性评估，减少重大突发事件的发生，最大限度地减轻重大突发事件的影响。

第六条　国家建立有效的社会动员机制，增强全民的公共安全和防范风险的意识，提高全社会的避险救助能力。

第七条　县级人民政府对本行政区域内突发事件的应对工作负责；涉及两个以上行政区域的，由有关行政区域共同的上一级人民政府负责，或者由各有关行政区域的上一级人民政府共同负责。

突发事件发生后，发生地县级人民政府应当立即采取措施控制事态发展，组织开展应急救援和处置工作，并立即向上一级人民政府报告，必要时可以越级上报。

突发事件发生地县级人民政府不能消除或者不能有效控制突发事件引起的严重社会危害的，应当及时向上级人民政府报告。上级人民政府应当及时采取措施，统一领导应急处置工作。

法律、行政法规规定由国务院有关部门对突发事件的应对工作负责的，从其规定；地方人民政府应当积极配合并提供必要的支持。

第八条　国务院在总理领导下研究、决定和部署特别重大突发事件的应对工作；根据实际需要，设立国家突发事件应急指挥机构，负责突发事件应对工作；必要时，国务院可以派出工作组指导有关工作。

县级以上地方各级人民政府设立由本级人民政府主要负责人、相关部门负责人、驻当地中国人民解放军和中国人民武装警察部队有关负责人组成的突发事件应急指挥机构，统一领导、协调本级人民政府各有关部门和下级人民政府开展突发事件应对工作；根据实际需要，设立相关类别突发事件应急指挥机构，组织、协调、指挥突发事件应对工作。

上级人民政府主管部门应当在各自职责范围内，指导、协助下级人民政府及其相应部门做好有关突发事件的应对工作。

第九条　国务院和县级以上地方各级人民政府是突发事件应对工作的行政领导机关，其办事机构及具体职责由国务院规定。

第十条　有关人民政府及其部门作出的应对突发事件的决定、命令，应当及时公布。

第十一条　有关人民政府及其部门采取的应对突发事件的措施，应当与突发事件可能造成的社会危害的性质、程度和范围相适应；有多种措施可供选择的，应当选择有利于最大程度地保护公民、法人和其他组织权益的措施。

公民、法人和其他组织有义务参与突发事件应对工作。

第十二条 有关人民政府及其部门为应对突发事件，可以征用单位和个人的财产。被征用的财产在使用完毕或者突发事件应急处置工作结束后，应当及时返还。财产被征用或者征用后毁损、灭失的，应当给予补偿。

第十三条 因采取突发事件应对措施，诉讼、行政复议、仲裁活动不能正常进行的，适用有关时效中止和程序中止的规定，但法律另有规定的除外。

第十四条 中国人民解放军、中国人民武装警察部队和民兵组织依照本法和其他有关法律、行政法规、军事法规的规定以及国务院、中央军事委员会的命令，参加突发事件的应急救援和处置工作。

第十五条 中华人民共和国政府在突发事件的预防、监测与预警、应急处置与救援、事后恢复与重建等方面，同外国政府和有关国际组织开展合作与交流。

第十六条 县级以上人民政府作出应对突发事件的决定、命令，应当报本级人民代表大会常务委员会备案；突发事件应急处置工作结束后，应当向本级人民代表大会常务委员会作出专项工作报告。

第二章 预防与应急准备

第十七条 国家建立健全突发事件应急预案体系。

国务院制定国家突发事件总体应急预案，组织制定国家突发事件专项应急预案；国务院有关部门根据各自的职责和国务院相关应急预案，制定国家突发事件部门应急预案。

地方各级人民政府和县级以上地方各级人民政府有关部门根据有关法律、法规、规章、上级人民政府及其有关部门的应急预案以及本地区的实际情况，制定相应的突发事件应急预案。

应急预案制定机关应当根据实际需要和情势变化，适时修订应急预案。应急预案的制定、修订程序由国务院规定。

第十八条 应急预案应当根据本法和其他有关法律、法规的规定，针对突发事件的性质、特点和可能造成的社会危害，具体规定突发事件应急管理工作的组织指挥体系与职责和突发事件的预防与预警机制、处置程序、应急保障措施以及事后恢复与重建措施等内容。

第十九条 城乡规划应当符合预防、处置突发事件的需要，统筹安排应对突发事件所必需的设备和基础设施建设，合理确定应急避难场所。

第二十条 县级人民政府应当对本行政区域内容易引发自然灾害、事故灾难和公共卫生事件的危险源、危险区域进行调查、登记、风险评估，定期进行检查、监控，并责令有关单位采取安全防范措施。

省级和设区的市级人民政府应当对本行政区域内容易引发特别重大、重大突发事件的危险源、危险区域进行调查、登记、风险评估，组织进行检查、监控，并责令有关单位采取安全防范措施。

县级以上地方各级人民政府按照本法规定登记的危险源、危险区域，应当按照国家规定及时向社会公布。

第二十一条　县级人民政府及其有关部门、乡级人民政府、街道办事处、居民委员会、村民委员会应当及时调解处理可能引发社会安全事件的矛盾纠纷。

第二十二条　所有单位应当建立健全安全管理制度，定期检查本单位各项安全防范措施的落实情况，及时消除事故隐患；掌握并及时处理本单位存在的可能引发社会安全事件的问题，防止矛盾激化和事态扩大；对本单位可能发生的突发事件和采取安全防范措施的情况，应当按照规定及时向所在地人民政府或者人民政府有关部门报告。

第二十三条　矿山、建筑施工单位和易燃易爆物品、危险化学品、放射性物品等危险物品的生产、经营、储运、使用单位，应当制定具体应急预案，并对生产经营场所、有危险物品的建筑物、构筑物及周边环境开展隐患排查，及时采取措施消除隐患，防止发生突发事件。

第二十四条　公共交通工具、公共场所和其他人员密集场所的经营单位或者管理单位应当制定具体应急预案，为交通工具和有关场所配备报警装置和必要的应急救援设备、设施，注明其使用方法，并显著标明安全撤离的通道、路线，保证安全通道、出口的畅通。

有关单位应当定期检测、维护其报警装置和应急救援设备、设施，使其处于良好状态，确保正常使用。

第二十五条　县级以上人民政府应当建立健全突发事件应急管理培训制度，对人民政府及其有关部门负有处置突发事件职责的工作人员定期进行培训。

第二十六条　县级以上人民政府应当整合应急资源，建立或者确定综合性应急救援队伍。人民政府有关部门可以根据实际需要设立专业应急救援队伍。

县级以上人民政府及其有关部门可以建立由成年志愿者组成的应急救援队伍。单位应当建立由本单位职工组成的专职或者兼职应急救援队伍。

县级以上人民政府应当加强专业应急救援队伍与非专业应急救援队伍的合作，联合培训、联合演练，提高合成应急、协同应急的能力。

第二十七条　国务院有关部门、县级以上地方各级人民政府及其有关部门、有关单位应当为专业应急救援人员购买人身意外伤害保险，配备必要的防护装备和器材，减少应急救援人员的人身风险。

第二十八条　中国人民解放军、中国人民武装警察部队和民兵组织应当有计划地组织开展应急救援的专门训练。

第二十九条　县级人民政府及其有关部门、乡级人民政府、街道办事处应当组织开展应急知识的宣传普及活动和必要的应急演练。

居民委员会、村民委员会、企业事业单位应当根据所在地人民政府的要求，结合各自的实际情况，开展有关突发事件应急知识的宣传普及活动和必要的应急演练。

新闻媒体应当无偿开展突发事件预防与应急、自救与互救知识的公益宣传。

第三十条　各级各类学校应当把应急知识教育纳入教学内容，对学生进行应急知识教育，培养学生的安全意识和自救与互救能力。

教育主管部门应当对学校开展应急知识教育进行指导和监督。

第三十一条　国务院和县级以上地方各级人民政府应当采取财政措施，保障突发事件应对工作所需经费。

第三十二条　国家建立健全应急物资储备保障制度，完善重要应急物资的监管、生产、储备、调拨和紧急配送体系。

设区的市级以上人民政府和突发事件易发、多发地区的县级人民政府应当建立应急救援物资、生活必需品和应急处置装备的储备制度。

县级以上地方各级人民政府应当根据本地区的实际情况，与有关企业签订协议，保障应急救援物资、生活必需品和应急处置装备的生产、供给。

第三十三条　国家建立健全应急通信保障体系，完善公用通信网，建立有线与无线相结合、基础电信网络与机动通信系统相配套的应急通信系统，确保突发事件应对工作的通信畅通。

第三十四条　国家鼓励公民、法人和其他组织为人民政府应对突发事件工作提供物资、资金、技术支持和捐赠。

第三十五条　国家发展保险事业，建立国家财政支持的巨灾风险保险体系，并鼓励单位和公民参加保险。

第三十六条　国家鼓励、扶持具备相应条件的教学科研机构培养应急管理专门人才，鼓励、扶持教学科研机构和有关企业研究开发用于突发事件预防、监测、预警、应急处置与救援的新技术、新设备和新工具。

第三章　监测与预警

第三十七条　国务院建立全国统一的突发事件信息系统。

县级以上地方各级人民政府应当建立或者确定本地区统一的突发事件信息系统，汇集、储存、分析、传输有关突发事件的信息，并与上级人民政府及其有关部门、下级人民政府及其有关部门、专业机构和监测网点的突发事件信息系统实现互联互通，加强跨部门、跨地区的信息交流与情报合作。

第三十八条　县级以上人民政府及其有关部门、专业机构应当通过多种途径收集突发事件信息。

县级人民政府应当在居民委员会、村民委员会和有关单位建立专职或者兼职信息报告员制度。

获悉突发事件信息的公民、法人或者其他组织，应当立即向所在地人民政府、有关主管部门或者指定的专业机构报告。

第三十九条　地方各级人民政府应当按照国家有关规定向上级人民政府报送突发事件信息。县级以上人民政府有关主管部门应当向本级人民政府相关部门通报突发事件信息。专业机构、监测网点和信息报告员应当及时向所在地人民政府及其有关主管部门报告突发事件信息。

有关单位和人员报送、报告突发事件信息，应当做到及时、客观、真实，不得迟报、谎报、瞒报、漏报。

第四十条　县级以上地方各级人民政府应当及时汇总分析突发事件隐患和预警信息，必要时组织相关部门、专业技术人员、专家学者进行会商，对发生突发事件的可能性及其可能造成的影响进行评估；认为可能发生重大或者特别重大突发事件的，应当立即向上级人民政府报告，并向上级人民政府有关部门、当地驻军和可能受到危害的毗邻或者相关地区的人民政府通报。

第四十一条　国家建立健全突发事件监测制度。

县级以上人民政府及其有关部门应当根据自然灾害、事故灾难和公共卫生事件的种类和特点，建立健全基础信息数据库，完善监测网络，划分监测区域，确定监测点，明确监测项目，提供必要的设备、设施，配备专职或者兼职人员，对可能发生的突发事件进行监测。

第四十二条　国家建立健全突发事件预警制度。

可以预警的自然灾害、事故灾难和公共卫生事件的预警级别，按照突发事件发生的紧急程度、发展势态和可能造成的危害程度分为一级、二级、三级和四级，分别用红色、橙色、黄色和蓝色标示，一级为最高级别。

预警级别的划分标准由国务院或者国务院确定的部门制定。

第四十三条　可以预警的自然灾害、事故灾难或者公共卫生事件即将发生或者发生的可能性增大时，县级以上地方各级人民政府应当根据有关法律、行政法规和国务院规定的权限和程序，发布相应级别的警报，决定并宣布有关地区进入预警期，同时向上一级人民政府报告，必要时可以越级上报，并向当地驻军和可能受到危害的毗邻或者相关地区的人民政府通报。

第四十四条　发布三级、四级警报，宣布进入预警期后，县级以上地方各级人民政府应当根据即将发生的突发事件的特点和可能造成的危害，采取下列措施：

（一）启动应急预案；

（二）责令有关部门、专业机构、监测网点和负有特定职责的人员及时收集、报告有关信息，向社会公布反映突发事件信息的渠道，加强对突发事件发生、发展情况的监测、预报和预警工作；

（三）组织有关部门和机构、专业技术人员、有关专家学者，随时对突发事件信息进行分析评估，预测发生突发事件可能性的大小、影响范围和强度以及可能发生的突发事件的级别；

（四）定时向社会发布与公众有关的突发事件预测信息和分析评估结果，并对相关信息的报道工作进行管理；

（五）及时按照有关规定向社会发布可能受到突发事件危害的警告，宣传避免、减轻危害的常识，公布咨询电话。

第四十五条　发布一级、二级警报，宣布进入预警期后，县级以上地方各级人民政府除采取本法第四十四条规定的措施外，还应当针对即将发生的突发事件的特点和可能造成的危害，采取下列一项或者多项措施：

（一）责令应急救援队伍、负有特定职责的人员进入待命状态，并动员后备人员做好参加应急救援和处置工作的准备；

（二）调集应急救援所需物资、设备、工具，准备应急设施和避难场所，并确保其处于良好状态、随时可以投入正常使用；

（三）加强对重点单位、重要部位和重要基础设施的安全保卫，维护社会治安秩序；

（四）采取必要措施，确保交通、通信、供水、排水、供电、供气、供热等公共设施的安全和正常运行；

（五）及时向社会发布有关采取特定措施避免或者减轻危害的建议、劝告；

（六）转移、疏散或者撤离易受突发事件危害的人员并予以妥善安置，转移重要财产；

（七）关闭或者限制使用易受突发事件危害的场所，控制或者限制容易导致危害扩大的公共场所的活动；

（八）法律、法规、规章规定的其他必要的防范性、保护性措施。

第四十六条　对即将发生或者已经发生的社会安全事件，县级以上地方各级人民政府及其有关主管部门应当按照规定向上一级人民政府及其有关主管部门报告，必要时可以越级上报。

第四十七条　发布突发事件警报的人民政府应当根据事态的发展，按照有关规定适时调整预警级别并重新发布。

有事实证明不可能发生突发事件或者危险已经解除的，发布警报的人民政府应当立即宣布解除警报，终止预警期，并解除已经采取的有关措施。

第四章　应急处置与救援

第四十八条　突发事件发生后，履行统一领导职责或者组织处置突发事件的人民政府应当针对其性质、特点和危害程度，立即组织有关部门，调动应急救援队伍和社会力量，依照本章的规定和有关法律、法规、规章的规定采取应急处置措施。

第四十九条　自然灾害、事故灾难或者公共卫生事件发生后，履行统一领导职责的人民政府可以采取下列一项或者多项应急处置措施：

（一）组织营救和救治受害人员，疏散、撤离并妥善安置受到威胁的人员以及采取其他救助措施；

（二）迅速控制危险源，标明危险区域，封锁危险场所，划定警戒区，实行交通管制以及其他控制措施；

（三）立即抢修被损坏的交通、通信、供水、排水、供电、供气、供热等公共设施，向受到危害的人员提供避难场所和生活必需品，实施医疗救护和卫生防疫以及其他保障措施；

（四）禁止或者限制使用有关设备、设施，关闭或者限制使用有关场所，中止人员密集的活动或者可能导致危害扩大的生产经营活动以及采取其他保护措施；

（五）启用本级人民政府设置的财政预备费和储备的应急救援物资，必要时调用其他急需物资、设备、设施、工具；

（六）组织公民参加应急救援和处置工作，要求具有特定专长的人员提供服务；

（七）保障食品、饮用水、燃料等基本生活必需品的供应；

（八）依法从严惩处囤积居奇、哄抬物价、制假售假等扰乱市场秩序的行为，稳定市场价格，维护市场秩序；

（九）依法从严惩处哄抢财物、干扰破坏应急处置工作等扰乱社会秩序的行为，维护社会治安；

（十）采取防止发生次生、衍生事件的必要措施。

第五十条　社会安全事件发生后，组织处置工作的人民政府应当立即组织有关部门并由公安机关针对事件的性质和特点，依照有关法律、行政法规和国家其他有关规定，采取下列一项或者多项应急处置措施：

（一）强制隔离使用器械相互对抗或者以暴力行为参与冲突的当事人，妥善解决现场纠纷和争端，控制事态发展；

（二）对特定区域内的建筑物、交通工具、设备、设施以及燃料、燃气、电力、水的供应进行控制；

（三）封锁有关场所、道路，查验现场人员的身份证件，限制有关公共场所内的活动；

（四）加强对易受冲击的核心机关和单位的警卫，在国家机关、军事机关、国家通讯社、广播电台、电视台、外国驻华使领馆等单位附近设置临时警戒线；

（五）法律、行政法规和国务院规定的其他必要措施。

严重危害社会治安秩序的事件发生时，公安机关应当立即依法出动警力，根据现场情况依法采取相应的强制性措施，尽快使社会秩序恢复正常。

第五十一条 发生突发事件，严重影响国民经济正常运行时，国务院或者国务院授权的有关主管部门可以采取保障、控制等必要的应急措施，保障人民群众的基本生活需要，最大限度地减轻突发事件的影响。

第五十二条 履行统一领导职责或者组织处置突发事件的人民政府，必要时可以向单位和个人征用应急救援所需设备、设施、场地、交通工具和其他物资，请求其他地方人民政府提供人力、物力、财力或者技术支援，要求生产、供应生活必需品和应急救援物资的企业组织生产、保证供给，要求提供医疗、交通等公共服务的组织提供相应的服务。

履行统一领导职责或者组织处置突发事件的人民政府，应当组织协调运输经营单位，优先运送处置突发事件所需物资、设备、工具、应急救援人员和受到突发事件危害的人员。

第五十三条 履行统一领导职责或者组织处置突发事件的人民政府，应当按照有关规定统一、准确、及时发布有关突发事件事态发展和应急处置工作的信息。

第五十四条 任何单位和个人不得编造、传播有关突发事件事态发展或者应急处置工作的虚假信息。

第五十五条 突发事件发生地的居民委员会、村民委员会和其他组织应当按照当地人民政府的决定、命令，进行宣传动员，组织群众开展自救和互救，协助维护社会秩序。

第五十六条 受到自然灾害危害或者发生事故灾难、公共卫生事件的单位，应当立即组织本单位应急救援队伍和工作人员营救受害人员，疏散、撤离、安置受到威胁的人员，控制危险源，标明危险区域，封锁危险场所，并采取其他防止危害扩大的必要措施，同时向所在地县级人民政府报告；对因本单位的问题引发的或者主体是本单位人员的社会安全事件，有关单位应当按照规定上报情况，并迅速派出负责人赶赴现场开展劝解、疏导工作。

突发事件发生地的其他单位应当服从人民政府发布的决定、命令，配合人民政府采取的应急处置措施，做好本单位的应急救援工作，并积极组织人员参加所在地的应急救援和处置工作。

第五十七条 突发事件发生地的公民应当服从人民政府、居民委员会、村民委员会或者所属单位的指挥和安排，配合人民政府采取的应急处置措施，积极参加应急救援工作，协助维护社会秩序。

第五章 事后恢复与重建

第五十八条 突发事件的威胁和危害得到控制或者消除后，履行统一领导职责或者组织处置突发事件的人民政府应当停止执行依照本法规定采取的应急处置措施，同时采取或者继续实施必要措施，防止发生自然灾害、事故灾难、公共卫生事件的次生、衍生事件或者重新引发社会安全事件。

第五十九条　突发事件应急处置工作结束后，履行统一领导职责的人民政府应当立即组织对突发事件造成的损失进行评估，组织受影响地区尽快恢复生产、生活、工作和社会秩序，制定恢复重建计划，并向上一级人民政府报告。

受突发事件影响地区的人民政府应当及时组织和协调公安、交通、铁路、民航、邮电、建设等有关部门恢复社会治安秩序，尽快修复被损坏的交通、通信、供水、排水、供电、供气、供热等公共设施。

第六十条　受突发事件影响地区的人民政府开展恢复重建工作需要上一级人民政府支持的，可以向上一级人民政府提出请求。上一级人民政府应当根据受影响地区遭受的损失和实际情况，提供资金、物资支持和技术指导，组织其他地区提供资金、物资和人力支援。

第六十一条　国务院根据受突发事件影响地区遭受损失的情况，制定扶持该地区有关行业发展的优惠政策。

受突发事件影响地区的人民政府应当根据本地区遭受损失的情况，制定救助、补偿、抚慰、抚恤、安置等善后工作计划并组织实施，妥善解决因处置突发事件引发的矛盾和纠纷。

公民参加应急救援工作或者协助维护社会秩序期间，其在本单位的工资待遇和福利不变；表现突出、成绩显著的，由县级以上人民政府给予表彰或者奖励。

县级以上人民政府对在应急救援工作中伤亡的人员依法给予抚恤。

第六十二条　履行统一领导职责的人民政府应当及时查明突发事件的发生经过和原因，总结突发事件应急处置工作的经验教训，制定改进措施，并向上一级人民政府提出报告。

第六章　法　律　责　任

第六十三条　地方各级人民政府和县级以上各级人民政府有关部门违反本法规定，不履行法定职责的，由其上级行政机关或者监察机关责令改正；有下列情形之一的，根据情节对直接负责的主管人员和其他直接责任人员依法给予处分：

（一）未按规定采取预防措施，导致发生突发事件，或者未采取必要的防范措施，导致发生次生、衍生事件的；

（二）迟报、谎报、瞒报、漏报有关突发事件的信息，或者通报、报送、公布虚假信息，造成后果的；

（三）未按规定及时发布突发事件警报、采取预警期的措施，导致损害发生的；

（四）未按规定及时采取措施处置突发事件或者处置不当，造成后果的；

（五）不服从上级人民政府对突发事件应急处置工作的统一领导、指挥和协调的；

（六）未及时组织开展生产自救、恢复重建等善后工作的；

（七）截留、挪用、私分或者变相私分应急救援资金、物资的；

（八）不及时归还征用的单位和个人的财产，或者对被征用财产的单位和个人不按规定给予补偿的。

第六十四条　有关单位有下列情形之一的，由所在地履行统一领导职责的人民政府责令停产停业，暂扣或者吊销许可证或者营业执照，并处五万元以上二十万元以下的罚款；构成违反治安管理行为的，由公安机关依法给予处罚：

（一）未按规定采取预防措施，导致发生严重突发事件的；

（二）未及时消除已发现的可能引发突发事件的隐患，导致发生严重突发事件的；

（三）未做好应急设备、设施日常维护、检测工作，导致发生严重突发事件或者突发事件危害扩大的；

（四）突发事件发生后，不及时组织开展应急救援工作，造成严重后果的。

前款规定的行为，其他法律、行政法规规定由人民政府有关部门依法决定处罚的，从其规定。

第六十五条 违反本法规定，编造并传播有关突发事件事态发展或者应急处置工作的虚假信息，或者明知是有关突发事件事态发展或者应急处置工作的虚假信息而进行传播的，责令改正，给予警告；造成严重后果的，依法暂停其业务活动或者吊销其执业许可证；负有直接责任的人员是国家工作人员的，还应当对其依法给予处分；构成违反治安管理行为的，由公安机关依法给予处罚。

第六十六条 单位或者个人违反本法规定，不服从所在地人民政府及其有关部门发布的决定、命令或者不配合其依法采取的措施，构成违反治安管理行为的，由公安机关依法给予处罚。

第六十七条 单位或者个人违反本法规定，导致突发事件发生或者危害扩大，给他人人身、财产造成损害的，应当依法承担民事责任。

第六十八条 违反本法规定，构成犯罪的，依法追究刑事责任。

第七章 附　则

第六十九条 发生特别重大突发事件，对人民生命财产安全、国家安全、公共安全、环境安全或者社会秩序构成重大威胁，采取本法和其他有关法律、法规、规章规定的应急处置措施不能消除或者有效控制、减轻其严重社会危害，需要进入紧急状态的，由全国人民代表大会常务委员会或者国务院依照宪法和其他有关法律规定的权限和程序决定。

紧急状态期间采取的非常措施，依照有关法律规定执行或者由全国人民代表大会常务委员会另行规定。

第七十条 本法自 2007 年 11 月 1 日起施行。

中华人民共和国城乡规划法

（2007 年 10 月 28 日第十届全国人民代表大会常务委员会第三十次会议通过，
2007 年 10 月 28 日中华人民共和国主席令第 74 号公布，
自 2008 年 1 月 1 日起施行）

第一章 总　则

第一条 为了加强城乡规划管理，协调城乡空间布局，改善人居环境，促进城乡经济社会全面协调可持续发展，制定本法。

第二条　制定和实施城乡规划，在规划区内进行建设活动，必须遵守本法。

本法所称城乡规划，包括城镇体系规划、城市规划、镇规划、乡规划和村庄规划。城市规划、镇规划分为总体规划和详细规划。详细规划分为控制性详细规划和修建性详细规划。

本法所称规划区，是指城市、镇和村庄的建成区以及因城乡建设和发展需要，必须实行规划控制的区域。规划区的具体范围由有关人民政府在组织编制的城市总体规划、镇总体规划、乡规划和村庄规划中，根据城乡经济社会发展水平和统筹城乡发展的需要划定。

第三条　城市和镇应当依照本法制定城市规划和镇规划。城市、镇规划区内的建设活动应当符合规划要求。

县级以上地方人民政府根据本地农村经济社会发展水平，按照因地制宜、切实可行的原则，确定应当制定乡规划、村庄规划的区域。在确定区域内的乡、村庄，应当依照本法制定规划，规划区内的乡、村庄建设应当符合规划要求。

县级以上地方人民政府鼓励、指导前款规定以外的区域的乡、村庄制定和实施乡规划、村庄规划。

第四条　制定和实施城乡规划，应当遵循城乡统筹、合理布局、节约土地、集约发展和先规划后建设的原则，改善生态环境，促进资源、能源节约和综合利用，保护耕地等自然资源和历史文化遗产，保持地方特色、民族特色和传统风貌，防止污染和其他公害，并符合区域人口发展、国防建设、防灾减灾和公共卫生、公共安全的需要。

在规划区内进行建设活动，应当遵守土地管理、自然资源和环境保护等法律、法规的规定。

县级以上地方人民政府应当根据当地经济社会发展的实际，在城市总体规划、镇总体规划中合理确定城市、镇的发展规模、步骤和建设标准。

第五条　城市总体规划、镇总体规划以及乡规划和村庄规划的编制，应当依据国民经济和社会发展规划，并与土地利用总体规划相衔接。

第六条　各级人民政府应当将城乡规划的编制和管理经费纳入本级财政预算。

第七条　经依法批准的城乡规划，是城乡建设和规划管理的依据，未经法定程序不得修改。

第八条　城乡规划组织编制机关应当及时公布经依法批准的城乡规划。但是，法律、行政法规规定不得公开的内容除外。

第九条　任何单位和个人都应当遵守经依法批准并公布的城乡规划，服从规划管理，并有权就涉及其利害关系的建设活动是否符合规划的要求向城乡规划主管部门查询。

任何单位和个人都有权向城乡规划主管部门或者其他有关部门举报或者控告违反城乡规划的行为。城乡规划主管部门或者其他有关部门对举报或者控告，应当及时受理并组织核查、处理。

第十条　国家鼓励采用先进的科学技术，增强城乡规划的科学性，提高城乡规划实施及监督管理的效能。

第十一条　国务院城乡规划主管部门负责全国的城乡规划管理工作。

县级以上地方人民政府城乡规划主管部门负责本行政区域内的城乡规划管理工作。

第二章　城乡规划的制定

第十二条　国务院城乡规划主管部门会同国务院有关部门组织编制全国城镇体系规划，用于指导省域城镇体系规划、城市总体规划的编制。

全国城镇体系规划由国务院城乡规划主管部门报国务院审批。

第十三条　省、自治区人民政府组织编制省域城镇体系规划，报国务院审批。

省域城镇体系规划的内容应当包括：城镇空间布局和规模控制，重大基础设施的布局，为保护生态环境、资源等需要严格控制的区域。

第十四条　城市人民政府组织编制城市总体规划。

直辖市的城市总体规划由直辖市人民政府报国务院审批。省、自治区人民政府所在地的城市以及国务院确定的城市的总体规划，由省、自治区人民政府审查同意后，报国务院审批。其他城市的总体规划，由城市人民政府报省、自治区人民政府审批。

第十五条　县人民政府组织编制县人民政府所在地镇的总体规划，报上一级人民政府审批。其他镇的总体规划由镇人民政府组织编制，报上一级人民政府审批。

第十六条　省、自治区人民政府组织编制的省域城镇体系规划，城市、县人民政府组织编制的总体规划，在报上一级人民政府审批前，应当先经本级人民代表大会常务委员会审议，常务委员会组成人员的审议意见交由本级人民政府研究处理。

镇人民政府组织编制的镇总体规划，在报上一级人民政府审批前，应当先经镇人民代表大会审议，代表的审议意见交由本级人民政府研究处理。

规划的组织编制机关报送审批省域城镇体系规划、城市总体规划或者镇总体规划，应当将本级人民代表大会常务委员会组成人员或者镇人民代表大会代表的审议意见和根据审议意见修改规划的情况一并报送。

第十七条　城市总体规划、镇总体规划的内容应当包括：城市、镇的发展布局，功能分区，用地布局，综合交通体系，禁止、限制和适宜建设的地域范围，各类专项规划等。

规划区范围、规划区内建设用地规模、基础设施和公共服务设施用地、水源地和水系、基本农田和绿化用地、环境保护、自然与历史文化遗产保护以及防灾减灾等内容，应当作为城市总体规划、镇总体规划的强制性内容。

城市总体规划、镇总体规划的规划期限一般为二十年。城市总体规划还应当对城市更长远的发展作出预测性安排。

第十八条　乡规划、村庄规划应当从农村实际出发，尊重村民意愿，体现地方和农村特色。

乡规划、村庄规划的内容应当包括：规划区范围，住宅、道路、供水、排水、供电、垃圾收集、畜禽养殖场所等农村生产、生活服务设施、公益事业等各项建设的用地布局、建设要求，以及对耕地等自然资源和历史文化遗产保护、防灾减灾等的具体安排。乡规划还应当包括本行政区域内的村庄发展布局。

第十九条　城市人民政府城乡规划主管部门根据城市总体规划的要求，组织编制城市的控制性详细规划，经本级人民政府批准后，报本级人民代表大会常务委员会和上一级人民政府备案。

第二十条　镇人民政府根据镇总体规划的要求，组织编制镇的控制性详细规划，报上一级人民政府审批。县人民政府所在地镇的控制性详细规划，由县人民政府城乡规划主管部门根据镇总体规划的要求组织编制，经县人民政府批准后，报本级人民代表大会常务委员会和上一级人民政府备案。

第二十一条　城市、县人民政府城乡规划主管部门和镇人民政府可以组织编制重要地块的修建性详细规划。修建性详细规划应当符合控制性详细规划。

第二十二条　乡、镇人民政府组织编制乡规划、村庄规划，报上一级人民政府审批。村庄规划在报送审批前，应当经村民会议或者村民代表会议讨论同意。

第二十三条　首都的总体规划、详细规划应当统筹考虑中央国家机关用地布局和空间安排的需要。

第二十四条　城乡规划组织编制机关应当委托具有相应资质等级的单位承担城乡规划的具体编制工作。

从事城乡规划编制工作应当具备下列条件，并经国务院城乡规划主管部门或者省、自治区、直辖市人民政府城乡规划主管部门依法审查合格，取得相应等级的资质证书后，方可在资质等级许可的范围内从事城乡规划编制工作：

（一）有法人资格；

（二）有规定数量的经国务院城乡规划主管部门注册的规划师；

（三）有规定数量的相关专业技术人员；

（四）有相应的技术装备；

（五）有健全的技术、质量、财务管理制度。

规划师执业资格管理办法，由国务院城乡规划主管部门会同国务院人事行政部门制定。

编制城乡规划必须遵守国家有关标准。

第二十五条　编制城乡规划，应当具备国家规定的勘察、测绘、气象、地震、水文、环境等基础资料。

县级以上地方人民政府有关主管部门应当根据编制城乡规划的需要，及时提供有关基础资料。

第二十六条　城乡规划报送审批前，组织编制机关应当依法将城乡规划草案予以公告，并采取论证会、听证会或者其他方式征求专家和公众的意见。公告的时间不得少于三十日。

组织编制机关应当充分考虑专家和公众的意见，并在报送审批的材料中附具意见采纳情况及理由。

第二十七条　省域城镇体系规划、城市总体规划、镇总体规划批准前，审批机关应当组织专家和有关部门进行审查。

第三章　城乡规划的实施

第二十八条　地方各级人民政府应当根据当地经济社会发展水平，量力而行，尊重群众意愿，有计划、分步骤地组织实施城乡规划。

第二十九条　城市的建设和发展，应当优先安排基础设施以及公共服务设施的建设，妥善处理新区开发与旧区改建的关系，统筹兼顾进城务工人员生活和周边农村经济社会发展、村民生产与生活的需要。

镇的建设和发展，应当结合农村经济社会发展和产业结构调整，优先安排供水、排水、供电、供气、道路、通信、广播电视等基础设施和学校、卫生院、文化站、幼儿园、福利院等公共服务设施的建设，为周边农村提供服务。

乡、村庄的建设和发展，应当因地制宜、节约用地，发挥村民自治组织的作用，引导村民合理进行建设，改善农村生产、生活条件。

第三十条 城市新区的开发和建设，应当合理确定建设规模和时序，充分利用现有市政基础设施和公共服务设施，严格保护自然资源和生态环境，体现地方特色。

在城市总体规划、镇总体规划确定的建设用地范围以外，不得设立各类开发区和城市新区。

第三十一条 旧城区的改建，应当保护历史文化遗产和传统风貌，合理确定拆迁和建设规模，有计划地对危房集中、基础设施落后等地段进行改建。

历史文化名城、名镇、名村的保护以及受保护建筑物的维护和使用，应当遵守有关法律、行政法规和国务院的规定。

第三十二条 城乡建设和发展，应当依法保护和合理利用风景名胜资源，统筹安排风景名胜区及周边乡、镇、村庄的建设。

风景名胜区的规划、建设和管理，应当遵守有关法律、行政法规和国务院的规定。

第三十三条 城市地下空间的开发和利用，应当与经济和技术发展水平相适应，遵循统筹安排、综合开发、合理利用的原则，充分考虑防灾减灾、人民防空和通信等需要，并符合城市规划，履行规划审批手续。

第三十四条 城市、县、镇人民政府应当根据城市总体规划、镇总体规划、土地利用总体规划和年度计划以及国民经济和社会发展规划，制定近期建设规划，报总体规划审批机关备案。

近期建设规划应当以重要基础设施、公共服务设施和中低收入居民住房建设以及生态环境保护为重点内容，明确近期建设的时序、发展方向和空间布局。近期建设规划的规划期限为五年。

第三十五条 城乡规划确定的铁路、公路、港口、机场、道路、绿地、输配电设施及输电线路走廊、通信设施、广播电视设施、管道设施、河道、水库、水源地、自然保护区、防汛通道、消防通道、核电站、垃圾填埋场及焚烧厂、污水处理厂和公共服务设施的用地以及其他需要依法保护的用地，禁止擅自改变用途。

第三十六条 按照国家规定需要有关部门批准或者核准的建设项目，以划拨方式提供国有土地使用权的，建设单位在报送有关部门批准或者核准前，应当向城乡规划主管部门申请核发选址意见书。

前款规定以外的建设项目不需要申请选址意见书。

第三十七条 在城市、镇规划区内以划拨方式提供国有土地使用权的建设项目，经有关部门批准、核准、备案后，建设单位应当向城市、县人民政府城乡规划主管部门提出建设用地规划许可申请，由城市、县人民政府城乡规划主管部门依据控制性详细规划核定建设用地的位置、面积、允许建设的范围，核发建设用地规划许可证。

建设单位在取得建设用地规划许可证后，方可向县级以上地方人民政府土地主管部门申请用地，经县级以上人民政府审批后，由土地主管部门划拨土地。

第三十八条　在城市、镇规划区内以出让方式提供国有土地使用权的，在国有土地使用权出让前，城市、县人民政府城乡规划主管部门应当依据控制性详细规划，提出出让地块的位置、使用性质、开发强度等规划条件，作为国有土地使用权出让合同的组成部分。未确定规划条件的地块，不得出让国有土地使用权。

以出让方式取得国有土地使用权的建设项目，在签订国有土地使用权出让合同后，建设单位应当持建设项目的批准、核准、备案文件和国有土地使用权出让合同，向城市、县人民政府城乡规划主管部门领取建设用地规划许可证。

城市、县人民政府城乡规划主管部门不得在建设用地规划许可证中，擅自改变作为国有土地使用权出让合同组成部分的规划条件。

第三十九条　规划条件未纳入国有土地使用权出让合同的，该国有土地使用权出让合同无效；对未取得建设用地规划许可证的建设单位批准用地的，由县级以上人民政府撤销有关批准文件；占用土地的，应当及时退回；给当事人造成损失的，应当依法给予赔偿。

第四十条　在城市、镇规划区内进行建筑物、构筑物、道路、管线和其他工程建设的，建设单位或者个人应当向城市、县人民政府城乡规划主管部门或者省、自治区、直辖市人民政府确定的镇人民政府申请办理建设工程规划许可证。

申请办理建设工程规划许可证，应当提交使用土地的有关证明文件、建设工程设计方案等材料。需要建设单位编制修建性详细规划的建设项目，还应当提交修建性详细规划。对符合控制性详细规划和规划条件的，由城市、县人民政府城乡规划主管部门或者省、自治区、直辖市人民政府确定的镇人民政府核发建设工程规划许可证。

城市、县人民政府城乡规划主管部门或者省、自治区、直辖市人民政府确定的镇人民政府应当依法将经审定的修建性详细规划、建设工程设计方案的总平面图予以公布。

第四十一条　在乡、村庄规划区内进行乡镇企业、乡村公共设施和公益事业建设的，建设单位或者个人应当向乡、镇人民政府提出申请，由乡、镇人民政府报城市、县人民政府城乡规划主管部门核发乡村建设规划许可证。

在乡、村庄规划区内使用原有宅基地进行农村村民住宅建设的规划管理办法，由省、自治区、直辖市制定。

在乡、村庄规划区内进行乡镇企业、乡村公共设施和公益事业建设以及农村村民住宅建设，不得占用农用地；确需占用农用地的，应当依照《中华人民共和国土地管理法》有关规定办理农用地转用审批手续后，由城市、县人民政府城乡规划主管部门核发乡村建设规划许可证。

建设单位或者个人在取得乡村建设规划许可证后，方可办理用地审批手续。

第四十二条　城乡规划主管部门不得在城乡规划确定的建设用地范围以外作出规划许可。

第四十三条　建设单位应当按照规划条件进行建设；确需变更的，必须向城市、县人民政府城乡规划主管部门提出申请。变更内容不符合控制性详细规划的，城乡规划主管部门不得批准。城市、县人民政府城乡规划主管部门应当及时将依法变更后的规划条件通报同级土地主管部门并公示。

建设单位应当及时将依法变更后的规划条件报有关人民政府土地主管部门备案。

第四十四条　在城市、镇规划区内进行临时建设的，应当经城市、县人民政府城乡规划主管部门批准。临时建设影响近期建设规划或者控制性详细规划的实施以及交通、市容、安全等的，不得批准。

临时建设应当在批准的使用期限内自行拆除。

临时建设和临时用地规划管理的具体办法，由省、自治区、直辖市人民政府制定。

第四十五条　县级以上地方人民政府城乡规划主管部门按照国务院规定对建设工程是否符合规划条件予以核实。未经核实或者经核实不符合规划条件的，建设单位不得组织竣工验收。

建设单位应当在竣工验收后六个月内向城乡规划主管部门报送有关竣工验收资料。

第四章　城乡规划的修改

第四十六条　省域城镇体系规划、城市总体规划、镇总体规划的组织编制机关，应当组织有关部门和专家定期对规划实施情况进行评估，并采取论证会、听证会或者其他方式征求公众意见。组织编制机关应当向本级人民代表大会常务委员会、镇人民代表大会和原审批机关提出评估报告并附具征求意见的情况。

第四十七条　有下列情形之一的，组织编制机关方可按照规定的权限和程序修改省域城镇体系规划、城市总体规划、镇总体规划：

（一）上级人民政府制定的城乡规划发生变更，提出修改规划要求的；

（二）行政区划调整确需修改规划的；

（三）因国务院批准重大建设工程确需修改规划的；

（四）经评估确需修改规划的；

（五）城乡规划的审批机关认为应当修改规划的其他情形。

修改省域城镇体系规划、城市总体规划、镇总体规划前，组织编制机关应当对原规划的实施情况进行总结，并向原审批机关报告；修改涉及城市总体规划、镇总体规划强制性内容的，应当先向原审批机关提出专题报告，经同意后，方可编制修改方案。

修改后的省域城镇体系规划、城市总体规划、镇总体规划，应当依照本法第十三条、第十四条、第十五条和第十六条规定的审批程序报批。

第四十八条　修改控制性详细规划的，组织编制机关应当对修改的必要性进行论证，征求规划地段内利害关系人的意见，并向原审批机关提出专题报告，经原审批机关同意后，方可编制修改方案。修改后的控制性详细规划，应当依照本法第十九条、第二十条规定的审批程序报批。控制性详细规划修改涉及城市总体规划、镇总体规划的强制性内容的，应当先修改总体规划。

修改乡规划、村庄规划的，应当依照本法第二十二条规定的审批程序报批。

第四十九条　城市、县、镇人民政府修改近期建设规划的，应当将修改后的近期建设规划报总体规划审批机关备案。

第五十条　在选址意见书、建设用地规划许可证、建设工程规划许可证或者乡村建设规划许可证发放后，因依法修改城乡规划给被许可人合法权益造成损失的，应当依法给予补偿。

经依法审定的修建性详细规划、建设工程设计方案的总平面图不得随意修改；确需修改的，城乡规划主管部门应当采取听证会等形式，听取利害关系人的意见；因修改给利害关系人合法权益造成损失的，应当依法给予补偿。

第五章 监 督 检 查

第五十一条 县级以上人民政府及其城乡规划主管部门应当加强对城乡规划编制、审批、实施、修改的监督检查。

第五十二条 地方各级人民政府应当向本级人民代表大会常务委员会或者乡、镇人民代表大会报告城乡规划的实施情况，并接受监督。

第五十三条 县级以上人民政府城乡规划主管部门对城乡规划的实施情况进行监督检查，有权采取以下措施：

（一）要求有关单位和人员提供与监督事项有关的文件、资料，并进行复制；

（二）要求有关单位和人员就监督事项涉及的问题作出解释和说明，并根据需要进入现场进行勘测；

（三）责令有关单位和人员停止违反有关城乡规划的法律、法规的行为。

城乡规划主管部门的工作人员履行前款规定的监督检查职责，应当出示执法证件。被监督检查的单位和人员应当予以配合，不得妨碍和阻挠依法进行的监督检查活动。

第五十四条 监督检查情况和处理结果应当依法公开，供公众查阅和监督。

第五十五条 城乡规划主管部门在查处违反本法规定的行为时，发现国家机关工作人员依法应当给予行政处分的，应当向其任免机关或者监察机关提出处分建议。

第五十六条 依照本法规定应当给予行政处罚，而有关城乡规划主管部门不给予行政处罚的，上级人民政府城乡规划主管部门有权责令其作出行政处罚决定或者建议有关人民政府责令其给予行政处罚。

第五十七条 城乡规划主管部门违反本法规定作出行政许可的，上级人民政府城乡规划主管部门有权责令其撤销或者直接撤销该行政许可。因撤销行政许可给当事人合法权益造成损失的，应当依法给予赔偿。

第六章 法 律 责 任

第五十八条 对依法应当编制城乡规划而未组织编制，或者未按法定程序编制、审批、修改城乡规划的，由上级人民政府责令改正，通报批评；对有关人民政府负责人和其他直接责任人员依法给予处分。

第五十九条 城乡规划组织编制机关委托不具有相应资质等级的单位编制城乡规划的，由上级人民政府责令改正，通报批评；对有关人民政府负责人和其他直接责任人员依法给予处分。

第六十条 镇人民政府或者县级以上人民政府城乡规划主管部门有下列行为之一的，由本级人民政府、上级人民政府城乡规划主管部门或者监察机关依据职权责令改正，通报批评；对直接负责的主管人员和其他直接责任人员依法给予处分：

（一）未依法组织编制城市的控制性详细规划、县人民政府所在地镇的控制性详细规划的；

（二）超越职权或者对不符合法定条件的申请人核发选址意见书、建设用地规划许可证、建设工程规划许可证、乡村建设规划许可证的；

（三）对符合法定条件的申请人未在法定期限内核发选址意见书、建设用地规划许可证、建设工程规划许可证、乡村建设规划许可证的；

（四）未依法对经审定的修建性详细规划、建设工程设计方案的总平面图予以公布的；

（五）同意修改修建性详细规划、建设工程设计方案的总平面图前未采取听证会等形式听取利害关系人的意见的；

（六）发现未依法取得规划许可或者违反规划许可的规定在规划区内进行建设的行为，而不予查处或者接到举报后不依法处理的。

第六十一条　县级以上人民政府有关部门有下列行为之一的，由本级人民政府或者上级人民政府有关部门责令改正，通报批评；对直接负责的主管人员和其他直接责任人员依法给予处分：

（一）对未依法取得选址意见书的建设项目核发建设项目批准文件的；

（二）未依法在国有土地使用权出让合同中确定规划条件或者改变国有土地使用权出让合同中依法确定的规划条件的；

（三）对未依法取得建设用地规划许可证的建设单位划拨国有土地使用权的。

第六十二条　城乡规划编制单位有下列行为之一的，由所在地城市、县人民政府城乡规划主管部门责令限期改正，处合同约定的规划编制费一倍以上二倍以下的罚款；情节严重的，责令停业整顿，由原发证机关降低资质等级或者吊销资质证书；造成损失的，依法承担赔偿责任：

（一）超越资质等级许可的范围承揽城乡规划编制工作的；

（二）违反国家有关标准编制城乡规划的。

未依法取得资质证书承揽城乡规划编制工作的，由县级以上地方人民政府城乡规划主管部门责令停止违法行为，依照前款规定处以罚款；造成损失的，依法承担赔偿责任。

以欺骗手段取得资质证书承揽城乡规划编制工作的，由原发证机关吊销资质证书，依照本条第一款规定处以罚款；造成损失的，依法承担赔偿责任。

第六十三条　城乡规划编制单位取得资质证书后，不再符合相应的资质条件的，由原发证机关责令限期改正；逾期不改正的，降低资质等级或者吊销资质证书。

第六十四条　未取得建设工程规划许可证或者未按照建设工程规划许可证的规定进行建设的，由县级以上地方人民政府城乡规划主管部门责令停止建设；尚可采取改正措施消除对规划实施的影响的，限期改正，处建设工程造价百分之五以上百分之十以下的罚款；无法采取改正措施消除影响的，限期拆除，不能拆除的，没收实物或者违法收入，可以并处建设工程造价百分之十以下的罚款。

第六十五条　在乡、村庄规划区内未依法取得乡村建设规划许可证或者未按照乡村建设规划许可证的规定进行建设的，由乡、镇人民政府责令停止建设、限期改正；逾期不改正的，可以拆除。

第六十六条　建设单位或者个人有下列行为之一的，由所在地城市、县人民政府城乡规划主管部门责令限期拆除，可以并处临时建设工程造价一倍以下的罚款：

（一）未经批准进行临时建设的；

（二）未按照批准内容进行临时建设的；

（三）临时建筑物、构筑物超过批准期限不拆除的。

第六十七条　建设单位未在建设工程竣工验收后六个月内向城乡规划主管部门报送有关竣工验收资料的，由所在地城市、县人民政府城乡规划主管部门责令限期补报；逾期不补报的，处一万元以上五万元以下的罚款。

第六十八条　城乡规划主管部门作出责令停止建设或者限期拆除的决定后，当事人不停止建设或者逾期不拆除的，建设工程所在地县级以上地方人民政府可以责成有关部门采取查封施工现场、强制拆除等措施。

第六十九条　违反本法规定，构成犯罪的，依法追究刑事责任。

第七章　附　　则

第七十条　本法自 2008 年 1 月 1 日起施行。《中华人民共和国城市规划法》同时废止。

中华人民共和国防震减灾法

（1997 年 12 月 29 日第八届全国人民代表大会常务委员会第二十九次会议通过，2008 年 12 月 27 日第十一届全国人民代表大会常务委员会第六次会议修订）

第一章　总　　则

第一条　为了防御和减轻地震灾害，保护人民生命和财产安全，促进经济社会的可持续发展，制定本法。

第二条　在中华人民共和国领域和中华人民共和国管辖的其他海域从事地震监测预报、地震灾害预防、地震应急救援、地震灾后过渡性安置和恢复重建等防震减灾活动，适用本法。

第三条　防震减灾工作，实行预防为主、防御与救助相结合的方针。

第四条　县级以上人民政府应当加强对防震减灾工作的领导，将防震减灾工作纳入本级国民经济和社会发展规划，所需经费列入财政预算。

第五条　在国务院的领导下，国务院地震工作主管部门和国务院经济综合宏观调控、建设、民政、卫生、公安以及其他有关部门，按照职责分工，各负其责，密切配合，共同做好防震减灾工作。

县级以上地方人民政府负责管理地震工作的部门或者机构和其他有关部门在本级人民政府领导下，按照职责分工，各负其责，密切配合，共同做好本行政区域的防震减灾工作。

第六条　国务院抗震救灾指挥机构负责统一领导、指挥和协调全国抗震救灾工作。县级以上地方人民政府抗震救灾指挥机构负责统一领导、指挥和协调本行政区域的抗震救灾工作。

国务院地震工作主管部门和县级以上地方人民政府负责管理地震工作的部门或者机构，承担本级人民政府抗震救灾指挥机构的日常工作。

第七条　各级人民政府应当组织开展防震减灾知识的宣传教育，增强公民的防震减灾意识，提高全社会的防震减灾能力。

第八条　任何单位和个人都有依法参加防震减灾活动的义务。

国家鼓励、引导社会组织和个人开展地震群测群防活动，对地震进行监测和预防。

国家鼓励、引导志愿者参加防震减灾活动。

第九条　中国人民解放军、中国人民武装警察部队和民兵组织，依照本法以及其他有关法律、行政法规、军事法规的规定和国务院、中央军事委员会的命令，执行抗震救灾任务，保护人民生命和财产安全。

第十条　从事防震减灾活动，应当遵守国家有关防震减灾标准。

第十一条　国家鼓励、支持防震减灾的科学技术研究，逐步提高防震减灾科学技术研究经费投入，推广先进的科学研究成果，加强国际合作与交流，提高防震减灾工作水平。

对在防震减灾工作中做出突出贡献的单位和个人，按照国家有关规定给予表彰和奖励。

第二章　防震减灾规划

第十二条　国务院地震工作主管部门会同国务院有关部门组织编制国家防震减灾规划，报国务院批准后组织实施。

县级以上地方人民政府负责管理地震工作的部门或者机构会同同级有关部门，根据上一级防震减灾规划和本行政区域的实际情况，组织编制本行政区域的防震减灾规划，报本级人民政府批准后组织实施，并报上一级人民政府负责管理地震工作的部门或者机构备案。

第十三条　编制防震减灾规划，应当遵循统筹安排、突出重点、合理布局、全面预防的原则，以震情和震害预测结果为依据，并充分考虑人民生命和财产安全及经济社会发展、资源环境保护等需要。

县级以上地方人民政府有关部门应当根据编制防震减灾规划的需要，及时提供有关资料。

第十四条　防震减灾规划的内容应当包括：震情形势和防震减灾总体目标，地震监测台网建设布局，地震灾害预防措施，地震应急救援措施，以及防震减灾技术、信息、资金、物资等保障措施。

编制防震减灾规划，应当对地震重点监视防御区的地震监测台网建设、震情跟踪、地震灾害预防措施、地震应急准备、防震减灾知识宣传教育等作出具体安排。

第十五条　防震减灾规划报送审批前，组织编制机关应当征求有关部门、单位、专家和公众的意见。

防震减灾规划报送审批文件中应当附具意见采纳情况及理由。

第十六条　防震减灾规划一经批准公布，应当严格执行；因震情形势变化和经济社会发展的需要确需修改的，应当按照原审批程序报送审批。

第三章　地震监测预报

第十七条　国家加强地震监测预报工作，建立多学科地震监测系统，逐步提高地震监测预报水平。

第十八条　国家对地震监测台网实行统一规划，分级、分类管理。

国务院地震工作主管部门和县级以上地方人民政府负责管理地震工作的部门或者机构，按照国务院有关规定，制定地震监测台网规划。

全国地震监测台网由国家级地震监测台网、省级地震监测台网和市、县级地震监测台网组成，其建设资金和运行经费列入财政预算。

第十九条　水库、油田、核电站等重大建设工程的建设单位，应当按照国务院有关规定，建设专用地震监测台网或者强震动监测设施，其建设资金和运行经费由建设单位承担。

第二十条　地震监测台网的建设，应当遵守法律、法规和国家有关标准，保证建设质量。

第二十一条　地震监测台网不得擅自中止或者终止运行。

检测、传递、分析、处理、存贮、报送地震监测信息的单位，应当保证地震监测信息的质量和安全。

县级以上地方人民政府应当组织相关单位为地震监测台网的运行提供通信、交通、电力等保障条件。

第二十二条　沿海县级以上地方人民政府负责管理地震工作的部门或者机构，应当加强海域地震活动监测预测工作。海域地震发生后，县级以上地方人民政府负责管理地震工作的部门或者机构，应当及时向海洋主管部门和当地海事管理机构等通报情况。

火山所在地的县级以上地方人民政府负责管理地震工作的部门或者机构，应当利用地震监测设施和技术手段，加强火山活动监测预测工作。

第二十三条　国家依法保护地震监测设施和地震观测环境。

任何单位和个人不得侵占、毁损、拆除或者擅自移动地震监测设施。地震监测设施遭到破坏的，县级以上地方人民政府负责管理地震工作的部门或者机构应当采取紧急措施组织修复，确保地震监测设施正常运行。

任何单位和个人不得危害地震观测环境。国务院地震工作主管部门和县级以上地方人民政府负责管理地震工作的部门或者机构会同同级有关部门，按照国务院有关规定划定地震观测环境保护范围，并纳入土地利用总体规划和城乡规划。

第二十四条　新建、扩建、改建建设工程，应当避免对地震监测设施和地震观测环境造成危害。建设国家重点工程，确实无法避免对地震监测设施和地震观测环境造成危害的，建设单位应当按照县级以上地方人民政府负责管理地震工作的部门或者机构的要求，增建抗干扰设施；不能增建抗干扰设施的，应当新建地震监测设施。

对地震观测环境保护范围内的建设工程项目，城乡规划主管部门在依法核发选址意见书时，应当征求负责管理地震工作的部门或者机构的意见；不需要核发选址意见书的，城乡规划主管部门在依法核发建设用地规划许可证或者乡村建设规划许可证时，应当征求负责管理地震工作的部门或者机构的意见。

第二十五条　国务院地震工作主管部门建立健全地震监测信息共享平台，为社会提供服务。

县级以上地方人民政府负责管理地震工作的部门或者机构，应当将地震监测信息及时报送上一级人民政府负责管理地震工作的部门或者机构。

专用地震监测台网和强震动监测设施的管理单位，应当将地震监测信息及时报送所在省、自治区、直辖市人民政府负责管理地震工作的部门或者机构。

第二十六条　国务院地震工作主管部门和县级以上地方人民政府负责管理地震工作的部门或者机构，根据地震监测信息研究结果，对可能发生地震的地点、时间和震级作出预测。

其他单位和个人通过研究提出的地震预测意见，应当向所在地或者所预测地的县级以上地方人民政府负责管理地震工作的部门或者机构书面报告，或者直接向国务院地震工作主管部门书面报告。收到书面报告的部门或者机构应当进行登记并出具接收凭证。

第二十七条　观测到可能与地震有关的异常现象的单位和个人，可以向所在地县级以上地方人民政府负责管理地震工作的部门或者机构报告，也可以直接向国务院地震工作主管部门报告。

国务院地震工作主管部门和县级以上地方人民政府负责管理地震工作的部门或者机构接到报告后，应当进行登记并及时组织调查核实。

第二十八条　国务院地震工作主管部门和省、自治区、直辖市人民政府负责管理地震工作的部门或者机构，应当组织召开震情会商会，必要时邀请有关部门、专家和其他有关人员参加，对地震预测意见和可能与地震有关的异常现象进行综合分析研究，形成震情会商意见，报本级人民政府；经震情会商形成地震预报意见的，在报本级人民政府前，应当进行评审，作出评审结果，并提出对策建议。

第二十九条　国家对地震预报意见实行统一发布制度。

全国范围内的地震长期和中期预报意见，由国务院发布。省、自治区、直辖市行政区域内的地震预报意见，由省、自治区、直辖市人民政府按照国务院规定的程序发布。

除发表本人或者本单位对长期、中期地震活动趋势的研究成果及进行相关学术交流外，任何单位和个人不得向社会散布地震预测意见。任何单位和个人不得向社会散布地震预报意见及其评审结果。

第三十条　国务院地震工作主管部门根据地震活动趋势和震害预测结果，提出确定地震重点监视防御区的意见，报国务院批准。

国务院地震工作主管部门应当加强地震重点监视防御区的震情跟踪，对地震活动趋势进行分析评估，提出年度防震减灾工作意见，报国务院批准后实施。

地震重点监视防御区的县级以上地方人民政府应当根据年度防震减灾工作意见和当地的地震活动趋势，组织有关部门加强防震减灾工作。

地震重点监视防御区的县级以上地方人民政府负责管理地震工作的部门或者机构，应当增加地震监测台网密度，组织做好震情跟踪、流动观测和可能与地震有关的异常现象观测以及群测群防工作，并及时将有关情况报上一级人民政府负责管理地震工作的部门或者机构。

第三十一条　国家支持全国地震烈度速报系统的建设。

地震灾害发生后，国务院地震工作主管部门应当通过全国地震烈度速报系统快速判断致灾程度，为指挥抗震救灾工作提供依据。

第三十二条　国务院地震工作主管部门和县级以上地方人民政府负责管理地震工作的部门或者机构，应当对发生地震灾害的区域加强地震监测，在地震现场设立流动观测点，根据震情的发展变化，及时对地震活动趋势作出分析、判定，为余震防范工作提供依据。

国务院地震工作主管部门和县级以上地方人民政府负责管理地震工作的部门或者机构、地震监测台网的管理单位，应当及时收集、保存有关地震的资料和信息，并建立完整的档案。

第三十三条 外国的组织或者个人在中华人民共和国领域和中华人民共和国管辖的其他海域从事地震监测活动，必须经国务院地震工作主管部门会同有关部门批准，并采取与中华人民共和国有关部门或者单位合作的形式进行。

第四章 地 震 灾 害 预 防

第三十四条 国务院地震工作主管部门负责制定全国地震烈度区划图或者地震动参数区划图。

国务院地震工作主管部门和省、自治区、直辖市人民政府负责管理地震工作的部门或者机构，负责审定建设工程的地震安全性评价报告，确定抗震设防要求。

第三十五条 新建、扩建、改建建设工程，应当达到抗震设防要求。

重大建设工程和可能发生严重次生灾害的建设工程，应当按照国务院有关规定进行地震安全性评价，并按照经审定的地震安全性评价报告所确定的抗震设防要求进行抗震设防。建设工程的地震安全性评价单位应当按照国家有关标准进行地震安全性评价，并对地震安全性评价报告的质量负责。

前款规定以外的建设工程，应当按照地震烈度区划图或者地震动参数区划图所确定的抗震设防要求进行抗震设防；对学校、医院等人员密集场所的建设工程，应当按照高于当地房屋建筑的抗震设防要求进行设计和施工，采取有效措施，增强抗震设防能力。

第三十六条 有关建设工程的强制性标准，应当与抗震设防要求相衔接。

第三十七条 国家鼓励城市人民政府组织制定地震小区划图。地震小区划图由国务院地震工作主管部门负责审定。

第三十八条 建设单位对建设工程的抗震设计、施工的全过程负责。

设计单位应当按照抗震设防要求和工程建设强制性标准进行抗震设计，并对抗震设计的质量以及出具的施工图设计文件的准确性负责。

施工单位应当按照施工图设计文件和工程建设强制性标准进行施工，并对施工质量负责。

建设单位、施工单位应当选用符合施工图设计文件和国家有关标准规定的材料、构配件和设备。

工程监理单位应当按照施工图设计文件和工程建设强制性标准实施监理，并对施工质量承担监理责任。

第三十九条 已经建成的下列建设工程，未采取抗震设防措施或者抗震设防措施未达到抗震设防要求的，应当按照国家有关规定进行抗震性能鉴定，并采取必要的抗震加固措施：

（一）重大建设工程；

（二）可能发生严重次生灾害的建设工程；

（三）具有重大历史、科学、艺术价值或者重要纪念意义的建设工程；

（四）学校、医院等人员密集场所的建设工程；

（五）地震重点监视防御区内的建设工程。

第四十条 县级以上地方人民政府应当加强对农村村民住宅和乡村公共设施抗震设防的管理，组织开展农村实用抗震技术的研究和开发，推广达到抗震设防要求、经济适用、具有当地特色的建筑设计和施工技术，培训相关技术人员，建设示范工程，逐步提高农村村民住宅和乡村公共设施的抗震设防水平。

国家对需要抗震设防的农村村民住宅和乡村公共设施给予必要支持。

第四十一条 城乡规划应当根据地震应急避难的需要，合理确定应急疏散通道和应急避难场所，统筹安排地震应急避难所必需的交通、供水、供电、排污等基础设施建设。

第四十二条 地震重点监视防御区的县级以上地方人民政府应当根据实际需要，在本级财政预算和物资储备中安排抗震救灾资金、物资。

第四十三条 国家鼓励、支持研究开发和推广使用符合抗震设防要求、经济实用的新技术、新工艺、新材料。

第四十四条 县级人民政府及其有关部门和乡、镇人民政府、城市街道办事处等基层组织，应当组织开展地震应急知识的宣传普及活动和必要的地震应急救援演练，提高公民在地震灾害中自救互救的能力。

机关、团体、企业、事业等单位，应当按照所在地人民政府的要求，结合各自实际情况，加强对本单位人员的地震应急知识宣传教育，开展地震应急救援演练。

学校应当进行地震应急知识教育，组织开展必要的地震应急救援演练，培养学生的安全意识和自救互救能力。

新闻媒体应当开展地震灾害预防和应急、自救互救知识的公益宣传。

国务院地震工作主管部门和县级以上地方人民政府负责管理地震工作的部门或者机构，应当指导、协助、督促有关单位做好防震减灾知识的宣传教育和地震应急救援演练等工作。

第四十五条 国家发展有财政支持的地震灾害保险事业，鼓励单位和个人参加地震灾害保险。

第五章 地 震 应 急 救 援

第四十六条 国务院地震工作主管部门会同国务院有关部门制定国家地震应急预案，报国务院批准。国务院有关部门根据国家地震应急预案，制定本部门的地震应急预案，报国务院地震工作主管部门备案。

县级以上地方人民政府及其有关部门和乡、镇人民政府，应当根据有关法律、法规、规章、上级人民政府及其有关部门的地震应急预案和本行政区域的实际情况，制定本行政区域的地震应急预案和本部门的地震应急预案。省、自治区、直辖市和较大的市的地震应急预案，应当报国务院地震工作主管部门备案。

交通、铁路、水利、电力、通信等基础设施和学校、医院等人员密集场所的经营管理单位，以及可能发生次生灾害的核电、矿山、危险物品等生产经营单位，应当制定地震应急预案，并报所在地的县级人民政府负责管理地震工作的部门或者机构备案。

第四十七条 地震应急预案的内容应当包括：组织指挥体系及其职责，预防和预警机制，处置程序，应急响应和应急保障措施等。

地震应急预案应当根据实际情况适时修订。

第四十八条　地震预报意见发布后，有关省、自治区、直辖市人民政府根据预报的震情可以宣布有关区域进入临震应急期；有关地方人民政府应当按照地震应急预案，组织有关部门做好应急防范和抗震救灾准备工作。

第四十九条　按照社会危害程度、影响范围等因素，地震灾害分为一般、较大、重大和特别重大四级。具体分级标准按照国务院规定执行。

一般或者较大地震灾害发生后，地震发生地的市、县人民政府负责组织有关部门启动地震应急预案；重大地震灾害发生后，地震发生地的省、自治区、直辖市人民政府负责组织有关部门启动地震应急预案；特别重大地震灾害发生后，国务院负责组织有关部门启动地震应急预案。

第五十条　地震灾害发生后，抗震救灾指挥机构应当立即组织有关部门和单位迅速查清受灾情况，提出地震应急救援力量的配置方案，并采取以下紧急措施：

（一）迅速组织抢救被压埋人员，并组织有关单位和人员开展自救互救；

（二）迅速组织实施紧急医疗救护，协调伤员转移和接收与救治；

（三）迅速组织抢修毁损的交通、铁路、水利、电力、通信等基础设施；

（四）启用应急避难场所或者设置临时避难场所，设置救济物资供应点，提供救济物品、简易住所和临时住所，及时转移和安置受灾群众，确保饮用水消毒和水质安全，积极开展卫生防疫，妥善安排受灾群众生活；

（五）迅速控制危险源，封锁危险场所，做好次生灾害的排查与监测预警工作，防范地震可能引发的火灾、水灾、爆炸、山体滑坡和崩塌、泥石流、地面塌陷，或者剧毒、强腐蚀性、放射性物质大量泄漏等次生灾害以及传染病疫情的发生；

（六）依法采取维持社会秩序、维护社会治安的必要措施。

第五十一条　特别重大地震灾害发生后，国务院抗震救灾指挥机构在地震灾区成立现场指挥机构，并根据需要设立相应的工作组，统一组织领导、指挥和协调抗震救灾工作。

各级人民政府及有关部门和单位、中国人民解放军、中国人民武装警察部队和民兵组织，应当按照统一部署，分工负责，密切配合，共同做好地震应急救援工作。

第五十二条　地震灾区的县级以上地方人民政府应当及时将地震震情和灾情等信息向上一级人民政府报告，必要时可以越级上报，不得迟报、谎报、瞒报。

地震震情、灾情和抗震救灾等信息按照国务院有关规定实行归口管理，统一、准确、及时发布。

第五十三条　国家鼓励、扶持地震应急救援新技术和装备的研究开发，调运和储备必要的应急救援设施、装备，提高应急救援水平。

第五十四条　国务院建立国家地震灾害紧急救援队伍。

省、自治区、直辖市人民政府和地震重点监视防御区的市、县人民政府可以根据实际需要，充分利用消防等现有队伍，按照一队多用、专职与兼职相结合的原则，建立地震灾害紧急救援队伍。

地震灾害紧急救援队伍应当配备相应的装备、器材，开展培训和演练，提高地震灾害紧急救援能力。

地震灾害紧急救援队伍在实施救援时，应当首先对倒塌建筑物、构筑物压埋人员进行紧急救援。

第五十五条　县级以上人民政府有关部门应当按照职责分工，协调配合，采取有效措施，保障地震灾害紧急救援队伍和医疗救治队伍快速、高效地开展地震灾害紧急救援活动。

第五十六条　县级以上地方人民政府及其有关部门可以建立地震灾害救援志愿者队伍，并组织开展地震应急救援知识培训和演练，使志愿者掌握必要的地震应急救援技能，增强地震灾害应急救援能力。

第五十七条　国务院地震工作主管部门会同有关部门和单位，组织协调外国救援队和医疗队在中华人民共和国开展地震灾害紧急救援活动。

国务院抗震救灾指挥机构负责外国救援队和医疗队的统筹调度，并根据其专业特长，科学、合理地安排紧急救援任务。

地震灾区的地方各级人民政府，应当对外国救援队和医疗队开展紧急救援活动予以支持和配合。

第六章　地震灾后过渡性安置和恢复重建

第五十八条　国务院或者地震灾区的省、自治区、直辖市人民政府应当及时组织对地震灾害损失进行调查评估，为地震应急救援、灾后过渡性安置和恢复重建提供依据。

地震灾害损失调查评估的具体工作，由国务院地震工作主管部门或者地震灾区的省、自治区、直辖市人民政府负责管理地震工作的部门或者机构和财政、建设、民政等有关部门按照国务院的规定承担。

第五十九条　地震灾区受灾群众需要过渡性安置的，应当根据地震灾区的实际情况，在确保安全的前提下，采取灵活多样的方式进行安置。

第六十条　过渡性安置点应当设置在交通条件便利、方便受灾群众恢复生产和生活的区域，并避开地震活动断层和可能发生严重次生灾害的区域。

过渡性安置点的规模应当适度，并采取相应的防灾、防疫措施，配套建设必要的基础设施和公共服务设施，确保受灾群众的安全和基本生活需要。

第六十一条　实施过渡性安置应当尽量保护农用地，并避免对自然保护区、饮用水水源保护区以及生态脆弱区域造成破坏。

过渡性安置用地按照临时用地安排，可以先行使用，事后依法办理有关用地手续；到期未转为永久性用地的，应当复垦后交还原土地使用者。

第六十二条　过渡性安置点所在地的县级人民政府，应当组织有关部门加强对次生灾害、饮用水水质、食品卫生、疫情等的监测，开展流行病学调查，整治环境卫生，避免对土壤、水环境等造成污染。

过渡性安置点所在地的公安机关，应当加强治安管理，依法打击各种违法犯罪行为，维护正常的社会秩序。

第六十三条　地震灾区的县级以上地方人民政府及其有关部门和乡、镇人民政府，应当及时组织修复毁损的农业生产设施，提供农业生产技术指导，尽快恢复农业生产；优先恢复供电、供水、供气等企业的生产，并对大型骨干企业恢复生产提供支持，为全面恢复农业、工业、服务业生产经营提供条件。

第六十四条　各级人民政府应当加强对地震灾后恢复重建工作的领导、组织和协调。

县级以上人民政府有关部门应当在本级人民政府领导下，按照职责分工，密切配合，采取有效措施，共同做好地震灾后恢复重建工作。

第六十五条　国务院有关部门应当组织有关专家开展地震活动对相关建设工程破坏机理的调查评估，为修订完善有关建设工程的强制性标准、采取抗震设防措施提供科学依据。

第六十六条　特别重大地震灾害发生后，国务院经济综合宏观调控部门会同国务院有关部门与地震灾区的省、自治区、直辖市人民政府共同组织编制地震灾后恢复重建规划，报国务院批准后组织实施；重大、较大、一般地震灾害发生后，由地震灾区的省、自治区、直辖市人民政府根据实际需要组织编制地震灾后恢复重建规划。

地震灾害损失调查评估获得的地质、勘察、测绘、土地、气象、水文、环境等基础资料和经国务院地震工作主管部门复核的地震动参数区划图，应当作为编制地震灾后恢复重建规划的依据。

编制地震灾后恢复重建规划，应当征求有关部门、单位、专家和公众特别是地震灾区受灾群众的意见；重大事项应当组织有关专家进行专题论证。

第六十七条　地震灾后恢复重建规划应当根据地质条件和地震活动断层分布以及资源环境承载能力，重点对城镇和乡村的布局、基础设施和公共服务设施的建设、防灾减灾和生态环境以及自然资源和历史文化遗产保护等作出安排。

地震灾区内需要异地新建的城镇和乡村的选址以及地震灾后重建工程的选址，应当符合地震灾后恢复重建规划和抗震设防、防灾减灾要求，避开地震活动断层或者生态脆弱和可能发生洪水、山体滑坡和崩塌、泥石流、地面塌陷等灾害的区域以及传染病自然疫源地。

第六十八条　地震灾区的地方各级人民政府应当根据地震灾后恢复重建规划和当地经济社会发展水平，有计划、分步骤地组织实施地震灾后恢复重建。

第六十九条　地震灾区的县级以上地方人民政府应当组织有关部门和专家，根据地震灾害损失调查评估结果，制定清理保护方案，明确典型地震遗址、遗迹和文物保护单位以及具有历史价值与民族特色的建筑物、构筑物的保护范围和措施。

对地震灾害现场的清理，按照清理保护方案分区、分类进行，并依照法律、行政法规和国家有关规定，妥善清理、转运和处置有关放射性物质、危险废物和有毒化学品，开展防疫工作，防止传染病和重大动物疫情的发生。

第七十条　地震灾后恢复重建，应当统筹安排交通、铁路、水利、电力、通信、供水、供电等基础设施和市政公用设施，学校、医院、文化、商贸服务、防灾减灾、环境保护等公共服务设施，以及住房和无障碍设施的建设，合理确定建设规模和时序。

乡村的地震灾后恢复重建，应当尊重村民意愿，发挥村民自治组织的作用，以群众自建为主，政府补助、社会帮扶、对口支援，因地制宜，节约和集约利用土地，保护耕地。

少数民族聚居的地方的地震灾后恢复重建，应当尊重当地群众的意愿。

第七十一条　地震灾区的县级以上地方人民政府应当组织有关部门和单位，抢救、保护与收集整理有关档案、资料，对因地震灾害遗失、毁损的档案、资料，及时补充和恢复。

第七十二条　地震灾后恢复重建应当坚持政府主导、社会参与和市场运作相结合的原则。

地震灾区的地方各级人民政府应当组织受灾群众和企业开展生产自救，自力更生、艰苦奋斗、勤俭节约，尽快恢复生产。

国家对地震灾后恢复重建给予财政支持、税收优惠和金融扶持，并提供物资、技术和人力等支持。

第七十三条　地震灾区的地方各级人民政府应当组织做好救助、救治、康复、补偿、抚慰、抚恤、安置、心理援助、法律服务、公共文化服务等工作。

各级人民政府及有关部门应当做好受灾群众的就业工作，鼓励企业、事业单位优先吸纳符合条件的受灾群众就业。

第七十四条　对地震灾后恢复重建中需要办理行政审批手续的事项，有审批权的人民政府及有关部门应当按照方便群众、简化手续、提高效率的原则，依法及时予以办理。

第七章　监　督　管　理

第七十五条　县级以上人民政府依法加强对防震减灾规划和地震应急预案的编制与实施、地震应急避难场所的设置与管理、地震灾害紧急救援队伍的培训、防震减灾知识宣传教育和地震应急救援演练等工作的监督检查。

县级以上人民政府有关部门应当加强对地震应急救援、地震灾后过渡性安置和恢复重建的物资的质量安全的监督检查。

第七十六条　县级以上人民政府建设、交通、铁路、水利、电力、地震等有关部门应当按照职责分工，加强对工程建设强制性标准、抗震设防要求执行情况和地震安全性评价工作的监督检查。

第七十七条　禁止侵占、截留、挪用地震应急救援、地震灾后过渡性安置和恢复重建的资金、物资。

县级以上人民政府有关部门对地震应急救援、地震灾后过渡性安置和恢复重建的资金、物资以及社会捐赠款物的使用情况，依法加强管理和监督，予以公布，并对资金、物资的筹集、分配、拨付、使用情况登记造册，建立健全档案。

第七十八条　地震灾区的地方人民政府应当定期公布地震应急救援、地震灾后过渡性安置和恢复重建的资金、物资以及社会捐赠款物的来源、数量、发放和使用情况，接受社会监督。

第七十九条　审计机关应当加强对地震应急救援、地震灾后过渡性安置和恢复重建的资金、物资的筹集、分配、拨付、使用的审计，并及时公布审计结果。

第八十条　监察机关应当加强对参与防震减灾工作的国家行政机关和法律、法规授权的具有管理公共事务职能的组织及其工作人员的监察。

第八十一条　任何单位和个人对防震减灾活动中的违法行为，有权进行举报。

接到举报的人民政府或者有关部门应当进行调查，依法处理，并为举报人保密。

第八章　法　律　责　任

第八十二条　国务院地震工作主管部门、县级以上地方人民政府负责管理地震工作的部门或者机构，以及其他依照本法规定行使监督管理权的部门，不依法作出行政许可或者办理批准文件的，发现违法行为或者接到对违法行为的举报后不予查处的，或者有其他未依照本法规定履行职责的行为的，对直接负责的主管人员和其他直接责任人员，依法给予处分。

第八十三条　未按照法律、法规和国家有关标准进行地震监测台网建设的，由国务院地震工作主管部门或者县级以上地方人民政府负责管理地震工作的部门或者机构责令改正，采取相应的补救措施；对直接负责的主管人员和其他直接责任人员，依法给予处分。

第八十四条　违反本法规定，有下列行为之一的，由国务院地震工作主管部门或者县级以上地方人民政府负责管理地震工作的部门或者机构责令停止违法行为，恢复原状或者采取其他补救措施；造成损失的，依法承担赔偿责任：

（一）侵占、毁损、拆除或者擅自移动地震监测设施的；

（二）危害地震观测环境的；

（三）破坏典型地震遗址、遗迹的。

单位有前款所列违法行为，情节严重的，处二万元以上二十万元以下的罚款；个人有前款所列违法行为，情节严重的，处二千元以下的罚款。构成违反治安管理行为的，由公安机关依法给予处罚。

第八十五条　违反本法规定，未按照要求增建抗干扰设施或者新建地震监测设施的，由国务院地震工作主管部门或者县级以上地方人民政府负责管理地震工作的部门或者机构责令限期改正；逾期不改正的，处二万元以上二十万元以下的罚款；造成损失的，依法承担赔偿责任。

第八十六条　违反本法规定，外国的组织或者个人未经批准，在中华人民共和国领域和中华人民共和国管辖的其他海域从事地震监测活动的，由国务院地震工作主管部门责令停止违法行为，没收监测成果和监测设施，并处一万元以上十万元以下的罚款；情节严重的，并处十万元以上五十万元以下的罚款。

外国人有前款规定行为的，除依照前款规定处罚外，还应当依照外国人入境出境管理法律的规定缩短其在中华人民共和国停留的期限或者取消其在中华人民共和国居留的资格；情节严重的，限期出境或者驱逐出境。

第八十七条　未依法进行地震安全性评价，或者未按照地震安全性评价报告所确定的抗震设防要求进行抗震设防的，由国务院地震工作主管部门或者县级以上地方人民政府负责管理地震工作的部门或者机构责令限期改正；逾期不改正的，处三万元以上三十万元以下的罚款。

第八十八条　违反本法规定，向社会散布地震预测意见、地震预报意见及其评审结果，或者在地震灾后过渡性安置、地震灾后恢复重建中扰乱社会秩序，构成违反治安管理行为的，由公安机关依法给予处罚。

第八十九条　地震灾区的县级以上地方人民政府迟报、谎报、瞒报地震震情、灾情等信息的，由上级人民政府责令改正；对直接负责的主管人员和其他直接责任人员，依法给予处分。

第九十条　侵占、截留、挪用地震应急救援、地震灾后过渡性安置或者地震灾后恢复重建的资金、物资的，由财政部门、审计机关在各自职责范围内，责令改正，追回被侵占、截留、挪用的资金、物资；有违法所得的，没收违法所得；对单位给予警告或者通报批评；对直接负责的主管人员和其他直接责任人员，依法给予处分。

第九十一条 违反本法规定，构成犯罪的，依法追究刑事责任。

第九章 附 则

第九十二条 本法下列用语的含义：

（一）地震监测设施，是指用于地震信息检测、传输和处理的设备、仪器和装置以及配套的监测场地。

（二）地震观测环境，是指按照国家有关标准划定的保障地震监测设施不受干扰、能够正常发挥工作效能的空间范围。

（三）重大建设工程，是指对社会有重大价值或者有重大影响的工程。

（四）可能发生严重次生灾害的建设工程，是指受地震破坏后可能引发水灾、火灾、爆炸，或者剧毒、强腐蚀性、放射性物质大量泄漏，以及其他严重次生灾害的建设工程，包括水库大坝和贮油、贮气设施，贮存易燃易爆或者剧毒、强腐蚀性、放射性物质的设施，以及其他可能发生严重次生灾害的建设工程。

（五）地震烈度区划图，是指以地震烈度（以等级表示的地震影响强弱程度）为指标，将全国划分为不同抗震设防要求区域的图件。

（六）地震动参数区划图，是指以地震动参数（以加速度表示地震作用强弱程度）为指标，将全国划分为不同抗震设防要求区域的图件。

（七）地震小区划图，是指根据某一区域的具体场地条件，对该区域的抗震设防要求进行详细划分的图件。

第九十三条 本法自 2009 年 5 月 1 日起施行。

中华人民共和国城市房地产管理法

（1994 年 7 月 5 日第八届全国人民代表大会常务委员会第八次会议通过，根据 2007 年 8 月 30 日第十届全国人民代表大会常务委员会第二十九次会议《关于修改〈中华人民共和国城市房地产管理法〉的决定》第一次修正，根据2009 年 8 月 27 日第十一届全国人民代表大会常务委员会第十次会议《关于修改部分法律的决定》第二次修正）

第一章 总 则

第一条 为了加强对城市房地产的管理，维护房地产市场秩序，保障房地产权利人的合法权益，促进房地产业的健康发展，制定本法。

第二条 在中华人民共和国城市规划区国有土地（以下简称国有土地）范围内取得房地产开发用地的土地使用权，从事房地产开发、房地产交易，实施房地产管理，应当遵守本法。

本法所称房屋，是指土地上的房屋等建筑物及构筑物。

本法所称房地产开发，是指在依据本法取得国有土地使用权的土地上进行基础设施、房屋建设的行为。

本法所称房地产交易，包括房地产转让、房地产抵押和房屋租赁。

第三条　国家依法实行国有土地有偿、有限期使用制度。但是，国家在本法规定的范围内划拨国有土地使用权的除外。

第四条　国家根据社会、经济发展水平，扶持发展居民住宅建设，逐步改善居民的居住条件。

第五条　房地产权利人应当遵守法律和行政法规，依法纳税。房地产权利人的合法权益受法律保护，任何单位和个人不得侵犯。

第六条　为了公共利益的需要，国家可以征收国有土地上单位和个人的房屋，并依法给予拆迁补偿，维护被征收人的合法权益；征收个人住宅的，还应当保障被征收人的居住条件。具体办法由国务院规定。

第七条　国务院建设行政主管部门、土地管理部门依照国务院规定的职权划分，各司其职，密切配合，管理全国房地产工作。

县级以上地方人民政府房产管理、土地管理部门的机构设置及其职权由省、自治区、直辖市人民政府确定。

第二章　房地产开发用地

第一节　土地使用权出让

第八条　土地使用权出让，是指国家将国有土地使用权（以下简称土地使用权）在一定年限内出让给土地使用者，由土地使用者向国家支付土地使用权出让金的行为。

第九条　城市规划区内的集体所有的土地，经依法征用转为国有土地后，该幅国有土地的使用权方可有偿出让。

第十条　土地使用权出让，必须符合土地利用总体规划、城市规划和年度建设用地计划。

第十一条　县级以上地方人民政府出让土地使用权用于房地产开发的，须根据省级以上人民政府下达的控制指标拟订年度出让土地使用权总面积方案，按照国务院规定，报国务院或者省级人民政府批准。

第十二条　土地使用权出让，由市、县人民政府有计划、有步骤地进行。出让的每幅地块、用途、年限和其他条件，由市、县人民政府土地管理部门会同城市规划、建设、房产管理部门共同拟定方案，按照国务院规定，报经有批准权的人民政府批准后，由市、县人民政府土地管理部门实施。

直辖市的县人民政府及其有关部门行使前款规定的权限，由直辖市人民政府规定。

第十三条　土地使用权出让，可以采取拍卖、招标或者双方协议的方式。

商业、旅游、娱乐和豪华住宅用地，有条件的，必须采取拍卖、招标方式；没有条件，不能采取拍卖、招标方式的，可以采取双方协议的方式。

采取双方协议方式出让土地使用权的出让金不得低于按国家规定所确定的最低价。

第十四条　土地使用权出让最高年限由国务院规定。

第十五条　土地使用权出让，应当签订书面出让合同。

土地使用权出让合同由市、县人民政府土地管理部门与土地使用者签订。

第十六条　土地使用者必须按照出让合同约定，支付土地使用权出让金；未按照出让合同约定支付土地使用权出让金的，土地管理部门有权解除合同，并可以请求违约赔偿。

第十七条　土地使用者按照出让合同约定支付土地使用权出让金的，市、县人民政府土地管理部门必须按照出让合同约定，提供出让的土地；未按照出让合同约定提供出让的土地的，土地使用者有权解除合同，由土地管理部门返还土地使用权出让金，土地使用者并可以请求违约赔偿。

第十八条　土地使用者需要改变土地使用权出让合同约定的土地用途的，必须取得出让方和市、县人民政府城市规划行政主管部门的同意，签订土地使用权出让合同变更协议或者重新签订土地使用权出让合同，相应调整土地使用权出让金。

第十九条　土地使用权出让金应当全部上缴财政，列入预算，用于城市基础设施建设和土地开发。土地使用权出让金上缴和使用的具体办法由国务院规定。

第二十条　国家对土地使用者依法取得的土地使用权，在出让合同约定的使用年限届满前不收回；在特殊情况下，根据社会公共利益的需要，可以依照法律程序提前收回，并根据土地使用者使用土地的实际年限和开发土地的实际情况给予相应的补偿。

第二十一条　土地使用权因土地灭失而终止。

第二十二条　土地使用权出让合同约定的使用年限届满，土地使用者需要继续使用土地的，应当至迟于届满前一年申请续期，除根据社会公共利益需要收回该幅土地的，应当予以批准。经批准准予续期的，应当重新签订土地使用权出让合同，依照规定支付土地使用权出让金。

土地使用权出让合同约定的使用年限届满，土地使用者未申请续期或者虽申请续期但依照前款规定未获批准的，土地使用权由国家无偿收回。

第二节　土地使用权划拨

第二十三条　土地使用权划拨，是指县级以上人民政府依法批准，在土地使用者缴纳补偿、安置等费用后将该幅土地交付其使用，或者将土地使用权无偿交付给土地使用者使用的行为。

依照本法规定以划拨方式取得土地使用权的，除法律、行政法规另有规定外，没有使用期限的限制。

第二十四条　下列建设用地的土地使用权，确属必需的，可以由县级以上人民政府依法批准划拨：

（一）国家机关用地和军事用地；

（二）城市基础设施用地和公益事业用地；

（三）国家重点扶持的能源、交通、水利等项目用地；

（四）法律、行政法规规定的其他用地。

第三章　房地产开发

第二十五条　房地产开发必须严格执行城市规划，按照经济效益、社会效益、环境效益相统一的原则，实行全面规划、合理布局、综合开发、配套建设。

第二十六条 以出让方式取得土地使用权进行房地产开发的，必须按照土地使用权出让合同约定的土地用途、动工开发期限开发土地。超过出让合同约定的动工开发日期满一年未动工开发的，可以征收相当于土地使用权出让金百分之二十以下的土地闲置费；满二年未动工开发的，可以无偿收回土地使用权；但是，因不可抗力或者政府、政府有关部门的行为或者动工开发必需的前期工作造成动工开发迟延的除外。

第二十七条 房地产开发项目的设计、施工，必须符合国家的有关标准和规范。

房地产开发项目竣工，经验收合格后，方可交付使用。

第二十八条 依法取得的土地使用权，可以依照本法和有关法律、行政法规的规定，作价入股，合资、合作开发经营房地产。

第二十九条 国家采取税收等方面的优惠措施鼓励和扶持房地产开发企业开发建设居民住宅。

第三十条 房地产开发企业是以营利为目的，从事房地产开发和经营的企业。设立房地产开发企业，应当具备下列条件：

（一）有自己的名称和组织机构；

（二）有固定的经营场所；

（三）有符合国务院规定的注册资本；

（四）有足够的专业技术人员；

（五）法律、行政法规规定的其他条件。

设立房地产开发企业，应当向工商行政管理部门申请设立登记。工商行政管理部门对符合本法规定条件的，应当予以登记，发给营业执照；对不符合本法规定条件的，不予登记。

设立有限责任公司、股份有限公司，从事房地产开发经营的，还应当执行公司法的有关规定。

房地产开发企业在领取营业执照后的一个月内，应当到登记机关所在地的县级以上地方人民政府规定的部门备案。

第三十一条 房地产开发企业的注册资本与投资总额的比例应当符合国家有关规定。

房地产开发企业分期开发房地产的，分期投资额应当与项目规模相适应，并按照土地使用权出让合同的约定，按期投入资金，用于项目建设。

第四章 房 地 产 交 易

第一节 一 般 规 定

第三十二条 房地产转让、抵押时，房屋的所有权和该房屋占用范围内的土地使用权同时转让、抵押。

第三十三条 基准地价、标定地价和各类房屋的重置价格应当定期确定并公布。具体办法由国务院规定。

第三十四条 国家实行房地产价格评估制度。

房地产价格评估，应当遵循公正、公平、公开的原则，按照国家规定的技术标准和评估程序，以基准地价、标定地价和各类房屋的重置价格为基础，参照当地的市场价格进行评估。

第三十五条　国家实行房地产成交价格申报制度。

房地产权利人转让房地产，应当向县级以上地方人民政府规定的部门如实申报成交价，不得瞒报或者作不实的申报。

第三十六条　房地产转让、抵押，当事人应当依照本法第五章的规定办理权属登记。

第二节　房地产转让

第三十七条　房地产转让，是指房地产权利人通过买卖、赠与或者其他合法方式将其房地产转移给他人的行为。

第三十八条　下列房地产，不得转让：

（一）以出让方式取得土地使用权的，不符合本法第三十九条规定的条件的；

（二）司法机关和行政机关依法裁定、决定查封或者以其他形式限制房地产权利的；

（三）依法收回土地使用权的；

（四）共有房地产，未经其他共有人书面同意的；

（五）权属有争议的；

（六）未依法登记领取权属证书的；

（七）法律、行政法规规定禁止转让的其他情形。

第三十九条　以出让方式取得土地使用权的，转让房地产时，应当符合下列条件：

（一）按照出让合同约定已经支付全部土地使用权出让金，并取得土地使用权证书；

（二）按照出让合同约定进行投资开发，属于房屋建设工程的，完成开发投资总额的百分之二十五以上，属于成片开发土地的，形成工业用地或者其他建设用地条件。

转让房地产时房屋已经建成的，还应当持有房屋所有权证书。

第四十条　以划拨方式取得土地使用权的，转让房地产时，应当按照国务院规定，报有批准权的人民政府审批。有批准权的人民政府准予转让的，应当由受让方办理土地使用权出让手续，并依照国家有关规定缴纳土地使用权出让金。

以划拨方式取得土地使用权的，转让房地产报批时，有批准权的人民政府按照国务院规定决定可以不办理土地使用权出让手续的，转让方应当按照国务院规定将转让房地产所获收益中的土地收益上缴国家或者作其他处理。

第四十一条　房地产转让，应当签订书面转让合同，合同中应当载明土地使用权取得的方式。

第四十二条　房地产转让时，土地使用权出让合同载明的权利、义务随之转移。

第四十三条　以出让方式取得土地使用权的，转让房地产后，其土地使用权的使用年限为原土地使用权出让合同约定的使用年限减去原土地使用者已经使用年限后的剩余年限。

第四十四条　以出让方式取得土地使用权的，转让房地产后，受让人改变原土地使用权出让合同约定的土地用途的，必须取得原出让方和市、县人民政府城市规划行政主管部门的同意，签订土地使用权出让合同变更协议或者重新签订土地使用权出让合同，相应调整土地使用权出让金。

第四十五条 商品房预售，应当符合下列条件：

（一）已交付全部土地使用权出让金，取得土地使用权证书；

（二）持有建设工程规划许可证；

（三）按提供预售的商品房计算，投入开发建设的资金达到工程建设总投资的百分之二十五以上，并已经确定施工进度和竣工交付日期；

（四）向县级以上人民政府房产管理部门办理预售登记，取得商品房预售许可证明。

商品房预售人应当按照国家有关规定将预售合同报县级以上人民政府房产管理部门和土地管理部门登记备案。

商品房预售所得款项，必须用于有关的工程建设。

第四十六条 商品房预售的，商品房预购人将购买的未竣工的预售商品房再行转让的问题，由国务院规定。

第三节　房地产抵押

第四十七条 房地产抵押，是指抵押人以其合法的房地产以不转移占有的方式向抵押权人提供债务履行担保的行为。债务人不履行债务时，抵押权人有权依法以抵押的房地产拍卖所得的价款优先受偿。

第四十八条 依法取得的房屋所有权连同该房屋占用范围内的土地使用权，可以设定抵押权。

以出让方式取得的土地使用权，可以设定抵押权。

第四十九条 房地产抵押，应当凭土地使用权证书、房屋所有权证书办理。

第五十条 房地产抵押，抵押人和抵押权人应当签订书面抵押合同。

第五十一条 设定房地产抵押权的土地使用权是以划拨方式取得的，依法拍卖该房地产后，应当从拍卖所得的价款中缴纳相当于应缴纳的土地使用权出让金的款额后，抵押权人方可优先受偿。

第五十二条 房地产抵押合同签订后，土地上新增的房屋不属于抵押财产。需要拍卖该抵押的房地产时，可以依法将土地上新增的房屋与抵押财产一同拍卖，但对拍卖新增房屋所得，抵押权人无权优先受偿。

第四节　房屋租赁

第五十三条 房屋租赁，是指房屋所有权人作为出租人将其房屋出租给承租人使用，由承租人向出租人支付租金的行为。

第五十四条 房屋租赁，出租人和承租人应当签订书面租赁合同，约定租赁期限、租赁用途、租赁价格、修缮责任等条款，以及双方的其他权利和义务，并向房产管理部门登记备案。

第五十五条 住宅用房的租赁，应当执行国家和房屋所在城市人民政府规定的租赁政策。租用房屋从事生产、经营活动的，由租赁双方协商议定租金和其他租赁条款。

第五十六条 以营利为目的，房屋所有权人将以划拨方式取得使用权的国有土地上建成的房屋出租的，应当将租金中所含土地收益上缴国家。具体办法由国务院规定。

第五节　中介服务机构

第五十七条　房地产中介服务机构包括房地产咨询机构、房地产价格评估机构、房地产经纪机构等。

第五十八条　房地产中介服务机构应当具备下列条件：

（一）有自己的名称和组织机构；

（二）有固定的服务场所；

（三）有必要的财产和经费；

（四）有足够数量的专业人员；

（五）法律、行政法规规定的其他条件。

设立房地产中介服务机构，应当向工商行政管理部门申请设立登记，领取营业执照后，方可开业。

第五十九条　国家实行房地产价格评估人员资格认证制度。

第五章　房地产权属登记管理

第六十条　国家实行土地使用权和房屋所有权登记发证制度。

第六十一条　以出让或者划拨方式取得土地使用权，应当向县级以上地方人民政府土地管理部门申请登记，经县级以上地方人民政府土地管理部门核实，由同级人民政府颁发土地使用权证书。

在依法取得的房地产开发用地上建成房屋的，应当凭土地使用权证书向县级以上地方人民政府房产管理部门申请登记，由县级以上地方人民政府房产管理部门核实并颁发房屋所有权证书。

房地产转让或者变更时，应当向县级以上地方人民政府房产管理部门申请房产变更登记，并凭变更后的房屋所有权证书向同级人民政府土地管理部门申请土地使用权变更登记，经同级人民政府土地管理部门核实，由同级人民政府更换或者更改土地使用权证书。

法律另有规定的，依照有关法律的规定办理。

第六十二条　房地产抵押时，应当向县级以上地方人民政府规定的部门办理抵押登记。

因处分抵押房地产而取得土地使用权和房屋所有权的，应当依照本章规定办理过户登记。

第六十三条　经省、自治区、直辖市人民政府确定，县级以上地方人民政府由一个部门统一负责房产管理和土地管理工作的，可以制作、颁发统一的房地产权证书，依照本法第六十一条的规定，将房屋的所有权和该房屋占用范围内的土地使用权的确认和变更，分别载入房地产权证书。

第六章　法　律　责　任

第六十四条　违反本法第十一条、第十二条的规定，擅自批准出让或者擅自出让土地使用权用于房地产开发的，由上级机关或者所在单位给予有关责任人员行政处分。

第六十五条　违反本法第三十条的规定，未取得营业执照擅自从事房地产开发业务的，由县级以上人民政府工商行政管理部门责令停止房地产开发业务活动，没收违法所得，可以并处罚款。

第六十六条 违反本法第三十九条第一款的规定转让土地使用权的，由县级以上人民政府土地管理部门没收违法所得，可以并处罚款。

第六十七条 违反本法第四十条第一款的规定转让房地产的，由县级以上人民政府土地管理部门责令缴纳土地使用权出让金，没收违法所得，可以并处罚款。

第六十八条 违反本法第四十五条第一款的规定预售商品房的，由县级以上人民政府房产管理部门责令停止预售活动，没收违法所得，可以并处罚款。

第六十九条 违反本法第五十八条的规定，未取得营业执照擅自从事房地产中介服务业务的，由县级以上人民政府工商行政管理部门责令停止房地产中介服务业务活动，没收违法所得，可以并处罚款。

第七十条 没有法律、法规的依据，向房地产开发企业收费的，上级机关应当责令退回所收取的钱款；情节严重的，由上级机关或者所在单位给予直接责任人员行政处分。

第七十一条 房产管理部门、土地管理部门工作人员玩忽职守、滥用职权，构成犯罪的，依法追究刑事责任；不构成犯罪的，给予行政处分。

房产管理部门、土地管理部门工作人员利用职务上的便利，索取他人财物，或者非法收受他人财物为他人谋取利益，构成犯罪的，依法追究刑事责任；不构成犯罪的，给予行政处分。

第七章 附　　则

第七十二条 在城市规划区外的国有土地范围内取得房地产开发用地的土地使用权，从事房地产开发、交易活动以及实施房地产管理，参照本法执行。

第七十三条 本法自 1995 年 1 月 1 日起施行。

中华人民共和国安全生产法

(2002 年 6 月 29 日第九届全国人民代表大会常务委员会第二十八次会议通过，根据 2009 年 8 月 27 日第十一届全国人民代表大会常务委员会第十次会议《关于修改部分法律的决定》修正)

第一章 总　　则

第一条 为了加强安全生产监督管理，防止和减少生产安全事故，保障人民群众生命和财产安全，促进经济发展，制定本法。

第二条 在中华人民共和国领域内从事生产经营活动的单位（以下统称生产经营单位）的安全生产，适用本法；有关法律、行政法规对消防安全和道路交通安全、铁路交通安全、水上交通安全、民用航空安全另有规定的，适用其规定。

第三条 安全生产管理，坚持安全第一、预防为主的方针。

第四条 生产经营单位必须遵守本法和其他有关安全生产的法律、法规，加强安全生产管理，建立、健全安全生产责任制度，完善安全生产条件，确保安全生产。

第五条　生产经营单位的主要负责人对本单位的安全生产工作全面负责。

第六条　生产经营单位的从业人员有依法获得安全生产保障的权利，并应当依法履行安全生产方面的义务。

第七条　工会依法组织职工参加本单位安全生产工作的民主管理和民主监督，维护职工在安全生产方面的合法权益。

第八条　国务院和地方各级人民政府应当加强对安全生产工作的领导，支持、督促各有关部门依法履行安全生产监督管理职责。

县级以上人民政府对安全生产监督管理中存在的重大问题应当及时予以协调、解决。

第九条　国务院负责安全生产监督管理的部门依照本法，对全国安全生产工作实施综合监督管理；县级以上地方各级人民政府负责安全生产监督管理的部门依照本法，对本行政区域内安全生产工作实施综合监督管理。

国务院有关部门依照本法和其他有关法律、行政法规的规定，在各自的职责范围内对有关的安全生产工作实施监督管理；县级以上地方各级人民政府有关部门依照本法和其他有关法律、法规的规定，在各自的职责范围内对有关的安全生产工作实施监督管理。

第十条　国务院有关部门应当按照保障安全生产的要求，依法及时制定有关的国家标准或者行业标准，并根据科技进步和经济发展适时修订。

生产经营单位必须执行依法制定的保障安全生产的国家标准或者行业标准。

第十一条　各级人民政府及其有关部门应当采取多种形式，加强对有关安全生产的法律、法规和安全生产知识的宣传，提高职工的安全生产意识。

第十二条　依法设立的为安全生产提供技术服务的中介机构，依照法律、行政法规和执业准则，接受生产经营单位的委托为其安全生产工作提供技术服务。

第十三条　国家实行生产安全事故责任追究制度，依照本法和有关法律、法规的规定，追究生产安全事故责任人员的法律责任。

第十四条　国家鼓励和支持安全生产科学技术研究和安全生产先进技术的推广应用，提高安全生产水平。

第十五条　国家对在改善安全生产条件、防止生产安全事故、参加抢险救护等方面取得显著成绩的单位和个人，给予奖励。

第二章　生产经营单位的安全生产保障

第十六条　生产经营单位应当具备本法和有关法律、行政法规和国家标准或者行业标准规定的安全生产条件；不具备安全生产条件的，不得从事生产经营活动。

第十七条　生产经营单位的主要负责人对本单位安全生产工作负有下列职责：

（一）建立、健全本单位安全生产责任制；

（二）组织制定本单位安全生产规章制度和操作规程；

（三）保证本单位安全生产投入的有效实施；

（四）督促、检查本单位的安全生产工作，及时消除生产安全事故隐患；

（五）组织制定并实施本单位的生产安全事故应急救援预案；

（六）及时、如实报告生产安全事故。

第十八条　生产经营单位应当具备的安全生产条件所必需的资金投入，由生产经营单位的决策机构、主要负责人或者个人经营的投资人予以保证，并对由于安全生产所必需的资金投入不足导致的后果承担责任。

第十九条　矿山、建筑施工单位和危险物品的生产、经营、储存单位，应当设置安全生产管理机构或者配备专职安全生产管理人员。

前款规定以外的其他生产经营单位，从业人员超过三百人的，应当设置安全生产管理机构或者配备专职安全生产管理人员；从业人员在三百人以下的，应当配备专职或者兼职的安全生产管理人员，或者委托具有国家规定的相关专业技术资格的工程技术人员提供安全生产管理服务。

生产经营单位依照前款规定委托工程技术人员提供安全生产管理服务的，保证安全生产的责任仍由本单位负责。

第二十条　生产经营单位的主要负责人和安全生产管理人员必须具备与本单位所从事的生产经营活动相应的安全生产知识和管理能力。

危险物品的生产、经营、储存单位以及矿山、建筑施工单位的主要负责人和安全生产管理人员，应当由有关主管部门对其安全生产知识和管理能力考核合格后方可任职。考核不得收费。

第二十一条　生产经营单位应当对从业人员进行安全生产教育和培训，保证从业人员具备必要的安全生产知识，熟悉有关的安全生产规章制度和安全操作规程，掌握本岗位的安全操作技能。未经安全生产教育和培训合格的从业人员，不得上岗作业。

第二十二条　生产经营单位采用新工艺、新技术、新材料或者使用新设备，必须了解、掌握其安全技术特性，采取有效的安全防护措施，并对从业人员进行专门的安全生产教育和培训。

第二十三条　生产经营单位的特种作业人员必须按照国家有关规定经专门的安全作业培训，取得特种作业操作资格证书，方可上岗作业。

特种作业人员的范围由国务院负责安全生产监督管理的部门会同国务院有关部门确定。

第二十四条　生产经营单位新建、改建、扩建工程项目（以下统称建设项目）的安全设施，必须与主体工程同时设计、同时施工、同时投入生产和使用。安全设施投资应当纳入建设项目概算。

第二十五条　矿山建设项目和用于生产、储存危险物品的建设项目，应当分别按照国家有关规定进行安全条件论证和安全评价。

第二十六条　建设项目安全设施的设计人、设计单位应当对安全设施设计负责。

矿山建设项目和用于生产、储存危险物品的建设项目的安全设施设计应当按照国家有关规定报经有关部门审查，审查部门及其负责审查的人员对审查结果负责。

第二十七条　矿山建设项目和用于生产、储存危险物品的建设项目的施工单位必须按照批准的安全设施设计施工，并对安全设施的工程质量负责。

矿山建设项目和用于生产、储存危险物品的建设项目竣工投入生产或者使用前，必须依照有关法律、行政法规的规定对安全设施进行验收；验收合格后，方可投入生产和使用。验收部门及其验收人员对验收结果负责。

第二十八条　生产经营单位应当在有较大危险因素的生产经营场所和有关设施、设备上，设置明显的安全警示标志。

第二十九条　安全设备的设计、制造、安装、使用、检测、维修、改造和报废，应当符合国家标准或者行业标准。

生产经营单位必须对安全设备进行经常性维护、保养，并定期检测，保证正常运转。维护、保养、检测应当作好记录，并由有关人员签字。

第三十条　生产经营单位使用的涉及生命安全、危险性较大的特种设备，以及危险物品的容器、运输工具，必须按照国家有关规定，由专业生产单位生产，并经取得专业资质的检测、检验机构检测、检验合格，取得安全使用证或者安全标志，方可投入使用。检测、检验机构对检测、检验结果负责。

涉及生命安全、危险性较大的特种设备的目录由国务院负责特种设备安全监督管理的部门制定，报国务院批准后执行。

第三十一条　国家对严重危及生产安全的工艺、设备实行淘汰制度。

生产经营单位不得使用国家明令淘汰、禁止使用的危及生产安全的工艺、设备。

第三十二条　生产、经营、运输、储存、使用危险物品或者处置废弃危险物品的，由有关主管部门依照有关法律、法规的规定和国家标准或者行业标准审批并实施监督管理。

生产经营单位生产、经营、运输、储存、使用危险物品或者处置废弃危险物品，必须执行有关法律、法规和国家标准或者行业标准，建立专门的安全管理制度，采取可靠的安全措施，接受有关主管部门依法实施的监督管理。

第三十三条　生产经营单位对重大危险源应当登记建档，进行定期检测、评估、监控，并制定应急预案，告知从业人员和相关人员在紧急情况下应当采取的应急措施。

生产经营单位应当按照国家有关规定将本单位重大危险源及有关安全措施、应急措施报有关地方人民政府负责安全生产监督管理的部门和有关部门备案。

第三十四条　生产、经营、储存、使用危险物品的车间、商店、仓库不得与员工宿舍在同一座建筑物内，并应当与员工宿舍保持安全距离。

生产经营场所和员工宿舍应当设有符合紧急疏散要求、标志明显、保持畅通的出口。禁止封闭、堵塞生产经营场所或者员工宿舍的出口。

第三十五条　生产经营单位进行爆破、吊装等危险作业，应当安排专门人员进行现场安全管理，确保操作规程的遵守和安全措施的落实。

第三十六条　生产经营单位应当教育和督促从业人员严格执行本单位的安全生产规章制度和安全操作规程；并向从业人员如实告知作业场所和工作岗位存在的危险因素、防范措施以及事故应急措施。

第三十七条　生产经营单位必须为从业人员提供符合国家标准或者行业标准的劳动防护用品，并监督、教育从业人员按照使用规则佩戴、使用。

第三十八条　生产经营单位的安全生产管理人员应当根据本单位的生产经营特点，对安全生产状况进行经常性检查；对检查中发现的安全问题，应当立即处理；不能处理的，应当及时报告本单位有关负责人。检查及处理情况应当记录在案。

第三十九条　生产经营单位应当安排用于配备劳动防护用品、进行安全生产培训的经费。

第四十条　两个以上生产经营单位在同一作业区域内进行生产经营活动，可能危及对方生产安全的，应当签订安全生产管理协议，明确各自的安全生产管理职责和应当采取的安全措施，并指定专职安全生产管理人员进行安全检查与协调。

第四十一条　生产经营单位不得将生产经营项目、场所、设备发包或者出租给不具备安全生产条件或者相应资质的单位或者个人。

生产经营项目、场所有多个承包单位、承租单位的，生产经营单位应当与承包单位、承租单位签订专门的安全生产管理协议，或者在承包合同、租赁合同中约定各自的安全生产管理职责；生产经营单位对承包单位、承租单位的安全生产工作统一协调、管理。

第四十二条　生产经营单位发生重大生产安全事故时，单位的主要负责人应当立即组织抢救，并不得在事故调查处理期间擅离职守。

第四十三条　生产经营单位必须依法参加工伤社会保险，为从业人员缴纳保险费。

第三章　从业人员的权利和义务

第四十四条　生产经营单位与从业人员订立的劳动合同，应当载明有关保障从业人员劳动安全、防止职业危害的事项，以及依法为从业人员办理工伤社会保险的事项。

生产经营单位不得以任何形式与从业人员订立协议，免除或者减轻其对从业人员因生产安全事故伤亡依法应承担的责任。

第四十五条　生产经营单位的从业人员有权了解其作业场所和工作岗位存在的危险因素、防范措施及事故应急措施，有权对本单位的安全生产工作提出建议。

第四十六条　从业人员有权对本单位安全生产工作中存在的问题提出批评、检举、控告；有权拒绝违章指挥和强令冒险作业。

生产经营单位不得因从业人员对本单位安全生产工作提出批评、检举、控告或者拒绝违章指挥、强令冒险作业而降低其工资、福利等待遇或者解除与其订立的劳动合同。

第四十七条　从业人员发现直接危及人身安全的紧急情况时，有权停止作业或者在采取可能的应急措施后撤离作业场所。

生产经营单位不得因从业人员在前款紧急情况下停止作业或者采取紧急撤离措施而降低其工资、福利等待遇或者解除与其订立的劳动合同。

第四十八条　因生产安全事故受到损害的从业人员，除依法享有工伤社会保险外，依照有关民事法律尚有获得赔偿的权利的，有权向本单位提出赔偿要求。

第四十九条　从业人员在作业过程中，应当严格遵守本单位的安全生产规章制度和操作规程，服从管理，正确佩戴和使用劳动防护用品。

第五十条　从业人员应当接受安全生产教育和培训，掌握本职工作所需的安全生产知识，提高安全生产技能，增强事故预防和应急处理能力。

第五十一条　从业人员发现事故隐患或者其他不安全因素，应当立即向现场安全生产管理人员或者本单位负责人报告；接到报告的人员应当及时予以处理。

第五十二条　工会有权对建设项目的安全设施与主体工程同时设计、同时施工、同时投入生产和使用进行监督，提出意见。

工会对生产经营单位违反安全生产法律、法规，侵犯从业人员合法权益的行为，有权要求纠正；发现生产经营单位违章指挥、强令冒险作业或者发现事故隐患时，有权提出解决的建议，生产经营单位应当及时研究答复；发现危及从业人员生命安全的情况时，有权向生产经营单位建议组织从业人员撤离危险场所，生产经营单位必须立即作出处理。

工会有权依法参加事故调查，向有关部门提出处理意见，并要求追究有关人员的责任。

第四章　安全生产的监督管理

第五十三条　县级以上地方各级人民政府应当根据本行政区域内的安全生产状况，组织有关部门按照职责分工，对本行政区域内容易发生重大生产安全事故的生产经营单位进行严格检查；发现事故隐患，应当及时处理。

第五十四条　依照本法第九条规定对安全生产负有监督管理职责的部门（以下统称负有安全生产监督管理职责的部门）依照有关法律、法规的规定，对涉及安全生产的事项需要审查批准（包括批准、核准、许可、注册、认证、颁发证照等，下同）或者验收的，必须严格依照有关法律、法规和国家标准或者行业标准规定的安全生产条件和程序进行审查；不符合有关法律、法规和国家标准或者行业标准规定的安全生产条件的，不得批准或者验收通过。对未依法取得批准或者验收合格的单位擅自从事有关活动的，负责行政审批的部门发现或者接到举报后应当立即予以取缔，并依法予以处理。对已经依法取得批准的单位，负责行政审批的部门发现其不再具备安全生产条件的，应当撤销原批准。

第五十五条　负有安全生产监督管理职责的部门对涉及安全生产的事项进行审查、验收，不得收取费用；不得要求接受审查、验收的单位购买其指定品牌或者指定生产、销售单位的安全设备、器材或者其他产品。

第五十六条　负有安全生产监督管理职责的部门依法对生产经营单位执行有关安全生产的法律、法规和国家标准或者行业标准的情况进行监督检查，行使以下职权：

（一）进入生产经营单位进行检查，调阅有关资料，向有关单位和人员了解情况。

（二）对检查中发现的安全生产违法行为，当场予以纠正或者要求限期改正；对依法应当给予行政处罚的行为，依照本法和其他有关法律、行政法规的规定作出行政处罚决定。

（三）对检查中发现的事故隐患，应当责令立即排除；重大事故隐患排除前或者排除过程中无法保证安全的，应当责令从危险区域内撤出作业人员，责令暂时停产停业或者停止使用；重大事故隐患排除后，经审查同意，方可恢复生产经营和使用。

（四）对有根据认为不符合保障安全生产的国家标准或者行业标准的设施、设备、器材予以查封或者扣押，并应当在十五日内依法作出处理决定。

监督检查不得影响被检查单位的正常生产经营活动。

第五十七条　生产经营单位对负有安全生产监督管理职责的部门的监督检查人员（以下统称安全生产监督检查人员）依法履行监督检查职责，应当予以配合，不得拒绝、阻挠。

第五十八条　安全生产监督检查人员应当忠于职守，坚持原则，秉公执法。

安全生产监督检查人员执行监督检查任务时，必须出示有效的监督执法证件；对涉及被检查单位的技术秘密和业务秘密，应当为其保密。

第五十九条　安全生产监督检查人员应当将检查的时间、地点、内容、发现的问题及其处理情况，作出书面记录，并由检查人员和被检查单位的负责人签字；被检查单位的负责人拒绝签字的，检查人员应当将情况记录在案，并向负有安全生产监督管理职责的部门报告。

第六十条　负有安全生产监督管理职责的部门在监督检查中，应当互相配合，实行联合检查；确需分别进行检查的，应当互通情况，发现存在的安全问题应当由其他有关部门进行处理的，应当及时移送其他有关部门并形成记录备查，接受移送的部门应当及时进行处理。

第六十一条　监察机关依照行政监察法的规定，对负有安全生产监督管理职责的部门及其工作人员履行安全生产监督管理职责实施监察。

第六十二条　承担安全评价、认证、检测、检验的机构应当具备国家规定的资质条件，并对其作出的安全评价、认证、检测、检验的结果负责。

第六十三条　负有安全生产监督管理职责的部门应当建立举报制度，公开举报电话、信箱或者电子邮件地址，受理有关安全生产的举报；受理的举报事项经调查核实后，应当形成书面材料；需要落实整改措施的，报经有关负责人签字并督促落实。

第六十四条　任何单位或者个人对事故隐患或者安全生产违法行为，均有权向负有安全生产监督管理职责的部门报告或者举报。

第六十五条　居民委员会、村民委员会发现其所在区域内的生产经营单位存在事故隐患或者安全生产违法行为时，应当向当地人民政府或者有关部门报告。

第六十六条　县级以上各级人民政府及其有关部门对报告重大事故隐患或者举报安全生产违法行为的有功人员，给予奖励。具体奖励办法由国务院负责安全生产监督管理的部门会同国务院财政部门制定。

第六十七条　新闻、出版、广播、电影、电视等单位有进行安全生产宣传教育的义务，有对违反安全生产法律、法规的行为进行舆论监督的权利。

第五章　生产安全事故的应急救援与调查处理

第六十八条　县级以上地方各级人民政府应当组织有关部门制定本行政区域内特大生产安全事故应急救援预案，建立应急救援体系。

第六十九条　危险物品的生产、经营、储存单位以及矿山、建筑施工单位应当建立应急救援组织；生产经营规模较小，可以不建立应急救援组织的，应当指定兼职的应急救援人员。

危险物品的生产、经营、储存单位以及矿山、建筑施工单位应当配备必要的应急救援器材、设备，并进行经常性维护、保养，保证正常运转。

第七十条　生产经营单位发生生产安全事故后，事故现场有关人员应当立即报告本单位负责人。

单位负责人接到事故报告后，应当迅速采取有效措施，组织抢救，防止事故扩大，减少人员伤亡和财产损失，并按照国家有关规定立即如实报告当地负有安全生产监督管理职责的部门，不得隐瞒不报、谎报或者拖延不报，不得故意破坏事故现场、毁灭有关证据。

第七十一条　负有安全生产监督管理职责的部门接到事故报告后，应当立即按照国家有关规定上报事故情况。负有安全生产监督管理职责的部门和有关地方人民政府对事故情况不得隐瞒不报、谎报或者拖延不报。

　　第七十二条　有关地方人民政府和负有安全生产监督管理职责的部门的负责人接到重大生产安全事故报告后，应当立即赶到事故现场，组织事故抢救。

　　任何单位和个人都应当支持、配合事故抢救，并提供一切便利条件。

　　第七十三条　事故调查处理应当按照实事求是、尊重科学的原则，及时、准确地查清事故原因，查明事故性质和责任，总结事故教训，提出整改措施，并对事故责任者提出处理意见。事故调查和处理的具体办法由国务院制定。

　　第七十四条　生产经营单位发生生产安全事故，经调查确定为责任事故的，除了应当查明事故单位的责任并依法予以追究外，还应当查明对安全生产的有关事项负有审查批准和监督职责的行政部门的责任，对有失职、渎职行为的，依照本法第七十七条的规定追究法律责任。

　　第七十五条　任何单位和个人不得阻挠和干涉对事故的依法调查处理。

　　第七十六条　县级以上地方各级人民政府负责安全生产监督管理的部门应当定期统计分析本行政区域内发生生产安全事故的情况，并定期向社会公布。

第六章　法　律　责　任

　　第七十七条　负有安全生产监督管理职责的部门的工作人员，有下列行为之一的，给予降级或者撤职的行政处分；构成犯罪的，依照刑法有关规定追究刑事责任：

　　（一）对不符合法定安全生产条件的涉及安全生产的事项予以批准或者验收通过的；

　　（二）发现未依法取得批准、验收的单位擅自从事有关活动或者接到举报后不予取缔或者不依法予以处理的；

　　（三）对已经依法取得批准的单位不履行监督管理职责，发现其不再具备安全生产条件而不撤销原批准或者发现安全生产违法行为不予查处的。

　　第七十八条　负有安全生产监督管理职责的部门，要求被审查、验收的单位购买其指定的安全设备、器材或者其他产品的，在对安全生产事项的审查、验收中收取费用的，由其上级机关或者监察机关责令改正，责令退还收取的费用；情节严重的，对直接负责的主管人员和其他直接责任人员依法给予行政处分。

　　第七十九条　承担安全评价、认证、检测、检验工作的机构，出具虚假证明，构成犯罪的，依照刑法有关规定追究刑事责任；尚不够刑事处罚的，没收违法所得，违法所得在五千元以上的，并处违法所得二倍以上五倍以下的罚款，没有违法所得或者违法所得不足五千元的，单处或者并处五千元以上二万元以下的罚款，对其直接负责的主管人员和其他直接责任人员处五千元以上五万元以下的罚款；给他人造成损害的，与生产经营单位承担连带赔偿责任。

　　对有前款违法行为的机构，撤销其相应资格。

　　第八十条　生产经营单位的决策机构、主要负责人、个人经营的投资人不依照本法规定保证安全生产所必需的资金投入，致使生产经营单位不具备安全生产条件的，责令限期改正，提供必需的资金；逾期未改正的，责令生产经营单位停产停业整顿。

　　有前款违法行为，导致发生生产安全事故，构成犯罪的，依照刑法有关规定追究刑事责任；尚不够刑事处罚的，对生产经营单位的主要负责人给予撤职处分，对个人经营的投资人处二万元以上二十万元以下的罚款。

第八十一条　生产经营单位的主要负责人未履行本法规定的安全生产管理职责的，责令限期改正；逾期未改正的，责令生产经营单位停产停业整顿。

生产经营单位的主要负责人有前款违法行为，导致发生生产安全事故，构成犯罪的，依照刑法有关规定追究刑事责任；尚不够刑事处罚的，给予撤职处分或者处二万元以上二十万元以下的罚款。

生产经营单位的主要负责人依照前款规定受刑事处罚或者撤职处分的，自刑罚执行完毕或者受处分之日起，五年内不得担任任何生产经营单位的主要负责人。

第八十二条　生产经营单位有下列行为之一的，责令限期改正；逾期未改正的，责令停产停业整顿，可以并处二万元以下的罚款：

（一）未按照规定设立安全生产管理机构或者配备安全生产管理人员的；

（二）危险物品的生产、经营、储存单位以及矿山、建筑施工单位的主要负责人和安全生产管理人员未按照规定经考核合格的；

（三）未按照本法第二十一条、第二十二条的规定对从业人员进行安全生产教育和培训，或者未按照本法第三十六条的规定如实告知从业人员有关的安全生产事项的；

（四）特种作业人员未按照规定经专门的安全作业培训并取得特种作业操作资格证书，上岗作业的。

第八十三条　生产经营单位有下列行为之一的，责令限期改正；逾期未改正的，责令停止建设或者停产停业整顿，可以并处五万元以下的罚款；造成严重后果，构成犯罪的，依照刑法有关规定追究刑事责任：

（一）矿山建设项目或者用于生产、储存危险物品的建设项目没有安全设施设计或者安全设施设计未按照规定报经有关部门审查同意的；

（二）矿山建设项目或者用于生产、储存危险物品的建设项目的施工单位未按照批准的安全设施设计施工的；

（三）矿山建设项目或者用于生产、储存危险物品的建设项目竣工投入生产或者使用前，安全设施未经验收合格的；

（四）未在有较大危险因素的生产经营场所和有关设施、设备上设置明显的安全警示标志的；

（五）安全设备的安装、使用、检测、改造和报废不符合国家标准或者行业标准的；

（六）未对安全设备进行经常性维护、保养和定期检测的；

（七）未为从业人员提供符合国家标准或者行业标准的劳动防护用品的；

（八）特种设备以及危险物品的容器、运输工具未经取得专业资质的机构检测、检验合格，取得安全使用证或者安全标志，投入使用的；

（九）使用国家明令淘汰、禁止使用的危及生产安全的工艺、设备的。

第八十四条　未经依法批准，擅自生产、经营、储存危险物品的，责令停止违法行为或者予以关闭，没收违法所得，违法所得十万元以上的，并处违法所得一倍以上五倍以下的罚款，没有违法所得或者违法所得不足十万元的，单处或者并处二万元以上十万元以下的罚款；造成严重后果，构成犯罪的，依照刑法有关规定追究刑事责任。

第八十五条 生产经营单位有下列行为之一的，责令限期改正；逾期未改正的，责令停产停业整顿，可以并处二万元以上十万元以下的罚款；造成严重后果，构成犯罪的，依照刑法有关规定追究刑事责任：

（一）生产、经营、储存、使用危险物品，未建立专门安全管理制度、未采取可靠的安全措施或者不接受有关主管部门依法实施的监督管理的；

（二）对重大危险源未登记建档，或者未进行评估、监控，或者未制定应急预案的；

（三）进行爆破、吊装等危险作业，未安排专门管理人员进行现场安全管理的。

第八十六条 生产经营单位将生产经营项目、场所、设备发包或者出租给不具备安全生产条件或者相应资质的单位或者个人的，责令限期改正，没收违法所得；违法所得五万元以上的，并处违法所得一倍以上五倍以下的罚款；没有违法所得或者违法所得不足五万元的，单处或者并处一万元以上五万元以下的罚款；导致发生生产安全事故给他人造成损害的，与承包方、承租方承担连带赔偿责任。

生产经营单位未与承包单位、承租单位签订专门的安全生产管理协议或者未在承包合同、租赁合同中明确各自的安全生产管理职责，或者未对承包单位、承租单位的安全生产统一协调、管理的，责令限期改正；逾期未改正的，责令停产停业整顿。

第八十七条 两个以上生产经营单位在同一作业区域内进行可能危及对方安全生产的生产经营活动，未签订安全生产管理协议或者未指定专职安全生产管理人员进行安全检查与协调的，责令限期改正；逾期未改正的，责令停产停业。

第八十八条 生产经营单位有下列行为之一的，责令限期改正；逾期未改正的，责令停产停业整顿；造成严重后果，构成犯罪的，依照刑法有关规定追究刑事责任：

（一）生产、经营、储存、使用危险物品的车间、商店、仓库与员工宿舍在同一座建筑内，或者与员工宿舍的距离不符合安全要求的；

（二）生产经营场所和员工宿舍未设有符合紧急疏散需要、标志明显、保持畅通的出口，或者封闭、堵塞生产经营场所或者员工宿舍出口的。

第八十九条 生产经营单位与从业人员订立协议，免除或者减轻其对从业人员因生产安全事故伤亡依法应承担的责任的，该协议无效；对生产经营单位的主要负责人、个人经营的投资人处二万元以上十万元以下的罚款。

第九十条 生产经营单位的从业人员不服从管理，违反安全生产规章制度或者操作规程的，由生产经营单位给予批评教育，依照有关规章制度给予处分；造成重大事故，构成犯罪的，依照刑法有关规定追究刑事责任。

第九十一条 生产经营单位主要负责人在本单位发生重大生产安全事故时，不立即组织抢救或者在事故调查处理期间擅离职守或者逃匿的，给予降职、撤职的处分，对逃匿的处十五日以下拘留；构成犯罪的，依照刑法有关规定追究刑事责任。

生产经营单位主要负责人对生产安全事故隐瞒不报、谎报或者拖延不报的，依照前款规定处罚。

第九十二条 有关地方人民政府、负有安全生产监督管理职责的部门，对生产安全事故隐瞒不报、谎报或者拖延不报的，对直接负责的主管人员和其他直接责任人员依法给予行政处分；构成犯罪的，依照刑法有关规定追究刑事责任。

第九十三条 生产经营单位不具备本法和其他有关法律、行政法规和国家标准或者行业标准规定的安全生产条件，经停产停业整顿仍不具备安全生产条件的，予以关闭；有关部门应当依法吊销其有关证照。

第九十四条 本法规定的行政处罚，由负责安全生产监督管理的部门决定；予以关闭的行政处罚由负责安全生产监督管理的部门报请县级以上人民政府按照国务院规定的权限决定；给予拘留的行政处罚由公安机关依照治安管理处罚法的规定决定。有关法律、行政法规对行政处罚的决定机关另有规定的，依照其规定。

第九十五条 生产经营单位发生生产安全事故造成人员伤亡、他人财产损失的，应当依法承担赔偿责任；拒不承担或者其负责人逃匿的，由人民法院依法强制执行。

生产安全事故的责任人未依法承担赔偿责任，经人民法院依法采取执行措施后，仍不能对受害人给予足额赔偿的，应当继续履行赔偿义务；受害人发现责任人有其他财产的，可以随时请求人民法院执行。

第七章 附 则

第九十六条 本法下列用语的含义：

危险物品，是指易燃易爆物品、危险化学品、放射性物品等能够危及人身安全和财产安全的物品。

重大危险源，是指长期地或者临时地生产、搬运、使用或者储存危险物品，且危险物品的数量等于或者超过临界量的单元（包括场所和设施）。

第九十七条 本法自 2002 年 11 月 1 日起施行。

国务院关于特大安全事故行政责任追究的规定

（2001 年 4 月 21 日中华人民共和国国务院令第 302 号公布）

第一条 为了有效地防范特大安全事故的发生，严肃追究特大安全事故的行政责任，保障人民群众生命、财产安全，制定本规定。

第二条 地方人民政府主要领导人和政府有关部门正职负责人对下列特大安全事故的防范、发生，依照法律、行政法规和本规定的规定有失职、渎职情形或者负有领导责任的，依照本规定给予行政处分；构成玩忽职守罪或者其他罪的，依法追究刑事责任：

（一）特大火灾事故；

（二）特大交通安全事故；

（三）特大建筑质量安全事故；

（四）民用爆炸物品和化学危险品特大安全事故；

（五）煤矿和其他矿山特大安全事故；

（六）锅炉、压力容器、压力管道和特种设备特大安全事故；

（七）其他特大安全事故。

地方人民政府和政府有关部门对特大安全事故的防范、发生直接负责的主管人员和其他直接责任人员，比照本规定给予行政处分；构成玩忽职守罪或者其他罪的，依法追究刑事责任。

特大安全事故肇事单位和个人的刑事处罚、行政处罚和民事责任，依照有关法律、法规和规章的规定执行。

第三条　特大安全事故的具体标准，按照国家有关规定执行。

第四条　地方各级人民政府及政府有关部门应当依照有关法律、法规和规章的规定，采取行政措施，对本地区实施安全监督管理，保障本地区人民群众生命、财产安全，对本地区或者职责范围内防范特大安全事故的发生、特大安全事故发生后的迅速和妥善处理负责。

第五条　地方各级人民政府应当每个季度至少召开一次防范特大安全事故工作会议，由政府主要领导人或者政府主要领导人委托政府分管领导人召集有关部门正职负责人参加，分析、布置、督促、检查本地区防范特大安全事故的工作。会议应当作出决定并形成纪要，会议确定的各项防范措施必须严格实施。

第六条　市（地、州）、县（市、区）人民政府应当组织有关部门按照职责分工对本地区容易发生特大安全事故的单位、设施和场所安全事故的防范明确责任、采取措施，并组织有关部门对上述单位、设施和场所进行严格检查。

第七条　市（地、州）、县（市、区）人民政府必须制定本地区特大安全事故应急处理预案。本地区特大安全事故应急处理预案经政府主要领导人签署后，报上一级人民政府备案。

第八条　市（地、州）、县（市、区）人民政府应当组织有关部门对本规定第二条所列各类特大安全事故的隐患进行查处；发现特大安全事故隐患的，责令立即排除；特大安全事故隐患排除前或者排除过程中，无法保证安全的，责令暂时停产、停业或者停止使用。法律、行政法规对查处机关另有规定的，依照其规定。

第九条　市（地、州）、县（市、区）人民政府及其有关部门对本地区存在的特大安全事故隐患，超出其管辖或者职责范围的，应当立即向有管辖权或者负有职责的上级人民政府或者政府有关部门报告；情况紧急的，可以立即采取包括责令暂时停产、停业在内的紧急措施，同时报告；有关上级人民政府或者政府有关部门接到报告后，应当立即组织查处。

第十条　中小学校对学生进行劳动技能教育以及组织学生参加公益劳动等社会实践活动，必须确保学生安全。严禁以任何形式、名义组织学生从事接触易燃、易爆、有毒、有害等危险品的劳动或者其他危险性劳动。严禁将学校场地出租作为从事易燃、易爆、有毒、有害等危险品的生产、经营场所。

中小学校违反前款规定的，按照学校隶属关系，对县（市、区）、乡（镇）人民政府主要领导人和县（市、区）人民政府教育行政部门正职负责人，根据情节轻重，给予记过、降级直至撤职的行政处分；构成玩忽职守罪或者其他罪的，依法追究刑事责任。

中小学校违反本条第一款规定的，对校长给予撤职的行政处分，对直接组织者给予开除公职的行政处分；构成非法制造爆炸物罪或者其他罪的，依法追究刑事责任。

第十一条　依法对涉及安全生产事项负责行政审批（包括批准、核准、许可、注册、认证、颁发证照、竣工验收等，下同）的政府部门或者机构，必须严格依照法律、法规和规章规定的安全条件和程序进行审查；不符合法律、法规和规章规定的安全条件的，不得批准；不符合法律、法规和规章规定的安全条件，弄虚作假，骗取批准或者勾结串通行政审批工作人员取得批准的，负责行政审批的政府部门或者机构除必须立即撤销原批准外，应当对弄虚作假骗取批准或者勾结串通行政审批工作人员的当事人依法给予行政处罚；构成行贿罪或者其他罪的，依法追究刑事责任。

负责行政审批的政府部门或者机构违反前款规定，对不符合法律、法规和规章规定的安全条件予以批准的，对部门或者机构的正职负责人，根据情节轻重，给予降级、撤职直至开除公职的行政处分；与当事人勾结串通的，应当开除公职；构成受贿罪、玩忽职守罪或者其他罪的，依法追究刑事责任。

第十二条　对依照本规定第十一条第一款的规定取得批准的单位和个人，负责行政审批的政府部门或者机构必须对其实施严格监督检查；发现其不再具备安全条件的，必须立即撤销原批准。

负责行政审批的政府部门或者机构违反前款规定，不对取得批准的单位和个人实施严格监督检查，或者发现其不再具备安全条件而不立即撤销原批准的，对部门或者机构的正职负责人，根据情节轻重，给予降级或者撤职的行政处分；构成受贿罪、玩忽职守罪或者其他罪的，依法追究刑事责任。

第十三条　对未依法取得批准，擅自从事有关活动的，负责行政审批的政府部门或者机构发现或者接到举报后，应当立即予以查封、取缔，并依法给予行政处罚；属于经营单位的，由工商行政管理部门依法相应吊销营业执照。负责行政审批的政府部门或者机构违反前款规定，对发现或者举报的未依法取得批准而擅自从事有关活动的，不予查封、取缔、不依法给予行政处罚，工商行政管理部门不予吊销营业执照的，对部门或者机构的正职负责人，根据情节轻重，给予降级或者撤职的行政处分；构成受贿罪、玩忽职守罪或者其他罪的，依法追究刑事责任。

第十四条　市（地、州）、县（市、区）人民政府依照本规定应当履行职责而未履行，或者未按照规定的职责和程序履行，本地区发生特大安全事故的，对政府主要领导人，根据情节轻重，给予降级或者撤职的行政处分；构成玩忽职守罪的，依法追究刑事责任。

负责行政审批的政府部门或者机构、负责安全监督管理的政府有关部门，未依照本规定履行职责，发生特大安全事故的，对部门或者机构的正职负责人，根据情节轻重，给予撤职或者开除公职的行政处分；构成玩忽职守罪或者其他罪的，依法追究刑事责任。

第十五条　发生特大安全事故，社会影响特别恶劣或者性质特别严重的，由国务院对负有领导责任的省长、自治区主席、直辖市市长和国务院有关部门正职负责人给予行政处分。

第十六条　特大安全事故发生后，有关县（市、区）、市（地、州）和省、自治区、直辖市人民政府及政府有关部门应当按照国家规定的程序和时限立即上报，不得隐瞒不报、谎报或者拖延报告，并应当配合、协助事故调查，不得以任何方式阻碍、干涉事故调查。

特大安全事故发生后，有关地方人民政府及政府有关部门违反前款规定的，对政府主要领导人和政府部门正职负责人给予降级的行政处分。

第十七条　特大安全事故发生后，有关地方人民政府应当迅速组织救助，有关部门应当服从指挥、调度，参加或者配合救助，将事故损失降到最低限度。

第十八条　特大安全事故发生后，省、自治区、直辖市人民政府应当按照国家有关规定迅速、如实发布事故消息。

第十九条　特大安全事故发生后，按照国家有关规定组织调查组对事故进行调查。事故调查工作应当自事故发生之日起 60 日内完成，并由调查组提出调查报告；遇有特殊情况的，经调查组提出并报国家安全生产监督管理机构批准后，可以适当延长时间。调查报告应当包括依照本规定对有关责任人员追究行政责任或者其他法律责任的意见。

省、自治区、直辖市人民政府应当自调查报告提交之日起 30 日内，对有关责任人员作出处理决定；必要时，国务院可以对特大安全事故的有关责任人员作出处理决定。

第二十条　地方人民政府或者政府部门阻挠、干涉对特大安全事故有关责任人员追究行政责任的，对该地方人民政府主要领导人或者政府部门正职负责人，根据情节轻重，给予降级或者撤职的行政处分。

第二十一条　任何单位和个人均有权向有关地方人民政府或者政府部门报告特大安全事故隐患，有权向上级人民政府或者政府部门举报地方人民政府或者政府部门不履行安全监督管理职责或者不按照规定履行职责的情况。接到报告或者举报的有关人民政府或者政府部门，应当立即组织对事故隐患进行查处，或者对举报的不履行、不按照规定履行安全监督管理职责的情况进行调查处理。

第二十二条　监察机关依照行政监察法的规定，对地方各级人民政府和政府部门及其工作人员履行安全监督管理职责实施监察。

第二十三条　对特大安全事故以外的其他安全事故的防范、发生追究行政责任的办法，由省、自治区、直辖市人民政府参照本规定制定。

第二十四条　本规定自公布之日起施行。

地质灾害防治条例

（2003 年 11 月 19 日国务院第 29 次常务会议通过，2003 年 11 月 24 日
中华人民共和国国务院令第 394 号公布，自 2004 年 3 月 1 日起施行）

第一章　总　　则

第一条　为了防治地质灾害，避免和减轻地质灾害造成的损失，维护人民生命和财产安全，促进经济和社会的可持续发展，制定本条例。

第二条　本条例所称地质灾害，包括自然因素或者人为活动引发的危害人民生命和财产安全的山体崩塌、滑坡、泥石流、地面塌陷、地裂缝、地面沉降等与地质作用有关的灾害。

第三条　地质灾害防治工作，应当坚持预防为主、避让与治理相结合和全面规划、突出重点的原则。

第四条　地质灾害按照人员伤亡、经济损失的大小，分为四个等级：

（一）特大型：因灾死亡 30 人以上或者直接经济损失 1000 万元以上的；

（二）大型：因灾死亡 10 人以上 30 人以下或者直接经济损失 500 万元以上 1000 万元

以下的；

（三）中型：因灾死亡 3 人以上 10 人以下或者直接经济损失 100 万元以上 500 万元以下的；

（四）小型：因灾死亡 3 人以下或者直接经济损失 100 万元以下的。

第五条 地质灾害防治工作，应当纳入国民经济和社会发展计划。

因自然因素造成的地质灾害的防治经费，在划分中央和地方事权和财权的基础上，分别列入中央和地方有关人民政府的财政预算。具体办法由国务院财政部门会同国务院国土资源主管部门制定。

因工程建设等人为活动引发的地质灾害的治理费用，按照谁引发、谁治理的原则由责任单位承担。

第六条 县级以上人民政府应当加强对地质灾害防治工作的领导，组织有关部门采取措施，做好地质灾害防治工作。

县级以上人民政府应当组织有关部门开展地质灾害防治知识的宣传教育，增强公众的地质灾害防治意识和自救、互救能力。

第七条 国务院国土资源主管部门负责全国地质灾害防治的组织、协调、指导和监督工作。国务院其他有关部门按照各自的职责负责有关的地质灾害防治工作。

县级以上地方人民政府国土资源主管部门负责本行政区域内地质灾害防治的组织、协调、指导和监督工作。县级以上地方人民政府其他有关部门按照各自的职责负责有关的地质灾害防治工作。

第八条 国家鼓励和支持地质灾害防治科学技术研究，推广先进的地质灾害防治技术，普及地质灾害防治的科学知识。

第九条 任何单位和个人对地质灾害防治工作中的违法行为都有权检举和控告。

在地质灾害防治工作中做出突出贡献的单位和个人，由人民政府给予奖励。

第二章 地质灾害防治规划

第十条 国家实行地质灾害调查制度。

国务院国土资源主管部门会同国务院建设、水利、铁路、交通等部门结合地质环境状况组织开展全国的地质灾害调查。

县级以上地方人民政府国土资源主管部门会同同级建设、水利、交通等部门结合地质环境状况组织开展本行政区域的地质灾害调查。

第十一条 国务院国土资源主管部门会同国务院建设、水利、铁路、交通等部门，依据全国地质灾害调查结果，编制全国地质灾害防治规划，经专家论证后报国务院批准公布。

县级以上地方人民政府国土资源主管部门会同同级建设、水利、交通等部门，依据本行政区域的地质灾害调查结果和上一级地质灾害防治规划，编制本行政区域的地质灾害防治规划，经专家论证后报本级人民政府批准公布，并报上一级人民政府国土资源主管部门备案。

修改地质灾害防治规划，应当报经原批准机关批准。

第十二条 地质灾害防治规划包括以下内容：

（一）地质灾害现状和发展趋势预测；

（二）地质灾害的防治原则和目标；

（三）地质灾害易发区、重点防治区；

（四）地质灾害防治项目；

（五）地质灾害防治措施等。

县级以上人民政府应当将城镇、人口集中居住区、风景名胜区、大中型工矿企业所在地和交通干线、重点水利电力工程等基础设施作为地质灾害重点防治区中的防护重点。

第十三条　编制和实施土地利用总体规划、矿产资源规划以及水利、铁路、交通、能源等重大建设工程项目规划，应当充分考虑地质灾害防治要求，避免和减轻地质灾害造成的损失。

编制城市总体规划、村庄和集镇规划，应当将地质灾害防治规划作为其组成部分。

第三章　地质灾害预防

第十四条　国家建立地质灾害监测网络和预警信息系统。

县级以上人民政府国土资源主管部门应当会同建设、水利、交通等部门加强对地质灾害险情的动态监测。

因工程建设可能引发地质灾害的，建设单位应当加强地质灾害监测。

第十五条　地质灾害易发区的县、乡、村应当加强地质灾害的群测群防工作。在地质灾害重点防范期内，乡镇人民政府、基层群众自治组织应当加强地质灾害险情的巡回检查，发现险情及时处理和报告。

国家鼓励单位和个人提供地质灾害前兆信息。

第十六条　国家保护地质灾害监测设施。任何单位和个人不得侵占、损毁、损坏地质灾害监测设施。

第十七条　国家实行地质灾害预报制度。预报内容主要包括地质灾害可能发生的时间、地点、成灾范围和影响程度等。

地质灾害预报由县级以上人民政府国土资源主管部门会同气象主管机构发布。

任何单位和个人不得擅自向社会发布地质灾害预报。

第十八条　县级以上地方人民政府国土资源主管部门会同同级建设、水利、交通等部门依据地质灾害防治规划，拟订年度地质灾害防治方案，报本级人民政府批准后公布。

年度地质灾害防治方案包括下列内容：

（一）主要灾害点的分布；

（二）地质灾害的威胁对象、范围；

（三）重点防范期；

（四）地质灾害防治措施；

（五）地质灾害的监测、预防责任人。

第十九条　对出现地质灾害前兆、可能造成人员伤亡或者重大财产损失的区域和地段，县级人民政府应当及时划定为地质灾害危险区，予以公告，并在地质灾害危险区的边界设置明显警示标志。

在地质灾害危险区内，禁止爆破、削坡、进行工程建设以及从事其他可能引发地质灾害的活动。

县级以上人民政府应当组织有关部门及时采取工程治理或者搬迁避让措施，保证地质灾害危险区内居民的生命和财产安全。

第二十条　地质灾害险情已经消除或者得到有效控制的，县级人民政府应当及时撤销原划定的地质灾害危险区，并予以公告。

第二十一条　在地质灾害易发区内进行工程建设应当在可行性研究阶段进行地质灾害危险性评估，并将评估结果作为可行性研究报告的组成部分；可行性研究报告未包含地质灾害危险性评估结果的，不得批准其可行性研究报告。

编制地质灾害易发区内的城市总体规划、村庄和集镇规划时，应当对规划区进行地质灾害危险性评估。

第二十二条　国家对从事地质灾害危险性评估的单位实行资质管理制度。地质灾害危险性评估单位应当具备下列条件，经省级以上人民政府国土资源主管部门资质审查合格，取得国土资源主管部门颁发的相应等级的资质证书后，方可在资质等级许可的范围内从事地质灾害危险性评估业务：

（一）有独立的法人资格；

（二）有一定数量的工程地质、环境地质和岩土工程等相应专业的技术人员；

（三）有相应的技术装备。

地质灾害危险性评估单位进行评估时，应当对建设工程遭受地质灾害危害的可能性和该工程建设中、建成后引发地质灾害的可能性做出评价，提出具体的预防治理措施，并对评估结果负责。

第二十三条　禁止地质灾害危险性评估单位超越其资质等级许可的范围或者以其他地质灾害危险性评估单位的名义承揽地质灾害危险性评估业务。

禁止地质灾害危险性评估单位允许其他单位以本单位的名义承揽地质灾害危险性评估业务。

禁止任何单位和个人伪造、变造、买卖地质灾害危险性评估资质证书。

第二十四条　对经评估认为可能引发地质灾害或者可能遭受地质灾害危害的建设工程，应当配套建设地质灾害治理工程。地质灾害治理工程的设计、施工和验收应当与主体工程的设计、施工、验收同时进行。

配套的地质灾害治理工程未经验收或者经验收不合格的，主体工程不得投入生产或者使用。

第四章　地质灾害应急

第二十五条　国务院国土资源主管部门会同国务院建设、水利、铁路、交通等部门拟订全国突发性地质灾害应急预案，报国务院批准后公布。

县级以上地方人民政府国土资源主管部门会同同级建设、水利、交通等部门拟订本行政区域的突发性地质灾害应急预案，报本级人民政府批准后公布。

第二十六条　突发性地质灾害应急预案包括下列内容：

（一）应急机构和有关部门的职责分工；

（二）抢险救援人员的组织和应急、救助装备、资金、物资的准备；

（三）地质灾害的等级与影响分析准备；

（四）地质灾害调查、报告和处理程序；

（五）发生地质灾害时的预警信号、应急通信保障；

（六）人员财产撤离、转移路线、医疗救治、疾病控制等应急行动方案。

第二十七条 发生特大型或者大型地质灾害时，有关省、自治区、直辖市人民政府应当成立地质灾害抢险救灾指挥机构。必要时，国务院可以成立地质灾害抢险救灾指挥机构。

发生其他地质灾害或者出现地质灾害险情时，有关市、县人民政府可以根据地质灾害抢险救灾工作的需要，成立地质灾害抢险救灾指挥机构。

地质灾害抢险救灾指挥机构由政府领导负责、有关部门组成，在本级人民政府的领导下，统一指挥和组织地质灾害的抢险救灾工作。

第二十八条 发现地质灾害险情或者灾情的单位和个人，应当立即向当地人民政府或者国土资源主管部门报告。其他部门或者基层群众自治组织接到报告的，应当立即转报当地人民政府。

当地人民政府或者县级人民政府国土资源主管部门接到报告后，应当立即派人赶赴现场，进行现场调查，采取有效措施，防止灾害发生或者灾情扩大，并按照国务院国土资源主管部门关于地质灾害灾情分级报告的规定，向上级人民政府和国土资源主管部门报告。

第二十九条 接到地质灾害险情报告的当地人民政府、基层群众自治组织应当根据实际情况，及时动员受到地质灾害威胁的居民以及其他人员转移到安全地带；情况紧急时，可以强行组织避灾疏散。

第三十条 地质灾害发生后，县级以上人民政府应当启动并组织实施相应的突发性地质灾害应急预案。有关地方人民政府应当及时将灾情及其发展趋势等信息报告上级人民政府。

禁止隐瞒、谎报或者授意他人隐瞒、谎报地质灾害灾情。

第三十一条 县级以上人民政府有关部门应当按照突发性地质灾害应急预案的分工，做好相应的应急工作。

国土资源主管部门应当会同同级建设、水利、交通等部门尽快查明地质灾害发生原因、影响范围等情况，提出应急治理措施，减轻和控制地质灾害灾情。

民政、卫生、食品药品监督管理、商务、公安部门，应当及时设置避难场所和救济物资供应点，妥善安排灾民生活，做好医疗救护、卫生防疫、药品供应、社会治安工作；气象主管机构应当做好气象服务保障工作；通信、航空、铁路、交通部门应当保证地质灾害应急的通信畅通和救灾物资、设备、药物、食品的运送。

第三十二条 根据地质灾害应急处理的需要，县级以上人民政府应当紧急调集人员，调用物资、交通工具和相关的设施、设备；必要时，可以根据需要在抢险救灾区域范围内采取交通管制等措施。

因救灾需要，临时调用单位和个人的物资、设施、设备或者占用其房屋、土地的，事后应当及时归还；无法归还或者造成损失的，应当给予相应的补偿。

第三十三条 县级以上地方人民政府应当根据地质灾害灾情和地质灾害防治需要，统筹规划、安排受灾地区的重建工作。

第五章 地质灾害治理

第三十四条 因自然因素造成的特大型地质灾害，确需治理的，由国务院国土资源主管部门会同灾害发生地的省、自治区、直辖市人民政府组织治理。

因自然因素造成的其他地质灾害，确需治理的，在县级以上地方人民政府的领导下，由本级人民政府国土资源主管部门组织治理。

因自然因素造成的跨行政区域的地质灾害，确需治理的，由所跨行政区域的地方人民政府国土资源主管部门共同组织治理。

第三十五条 因工程建设等人为活动引发的地质灾害，由责任单位承担治理责任。

责任单位由地质灾害发生地的县级以上人民政府国土资源主管部门负责组织专家对地质灾害的成因进行分析论证后认定。

对地质灾害的治理责任认定结果有异议的，可以依法申请行政复议或者提起行政诉讼。

第三十六条 地质灾害治理工程的确定，应当与地质灾害形成的原因、规模以及对人民生命和财产安全的危害程度相适应。

承担专项地质灾害治理工程勘查、设计、施工和监理的单位，应当具备下列条件，经省级以上人民政府国土资源主管部门资质审查合格，取得国土资源主管部门颁发的相应等级的资质证书后，方可在资质等级许可的范围内从事地质灾害治理工程的勘查、设计、施工和监理活动，并承担相应的责任：

（一）有独立的法人资格；

（二）有一定数量的水文地质、环境地质、工程地质等相应专业的技术人员；

（三）有相应的技术装备；

（四）有完善的工程质量管理制度。

地质灾害治理工程的勘查、设计、施工和监理应当符合国家有关标准和技术规范。

第三十七条 禁止地质灾害治理工程勘查、设计、施工和监理单位超越其资质等级许可的范围或者以其他地质灾害治理工程勘查、设计、施工和监理单位的名义承揽地质灾害治理工程勘查、设计、施工和监理业务。

禁止地质灾害治理工程勘查、设计、施工和监理单位允许其他单位以本单位的名义承揽地质灾害治理工程勘查、设计、施工和监理业务。

禁止任何单位和个人伪造、变造、买卖地质灾害治理工程勘查、设计、施工和监理资质证书。

第三十八条 政府投资的地质灾害治理工程竣工后，由县级以上人民政府国土资源主管部门组织竣工验收。其他地质灾害治理工程竣工后，由责任单位组织竣工验收；竣工验收时，应当有国土资源主管部门参加。

第三十九条 政府投资的地质灾害治理工程经竣工验收合格后，由县级以上人民政府国土资源主管部门指定的单位负责管理和维护；其他地质灾害治理工程经竣工验收合格后，由负责治理的责任单位负责管理和维护。

任何单位和个人不得侵占、损毁、损坏地质灾害治理工程设施。

第六章　法　律　责　任

第四十条　违反本条例规定，有关县级以上地方人民政府、国土资源主管部门和其他有关部门有下列行为之一的，对直接负责的主管人员和其他直接责任人员，依法给予降级或者撤职的行政处分；造成地质灾害导致人员伤亡和重大财产损失的，依法给予开除的行政处分；构成犯罪的，依法追究刑事责任：

（一）未按照规定编制突发性地质灾害应急预案，或者未按照突发性地质灾害应急预案的要求采取有关措施、履行有关义务的；

（二）在编制地质灾害易发区内的城市总体规划、村庄和集镇规划时，未按照规定对规划区进行地质灾害危险性评估的；

（三）批准未包含地质灾害危险性评估结果的可行性研究报告的；

（四）隐瞒、谎报或者授意他人隐瞒、谎报地质灾害灾情，或者擅自发布地质灾害预报的；

（五）给不符合条件的单位颁发地质灾害危险性评估资质证书或者地质灾害治理工程勘查、设计、施工、监理资质证书的；

（六）在地质灾害防治工作中有其他渎职行为的。

第四十一条　违反本条例规定，建设单位有下列行为之一的，由县级以上地方人民政府国土资源主管部门责令限期改正；逾期不改正的，责令停止生产、施工或者使用，处10万元以上50万元以下的罚款；构成犯罪的，依法追究刑事责任。

（一）未按照规定对地质灾害易发区内的建设工程进行地质灾害危险性评估的；

（二）配套的地质灾害治理工程未经验收或者经验收不合格，主体工程即投入生产或者使用的。

第四十二条　违反本条例规定，对工程建设等人为活动引发的地质灾害不予治理的，由县级以上人民政府国土资源主管部门责令限期治理；逾期不治理或者治理不符合要求的，由责令限期治理的国土资源主管部门组织治理，所需费用由责任单位承担，处10万元以上50万元以下的罚款；给他人造成损失的，依法承担赔偿责任。

第四十三条　违反本条例规定，在地质灾害危险区内爆破、削坡、进行工程建设以及从事其他可能引发地质灾害活动的，由县级以上地方人民政府国土资源主管部门责令停止违法行为，对单位处5万元以上20万元以下的罚款，对个人处1万元以上5万元以下的罚款；构成犯罪的，依法追究刑事责任；给他人造成损失的，依法承担赔偿责任。

第四十四条　违反本条例规定，有下列行为之一的，由县级以上人民政府国土资源主管部门或者其他部门依据职责责令停止违法行为，对地质灾害危险性评估单位、地质灾害治理工程勘查、设计或者监理单位处合同约定的评估费、勘查费、设计费或者监理酬金1倍以上2倍以下的罚款，对地质灾害治理工程施工单位处工程价款2%以上4%以下的罚款，并可以责令停业整顿，降低资质等级；有违法所得的，没收违法所得；情节严重的，吊销其资质证书；构成犯罪的，依法追究刑事责任；给他人造成损失的，依法承担赔偿责任：

（一）在地质灾害危险性评估中弄虚作假或者故意隐瞒地质灾害真实情况的；

（二）在地质灾害治理工程勘查、设计、施工以及监理活动中弄虚作假、降低工程质量的；

（三）无资质证书或者超越其资质等级许可的范围承揽地质灾害危险性评估、地质灾害治理工程勘查、设计、施工及监理业务的；

（四）以其他单位的名义或者允许其他单位以本单位的名义承揽地质灾害危险性评估、地质灾害治理工程勘查、设计、施工和监理业务的。

第四十五条　违反本条例规定，伪造、变造、买卖地质灾害危险性评估资质证书、地质灾害治理工程勘查、设计、施工和监理资质证书的，由省级以上人民政府国土资源主管部门收缴或者吊销其资质证书，没收违法所得，并处 5 万元以上 10 万元以下的罚款；构成犯罪的，依法追究刑事责任。

第四十六条　违反本条例规定，侵占、损毁、损坏地质灾害监测设施或者地质灾害治理工程设施的，由县级以上地方人民政府国土资源主管部门责令停止违法行为，限期恢复原状或者采取补救措施，可以处 5 万元以下的罚款；构成犯罪的，依法追究刑事责任。

第七章　附　　则

第四十七条　在地质灾害防治工作中形成的地质资料，应当按照《地质资料管理条例》的规定汇交。

第四十八条　地震灾害的防御和减轻依照防震减灾的法律、行政法规的规定执行。防洪法律、行政法规对洪水引发的崩塌、滑坡、泥石流的防治有规定的，从其规定。

第四十九条　本条例自 2004 年 3 月 1 日起施行。

安全生产许可证条例

（2004 年 1 月 13 日中华人民共和国国务院令第 397 号公布）

第一条　为了严格规范安全生产条件，进一步加强安全生产监督管理，防止和减少生产安全事故，根据《中华人民共和国安全生产法》的有关规定，制定本条例。

第二条　国家对矿山企业、建筑施工企业和危险化学品、烟花爆竹、民用爆破器材生产企业（以下统称企业）实行安全生产许可制度。

企业未取得安全生产许可证的，不得从事生产活动。

第三条　国务院安全生产监督管理部门负责中央管理的非煤矿矿山企业和危险化学品、烟花爆竹生产企业安全生产许可证的颁发和管理。

省、自治区、直辖市人民政府安全生产监督管理部门负责前款规定以外的非煤矿矿山企业和危险化学品、烟花爆竹生产企业安全生产许可证的颁发和管理，并接受国务院安全生产监督管理部门的指导和监督。

国家煤矿安全监察机构负责中央管理的煤矿企业安全生产许可证的颁发和管理。

在省、自治区、直辖市设立的煤矿安全监察机构负责前款规定以外的其他煤矿企业安全生产许可证的颁发和管理，并接受国家煤矿安全监察机构的指导和监督。

第四条　国务院建设主管部门负责中央管理的建筑施工企业安全生产许可证的颁发和

管理。

省、自治区、直辖市人民政府建设主管部门负责前款规定以外的建筑施工企业安全生产许可证的颁发和管理，并接受国务院建设主管部门的指导和监督。

第五条　国务院国防科技工业主管部门负责民用爆破器材生产企业安全生产许可证的颁发和管理。

第六条　企业取得安全生产许可证，应当具备下列安全生产条件：

（一）建立、健全安全生产责任制，制定完备的安全生产规章制度和操作规程；

（二）安全投入符合安全生产要求；

（三）设置安全生产管理机构，配备专职安全生产管理人员；

（四）主要负责人和安全生产管理人员经考核合格；

（五）特种作业人员经有关业务主管部门考核合格，取得特种作业操作资格证书；

（六）从业人员经安全生产教育和培训合格；

（七）依法参加工伤保险，为从业人员缴纳保险费；

（八）厂房、作业场所和安全设施、设备、工艺符合有关安全生产法律、法规、标准和规程的要求；

（九）有职业危害防治措施，并为从业人员配备符合国家标准或者行业标准的劳动防护用品；

（十）依法进行安全评价；

（十一）有重大危险源检测、评估、监控措施和应急预案；

（十二）有生产安全事故应急救援预案、应急救援组织或者应急救援人员，配备必要的应急救援器材、设备；

（十三）法律、法规规定的其他条件。

第七条　企业进行生产前，应当依照本条例的规定向安全生产许可证颁发管理机关申请领取安全生产许可证，并提供本条例第六条规定的相关文件、资料。安全生产许可证颁发管理机关应当自收到申请之日起45日内审查完毕，经审查符合本条例规定的安全生产条件的，颁发安全生产许可证；不符合本条例规定的安全生产条件的，不予颁发安全生产许可证，书面通知企业并说明理由。

煤矿企业应当以矿（井）为单位，在申请领取煤炭生产许可证前，依照本条例的规定取得安全生产许可证。

第八条　安全生产许可证由国务院安全生产监督管理部门规定统一的式样。

第九条　安全生产许可证的有效期为3年。安全生产许可证有效期满需要延期的，企业应当于期满前3个月向原安全生产许可证颁发管理机关办理延期手续。

企业在安全生产许可证有效期内，严格遵守有关安全生产的法律法规，未发生死亡事故的，安全生产许可证有效期届满时，经原安全生产许可证颁发管理机关同意，不再审查，安全生产许可证有效期延期3年。

第十条　安全生产许可证颁发管理机关应当建立、健全安全生产许可证档案管理制度，并定期向社会公布企业取得安全生产许可证的情况。

第十一条　煤矿企业安全生产许可证颁发管理机关、建筑施工企业安全生产许可证颁发管理机关、民用爆破器材生产企业安全生产许可证颁发管理机关，应当每年向同级安全生产监督管理部门通报其安全生产许可证颁发和管理情况。

第十二条　国务院安全生产监督管理部门和省、自治区、直辖市人民政府安全生产监督管理部门对建筑施工企业、民用爆破器材生产企业、煤矿企业取得安全生产许可证的情况进行监督。

第十三条　企业不得转让、冒用安全生产许可证或者使用伪造的安全生产许可证。

第十四条　企业取得安全生产许可证后，不得降低安全生产条件，并应当加强日常安全生产管理，接受安全生产许可证颁发管理机关的监督检查。

安全生产许可证颁发管理机关应当加强对取得安全生产许可证的企业的监督检查，发现其不再具备本条例规定的安全生产条件的，应当暂扣或者吊销安全生产许可证。

第十五条　安全生产许可证颁发管理机关工作人员在安全生产许可证颁发、管理和监督检查工作中，不得索取或者接受企业的财物，不得谋取其他利益。

第十六条　监察机关依照《中华人民共和国行政监察法》的规定，对安全生产许可证颁发管理机关及其工作人员履行本条例规定的职责实施监察。

第十七条　任何单位或者个人对违反本条例规定的行为，有权向安全生产许可证颁发管理机关或者监察机关等有关部门举报。

第十八条　安全生产许可证颁发管理机关工作人员有下列行为之一的，给予降级或者撤职的行政处分；构成犯罪的，依法追究刑事责任：

（一）向不符合本条例规定的安全生产条件的企业颁发安全生产许可证的；

（二）发现企业未依法取得安全生产许可证擅自从事生产活动，不依法处理的；

（三）发现取得安全生产许可证的企业不再具备本条例规定的安全生产条件，不依法处理的；

（四）接到对违反本条例规定行为的举报后，不及时处理的；

（五）在安全生产许可证颁发、管理和监督检查工作中，索取或者接受企业的财物，或者谋取其他利益的。

第十九条　违反本条例规定，未取得安全生产许可证擅自进行生产的，责令停止生产，没收违法所得，并处 10 万元以上 50 万元以下的罚款；造成重大事故或者其他严重后果，构成犯罪的，依法追究刑事责任。

第二十条　违反本条例规定，安全生产许可证有效期满未办理延期手续，继续进行生产的，责令停止生产，限期补办延期手续，没收违法所得，并处 5 万元以上 10 万元以下的罚款；逾期仍不办理延期手续，继续进行生产的，依照本条例第十九条的规定处罚。

第二十一条　违反本条例规定，转让安全生产许可证的，没收违法所得，处 10 万元以上 50 万元以下的罚款，并吊销其安全生产许可证；构成犯罪的，依法追究刑事责任；接受转让的，依照本条例第十九条的规定处罚。

冒用安全生产许可证或者使用伪造的安全生产许可证的，依照本条例第十九条的规定处罚。

第二十二条　本条例施行前已经进行生产的企业，应当自本条例施行之日起 1 年内，依照本条例的规定向安全生产许可证颁发管理机关申请办理安全生产许可证；逾期不办理安全生产许可证，或者经审查不符合本条例规定的安全生产条件，未取得安全生产许可证，继续进行生产的，依照本条例第十九条的规定处罚。

第二十三条 本条例规定的行政处罚，由安全生产许可证颁发管理机关决定。

第二十四条 本条例自公布之日起施行。

生产安全事故报告和调查处理条例

（2007 年 4 月 9 日中华人民共和国国务院令第 493 号公布）

第一章 总 则

第一条 为了规范生产安全事故的报告和调查处理，落实生产安全事故责任追究制度，防止和减少生产安全事故，根据《中华人民共和国安全生产法》和有关法律，制定本条例。

第二条 生产经营活动中发生的造成人身伤亡或者直接经济损失的生产安全事故的报告和调查处理，适用本条例；环境污染事故、核设施事故、国防科研生产事故的报告和调查处理不适用本条例。

第三条 根据生产安全事故（以下简称事故）造成的人员伤亡或者直接经济损失，事故一般分为以下等级：

（一）特别重大事故，是指造成 30 人以上死亡，或者 100 人以上重伤（包括急性工业中毒，下同），或者 1 亿元以上直接经济损失的事故；

（二）重大事故，是指造成 10 人以上 30 人以下死亡，或者 50 人以上 100 人以下重伤，或者 5000 万元以上 1 亿元以下直接经济损失的事故；

（三）较大事故，是指造成 3 人以上 10 人以下死亡，或者 10 人以上 50 人以下重伤，或者 1000 万元以上 5000 万元以下直接经济损失的事故；

（四）一般事故，是指造成 3 人以下死亡，或者 10 人以下重伤，或者 1000 万元以下直接经济损失的事故。

国务院安全生产监督管理部门可以会同国务院有关部门，制定事故等级划分的补充性规定。

本条第一款所称的"以上"包括本数，所称的"以下"不包括本数。

第四条 事故报告应当及时、准确、完整，任何单位和个人对事故不得迟报、漏报、谎报或者瞒报。

事故调查处理应当坚持实事求是、尊重科学的原则，及时、准确地查清事故经过、事故原因和事故损失，查明事故性质，认定事故责任，总结事故教训，提出整改措施，并对事故责任者依法追究责任。

第五条 县级以上人民政府应当依照本条例的规定，严格履行职责，及时、准确地完成事故调查处理工作。

事故发生地有关地方人民政府应当支持、配合上级人民政府或者有关部门的事故调查处理工作，并提供必要的便利条件。

参加事故调查处理的部门和单位应当互相配合，提高事故调查处理工作的效率。

第六条 工会依法参加事故调查处理，有权向有关部门提出处理意见。

第七条 任何单位和个人不得阻挠和干涉对事故的报告和依法调查处理。

第八条 对事故报告和调查处理中的违法行为，任何单位和个人有权向安全生产监督管理部门、监察机关或者其他有关部门举报，接到举报的部门应当依法及时处理。

第二章 事 故 报 告

第九条 事故发生后，事故现场有关人员应当立即向本单位负责人报告；单位负责人接到报告后，应当于1小时内向事故发生地县级以上人民政府安全生产监督管理部门和负有安全生产监督管理职责的有关部门报告。

情况紧急时，事故现场有关人员可以直接向事故发生地县级以上人民政府安全生产监督管理部门和负有安全生产监督管理职责的有关部门报告。

第十条 安全生产监督管理部门和负有安全生产监督管理职责的有关部门接到事故报告后，应当依照下列规定上报事故情况，并通知公安机关、劳动保障行政部门、工会和人民检察院：

（一）特别重大事故、重大事故逐级上报至国务院安全生产监督管理部门和负有安全生产监督管理职责的有关部门；

（二）较大事故逐级上报至省、自治区、直辖市人民政府安全生产监督管理部门和负有安全生产监督管理职责的有关部门；

（三）一般事故上报至设区的市级人民政府安全生产监督管理部门和负有安全生产监督管理职责的有关部门。

安全生产监督管理部门和负有安全生产监督管理职责的有关部门依照前款规定上报事故情况，应当同时报告本级人民政府。国务院安全生产监督管理部门和负有安全生产监督管理职责的有关部门以及省级人民政府接到发生特别重大事故、重大事故的报告后，应当立即报告国务院。

必要时，安全生产监督管理部门和负有安全生产监督管理职责的有关部门可以越级上报事故情况。

第十一条 安全生产监督管理部门和负有安全生产监督管理职责的有关部门逐级上报事故情况，每级上报的时间不得超过2小时。

第十二条 报告事故应当包括下列内容：

（一）事故发生单位概况；

（二）事故发生的时间、地点以及事故现场情况；

（三）事故的简要经过；

（四）事故已经造成或者可能造成的伤亡人数（包括下落不明的人数）和初步估计的直接经济损失；

（五）已经采取的措施；

（六）其他应当报告的情况。

第十三条 事故报告后出现新情况的，应当及时补报。

自事故发生之日起30日内，事故造成的伤亡人数发生变化的，应当及时补报。道路交通事故、火灾事故自发生之日起7日内，事故造成的伤亡人数发生变化的，应当及时补报。

第十四条 事故发生单位负责人接到事故报告后，应当立即启动事故相应应急预案，或者采取有效措施，组织抢救，防止事故扩大，减少人员伤亡和财产损失。

第十五条　事故发生地有关地方人民政府、安全生产监督管理部门和负有安全生产监督管理职责的有关部门接到事故报告后，其负责人应当立即赶赴事故现场，组织事故救援。

第十六条　事故发生后，有关单位和人员应当妥善保护事故现场以及相关证据，任何单位和个人不得破坏事故现场、毁灭相关证据。

因抢救人员、防止事故扩大以及疏通交通等原因，需要移动事故现场物件的，应当做出标志，绘制现场简图并做出书面记录，妥善保存现场重要痕迹、物证。

第十七条　事故发生地公安机关根据事故的情况，对涉嫌犯罪的，应当依法立案侦查，采取强制措施和侦查措施。犯罪嫌疑人逃匿的，公安机关应当迅速追捕归案。

第十八条　安全生产监督管理部门和负有安全生产监督管理职责的有关部门应当建立值班制度，并向社会公布值班电话，受理事故报告和举报。

第三章　事　故　调　查

第十九条　特别重大事故由国务院或者国务院授权有关部门组织事故调查组进行调查。

重大事故、较大事故、一般事故分别由事故发生地省级人民政府、设区的市级人民政府、县级人民政府负责调查。省级人民政府、设区的市级人民政府、县级人民政府可以直接组织事故调查组进行调查，也可以授权或者委托有关部门组织事故调查组进行调查。

未造成人员伤亡的一般事故，县级人民政府也可以委托事故发生单位组织事故调查组进行调查。

第二十条　上级人民政府认为必要时，可以调查由下级人民政府负责调查的事故。

自事故发生之日起 30 日内（道路交通事故、火灾事故自发生之日起 7 日内），因事故伤亡人数变化导致事故等级发生变化，依照本条例规定应当由上级人民政府负责调查的，上级人民政府可以另行组织事故调查组进行调查。

第二十一条　特别重大事故以下等级事故，事故发生地与事故发生单位不在同一个县级以上行政区域的，由事故发生地人民政府负责调查，事故发生单位所在地人民政府应当派人参加。

第二十二条　事故调查组的组成应当遵循精简、效能的原则。

根据事故的具体情况，事故调查组由有关人民政府、安全生产监督管理部门、负有安全生产监督管理职责的有关部门、监察机关、公安机关以及工会派人组成，并应当邀请人民检察院派人参加。

事故调查组可以聘请有关专家参与调查。

第二十三条　事故调查组成员应当具有事故调查所需要的知识和专长，并与所调查的事故没有直接利害关系。

第二十四条　事故调查组组长由负责事故调查的人民政府指定。事故调查组组长主持事故调查组的工作。

第二十五条　事故调查组履行下列职责：

（一）查明事故发生的经过、原因、人员伤亡情况及直接经济损失；

（二）认定事故的性质和事故责任；

（三）提出对事故责任者的处理建议；

（四）总结事故教训，提出防范和整改措施；

（五）提交事故调查报告。

第二十六条　事故调查组有权向有关单位和个人了解与事故有关的情况，并要求其提供相关文件、资料，有关单位和个人不得拒绝。

事故发生单位的负责人和有关人员在事故调查期间不得擅离职守，并应当随时接受事故调查组的询问，如实提供有关情况。

事故调查中发现涉嫌犯罪的，事故调查组应当及时将有关材料或者其复印件移交司法机关处理。

第二十七条　事故调查中需要进行技术鉴定的，事故调查组应当委托具有国家规定资质的单位进行技术鉴定。必要时，事故调查组可以直接组织专家进行技术鉴定。技术鉴定所需时间不计入事故调查期限。

第二十八条　事故调查组成员在事故调查工作中应当诚信公正、恪尽职守，遵守事故调查组的纪律，保守事故调查的秘密。

未经事故调查组组长允许，事故调查组成员不得擅自发布有关事故的信息。

第二十九条　事故调查组应当自事故发生之日起 60 日内提交事故调查报告；特殊情况下，经负责事故调查的人民政府批准，提交事故调查报告的期限可以适当延长，但延长的期限最长不超过 60 日。

第三十条　事故调查报告应当包括下列内容：

（一）事故发生单位概况；

（二）事故发生经过和事故救援情况；

（三）事故造成的人员伤亡和直接经济损失；

（四）事故发生的原因和事故性质；

（五）事故责任的认定以及对事故责任者的处理建议；

（六）事故防范和整改措施。

事故调查报告应当附具有关证据材料。事故调查组成员应当在事故调查报告上签名。

第三十一条　事故调查报告报送负责事故调查的人民政府后，事故调查工作即告结束。事故调查的有关资料应当归档保存。

第四章　事　故　处　理

第三十二条　重大事故、较大事故、一般事故，负责事故调查的人民政府应当自收到事故调查报告之日起 15 日内做出批复；特别重大事故，30 日内做出批复，特殊情况下，批复时间可以适当延长，但延长的时间最长不超过 30 日。

有关机关应当按照人民政府的批复，依照法律、行政法规规定的权限和程序，对事故发生单位和有关人员进行行政处罚，对负有事故责任的国家工作人员进行处分。

事故发生单位应当按照负责事故调查的人民政府的批复，对本单位负有事故责任的人员进行处理。

负有事故责任的人员涉嫌犯罪的，依法追究刑事责任。

第三十三条　事故发生单位应当认真吸取事故教训，落实防范和整改措施，防止事故再次发生。防范和整改措施的落实情况应当接受工会和职工的监督。

安全生产监督管理部门和负有安全生产监督管理职责的有关部门应当对事故发生单位落实防范和整改措施的情况进行监督检查。

第三十四条 事故处理的情况由负责事故调查的人民政府或者其授权的有关部门、机构向社会公布，依法应当保密的除外。

第五章 法 律 责 任

第三十五条 事故发生单位主要负责人有下列行为之一的，处上一年年收入 40％至80％的罚款；属于国家工作人员的，并依法给予处分；构成犯罪的，依法追究刑事责任：

（一）不立即组织事故抢救的；

（二）迟报或者漏报事故的；

（三）在事故调查处理期间擅离职守的。

第三十六条 事故发生单位及其有关人员有下列行为之一的，对事故发生单位处 100万元以上 500 万元以下的罚款；对主要负责人、直接负责的主管人员和其他直接责任人员处上一年年收入 60％至 100％的罚款；属于国家工作人员的，并依法给予处分；构成违反治安管理行为的，由公安机关依法给予治安管理处罚；构成犯罪的，依法追究刑事责任：

（一）谎报或者瞒报事故的；

（二）伪造或者故意破坏事故现场的；

（三）转移、隐匿资金、财产，或者销毁有关证据、资料的；

（四）拒绝接受调查或者拒绝提供有关情况和资料的；

（五）在事故调查中作伪证或者指使他人作伪证的；

（六）事故发生后逃匿的。

第三十七条 事故发生单位对事故发生负有责任的，依照下列规定处以罚款：

（一）发生一般事故的，处 10 万元以上 20 万元以下的罚款；

（二）发生较大事故的，处 20 万元以上 50 万元以下的罚款；

（三）发生重大事故的，处 50 万元以上 200 万元以下的罚款；

（四）发生特别重大事故的，处 200 万元以上 500 万元以下的罚款。

第三十八条 事故发生单位主要负责人未依法履行安全生产管理职责，导致事故发生的，依照下列规定处以罚款；属于国家工作人员的，并依法给予处分；构成犯罪的，依法追究刑事责任：

（一）发生一般事故的，处上一年年收入 30％的罚款；

（二）发生较大事故的，处上一年年收入 40％的罚款；

（三）发生重大事故的，处上一年年收入 60％的罚款；

（四）发生特别重大事故的，处上一年年收入 80％的罚款。

第三十九条 有关地方人民政府、安全生产监督管理部门和负有安全生产监督管理职责的有关部门有下列行为之一的，对直接负责的主管人员和其他直接责任人员依法给予处分；构成犯罪的，依法追究刑事责任：

（一）不立即组织事故抢救的；

（二）迟报、漏报、谎报或者瞒报事故的；

（三）阻碍、干涉事故调查工作的；

（四）在事故调查中作伪证或者指使他人作伪证的。

第四十条　事故发生单位对事故发生负有责任的，由有关部门依法暂扣或者吊销其有关证照；对事故发生单位负有事故责任的有关人员，依法暂停或者撤销其与安全生产有关的执业资格、岗位证书；事故发生单位主要负责人受到刑事处罚或者撤职处分的，自刑罚执行完毕或者受处分之日起，5 年内不得担任任何生产经营单位的主要负责人。

为发生事故的单位提供虚假证明的中介机构，由有关部门依法暂扣或者吊销其有关证照及其相关人员的执业资格；构成犯罪的，依法追究刑事责任。

第四十一条　参与事故调查的人员在事故调查中有下列行为之一的，依法给予处分；构成犯罪的，依法追究刑事责任：

（一）对事故调查工作不负责任，致使事故调查工作有重大疏漏的；

（二）包庇、祖护负有事故责任的人员或者借机打击报复的。

第四十二条　违反本条例规定，有关地方人民政府或者有关部门故意拖延或者拒绝落实经批复的对事故责任人的处理意见的，由监察机关对有关责任人员依法给予处分。

第四十三条　本条例规定的罚款的行政处罚，由安全生产监督管理部门决定。

法律、行政法规对行政处罚的种类、幅度和决定机关另有规定的，依照其规定。

第六章　附　　则

第四十四条　没有造成人员伤亡，但是社会影响恶劣的事故，国务院或者有关地方人民政府认为需要调查处理的，依照本条例的有关规定执行。

国家机关、事业单位、人民团体发生的事故的报告和调查处理，参照本条例的规定执行。

第四十五条　特别重大事故以下等级事故的报告和调查处理，有关法律、行政法规或者国务院另有规定的，依照其规定。

第四十六条　本条例自 2007 年 6 月 1 日起施行。国务院 1989 年 3 月 29 日公布的《特别重大事故调查程序暂行规定》和 1991 年 2 月 22 日公布的《企业职工伤亡事故报告和处理规定》同时废止。

汶川地震灾后恢复重建条例

（2008 年 6 月 4 日国务院第 11 次常务会议通过，
2008 年 6 月 8 日中华人民共和国国务院令第 526 号公布，自公布之日起施行）

第一章　总　　则

第一条　为了保障汶川地震灾后恢复重建工作有力、有序、有效地开展，积极、稳妥恢复灾区群众正常的生活、生产、学习、工作条件，促进灾区经济社会的恢复和发展，根据《中华人民共和国突发事件应对法》和《中华人民共和国防震减灾法》，制定本条例。

第二条　地震灾后恢复重建应当坚持以人为本、科学规划、统筹兼顾、分步实施、自力更生、国家支持、社会帮扶的方针。

第三条 地震灾后恢复重建应当遵循以下原则：

（一）受灾地区自力更生、生产自救与国家支持、对口支援相结合；

（二）政府主导与社会参与相结合；

（三）就地恢复重建与异地新建相结合；

（四）确保质量与注重效率相结合；

（五）立足当前与兼顾长远相结合；

（六）经济社会发展与生态环境资源保护相结合。

第四条 各级人民政府应当加强对地震灾后恢复重建工作的领导、组织和协调，必要时成立地震灾后恢复重建协调机构，组织协调地震灾后恢复重建工作。

县级以上人民政府有关部门应当在本级人民政府的统一领导下，按照职责分工，密切配合，采取有效措施，共同做好地震灾后恢复重建工作。

第五条 地震灾区的各级人民政府应当自力更生、艰苦奋斗、勤俭节约，多种渠道筹集资金、物资，开展地震灾后恢复重建。

国家对地震灾后恢复重建给予财政支持、税收优惠和金融扶持，并积极提供物资、技术和人力等方面的支持。

国家鼓励公民、法人和其他组织积极参与地震灾后恢复重建工作，支持在地震灾后恢复重建中采用先进的技术、设备和材料。

国家接受外国政府和国际组织提供的符合地震灾后恢复重建需要的援助。

第六条 对在地震灾后恢复重建工作中做出突出贡献的单位和个人，按照国家有关规定给予表彰和奖励。

第二章 过渡性安置

第七条 对地震灾区的受灾群众进行过渡性安置，应当根据地震灾区的实际情况，采取就地安置与异地安置，集中安置与分散安置，政府安置与投亲靠友、自行安置相结合的方式。

政府对投亲靠友和采取其他方式自行安置的受灾群众给予适当补助。具体办法由省级人民政府制定。

第八条 过渡性安置地点应当选在交通条件便利、方便受灾群众恢复生产和生活的区域，并避开地震活动断层和可能发生洪灾、山体滑坡和崩塌、泥石流、地面塌陷、雷击等灾害的区域以及生产、储存易燃易爆危险品的工厂、仓库。

实施过渡性安置应当占用废弃地、空旷地，尽量不占用或者少占用农田，并避免对自然保护区、饮用水水源保护区以及生态脆弱区域造成破坏。

第九条 地震灾区的各级人民政府根据实际条件，因地制宜，为灾区群众安排临时住所。临时住所可以采用帐篷、篷布房，有条件的也可以采用简易住房、活动板房。安排临时住所确实存在困难的，可以将学校操场和经安全鉴定的体育场馆等作为临时避难场所。

国家鼓励地震灾区农村居民自行筹建符合安全要求的临时住所，并予以补助。具体办法由省级人民政府制定。

第十条 用于过渡性安置的物资应当保证质量安全。生产单位应当确保帐篷、篷布房的产品质量。建设单位、生产单位应当采用质量合格的建筑材料,确保简易住房、活动板房的安全质量和抗震性能。

第十一条 过渡性安置地点应当配套建设水、电、道路等基础设施,并按比例配备学校、医疗点、集中供水点、公共卫生间、垃圾收集点、日常用品供应点、少数民族特需品供应点以及必要的文化宣传设施等配套公共服务设施,确保受灾群众的基本生活需要。

过渡性安置地点的规模应当适度,并安装必要的防雷设施和预留必要的消防应急通道,配备相应的消防设施,防范火灾和雷击灾害发生。

第十二条 临时住所应当具备防火、防风、防雨等功能。

第十三条 活动板房应当优先用于重灾区和需要异地安置的受灾群众,倒塌房屋在短期内难以恢复重建的重灾户特别是遇难者家庭、孕妇、婴幼儿、孤儿、孤老、残疾人员以及学校、医疗点等公共服务设施。

第十四条 临时住所、过渡性安置资金和物资的分配和使用,应当公开透明,定期公布,接受有关部门和社会监督。具体办法由省级人民政府制定。

第十五条 过渡性安置用地按临时用地安排,可以先行使用,事后再依法办理有关用地手续;到期未转为永久性用地的,应当复垦后交还原土地使用者。

第十六条 过渡性安置地点所在地的县级人民政府,应当组织有关部门加强次生灾害、饮用水水质、食品卫生、疫情的监测和流行病学调查以及环境卫生整治。使用的消毒剂、清洗剂应当符合环境保护要求,避免对土壤、水资源、环境等造成污染。

过渡性安置地点所在地的公安机关,应当加强治安管理,及时惩处违法行为,维护正常的社会秩序。

受灾群众应当在过渡性安置地点所在地的县、乡(镇)人民政府组织下,建立治安、消防联队,开展治安、消防巡查等自防自救工作。

第十七条 地震灾区的各级人民政府,应当组织受灾群众和企业开展生产自救,积极恢复生产,并做好受灾群众的心理援助工作。

第十八条 地震灾区的各级人民政府及政府农业行政主管部门应当及时组织修复毁损的农业生产设施,开展抢种抢收,提供农业生产技术指导,保障农业投入品和农业机械设备的供应。

第十九条 地震灾区的各级人民政府及政府有关部门应当优先组织供电、供水、供气等企业恢复生产,并对大型骨干企业恢复生产提供支持,为全面恢复工业、服务业生产经营提供条件。

第三章 调查评估

第二十条 国务院有关部门应当组织开展地震灾害调查评估工作,为编制地震灾后恢复重建规划提供依据。

第二十一条 地震灾害调查评估应当包括下列事项:

(一)城镇和乡村受损程度和数量;

(二)人员伤亡情况,房屋破坏程度和数量,基础设施、公共服务设施、工农业生产设施与商贸流通设施受损程度和数量,农用地毁损程度和数量等;

(三)需要安置人口的数量,需要救助的伤残人员数量,需要帮助的孤寡老人及未成年人的数量，需要提供的房屋数量，需要恢复重建的基础设施和公共服务设施，需要恢复重建的生产设施，需要整理和复垦的农用地等；

（四）环境污染、生态损害以及自然和历史文化遗产毁损等情况；

（五）资源环境承载能力以及地质灾害、地震次生灾害和隐患等情况；

（六）水文地质、工程地质、环境地质、地形地貌以及河势和水文情势、重大水利水电工程的受影响情况；

（七）突发公共卫生事件及其隐患；

（八）编制地震灾后恢复重建规划需要调查评估的其他事项。

第二十二条　县级以上人民政府应当依据各自职责分工组织有关部门和专家，对毁损严重的水利、道路、电力等基础设施，学校等公共服务设施以及其他建设工程进行工程质量和抗震性能鉴定，保存有关资料和样本，并开展地震活动对相关建设工程破坏机理的调查评估，为改进建设工程抗震设计规范和工程建设标准，采取抗震设防措施提供科学依据。

第二十三条　地震灾害调查评估应当采用全面调查评估、实地调查评估、综合评估的方法，确保数据资料的真实性、准确性、及时性和评估结论的可靠性。

地震部门、地震监测台网应当收集、保存地震前、地震中、地震后的所有资料和信息，并建立完整的档案。

开展地震灾害调查评估工作，应当遵守国家法律、法规以及有关技术标准和要求。

第二十四条　地震灾害调查评估报告应当及时上报国务院。

第四章　恢复重建规划

第二十五条　国务院发展改革部门会同国务院有关部门与地震灾区的省级人民政府共同组织编制地震灾后恢复重建规划，报国务院批准后组织实施。

地震灾后恢复重建规划应当包括地震灾后恢复重建总体规划和城镇体系规划、农村建设规划、城乡住房建设规划、基础设施建设规划、公共服务设施建设规划、生产力布局和产业调整规划、市场服务体系规划、防灾减灾和生态修复规划、土地利用规划等专项规划。

第二十六条　地震灾区的市、县人民政府应当在省级人民政府的指导下，组织编制本行政区域的地震灾后恢复重建实施规划。

第二十七条　编制地震灾后恢复重建规划，应当全面贯彻落实科学发展观，坚持以人为本，优先恢复重建受灾群众基本生活和公共服务设施；尊重科学、尊重自然，充分考虑资源环境承载能力；统筹兼顾，与推进工业化、城镇化、新农村建设、主体功能区建设、产业结构优化升级相结合，并坚持统一部署、分工负责，区分缓急、突出重点，相互衔接、上下协调，规范有序、依法推进的原则。

编制地震灾后恢复重建规划，应当遵守法律、法规和国家有关标准。

第二十八条　地震灾后调查评估获得的地质、勘察、测绘、水文、环境等基础资料，应当作为编制地震灾后恢复重建规划的依据。

地震工作主管部门应当根据地震地质、地震活动特性的研究成果和地震烈度分布情况，对地震动参数区划图进行复核，为编制地震灾后恢复重建规划和进行建设工程抗震设防提供依据。

第二十九条 地震灾后恢复重建规划应当包括地震灾害状况和区域分析，恢复重建原则和目标，恢复重建区域范围，恢复重建空间布局，恢复重建任务和政策措施，有科学价值的地震遗址、遗迹保护，受损文物和具有历史价值与少数民族特色的建筑物、构筑物的修复，实施步骤和阶段等主要内容。

地震灾后恢复重建规划应当重点对城镇和乡村的布局、住房建设、基础设施建设、公共服务设施建设、农业生产设施建设、工业生产设施建设、防灾减灾和生态环境以及自然资源和历史文化遗产保护、土地整理和复垦等做出安排。

第三十条 地震灾区的中央所属企业生产、生活等设施的恢复重建，纳入地震灾后恢复重建规划统筹安排。

第三十一条 编制地震灾后恢复重建规划，应当吸收有关部门、专家参加，并充分听取地震灾区受灾群众的意见；重大事项应当组织有关方面专家进行专题论证。

第三十二条 地震灾区内的城镇和乡村完全毁损，存在重大安全隐患或者人口规模超出环境承载能力，需要异地新建的，重新选址时，应当避开地震活动断层或者生态脆弱和可能发生洪灾、山体滑坡、崩塌、泥石流、地面塌陷等灾害的区域以及传染病自然疫源地。

地震灾区的县级以上地方人民政府应当组织有关部门、专家对新址进行论证，听取公众意见，并报上一级人民政府批准。

第三十三条 国务院批准的地震灾后恢复重建规划，是地震灾后恢复重建的基本依据，应当及时公布。任何单位和个人都应当遵守经依法批准公布的地震灾后恢复重建规划，服从规划管理。

地震灾后恢复重建规划所依据的基础资料修改、其他客观条件发生变化需要修改的，或者因恢复重建工作需要修改的，由规划组织编制机关提出修改意见，报国务院批准。

第五章 恢复重建的实施

第三十四条 地震灾区的省级人民政府，应当根据地震灾后恢复重建规划和当地经济社会发展水平，有计划、分步骤地组织实施地震灾后恢复重建。

国务院有关部门应当支持、协助、指导地震灾区的恢复重建工作。

城镇恢复重建应当充分考虑原有城市、镇总体规划，注重体现原有少数民族建筑风格，合理确定城镇的建设规模和标准，并达到抗震设防要求。

第三十五条 发展改革部门具体负责灾后恢复重建的统筹规划、政策建议、投资计划、组织协调和重大建设项目的安排。

财政部门会同有关部门负责提出资金安排和政策建议，并具体负责灾后恢复重建财政资金的拨付和管理。

交通运输、水利、铁路、电力、通信、广播影视等部门按照职责分工，具体组织实施有关基础设施的灾后恢复重建。

建设部门具体组织实施房屋和市政公用设施的灾后恢复重建。

民政部门具体组织实施受灾群众的临时基本生活保障、生活困难救助、农村毁损房屋恢复重建补助、社会福利设施恢复重建以及对孤儿、孤老、残疾人员的安置、补助、心理援助和伤残康复。

教育、科技、文化、卫生、广播影视、体育、人力资源社会保障、商务、工商等部门按照职责分工，具体组织实施公共服务设施的灾后恢复重建、卫生防疫和医疗救治、就业服务和社会保障、重要生活必需品供应以及维护市场秩序。高等学校、科学技术研究开发机构应当加强对有关问题的专题研究，为地震灾后恢复重建提供科学技术支撑。

农业、林业、水利、国土资源、商务、工业等部门按照职责分工，具体组织实施动物疫情监测、农业生产设施恢复重建和农业生产条件恢复，地震灾后恢复重建用地安排、土地整理和复垦、地质灾害防治，商贸流通、工业生产设施等恢复重建。

环保、林业、民政、水利、科技、安全生产、地震、气象、测绘等部门按照职责分工，具体负责生态环境保护和防灾减灾、安全生产的技术保障及公共服务设施恢复重建。

中国人民银行和银行、证券、保险监督管理机构按照职责分工，具体负责地震灾后恢复重建金融支持和服务政策的制定与落实。

公安部门具体负责维护和稳定地震灾区社会秩序。

海关、出入境检验检疫部门按照职责分工，依法组织实施进口恢复重建物资、境外捐赠物资的验放、检验检疫。

外交部会同有关部门按照职责分工，协调开展地震灾后恢复重建的涉外工作。

第三十六条 国务院地震工作主管部门应当会同文物等有关部门组织专家对地震废墟进行现场调查，对具有典型性、代表性、科学价值和纪念意义的地震遗址、遗迹划定范围，建立地震遗址博物馆。

第三十七条 地震灾区的省级人民政府应当组织民族事务、建设、环保、地震、文物等部门和专家，根据地震灾害调查评估结果，制定清理保护方案，明确地震遗址、遗迹和文物保护单位以及具有历史价值与少数民族特色的建筑物、构筑物等保护对象及其区域范围，报国务院批准后实施。

第三十八条 地震灾害现场的清理保护，应当在确定无人类生命迹象和无重大疫情的情况下，按照统一组织、科学规划、统筹兼顾、注重保护的原则实施。发现地震灾害现场有人类生命迹象的，应当立即实施救援。

第三十九条 对清理保护方案确定的地震遗址、遗迹应当在保护范围内采取有效措施进行保护，抢救、收集具有科学研究价值的技术资料和实物资料，并在不影响整体风貌的情况下，对有倒塌危险的建筑物、构筑物进行必要的加固，对废墟中有毒、有害的废弃物、残留物进行必要的清理。

对文物保护单位应当实施原址保护。对尚可保留的不可移动文物和具有历史价值与少数民族特色的建筑物、构筑物以及历史建筑，应当采取加固等保护措施；对无法保留但将来可能恢复重建的，应当收集整理影像资料。

对馆藏文物、民间收藏文物等可移动文物和非物质文化遗产的物质载体，应当及时抢救、整理、登记，并将清理出的可移动文物和非物质文化遗产的物质载体，运送到安全地点妥善保管。

第四十条 对地震灾害现场的清理，应当按照清理保护方案分区、分类进行。清理出的遇难者遗体处理，应当尊重当地少数民族传统习惯；清理出的财物，应当对其种类、特征、数量、清理时间、地点等情况详细登记造册，妥善保存。有条件的，可以通知遇难者家属和所有权人到场。

对清理出的废弃危险化学品和其他废弃物、残留物，应当实行分类处理，并遵守国家有关规定。

第四十一条　地震灾区的各级人民政府应当做好地震灾区的动物疫情防控工作。对清理出的动物尸体，应当采取消毒、销毁等无害化处理措施，防止重大动物疫情的发生。

第四十二条　对现场清理过程中拆除或者拆解的废旧建筑材料以及过渡安置期结束后不再使用的活动板房等，能回收利用的，应当回收利用。

第四十三条　地震灾后恢复重建，应当统筹安排交通、铁路、通信、供水、供电、住房、学校、医院、社会福利、文化、广播电视、金融等基础设施和公共服务设施建设。

城镇的地震灾后恢复重建，应当统筹安排市政公用设施、公共服务设施和其他设施，合理确定建设规模和时序。

乡村的地震灾后恢复重建，应当尊重农民意愿，发挥村民自治组织的作用，以群众自建为主，政府补助、社会帮扶、对口支援，因地制宜，节约和集约利用土地，保护耕地。

地震灾区的县级人民政府应当组织有关部门对村民住宅建设的选址予以指导，并提供能够符合当地实际的多种村民住宅设计图，供村民选择。村民住宅应当达到抗震设防要求，体现原有地方特色、民族特色和传统风貌。

第四十四条　经批准的地震灾后恢复重建项目可以根据土地利用总体规划，先行安排使用土地，实行边建设边报批，并按照有关规定办理用地手续。对因地震灾害毁损的耕地、农田道路、抢险救灾应急用地、过渡性安置用地、废弃的城镇、村庄和工矿旧址，应当依法进行土地整理和复垦，并治理地质灾害。

第四十五条　国务院有关部门应当组织对地震灾区地震动参数、抗震设防要求、工程建设标准进行复审；确有必要修订的，应当及时组织修订。

地震灾区的抗震设防要求和有关工程建设标准应当根据修订后的地震灾区地震动参数，进行相应修订。

第四十六条　对地震灾区尚可使用的建筑物、构筑物和设施，应当按照地震灾区的抗震设防要求进行抗震性能鉴定，并根据鉴定结果采取加固、改造等措施。

第四十七条　地震灾后重建工程的选址，应当符合地震灾后恢复重建规划和抗震设防、防灾减灾要求，避开地震活动断层、生态脆弱地区、可能发生重大灾害的区域和传染病自然疫源地。

第四十八条　设计单位应当严格按照抗震设防要求和工程建设强制性标准进行抗震设计，并对抗震设计的质量以及出具的施工图的准确性负责。

施工单位应当按照施工图设计文件和工程建设强制性标准进行施工，并对施工质量负责。

建设单位、施工单位应当选用施工图设计文件和国家有关标准规定的材料、构配件和设备。

工程监理单位应当依照施工图设计文件和工程建设强制性标准实施监理，并对施工质量承担监理责任。

第四十九条　按照国家有关规定对地震灾后恢复重建工程进行竣工验收时，应当重点对工程是否符合抗震设防要求进行查验；对不符合抗震设防要求的，不得出具竣工验收报告。

第五十条　对学校、医院、体育场馆、博物馆、文化馆、图书馆、影剧院、商场、交通枢纽等人员密集的公共服务设施，应当按照高于当地房屋建筑的抗震设防要求进行设计，增强抗震设防能力。

第五十一条　地震灾后恢复重建中涉及文物保护、自然保护区、野生动植物保护和地震遗址、遗迹保护的，依照国家有关法律、法规的规定执行。

第五十二条　地震灾后恢复重建中，货物、工程和服务的政府采购活动，应当严格依照《中华人民共和国政府采购法》的有关规定执行。

第六章　资金筹集与政策扶持

第五十三条　县级以上人民政府应当通过政府投入、对口支援、社会募集、市场运作等方式筹集地震灾后恢复重建资金。

第五十四条　国家根据地震的强度和损失的实际情况等因素建立地震灾后恢复重建基金，专项用于地震灾后恢复重建。

地震灾后恢复重建基金由预算资金以及其他财政资金构成。

地震灾后恢复重建基金筹集使用管理办法，由国务院财政部门制定。

第五十五条　国家鼓励公民、法人和其他组织为地震灾后恢复重建捐赠款物。捐赠款物的使用应当尊重捐赠人的意愿，并纳入地震灾后恢复重建规划。

县级以上人民政府及其部门作为受赠人的，应当将捐赠款物用于地震灾后恢复重建。公益性社会团体、公益性非营利的事业单位作为受赠人的，应当公开接受捐赠的情况和受赠财产的使用、管理情况，接受政府有关部门、捐赠人和社会的监督。

县级以上人民政府及其部门、公益性社会团体、公益性非营利的事业单位接受捐赠的，应当向捐赠人出具由省级以上财政部门统一印制的捐赠票据。

外国政府和国际组织提供的地震灾后恢复重建资金、物资和人员服务以及安排实施的多双边地震灾后恢复重建项目等，依照国家有关规定执行。

第五十六条　国家鼓励公民、法人和其他组织依法投资地震灾区基础设施和公共服务设施的恢复重建。

第五十七条　国家对地震灾后恢复重建依法实行税收优惠。具体办法由国务院财政部门、国务院税务部门制定。

地震灾区灾后恢复重建期间，县级以上地方人民政府依法实施地方税收优惠措施。

第五十八条　地震灾区的各项行政事业性收费可以适当减免。具体办法由有关主管部门制定。

第五十九条　国家向地震灾区的房屋贷款和公共服务设施恢复重建贷款、工业和服务业恢复生产经营贷款、农业恢复生产贷款等提供财政贴息。具体办法由国务院财政部门会同其他有关部门制定。

第六十条　国家在安排建设资金时，应当优先考虑地震灾区的交通、铁路、能源、农业、水利、通信、金融、市政公用、教育、卫生、文化、广播电视、防灾减灾、环境保护等基础设施和公共服务设施以及关系国家安全的重点工程设施建设。

测绘、气象、地震、水文等设施因地震遭受破坏的，地震灾区的人民政府应当采取紧急措施，组织力量修复，确保正常运行。

第六十一条　各级人民政府及政府有关部门应当加强对受灾群众的职业技能培训、就业服务和就业援助，鼓励企业、事业单位优先吸纳符合条件的受灾群众就业；可以采取以工代赈的方式组织受灾群众参加地震灾后恢复重建。

第六十二条　地震灾区接受义务教育的学生，其监护人因地震灾害死亡或者丧失劳动能力或者因地震灾害导致家庭经济困难的，由国家给予生活费补贴；地震灾区的其他学生，其父母因地震灾害死亡或者丧失劳动能力或者因地震灾害导致家庭经济困难的，在同等情况下其所在的学校可以优先将其纳入国家资助政策体系予以资助。

第六十三条　非地震灾区的县级以上地方人民政府及其有关部门应当按照国家和当地人民政府的安排，采取对口支援等多种形式支持地震灾区恢复重建。

国家鼓励非地震灾区的企业、事业单位通过援建等多种形式支持地震灾区恢复重建。

第六十四条　对地震灾后恢复重建中需要办理行政审批手续的事项，有审批权的人民政府及有关部门应当按照方便群众、简化手续、提高效率的原则，依法及时予以办理。

第七章　监　督　管　理

第六十五条　县级以上人民政府应当加强对下级人民政府地震灾后恢复重建工作的监督检查。

县级以上人民政府有关部门应当加强对地震灾后恢复重建建设工程质量和安全以及产品质量的监督。

第六十六条　地震灾区的各级人民政府在确定地震灾后恢复重建资金和物资分配方案、房屋分配方案前，应当先行调查，经民主评议后予以公布。

第六十七条　地震灾区的各级人民政府应当定期公布地震灾后恢复重建资金和物资的来源、数量、发放和使用情况，接受社会监督。

第六十八条　财政部门应当加强对地震灾后恢复重建资金的拨付和使用的监督管理。

发展改革、建设、交通运输、水利、电力、铁路、工业和信息化等部门按照职责分工，组织开展对地震灾后恢复重建项目的监督检查。国务院发展改革部门组织开展对地震灾后恢复重建的重大建设项目的稽察。

第六十九条　审计机关应当加强对地震灾后恢复重建资金和物资的筹集、分配、拨付、使用和效果的全过程跟踪审计，定期公布地震灾后恢复重建资金和物资使用情况，并在审计结束后公布最终的审计结果。

第七十条　地震灾区的各级人民政府及有关部门和单位，应当对建设项目以及地震灾后恢复重建资金和物资的筹集、分配、拨付、使用情况登记造册，建立、健全档案，并在建设工程竣工验收和地震灾后恢复重建结束后，及时向建设主管部门或者其他有关部门移交档案。

第七十一条　监察机关应当加强对参与地震灾后恢复重建工作的国家机关和法律、法规授权的具有管理公共事务职能的组织及其工作人员的监察。

第七十二条　任何单位和个人对地震灾后恢复重建中的违法违纪行为，都有权进行举报。

接到举报的人民政府或者有关部门应当立即调查，依法处理，并为举报人保密。实名举报的，应当将处理结果反馈举报人。社会影响较大的违法违纪行为，处理结果应当向社会公布。

第八章 法 律 责 任

第七十三条 有关地方人民政府及政府部门侵占、截留、挪用地震灾后恢复重建资金或者物资的，由财政部门、审计机关在各自职责范围内，责令改正，追回被侵占、截留、挪用的地震灾后恢复重建资金或者物资，没收违法所得，对单位给予警告或者通报批评；对直接负责的主管人员和其他直接责任人员，由任免机关或者监察机关按照人事管理权限依法给予降级、撤职直至开除的处分；构成犯罪的，依法追究刑事责任。

第七十四条 在地震灾后恢复重建中，有关地方人民政府及政府有关部门拖欠施工单位工程款，或者明示、暗示设计单位、施工单位违反抗震设防要求和工程建设强制性标准，降低建设工程质量，造成重大安全事故，构成犯罪的，依法追究刑事责任；尚不构成犯罪的，对直接负责的主管人员和其他直接责任人员，由任免机关或者监察机关按照人事管理权限依法给予降级、撤职直至开除的处分。

第七十五条 在地震灾后恢复重建中，建设单位、勘察单位、设计单位、施工单位或者工程监理单位，降低建设工程质量，造成重大安全事故，构成犯罪的，依法追究刑事责任；尚不构成犯罪的，由县级以上地方人民政府建设主管部门或者其他有关部门依照《建设工程质量管理条例》的有关规定给予处罚。

第七十六条 对毁损严重的基础设施、公共服务设施和其他建设工程，在调查评估中经鉴定确认工程质量存在重大问题，构成犯罪的，对负有责任的建设单位、设计单位、施工单位、工程监理单位的直接责任人员，依法追究刑事责任；尚不构成犯罪的，由县级以上地方人民政府建设主管部门或者其他有关部门依照《建设工程质量管理条例》的有关规定给予处罚。涉嫌行贿、受贿的，依法追究刑事责任。

第七十七条 在地震灾后恢复重建中，扰乱社会公共秩序，构成违反治安管理行为的，由公安机关依法给予处罚。

第七十八条 国家工作人员在地震灾后恢复重建工作中滥用职权、玩忽职守、徇私舞弊的，依法给予处分；构成犯罪的，依法追究刑事责任。

第九章 附   则

第七十九条 地震灾后恢复重建中的其他有关法律的适用和有关政策，由国务院依法另行制定，或者由国务院有关部门、省级人民政府在各自职权范围内做出规定。

第八十条 本条例自公布之日起施行。

特种设备安全监察条例

（2003 年 3 月 11 日中华人民共和国国务院令第 373 号公布，根据
2009 年 1 月 24 日《国务院关于修改〈特种设备安全监察条例〉的决定》修订）

第一章 总   则

第一条 为了加强特种设备的安全监察，防止和减少事故，保障人民群众生命和财产

安全，促进经济发展，制定本条例。

第二条　本条例所称特种设备是指涉及生命安全、危险性较大的锅炉、压力容器（含气瓶，下同）、压力管道、电梯、起重机械、客运索道、大型游乐设施和场（厂）内专用机动车辆。

前款特种设备的目录由国务院负责特种设备安全监督管理的部门（以下简称国务院特种设备安全监督管理部门）制订，报国务院批准后执行。

第三条　特种设备的生产（含设计、制造、安装、改造、维修，下同）、使用、检验检测及其监督检查，应当遵守本条例，但本条例另有规定的除外。

军事装备、核设施、航空航天器、铁路机车、海上设施和船舶以及矿山井下使用的特种设备、民用机场专用设备的安全监察不适用本条例。

房屋建筑工地和市政工程工地用起重机械、场（厂）内专用机动车辆的安装、使用的监督管理，由建设行政主管部门依照有关法律、法规的规定执行。

第四条　国务院特种设备安全监督管理部门负责全国特种设备的安全监察工作，县以上地方负责特种设备安全监督管理的部门对本行政区域内特种设备实施安全监察（以下统称特种设备安全监督管理部门）。

第五条　特种设备生产、使用单位应当建立健全特种设备安全、节能管理制度和岗位安全、节能责任制度。

特种设备生产、使用单位的主要负责人应当对本单位特种设备的安全和节能全面负责。

特种设备生产、使用单位和特种设备检验检测机构，应当接受特种设备安全监督管理部门依法进行的特种设备安全监察。

第六条　特种设备检验检测机构，应当依照本条例规定，进行检验检测工作，对其检验检测结果、鉴定结论承担法律责任。

第七条　县级以上地方人民政府应当督促、支持特种设备安全监督管理部门依法履行安全监察职责，对特种设备安全监察中存在的重大问题及时予以协调、解决。

第八条　国家鼓励推行科学的管理方法，采用先进技术，提高特种设备安全性能和管理水平，增强特种设备生产、使用单位防范事故的能力，对取得显著成绩的单位和个人，给予奖励。

国家鼓励特种设备节能技术的研究、开发、示范和推广，促进特种设备节能技术创新和应用。

特种设备生产、使用单位和特种设备检验检测机构，应当保证必要的安全和节能投入。

国家鼓励实行特种设备责任保险制度，提高事故赔付能力。

第九条　任何单位和个人对违反本条例规定的行为，有权向特种设备安全监督管理部门和行政监察等有关部门举报。

特种设备安全监督管理部门应当建立特种设备安全监察举报制度，公布举报电话、信箱或者电子邮件地址，受理对特种设备生产、使用和检验检测违法行为的举报，并及时予以处理。

特种设备安全监督管理部门和行政监察等有关部门应当为举报人保密，并按照国家有关规定给予奖励。

第二章 特种设备的生产

第十条 特种设备生产单位，应当依照本条例规定以及国务院特种设备安全监督管理部门制订并公布的安全技术规范（以下简称安全技术规范）的要求，进行生产活动。

特种设备生产单位对其生产的特种设备的安全性能和能效指标负责，不得生产不符合安全性能要求和能效指标的特种设备，不得生产国家产业政策明令淘汰的特种设备。

第十一条 压力容器的设计单位应当经国务院特种设备安全监督管理部门许可，方可从事压力容器的设计活动。

压力容器的设计单位应当具备下列条件：

（一）有与压力容器设计相适应的设计人员、设计审核人员；

（二）有与压力容器设计相适应的场所和设备；

（三）有与压力容器设计相适应的健全的管理制度和责任制度。

第十二条 锅炉、压力容器中的气瓶（以下简称气瓶）、氧舱和客运索道、大型游乐设施以及高耗能特种设备的设计文件，应当经国务院特种设备安全监督管理部门核准的检验检测机构鉴定，方可用于制造。

第十三条 按照安全技术规范的要求，应当进行型式试验的特种设备产品、部件或者试制特种设备新产品、新部件、新材料，必须进行型式试验和能效测试。

第十四条 锅炉、压力容器、电梯、起重机械、客运索道、大型游乐设施及其安全附件、安全保护装置的制造、安装、改造单位，以及压力管道用管子、管件、阀门、法兰、补偿器、安全保护装置等（以下简称压力管道元件）的制造单位和场（厂）内专用机动车辆的制造、改造单位，应当经国务院特种设备安全监督管理部门许可，方可从事相应的活动。

前款特种设备的制造、安装、改造单位应当具备下列条件：

（一）有与特种设备制造、安装、改造相适应的专业技术人员和技术工人；

（二）有与特种设备制造、安装、改造相适应的生产条件和检测手段；

（三）有健全的质量管理制度和责任制度。

第十五条 特种设备出厂时，应当附有安全技术规范要求的设计文件、产品质量合格证明、安装及使用维修说明、监督检验证明等文件。

第十六条 锅炉、压力容器、电梯、起重机械、客运索道、大型游乐设施、场（厂）内专用机动车辆的维修单位，应当有与特种设备维修相适应的专业技术人员和技术工人以及必要的检测手段，并经省、自治区、直辖市特种设备安全监督管理部门许可，方可从事相应的维修活动。

第十七条 锅炉、压力容器、起重机械、客运索道、大型游乐设施的安装、改造、维修以及场（厂）内专用机动车辆的改造、维修，必须由依照本条例取得许可的单位进行。

电梯的安装、改造、维修，必须由电梯制造单位或者其通过合同委托、同意的依照本条例取得许可的单位进行。电梯制造单位对电梯质量以及安全运行涉及的质量问题负责。

特种设备安装、改造、维修的施工单位应当在施工前将拟进行的特种设备安装、改造、维修情况书面告知直辖市或者设区的市的特种设备安全监督管理部门，告知后即可施工。

第十八条 电梯井道的土建工程必须符合建筑工程质量要求。电梯安装施工过程中，电梯安装单位应当遵守施工现场的安全生产要求，落实现场安全防护措施。电梯安装施工过程中，施工现场的安全生产监督，由有关部门依照有关法律、行政法规的规定执行。

电梯安装施工过程中，电梯安装单位应当服从建筑施工总承包单位对施工现场的安全生产管理，并订立合同，明确各自的安全责任。

第十九条 电梯的制造、安装、改造和维修活动，必须严格遵守安全技术规范的要求。电梯制造单位委托或者同意其他单位进行电梯安装、改造、维修活动的，应当对其安装、改造、维修活动进行安全指导和监控。电梯的安装、改造、维修活动结束后，电梯制造单位应当按照安全技术规范的要求对电梯进行校验和调试，并对校验和调试的结果负责。

第二十条 锅炉、压力容器、电梯、起重机械、客运索道、大型游乐设施的安装、改造、维修以及场（厂）内专用机动车辆的改造、维修竣工后，安装、改造、维修的施工单位应当在验收后 30 日内将有关技术资料移交使用单位，高耗能特种设备还应当按照安全技术规范的要求提交能效测试报告。使用单位应当将其存入该特种设备的安全技术档案。

第二十一条 锅炉、压力容器、压力管道元件、起重机械、大型游乐设施的制造过程和锅炉、压力容器、电梯、起重机械、客运索道、大型游乐设施的安装、改造、重大维修过程，必须经国务院特种设备安全监督管理部门核准的检验检测机构按照安全技术规范的要求进行监督检验；未经监督检验合格的不得出厂或者交付使用。

第二十二条 移动式压力容器、气瓶充装单位应当经省、自治区、直辖市的特种设备安全监督管理部门许可，方可从事充装活动。

充装单位应当具备下列条件：

（一）有与充装和管理相适应的管理人员和技术人员；

（二）有与充装和管理相适应的充装设备、检测手段、场地厂房、器具、安全设施；

（三）有健全的充装管理制度、责任制度、紧急处理措施。

气瓶充装单位应当向气体使用者提供符合安全技术规范要求的气瓶，对使用者进行气瓶安全使用指导，并按照安全技术规范的要求办理气瓶使用登记，提出气瓶的定期检验要求。

第三章　特种设备的使用

第二十三条 特种设备使用单位，应当严格执行本条例和有关安全生产的法律、行政法规的规定，保证特种设备的安全使用。

第二十四条 特种设备使用单位应当使用符合安全技术规范要求的特种设备。特种设备投入使用前，使用单位应当核对其是否附有本条例第十五条规定的相关文件。

第二十五条 特种设备在投入使用前或者投入使用后 30 日内，特种设备使用单位应当向直辖市或者设区的市的特种设备安全监督管理部门登记。登记标志应当置于或者附着于该特种设备的显著位置。

第二十六条 特种设备使用单位应当建立特种设备安全技术档案。安全技术档案应当包括以下内容：

（一）特种设备的设计文件、制造单位、产品质量合格证明、使用维护说明等文件以及安装技术文件和资料；

（二）特种设备的定期检验和定期自行检查的记录；

（三）特种设备的日常使用状况记录；

（四）特种设备及其安全附件、安全保护装置、测量调控装置及有关附属仪器仪表的日常维护保养记录；

（五）特种设备运行故障和事故记录；

（六）高耗能特种设备的能效测试报告、能耗状况记录以及节能改造技术资料。

第二十七条 特种设备使用单位应当对在用特种设备进行经常性日常维护保养，并定期自行检查。

特种设备使用单位对在用特种设备应当至少每月进行一次自行检查，并作出记录。特种设备使用单位在对在用特种设备进行自行检查和日常维护保养时发现异常情况的，应当及时处理。

特种设备使用单位应当对在用特种设备的安全附件、安全保护装置、测量调控装置及有关附属仪器仪表进行定期校验、检修，并作出记录。

锅炉使用单位应当按照安全技术规范的要求进行锅炉水（介）质处理，并接受特种设备检验检测机构实施的水（介）质处理定期检验。

从事锅炉清洗的单位，应当按照安全技术规范的要求进行锅炉清洗，并接受特种设备检验检测机构实施的锅炉清洗过程监督检验。

第二十八条 特种设备使用单位应当按照安全技术规范的定期检验要求，在安全检验合格有效期届满前1个月向特种设备检验检测机构提出定期检验要求。

检验检测机构接到定期检验要求后，应当按照安全技术规范的要求及时进行安全性能检验和能效测试。

未经定期检验或者检验不合格的特种设备，不得继续使用。

第二十九条 特种设备出现故障或者发生异常情况，使用单位应当对其进行全面检查，消除事故隐患后，方可重新投入使用。

特种设备不符合能效指标的，特种设备使用单位应当采取相应措施进行整改。

第三十条 特种设备存在严重事故隐患，无改造、维修价值，或者超过安全技术规范规定使用年限，特种设备使用单位应当及时予以报废，并应当向原登记的特种设备安全监督管理部门办理注销。

第三十一条 电梯的日常维护保养必须由依照本条例取得许可的安装、改造、维修单位或者电梯制造单位进行。

电梯应当至少每15日进行一次清洁、润滑、调整和检查。

第三十二条 电梯的日常维护保养单位应当在维护保养中严格执行国家安全技术规范的要求，保证其维护保养的电梯的安全技术性能，并负责落实现场安全防护措施，保证施工安全。

电梯的日常维护保养单位，应当对其维护保养的电梯的安全性能负责。接到故障通知后，应当立即赶赴现场，并采取必要的应急救援措施。

第三十三条 电梯、客运索道、大型游乐设施等为公众提供服务的特种设备运营使用单位,应当设置特种设备安全管理机构或者配备专职的安全管理人员;其他特种设备使用单位,应当根据情况设置特种设备安全管理机构或者配备专职、兼职的安全管理人员。

特种设备的安全管理人员应当对特种设备使用状况进行经常性检查,发现问题的应当立即处理;情况紧急时,可以决定停止使用特种设备并及时报告本单位有关负责人。

第三十四条 客运索道、大型游乐设施的运营使用单位在客运索道、大型游乐设施每日投入使用前,应当进行试运行和例行安全检查,并对安全装置进行检查确认。

电梯、客运索道、大型游乐设施的运营使用单位应当将电梯、客运索道、大型游乐设施的安全注意事项和警示标志置于易于为乘客注意的显著位置。

第三十五条 客运索道、大型游乐设施的运营使用单位的主要负责人应当熟悉客运索道、大型游乐设施的相关安全知识,并全面负责客运索道、大型游乐设施的安全使用。

客运索道、大型游乐设施的运营使用单位的主要负责人至少应当每月召开一次会议,督促、检查客运索道、大型游乐设施的安全使用工作。

客运索道、大型游乐设施的运营使用单位,应当结合本单位的实际情况,配备相应数量的营救装备和急救物品。

第三十六条 电梯、客运索道、大型游乐设施的乘客应当遵守使用安全注意事项的要求,服从有关工作人员的指挥。

第三十七条 电梯投入使用后,电梯制造单位应当对其制造的电梯的安全运行情况进行跟踪调查和了解,对电梯的日常维护保养单位或者电梯的使用单位在安全运行方面存在的问题,提出改进建议,并提供必要的技术帮助。发现电梯存在严重事故隐患的,应当及时向特种设备安全监督管理部门报告。电梯制造单位对调查和了解的情况,应当作出记录。

第三十八条 锅炉、压力容器、电梯、起重机械、客运索道、大型游乐设施、场(厂)内专用机动车辆的作业人员及其相关管理人员(以下统称特种设备作业人员),应当按照国家有关规定经特种设备安全监督管理部门考核合格,取得国家统一格式的特种作业人员证书,方可从事相应的作业或者管理工作。

第三十九条 特种设备使用单位应当对特种设备作业人员进行特种设备安全、节能教育和培训,保证特种设备作业人员具备必要的特种设备安全、节能知识。

特种设备作业人员在作业中应当严格执行特种设备的操作规程和有关的安全规章制度。

第四十条 特种设备作业人员在作业过程中发现事故隐患或者其他不安全因素,应当立即向现场安全管理人员和单位有关负责人报告。

第四章 检 验 检 测

第四十一条 从事本条例规定的监督检验、定期检验、型式试验以及专门为特种设备生产、使用、检验检测提供无损检测服务的特种设备检验检测机构,应当经国务院特种设备安全监督管理部门核准。

特种设备使用单位设立的特种设备检验检测机构,经国务院特种设备安全监督管理部门核准,负责本单位核准范围内的特种设备定期检验工作。

第四十二条 特种设备检验检测机构,应当具备下列条件:

（一）有与所从事的检验检测工作相适应的检验检测人员；

（二）有与所从事的检验检测工作相适应的检验检测仪器和设备；

（三）有健全的检验检测管理制度、检验检测责任制度。

第四十三条 特种设备的监督检验、定期检验、型式试验和无损检测应当由依照本条例经核准的特种设备检验检测机构进行。

特种设备检验检测工作应当符合安全技术规范的要求。

第四十四条 从事本条例规定的监督检验、定期检验、型式试验和无损检测的特种设备检验检测人员应当经国务院特种设备安全监督管理部门组织考核合格，取得检验检测人员证书，方可从事检验检测工作。

检验检测人员从事检验检测工作，必须在特种设备检验检测机构执业，但不得同时在两个以上检验检测机构中执业。

第四十五条 特种设备检验检测机构和检验检测人员进行特种设备检验检测，应当遵循诚信原则和方便企业的原则，为特种设备生产、使用单位提供可靠、便捷的检验检测服务。

特种设备检验检测机构和检验检测人员对涉及的被检验检测单位的商业秘密，负有保密义务。

第四十六条 特种设备检验检测机构和检验检测人员应当客观、公正、及时地出具检验检测结果、鉴定结论。检验检测结果、鉴定结论经检验检测人员签字后，由检验检测机构负责人签署。

特种设备检验检测机构和检验检测人员对检验检测结果、鉴定结论负责。

国务院特种设备安全监督管理部门应当组织对特种设备检验检测机构的检验检测结果、鉴定结论进行监督抽查。县以上地方负责特种设备安全监督管理的部门在本行政区域内也可以组织监督抽查，但是要防止重复抽查。监督抽查结果应当向社会公布。

第四十七条 特种设备检验检测机构和检验检测人员不得从事特种设备的生产、销售，不得以其名义推荐或者监制、监销特种设备。

第四十八条 特种设备检验检测机构进行特种设备检验检测，发现严重事故隐患或者能耗严重超标的，应当及时告知特种设备使用单位，并立即向特种设备安全监督管理部门报告。

第四十九条 特种设备检验检测机构和检验检测人员利用检验检测工作故意刁难特种设备生产、使用单位，特种设备生产、使用单位有权向特种设备安全监督管理部门投诉，接到投诉的特种设备安全监督管理部门应当及时进行调查处理。

第五章 监 督 检 查

第五十条 特种设备安全监督管理部门依照本条例规定，对特种设备生产、使用单位和检验检测机构实施安全监察。

对学校、幼儿园以及车站、客运码头、商场、体育场馆、展览馆、公园等公众聚集场所的特种设备，特种设备安全监督管理部门应当实施重点安全监察。

第五十一条 特种设备安全监督管理部门根据举报或者取得的涉嫌违法证据，对涉嫌违反本条例规定的行为进行查处时，可以行使下列职权：

（一）向特种设备生产、使用单位和检验检测机构的法定代表人、主要负责人和其他有关人员调查、了解与涉嫌从事违反本条例的生产、使用、检验检测有关的情况；

（二）查阅、复制特种设备生产、使用单位和检验检测机构的有关合同、发票、账簿以及其他有关资料；

（三）对有证据表明不符合安全技术规范要求的或者有其他严重事故隐患、能耗严重超标的特种设备，予以查封或者扣押。

第五十二条 依照本条例规定实施许可、核准、登记的特种设备安全监督管理部门，应当严格依照本条例规定条件和安全技术规范要求对有关事项进行审查；不符合本条例规定条件和安全技术规范要求的，不得许可、核准、登记；在申请办理许可、核准期间，特种设备安全监督管理部门发现申请人未经许可从事特种设备相应活动或者伪造许可、核准证书的，不予受理或者不予许可、核准，并在1年内不再受理其新的许可、核准申请。

未依法取得许可、核准、登记的单位擅自从事特种设备的生产、使用或者检验检测活动的，特种设备安全监督管理部门应当依法予以处理。

违反本条例规定，被依法撤销许可的，自撤销许可之日起3年内，特种设备安全监督管理部门不予受理其新的许可申请。

第五十三条 特种设备安全监督管理部门在办理本条例规定的有关行政审批事项时，其受理、审查、许可、核准的程序必须公开，并应当自受理申请之日起30日内，作出许可、核准或者不予许可、核准的决定；不予许可、核准的，应当书面向申请人说明理由。

第五十四条 地方各级特种设备安全监督管理部门不得以任何形式进行地方保护和地区封锁，不得对已经依照本条例规定在其他地方取得许可的特种设备生产单位重复进行许可，也不得要求对依照本条例规定在其他地方检验检测合格的特种设备，重复进行检验检测。

第五十五条 特种设备安全监督管理部门的安全监察人员（以下简称特种设备安全监察人员）应当熟悉相关法律、法规、规章和安全技术规范，具有相应的专业知识和工作经验，并经国务院特种设备安全监督管理部门考核，取得特种设备安全监察人员证书。

特种设备安全监察人员应当忠于职守、坚持原则、秉公执法。

第五十六条 特种设备安全监督管理部门对特种设备生产、使用单位和检验检测机构实施安全监察时，应当有两名以上特种设备安全监察人员参加，并出示有效的特种设备安全监察人员证件。

第五十七条 特种设备安全监督管理部门对特种设备生产、使用单位和检验检测机构实施安全监察，应当对每次安全监察的内容、发现的问题及处理情况，作出记录，并由参加安全监察的特种设备安全监察人员和被检查单位的有关负责人签字后归档。被检查单位的有关负责人拒绝签字的，特种设备安全监察人员应当将情况记录在案。

第五十八条 特种设备安全监督管理部门对特种设备生产、使用单位和检验检测机构进行安全监察时，发现有违反本条例规定和安全技术规范要求的行为或者在用的特种设备存在事故隐患、不符合能效指标的，应当以书面形式发出特种设备安全监察指令，责令有关单位及时采取措施，予以改正或者消除事故隐患。紧急情况下需要采取紧急处置措施的，应当随后补发书面通知。

第五十九条 特种设备安全监督管理部门对特种设备生产、使用单位和检验检测机构进行安全监察，发现重大违法行为或者严重事故隐患时，应当在采取必要措施的同时，及时向上级特种设备安全监督管理部门报告。接到报告的特种设备安全监督管理部门应当采取必要措施，及时予以处理。

对违法行为、严重事故隐患或者不符合能效指标的处理需要当地人民政府和有关部门的支持、配合时，特种设备安全监督管理部门应当报告当地人民政府，并通知其他有关部门。当地人民政府和其他有关部门应当采取必要措施，及时予以处理。

第六十条　国务院特种设备安全监督管理部门和省、自治区、直辖市特种设备安全监督管理部门应当定期向社会公布特种设备安全以及能效状况。

公布特种设备安全以及能效状况，应当包括下列内容：

（一）特种设备质量安全状况；

（二）特种设备事故的情况、特点、原因分析、防范对策；

（三）特种设备能效状况；

（四）其他需要公布的情况。

第六章　事故预防和调查处理

第六十一条　有下列情形之一的，为特别重大事故：

（一）特种设备事故造成 30 人以上死亡，或者 100 人以上重伤（包括急性工业中毒，下同），或者 1 亿元以上直接经济损失的；

（二）600 兆瓦以上锅炉爆炸的；

（三）压力容器、压力管道有毒介质泄漏，造成 15 万人以上转移的；

（四）客运索道、大型游乐设施高空滞留 100 人以上并且时间在 48 小时以上的。

第六十二条　有下列情形之一的，为重大事故：

（一）特种设备事故造成 10 人以上 30 人以下死亡，或者 50 人以上 100 人以下重伤，或者 5000 万元以上 1 亿元以下直接经济损失的；

（二）600 兆瓦以上锅炉因安全故障中断运行 240 小时以上的；

（三）压力容器、压力管道有毒介质泄漏，造成 5 万人以上 15 万人以下转移的；

（四）客运索道、大型游乐设施高空滞留 100 人以上并且时间在 24 小时以上 48 小时以下的。

第六十三条　有下列情形之一的，为较大事故：

（一）特种设备事故造成 3 人以上 10 人以下死亡，或者 10 人以上 50 人以下重伤，或者 1000 万元以上 5000 万元以下直接经济损失的；

（二）锅炉、压力容器、压力管道爆炸的；

（三）压力容器、压力管道有毒介质泄漏，造成 1 万人以上 5 万人以下转移的；

（四）起重机械整体倾覆的；

（五）客运索道、大型游乐设施高空滞留人员 12 小时以上的。

第六十四条　有下列情形之一的，为一般事故：

（一）特种设备事故造成 3 人以下死亡，或者 10 人以下重伤，或者 1 万元以上 1000 万元以下直接经济损失的；

（二）压力容器、压力管道有毒介质泄漏，造成 500 人以上 1 万人以下转移的；

（三）电梯轿厢滞留人员 2 小时以上的；

（四）起重机械主要受力结构件折断或者起升机构坠落的；

（五）客运索道高空滞留人员 3.5 小时以上 12 小时以下的；

（六）大型游乐设施高空滞留人员 1 小时以上 12 小时以下的。

除前款规定外，国务院特种设备安全监督管理部门可以对一般事故的其他情形做出补充规定。

第六十五条 特种设备安全监督管理部门应当制定特种设备应急预案。特种设备使用单位应当制定事故应急专项预案，并定期进行事故应急演练。

压力容器、压力管道发生爆炸或者泄漏，在抢险救援时应当区分介质特性，严格按照相关预案规定程序处理，防止二次爆炸。

第六十六条 特种设备事故发生后，事故发生单位应当立即启动事故应急预案，组织抢救，防止事故扩大，减少人员伤亡和财产损失，并及时向事故发生地县以上特种设备安全监督管理部门和有关部门报告。

县以上特种设备安全监督管理部门接到事故报告，应当尽快核实有关情况，立即向所在地人民政府报告，并逐级上报事故情况。必要时，特种设备安全监督管理部门可以越级上报事故情况。对特别重大事故、重大事故，国务院特种设备安全监督管理部门应当立即报告国务院并通报国务院安全生产监督管理部门等有关部门。

第六十七条 特别重大事故由国务院或者国务院授权有关部门组织事故调查组进行调查。

重大事故由国务院特种设备安全监督管理部门会同有关部门组织事故调查组进行调查。

较大事故由省、自治区、直辖市特种设备安全监督管理部门会同有关部门组织事故调查组进行调查。

一般事故由设区的市的特种设备安全监督管理部门会同有关部门组织事故调查组进行调查。

第六十八条 事故调查报告应当由负责组织事故调查的特种设备安全监督管理部门的所在地人民政府批复，并报上一级特种设备安全监督管理部门备案。

有关机关应当按照批复，依照法律、行政法规规定的权限和程序，对事故责任单位和有关人员进行行政处罚，对负有事故责任的国家工作人员进行处分。

第六十九条 特种设备安全监督管理部门应当在有关地方人民政府的领导下，组织开展特种设备事故调查处理工作。

有关地方人民政府应当支持、配合上级人民政府或者特种设备安全监督管理部门的事故调查处理工作，并提供必要的便利条件。

第七十条 特种设备安全监督管理部门应当对发生事故的原因进行分析，并根据特种设备的管理和技术特点、事故情况对相关安全技术规范进行评估；需要制定或者修订相关安全技术规范的，应当及时制定或者修订。

第七十一条 本章所称的"以上"包括本数，所称的"以下"不包括本数。

第七章　法　律　责　任

第七十二条 未经许可，擅自从事压力容器设计活动的，由特种设备安全监督管理部门予以取缔，处5万元以上20万元以下罚款；有违法所得的，没收违法所得；触犯刑律的，对负有责任的主管人员和其他直接责任人员依照刑法关于非法经营罪或者其他罪的规定，依法追究刑事责任。

第七十三条　锅炉、气瓶、氧舱和客运索道、大型游乐设施以及高耗能特种设备的设计文件，未经国务院特种设备安全监督管理部门核准的检验检测机构鉴定，擅自用于制造的，由特种设备安全监督管理部门责令改正，没收非法制造的产品，处5万元以上20万元以下罚款；触犯刑律的，对负有责任的主管人员和其他直接责任人员依照刑法关于生产、销售伪劣产品罪、非法经营罪或者其他罪的规定，依法追究刑事责任。

第七十四条　按照安全技术规范的要求应当进行型式试验的特种设备产品、部件或者试制特种设备新产品、新部件，未进行整机或者部件型式试验的，由特种设备安全监督管理部门责令限期改正；逾期未改正的，处2万元以上10万元以下罚款。

第七十五条　未经许可，擅自从事锅炉、压力容器、电梯、起重机械、客运索道、大型游乐设施、场（厂）内专用机动车辆及其安全附件、安全保护装置的制造、安装、改造以及压力管道元件的制造活动的，由特种设备安全监督管理部门予以取缔，没收非法制造的产品，已经实施安装、改造的，责令恢复原状或者责令限期由取得许可的单位重新安装、改造，处10万元以上50万元以下罚款；触犯刑律的，对负有责任的主管人员和其他直接责任人员依照刑法关于生产、销售伪劣产品罪、非法经营罪、重大责任事故罪或者其他罪的规定，依法追究刑事责任。

第七十六条　特种设备出厂时，未按照安全技术规范的要求附有设计文件、产品质量合格证明、安装及使用维修说明、监督检验证明等文件的，由特种设备安全监督管理部门责令改正；情节严重的，责令停止生产、销售，处违法生产、销售货值金额30％以下罚款；有违法所得的，没收违法所得。

第七十七条　未经许可，擅自从事锅炉、压力容器、电梯、起重机械、客运索道、大型游乐设施、场（厂）内专用机动车辆的维修或者日常维护保养的，由特种设备安全监督管理部门予以取缔，处1万元以上5万元以下罚款；有违法所得的，没收违法所得；触犯刑律的，对负有责任的主管人员和其他直接责任人员依照刑法关于非法经营罪、重大责任事故罪或者其他罪的规定，依法追究刑事责任。

第七十八条　锅炉、压力容器、电梯、起重机械、客运索道、大型游乐设施的安装、改造、维修的施工单位以及场（厂）内专用机动车辆的改造、维修单位，在施工前未将拟进行的特种设备安装、改造、维修情况书面告知直辖市或者设区的市的特种设备安全监督管理部门即行施工的，或者在验收后30日内未将有关技术资料移交锅炉、压力容器、电梯、起重机械、客运索道、大型游乐设施的使用单位的，由特种设备安全监督管理部门责令限期改正；逾期未改正的，处2000元以上1万元以下罚款。

第七十九条　锅炉、压力容器、压力管道元件、起重机械、大型游乐设施的制造过程和锅炉、压力容器、电梯、起重机械、客运索道、大型游乐设施的安装、改造、重大维修过程，以及锅炉清洗过程，未经国务院特种设备安全监督管理部门核准的检验检测机构按照安全技术规范的要求进行监督检验的，由特种设备安全监督管理部门责令改正，已经出厂的，没收违法生产、销售的产品，已经实施安装、改造、重大维修或者清洗的，责令限期进行监督检验，处5万元以上20万元以下罚款；有违法所得的，没收违法所得；情节严重的，撤销制造、安装、改造或者维修单位已经取得的许可，并由工商行政管理部门吊销其营业执照；触犯刑律的，对负有责任的主管人员和其他直接责任人员依照刑法关于生产、销售伪劣产品罪或者其他罪的规定，依法追究刑事责任。

第八十条 未经许可，擅自从事移动式压力容器或者气瓶充装活动的，由特种设备安全监督管理部门予以取缔，没收违法充装的气瓶，处10万元以上50万元以下罚款；有违法所得的，没收违法所得；触犯刑律的，对负有责任的主管人员和其他直接责任人员依照刑法关于非法经营罪或者其他罪的规定，依法追究刑事责任。

移动式压力容器、气瓶充装单位未按照安全技术规范的要求进行充装活动的，由特种设备安全监督管理部门责令改正，处2万元以上10万元以下罚款；情节严重的，撤销其充装资格。

第八十一条 电梯制造单位有下列情形之一的，由特种设备安全监督管理部门责令限期改正；逾期未改正的，予以通报批评：

（一）未依照本条例第十九条的规定对电梯进行校验、调试的；

（二）对电梯的安全运行情况进行跟踪调查和了解时，发现存在严重事故隐患，未及时向特种设备安全监督管理部门报告的。

第八十二条 已经取得许可、核准的特种设备生产单位、检验检测机构有下列行为之一的，由特种设备安全监督管理部门责令改正，处2万元以上10万元以下罚款；情节严重的，撤销其相应资格：

（一）未按照安全技术规范的要求办理许可证变更手续的；

（二）不再符合本条例规定或者安全技术规范要求的条件，继续从事特种设备生产、检验检测的；

（三）未依照本条例规定或者安全技术规范要求进行特种设备生产、检验检测的；

（四）伪造、变造、出租、出借、转让许可证书或者监督检验报告的。

第八十三条 特种设备使用单位有下列情形之一的，由特种设备安全监督管理部门责令限期改正；逾期未改正的，处2000元以上2万元以下罚款；情节严重的，责令停止使用或者停产停业整顿：

（一）特种设备投入使用前或者投入使用后30日内，未向特种设备安全监督管理部门登记，擅自将其投入使用的；

（二）未依照本条例第二十六条的规定，建立特种设备安全技术档案的；

（三）未依照本条例第二十七条的规定，对在用特种设备进行经常性日常维护保养和定期自行检查的，或者对在用特种设备的安全附件、安全保护装置、测量调控装置及有关附属仪器仪表进行定期校验、检修，并作出记录的；

（四）未按照安全技术规范的定期检验要求，在安全检验合格有效期届满前1个月向特种设备检验检测机构提出定期检验要求的；

（五）使用未经定期检验或者检验不合格的特种设备的；

（六）特种设备出现故障或者发生异常情况，未对其进行全面检查、消除事故隐患，继续投入使用的；

（七）未制定特种设备事故应急专项预案的；

（八）未依照本条例第三十一条第二款的规定，对电梯进行清洁、润滑、调整和检查的；

（九）未按照安全技术规范要求进行锅炉水（介）质处理的；

（十）特种设备不符合能效指标，未及时采取相应措施进行整改的。

特种设备使用单位使用未取得生产许可的单位生产的特种设备或者将非承压锅炉、非压力容器作为承压锅炉、压力容器使用的，由特种设备安全监督管理部门责令停止使用，予以没收，处2万元以上10万元以下罚款。

第八十四条 特种设备存在严重事故隐患，无改造、维修价值，或者超过安全技术规范规定的使用年限，特种设备使用单位未予以报废，并向原登记的特种设备安全监督管理部门办理注销的，由特种设备安全监督管理部门责令限期改正；逾期未改正的，处5万元以上20万元以下罚款。

第八十五条 电梯、客运索道、大型游乐设施的运营使用单位有下列情形之一的，由特种设备安全监督管理部门责令限期改正；逾期未改正的，责令停止使用或者停产停业整顿，处1万元以上5万元以下罚款：

（一）客运索道、大型游乐设施每日投入使用前，未进行试运行和例行安全检查，并对安全装置进行检查确认的；

（二）未将电梯、客运索道、大型游乐设施的安全注意事项和警示标志置于易于为乘客注意的显著位置的。

第八十六条 特种设备使用单位有下列情形之一的，由特种设备安全监督管理部门责令限期改正；逾期未改正的，责令停止使用或者停产停业整顿，处2000元以上2万元以下罚款：

（一）未依照本条例规定设置特种设备安全管理机构或者配备专职、兼职的安全管理人员的；

（二）从事特种设备作业的人员，未取得相应特种作业人员证书，上岗作业的；

（三）未对特种设备作业人员进行特种设备安全教育和培训的。

第八十七条 发生特种设备事故，有下列情形之一的，对单位，由特种设备安全监督管理部门处5万元以上20万元以下罚款；对主要负责人，由特种设备安全监督管理部门处4000元以上2万元以下罚款；属于国家工作人员的，依法给予处分；触犯刑律的，依照刑法关于重大责任事故罪或者其他罪的规定，依法追究刑事责任：

（一）特种设备使用单位的主要负责人在本单位发生特种设备事故时，不立即组织抢救或者在事故调查处理期间擅离职守或者逃匿的；

（二）特种设备使用单位的主要负责人对特种设备事故隐瞒不报、谎报或者拖延不报的。

第八十八条 对事故发生负有责任的单位，由特种设备安全监督管理部门依照下列规定处以罚款：

（一）发生一般事故的，处10万元以上20万元以下罚款；

（二）发生较大事故的，处20万元以上50万元以下罚款；

（三）发生重大事故的，处50万元以上200万元以下罚款。

第八十九条 对事故发生负有责任的单位的主要负责人未依法履行职责，导致事故发生的，由特种设备安全监督管理部门依照下列规定处以罚款；属于国家工作人员的，并依法给予处分；触犯刑律的，依照刑法关于重大责任事故罪或者其他罪的规定，依法追究刑事责任：

（一）发生一般事故的，处上一年年收入 30% 的罚款；

（二）发生较大事故的，处上一年年收入 40% 的罚款；

（三）发生重大事故的，处上一年年收入 60% 的罚款。

第九十条　特种设备作业人员违反特种设备的操作规程和有关的安全规章制度操作，或者在作业过程中发现事故隐患或者其他不安全因素，未立即向现场安全管理人员和单位有关负责人报告的，由特种设备使用单位给予批评教育、处分；情节严重的，撤销特种设备作业人员资格；触犯刑律的，依照刑法关于重大责任事故罪或者其他罪的规定，依法追究刑事责任。

第九十一条　未经核准，擅自从事本条例所规定的监督检验、定期检验、型式试验以及无损检测等检验检测活动的，由特种设备安全监督管理部门予以取缔，处 5 万元以上 20 万元以下罚款；有违法所得的，没收违法所得；触犯刑律的，对负有责任的主管人员和其他直接责任人员依照刑法关于非法经营罪或者其他罪的规定，依法追究刑事责任。

第九十二条　特种设备检验检测机构，有下列情形之一的，由特种设备安全监督管理部门处 2 万元以上 10 万元以下罚款；情节严重的，撤销其检验检测资格：

（一）聘用未经特种设备安全监督管理部门组织考核合格并取得检验检测人员证书的人员，从事相关检验检测工作的；

（二）在进行特种设备检验检测中，发现严重事故隐患或者能耗严重超标，未及时告知特种设备使用单位，并立即向特种设备安全监督管理部门报告的。

第九十三条　特种设备检验检测机构和检验检测人员，出具虚假的检验检测结果、鉴定结论或者检验检测结果、鉴定结论严重失实的，由特种设备安全监督管理部门对检验检测机构没收违法所得，处 5 万元以上 20 万元以下罚款，情节严重的，撤销其检验检测资格；对检验检测人员处 5000 元以上 5 万元以下罚款，情节严重的，撤销其检验检测资格，触犯刑律的，依照刑法关于中介组织人员提供虚假证明文件罪、中介组织人员出具证明文件重大失实罪或者其他罪的规定，依法追究刑事责任。

特种设备检验检测机构和检验检测人员，出具虚假的检验检测结果、鉴定结论或者检验检测结果、鉴定结论严重失实，造成损害的，应当承担赔偿责任。

第九十四条　特种设备检验检测机构或者检验检测人员从事特种设备的生产、销售，或者以其名义推荐或者监制、监销特种设备的，由特种设备安全监督管理部门撤销特种设备检验检测机构和检验检测人员的资格，处 5 万元以上 20 万元以下罚款；有违法所得的，没收违法所得。

第九十五条　特种设备检验检测机构和检验检测人员利用检验检测工作故意刁难特种设备生产、使用单位，由特种设备安全监督管理部门责令改正；拒不改正的，撤销其检验检测资格。

第九十六条　检验检测人员，从事检验检测工作，不在特种设备检验检测机构执业或者同时在两个以上检验检测机构中执业的，由特种设备安全监督管理部门责令改正，情节严重的，给予停止执业 6 个月以上 2 年以下的处罚；有违法所得的，没收违法所得。

第九十七条　特种设备安全监督管理部门及其特种设备安全监察人员，有下列违法行为之一的，对直接负责的主管人员和其他直接责任人员，依法给予降级或者撤职的处分；触犯刑律的，依照刑法关于受贿罪、滥用职权罪、玩忽职守罪或者其他罪的规定，依法追究刑事责任：

（一）不按照本条例规定的条件和安全技术规范要求，实施许可、核准、登记的；

（二）发现未经许可、核准、登记擅自从事特种设备的生产、使用或者检验检测活动不予取缔或者不依法予以处理的；

（三）发现特种设备生产、使用单位不再具备本条例规定的条件而不撤销其原许可，或者发现特种设备生产、使用违法行为不予查处的；

（四）发现特种设备检验检测机构不再具备本条例规定的条件而不撤销其原核准，或者对其出具虚假的检验检测结果、鉴定结论或者检验检测结果、鉴定结论严重失实的行为不予查处的；

（五）对依照本条例规定在其他地方取得许可的特种设备生产单位重复进行许可，或者对依照本条例规定在其他地方检验检测合格的特种设备，重复进行检验检测的；

（六）发现有违反本条例和安全技术规范的行为或者在用的特种设备存在严重事故隐患，不立即处理的；

（七）发现重大的违法行为或者严重事故隐患，未及时向上级特种设备安全监督管理部门报告，或者接到报告的特种设备安全监督管理部门不立即处理的；

（八）迟报、漏报、瞒报或者谎报事故的；

（九）妨碍事故救援或者事故调查处理的。

第九十八条 特种设备的生产、使用单位或者检验检测机构，拒不接受特种设备安全监督管理部门依法实施的安全监察的，由特种设备安全监督管理部门责令限期改正；逾期未改正的，责令停产停业整顿，处 2 万元以上 10 万元以下罚款；触犯刑律的，依照刑法关于妨害公务罪或者其他罪的规定，依法追究刑事责任。

特种设备生产、使用单位擅自动用、调换、转移、损毁被查封、扣押的特种设备或者其主要部件的，由特种设备安全监督管理部门责令改正，处 5 万元以上 20 万元以下罚款；情节严重的，撤销其相应资格。

第八章　附　　则

第九十九条 本条例下列用语的含义是：

（一）锅炉，是指利用各种燃料、电或者其他能源，将所盛装的液体加热到一定的参数，并对外输出热能的设备，其范围规定为容积大于或者等于 30L 的承压蒸汽锅炉；出口水压大于或者等于 0.1MPa（表压），且额定功率大于或者等于 0.1MW 的承压热水锅炉；有机热载体锅炉。

（二）压力容器，是指盛装气体或者液体，承载一定压力的密闭设备，其范围规定为最高工作压力大于或者等于 0.1MPa（表压），且压力与容积的乘积大于或者等于 2.5MPa·L 的气体、液化气体和最高工作温度高于或者等于标准沸点的液体的固定式容器和移动式容器；盛装公称工作压力大于或者等于 0.2MPa（表压），且压力与容积的乘积大于或者等于 1.0MPa·L 的气体、液化气体和标准沸点等于或者低于 60℃ 液体的气瓶；氧舱等。

（三）压力管道，是指利用一定的压力，用于输送气体或者液体的管状设备，其范围规定为最高工作压力大于或者等于 0.1MPa（表压）的气体、液化气体、蒸汽介质或者可燃、易爆、有毒、有腐蚀性、最高工作温度高于或者等于标准沸点的液体介质，且公称直径大于 25mm 的管道。

（四）电梯，是指动力驱动，利用沿刚性导轨运行的箱体或者沿固定线路运行的梯级（踏步），进行升降或者平行运送人、货物的机电设备，包括载人（货）电梯、自动扶梯、自动人行道等。

（五）起重机械，是指用于垂直升降或者垂直升降并水平移动重物的机电设备，其范围规定为额定起重量大于或者等于 0.5t 的升降机；额定起重量大于或者等于 1t，且提升高度大于或者等于 2m 的起重机和承重形式固定的电动葫芦等。

（六）客运索道，是指动力驱动，利用柔性绳索牵引箱体等运载工具运送人员的机电设备，包括客运架空索道、客运缆车、客运拖牵索道等。

（七）大型游乐设施，是指用于经营目的，承载乘客游乐的设施，其范围规定为设计最大运行线速度大于或者等于 2m/s，或者运行高度距地面高于或者等于 2m 的载人大型游乐设施。

（八）场（厂）内专用机动车辆，是指除道路交通、农用车辆以外仅在工厂厂区、旅游景区、游乐场所等特定区域使用的专用机动车辆。

特种设备包括其所用的材料、附属的安全附件、安全保护装置和与安全保护装置相关的设施。

第一百条 压力管道设计、安装、使用的安全监督管理办法由国务院另行制定。

第一百零一条 国务院特种设备安全监督管理部门可以授权省、自治区、直辖市特种设备安全监督管理部门负责本条例规定的特种设备行政许可工作，具体办法由国务院特种设备安全监督管理部门制定。

第一百零二条 特种设备行政许可、检验检测，应当按照国家有关规定收取费用。

第一百零三条 本条例自 2003 年 6 月 1 日起施行。1982 年 2 月 6 日国务院发布的《锅炉压力容器安全监察暂行条例》同时废止。

自然灾害救助条例

（2010 年 6 月 30 日国务院第 117 次常务会议通过，2010 年 7 月 8 日中华人民共和国国务院令第 577 号公布，自 2010 年 9 月 1 日起施行）

第一章 总 则

第一条 为了规范自然灾害救助工作，保障受灾人员基本生活，制定本条例。

第二条 自然灾害救助工作遵循以人为本、政府主导、分级管理、社会互助、灾民自救的原则。

第三条 自然灾害救助工作实行各级人民政府行政领导负责制。

国家减灾委员会负责组织、领导全国的自然灾害救助工作，协调开展重大自然灾害救助活动。国务院民政部门负责全国的自然灾害救助工作，承担国家减灾委员会的具体工作。国务院有关部门按照各自职责做好全国的自然灾害救助相关工作。

县级以上地方人民政府或者人民政府的自然灾害救助应急综合协调机构，组织、协调本行政区域的自然灾害救助工作。县级以上地方人民政府民政部门负责本行政区域的自然灾害救助工作。县级以上地方人民政府有关部门按照各自职责做好本行政区域的自然灾害救助相关工作。

第四条 县级以上人民政府应当将自然灾害救助工作纳入国民经济和社会发展规划，建立健全与自然灾害救助需求相适应的资金、物资保障机制，将人民政府安排的自然灾害救助资金和自然灾害救助工作经费纳入财政预算。

第五条 村民委员会、居民委员会以及红十字会、慈善会和公募基金会等社会组织，依法协助人民政府开展自然灾害救助工作。

国家鼓励和引导单位和个人参与自然灾害救助捐赠、志愿服务等活动。

第六条 各级人民政府应当加强防灾减灾宣传教育，提高公民的防灾避险意识和自救互救能力。

村民委员会、居民委员会、企业事业单位应当根据所在地人民政府的要求，结合各自的实际情况，开展防灾减灾应急知识的宣传普及活动。

第七条 对在自然灾害救助中作出突出贡献的单位和个人，按照国家有关规定给予表彰和奖励。

第二章 救 助 准 备

第八条 县级以上地方人民政府及其有关部门应当根据有关法律、法规、规章，上级人民政府及其有关部门的应急预案以及本行政区域的自然灾害风险调查情况，制定相应的自然灾害救助应急预案。

自然灾害救助应急预案应当包括下列内容：

（一）自然灾害救助应急组织指挥体系及其职责；

（二）自然灾害救助应急队伍；

（三）自然灾害救助应急资金、物资、设备；

（四）自然灾害的预警预报和灾情信息的报告、处理；

（五）自然灾害救助应急响应的等级和相应措施；

（六）灾后应急救助和居民住房恢复重建措施。

第九条 县级以上人民政府应当建立健全自然灾害救助应急指挥技术支撑系统，并为自然灾害救助工作提供必要的交通、通信等装备。

第十条 国家建立自然灾害救助物资储备制度，由国务院民政部门分别会同国务院财政部门、发展改革部门制定全国自然灾害救助物资储备规划和储备库规划，并组织实施。

设区的市级以上人民政府和自然灾害多发、易发地区的县级人民政府应当根据自然灾害特点、居民人口数量和分布等情况，按照布局合理、规模适度的原则，设立自然灾害救助物资储备库。

第十一条 县级以上地方人民政府应当根据当地居民人口数量和分布等情况，利用公园、广场、体育场馆等公共设施，统筹规划设立应急避难场所，并设置明显标志。

启动自然灾害预警响应或者应急响应，需要告知居民前往应急避难场所的，县级以上地方人民政府或者人民政府的自然灾害救助应急综合协调机构应当通过广播、电视、手机短信、电子显示屏、互联网等方式，及时公告应急避难场所的具体地址和到达路径。

第十二条　县级以上地方人民政府应当加强自然灾害救助人员的队伍建设和业务培训，村民委员会、居民委员会和企业事业单位应当设立专职或者兼职的自然灾害信息员。

第三章　应　急　救　助

第十三条　县级以上人民政府或者人民政府的自然灾害救助应急综合协调机构应当根据自然灾害预警预报启动预警响应，采取下列一项或者多项措施：

（一）向社会发布规避自然灾害风险的警告，宣传避险常识和技能，提示公众做好自救互救准备；

（二）开放应急避难场所，疏散、转移易受自然灾害危害的人员和财产，情况紧急时，实行有组织的避险转移；

（三）加强对易受自然灾害危害的乡村、社区以及公共场所的安全保障；

（四）责成民政等部门做好基本生活救助的准备。

第十四条　自然灾害发生并达到自然灾害救助应急预案启动条件的，县级以上人民政府或者人民政府的自然灾害救助应急综合协调机构应当及时启动自然灾害救助应急响应，采取下列一项或者多项措施：

（一）立即向社会发布政府应对措施和公众防范措施；

（二）紧急转移安置受灾人员；

（三）紧急调拨、运输自然灾害救助应急资金和物资，及时向受灾人员提供食品、饮用水、衣被、取暖、临时住所、医疗防疫等应急救助，保障受灾人员基本生活；

（四）抚慰受灾人员，处理遇难人员善后事宜；

（五）组织受灾人员开展自救互救；

（六）分析评估灾情趋势和灾区需求，采取相应的自然灾害救助措施；

（七）组织自然灾害救助捐赠活动。

对应急救助物资，各交通运输主管部门应当组织优先运输。

第十五条　在自然灾害救助应急期间，县级以上地方人民政府或者人民政府的自然灾害救助应急综合协调机构可以在本行政区域内紧急征用物资、设备、交通运输工具和场地，自然灾害救助应急工作结束后应当及时归还，并按照国家有关规定给予补偿。

第十六条　自然灾害造成人员伤亡或者较大财产损失的，受灾地区县级人民政府民政部门应当立即向本级人民政府和上一级人民政府民政部门报告。

自然灾害造成特别重大或者重大人员伤亡、财产损失的，受灾地区县级人民政府民政部门应当按照有关法律、行政法规和国务院应急预案规定的程序及时报告，必要时可以直接报告国务院。

第十七条　灾情稳定前，受灾地区人民政府民政部门应当每日逐级上报自然灾害造成的人员伤亡、财产损失和自然灾害救助工作动态等情况，并及时向社会发布。

灾情稳定后，受灾地区县级以上人民政府或者人民政府的自然灾害救助应急综合协调机构应当评估、核定并发布自然灾害损失情况。

第四章　灾　后　救　助

第十八条　受灾地区人民政府应当在确保安全的前提下，采取就地安置与异地安置、政府安置与自行安置相结合的方式，对受灾人员进行过渡性安置。

就地安置应当选择在交通便利、便于恢复生产和生活的地点，并避开可能发生次生自然灾害的区域，尽量不占用或者少占用耕地。

受灾地区人民政府应当鼓励并组织受灾群众自救互救，恢复重建。

第十九条　自然灾害危险消除后，受灾地区人民政府应当统筹研究制订居民住房恢复重建规划和优惠政策，组织重建或者修缮因灾损毁的居民住房，对恢复重建确有困难的家庭予以重点帮扶。

居民住房恢复重建应当因地制宜、经济实用，确保房屋建设质量符合防灾减灾要求。

受灾地区人民政府民政等部门应当向经审核确认的居民住房恢复重建补助对象发放补助资金和物资，住房城乡建设等部门应当为受灾人员重建或者修缮因灾损毁的居民住房提供必要的技术支持。

第二十条　居民住房恢复重建补助对象由受灾人员本人申请或者由村民小组、居民小组提名。经村民委员会、居民委员会民主评议，符合救助条件的，在自然村、社区范围内公示；无异议或者经村民委员会、居民委员会民主评议异议不成立的，由村民委员会、居民委员会将评议意见和有关材料提交乡镇人民政府、街道办事处审核，报县级人民政府民政等部门审批。

第二十一条　自然灾害发生后的当年冬季、次年春季，受灾地区人民政府应当为生活困难的受灾人员提供基本生活救助。

受灾地区县级人民政府民政部门应当在每年 10 月底前统计、评估本行政区域受灾人员当年冬季、次年春季的基本生活困难和需求，核实救助对象，编制工作台账，制定救助工作方案，经本级人民政府批准后组织实施，并报上一级人民政府民政部门备案。

第五章　救　助　款　物　管　理

第二十二条　县级以上人民政府财政部门、民政部门负责自然灾害救助资金的分配、管理并监督使用情况。

县级以上人民政府民政部门负责调拨、分配、管理自然灾害救助物资。

第二十三条　人民政府采购用于自然灾害救助准备和灾后恢复重建的货物、工程和服务，依照有关政府采购和招标投标的法律规定组织实施。自然灾害应急救助和灾后恢复重建中涉及紧急抢救、紧急转移安置和临时性救助的紧急采购活动，按照国家有关规定执行。

第二十四条　自然灾害救助款物专款（物）专用，无偿使用。

定向捐赠的款物，应当按照捐赠人的意愿使用。政府部门接受的捐赠人无指定意向的款物，由县级以上人民政府民政部门统筹安排用于自然灾害救助；社会组织接受的捐赠人无指定意向的款物，由社会组织按照有关规定用于自然灾害救助。

第二十五条　自然灾害救助款物应当用于受灾人员的紧急转移安置，基本生活救助，医疗救助，教育、医疗等公共服务设施和住房的恢复重建，自然灾害救助物资的采购、储存和运输，以及因灾遇难人员亲属的抚慰等项支出。

第二十六条 受灾地区人民政府民政、财政等部门和有关社会组织应当通过报刊、广播、电视、互联网，主动向社会公开所接受的自然灾害救助款物和捐赠款物的来源、数量及其使用情况。

受灾地区村民委员会、居民委员会应当公布救助对象及其接受救助款物数额和使用情况。

第二十七条 各级人民政府应当建立健全自然灾害救助款物和捐赠款物的监督检查制度，并及时受理投诉和举报。

第二十八条 县级以上人民政府监察机关、审计机关应当依法对自然灾害救助款物和捐赠款物的管理使用情况进行监督检查，民政、财政等部门和有关社会组织应当予以配合。

第六章 法 律 责 任

第二十九条 行政机关工作人员违反本条例规定，有下列行为之一的，由任免机关或者监察机关依照法律法规给予处分；构成犯罪的，依法追究刑事责任：

（一）迟报、谎报、瞒报自然灾害损失情况，造成后果的；

（二）未及时组织受灾人员转移安置，或者在提供基本生活救助、组织恢复重建过程中工作不力，造成后果的；

（三）截留、挪用、私分自然灾害救助款物或者捐赠款物的；

（四）不及时归还征用的财产，或者不按照规定给予补偿的；

（五）有滥用职权、玩忽职守、徇私舞弊的其他行为的。

第三十条 采取虚报、隐瞒、伪造等手段，骗取自然灾害救助款物或者捐赠款物的，由县级以上人民政府民政部门责令限期退回违法所得的款物；构成犯罪的，依法追究刑事责任。

第三十一条 抢夺或者聚众哄抢自然灾害救助款物或者捐赠款物的，由县级以上人民政府民政部门责令停止违法行为；构成违反治安管理行为的，由公安机关依法给予治安管理处罚；构成犯罪的，依法追究刑事责任。

第三十二条 以暴力、威胁方法阻碍自然灾害救助工作人员依法执行职务，构成违反治安管理行为的，由公安机关依法给予治安管理处罚；构成犯罪的，依法追究刑事责任。

第七章 附 则

第三十三条 发生事故灾难、公共卫生事件、社会安全事件等突发事件，需要由县级以上人民政府民政部门开展生活救助的，参照本条例执行。

第三十四条 法律、行政法规对防灾、抗灾、救灾另有规定的，从其规定。

第三十五条 本条例自 2010 年 9 月 1 日起施行。

二、部文（函）

关于印发《房屋建筑工程和市政基础设施工程竣工验收暂行规定》的通知

建建 [2000] 142 号

各省、自治区、直辖市建委（建设厅），各计划单列市建委，国务院各有关部门、集团公司，总后营房部，新疆生产建设兵团：

为贯彻《建设工程质量管理条例》，规范房屋建筑工程和市政基础设施工程的竣工验收，保证工程质量，现将《房屋建筑工程和市政基础设施工程竣工验收暂行规定》印发给你们，请结合实际认真贯彻执行。

附件：房屋建筑工程和市政基础设施工程竣工验收暂行规定

中华人民共和国建设部

二〇〇〇年六月三十日

附件：

房屋建筑工程和市政基础设施工程竣工验收暂行规定

第一条 为规范房屋建筑工程和市政基础设施工程的竣工验收，保证工程质量，根据《中华人民共和国建筑法》和《建设工程质量管理条例》，制订本规定。

第二条 凡在中华人民共和国境内新建、扩建、改建的各类房屋建筑工程和市政基础设施工程的竣工验收（以下简称工程竣工验收），应当遵守本规定。

第三条 国务院建设行政主管部门负责全国工程竣工验收的监督管理工作。

县级以上地方人民政府建设行政主管部门负责本行政区域内工程竣工验收的监督管理工作。

第四条 工程竣工验收工作，由建设单位负责组织实施。

县级以上地方人民政府建设行政主管部门应当委托工程质量监督机构对工程竣工验收实施监督。

第五条 工程符合下列要求方可进行竣工验收：

（一）完成工程设计和合同约定的各项内容。

（二）施工单位在工程完工后对工程质量进行了检查，确认工程质量符合有关法律、法规和工程建设强制性标准，符合设计文件及合同要求，并提出工程竣工报告。工程竣工报告应经项目经理和施工单位有关负责人审核签字。

（三）对于委托监理的工程项目，监理单位对工程进行了质量评估，具有完整的监理资料，并提出工程质量评估报告。工程质量评估报告应经总监理工程师和监理单位有关负责人审核签字。

（四）勘察、设计单位对勘察、设计文件及施工过程中由设计单位签署的设计变更通知书进行了检查，并提出质量检查报告。质量检查报告应经该项目勘察、设计负责人和勘察、设计单位有关负责人审核签字。

（五）有完整的技术档案和施工管理资料。

（六）有工程使用的主要建筑材料、建筑构配件和设备的进场试验报告。

（七）建设单位已按合同约定支付工程款。

（八）有施工单位签署的工程质量保修书。

（九）城乡规划行政主管部门对工程是否符合规划设计要求进行检查，并出具认可文件。

（十）有公安消防、环保等部门出具的认可文件或者准许使用文件。

（十一）建设行政主管部门及其委托的工程质量监督机构等有关部门责令整改的问题全部整改完毕。

第六条 工程竣工验收应当按以下程序进行：

（一）工程完工后，施工单位向建设单位提交工程竣工报告，申请工程竣工验收。实行监理的工程，工程竣工报告须经总监理工程师签署意见。

（二）建设单位收到工程竣工报告后，对符合竣工验收要求的工程，组织勘察、设计、施工、监理等单位和其他有关方面的专家组成验收组，制定验收方案。

（三）建设单位应当在工程竣工验收 7 个工作日前将验收的时间、地点及验收组名单书面通知负责监督该工程的工程质量监督机构。

（四）建设单位组织工程竣工验收。

1. 建设、勘察、设计、施工、监理单位分别汇报工程合同履约情况和在工程建设各个环节执行法律、法规和工程建设强制性标准的情况；

2. 审阅建设、勘察、设计、施工、监理单位的工程档案资料；

3. 实地查验工程质量；

4. 对工程勘察、设计、施工、设备安装质量和各管理环节等方面作出全面评价，形成经验收组人员签署的工程竣工验收意见。

参与工程竣工验收的建设、勘察、设计、施工、监理等各方不能形成一致意见时，应当协商提出解决的方法，待意见一致后，重新组织工程竣工验收。

第七条 工程竣工验收合格后，建设单位应当及时提出工程竣工验收报告。工程竣工验收报告主要包括工程概况，建设单位执行基本建设程序情况，对工程勘察、设计、施工、监理等方面的评价，工程竣工验收时间、程序、内容和组织形式，工程竣工验收意见等内容。

工程竣工验收报告还应附有下列文件：

（一）施工许可证。

（二）施工图设计文件审查意见。

（三）本规定第五条（二）、（三）、（四）、（九）、（十）项规定的文件。

（四）验收组人员签署的工程竣工验收意见。

（五）市政基础设施工程应附有质量检测和功能性试验资料。

（六）施工单位签署的工程质量保修书。

（七）法规、规章规定的其他有关文件。

第八条　负责监督该工程的工程质量监督机构应当对工程竣工验收的组织形式、验收程序、执行验收标准等情况进行现场监督，发现有违反建设工程质量管理规定行为的，责令改正，并将对工程竣工验收的监督情况作为工程质量监督报告的重要内容。

第九条　建设单位应当自工程竣工验收合格之日起 15 日内，依照《房屋建筑工程和市政基础设施工程竣工验收备案管理暂行办法》的规定，向工程所在地的县级以上地方人民政府建设行政主管部门备案。

第十条　抢险救灾工程、临时性房屋建筑工程和农民自建低层住宅工程，不适用本规定。

第十一条　军事建设工程的管理，按照中央军事委员会的有关规定执行。

第十二条　省、自治区、直辖市人民政府建设行政主管部门可以根据本规定制定实施细则。

第十三条　本规定由国务院建设行政主管部门负责解释。

第十四条　本规定自发布之日起施行。

关于印发《房屋建筑工程质量保修书》（示范文本）的通知

建建〔2000〕185 号

各省、自治区、直辖市建委（建设厅）、工商行政管理局，计划单列市建委（建设局）、工商行政管理局，国务院有关部门：

根据《建设工程质量管理条例》和《房屋建筑工程质量保修办法》的有关规定，我们对 1999 年 12 月 24 日印发的《建设工程施工合同（示范文本）》附件 3《工程质量保修书》进行了修订，并将修订后的《工程质量保修书》更名为《房屋建筑工程质量保修书》。现将《房屋建筑工程质量保修书》（示范文本）印发给你们，请与《建设工程施工合同（示范文本）》一并推行。

　　附件：《房屋建筑工程质量保修书》（示范文本）

中华人民共和国建设部
中华人民共和国国家工商行政管理局
二〇〇〇年八月二十二日

附件：

房屋建筑工程质量保修书（示范文本）

发包人（全称）：＿＿＿＿＿＿＿＿＿＿＿＿＿＿＿＿＿＿＿＿＿

承包人（全称）：＿＿＿＿＿＿＿＿＿＿＿＿＿＿＿＿＿＿＿＿＿

发包人、承包人根据《中华人民共和国建筑法》、《建设工程质量管理条例》和《房屋建筑工程质量保修办法》，经协商一致，对_____（工程全称）签定工程质量保修书。

一、工程质量保修范围和内容

承包人在质量保修期内，按照有关法律、法规、规章的管理规定和双方约定，承担本工程质量保修责任。

质量保修范围包括地基基础工程、主体结构工程，屋面防水工程、有防水要求的卫生间、房间和外墙面的防渗漏，供热与供冷系统，电气管线、给排水管道、设备安装和装修工程，以及双方约定的其他项目。具体保修的内容，双方约定如下：

_____

_____

_____

二、质量保修期

双方根据《建设工程质量管理条例》及有关规定，约定本工程的质量保修期如下：

1. 地基基础工程和主体结构工程为设计文件规定的该工程合理使用年限；

2. 屋面防水工程、有防水要求的卫生间、房间和外墙面的防渗漏为_____年；

3. 装修工程为_____年；

4. 电气管线、给排水管道、设备安装工程为_____年；

5. 供热与供冷系统为_____个采暖期、供冷期；

6. 住宅小区内的给排水设施、道路等配套工程为_____年；

7. 其他项目保修期限约定如下：

_____

_____

_____。

质量保修期自工程竣工验收合格之日起计算。

三、质量保修责任

1. 属于保修范围、内容的项目，承包人应当在接到保修通知之日起 7 天内派人保修。承包人不在约定期限内派人保修的，发包人可以委托他人修理。

2. 发生紧急抢修事故的，承包人在接到事故通知后，应当立即到达事故现场抢修。

3. 对于涉及结构安全的质量问题，应当按照《房屋建筑工程质量保修办法》的规定，立即向当地建设行政主管部门报告，采取安全防范措施；由原设计单位或者具有相应资质等级的设计单位提出保修方案，承包人实施保修。

4. 质量保修完成后，由发包人组织验收。

四、保修费用

保修费用由造成质量缺陷的责任方承担。

五、其他

双方约定的其他工程质量保修事项：_____

本工程质量保修书，由施工合同发包人、承包人双方在竣工验收前共同签署，作为施工合同附件，其有效期限至保修期满。

发　包　人（公章）：　　　　承　包　人（公章）：

法定代表人（签字）：　　　　法定代表人（签字）：

　　年　月　日　　　　　　　　年　月　日

关于印发《房屋建筑工程和市政基础设施工程 实行见证取样和送检的规定》的通知

建建〔2000〕211号

关于印发《房屋建筑工程和市政基础设施工程
实行见证取样和送检的规定》的通知

各省、自治区、直辖市建委（建设厅），各计划单列市建委，新疆生产建设兵团：

　　为贯彻《建设工程质量管理条例》，规范房屋建筑工程和市政基础设施工程中涉及结构安全的试块、试件和材料的见证取样和送检工作，保证工程质量，现将《房屋建筑工程和市政基础设施工程实行见证取样和送检的规定》印发给你们，请结合实际认真贯彻执行。

中华人民共和国建设部

二○○○年九月二十六日

房屋建筑工程和市政基础设施工程 实行见证取样和送检的规定

第一条　为规范房屋建筑工程和市政基础设施工程中涉及结构安全的试块、试件和材料的见证取样和送检工作，保证工程质量，根据《建设工程质量管理条例》，制定本规定。

第二条　凡从事房屋建筑工程和市政基础设施工程的新建、扩建、改建等有关活动，应当遵守本规定。

第三条　本规定所称见证取样和送检是指在建设单位或工程监理单位人员的见证下，由施工单位的现场试验人员对工程中涉及结构安全的试块、试件和材料在现场取样，并送至经过省级以上建设行政主管部门对其资质认可和质量技术监督部门对其计量认证的质量检测单位（以下简称"检测单位"）进行检测。

第四条　国务院建设行政主管部门对全国房屋建筑工程和市政基础设施工程的见证取

样和送检工作实施统一监督管理。

县级以上地方人民政府建设行政主管部门对本行政区域内的房屋建筑工程和市政基础设施工程的见证取样和送检工作实施监督管理。

第五条 涉及结构安全的试块、试件和材料见证取样和送检的比例不得低于有关技术标准中规定应取样数量的 30%。

第六条 下列试块、试件和材料必须实施见证取样和送检：

（一）用于承重结构的混凝土试块；

（二）用于承重墙体的砌筑砂浆试块；

（三）用于承重结构的钢筋及连接接头试件；

（四）用于承重墙的砖和混凝土小型砌块；

（五）用于拌制混凝土和砌筑砂浆的水泥；

（六）用于承重结构的混凝土中使用的掺加剂；

（七）地下、屋面、厕浴间使用的防水材料；

（八）国家规定必须实行见证取样和送检的其他试块、试件和材料。

第七条 见证人员应由建设单位或该工程的监理单位具备建筑施工试验知识的专业技术人员担任，并应由建设单位或该工程的监理单位书面通知施工单位、检测单位和负责该项工程的质量监督机构。

第八条 在施工过程中，见证人员应按照见证取样和送检计划，对施工现场的取样和送检进行见证，取样人员应在试样或其包装上作出标识、封志。标识和封志应标明工程名称、取样部位、取样日期、样品名称和样品数量，并由见证人员和取样人员签字。见证人员应制作见证记录，并将见证记录归入施工技术档案。

第九条 见证取样的试块、试件和材料送检时，应由送检单位填写委托单，委托单应有见证人员和送检人员签字。检测单位应检查委托单及试样上的标识和封志，确认无误后方可进行检测。

第十条 检测单位应严格按照有关管理规定和技术标准进行检测，出具公正、真实、准确的检测报告。见证取样和送检的检测报告必须加盖见证取样检测的专用章。

第十一条 本规定由国务院建设行政主管部门负责解释。

第十二条 本规定自发布之日起施行。

关于印发《梁思成建筑奖评选办法》的通知

建设〔2001〕218 号

各省、自治区建设厅，直辖市建委，国务院各有关部门：

为鼓励广大建筑师的创新精神，繁荣建筑创作，提高我国城乡建设整体水平，经国务院批准，我部于 2000 年设立了"梁思成建筑奖"。

为搞好评选工作，现将我部制定的《梁思成建筑奖评选办法》印发你们，请认真贯彻执行。执行中有何问题和建议，请及时告我部勘察设计司。

附件：1. 梁思成建筑奖评选办法
　　　 2. "梁思成建筑奖"申报表（略）

中华人民共和国建设部
二〇〇一年十月三十一日

附件1：

梁思成建筑奖评选办法

第一条　为激励广大建筑师的创新精神，繁荣建筑设计创作，提高我国建筑设计和城乡建设的总体水平，经国务院批准，建设部决定利用国际建筑师协会第20届世界建筑师大会的经费结余，建立永久性奖励基金。该基金以我国近代著名的建筑家和教育家梁思成先生命名，同时设立"梁思成建筑奖"，以表彰奖励在建筑设计创作中做出重大贡献和成绩的杰出建筑师。

第二条　"梁思成建筑奖"是授予我国建筑师的最高荣誉奖。2000年进行了首届的评选和颁奖。自2001年起，本奖每两年评选一次，每次设梁思成建筑奖2名，梁思成建筑提名奖2至4名。每位梁思成建筑奖获得的人员，将从《梁思成奖励基金》中获得10万元人民币的奖励，同时颁发获奖证书和奖牌。获得梁思成建筑提名奖的人员，仅颁发获奖证书和奖牌。

第三条　"梁思成建筑奖"的被提名者必须是中华人民共和国一级注册建筑师和中国建筑学会会员，在中国大陆从事建筑创作满20周年。

第四条　申请梁思成建筑奖人员还应具有下列条件，方具备申报资格：

（一）建筑设计代表作品能得到普遍认可并具有较好的社会、经济和环境效益，对同一时期的建筑设计发展起到一定的引导和推动作用；

（二）建筑设计代表作品一般应在国内或国际上获过重要奖项；

（三）在建筑理论上有所建树，并有广泛的影响，有较高的专业造诣和高尚的道德修养。

第五条　该奖项的产生，采取个人申报与专家提名委员会提名相结合的方式，然后由专家评选委员会进行评选，最后由建设部审定委员会审定的办法进行。具体程序为：

（一）根据本办法第三条、第四条规定的要求和相应的条件，在评选的当年的8月31日以前，由中国建筑学会在《中国建设报》和《全国建设信息网》发布信息。个人根据本条第（二）项的所述条件提出申请，经所在单位盖章后报中国建筑学会。而后由中国建筑学会组成的梁思成建筑奖专家提名委员会对已申报的急符合第三条、第四条规定条件而未申报的专家统一进行提名推荐（被提名者应获得专家提名委员会半数以上的委员认可），被提名数额可为获梁思成建筑奖人数的2至4倍。

（二）获得专家提名委员会提名镇应填报梁思成建筑奖申报表（一式十五份，附后），并提供个人作品资料（一份），经所在单位审定同意后，报中国建筑学会。个人直接申报，也应按此办理。

（三）梁思成建筑奖专家评选委员会对被提名者进行全面评议，并根据无记名投票方

177

式产生的获奖者名单及其顺序，推荐出梁思成建筑奖两名和梁思成建筑提名奖 2 至 4 名（被推荐者应获得专家评选委员会半数以上的委员认可），报建设部审定委员会审定。

第六条 梁思成建筑奖专家提名委员会由中国建筑学会依据建筑领域的动态专家库进行抽取组成，该委员会应具有一定的地域性和广泛的代表性，委员应为正教授级职称并有一级注册建筑师资格。同时应考虑专家提名委员会的委员，原则上不应成为被提名者。提名委员会的人数一般为 13 人。

梁思成建筑奖专家评选委员会由建设部有关司局、中国建筑学会和建筑界的资深专家组成，该委员会应具有广泛的代表性和公正性。委员一般为 13 人，被梁思成建筑奖专家提名委员会提名的人员不能参加专家评选委员会。

梁思成建筑奖审定委员会由建设部分管部长、有关司局领导和中国建筑学会负责人及建筑界代表组成。原则上审定委员会的委员不兼任专家评选委员会的委员。

第七条 评审工作应坚持公开、公正和公平的原则，在具体工作中应认真、细致，保证其高标准和严要求。

第八条 每次"梁思成建筑奖"的颁发、表彰工作，应安排在当年 12 月 31 日以前建设部重大活动或中国建筑学会组织的学术年会中进行。

第九条 本办法由建设部负责解释。

第十条 本办法自颁发之日起实行。

关于印发《建设部建筑业新技术应用示范工程管理办法》的通知

建质 [2002] 173 号

各省、自治区建设厅，直辖市建委，江苏省建管局，山东省建管局，新疆生产建设兵团：

为加大建筑业推广应用新技术力度，加强对全国建筑业新技术示范工程的管理，我部制定了《建设部建筑业新技术示范工程管理办法》，现印发你们，请组织实施。

中华人民共和国建设部
二〇〇二年六月十三日

建设部建筑业新技术应用示范工程管理办法

第一条 为使科技成果转化为生产力，推动建筑新技术在工程上的广泛应用，进一步做好建设部建筑业新技术应用示范工程的管理工作，根据《建设领域推广应用新技术管理规定》（建设部令第 109 号），制定本办法。

第二条 本办法所称建筑新技术是指建设部当前重点推广的"建筑业 10 项新技术"，即深基坑支护技术、高强高性能混凝土技术、高效钢筋和预应力混凝土技术、粗直径钢筋连接技术、新型模板和脚手架应用技术、建筑节能和新型墙体应用技术、新型建筑防水和塑料管应用技术、钢结构技术、大型构件和设备的整体安装技术、企业的计算机应用和管理技术。

本办法所称建设部建筑业新技术应用示范工程（以下简称示范工程）是指经建设部公布的、采用6项以上建筑新技术的工程。

第三条　建设部工程质量安全监督与行业发展司会同科学技术司负责示范工程的立项审批、实施与监督，以及应用成果评审工作。示范工程管理的具体工作委托中国建筑业协会（以下称示范工程委托管理单位）承办。

第四条　示范工程的立项条件是：新开工程、建设规模大、技术复杂、质量标准要求高的房屋建筑工程、市政基础设施工程、土木工程和工业建设项目。上述工程已经批准列为省（部）级建筑业新技术应用示范工程，并可在三年内完成申报的全部新技术内容的，可申报示范工程。

第五条　省、自治区、直辖市建设行政主管部门，国务院有关部门建设司按立项条件择优选取有代表性的工程进行初审，通过初审后方可申报示范工程。

第六条　申报单位填写《示范工程申报书》（申报书格式见附件），连同批准列为省（部）级建筑业新技术应用示范工程的文件，一式两份，经当地建设行政主管部门或有关部门建设司审核后，报建设部工程质量安全监督与行业发展司。

第七条　经示范工程委托管理单位组织专家审核后，批准列为示范工程，并由部发文公布。

已经被批准列为示范工程的项目，如果立项条件发生变化，经与有关方面协商后，建设部可以做出取消或更改的决定。

第八条　有关地区或部门要加强对示范工程实施工作的领导，制订实施计划，每半年总结检查一次。

示范工程委托管理单位将不定期地对示范工程进行检查。

第九条　示范工程执行单位要采取有效措施，认真落实示范工程新技术应用实施计划，强化管理，使其成为工程质量优、科技含量高、施工速度符合标准规范和合同要求、经济和社会效益好的样板工程。

第十条　示范工程执行单位全部完成了《示范工程申报书》中提出的新技术内容，且应用新技术的分项工程质量达到现行质量验收标准的，示范工程执行单位应准备好应用成果评审资料，并填写《示范工程应用成果评审申请书》一式四份（应用成果评审申请书格式见附件），按隶属关系向省、自治区、直辖市建设行政主管部门或国务院有关部门建设司提出申请。经其初审符合标准的，向示范工程委托管理单位申请应用成果评审。

第十一条　示范工程执行单位应提交以下应用成果评审资料：

（一）《示范工程申报书》及批准文件；

（二）工程施工组织设计（有关新技术应用部分）；

（三）应用新技术综合报告（扼要叙述应用新技术内容，综合分析推广应用新技术的成效，体会与建议）；

（四）单项新技术应用工作总结（每项新技术所在分项工程状况，关键技术的施工方法及创新点，保证质量的措施，直接经济效益和社会效益）；

（五）工程质量证明（工程监理或建设单位对整个工程或地基与基础和主体结构两个

分部工程质量验收证明）；

（六）效益证明（有条件的可以由有关单位出具的社会效益证明及经济效益与可计算的社会效益汇总表）；

（七）企业技术文件（通过示范工程总结出的技术规程、工法等）；

（八）新技术施工录像及其他有关文件和资料。

第十二条 示范工程应用成果评审的主要内容：

（一）提供评审的资料是否齐全；

（二）是否完成了申报书中提出的推广应用新技术内容；

（三）施工企业应用新技术中有无创新内容；

（四）应用新技术后对工程质量、工期、效益的影响。

评审专家组应根据以上内容，对该示范工程应用新技术的整体水平做出综合评价。

第十三条 示范工程的应用成果评审由示范工程委托管理单位组织评审专家组进行，每项示范工程评审专家组由专家5～7人组成。

被评审的示范工程执行单位人员，不得聘为专家组成员。申报工程所在省、自治区、直辖市或国务院有关部门的评审专家不得超过专家组人数的三分之一。

示范工程评审专家从建设部工程质量安全监督与行业发展司设立的示范工程应用成果评审专家库中选取。专家库由省、自治区、直辖市建设行政主管部门和国务院有关部门推荐的专家形成。入选专家库的专家必须具有本科以上学历和高级技术职称，从事项目管理或专业技术工作10年以上，在某一新技术领域有较深研究，年龄原则上不超过65周岁。专家库每三年更换一次。

第十四条 示范工程应用成果评审工作分两个阶段进行，一是资料审查，二是现场查验。评审专家必须认真审查示范工程执行单位报送的评审资料和查验施工现场，实事求是地提出审查意见。

评审专家必须为申报单位保守技术秘密。

评审工作费用由申报单位承担。

第十五条 评审专家组组长应提出初步评审意见，当有超过三分之一（含三分之一）的评审专家对该审查结果提出不同意见时，该评审意见不能成立。评审意见形成后，由评审专家组组长签字。

第十六条 示范工程通过评审，其中应用的新技术水平达到国内领先水平时，该工程可综合评价为示范工程国内领先水平；新技术应用水平达不到国内领先水平时，该工程可综合评价为示范工程国内先进水平。

第十七条 通过评审的示范工程，经建设部工程质量安全监督与行业发展司会同科学技术司审定后，按照程序予以公告。

第十八条 各类优质工程的评选应优先从"建设部建筑业新技术应用示范工程"中选取，以提高优质工程的科技含量。

第十九条 对已通过评审的建设部建筑业新技术应用示范工程，发现其工程质量存在问题或隐患，取消其建设部建筑业新技术应用示范工程称号，并予以公告。

第二十条 本办法由建设部负责解释。

第二十一条 本办法自2002年10月1日起施行。原《全国建筑业新技术应用示范工程验收办法》（建建技〔1996〕20号）同时废止。

关于印发《建筑工程预防高处坠落事故若干规定》和《建筑工程预防坍塌事故若干规定》的通知

建质〔2003〕82号

各省、自治区建设厅，直辖市建委、市政管委，江苏省、山东省建管局，新疆生产建设兵团建设局：

现将《建筑工程预防高处坠落事故若干规定》和《建筑工程预防坍塌事故若干规定》印发给你们，请结合实际，贯彻执行。

中华人民共和国建设部

二〇〇三年四月十七日

建筑工程预防高处坠落事故若干规定

第一条 为预防高处坠落事故发生，保证施工安全，依据《建筑法》和《安全生产法》对施工企业提出的有关要求，制定本规定。

第二条 本规定适用于脚手架上作业、各类登高作业、外用电梯安装作业及洞口临边作业等可能发生高处坠落的施工作业。

第三条 施工单位的法定代表人对本单位的安全生产全面负责。施工单位在编制施工组织设计时，应制定预防高处坠落事故的安全技术措施。

项目经理对本项目的安全生产全面负责。项目经理部应结合施工组织设计，根据建筑工程特点编制预防高处坠落事故的专项施工方案，并组织实施。

第四条 施工单位应做好高处作业人员的安全教育及相关的安全预防工作。

（一）所有高处作业人员应接受高处作业安全知识的教育；特种高处作业人员应持证上岗，上岗前应依据有关规定进行专门的安全技术签字交底。采用新工艺、新技术、新材料和新设备的，应按规定对作业人员进行相关安全技术签字交底。

（二）高处作业人员应经过体检，合格后方可上岗。施工单位应为作业人员提供合格的安全帽、安全带等必备的安全防护用具，作业人员应按规定正确佩戴和使用。

第五条 施工单位应按类别，有针对性地将各类安全警示标志悬挂于施工现场各相应部位，夜间应设红灯示警。

第六条 高处作业前，应由项目分管负责人组织有关部门对安全防护设施进行验收，经验收合格签字后，方可作业。安全防护设施应做到定型化、工具化，防护栏杆以黄黑（或红白）相间的条纹标示，盖件等以黄（或红）色标示。需要临时拆除或变动安全设施的，应经项目分管负责人审批签字，并组织有关部门验收，经验收合格签字后，方可实施。

第七条 物料提升机应按有关规定由其产权单位编制安装拆卸施工方案，产权单位分管负责人审批签字，并负责安装和拆卸；使用前与施工单位共同进行验收，经验收合格签字后，方可作业。物料提升机应有完好的停层装置，各层联络要有明确信号和楼层标记。物料提升机上料口应装设有联锁装置的安全门，同时采用断绳保护装置或安全停靠装置。通道口走道板应满铺并固定牢靠，两侧边应设置符合要求的防护栏杆和挡脚板，并用密目式安全网封闭两侧。物料提升机严禁乘人。

第八条　施工外用电梯应按有关规定由其产权单位编制安装拆卸施工方案，产权单位分管负责人审批签字，并负责安装和拆卸；使用前与施工单位共同进行验收，经验收合格签字后，方可作业。施工外用电梯各种限位应灵敏可靠，楼层门应采取防止人员和物料坠落措施，电梯上下运行行程内应保证无障碍物。电梯轿厢内乘人、载物时，严禁超载，载荷应均匀分布，防止偏重。

第九条　移动式操作平台应按相关规定编制施工方案，项目分管负责人审批签字并组织有关部门验收，经验收合格签字后，方可作业。移动式操作平台立杆应保持垂直，上部适当向内收紧，平台作业面不得超出底脚。立杆底部和平台立面应分别设置扫地杆、剪刀撑或斜撑，平台应用坚实木板满铺，并设置防护栏杆和登高扶梯。

第十条　各类作业平台、卸料平台应按相关规定编制施工方案，项目分管负责人审批签字并组织有关部门验收，经验收合格签字后，方可作业。架体应保持稳固，不得与施工脚手架连接。作业平台上严禁超载。

第十一条　脚手架应按相关规定编制施工方案，施工单位分管负责人审批签字，项目分管负责人组织有关部门验收，经验收合格签字后，方可作业。作业层脚手架的脚手板应铺设严密，下部应用安全平网兜底。脚手架外侧应采用密目式安全网做全封闭，不得留有空隙。密目式安全网应可靠固定在架体上。作业层脚手板与建筑物之间的空隙大于15cm时应作全封闭，防止人员和物料坠落。作业人员上下应有专用通道，不得攀爬架体。

第十二条　附着式升降脚手架和其他外挂式脚手架应按相关规定由其产权单位编制施工方案，产权单位分管负责人审批签字，并与施工单位在使用前进行验收，经验收合格签字后，方可作业。附着式升降脚手架和其他外挂式脚手架每提升一次，都应由项目分管负责人组织有关部门验收，经验收合格签字后，方可作业。附着式升降脚手架和其他外挂式脚手架应设置安全可靠的防倾覆、防坠落装置，每一作业层架体外侧应设置符合要求的防护栏杆和挡脚板。附着式升降脚手架和其他外挂式脚手架升降时，应设专人对脚手架作业区域进行监护。

第十三条　模板工程应按相关规定编制施工方案，施工单位分管负责人审批签字；项目分管负责人组织有关部门验收，经验收合格签字后，方可作业。模板工程在绑扎钢筋、粉刷模板、支拆模板时应保证作业人员有可靠立足点，作业面应按规定设置安全防护设施。模板及其支撑体系的施工荷载应均匀堆置，并不得超过设计计算要求。

第十四条　吊篮应按相关规定由其产权单位编制施工方案，产权单位分管负责人审批签字，并与施工单位在使用前进行验收，经验收合格签字后，方可作业。吊篮产权单位应做好日常例保和记录。吊篮悬挂机构的结构件应选用钢材或其他适合的金属结构材料制造，其结构应具有足够的强度和刚度。作业人员应按规定佩戴安全带；安全带应挂设在单独设置的安全绳上，严禁安全绳与吊篮连接。

第十五条 施工单位对电梯井门应按定型化、工具化的要求设计制作，其高度应在 1.5m 至 1.8m 范围内。电梯井内不超过 10m 应设置一道安全平网；安装拆卸电梯井内安全平网时，作业人员应按规定佩戴安全带。

第十六条 施工单位进行屋面卷材防水层施工时，屋面周围应设置符合要求的防护栏杆。屋面上的孔洞应加盖封严，短边尺寸大于 1.5m 时，孔洞周边也应设置符合要求的防护栏杆，底部加设安全平网。在坡度较大的屋面作业时，应采取专门的安全措施。

建筑工程预防坍塌事故若干规定

第一条 为预防坍塌事故发生，保证施工安全，依据《建筑法》和《安全生产法》对施工企业提出的有关要求，制定本规定。

第二条 凡从事建筑工程新建、改建、扩建等活动的有关单位，应当遵守本规定。

第三条 本规定所称坍塌是指施工基坑（槽）坍塌、边坡坍塌、基础桩壁坍塌、模板支撑系统失稳坍塌及施工现场临时建筑（包括施工围墙）倒塌等。

第四条 施工单位的法定代表人对本单位的安全生产全面负责，施工单位在编制施工组织设计时，应制定预防坍塌事故的安全技术措施。

项目经理对本项目的安全生产全面负责。项目经理部应结合施工组织设计，根据建筑工程特点，编制预防坍塌事故的专项施工方案，并组织实施。

第五条 基坑（槽）、边坡、基础桩、模板和临时建筑作业前，施工单位应按设计单位要求，根据地质情况、施工工艺、作业条件及周边环境编制施工方案，单位分管负责人审批签字，项目分管负责人组织有关部门验收，经验收合格签字后，方可作业。

第六条 土方开挖前，施工单位应确认地下管线的埋置深度、位置及防护要求后，制定防护措施，经项目分管负责人审批签字后，方可作业。土方开挖时，施工单位应对相邻建（构）筑物、道路的沉降和位移情况进行观测。

第七条 施工单位应编制深基坑（槽）、高切坡、桩基和超高、超重、大跨度模板支撑系统等专项施工方案，并组织专家审查。

本规定所称深基坑（槽）是指开挖深度超过 5m 的基坑（槽）、或深度未超过 5m 但地质情况和周围环境较复杂的基坑（槽）。高切坡是指岩质边坡超过 30m、或土质边坡超过 15m 的边坡。超高、超重、大跨度模板支撑系统是指高度超过 8m、或跨度超过 18m、或施工总荷载大于 $10kN/m^2$、或集中线荷载大于 $15kN/m$ 的模板支撑系统。

第八条 施工单位应作好施工区域内临时排水系统规划，临时排水不得破坏相邻建（构）筑物的地基和挖、填土方的边坡。在地形、地质条件复杂，可能发生滑坡、坍塌的地段挖方时，应由设计单位确定排水方案。场地周围出现地表水汇流、排泻或地下水管渗漏时，施工单位应组织排水，对基坑采取保护措施。开挖低于地下水位的基坑（槽）、边坡和基础桩时，施工单位应合理选用降水措施降低地下水位。

第九条 基坑（槽）、边坡设置坑（槽）壁支撑时，施工单位应根据开挖深度、土质条件、地下水位、施工方法及相邻建（构）筑物等情况设计支撑。拆除支撑时应按基坑（槽）回填顺序自下而上逐层拆除，随拆随填，防止边坡塌方或相邻建（构）筑物产生破坏，必要时应采取加固措施。

第十条 基坑（槽）、边坡和基础桩孔边堆置各类建筑材料的，应按规定距离堆置。各类施工机械距基坑（槽）、边坡和基础桩孔边的距离，应根据设备重量、基坑（槽）、边坡和基础桩的支护、土质情况确定，并不得小于1.5m。

第十一条 基坑（槽）作业时，施工单位应在施工方案中确定攀登设施及专用通道，作业人员不得攀爬模板、脚手架等临时设施。

第十二条 机械开挖土方时，作业人员不得进入机械作业范围内进行清理或找坡作业。

第十三条 地质灾害易发区内施工时，施工单位应根据地质勘察资料编制施工方案，单位分管负责人审批签字，项目分管负责人组织有关部门验收，经验收合格签字后，方可作业。施工时应遵循自上而下的开挖顺序，严禁先切除坡脚。爆破施工时，应防止爆破震动影响边坡稳定。

第十四条 施工单位应防止地面水流入基坑（槽）内造成边坡塌方或土体破坏。基坑（槽）开挖后，应及时进行地下结构和安装工程施工，基坑（槽）开挖或回填应连续进行。在施工过程中，应随时检查坑（槽）壁的稳定情况。

第十五条 模板作业时，施工单位对模板支撑宜采用钢支撑材料作支撑立柱，不得使用严重锈蚀、变形、断裂、脱焊、螺栓松动的钢支撑材料和竹材作立柱。支撑立柱基础应牢固，并按设计计算严格控制模板支撑系统的沉降量。支撑立柱基础为泥土地面时，应采取排水措施，对地面平整、夯实，并加设满足支撑承载力要求的垫板后，方可用以支撑立柱。斜支撑和立柱应牢固拉接，行成整体。

第十六条 基坑（槽）、边坡和基础桩施工及模板作业时，施工单位应指定专人指挥、监护，出现位移、开裂及渗漏时，应立即停止施工，将作业人员撤离作业现场，待险情排除后，方可作业。

第十七条 楼面、屋面堆放建筑材料、模板、施工机具或其他物料时，施工单位应严格控制数量、重量，防止超载。堆放数量较多时，应进行荷载计算，并对楼面、屋面进行加固。

第十八条 施工单位应按地质资料和设计规范，确定临时建筑的基础型式和平面布局，并按施工规范进行施工。施工现场临时建筑与建筑材料等的间距应符合技术标准。

第十九条 临时建筑外侧为街道或行人通道的，施工单位应采取加固措施。禁止在施工围墙墙体上方或紧靠施工围墙架设广告或宣传标牌。施工围墙外侧应有禁止人群停留、聚集和堆砌土方、货物等的警示。

第二十条 施工现场使用的组装式活动房屋应有产品合格证。施工单位在组装后进行验收，经验收合格签字后，方能使用。对搭设在空旷、山脚等处的活动房应采取防风、防洪和防暴雨等措施。

第二十一条 雨期施工，施工单位应对施工现场的排水系统进行检查和维护，保证排水畅通。在傍山、沿河地区施工时，应采取必要的防洪、防泥石流措施。

深基坑特别是稳定性差的土质边坡、顺向坡，施工方案应充分考虑雨季施工等诱发因素，提出预案措施。

第二十二条 冬季解冻期施工时，施工单位应对基坑（槽）和基础桩支护进行检查，无异常情况后，方可施工。

建设部关于加强建筑意外伤害保险工作的指导意见

建质〔2003〕107 号

各省、自治区建设厅，直辖市建委，江苏省、山东省建管局，新疆生产建设兵团建设局，国务院有关部门建设司（局），中央管理的有关总公司：

自 1997 年我部《关于印发〈施工现场工伤保险试点工作研讨纪要〉的通知》（建监安〔1997〕17 号）以来，特别是 1998 年 3 月 1 日《建筑法》颁布实施以来，上海、浙江、山东等 24 个省、自治区和直辖市积极开展了建筑意外伤害保险工作，积累了一定经验。但此项工作的发展很不平衡。为贯彻执行《建筑法》和《安全生产法》，进一步加强和规范建筑意外伤害保险工作，提出如下指导意见：

一、全面推行建筑意外伤害保险工作

根据《建筑法》第四十八条规定，建筑职工意外伤害保险是法定的强制性保险，也是保护建筑业从业人员合法权益，转移企业事故风险，增强企业预防和控制事故能力，促进企业安全生产的重要手段。2003 年内，要实现在全国各地全面推行建筑意外伤害保险制度的目标。

各地区建设行政主管部门要依法加强对本地区建筑意外伤害保险工作的监督管理和指导，建立和完善有关规章制度，引导本地区建筑意外伤害保险工作有序健康发展。要切实把推行建筑意外伤害保险作为今年建筑安全生产工作的重点来抓。已经开展这项工作的地区，要继续加强和完善有关制度和措施，扩大覆盖面。尚未开展这项工作的地区，要认真借鉴兄弟省（区、市）的经验，抓紧制定有关管理办法，尽快启动这项工作。

二、关于建筑意外伤害保险的范围

建筑施工企业应当为施工现场从事施工作业和管理的人员，在施工活动过程中发生的人身意外伤亡事故提供保障，办理建筑意外伤害保险、支付保险费。范围应当覆盖工程项目。已在企业所在地参加工伤保险的人员，从事现场施工时仍可参加建筑意外伤害保险。

各地建设行政主管部门可根据本地区实际情况，规定建筑意外伤害保险的附加险要求。

三、关于建筑意外伤害保险的保险期限

保险期限应涵盖工程项目开工之日到工程竣工验收合格日。提前竣工的，保险责任自行终止。因延长工期的，应当办理保险顺延手续。

四、关于建筑意外伤害保险的保险金额

各地建设行政主管部门要结合本地区实际情况，确定合理的最低保险金额。最低保险金额要能够保障施工伤亡人员得到有效的经济补偿。施工企业办理建筑意外伤害保险时，投保的保险金额不得低于此标准。

五、关于建筑意外伤害保险的保险费

保险费应当列入建筑安装工程费用。保险费由施工企业支付，施工企业不得向职工摊派。

施工企业和保险公司双方应本着平等协商的原则，根据各类风险因素商定建筑意外伤害保险费率，提倡差别费率和浮动费率。差别费率可与工程规模、类型、工程项目风险程度和施工现场环境等因素挂钩。浮动费率可与施工企业安全生产业绩、安全生产管理状况等因素挂钩。对重视安全生产管理、安全业绩好的企业可采用下浮费率；对安全生产业绩差、安全管理不善的企业可采用上浮费率。通过浮动费率机制，激励投保企业安全生产的积极性。

六、关于建筑意外伤害保险的投保

施工企业应在工程项目开工前，办理完投保手续。鉴于工程建设项目施工工艺流程中各工种调动频繁、用工流动性大，投保应实行不记名和不计人数的方式。工程项目中有分包单位的由总承包施工企业统一办理，分包单位合理承担投保费用。业主直接发包的工程项目由承包企业直接办理。

各级建设行政主管部门要强化监督管理，把在建工程项目开工前是否投保建筑意外伤害保险情况作为审查企业安全生产条件的重要内容之一；未投保的工程项目，不予发放施工许可证。

投保人办理投保手续后，应将投保有关信息以布告形式张贴于施工现场，告之被保险人。

七、关于建筑意外伤害保险的索赔

建筑意外伤害保险应规范和简化索赔程序，搞好索赔服务。各地建设行政主管部门要积极创造条件，引导投保企业在发生意外事故后即向保险公司提出索赔，使施工伤亡人员能够得到及时、足额的赔付。各级建设行政主管部门应设置专门电话接受举报，凡被保险人发生意外伤害事故，企业和工程项目负责人隐瞒不报、不索赔的，要严肃查处。

八、关于建筑意外伤害保险的安全服务

施工企业应当选择能提供建筑安全生产风险管理、事故防范等安全服务和有保险能力的保险公司，以保证事故后能及时补偿与事故前能主动防范。目前还不能提供安全风险管理和事故预防的保险公司，应通过建筑安全服务中介组织向施工企业提供与建筑意外伤害保险相关的安全服务。建筑安全服务中介组织必须拥有一定数量、专业配套、具备建筑安全知识和管理经验的专业技术人员。

安全服务内容可包括施工现场风险评估、安全技术咨询、人员培训、防灾防损设备配置、安全技术研究等。施工企业在投保时可与保险机构商定具体服务内容。

各地建设行政主管部门应积极支持行业协会或者其他中介组织开展安全咨询服务工作，大力培育建筑安全中介服务市场。

九、关于建筑意外伤害保险行业自保

一些国家和地区结合建筑行业高风险特点，采取建筑意外伤害保险行业自保或企业联合自保形式，并取得一定成功经验。有条件的省（区、市）可根据本地的实际情况，研究探索建筑意外伤害保险行业自保。我部将根据各地研究和开展建筑意外伤害保险的实际情况，提出相应的意见。

中华人民共和国建设部

二〇〇三年五月二十三日

关于建设行政主管部门对工程监理企业履行
质量责任加强监督的若干意见

建质〔2003〕167号

各省、自治区建设厅，直辖市建委，新疆生产建设兵团建设局：

为了加强对工程监理企业履行质量责任行为的监督，确保建设工程质量，依据《中华

人民共和国建筑法》和《建设工程质量管理条例》及有关规定，提出以下若干意见。

一、建设行政主管部门或其委托的工程质量监督机构（以下统称监督机构）在监督工作中，应严格依照国家有关法律、法规和规章规定的程序加强对监理企业履行质量责任行为的监督。

上述监理企业履行质量责任行为，是指监理企业受建设单位委托在建设工程施工全过程中，依照有关法律、法规、技术标准以及设计文件、建设工程承包合同和监理合同，对工程施工质量实施监理，并对施工质量承担监理责任的行为。

二、监督机构应在工程开工时核查工程项目监理机构的组成和人员资格情况：

（一）监理企业履行监理合同时，必须按工程项目建立项目监理机构，且有专业配套的监理人员，数量应符合监理合同的约定；

（二）项目总监理工程师应有监理企业法人代表出具的委托书，其负责监理的项目数量不得超过有关规定；

（三）项目总监理工程师和现场监理工程师应持有规定的资格证书或岗位证书。

三、监督机构应根据《建设工程监理规范》核查工程项目监理规划及监理实施细则。重点核查按照《建设工程监理规范》、《房屋建筑工程施工旁站监理管理办法（试行）》所确定的旁站监理的关键部位和工序，以及旁站监理的程序、措施及职责等。

四、监督机构应抽查监理工程师对施工单位项目经理部质量保证体系审查的记录及其他有关文件，以核查监理企业对施工单位质量管理体系审查的情况。

五、监督机构应抽查旁站监理记录，将监理工程师的检查结论与现场抽查的实际情况对比，以核查监理企业履行旁站监理责任的情况。

六、监督机构应抽查以下主要监理资料，以核查监理企业根据工程项目监理规划及监理实施细则，对施工过程进行质量控制的情况：

1. 监理企业签认的设计交底和图纸会审会议纪要；

2. 监理企业对施工组织设计中确保关键部位和工序工程质量措施的审查记录；

3. 监理企业签认的工程材料进场报验单、施工测量放线报验单和隐蔽工程检查记录；

4. 监理企业对施工企业试验室考核的记录，以及有关见证取样和送检的记录；

5. 监理企业签认的工程项目检验批质量验收记录、分项工程质量验收记录、分部（子分部）工程质量验收记录；

6. 监理企业对单位（子单位）工程的质量评估报告。

七、监理企业应将在工程监理过程中发现的建设单位、施工单位、工程检测单位违反工程建设强制性标准，以及其他不严格履行其质量责任的行为，及时发出整改通知或责令停工；制止无效的，应报告监督机构。监督机构接到报告后，应及时进行核查并依据有关规定进行处理。

八、监督机构应支持监理企业履行监理职责。监督机构在监督检查中发现施工单位未经监理工程师签字将建筑材料、建筑构配件和设备在工程上使用或安装的；上道工序未经监理工程师签字进行下一道工序施工的；不按照监理企业下达的有关施工质量缺陷整改通知及时整改的，要责令改正，并将其行为作为不良记录内容予以记录和公示。

九、监督机构在监督检查中发现建设单位未经总监理工程师签字即进行竣工验收的，要责令其重新组织验收。已经交付使用的要停止使用。

十、对监理企业在工程监理过程中不履行其质量责任的行为，监督机构应责令整改，并作为不良记录内容予以记录和公示，作为企业资质年检的重要依据。

中华人民共和国建设部

二〇〇三年八月十五日

关于积极推进工程设计责任保险工作的指导意见

建质〔2003〕218号

各省、自治区建设厅，直辖市建委：

工程设计责任保险对控制设计风险，提高工程设计质量具有重要的保障作用。我国自1999年开始进行工程设计责任保险试点以来，目前已有北京、上海、深圳、贵州等7个省（市）推行了此项保险制度，并取得了一些经验。为了适应加入WTO与国际惯例接轨的需要，积极推进工程设计责任保险制度的建立与开展，提出以下指导意见：

一、各地建设行政主管部门要充分认识建立工程设计责任保险制度的重要性，结合本地区的实际，积极、稳妥地推进此项工作，力争于2004年年底前，在全国范围内建立工程设计责任保险制度。

二、各地建设行政主管部门要主动与有关部门商量，在制定保险责任、责任免除、保险期限、费率、追溯期和免赔额等保险条款规定时，应兼顾工程设计企业和保险企业双方利益，要适应勘察设计企业发展需要。为使保险条款更符合我国国情和勘察设计企业的特点，我部正组织有关试点城市对试行保险条款进行修订，待形成推荐样本后，印发各地参照使用。

三、社会管理是政府职能的重要组成部分。各地建设行政主管部门应加强对政府投资工程项目和与社会公共利益、公众安全密切相关的住宅小区和公共建筑等工程项目风险的监督管理。为其服务的设计企业应提供具有赔偿能力的证明，同时，业主应该向设计企业提供设计费支付担保。

四、保险中介机构要充分利用行业协会、学会的技术、信息和管理资源优势，发挥其在工程设计责任保险中的作用，为工程设计保险提供有关的服务。

五、根据市场经济发达国家的经验，工程设计责任保险可采用年保、单项保和多项保等保险方式。勘察设计企业可根据业主和企业自身的需要，选择一种或多种险种方式。

六、为促进工程设计保险市场健康发展，规范市场各方主体行为，各地建设行政主管部门要及时会同当地保险主管部门，制定相关的市场管理规定或办法，以保障公平竞争和市场秩序。

七、各地建设行政主管部门要指导工程质量事故评估和鉴定机构的建设，明确其职责和鉴定程序，保证工程设计质量评估鉴定的正常进行。

各省、自治区、直辖市建设行政主管部门要根据本指导意见，积极推进本地区工程设计责任保险工作，并将实施工程设计责任保险制度的规定报建设部备案。

中华人民共和国建设部

二〇〇三年十一月十四日

关于印发《工程勘察技术进步与技术政策要点》的通知

建质函〔2003〕202号

各省、自治区建设厅，直辖市建委，国务院各有关部门，总后营房部，新疆生产建设兵团：

现将《工程勘察技术进步与技术政策要点》印发你们，请结合本地区、本部门的实际贯彻执行，执行中有何问题和建议及时告我部工程质量安全监督与行业发展司。

中华人民共和国建设部
二○○三年九月十二日

工程勘察技术进步与技术政策要点

工程勘察是建筑工程和土木工程的重要组成部分。在目前的体制下，工程勘察包括岩土工程、工程测量、水文地质和工程物探四个专业，其主要业务是为工程建设的规划选址、可行性研究、设计、施工以及工程建成后的运营监测提供技术成果和技术服务。近20年来，随着我国岩土工程体制的推行和对工程建设要求的提高，从业单位的业务范围已经拓展到岩土工程勘察、设计、治理与监测的全过程。工程勘察的水平与质量直接影响整个工程建设的安全、质量、成本和周期，对国家建设和环境保护具有重要意义，必须根据形势发展的要求，制订技术政策，促进行业的技术进步。

我国工程建设的项目多，规模大，地形、地质条件复杂，工程勘察行业在全面建设小康社会的过程中任务繁重，迫切需要先进技术。同时，我国已经步入社会主义市场经济体制，社会主义法制日臻完善，市场日趋成熟，综合国力明显提高，有条件对科技开发予以更多投入。特别是我国加入世界贸易组织以后，国民经济正加速与国际融合，工程勘察也同样面临着全球化环境，行业的结构、专业设置、技术标准等，将不可避免地有所调整。在国家政策的引导和支持下，勘察行业加强技术开发，提高市场竞争力，已成为企业生存和发展的必由之路。

21世纪是知识经济的时代，用高新技术和先进适用技术改造传统产业，是技术进步的重要途径。我国人口众多，生态脆弱，水资源贫乏，某些区域污染严重。保护和改善环境，已成为广大群众的迫切要求和国家的重要政策，岩土工程的各有关专业在这方面任重而道远。

为了用高新技术和先进适用技术改造传统产业，提高工程建设技术水平，保护和改善环境，特提出今后五至十年勘察行业技术进步与技术政策的要点。

一、岩土工程专业

1. 岩土工程应遵守国家经济建设的方针、政策和法规，坚持先勘察、后设计、再施工的基本建设程序。勘察工作应严格按照技术标准，满足各勘察阶段对工作内容与深度要求。必须充分重视可行性研究、选址和初步勘察对工程安全、质量、效益和环境影响评价的重大作用。对于城市中按规划确定场址的重大工程，也必须留有足够的前期工作时间，投入必要的经费，论证场址的安全性和稳定性，预测和解决有关岩土工程的难题，为后续工作打好基础。

2. 重视理论对工程实践的指导作用，提倡"理论导向，实测定量，经验判断，监测验证"的一整套工作方法，逐步做到技术与劳务的分离，改变行业和从业单位的技术结构和成品结构，提高勘察文件的技术含量，加快推行岩土工程咨询体制，使重大项目的勘察文件和技术服务达到国际先进水平。

3. 加强岩土工程量化分析力度。发展天然地基、桩基和地基处理的评价方法，特别是考虑地基基础和上部结构相互作用的沉降控制分析方法。鼓励在重大工程中使用物理模型和数值分析，重视模型参数的测定、选用和验证工作，提供合理的分析结果，加强概率分析、工程经济分析和风险分析方法的应用研究，提供优化的工程方案与建议。

4. 大力提倡和重视岩土工程的检验与监测。检验、监测与反分析数据，不仅对修正设计、指导施工、保证工程质量、积累工程经验有着极其重要的意义，同时也是发展岩土工程理论与方法的重要依据和基础，要逐步将规范规定必须进行的检验与检测纳入竣工验收程序。

5. 重视岩土工程中地下水问题，加强对地下水贮存、渗流、动态规律及其与工程相互作用的测试、研究与评价工作，提高对基坑降水、人工回灌影响，以及基础抗浮等工程问题的量化评价水平。鼓励在城市、开发区和重大建设项目中建立区域性的地下水位与水质的监测网和相应的信息系统。

6. 重视对特殊地质条件和特殊性岩土的研究，鼓励各地区总结地区经验，制定相应的技术标准。

7. 按照国家建设的需要和本行业的技术发展规律，扩大技术服务领域。着力发展环境岩土工程与地质灾害评价工作，开拓评价、防治和抵御地震与滑坡等突发自然灾害的工程手段和能力，积极参与地基处理、基坑工程、地下空间开发、城市固体废弃物处理、污染运移控制等岩土工程评价、设计与治理工作。

8. 鼓励开发和使用新技术、新方法和新手段。密切注意计算机技术、网络技术、数字技术以及航摄和卫星遥感技术的新发展，加强不同的高新科技平台在岩土工程有关专业的应用研究，加速实际生产力的形成。

9. 改进和完善现行岩土工程计算机辅助设计系统，加强系统的分析计算和数据处理能力。同时，应提高系统的集成化程度，在企业内部网的基础上，以岩土工程勘察的生产流程为主线，实现原位测试、土工试验、统计、绘图、报告编制以及项目的投标、预算、结算等工作的资源共享，协调作业。

10. 大力提高行业的技术装备水平，改变技术手段的落后面貌。着力提高钻探和原状土取样、室内试验和原位测试的技术与装备，逐步实现勘探取样设备、施工机具等产品的标准化、系列化。有计划地开发具有自主知识产权的大型岩土工程分析与设计软件。

11. 改变我国岩土工程技术标准系列过于庞杂，规定过于具体的现状，建立整体性和统一性较强的技术法规与技术标准系列，对重要的技术标准，形成与国际接轨的、具有权威性的包括规范—说明—指南或手册在内的完整体系。

二、工程测量专业

1. 应用卫星定位系统、全站仪及数字水准仪快速建立高精度三维工程控制网，发展先进实用的测量数据处理技术，大力提高工程控制测量的成果质量与作业效率。

2. 全面应用数字测图技术，发展基于全站仪、卫星定位系统、数码相机等多种传感器在内的内、外业一体化数据采集与制图系统。对于大型工程建设场地，积极利用航摄影像、高分辨率卫星遥感影像或使用轻型飞机摄取影像，采用数字摄影测量或遥感图像处理系统生成大比例尺数字线划图、数字正射影像图、数字高程模型及三维景观模型，为工程勘察、设计、施工和竣工存档提供高质量、多形式的空间基础信息支持。

3. 开发和应用基于智能化全站仪、激光、遥测、遥控和通讯等技术的集成式精密空间放样测设技术，以实现大型复杂工程设施快速、准确的空间放样测设。

4. 应用数字近景摄影测量和激光扫描等技术对大型或特殊工程设施的空间形态进行实时或准实时的精确检测和完整记录，进一步研究开发对大型或特殊工程实施动态与静态变形监测的自动化技术和方法，发展检测、监测数据的实时处理、智能化分析与可视化表现技术。

5. 基于地理信息系统、管理信息系统、设施管理和办公自动化等技术，收集大型和特殊工程建设与运营过程的空间及属性信息，建立工程数据库和工程档案信息管理系统，为工程维护、维修及管理提供信息支持和辅助决策支持。

6. 全面推广有效的地下管线探测技术，建立地下管线综合信息管理系统。

7. 进一步拓宽应用服务领域，使工程测量技术在为工程和城市勘察、规划、设计、建设、监理、运营管理提供优质服务的同时，积极服务于社会与公众。

8. 健全各种工程测量项目的质量安全体系，建立大型和特殊工程测量项目的监督制度，确保工程测量成果的可靠性与完整性。

9. 积极跟踪空间信息技术、计算机技术、通信技术和现代制造技术的新发展，密切关注各种工程应用的新需求，开展工程测量新技术、新设备、新方法和新工艺的研发，通过继续教育、学术交流等方式加强新技术应用的培训与推广。

三、水文地质专业

1. 发展水文地质勘察理论。研究和发展在不同水文地质类型、不同地质条件下勘察和找水的理论、模式和方法，加强三水转化的机理及其表征参数以及地下水资源评价的理论与方法的研究，提倡多种方法综合评价。

2. 提高遥感地质调查在地质—水文地质调查中的比重，充分挖掘和利用遥感影像中蕴含的地质、地貌和水文地质信息。

3. 加强区域水文地质资料的搜集、研究和管理，建立专题数据库。研究和推广地理信息系统在建立管理决策支持系统、地下水开发利用、资源评价与管理以及水文地质编图等方面的应用，实现分析过程和结果的可视化。

4. 完善地下水环境评价及预测的理论、方法和技术，提高水环境控制和综合治理（如地下水污染的防治、地下水超量开采引起的地面沉降、地表塌陷和地裂缝控制等）方面的能力与水平。大力开展城镇与工矿区地下水管理与综合治理的理论研究。在供水水文地质勘察中，要把地下水与地表水统一考虑，同时考虑污水排放与处理，积极参与污水的治理。

5. 开发地下水探、采、灌集成技术。将水文地质勘察与地下水开采和人工回灌工程有机结合起来，充分利用含水层储水、储（冷、热）能的调节功能。开发地下水监测、预测和控制一体化技术和装置，建立水资源和水环境监测系统。加强地下水规划、保护和管理，促进地下水资源的可持续开发利用。

6. 积极研究和开发水文地质参数测试的新技术、新仪器、新工具，提高自动化和智能化水平，促进环境同位素与人工同位素的应用研究。同时加大物探手段应用的深度与广度。

7. 积极研制新的水文地质钻探设备，改进钻探工艺。提高钻机的机械化、自动化水平，向全液压、仪表化的方向发展，不断研制适应不同地层的新型钻头及相应的辅助设备。研究开发新型钻井冲洗介质及循环方式，研究钻进冲洗介质的净化及相应设备。研究深井防斜及优质、高效的取样装置。发展受控定向钻探、随钻测量、随钻测井等新的钻探工艺及装备。

8. 研究和改进成井工艺，特别是粉细砂地区的深井成井工艺。研究和开发新型井管和过滤器，井管过滤器设计与制造应实现工厂化和规范化。在不断改进机械洗井的同时，发展物理洗井、化学洗井及不同方法的联合洗井。

9. 开发地热资源。研究地热田赋存的地质条件及分布规律，完善地热的勘察技术，提高地热井的定位精度及开采技术。开展矿泉水的研究、勘察及开发技术。坚持开展地热田、矿泉水开采过程中的水位、水温、水质监测工作，建立相应的管理模型，指导开采的合理运行。

四、工程物探专业

1. 工程物探技术要适应岩土工程勘察和水文地质勘察不断发展的要求，进一步提高物探技术人员的素质，特别是针对不同工程条件合理选用综合物探方法和对各种物理参数的解释能力。

2. 着重研究各种物探技术方法对不同地球物理前提的适用性，避免滥用。针对一般情况下岩土工程勘察勘探深度不大，但分辨率和定量解释精度要求高的特点，除推荐使用面波、多道瞬态面波技术与多电极电法勘探（高密度电法）、地下管线探测等方法外，还应加强电磁、地震波成像技术的研究。

3. 加强物探方法在地基处理检测中的应用研究，克服传统的地基检测方法在检测深度和广度上的局限性。发展土工结构和路面、跑道结构的无损检测方法。

4. 开展综合物探技术在水文地质勘察中的应用，研究提高各种物探手段勘察精度的方法。推广高清晰度数字式全景钻孔成像系统在水文地质勘察工作中的应用。

5. 加强适合城市环境背景条件（高噪声、多其他干扰）下有效的水、油、气管网测漏仪器的研制及准确定位方法的研究。

6. 进一步加强对基桩动测技术的研究，在基桩完整性检测中，要由定性向定量方向发展；在基桩承载检测中，要通过动、静试验的对比研究，提高对承载力的测试技术和数据处理水平。

7. 研究适合城市和城市周边建筑区勘探要求的、具有较大勘探深度和较高精度物探方法，满足对环境、水资源及部分地质灾害治理的勘察要求。

8. 工程物探中计算机技术的应用，要注意软硬件的适用性和采用的数学模型、物理力学参数的准确性和代表性。提高技术人员的应用水平和成果的可信度。

9. 对已取得重大进展，技术上较为成熟的物探方法，要积极推动其列入国家或行业技术标准的进程。

五、工程勘察企业信息化

1. 信息化是加快实现行业现代化的必然选择。工程勘察企业应遵循"统筹规划，资源共享，应用主导，面向市场，安全可靠，务求实效"的方针，加速企业信息化的进程。

2. 加强企业信息化的基础建设，保证企业信息化的顺利实施。信息化基础建设应包括：制定与信息技术有关的行业标准；制定企业信息化的规划；修改有关标准使之更加适合信息技术的应用；根据企业自身的经济、技术条件，建立、维护高性能且安全可靠的企业内部网。同时，要加强企业信息安全措施，加强信息技术人员的队伍建设和技术人员的计算机知识培训，提高知识产权保护意识。

3. 建立和完善企业的岩土工程信息系统。系统应充分应用先进的数据库技术、网络技术和地理信息系统技术，包含工程地质、水文地质、地震地质、环境地质等有关信息以及岩土工程数据，在方便查询的同时，着重提高系统的综合分析能力，为城市规划、建设场地适宜性评价、地质灾害评价、地下空间开发等工作提供技术服务。

4. 加快企业管理信息化的进程，建立和完善企业的办公自动化系统。引进现代管理理念，结合 ISO9000 标准的贯彻，建立以项目管理为主线的生产管理与质量管理系统；实现企业内部财务、人事等系统的整合，做到企业内部资源共享，并向建立工程勘察企业领导决策辅助系统的方向努力。同时，应充分利用企业内部网，为员工的继续教育、技术培训服务。

5. 充分利用互联网资源，加速信息流通。通过建立企业网站、开通电子信箱等手段，提高企业获取国内外信息、对外沟通、树立形象以及进行行业内部技术交流等方面的能力。

6. 重视有关新技术的跟踪、引进和研究，保证岩土工程技术的可持续发展。要加强新的信息技术，如三维数字化技术、网络通信技术、地理信息系统与卫星定位系统技术、人工智能技术、企业管理信息化等在岩土工程领域的应用研究。随时追踪、引进、消化相关的国外先进软件及其他信息技术。

六、完成要点应采取的主要措施

1. 编制工程勘察及岩土工程行业 5～10 年的产业发展和技术发展规划。各地区按照行业发展的要求和地区特点编制具体的技术发展规划，定期检查和修订。

2. 研究我国加入世贸组织后面临的形势，分析工程建设的新特点、市场的新需求和行业自身的发展规律，改变目前"工程勘察"行业的提法与国际不接轨的现状，在新的形势下对行业名称和业务内容重新定位，加快推行岩土工程咨询体制。

3. 尽快组织编制和出台工程勘察与岩土工程行业知识产权保护与管理的法规或条例，以鼓励发明创造和技术创新，适应加入 WTO 后的自我保护和运营规则。探讨在有偿使用前提下的信息资源共享机制，促进科技进步。反对使用盗版软件。

4. 进一步加强工程勘察市场的管理力度，加强对收费价格的监督，以利于质量提高和技术发展，严格单位资质的认证和注册土木工程师的资质管理。

5. 建立土工试验室的资质标准并开展资质认证；建立试验员和钻探描述员的持证上岗制度；完善原位测试和工程检测的计量认证（CMA）制度。

6. 推行 ISO9000 质量管理体系认证和全面质量管理，推行工程勘察及岩土工程审查制度。

7. 加大工程行业的科研经费投入，鼓励大院设置技术开发和技术创新机构。

8. 加强和完善优秀工程勘察项目的评选工作，鼓励勘察单位和勘察人员技术创新。

9. 大力提高勘察和岩土工程行业的整体素质和技术水平，优化专业结构和人才结构，建立和完善对优秀人才的激励机制，加强人才的引进和培养工作，完善工程勘察大师的评选办法，特别重视培养年青的学科带头人。

10. 积极推动环境岩土工程的发展。在岩土工程勘察中，加强地质环境、地质灾害和地震工程评价，充分重视地质环境与工程之间的相互影响和相互作用。

11. 加强与国外和境外同业之间的技术合作与交流，通过市场调查、技术合作等手段，积极开拓国外、境外市场。

关于印发《建筑施工企业安全生产许可证管理规定实施意见》的通知

建质［2004］148 号

各省、自治区建设厅，直辖市建委，江苏省、山东省建管局，新疆生产建设兵团建设局，国务院有关部门建设司（局），中央管理的建筑施工企业：

现将《建筑施工企业安全生产许可证管理规定实施意见》印发给你们，请遵照执行。在执行过程中遇到的问题，请及时反馈我部工程质量安全监督与行业发展司。

中华人民共和国建设部
二〇〇四年八月二十七日

建筑施工企业安全生产许可证管理规定实施意见

为了贯彻落实《建筑施工企业安全生产许可证管理规定》（建设部令第 128 号，以下简称《规定》），制定本实施意见。

一、安全生产许可证的适用对象

（一）建筑施工企业安全生产许可证的适用对象为：在中华人民共和国境内从事土木工程、建筑工程、线路管道和设备安装工程及装修工程的新建、扩建、改建和拆除等有关活动，依法取得工商行政管理部门颁发的《企业法人营业执照》，符合《规定》要求的安全生产条件的建筑施工企业。

二、安全生产许可证的申请

（二）安全生产许可证颁发管理机关应当在办公场所、本机关网站上公示审批安全生产许可证的依据、条件、程序、期限，申请所需提交的全部资料目录以及申请书示范文本等。

（三）建筑施工企业从事建筑施工活动前，应当按照分级、属地管理的原则，向企业注册地省级以上人民政府建设主管部门申请领取安全生产许可证。

（四）中央管理的建筑施工企业（集团公司、总公司）应当向建设部申请领取安全生产许可证，建设部主管业务司局为工程质量安全监督与行业发展司。中央管理的建筑施工企业（集团公司、总公司）是指国资委代表国务院履行出资人职责的建筑施工类企业总部（名单见附件一）。

（五）中央管理的建筑施工企业（集团公司、总公司）下属的建筑施工企业，以及其他建筑施工企业向注册所在地省、自治区、直辖市人民政府建设主管部门申请领取安全生产许可证。

三、申请材料

（六）申请人申请安全生产许可证时，应当按照《规定》第六条的要求，向安全生产许可证颁发管理机关提供下列材料（括号里为材料的具体要求）：

1. 建筑施工企业安全生产许可证申请表（一式三份，样式见附件二）；

2. 企业法人营业执照（复印件）；

3. 各级安全生产责任制和安全生产规章制度目录及文件，操作规程目录；

4. 保证安全生产投入的证明文件（包括企业保证安全生产投入的管理办法或规章制度、年度安全资金投入计划及实施情况）；

5. 设置安全生产管理机构和配备专职安全生产管理人员的文件（包括企业设置安全管理机构的文件、安全管理机构的工作职责、安全机构负责人的任命文件、安全管理机构组成人员明细表）；

6. 主要负责人、项目负责人、专职安全生产管理人员安全生产考核合格名单及证书（复印件）；

7. 本企业特种作业人员名单及操作资格证书（复印件）；

8. 本企业管理人员和作业人员年度安全培训教育材料（包括企业培训计划、培训考核记录）；

9. 从业人员参加工伤保险以及施工现场从事危险作业人员参加意外伤害保险有关证明；

10. 施工起重机械设备检测合格证明；

11. 职业危害防治措施（要针对本企业业务特点可能会导致的职业病种类制定相应的预防措施）；

12. 危险性较大分部分项工程及施工现场易发生重大事故的部位、环节的预防监控措施和应急预案（根据本企业业务特点，详细列出危险性较大分部分项工程和事故易发部位、环节及有针对性和可操作性的控制措施和应急预案）；

13. 生产安全事故应急救援预案（应本着事故发生后有效救援原则，列出救援组织人员详细名单、救援器材、设备清单和救援演练记录）。

其中，第2至第13项统一装订成册。企业在申请安全生产许可证时，需要交验所有证件、凭证原件。

（七）申请人应对申请材料实质内容的真实性负责。

四、安全生产许可证申请的受理和颁发

（八）安全生产许可证颁发管理机关对申请人提交的申请，应当按照下列规定分别处理：

1. 对申请事项不属于本机关职权范围的申请，应当及时作出不予受理的决定，并告知申请人向有关安全生产许可证颁发管理机关申请；

2. 对申请材料存在可以当场更正的错误的，应当允许申请人当场更正；

3. 申请材料不齐全或者不符合要求的，应当当场或者在 5 个工作日内书面一次告知申请人需要补正的全部内容，逾期不告知的，自收到申请材料之日起即为受理。

4. 申请材料齐全、符合要求或者按照要求全部补正的，自收到申请材料或者全部补正之日起为受理。

（九）对于隐瞒有关情况或者提供虚假材料申请安全生产许可证的，安全生产许可证颁发管理机关不予受理，该企业一年之内不得再次申请安全生产许可证。

（十）对已经受理的申请，安全生产许可证颁发管理机关对申请材料进行审查，必要时应到企业施工现场进行抽查。涉及铁路、交通、水利等有关专业工程时，可以征求铁道、交通、水利等部门的意见。安全生产许可证颁发管理机关在受理申请之日起 45 个工作日内应作出颁发或者不予颁发安全生产许可证的决定。

安全生产许可证颁发管理机关作出准予颁发申请人安全生产许可证决定的，应当自决定之日起 10 个工作日内向申请人颁发、送达安全生产许可证；对作出不予颁发决定的，应当在 10 个工作日内书面通知申请人并说明理由。

（十一）安全生产许可证有效期为 3 年。安全生产许可证有效期满需要延期的，企业应当于期满前 3 个月向原安全生产许可证颁发管理机关提出延期申请，并提交本意见第 6 条规定的文件、资料以及原安全生产许可证。

建筑施工企业在安全生产许可证有效期内，严格遵守有关安全生产法律、法规和规章，未发生死亡事故的，安全生产许可证有效期届满时，经原安全生产许可证颁发管理机关同意，不再审查，直接办理延期手续。

对于本条第二款规定情况以外的建筑施工企业，安全生产许可证颁发管理机关应当对其安全生产条件重新进行审查，审查合格的，办理延期手续。

（十二）对申请延期的申请人审查合格或有效期满经原安全生产许可证颁发管理机关同意不再审查直接办理延期手续的企业，安全生产许可证颁发管理机关收回原安全生产许可证，换发新的安全生产许可证。

五、安全生产许可证证书

（十三）建筑施工企业安全生产许可证采用国家安全生产监督管理局规定的统一样式。证书分为正本和副本，正本为悬挂式，副本为折页式，正、副本具有同等法律效力。建筑施工企业安全生产许可证证书由建设部统一印制，实行全国统一编码。证书式样、编码方法和证书订购等有关事宜见附件三。

（十四）中央管理的建筑施工企业（集团公司、总公司）的安全生产许可证加盖建设部公章有效。中央管理的建筑施工企业（集团公司、总公司）下属的建筑施工企业，以及其他建筑施工企业的安全生产许可证加盖省、自治区、直辖市人民政府建设主管部门公章有效。由建设部以及各省、自治区、直辖市人民政府建设主管部门颁发的安全生产许可证均在全国范围内有效。

（十五）每个具有独立企业法人资格的建筑施工企业只能取得一套安全生产许可证，包括一个正本，两个副本。企业需要增加副本的，经原安全生产许可证颁发管理机关批准，可以适当增加。

（十六）建筑施工企业的名称、地址、法定代表人等内容发生变化的，应当自工商营业执照变更之日起10个工作日内提出申请，持原安全生产许可证和变更后的工商营业执照、变更批准文件等相关证明材料，向原安全生产许可证颁发管理机关申请变更安全生产许可证。安全生产许可证颁发管理机关在对申请人提交的相关文件、资料审查后，及时办理安全生产许可证变更手续。

（十七）建筑施工企业遗失安全生产许可证，应持申请补办的报告及在公众媒体上刊登的遗失作废声明向原安全生产许可证颁发管理机关申请补办。

六、对取得安全生产许可证单位的监督管理

（十八）2005年1月13日以后，建设主管部门在向建设单位审核发放施工许可证时，应当对已经确定的建筑施工企业是否取得安全生产许可证进行审查，没有取得安全生产许可证的，不得颁发施工许可证。对于依法批准开工报告的建设工程，在建设单位报送建设工程所在地县级以上地方人民政府或者其他有关部门备案的安全施工措施资料中，应包括承接工程项目的建筑施工企业的安全生产许可证。

（十九）市、县级人民政府建设主管部门负责本行政区域内取得安全生产许可证的建筑施工企业的日常监督管理工作。在监督检查过程中发现企业有违反《规定》行为的，市、县级人民政府建设主管部门应及时、逐级向本地安全生产许可证颁发管理机关报告。本行政区域内取得安全生产许可证的建筑施工企业既包括在本地区注册的建筑施工企业，也包括跨省在本地区从事建筑施工活动的建筑施工企业。

跨省从事建筑施工活动的建筑施工企业有违反《规定》行为的，由工程所在地的省级人民政府建设主管部门将其在本地区的违法事实、处理建议和处理结果抄告其安全生产许可证颁发管理机关。

安全生产许可证颁发管理机关根据下级建设主管部门报告或者其他省级人民政府建设主管部门抄告的违法事实、处理建议和处理结果，按照《规定》对企业进行相应处罚，并将处理结果通告原报告或抄告部门。

（二十）根据《建设工程安全生产管理条例》，县级以上地方人民政府交通、水利等有关部门负责本行政区域内有关专业建设工程安全生产的监督管理，对从事有关专业建设工程的建筑施工企业违反《规定》的，将其违法事实抄告同级建设主管部门；铁路建设安全生产监督管理机构负责铁路建设工程安全生产监督管理，对从事铁路建设工程的建筑施工企业违反《规定》的，将其违法事实抄告省级以上人民政府建设主管部门。

（二十一）安全生产许可证颁发管理机关或者其上级行政机关发现有下列情形之一的，可以撤销已经颁发的安全生产许可证：

1. 安全生产许可证颁发管理机关工作人员滥用职权、玩忽职守颁发安全生产许可证的；

2. 超越法定职权颁发安全生产许可证的；

3. 违反法定程序颁发安全生产许可证的；

4. 对不具备安全生产条件的建筑施工企业颁发安全生产许可证的；

5. 依法可以撤销已经颁发的安全生产许可证的其他情形。

依照前款规定撤销安全生产许可证，建筑施工企业的合法权益受到损害的，建设主管部门应当依法给予赔偿。

（二十二）发生下列情形之一的，安全生产许可证颁发管理机关应当依法注销已经颁发的安全生产许可证：

1. 企业依法终止的；

2. 安全生产许可证有效期届满未延续的；

3. 安全生产许可证依法被撤销、吊销的；

4. 因不可抗力导致行政许可事项无法实施的；

5. 依法应当注销安全生产许可证的其他情形。

（二十三）安全生产许可证颁发管理机关应当建立健全安全生产许可证档案，定期通过报纸、网络等公众媒体向社会公布企业取得安全生产许可证的情况，以及暂扣、吊销安全生产许可证等行政处罚情况。

七、对取得安全生产许可证单位的行政处罚

（二十四）安全生产许可证颁发管理机关或市、县级人民政府建设主管部门发现取得安全生产许可证的建筑施工企业不再具备《规定》第四条规定安全生产条件的，责令限期改正；经整改仍未达到规定安全生产条件的，处以暂扣安全生产许可证 7 日至 30 日的处罚；安全生产许可证暂扣期间，拒不整改或经整改仍未达到规定安全生产条件的，处以延长暂扣期 7 至 15 天直至吊销安全生产许可证的处罚。

（二十五）企业发生死亡事故的，安全生产许可证颁发管理机关应当立即对企业安全生产条件进行复查，发现企业不再具备《规定》第四条规定安全生产条件的，处以暂扣安全生产许可证 30 日至 90 日的处罚；安全生产许可证暂扣期间，拒不整改或经整改仍未达到规定安全生产条件的，处以延长暂扣期 30 日至 60 日直至吊销安全生产许可证的处罚。

（二十六）企业安全生产许可证被暂扣期间，不得承揽新的工程项目，发生问题的在建项目停工整改，整改合格后方可继续施工；企业安全生产许可证被吊销后，该企业不得进行任何施工活动，且一年之内不得重新申请安全生产许可证。

八、附则

（二十七）由建设部直接实施的建筑施工企业安全生产许可证审批，按照《关于印发〈建设部机关实施行政许可工作规程〉的通知》（建法〔2004〕111 号）进行，使用规范许可文书并加盖建设部行政许可专用章。各省、自治区、直辖市人民政府建设主管部门参照上述文件规定，规范许可程序和各项许可文书。

（二十八）各省、自治区、直辖市人民政府建设主管部门可依照《规定》和本意见，制定本地区的实施细则。

附件一：中央管理的建筑施工企业（集团公司、总公司）名单（略）

附件二：建筑施工企业安全生产许可证申请表样式（略）

附件三：关于建筑施工企业安全生产许可证的有关事宜（略）

关于加强住宅工程质量管理的若干意见

建质〔2004〕18 号

各省、自治区建设厅，直辖市建委、房地局，江苏省、山东省建管局，新疆生产建设兵团建设局：

近年来，我国住宅工程质量的总体水平有很大提高，但各地的质量状况还不平衡。为进一步加强住宅工程质量管理，切实提高住宅工程质量水平，现提出如下意见：

一、进一步提高对抓好住宅工程质量工作重要意义的认识

住宅工程质量，不仅关系到国家社会经济和房地产市场持续健康发展，而且直接关系到广大人民群众的切身利益。各地建设行政主管部门和工程建设各方责任主体要从实践"三个代表"重要思想的高度，充分认识当前做好住宅工程质量工作的重要意义，增强搞好住宅工程质量的紧迫感和使命感。各地要根据本地区经济发展水平和住宅工程质量的现状，确立提高住宅工程质量的阶段目标和任务，确保住宅工程结构安全和使用功能。各地要通过开展创建"无质量通病住宅工程"和"精品住宅工程"活动，不断促进住宅工程质量总体水平的提高。

二、突出重点环节，强化工程建设各方主体的质量管理责任

（一）建设单位（含开发企业，下同）是住宅工程质量的第一责任者，对建设的住宅工程的质量全面负责。建设单位应设立质量管理机构并配备相应人员，加强对设计和施工质量的过程控制和验收管理。在工程建设中，要保证合理工期、造价和住宅设计标准，不得擅自变更已审查批准的施工图设计文件等。

要综合、系统地考虑住宅小区的给水、排水、供暖、燃气、电气、电讯等管网系统的统一设计、统一施工，编制统一的管网综合图，在保证各专业技术标准要求的前提下，合理安排管线，统筹设计和施工。

建设单位应在住宅工程的显著部位镶刻铭牌，将工程建设的有关单位名称和工程竣工日期向社会公示。

（二）开发企业应在房屋销售合同中明确因住宅工程质量原因所产生的退房和保修的具体内容以及保修赔偿方式等相关条款。保修期内发生住宅工程质量投诉的，由开发企业负责查明责任，并组织有关责任方解决质量问题。暂时无法落实责任的，开发企业也应先行解决，待质量问题的原因查明后由责任方承担相关费用。

（三）设计单位应严格执行国家有关强制性技术标准，注重提高住宅工程的科技含量。要坚持以人为本，注重生态环境建设和住宅内部功能设计，在确保结构安全的基础上，保证设计文件能够满足对日照、采光、隔声、节能、抗震、自然通风、无障碍设施、公共卫生和居住方便的需要，并对容易产生质量通病的部位和环节，尽量优化细化设计做法。

（四）施工单位应严格执行国家《建筑工程施工质量验收规范》，强化施工质量过程控制，保证各工序质量达到验收规范的要求。要制定本企业的住宅工程施工工艺标准，结合工程实际，落实设计图纸会审中保证施工质量的设计交底措施，对容易产生空鼓、开裂、渗漏等质量通病的部位和容易影响空气质量的厨房、卫生间管材等环节，采取相应的技术

保障措施。

（五）监理单位应针对工程的具体情况制定监理规划和监理实施细则，按国家技术标准进行验收，工序质量验收不合格的，不得进行下道工序。要将住宅工程结构质量、使用功能和建筑材料对室内环境的污染作为监理工作的控制重点，并按有关规定做好旁站监理和见证取样工作，特别是要做好厕浴间蓄水试验等重要使用功能的检查工作。

三、采取有效措施，切实加强对住宅工程质量的监督管理

（一）各地建设行政主管部门要加大对住宅工程质量的监管力度。对工程建设各方违法违规降低住宅工程质量的行为，要严格按照国家有关法律法规进行处罚。

对工程造价和工期明显低于本地区一般水平的住宅工程，要作为施工图审查和工程质量监督的重点。特别要加大对经济适用房、旧城改造回迁房以及城乡结合部商品房的设计和施工质量的监管力度。对检查中发现问题较多的住宅工程，要加大检查频次，并将其列入企业的不良记录。

（二）要加强对住宅工程施工图设计文件的审查，要将结构安全、容易造成质量通病的设计和厨房、卫生间的设计是否符合强制性条文进行重点审查。

（三）各地建设行政主管部门要对进入住宅工程现场的建筑材料、构配件和设备加强监督抽查，强化对住宅工程竣工验收前的室内环境质量检测工作的监督。

（四）各地建设行政主管部门要加强对住宅工程竣工验收备案工作的管理，将竣工验收备案情况及时向社会公布。单体住宅工程未经竣工验收备案的，不得进行住宅小区的综合验收。住宅工程经竣工验收备案后，方可办理产权证。

（五）各地建设行政主管部门要完善住宅工程质量投诉处理制度，对经查实的违法违规行为应依法进行处罚。要建立住宅工程的工程质量信用档案，将建设过程中违反工程建设强制性标准和使用后投诉处理等情况进行记录，并向社会公布。

四、加强政策引导，依靠科技进步，不断提高住宅工程质量

（一）各地建设行政主管部门要充分发挥协会、科研单位和企业的技术力量，针对本地区的住宅工程质量通病，研究制定克服住宅工程质量通病技术规程，积极开展质量通病专项治理。要结合创建"精品住宅工程"的活动，制定地方或企业的质量创优评审技术标准，并建立相应的激励机制。

（二）各地建设行政主管部门要结合本地区实际，积极推行住宅产业现代化，完善住宅性能认定和住宅部品认证、淘汰制度。大力推广建筑业新技术示范工程的经验，及时淘汰住宅工程建设中的落后产品、施工机具和工艺。

（三）各地建设行政主管部门要积极组织开展住宅工程质量保险的试点工作，鼓励实行住宅工程的工程质量保险制度，引导建设单位积极投保。

（四）各地建设行政主管部门要培育和发展住宅工程质量评估中介机构。当用户与开发企业对住宅工程的质量问题存在较大争议时，可委托具有相应资质的工程质量检测机构进行检测。逐步建立住宅工程质量评估和工程质量保险相结合的工程质量纠纷处理仲裁机制。

中华人民共和国建设部

二〇〇四年一月三十日

建设部关于贯彻落实国务院《关于进一步加强安全生产工作的决定》的意见

建质〔2004〕47号

各省、自治区建设厅，直辖市建委（市政管委），江苏省、山东省建管局，新疆生产建设兵团建设局，国务院有关部门建设司（局），中央管理的有关总公司：

2004年1月9日，国务院作出《关于进一步加强安全生产工作的决定》（国发〔2004〕2号），进一步明确了安全生产工作的指导思想、目标任务、工作重点和政策措施，对做好新时期的安全生产工作具有十分重要的指导意义，全国建设系统一定要认真贯彻落实。

近年来，全国建设系统认真贯彻落实党中央、国务院关于安全生产工作的一系列重要指示和工作部署，采取有效措施加强安全生产工作。国务院颁布了《建设工程安全生产管理条例》，明确了建设活动各方主体的安全生产责任；初步建立了建设系统安全生产监管体系，安全生产监督管理得到加强；针对建设系统多发性事故和安全生产管理中的薄弱环节，集中开展了专项整治，建筑业和城市市政公用行业市场秩序和安全生产条件有所改善，安全生产状况总体趋于稳定好转。但是，目前全国建设系统安全生产形势依然严峻，事故起数和死亡人数一直较高；安全生产基础比较薄弱，保障体系和机制不健全；部分地区和企业安全生产意识不强，安全生产投入不足，安全生产责任制不落实；建设系统安全生产监督管理制度、机构、队伍建设和监管工作亟待加强。为全面贯彻落实国务院《关于进一步加强安全生产工作的决定》，加强建设系统安全生产工作，尽快实现建设系统安全生产形势的根本好转，提出以下意见。

一、充分认识安全生产重要意义，明确指导思想以及工作目标

1. 深化对安全生产工作重要意义的认识。建筑行业和城市市政公用行业的安全生产与人民群众的切身利益密切相关。做好建设系统安全生产工作，切实保障人民群众生命和国家财产安全，是"三个代表"重要思想的集中体现，是全面建设小康社会、统筹经济社会全面发展的重要内容，也是各级建设行政主管部门必须履行的法定职责。各级建设行政主管部门要充分认识当前建设系统安全生产形势的严峻性，牢固树立"责任重于泰山"的意识，增强抓好建设系统安全生产工作的责任感和紧迫感，求真务实，长抓不懈，动员全国建设系统和社会有关方面，齐抓共管，全力推进。

2. 指导思想。认真贯彻"三个代表"重要思想，落实国务院《关于进一步加强安全生产的决定》，全面实施《建筑法》、《安全生产法》、《建设工程安全生产管理条例》和《安全生产许可证条例》，强化组织领导，加强基础工作，改进监管方式，依法落实建设活动各方主体安全责任，建立建设系统安全生产长效机制，努力实现全国建设系统安全生产状况的根本好转。

3. 奋斗目标。到2007年，全国建设系统安全生产状况稳定好转，死亡人数和建筑施工百亿元产值死亡率有一定幅度的下降。到2010年，全国建设系统安全生产状况明显好转，重特大事故得到有效遏制，建筑施工和城市市政公用行业事故起数和死亡人数均有较

大幅度的下降。力争到 2020 年，全国建设系统安全生产状况实现根本性好转，有关指标达到或者接近世界中等发达国家水平。

二、健全完善安全生产制度机制，依法加强安全生产监督管理

4. 建立健全建设系统安全生产法规体系。根据《建筑法》、《安全生产法》、《建设工程安全生产条例》和《安全生产许可证条例》，修订完善《建筑安全生产监督管理规定》（建设部令第 13 号）和《建设工程施工现场管理规定》（建设部令第 15 号），制定完善建筑业企业安全生产许可、建筑起重机械设备使用安全监督管理、建筑施工企业三类人员安全生产考核等配套部门规章。认真做好施工企业安全管理规范、建筑施工安全技术管理规范、建筑施工现场环境与卫生标准、建筑施工安全通用规范等国家标准和行业标准的制定修订工作。各地要结合本地实际，制定和完善地方建设系统安全生产法规规定，及时调整和修改与有关法律法规相抵触的内容，并要根据实际情况制定地方有关技术标准和规范，以尽快形成国家和地方、行政管理和技术标准，互相呼应、互为补充、比较完善的建设系统安全生产法规体系。

5. 建立完善建设系统安全生产各项制度。根据《安全生产许可证条例》和《建设工程安全生产管理条例》，建立建筑施工企业安全生产许可制度，从源头上制止不具备安全生产条件的企业进入建筑市场；组织开展对施工单位主要负责人、项目负责人和专职安全生产管理人员安全生产知识和管理能力的考核工作，建立建筑施工企业三类人员的安全生产考核制度，严格规范三类人员的任职条件；各地要结合国家下达的安全生产控制指标，采用死亡人数、事故增幅和百亿元产值死亡率等指标，制定本地区建设系统安全生产控制指标，建立健全安全生产目标责任管理制度，并将目标逐级分解，全面落实安全生产责任制；同时，要建立特种作业人员操作资格备案制度、依法批准开工报告的建设工程和拆除工程备案制度、施工起重机械使用登记制度，继续推行和完善建筑意外伤害保险制度、生产安全事故报告制度；此外，要根据国家的统一部署和要求，探索试行安全生产风险抵押金制度。

6. 加强日常安全生产监督管理。改变单一的、运动式的安全监督检查方式，从重点监督检查企业施工过程实体安全，转变为重点监督检查企业安全生产责任制的建立与实施状况，以及安全生产法律法规和标准规范的落实和执行情况；从以告知性的检查为主，转变为以随机抽查及巡查为主。加大对小企业、村镇建设工程等安全生产薄弱环节的监管力度。强化安全生产信用体系建设，充分利用信息网络技术，健全完善建设系统重大质量安全事故报告和信息处罚系统，定期向社会公布企业安全生产不良记录，增强安全生产社会舆论监督力度。认真查处事故，强化责任追究，坚持事故原因未查清不放过、责任人员未处理不放过、整改措施未落实不放过、有关人员未受到教育不放过的"四不放过"原则，不仅要追究事故直接责任人的责任，同时要追究有关负责人的领导责任，尤其要追究工程项目部经理、分管安全生产的项目经理的责任。

7. 加强建设工程安全生产监管机构和队伍建设。建立健全建设工程安全生产监督机构，积极与编制、财政部门协商，配备满足工作需要的人员编制并在财政中解决经费来源。加强对执法监督人员安全生产法律法规和执法业务的培训，逐步建立考核合格后持证上岗制度，切实提高监督执法人员服务意识和依法行政水平，建立起覆盖全行业、全城乡、全过程的建设工程安全生产监管网络体系。

三、强化安全生产各项基础工作，落实企业安全生产主体责任

8. 依法加强企业安全生产基础工作。贯彻实施《建筑法》、《安全生产法》和《建设工程安全生产管理条例》，明确和强化建设活动各方主体的安全生产责任。完善建设系统安全生产技术规范，制定颁布建设系统安全生产质量工作标准，在全国建筑业企业中开展安全质量标准化活动。督促和引导企业在认真贯彻执行国家和行业有关管理规定和技术标准、规范的同时，制定企业内部安全生产的标准化规定，全面规范生产流程的每个环节和每个岗位。企业要按规定设置安全生产管理机构，配备专职安全生产管理人员，积极采用安全性能可靠的新技术、新工艺、新设备和新材料，不断改善安全生产条件。改进企业安全生产管理方法和手段，积极采用安全生产评价等方法，落实各项安全防范措施，全面加强安全生产基础工作，提高安全生产管理水平。

9. 落实企业安全生产投入。认真执行《建设工程安全生产管理条例》有关规定，落实建设单位在工程概算中确定并提供安全作业环境和安全施工措施费用，施工单位将安全作业环境及安全施工措施所需费用用于施工安全防护用具及设施的采购和更新、安全施工措施的落实、安全生产条件的改善。根据建筑行业特点和不同地区经济发展水平，组织研究并确定安全费用的提取标准，逐步建立对建筑业企业提取安全费用制度，形成企业安全生产投入长效机制。

10. 深化建设系统安全生产专项整治。继续对建筑施工、城市燃气、公共交通、风景名胜区、城市公园等方面的安全生产开展专项整治，突出专项整治重点，制定有效整治方案，巩固扩大整治成果。在专项整治中要坚决关闭取缔不具备安全生产条件的企业。要把安全生产专项整治与完善建设工程安全技术方案的论证、审批、验收、检查制度，建立健全危及安全生产的工艺设备的限制、淘汰和禁止使用制度，依法落实企业安全生产保障制度，加强日常监督管理以及建立安全生产长效机制结合起来，确保整治工作不断深化、取得实效。

11. 搞好安全生产培训工作。进一步完善建设系统安全生产培训教育基础建设，建立完善各层次人员的培训考试题库，加快编写各类别、各层次建设安全生产培训教材。施工企业要对管理人员和作业人员每年至少进行一次安全生产教育培训；加强进入新的施工现场和岗位，以及采用新技术、新工艺、新设备、新材料时对作业人员的安全教育。强化对施工现场一线操作人员尤其是农民工的安全培训教育，大力发展劳务企业，加强成建制培训，探索劳务输出地和输入地农民工培训方式，提高农民工安全操作基本技能以及安全防护救护的意识和知识水平。

12. 加强建设系统安全生产科研和技术开发。制定和完善建设系统安全生产科技中长期规划，组织高等院校、科研机构、生产企业、社会团体等安全生产科研资源，推动安全生产重大科技和管理课题的科研工作。注重政府引导与市场导向相结合，研究建立安全生产激励机制，鼓励企业加大安全生产科技投入。结合安全生产实际，推广安全适用、先进可靠的生产工艺和技术装备，淘汰落后的生产工艺、设备，不断推进行业科技进步。

13. 建立建设系统生产安全应急救援体系。制定建设系统生产安全事故应急救援指导意见和方案，加快建设系统生产安全事故应急救援体系建设。各地要根据地方人民政府的要求，制定本地区建设系统特大生产安全事故应急救援预案，增强建设系统生产安全事故的抢险救援能力。施工企业要制定本企业和项目施工现场生产安全事故的应急救援预案，建立应

急救援组织或者配备应急救援人员，配备必要的应急救援器材、设备，并定期组织演练。

四、加强安全生产工作组织领导，构建完善齐抓共管工作格局

14. 认真落实各级领导安全生产责任。建立健全领导干部安全生产责任制，制定完善省级建设行政主管部门安全生产目标责任的考核评价办法，定期通报各地安全生产情况，促进安全生产责任制和安全生产措施的落实。依法严肃事故责任追究，对存在失职、渎职行为，或对事故发生负有领导责任的有关管理部门、企业领导人，要依照有关法律法规严格追究责任。

15. 构建各方面齐抓共管的建设系统安全生产工作格局。各级建设行政主管部门每季度至少召开一次安全生产专题会议，分析、部署、督促和检查本地区建设系统安全生产工作，并积极与安全生产监督管理部门以及其他负有建设工程安全生产监督职责的部门沟通、协调，共同做好建设系统安全生产工作。充分发挥建筑业和城市市政公用行业各类协会、学会、中心以及有关大专院校、科研院所的作用，为建设系统安全生产提供信息、法律、宣传、培训、科研等支持。强化和明确建设、勘察、设计、施工、监理、设备供应、租赁、拆装等单位以及城市市政公用行业各有关单位的安全生产责任，健全完善自我约束、自我管理的企业安全生产管理机制。强化安全生产社会监督、群众监督和新闻媒体监督，丰富"建筑安全生产月"、"创建文明工地"等活动内容，构建在人民政府统一领导下的、健全建设系统和社会有关方面齐抓共管的安全生产工作格局。

16. 做好宣传教育和舆论引导工作。积极会同宣传、新闻等部门，充分利用各种媒体，采用多种方式和手段，大力宣传党和国家安全生产方针政策、法律法规，宣传建设系统加强安全生产工作的措施和做法，以及安全生产工作先进典型和经验；对严重忽视安全生产、导致重特大事故发生的典型事例要予以曝光。积极与当地教育部门联系，争取在中小学开设有关城市燃气、地铁、公交、公园等方面的安全知识课程，提高青少年识灾和防灾能力。通过广泛深入、持续不断的宣传教育，不断增强全行业和群众安全生产和安全防护、保护意识。

当前，我国基本建设规模逐年增大，科学技术含量高、施工难度大的工程项目日益增多；安全生产法律法规逐步完善，安全生产监督管理不断加强，全国建设系统安全生产工作面临着新的挑战和机遇。各级建设行政主管部门要加强调查研究，注意发现安全生产工作中出现的新情况、研究新问题，不断增强安全生产工作的针对性和实效性，努力开创建设系统安全生产工作的新局面，为实现党的十六大提出的全面建设小康社会的目标提供安全、稳定的社会和经济环境。

中华人民共和国建设部

二○○四年三月十七日

关于印发《建筑施工企业主要负责人、项目负责人和专职安全生产管理人员安全生产考核管理暂行规定》的通知

建质〔2004〕59号

各省、自治区建设厅，直辖市建委，江苏省、山东省建管局，新疆生产建设兵团建设局，

国务院有关部门建设司（局），中央管理的建筑施工企业：

为贯彻落实《安全生产法》、《建设工程安全生产管理条例》和《安全生产许可证条例》，提高建筑施工企业主要负责人、项目负责人和专职安全生产管理人员（以下简称建筑施工企业管理人员）安全生产知识水平和管理能力，保证建筑施工安全生产，我部制定了《建筑施工企业主要负责人、项目负责人和专职安全生产管理人员安全生产考核管理暂行规定》，现印发给你们，请结合实际情况贯彻执行。在执行中遇到的问题，请及时报告我部工程质量安全监督与行业发展司。

中华人民共和国建设部
二〇〇四年四月八日

建筑施工企业主要负责人、项目负责人和专职安全生产管理人员安全生产考核管理暂行规定

第一条 为了提高建筑施工企业主要负责人、项目负责人和专职安全生产管理人员（以下简称建筑施工企业管理人员）的安全生产知识水平和管理能力，保证建筑施工安全生产，根据《安全生产法》、《建设工程安全生产管理条例》和《安全生产许可证条例》等法律法规，制定本规定。

第二条 在中华人民共和国境内从事建设工程施工活动的建筑施工企业管理人员以及实施对建筑施工企业管理人员安全生产考核管理的，必须遵守本规定。

第三条 建筑施工企业管理人员必须经建设行政主管部门或者其他有关部门安全生产考核，考核合格取得安全生产考核合格证书后，方可担任相应职务。

第四条 本规定所称建筑施工企业主要负责人，是指对本企业日常生产经营活动和安全生产工作全面负责、有生产经营决策权的人员，包括企业法定代表人、经理、企业分管安全生产工作的副经理等。

建筑施工企业项目负责人，是指由企业法定代表人授权，负责建设工程项目管理的负责人等。

建筑施工企业专职安全生产管理人员，是指在企业专职从事安全生产管理工作的人员，包括企业安全生产管理机构的负责人及其工作人员和施工现场专职安全生产管理人员。

第五条 国务院建设行政主管部门负责全国建筑施工企业管理人员安全生产的考核工作，并负责中央管理的建筑施工企业管理人员安全生产考核和发证工作。

省、自治区、直辖市人民政府建设行政主管部门负责本行政区域内中央管理以外的建筑施工企业管理人员安全生产考核和发证工作。

第六条 建筑施工企业管理人员应当具备相应文化程度、专业技术职称和一定安全生产工作经历，并经企业年度安全生产教育培训合格后，方可参加建设行政主管部门组织的安全生产考核。

第七条 建筑施工企业管理人员安全生产考核内容包括安全生产知识和管理能力。

对建筑施工企业主要负责人、项目负责人和专职安全生产管理人员安全生产的考核要点见附件（附件略）。

第八条 建设行政主管部门对建筑施工企业管理人员进行安全生产考核，不得收取考核费用，不得组织强制性培训。

第九条 安全生产考核合格的，由建设行政主管部门在 20 日内核发建筑施工企业管理人员安全生产考核合格证书；对不合格的，应通知本人并说明理由，限期重新考核。

第十条 建筑施工企业管理人员安全生产考核合格证书由国务院建设行政主管部门规定统一的式样。

第十一条 建筑施工企业管理人员变更姓名和所在法人单位等的，应在一个月内到原安全生产考核合格证书发证机关办理变更手续。

第十二条 任何单位和个人不得伪造、转让、冒用建筑施工企业管理人员安全生产考核合格证书。

第十三条 建筑施工企业管理人员遗失安全生产考核合格证书，应在公共媒体上声明作废，并在一个月内到原安全生产考核合格证书发证机关办理补证手续。

第十四条 建筑施工企业管理人员安全生产考核合格证书有效期为三年。有效期满需要延期的，应当于期满前 3 个月内向原发证机关申请办理延期手续。

第十五条 建筑施工企业管理人员在安全生产考核合格证书有效期内，严格遵守安全生产法律法规，认真履行安全生产职责，按规定接受企业年度安全生产教育培训，未发生死亡事故的，安全生产考核合格证书有效期届满时，经原安全生产考核合格证书发证机关同意，不再考核，安全生产考核合格证书有效期延期 3 年。

第十六条 建设行政主管部门应当建立、健全建筑施工企业管理人员安全生产考核档案管理制度，并定期向社会公布建筑施工企业管理人员取得安全生产考核合格证书的情况。

第十七条 建筑施工企业管理人员取得安全生产考核合格证书后，应当认真履行安全生产管理职责，接受建设行政主管部门的监督检查。

建设行政主管部门应当加强对建筑施工企业管理人员履行安全生产管理职责情况的监督检查，发现有违反安全生产法律法规、未履行安全生产管理职责、不按规定接受企业年度安全生产教育培训、发生死亡事故，情节严重的，应当收回安全生产考核合格证书，并限期改正，重新考核。

第十八条 建设行政主管部门工作人员在建筑施工企业管理人员的安全生产考核、发证和监督检查工作中，不得索取或者接受企业和个人的财物，不得谋取其他利益。

第十九条 任何单位或者个人对违反本规定的行为，有权向建设行政主管部门或者监察等有关部门举报。

第二十条 省、自治区、直辖市人民政府建设行政主管部门可以根据本规定制定实施细则。

第二十一条 国务院铁道、水利、交通等有关部门根据《建设工程安全生产管理条例》第三十六条的规定制定相关考核办法。

关于实施《房屋建筑和市政基础设施工程施工图设计文件审查管理办法》有关问题的通知

建质〔2004〕203号

各省、自治区建设厅，直辖市建委（规划委）：

为贯彻实施《房屋建筑和市政基础设施工程施工图设计文件审查管理办法》（建设部令第134号，以下简称134号令），现将有关问题通知如下：

一、关于审查机构的认定

1. 省、自治区、直辖市建设主管部门要结合本行政区域内的建设规模，对本地区所需审查机构的数量进行测算、定期进行调整并向社会公布。

省、自治区、直辖市建设主管部门要在2004年12月31日前完成对本地区审查机构的认定工作，2005年1月1日起，建设部颁发（印制）的《施工图设计文件审查许可证》停止使用。

2. 审查机构中专职从事审查工作的审查人员不得低于各专业审查人员要求数量的50％。

专职从事审查的注册人员，在审查期间保留其注册资格，但须暂停勘察设计执业；兼职从事审查工作的注册人员，应当与审查机构签订至少一年以上的聘用合同。

审查人员只能在一个审查机构从事审查工作。

3. 申请某一类型市政工程审查机构认定的，其必须配套的专业人员与本机构其他类型市政工程所需专业或者必须配套的专业人员专业相同的，该人员在认定时可以重复使用。

4. 申报认定的机构，应当按规定提供相关材料，并对材料的真实性负责。申报材料的要求及式样由各地自定。

5. 建设主管部门应当对获得认定的审查机构颁发《审查机构认定书》，并向社会公布。

《审查机构认定书》由各地自行印制，参考式样见附件一。

为便于审查工作管理和信息统计，认定书编号采用5位数，前两位全国统一编号，为各省、自治区、直辖市代码，后三位由各地自定，代码见附件二。

二、关于审查任务的委托和承接

6. 建设单位委托施工图审查任务，应当与审查机构签订审查合同。

7. 对于技术力量薄弱，难以按规定的认定条件成立审查机构的地区，提倡本省行政区域内的审查机构在这些地区设立施工图审查受理窗口或者办事机构，以提高审查时效。

8. 建设单位选择本省行政区域外审查机构审查的，审查机构出具审查合格书后，应当在向项目所在地县级以上地方人民政府建设主管部门备案的同时，向审查机构所在地省、自治区、直辖市建设主管部门备案。

三、关于审查合格书

9. 审查合格书是证明施工图审查合格的法定文书，是建设单位申请领取施工许可证的必备条件。

审查合格书式样由各省、自治区、直辖市建设主管部门制定。审查合格书应当包括建设工程项目概况、勘察设计企业概况、施工图审查情况等。

四、关于审查合格后的备案

10. 审查机构应当在审查合格书颁发后 5 个工作日内将审查情况报项目所在地县级以上地方人民政府建设主管部门备案。该备案属于告知性备案，其内容应当包括审查合同和审查合格书。

五、关于不良记录的报送

11. 审查机构应当按照《建设工程质量责任主体和有关机构不良记录管理办法》要求，对审查中发现的建设单位、勘察设计企业和注册执业人员违反法律、法规和工程建设强制性标准的问题，报项目所在地县级以上人民政府建设主管部门。

建设主管部门应当对审查机构上报的不良记录进行核实并根据有关法律、法规进行处罚。

各省、自治区、直辖市建设主管部门，应当按要求将施工图审查情况通过《勘察设计质量管理信息业务系统》定期向我部报送。

六、关于存档

12. 审查机构应当在审查合格后，对包括审查记录和审查合格书在内的全套审查资料进行保存以备查。

七、关于签字盖章

13. 审查合格后，审查机构应当在全套施工图（包括须经审查的设计变更文件）的每一张图纸上按规定盖章。

中华人民共和国建设部
二〇〇四年十一月十七日

附件一：《施工图审查机构认定书》参考式样

施工图设计文件审查机构认定书

　　机构名称：

　　法定代表人：

　　机构类别：

　　审查业务范围：

　　编号：

　　有效期至　　　　年　　　月　　　日

　　　　　　　　　　　　　　年　　　月　　　日（盖章）

附件二：各省、自治区、直辖市代码表

地 区	代 码	地 区	代 码
北京市	01	湖北省	17
天津市	02	湖南省	18
河北省	03	广东省	19
山西省	04	广西区	20
内蒙古	05	海南省	21
辽宁省	06	四川省	22
吉林省	07	云南省	23
黑龙江	08	贵州省	24
上海市	09	西藏区	25
江苏省	10	陕西省	26
安徽省	11	青海省	27
浙江省	12	甘肃省	28
福建省	13	宁夏区	29
江西省	14	新疆区	30
山东省	15	重庆市	31
河南省	16		

关于印发《建设工程质量保证金管理暂行办法》的通知

建质〔2005〕7号

各省、自治区建设厅、财政厅，直辖市、计划单列市建委、财政局，国务院有关部门建设司、财务司，新疆生产建设兵团建设局、财务局：

为了规范建设工程质量保证金管理，落实工程在缺陷责任期内的维修、修养责任，建设部、财政部制定了《建设工程质量保证金管理暂行办法》。现印给你们，请结合本地区、本部门实际认真贯彻执行。

附件：建设工程质量保证金管理暂行办法

中华人民共和国建设部
中华人民共和国财政部
二〇〇五年一月十二日

附件：

建设工程质量保证金管理暂行办法

第一条 为规范建设工程质量保证金（保修金）管理，落实工程在缺陷责任期内的维修责任，根据《中华人民共和国建筑法》、《建设工程质量管理条例》、《建设工程价款结算暂行办法》和《基本建设财务管理规定》等相关规定，制定本办法。

第二条 本办法所称建设工程质量保证金（保修金）（以下简称保证金）是指发包人与承包人在建设工程承包合同中约定，从应付的工程款中预留，用以保证承包人在缺陷责任期内对建设工程出现的缺陷进行维修的资金。

缺陷是指建设工程质量不符合工程建设强制性标准、设计文件，以及承包合同的约定。

缺陷责任期一般为6个月、12个月或24个月，具体可由发、承包双方在合同中约定。

第三条 发包人应当在招标文件中明确保证金预留、返还等内容，并与承包人在合同条款中对涉及保证金的下列事项进行约定：

（一）保证金预留、返还方式；

（二）保证金预留比例、期限；

（三）保证金是否计付利息，如计付利息，利息的计算方式；

（四）缺陷责任期的期限及计算方式；

（五）保证金预留、返还及工程维修质量、费用等争议的处理程序；

（六）缺陷责任期内出现缺陷的索赔方式。

第四条 缺陷责任期内，实行国库集中支付的政府投资项目，保证金的管理应按国库集中支付的有关规定执行。其他政府投资项目，保证金可以预留在财政部门或发包方。缺陷责任期内，如发包方被撤销，保证金随交付使用资产一并移交使用单位管理，由使用单位代行发包人职责。

社会投资项目采用预留保证金方式的，发、承包双方可以约定将保证金交由金融机构托管；采用工程质量保证担保、工程质量保险等其他保证方式的，发包人不得再预留保证金，并按照有关规定执行。

第五条 缺陷责任期从工程通过竣（交）工验收之日起计。由于承包人原因导致工程无法按规定期限进行竣（交）工验收的，缺陷责任期从实际通过竣（交）工验收之日起计。由于发包人原因导致工程无法按规定期限进行竣（交）工验收的，在承包人提交竣（交）工验收报告90天后，工程自动进入缺陷责任期。

第六条 建设工程竣工结算后，发包人应按照合同约定及时向承包人支付工程结算价款并预留保证金。

第七条 全部或者部分使用政府投资的建设项目，按工程价款结算总额5％左右的比例预留保证金。

社会投资项目采用预留保证金方式的，预留保证金的比例可参照执行。

第八条 缺陷责任期内，由承包人原因造成的缺陷，承包人应负责维修，并承担鉴定及维修费用。如承包人不维修也不承担费用，发包人可按合同约定扣除保证金，并由承包人承担违约责任。承包人维修并承担相应费用后，不免除对工程的一般损失赔偿责任。

由他人原因造成的缺陷，发包人负责组织维修，承包人不承担费用，且发包人不得从保证金中扣除费用。

第九条 缺陷责任期内，承包人认真履行合同约定的责任，到期后，承包人向发包人申请返还保证金。

第十条 发包人在接到承包人返还保证金申请后，应于14日内会同承包人按照合同约定的内容进行核实。如无异议，发包人应当在核实后 14 日内将保证金返还给承包人，逾期支付的，从逾期之日起，按照同期银行贷款利率计付利息，并承担违约责任。发包人在接到承包人返还保证金申请后 14 日内不予答复，经催告后 14 日内仍不予答复，视同认可承包人的返还保证金申请。

第十一条 发包人和承包人对保证金预留、返还以及工程维修质量、费用有争议，按承包合同约定的争议和纠纷解决程序处理。

第十二条 建设工程实行工程总承包的，总承包单位与分包单位有关保证金的权利与义务的约定，参照本办法中发包人与承包人相应的权利与义务的约定执行。

第十三条 本办法由建设部、财政部负责解释。

第十四条 本办法自公布之日起施行。

关于印发《建筑工程安全防护、文明施工措施费用及使用管理规定》的通知

建办〔2005〕89 号

各省自治区建设厅，直辖市建委，江苏省、山东省建管局，新疆生产建设兵团建设局：

现将《建筑工程安全防护、文明施工措施费用及使用管理规定》印发给你们，请结合本地区实际，认真贯彻执行。贯彻执行中的有关问题和情况及时反馈建设部。

中华人民共和国建设部
二○○五年六月七日

建筑工程安全防护、文明施工措施费用及使用管理规定

第一条 为加强建筑工程安全生产、文明施工管理，保障施工从业人员的作业条件和生活环境，防止施工安全事故发生，根据《中华人民共和国安全生产法》、《中华人民共和国建筑法》、《建设工程安全生产管理条例》、《安全生产许可证条例》等法律法规，制定本规定。

第二条 本规定适用于各类新建、扩建、改建的房屋建筑工程（包括与其配套的线路管道和设备安装工程、装饰工程）、市政基础设施工程和拆除工程。

第三条 本规定所称安全防护、文明施工措施费用，是指按照国家现行的建筑施工安全、施工现场环境与卫生标准和有关规定，购置和更新施工安全防护用具及设施、改善安全生产条件和作业环境所需要的费用。安全防护、文明施工措施项目清单详见附表。

建设单位对建筑工程安全防护、文明施工措施有其他要求的，所发生费用一并计入安全防护、文明施工措施费。

第四条 建筑工程安全防护、文明施工措施费用是由《建筑安装工程费用项目组成》（建标〔2003〕206 号）中措施费所含的文明施工费、环境保护费、临时设施费、安全施

工费组成。

其中安全施工费由临边、洞口、交叉、高处作业安全防护费，危险性较大工程安全措施费及其他费用组成。危险性较大工程安全措施费及其他费用项目组成由各地建设行政主管部门结合本地区实际自行确定。

第五条 建设单位、设计单位在编制工程概（预）算时，应当依据工程所在地工程造价管理机构测定的相应费率，合理确定工程安全防护、文明施工措施费。

第六条 依法进行工程招投标的项目，招标方或具有资质的中介机构编制招标文件时，应当按照有关规定并结合工程实际单独列出安全防护、文明施工措施项目清单。

投标方应当根据现行标准规范，结合工程特点、工期进度和作业环境要求，在施工组织设计文件中制定相应的安全防护、文明施工措施，并按照招标文件要求结合自身的施工技术水平、管理水平对工程安全防护、文明施工措施项目单独报价。投标方安全防护、文明施工措施的报价，不得低于依据工程所在地工程造价管理机构测定费率计算所需费用总额的 90%。

第七条 建设单位与施工单位应当在施工合同中明确安全防护、文明施工措施项目总费用，以及费用预付计划、支付计划、使用要求、调整方式等条款。

建设单位与施工单位在施工合同中对安全防护、文明施工措施费用预付、支付计划未作约定或约定不明的，合同工期在一年以内的，建设单位预付安全防护、文明施工措施项目费用不得低于该费用总额的 50%；合同工期在一年以上的（含一年），预付安全防护、文明施工措施费用不得低于该费用总额的 30%，其余费用应当按照施工进度支付。

实行工程总承包的，总承包单位依法将工程分包给其他单位的，总承包单位与分包单位应当在分包合同中明确安全防护、文明施工措施费用由总承包单位统一管理。安全防护、文明施工措施由分包单位实施的，由分包单位提出专项安全防护措施及施工方案，经总承包单位批准后及时支付所需费用。

第八条 建设单位申请领取施工许可证时，应当将施工合同中约定的安全防护、文明施工措施费用支付计划作为保证工程安全的具体措施提交建设行政主管部门。未提交的，建设行政主管部门不予核发施工许可证。

第九条 建设单位应当按照本规定及合同约定及时向施工单位支付安全防护、文明施工措施费，并督促施工企业落实安全防护、文明施工措施。

第十条 工程监理单位应当对施工单位落实安全防护、文明施工措施情况进行现场监理，对施工单位已经落实的安全防护、文明施工措施，总监理工程师或者造价工程师应当及时审查并签认所发生的费用。监理单位发现施工单位未落实施工组织设计及专项施工方案中安全防护和文明施工措施的，有权责令其立即整改；对施工单位拒不整改或未按期限要求完成整改的，监理单位应当及时向建设单位和建设行政主管部门报告，必要时责令其暂停施工。

第十一条 施工单位应当确保安全防护、文明施工措施费专款专用，在财务管理中单独列出安全防护、文明施工措施项目费用清单备查。施工单位安全生产管理机构和专职安全生产管理人员负责对建筑工程安全防护、文明施工措施的组织实施进行现场监督检查，并有权向建设主管部门反映情况。

工程总承包单位对建筑工程安全防护、文明施工措施费用的使用负总责。总承包单位应当按照本规定及合同约定及时向分包单位支付安全防护、文明施工措施费用。总承包单位不按本规定和合同约定支付费用，造成分包单位不能及时落实安全防护措施导致发生事故的，由总承包单位负主要责任。

第十二条　建设行政主管部门应当按照现行标准规范对施工现场安全防护、文明施工措施落实情况进行监督检查，并对建设单位支付及施工单位使用安全防护、文明施工措施费用情况进行监督。

第十三条　建设单位未按本规定支付安全防护、文明施工措施费用的，由县级以上建设行政主管部门依据《建设工程安全生产管理条例》第五十四条规定，责令限期整改；逾期未改正的，责令该建设工程停止施工。

第十四条　施工单位挪用安全防护、文明施工措施费用的，由县级以上建设主管部门依据《建设工程安全生产管理条例》第六十三条规定，责令限期整改，处挪用费用20％以上50％以下的罚款；造成损失的，依法承担赔偿责任。

第十五条　建设行政主管部门的工作人员有下列行为之一的，由其所在单位或者上级主管机关给予行政处分；构成犯罪的，依照刑法有关规定追究刑事责任：

（一）对没有提交安全防护、文明施工措施费用支付计划的工程颁发施工许可证的；

（二）发现违法行为不予查处的；

（三）不依法履行监督管理职责的其他行为。

第十六条　建筑工程以外的工程项目安全防护、文明施工措施费用及使用管理可以参照本规定执行。

第十七条　各地可依照本规定，结合本地区实际制定实施细则。

第十八条　本规定由国务院建设行政主管部门负责解释。

第十九条　本规定自2005年9月1日起施行。

建设工程安全防护、文明施工措施项目清单

类别	项目名称	具 体 要 求
文明施工与环境保护	安全警示标志牌	在易发伤亡事故（或危险）处设置明显的、符合国家标准要求的安全警示标志牌
	现场围挡	（1）现场采用封闭围挡，高度不小于1.8m； （2）围挡材料可采用彩色、定型钢板，砖、混凝土砌块等墙体
	五板一图	在进门处悬挂工程概况、管理人员名单及监督电话、安全生产、文明施工、消防保卫五板；施工现场总平面图
	企业标志	现场出入的大门应设有本企业标识或企业标识
	场容场貌	（1）道路畅通； （2）排水沟、排水设施通畅； （3）工地地面硬化处理； （4）绿化
	材料堆放	（1）材料、构件、料具等堆放时，悬挂有名称、品种、规格等标牌； （2）水泥和其他易飞扬细颗粒建筑材料应密闭存放或采取覆盖等措施； （3）易燃、易爆和有毒有害物品分类存放
	现场防火	消防器材配置合理，符合消防要求
	垃圾清运	施工现场应设置密闭式垃圾站，施工垃圾、生活垃圾应分类存放。施工垃圾必须采用相应容器或管道运输

类别		项目名称	具 体 要 求
临时设施	施工现场临时用电	现场办公生活设施	(1) 施工现场办公、生活区与作业区分开设置，保持安全距离； (2) 工地办公室、现场宿舍、食堂、厕所、饮水、休息场所符合卫生和安全要求
		配电线路	(1) 按照 TN-S 系统要求配备五芯电缆、四芯电缆和三芯电缆； (2) 按要求架设临时用电线路的电杆、横担、瓷夹、瓷瓶等，或电缆埋地的地沟； (3) 对靠近施工现场的外电线路，设置木质、塑料等绝缘体的防护设施
		配电箱开关箱	(1) 按三级配电要求，配备总配电箱、分配电箱、开关箱三类标准电箱。开关箱应符合一机、一箱、一闸、一漏。三类电箱中的各类电器应是合格品； (2) 按两级保护的要求，选取符合容量要求和质量合格的总配电箱和开关箱中的漏电保护器
		接地保护装置	施工现场保护零钱的重复接地应不少于 3 处
安全施工	临边洞口交叉高处作业防护	楼板、屋面、阳台等临边防护	用密目式安全立网全封闭，作业层另加两边防护栏和 18cm 高的踢脚板
		通道口防护	设防护棚，防护棚应为不小于 5cm 厚的木板或两道相距 50cm 的竹笆。两侧应沿栏杆架用密目式安全网封闭
		预留洞口防护	用木板全封闭；短边超过 1.5m 长的洞口，除封闭外四周还应设有防护栏杆
		电梯井口防护	设置定型化、工具化、标准化的防护门；在电梯井内每隔两层（不大于 10m）设置一道安全平网
		楼梯边防护	设 1.2m 高的定型化、工具化、标准化的防护栏杆，18cm 高的踢脚板
		垂直方向交叉作业防护	设置防护隔离棚或其他设施
		高空作业防护	在悬挂安全带的悬索或其他设施；有操作平台；有上下的梯子或其他形式的通道
其他（由各地自定）			

注：本表所列建筑工程安全防护、文明施工措施项目，是依据现行法律法规及标准规范确定。如修订法律法规和标准规范，本表所列项目应按照修订后的法律法规和标准规范进行调整。

关于加快建筑业改革与发展的若干意见

建质 [2005] 119 号

各省、自治区、直辖市建设厅（建委），发展改革委、财政厅（局）、劳动保障厅（局）、商务主管部门，新疆生产建设兵团建设局，国务院有关部门，有关中央企业：

建筑业是国民经济的支柱产业，就业容量大，产业关联度高，全社会50％以上固定资产投资要通过建筑业才能形成新的生产能力或使用价值，建筑业增加值约占国内生产总值的7％。建筑业的技术进步和节地节能节水节材水平，在很大程度上影响并决定着我国经济增长方式的转变和未来国民经济整体发展的速度与质量。建筑业接纳了农村近1/3的富余劳动力就业，在解决"三农"问题上发挥着重要的作用。

但是，当前我国建筑业和工程建设管理体制还存在不少问题：现代市场体系发育不成熟，国有建筑业企业改革不到位，建筑业资源、能源耗费大，技术进步缓慢，国际竞争力不强，工程咨询服务体系不发达，政府投资项目建设的市场化程度不高，政府工程建设监管体制有待于进一步完善等。为了加快我国建筑业的改革与发展，提出如下意见。

一、加快我国建筑业改革与发展的指导思想和目标

加快建筑业改革与发展的指导思想是：按照完善社会主义市场经济体制、落实科学发展观和构建和谐社会的要求，在政府宏观指导下充分发挥市场配置资源的基础性作用，通过有序竞争促进企业加快体制机制改革和技术进步；提高政府监管能力，着力解决制约建筑业改革与发展的关键问题，妥善处理改革进程中的各种利益关系，维护社会稳定，促进我国建筑业全面、协调、可持续发展。

加快建筑业改革与发展的目标是：适应扩大对外开放的要求，按照我国入世承诺，建立健全现代市场体系，创造公平竞争、规范有序的建筑市场环境；加快国有建筑业企业制度创新，增强企业活力和市场竞争力，培育具有国际竞争力的大型企业集团；大力推进建筑业技术进步，走新型工业化道路，提高建筑业节地节能节水节材水平；完善工程建设标准体系，建立市场形成造价机制；改革建设项目组织实施方式，提高政府投资项目建设的市场化程度，提高固定资产投资的综合效益；进一步转变政府职能，完善工程建设质量、安全监管机制，更好地发挥建筑业在国民经济发展中的支柱产业作用。

二、加快企业产权制度改革，实现体制机制创新

建立现代产权制度。建立现代产权制度是完善基本经济制度的内在要求，是构建现代企业制度的基础。国有建筑业企业产权制度改革应通过引进战略合作伙伴、规范上市、中外合资、互相参股等途径改制为投资主体多元化的股份制企业，发展混合所有制经济。大型建筑业企业要以产权制度和现代企业制度改革为契机，按照区域性或专业化原则，归并重组子公司，理顺各级公司之间的产权纽带关系，实现资源优化配置，充分发挥集团公司的整体优势。

继续转换企业经营机制。建筑业企业要研究制定企业发展目标和战略，突出主业，强化管理，切实提高企业核心竞争力和运营效率。要继续深化劳动人事制度改革，建立市场化的选人用人机制。要按照国家有关规定参加社会保险，履行缴费义务。要完善企业激励约束机制，探索多种有效分配方式，对工程设计咨询类企业，可以根据国家有关规定积极探索实行股权激励机制。要逐步分离企业办社会职能，实施主辅分离和辅业改制，妥善分流安置富余人员。

深化企业改革的政策与措施。国务院有关部门、地方人民政府已出台的国有工业企业改革政策适用于国有建筑业企业的改革。各省、自治区、直辖市人民政府可以根据本地区实际情况，制定支持国有建筑业企业改革的政策和措施。各级建设行政主管部门要会同国有资产管理部门，支持国有建筑业企业依法改制，积极协调解决改制中的困难和问题。国有建筑业企业要依据国家法律法规和相关政策进行改革，处置国有资产应做到公平、公开、合法，避免国有资产流失。

三、优化产业结构，适应市场发展需求

加快建筑业产业结构调整。建筑业企业要以市场为导向，结合自身优势，加快经营结构调整，或者拓宽服务领域做强做大，或者突出主业做精做专形成特色，逐步形成由总承包、专业承包和劳务分包等企业组成的承包商体系；形成由勘察、设计、监理等企业组成的工程咨询服务体系；形成大、中、小企业，综合型与专业型企业互相依存、协调发展的产业结构，满足投资主体多元化和建设项目组织实施方式多样化的需求。

大力推行工程总承包建设方式。以工艺为主导的专业工程、大型公共建筑和基础设施等建设项目，要大力推行工程总承包建设方式。大型设计、施工企业要通过兼并重组等多种形式，拓展企业功能，完善项目管理体制，发展成为具有设计、采购、施工管理、试车考核等工程建设全过程服务能力的综合型工程公司。鼓励具有勘察、设计、施工总承包等资质的企业，在其资质等级许可的工程项目范围内开展工程总承包业务。工程总承包企业可以依照合同约定或经建设单位认可自主选择施工等分包商，并按照合同约定对工程质量、安全、进度、造价负总责。

积极发展工程咨询服务体系。培育发展为投资者提供技术性、管理性服务的工程咨询服务体系，是提高我国建筑业整体素质和建设项目投资效益的重要措施。要改进现行工程勘察、设计、咨询、监理、招标代理、造价咨询等企业资质管理办法和资质标准，支持有能力的企业拓宽服务领域。要统筹规划，建立健全工程建设领域专业人士注册执业制度，提高注册执业人员的素质。要坚持建设项目可行性研究报告的客观性和公正性，为投资决策提供科学依据。提倡对重要建设项目开展第三方设计咨询，切实优化建设方案。鼓励具有工程勘察、设计、施工、监理、造价咨询、招标代理等资质的企业，在其资质等级许可的工程项目范围内开展项目管理业务，提高建设项目管理的专业化和科学化水平。

加快建筑设计企业结构调整。努力建设一批设计理论和设计技术达到国际一流水准的大型综合性建筑设计企业，面向大型公共建筑，强化方案设计和扩大初步设计能力，拓展建设项目前期咨询和后期项目管理功能，逐步将施工图设计分离出去。鼓励部分建筑设计企业与大型施工企业重组，发挥设计施工一体化优势，促进设计与施工技术的结合与发展。大力发展由注册建筑师或注册工程师牵头的专业设计事务所，促进建筑个性化创造的发展，繁荣设计创作，提高技术水平和服务质量。建筑设计事务所依照合同约定或经建设单位认可自主选择结构设计和其他专业设计分包人，并对建设项目设计的合理性和完整性负责。

四、发展壮大优势企业，积极参与国际竞争

重组整合具有国际竞争力的大型建筑企业集团。按照市场需求、优势互补、企业自愿、政府引导的原则，鼓励具有较强海外竞争力和综合实力的大型建筑业企业为"龙头"，联合、兼并科研、设计、施工等企业，实行跨专业、跨地区重组，形成一批资金雄厚、人才密集、技术先进，具有科研、设计、采购、施工管理和融资等能力的大型建筑企业集团。建筑企业集团要加强战略管理，广纳适应国际化经营的优秀管理人才，提高在世界范围组合生产要素的能力，发展核心和优势技术，健全重点国家和地区的营销网络，尽快使本企业的经营规模、技术质量安全管理水平和净资产收益率等达到国际同行先进水平。

鼓励企业参与国际竞争。建筑业企业应发挥自身技术和管理优势，进一步加大开拓国际市场的力度。政府有关部门要加快建立健全对外承包工程法规，不断完善监管手段和措施，并采取各种经济手段支持对外承包工程的发展。

五、加强技术创新，转变经济增长方式

建筑业技术进步要以标准化、工业化和信息化为基础，以科学组织管理为手段，以建设项目为载体，不断提高建筑业技术水平、管理水平和生产能力。要大力发展节能节地节水节材建筑，严格采用环保和节能建筑材料，禁止使用淘汰产品，大力发展建筑标准件，加大建筑部品部件工业化生产比重，提高施工机械化生产水平，走新型工业化道路，促进建筑业经济增长方式的根本性转变。

大型建筑业企业是建筑业技术创新的主力，要建立企业技术中心，加大科技投入，重视人才培养，加强企业标准建设，加强工艺和工程技术研发，重视引进技术消化、吸收与创新，重视工法的总结和提高，发展具有自主知识产权的专利和专有技术。努力提高建筑业信息技术应用的广度和深度，进一步提高计算机辅助设计水平，普及计算机在项目管理、施工技术和企业管理中的应用。设计人员要贯彻节约资源和保护环境原则，精心优化设计方案，确保生产性建设项目的生产工艺、主要设备和主体工程先进、适用、可靠，确保民用建设项目适用、经济，在可能条件下注意美观。要大力表彰优秀设计、优质工程和有突出贡献的技术带头人。勘察、设计和施工企业要积极采用新技术、新工艺、新设备、新材料，因技术创新而节约投资或提高效益的，建设单位应当给予相应的物质奖励。

六、大力发展劳务分包企业，抓好农民工培训教育

大力发展劳务企业。政府主管部门要制定扶持政策，鼓励农民工组建劳务分包企业，鼓励地方设立劳务服务中心，有组织地输出农民工，规范建筑施工用工行为。要加强对建筑施工现场环境与卫生状况的监管，鼓励施工企业进行健康、安全、环境认证，改善工地生产和生活条件。施工企业要依法与农民工签订劳动合同，要足额发放农民工工资，严禁以任何理由拖欠农民工工资。施工企业要高度重视安全生产，要为形成劳动关系的农民工及时办理参加工伤保险手续，并按照有关规定为施工现场从事危险作业的农民工办理意外伤害保险，作为工伤保险的重要补充。有条件的地区可探索适合农民工特点的参加医疗保险的办法。建筑农民工集中输出地政府应组建劳务基地，积极开展订单培训和定向输出。农民工集中输入地政府应建立建筑业劳务用工管理服务信息系统，统筹做好就业指导、技能培训和权益保护工作，为农民工提供法律咨询和帮助。政府主管部门要完善法规制度并加强监管，依法查处侵害农民工权益的行为。

重视农民工的培训和教育。提高农民工生产操作技能是保证工程质量和安全生产的根本措施。农民工输出地政府要按照国务院办公厅转发的《2003～2010年全国农民工培训规划》，将拟进入建筑业的农村劳动力纳入"农村劳动力转移培训阳光工程"，加强组织协调，落实资金、师资和培训基地，因地制宜搞好农民工培训。严禁未经必要的操作技能和安全生产知识培训的农民工上岗。

七、完善工程建设标准体系，建立市场形成造价机制

继续深化工程建设标准体制改革。逐步推进建设标准强制性条文向技术法规发展，加快实现技术立法。进一步完善技术法规与技术标准立项、编制、批准、实施等管理体制，

充分调动社会力量，加大资金投入，吸纳成熟适用的科技成果，加快工程建设标准的制定或修订。加快标准的信息化建设，建立健全结构合理、覆盖范围广、先进适用的工程建设标准体系。充分借鉴国际先进标准，积极参与国际标准化工作，全面提高我国工程建设领域标准化水平，加快与国际工程建设标准接轨的步伐。

建立市场形成工程造价机制。进一步完善工程量清单计价办法的配套措施。按照投资体制和建筑业改革与发展的要求，构建适应市场经济体制的工程造价管理体系。建立工程造价信息系统，加大对建筑市场计价行为的引导力度，及时发布反映社会平均水平的消耗量标准和价格信息。加强建设工程价款结算制度的监督检查。

八、改革政府投资工程建设方式，提高建设项目投资效益

改革政府投资工程建设方式。改革的核心是建立权责明确、制约有效，专业化、社会化、市场化的建设项目组织实施方式。非经营性政府投资工程应当通过招标选择具有项目管理能力的企业负责组织实施，竣工验收后移交使用单位。经营性政府投资工程要进一步健全项目法人责任制，积极采取工程总承包或工程项目管理等方式组织项目建设。建设单位、项目法人和各类建筑业企业，按照合同约定对工程质量、工期和造价承担相应的责任。有条件的省市也可以成立由专业技术人员组成的专门机构，负责政府投资工程项目的建设。

政府投资工程必须严格遵守建设程序，依法进行建设，实行公开招标和工程量清单计价办法，在通过技术和商务标评审的基础上，实行合理低价中标。要加强对政府投资工程的风险管理。有条件的省、自治区、直辖市对政府投资工程可以实行国库集中支付。各有关部门要加强对政府投资工程质量、安全监督，并建立健全稽查、审计、后评估和责任追究制度。

九、创新政府监管体制，维护良好的市场环境

努力转变政府职能。各级建设行政主管部门要转变观念，强化服务意识，健全行政审批责任追究制度。要加强建筑业发展规划和产业政策研究，加强法规制度建设，建立健全与市场经济相适应的工程建设管理体制。按照精简、统一、效能的原则，对工程质量、安全、市场管理资源进行整合，实现工程建设领域"一站式"服务和集中统一执法。

改进企业资质和个人资格管理制度。严格按照我国入世的有关承诺进一步完善外商投资企业资质管理制度，并依循市场规则，加快企业资质管理制度改革，调整资质标准，简化审批程序，支持企业开拓市场。进一步完善专业人士注册执业制度，工程技术人员可以通过考试同时获得多个相关行业（专业）的注册资格，具有多个注册资格的工程技术人员，应当在一个建筑业企业注册执业。有关部门要依法加强对建筑业企业和注册执业人员市场准入和市场行为的监管。

建立现代市场体系。彻底打破行业垄断和地区封锁，维护全国统一、开放、竞争、有序的建筑市场环境。进一步完善招标投标制度，调整强制性招标的范围，逐步实现非政府投资项目在不影响公共安全和公众利益的前提下，业主自主决定是否招标。有形建筑市场应当健全计算机管理系统，拓展服务功能。建立和完善工程风险管理制度，逐步推广投标担保、工程支付担保和履约担保制度，推行建筑工程险、安装工程险和工程质量保险制度，推行工程设计、工程监理及其他工程咨询机构职业责任保险制度等，用经济手段规范市场主体行为。建立全国联网的工程建设信用体系，向社会公布各类建筑业企业、中介机构和各类注册执业人员的业绩，以及违法违规行为，实施信用监督和失信惩戒制度，促进建筑市场秩序的根本好转。

培育发展行业协会和社会中介机构。进一步加强行业协会建设，使协会成为独立、公正、自主运作的行业自律组织。各级协会应当建立完善行业自律机制，为会员提供服务，反映会员诉求，规范会员行为，切实维护会员利益。培育和规范工程质量检测、建筑司法鉴定、保险代理、信息咨询、法律顾问等中介服务机构，发挥中介服务功能，为参与工程建设活动的各类市场主体提供协调、沟通、评价、监督等服务。各级建设行政主管部门要大力支持行业协会工作，重视其他中介组织的作用，建立健全行政执法、行业自律和中介服务相结合的建筑市场监管和建设事业服务体系。

各省、自治区、直辖市和国务院有关部门，要结合本地区、本部门的实际情况，制定建筑业改革发展规划，加强指导与协调，促进我国建筑业和建设事业持续健康发展。

中华人民共和国建设部

中华人民共和国国家发展和改革委员会

中华人民共和国财政部

中华人民共和国劳动和社会保障部

中华人民共和国商务部

国务院国有资产监督管理委员会

二〇〇五年七月十二日

关于推进建设工程质量保险工作的意见

建质〔2005〕第133号

各省、自治区建设厅，直辖市建委，各保监局：

为进一步完善我国建设工程质量保证机制，发挥市场在建设工程质量保证机制中的基础性作用，有效防范和化解工程风险，根据《中华人民共和国建筑法》、《中华人民共和国保险法》和《建设工程质量管理条例》，现就推进建设工程质量保险工作提出以下意见：

一、随着我国加入 WTO 及政府职能的转变，以及工程建设法律、法规的健全，人民群众维权意识的提高，需要进一步改革和完善工程质量保证机制，在工程建设领域引入工程质量保险制度。建设工程质量保险对于化解工程建设各方技术及财务风险、维护社会稳定、促进建设各方诚实守信都具有重要意义。建立起完善的建设工程质量保险制度，有利于用经济手段切实保护消费者权益，确保最终用户的利益；有利于使法律法规所规定的各方质量责任落到实处；有利于形成优胜劣汰的市场竞争机制，规范市场秩序，发挥市场配置建设资源的基础性作用。

二、建设工程质量保险是一种转移在工程建设和使用期间由可能的质量缺陷引起的经济责任的方式，它由能够转移工程技术风险、落实质量责任的一系列保险产品组成，包括建筑工程一切险、安装工程一切险、工程质量保证保险和相关职业责任保险等。其中，工程质量保证保险主要为工程竣工后一定期限内出现的主体结构问题和渗漏问题等提供风险保障。

三、各地建设行政主管部门和保险监管部门要加强对工程质量保险工作的指导，有关单位也要高度重视，积极参与，主动配合，共同推进工程质量保险工作健康发展。

（一）大型公共建筑和地铁等地下工程的建设单位要高度重视技术风险管理工作，应积极投保建设工程质量保险。其他类型的工程为了加强风险管理，也应根据情况投保建设工程质量保险。工程勘察单位、设计单位、监理单位、施工图审查机构、工程质量检测机构等应积极投保相应的责任保险。

（二）商品房的开发单位以及施工单位应积极投保建设工程质量保证保险等关系到工程使用人利益的相关保险。

（三）鼓励建设单位（或开发单位）牵头，就建设工程项目统一投保。

（四）保险公司要努力发展风险管理技术，对投保的工程项目，可委托有资质的工程监理单位、工程质量检测单位、经建设行政主管部门认定的施工图审查机构对建设工程施工图设计文件和施工过程进行检查，或进行技术风险分析评估，根据工程技术风险状况，逐步实行费率差异化。

（五）各有条件的保险公司应遵循市场经济规律，在有效防范风险的前提下，积极开发能满足工程建设需要的保险产品。保险条款既要符合国际惯例，又要适应我国基本建设规模大、地区发展不平衡的实际情况。

四、各地建设行政主管部门和保险监管部门应共同推动工程技术风险评级体系的建立，并充分发挥各行业协会在制定工程质量保险合同示范文本、教育培训等方面的作用，加强有关工程损失案例和数据的搜集与共享。要在不断总结和改进试点工作的基础上，积极稳妥地全面推进实施建设工程质量保险制度。

中华人民共和国建设部
中国保险监督管理委员会
二〇〇五年八月五日

关于印发《工程建设工法管理办法》的通知

建质［2005］145号

各省、自治区建设厅，直辖市建委，江苏、山东省建管局，新疆生产建设兵团建设局，国务院有关部门建设司，有关总公司：

现将《工程建设工法管理办法》印发给你们，请认真贯彻执行。原《建筑施工企业工法管理办法》（建建［1996］163号）同时废止。

中华人民共和国建设部
二〇〇五年八月三十一日

工程建设工法管理办法

第一条　为推进我国工程建设工法的开发和应用，促进企业加大技术创新力度和技术积累，提升我国整体施工技术管理水平和工程科技含量，加强对工法的管理，制定本办法。

第二条　本办法适用于工程建设工法的开发、申报、评审和成果管理。

第三条　本办法所称的工法是以工程为对象，工艺为核心，运用系统工程原理，把先进技术和科学管理结合起来，经过一定的工程实践形成的综合配套的施工方法。

工法分为房屋建筑工程、土木工程、工业安装工程三个类别。

第四条　工法必须符合国家工程建设的方针、政策和标准、规范，必须具有先进性、科学性和实用性，保证工程质量和安全，提高施工效率，降低工程成本，节约资源，保护环境等特点。

第五条　工法分为国家级、省（部）级和企业级。

企业根据承建工程的特点、科研开发规划和市场需求开发、编写的工法，经企业组织审定，为企业级工法。

省（部）级工法由企业自愿申报，由省、自治区、直辖市建设主管部门或国务院主管部门（行业协会）负责审定和公布。

国家级工法由企业自愿申报，由建设部负责审定和公布。

第六条　国家级工法每两年评审一次，评审数量原则上不超过120项。

国家级工法具体评审工作委托中国建筑业协会承担。

第七条　国家级工法的申报条件：

（一）已公布为省（部）级的工法；

（二）工法的关键性技术属于国内领先水平或达到国际先进水平；工法中采用的新技术、新工艺、新材料尚没有相应的国家工程建设技术标准的，应已经国务院建设行政主管部门或者省、自治区、直辖市建设行政主管部门组织的建设工程技术专家委员会审定；

（三）工法经过工程应用，经济效益和社会效益显著；

（四）工法的整体技术立足于国内，必须是申报单位自行研制开发或会同其他单位联合研制开发；

（五）工法编写内容齐全完整，应包括：前言、工法特点、适用范围、工艺原理、施工工艺流程及操作要点、材料与设备、质量控制、安全措施、环保措施、效益分析和应用实例。

第八条　建设部负责建立国家级工法评审专家库。评审专家须从专家库中选取。工法评审专家具有高级技术职称，并满足多专业、多学科的需要。评审专家应有丰富的施工实践经验和坚实的专业基础理论知识，担任过大型施工企业技术负责人或大型项目负责人，年龄不超过70周岁。院士、获得省（部）级以上科技进步奖和优质工程奖的专家优先选任。专家库专家每四年进行部分更换。

第九条　国家级工法的评审应严格遵循国家工程建设的方针、政策和工程建设强制性材料，评审专家应坚持科学、公正、公平的原则，严格按照评审标准开展工作，所有评审专家都应对所提出的评审意见负责，保证工法评审的严肃性和科学性，同时要注意工法技术的保密性。

第十条　国家级工法的评审程序：

（一）从专家库中抽取专家组成国家级工法评审委员会。评审委员会设主任委员一名，副主任委员三名，委员若干名。评审委员会内设房屋建筑工程、土木工程、工业安装工程三个类别的评审组，各由一名委员兼任组长；每个评审组的评审专家不少于7人。

（二）国家级工法的评审实行主、副审制。由评审组组长指定每项工法的主审一人，副审两人。每项工法在评审会召开前由主、副审详细审阅材料，并由主、副审提出基本评审意见。

（三）评审组审查材料，观看项目施工录像，听取主、副审对工法的基本评审意见；在项目主、副审基本评审意见基础上提出专业评审组初审意见；在评审中，评审组内少数持不同意见的专家，可保留意见报评审委员会备案。评审组初审通过的工法项目提交评审委员会审核。

（四）评审委员会全体成员听取评审组初审意见，进行问题答辩。采取无记名投票，有效票数的三分之二（含）以上同意通过，形成评审委员会审核意见。

（五）评审委员会提出审核意见，经评审委员会主任委员签字后，报主管部门。

第十一条　经评审的国家级工法及工法评审的主、副审专家在相关媒体及建设部网站进行公示，公示时间为10天。经公示无不同意见，由建设部将工法予以公布。

对获得国家级工法的单位和个人，颁发证书。

第十二条　已批准的国家级工法有效期为六年。

第十三条　已批准的国家级工法如发现有剽窃作假等重大问题，经查实后，撤消其国家级工法称号，五年内不再受理其单位申报国家级工法。

第十四条　工法编制企业应注意技术跟踪，加大技术创新力度，及时对原编工法进行修订，以保持工法技术的先进性和适用性。

第十五条　工法所有权企业可根据国家相关法律、法规的规定有偿转让工法。工法中的关键技术，凡符合国家专利法、国家发明奖励条例和国家科学技术进步奖励条例的，应积极申请专利、发明奖和科学技术进步奖。

第十六条　各级建设行政主管部门对开发和应用工法有突出贡献的企业和个人，应给予表彰。

企业应对开发编写和推广应用工法有突出贡献的个人予以表彰和奖励。

第十七条　各地建设行政主管部门应积极推动企业将技术领先、应用广泛、效益显著的工法纳入相关的国家标准、行业技术和地方标准。

第十八条　各地区、各部门可参照本办法制定省（部）级工法管理办法。

第十九条　本办法由建设部负责解释。

第二十条　本办法自发布之日起施行。原《建筑施工企业工法管理办法》（建建〔1996〕163号）同时废止。

关于印发《建筑工程安全生产监督管理工作导则》的通知

建质 [2005] 184 号

各省、自治区建设厅，直辖市建委，江苏省、山东省建管局，新疆生产建设兵团：

为完善建筑工程安全生产管理制度，规范建筑工程安全生产监管行为，根据有关法律法规，借鉴部分地区经验，我部制定了《建筑工程安全生产监督管理工作导则》，现印发给你们，请结合实际执行。各地要注重总结监管经验，创新监管制度，改进监管方式，全面提高建筑工程安全生产监督管理工作水平。

附件：建筑工程安全生产监督管理工作导则

中华人民共和国建设部
二○○五年十月十三日

附件：

建筑工程安全生产监督管理工作导则

1. 总　　则

1.1　为加强建筑工程安全生产监管，完善管理制度，规范监管行为，提高工作效率，依据《建筑法》、《安全生产法》、《建设工程安全生产管理条例》、《安全生产许可证条例》等有关法律、法规，制定本导则。

1.2　本导则适用于县级以上人民政府建设行政主管部门对建筑工程新建、改建、扩建、拆除和装饰装修工程等实施的安全生产监督管理。

1.3　本导则所称建筑工程安全生产监督管理，是指建设行政主管部门依据法律、法规和工程建设强制性标准，对建筑工程安全生产实施监督管理，督促各方主体履行相应安全生产责任，以控制和减少建筑施工事故发生，保障人民生命财产安全、维护公众利益的行为。

1.4　建筑工程安全生产监督管理坚持"以人为本"理念，贯彻"安全第一、预防为主"的方针，依靠科学管理和技术进步，遵循属地管理和层级监督相结合、监督安全保证体系运行与监督工程实体防护相结合、全面要求与重点监管相结合、监督执法与服务指导相结合的原则。

2. 建筑工程安全生产监督管理制度

2.1　建设行政主管部门应当依照有关法律法规，针对有关责任主体和工程项目，健全完善以下安全生产监督管理制度：

2.1.1 建筑施工企业安全生产许可证制度。

2.1.2 建筑施工企业"三类人员"安全生产任职考核制度。

2.1.3 建筑工程安全施工措施备案制度。

2.1.4 建筑工程开工安全条件审查制度。

2.1.5 施工现场特种作业人员持证上岗制度。

2.1.6 施工起重机械使用登记制度。

2.1.7 建筑工程生产安全事故应急救援制度。

2.1.8 危及施工安全的工艺、设备、材料淘汰制度。

2.1.9 法律法规规定的其他有关制度。

2.2 各地区建设行政主管部门可结合实际，在本级机关建立以下安全生产工作制度：

2.2.1 建筑工程安全生产形势分析制度。定期对本行政区域内建筑工程安全生产状况进行多角度、全方位分析，找出事故多发类型、原因和安全生产管理薄弱环节，制定相应措施，并发布建筑工程安全生产形势分析报告。

2.2.2 建筑工程安全生产联络员制度。在本行政区域内各市、县及有关企业中设置安全生产联络员，定期召开会议，加强工作信息动态交流，研究控制事故的对策、措施，部署和安排重大工作。

2.2.3 建筑工程安全生产预警提示制度。在重大节日、重要会议、特殊季节、恶劣天气到来和施工高峰期之前，认真分析和查找本行政区域建筑工程安全生产薄弱环节，深刻吸取以往年度同时期曾发生事故的教训，有针对性地提早作出符合实际的安全生产工作部署。

2.2.4 建筑工程重大危险源公示和跟踪整改制度。开展本行政区域建筑工程重大危险源的普查登记工作，掌握重大危险源的数量和分布状况，经常性的向社会公布建筑工程重大危险源名录、整改措施及治理情况。

2.2.5 建筑工程安全生产监管责任层级监督与重点地区监督检查制度。监督检查下级建设行政主管部门安全生产责任制的建立和落实情况、贯彻执行安全生产法规政策和制定各项监管措施情况；根据安全生产形势分析，结合重大事故暴露出的问题及在专项整治、监管工作中存在的突出问题，确定重点监督检查地区。

2.2.6 建筑工程安全重特大事故约谈制度。上级建设行政主管部门领导要与事故发生地建设行政主管部门负责人约见谈话，分析事故原因和安全生产形势，研究工作措施。事故发生地建设行政主管部门负责人要与发生事故工程的建设单位、施工单位等有关责任主体的负责人进行约谈告诫，并将约谈告诫记录向社会公示。

2.2.7 建筑工程安全生产监督执法人员培训考核制度。对建筑工程安全生产监督执法人员定期进行安全生产法律、法规和标准、规范的培训，并进行考核，考核合格的方可上岗。

2.2.8 建筑工程安全监督管理档案评查制度。对建筑工程安全生产的监督检查、行政处罚、事故处理等行政执法文书、记录、证据材料等立卷归档。

2.2.9 建筑工程安全生产信用监督和失信惩戒制度。将建筑工程安全生产各方责任主体和从业人员安全生产不良行为记录在案，并利用网络、媒体等向全社会公示，加大安全生产社会监督力度。

2.3 建设行政主管部门应结合本部门、本地区工作实际，不断创新安全监管机制，健全监管制度，改进监管方式，提高监管水平。

3. 安全生产层级监督管理

3.1 建设行政主管部门对下级建设行政主管部门层级监督检查的主要内容是：

3.1.1 履行安全生产监管职责情况。

3.1.2 建立完善建筑工程安全生产法规、标准情况。

3.1.3 建立和执行本导则 2 中规定的安全生产监督管理制度情况。

3.1.4 制定和落实安全生产控制指标情况。

3.1.5 建筑工程特大伤害未遂事故、事故防范措施、重大事故隐患督促整改情况。

3.1.6 开展建筑工程安全生产专项整治和执法情况。

3.1.7 其他有关事项。

3.2 建设行政主管部门对下级建设行政主管部门层级监督检查的主要方式是：

3.2.1 听取下级建设行政主管部门的工作汇报。

3.2.2 询问有关人员安全生产监督管理情况。

3.2.3 查阅有关规范性文件、安全生产责任书、安全生产控制指标、监督执法案卷和有关会议记录等文件资料。

3.2.4 抽查有关企业和施工现场，检查监督管理实效。

3.2.5 对下级履行安全生产监管职责情况进行综合评价，并反馈监督检查意见。

4. 对施工单位的安全生产监督管理

4.1 建设行政主管部门对施工单位安全生产监督管理的内容主要是：

4.1.1 《安全生产许可证》办理情况。

4.1.2 建筑工程安全防护、文明施工措施费用的使用情况。

4.1.3 设置安全生产管理机构和配备专职安全管理人员情况。

4.1.4 三类人员经主管部门安全生产考核情况。

4.1.5 特种作业人员持证上岗情况。

4.1.6 安全生产教育培训计划制定和实施情况。

4.1.7 施工现场作业人员意外伤害保险办理情况。

4.1.8 职业危害防治措施制定情况，安全防护用具和安全防护服装的提供及使用管理情况。

4.1.9 施工组织设计和专项施工方案编制、审批及实施情况。

4.1.10 生产安全事故应急救援预案的建立与落实情况。

4.1.11 企业内部安全生产检查开展和事故隐患整改情况。

4.1.12 重大危险源的登记、公示与监控情况。

4.1.13 生产安全事故的统计、报告和调查处理情况。

4.1.14 其他有关事项。

4.2 建设行政主管部门对施工单位安全生产监督管理的方式主要是：

4.2.1 日常监管

4.2.1.1 听取工作汇报或情况介绍。

4.2.1.2 查阅相关文件资料和资质资格证明。

4.2.1.3 考察、问询有关人员。

4.2.1.4 抽查施工现场或勘察现场，检查履行职责情况。

4.2.1.5 反馈监督检查意见。

4.2.2 安全生产许可证动态监管

4.2.2.1 对于承建施工企业未取得安全生产许可证的工程项目，不得颁发施工许可证。

4.2.2.2 发现未取得安全生产许可证施工企业从事施工活动的，严格按照《安全生产许可证条例》进行处罚。

4.2.2.3 取得安全生产许可证后，对降低安全生产条件的，暂扣安全生产许可证，限期整改，整改不合格的，吊销安全生产许可证。

4.2.2.4 对于发生重大事故的施工企业，立即暂扣安全生产许可证，并限期整改。生产安全事故所在地建设行政主管部门（跨省施工的，由事故所在地省级建设行政主管部门）要及时将事故情况通报给发生事故施工单位的安全生产许可证颁发机关。

4.2.2.5 对向不具备法定条件施工企业颁发安全生产许可证的，及向承建施工企业未取得安全生产许可证的项目颁发施工许可证的，要严肃追究有关主管部门的违法发证责任。

5. 对监理单位的安全生产监督管理

5.1 建设行政主管部门对工程监理单位安全生产监督检查的主要内容是：

5.1.1 将安全生产管理内容纳入监理规划的情况，以及在监理规划和中型以上工程的监理细则中制定对施工单位安全技术措施的检查方面情况。

5.1.2 审查施工企业资质和安全生产许可证、三类人员及特种作业人员取得考核合格证书和操作资格证书情况。

5.1.3 审核施工企业安全生产保证体系、安全生产责任制、各项规章制度和安全监管机构建立及人员配备情况。

5.1.4 审核施工企业应急救援预案和安全防护、文明施工措施费用使用计划情况。

5.1.5 审核施工现场安全防护是否符合投标时承诺和《建筑施工现场环境与卫生标准》等标准要求情况。

5.1.6 复查施工单位施工机械和各种设施的安全许可验收手续情况。

5.1.7 审查施工组织设计中的安全技术措施或专项施工方案是否符合工程建设强制性标准情况。

5.1.8 定期巡视检查危险性较大工程作业情况。

5.1.9 下达隐患整改通知单，要求施工单位整改事故隐患情况或暂时停工情况；整改结果复查情况；向建设单位报告督促施工单位整改情况；向工程所在地建设行政主管部门报告施工单位拒不整改或不停止施工情况。

5.1.10 其他有关事项。

5.2 建设行政主管部门对监理单位安全生产监督检查的主要方式可参照本导则4.2.1相关内容。

6. 对建设、勘察、设计和其他单位的安全生产监督管理

6.1 建设行政主管部门对建设单位安全生产监督检查的主要内容是：

6.1.1 申领施工许可证时，提供建筑工程有关安全施工措施资料的情况；按规定办理工程质量和安全监督手续的情况。

6.1.2 按照国家有关规定和合同约定向施工单位拨付建筑工程安全防护、文明施工措施费用的情况。

6.1.3 向施工单位提供施工现场及毗邻区域内地下管线资料，气象和水文观测资料，相邻建筑物和构筑物、地下工程等有关资料的情况。

6.1.4 履行合同约定工期的情况。

6.1.5 有无明示或暗示施工单位购买、租赁、使用不符合安全施工要求的安全防护用具、机械设备、施工机具及配件、消防设施和器材的行为。

6.1.6 其他有关事项。

6.2 建设行政主管部门对勘察、设计单位安全生产监督检查的主要内容是：

6.2.1 勘察单位按照工程建设强制性标准进行勘察情况；提供真实、准确的勘察文件情况；采取措施保证各类管线、设施和周边建筑物、构筑物安全的情况。

6.2.2 设计单位按照工程建设强制性标准进行设计情况；在设计文件中注明施工安全重点部位、环节以及提出指导意见的情况；采用新结构、新材料、新工艺或特殊结构的建筑工程，提出保障施工作业人员安全和预防生产安全事故措施建议的情况。

6.2.3 其他有关事项。

6.4 建设行政主管部门对其他有关单位安全生产监督检查的主要内容是：

6.4.1 机械设备、施工机具及配件的出租单位提供相关制造许可证、产品合格证、检测合格证明的情况；

6.4.2 施工起重机械和整体提升脚手架、模板等自升式架设设施安装单位的资质、安全施工措施及验收调试等情况；

6.4.3 施工起重机械和整体提升脚手架、模板等自升式架设设施的检验检测单位资质和出具安全合格证明文件情况。

6.5 建设行政主管部门对建设、勘察、设计和其他有关单位安全生产监督检查的主要方式可参照本导则 4.2.1 相关内容。

7. 对施工现场的安全生产监督管理

7.1 建设行政主管部门对工程项目开工前的安全生产条件审查。

7.1.1 在颁发项目施工许可证前，建设单位或建设单位委托的监理单位，应当审查施工企业和现场各项安全生产条件是否符合开工要求，并将审查结果报送工程所在地建设行政主管部门。审查的主要内容是：施工企业和工程项目安全生产责任体系、制度、机构建立情况，安全监管人员配备情况，各项安全施工措施与项目施工特点结合情况，现场文明施工、安全防护和临时设施等情况。

7.1.2 建设行政主管部门对审查结果进行复查。必要时，到工程项目施工现场进行抽查。

7.2 建设行政主管部门对工程项目开工后的安全生产监管。

7.2.1 工程项目各项基本建设手续办理情况、有关责任主体和人员的资质和执业资格情况。

7.2.2 施工、监理单位等各方主体按本导则相关内容要求履行安全生产监管职责情况。

7.2.3 施工现场实体防护情况，施工单位执行安全生产法律、法规和标准规范情况。

7.2.4 施工现场文明施工情况。

7.2.5 其他有关事项。

7.3 建设行政主管部门对施工现场安全生产情况的监督检查可采取下列方式：

7.3.1 查阅相关文件资料和现场防护、文明施工情况。

7.3.2 询问有关人员安全生产监管职责履行情况。

7.3.3 反馈检查意见，通报存在问题。对发现的事故隐患，下发整改通知书，限期改正；对存在重大安全隐患的，下达停工整改通知书，责令立即停工，限期改正。对施工现场整改情况进行复查验收，逾期未整改的，依法予以行政处罚。

7.3.4 监督检查后，建设行政主管部门作出书面安全监督检查记录。

7.3.5 工程竣工后，将历次检查记录和日常监管情况纳入建筑工程安全生产责任主体和从业人员安全信用档案，并作为对安全生产许可证动态监管的重要依据。

7.3.6 建设行政主管部门接到群众有关建筑工程安全生产的投诉或监理单位等的报告时，应到施工现场调查了解有关情况，并作出相应处理。

7.3.7 建设行政主管部门对施工现场实施监督检查时，应当有两名以上监督执法人员参加，并出示有效的执法证件。

7.3.8 建设行政主管部门应制定本辖区内年度安全生产监督检查计划，在工程项目建设的各个阶段，对施工现场的安全生产情况进行监督检查，并逐步推行网格式安全巡查制度，明确每个网格区域的安全生产监管责任人。

8. 附　则

8.1 本导则中的建筑工程，是指房屋建筑、市政基础设施工程。

8.2 建筑工程安全生产监督管理除执行本导则的规定外，还应符合国家有关法律、法规和工程技术标准、规范的规定。

8.3 省、自治区、直辖市人民政府建设行政主管部门可以根据本导则制定实施细则。

关于印发《滑坡崩塌地质灾害易发区域城镇工程建设安全管理指南》的通知

建质〔2005〕228 号

各省、自治区建设厅，直辖市建委（规委）：

为了进一步加强滑坡崩塌地质灾害易发地区城镇工程建设安全管理，我部组织制定了《滑坡崩塌地质灾害易发区城镇工程建设安全管理指南》，现印发给你们，请结合本地实际贯彻执行。

中华人民共和国建设部

二〇〇五年十二月十六日

滑坡崩塌地质灾害易发区城镇工程建设安全管理指南

1 概　　论

1.1　《指南》编制的主要目的与依据

为了加强滑坡、崩塌地质灾害易发区城镇工程建设质量管理，实施建设安全的有效管理，及时防范与缓减滑坡、崩塌地质灾害对公众生命财产造成的损失与影响，编写《滑坡崩塌地质灾害易发区城镇工程建设安全管理指南》（以下简称《指南》）。

《指南》主要依据下列法规和参考相关的技术规范，并结合我国城镇地区滑坡、崩塌地质灾害的特点所制定的斜坡安全管理的指引性文件。

1.《中华人民共和国建筑法》

2.《中华人民共和国城市规划法》

3.《中华人民共和国土地管理法》

4.《中华人民共和国环境保护法》

5.《建设工程质量管理条例》

6.《建设工程勘察设计管理条例》

7.《地质灾害防治条例》

1.2　斜坡安全管理体系

1.2.1　斜坡安全管理的对象

本《指南》所指斜坡是山地坡状倾斜地形的总称，位置介于山顶与山麓之间。斜坡的形态多样，形成原因各有不同，通常表现出受岩性、构造活动及外去和地质作用的控制，也反映整修山地的深化历史和新构造活动的性质。在工程活动中，人为开挖或填筑形成的边坡、高切坡也是斜坡的一种类型，都将其归属在斜坡之中。因此，在斜坡上所进行的工程活动，以及可能受斜坡上所发生的崩塌、滑坡地质灾害威胁的地区都是本《指南》所指的安全管理对象。

1.2.2　斜坡安全管理系统的组成

斜坡安全管理包括技术措施和管理措施。技术措施主要通过区域性的研究，明确滑坡、崩塌产生的机理及必要条件，有针对性的提出防治规划措施，制定相关技术标准，建立滑坡、崩塌地质灾害的评估系统等。管理措施主要由主管部门制定滑坡、崩塌地质灾害防治的管理制度，如土地利用的规划审批、岩土工程勘察设计审查、施工监督、质量验收、安全维护、应急抢险等相关规定，建立预报预警系统，制定减灾防灾预案，提供紧急服务，以及根据滑坡、崩塌地质灾害的评估结果制定滑坡、崩塌地质灾害治理计划并组织和监督实施等。

斜坡安全管理系统将技术措施和管理措施有机的结合起来通过斜坡安全管理机构依据滑坡、崩塌地质灾害防治的管理带度，利用成熟的技术手段，在城市土地规划阶段就开始对滑坡崩塌地质灾害进行管理与控制，并对其后的勘察、设计、施工验收及运行等每一步进行必要的监督和管理。同时与气象、新闻媒体、公安、急救、交通、国土资源等相关部门密切合作，建三滑坡、崩塌地质灾害预报预警系统，提供灾害紧急救助服务，普及滑坡、崩塌地质灾害防治知识等。因此斜坡安全管理系统应佳括斜坡安全管理机构、斜坡安全评估系统、斜坡安全监管系统、滑坡及崩塌地质灾害预警系统、公众教育系统和斜坡管理信息系统等。

1.2.3　斜坡安全管理机构及职能

1. 斜坡安全管理机构的设置

滑坡、崩塌地质灾害常给山区的城镇、交通、水利水电、能源、工矿等基本建设造成极大的危害，给国家和人民的生命财产造成巨大的损失。我国滑坡、崩塌遍布在约占国土面积 2/3 的山区，是世界上少数几个滑坡、崩塌地质灾害极为严重的国家之一。随着地区城市化的发展与兴起，很多地方在滑坡、崩塌地质灾害易发区进行了大量的工程建设，人类对环境的干预和破坏不断加剧，各种潜在的地质灾害不仅应运而生，而且会在相当长的一段时间内维持增加的趋势。量大面广的滑坡、崩塌地质灾害若不加防范，一旦在人口密集的城镇地区发生，很易引起强烈的社会影响与震荡。因此，在及早制定和不断完善城市规划的同时制定城市防灾规划，是实施城市可持续发展中一项不应忽视的城市建设基础工作。加强滑坡、崩塌地质灾害防治是城市防灾的重要内容，是一项政府行为，必须受到政府主管部门的高度重视。受现有管理体系制约，目前我国的斜坡管理分属在各有关行业主管行政部门，无统筹管理的机构，造成各地普遍存在重救灾、轻预防，防灾工作被动滞后的现象，灾害年年救，灾害年年有，长期以来一直得不到有效控制。

搞好滑坡、崩塌地质灾害防治工作涉及城市规划、国土资源及城市建设管理等主管部门的密切协调与合作，同时还须有大量岩土工程技术与科学管理的支持，是一项复杂的系统工作。在滑坡、崩塌地质灾害易发区，应成立由当地政府直接管辖的专门的斜坡安全管理机构，对斜坡安全进行严格的控制与监管。各地应结合当地的实际情况，研究决定斜坡安全管理的具体程序和运作模式。

2. 斜坡安全管理机构的职能

斜坡安全管理机构的主要职能应包括：

1）制订细致、可行的斜坡安全管理工作程序；

2）对本地区各类斜坡进行登录造册，组织专业单位或专家对本地区斜坡进行综合评估；设定"岩土工程控制区（地段）"范围；制定本地区滑坡、崩塌地质灾害防治规划；

3）协同有关部门确定负责在斜坡交付使用后进行斜坡安全维护的责任人，即斜坡责任人；

4）参与本地区各类工程建设的城市用地规划、选址及生态建设区划，为斜坡地区工程建设提供岩土工程建议与基础性资料；

5）负责组织审查核定"岩土工程控制区（地段）"所有斜坡工程的岩土工程勘察、岩土工程设计（如开挖或筑填工程、支护工程、场地平整工程、排水工程等）、岩土工程施工技术方案及质量安全技术措施；

6）制定和推行斜坡安全、斜坡维护的有关法规和技术标准，提高斜坡地区工程建设的安全与质量水平；

7）发布已滑动和危险性斜坡名录，制定需要治理斜坡的（年度）序次计划，检查、督促斜坡的安全维护、治理工作；

8）负责组织和建立滑坡、崩塌地质灾害防治的公众教育系统与活动；

9）为政府部门提供滑坡、崩塌地质灾害的咨询与紧急服务，会同气象、国土资源及建设主管部门协商发布滑坡、崩塌地质灾害的预警警报；负责组织对危险斜坡的紧急维修工程；

10）逐步建立并管理本地区斜坡管理信息系统；

11）组织有关斜坡安全的新理论及新技术的研究与推广。

1.2.4　斜坡安全管理目标

通过斜坡安全管理系统的建立和有效运行，利用科学的评估分析方法以及管理信息系统，制定切合实际的管理制度及预警机制，最大程度的降低滑坡、崩塌地质灾害风险，缓减滑坡、崩塌地质灾害对城镇和人类生命财产的威胁与损失，从根本上达到防灾减灾目的。

2　城镇规划与土地利用的岩土工程控制

2.1　岩土工程控制区（地段）的划分

土地是各种建设工程的载体，从工程利用与开发的角度而言，土地既是资源，又可能是制约。滑坡、崩塌地质灾害易发的斜坡地区就属于环境质量差和环境敏感易损有制约影响的地区，当土地利用超过其自身能承受的强度时，就必然会导致环境能与土地利用失衡而诱发滑坡、崩塌地质灾害。因此，通过城镇土地利用规划，以及严格的岩土工程控制，科学地控制和合理利用土地资源，是保障斜坡地区建设工程安全的根本措施。

所谓岩土工程控制区（地段）就是存在较高滑坡、崩塌地、灾害风险的区域或地段，在此区域或地段内进行工程建设时，必须采取必要的岩土工程措施，以消除或减轻滑坡、崩塌地质灾害风险。斜坡安全管理机构对在此区域或地段内进行的工程建设行使规划管理。

1. 岩土工程控制区（地段）划分的目的和必要性

控制新发展区的滑坡、崩塌地质灾害风险，最有效的方法；实行规划控制，避免在高危险地区进行建设。即使在无法避免的情况下也可以通过规划方案的调整，使重要建筑物避开高危区。在规划阶段就要充分考虑滑坡、崩塌地质灾害的风险，包括天然斜坡的风险和因建设增加的风险，制定相应的措施来降低要消除滑坡、崩塌地质灾害的风险。实践证明如在建设后再考虑滑坡、崩塌地质灾害的风险，其治理费用将更大，且效果不显著，因此斜坡安全管理机构一项重要职责是向土地规划部门提供资料和意见，使规划部门在土地规划阶段，就对规划发展用地进行货选和控制，从根本上达到防灾减灾的目的。

为了更有效地管理和控制滑坡、崩塌地质灾害易发区的土地规划与利用，提高斜坡地区的建设安全，斜坡安全管理机构应根据当地的具体情况划定岩土工程控制区（地段），一方面对土地的规划利用提供宏观的指导，一方面有针对性的对工程建设进行减灾防灾控制，真正做到预防为主，降低风险，减少工程建设费用。

2. 岩土工程控制区（地段）划分的原则

岩土工程控制区（地段）划分，应在对斜坡危险程度评估和危险性分区的基础上进行，并根据当地经济条件综合确定。对于滑坡、崩塌地质灾害发生频繁，规模较大，治理难度很大，治理费用很高的危险斜坡地区，原则上应划为建设用地禁止区；灾害规模不大，治理较易的地区应划为建设用地限制区；无滑坡、崩塌地质灾害的地区及稳定斜坡地区原则上应划为建设用地非限制区。建设用地禁止区与建设用地限制区统称为岩土工程控制区（地段）。在建设用地非限制区内进行工程建设，应遵循现有的工程建设审批程序和管理规定，无需进行岩土工程控制。

2.2　岩土工程控制区（地段）的限制规定

在建设用地限制区内进行工程建设，应在可行性研究阶段进行可行性研究勘察，按照现行的《岩土工程勘察规范》、《建筑边坡工程技术规范》等国家、行业及地方规范的有关要求，进行不良地质作用与地质灾害勘察，对可能发生的滑坡、崩塌地质灾害进行评价，提出地质灾害防治建议。地质灾害防治工程应作为工程建设不可分割的一部分，地质灾害防治方案应符合现行有关标准的规定，且必须得到斜坡安全管理机构的审查批准。斜坡安全管理机构有权对地质灾害防治工程的施工进行监管，并参与关键工序及工程的最终验收。

在建设用地禁止区内，原则上禁止进行各类工程建设与开发。如确有特殊理由需要进行工程建设或开发的，必须首先由具有甲级资质的专业单位和注册工程师，对拟用场地提出专门可行性技术报告，包括专门的不良地质作用和地质灾害的勘察报告，以及滑坡、崩塌地质灾害的风险评估，并应进行两个以上（包括至少一个禁止区外）的可用场地的社会效益及经济效益对比分析。所有专门可行性技术报告应由岩土工程审查机构审查通过后提交斜坡安全管理机构审批，凡经审查认为不适宜进行的建设项目，斜坡安全管理机构有权予以否决。

随着资料的不断更新以及社会经济的发展，斜坡安全管理机构将不定期对岩土工程控制区（地段）的范围及管理细则进行修正，并通过适当的形式向社会公布。

任何个人、企业、团体违反管理规定，对公众利益和社会环境造成损害者，都应被禁止和受到相应法规的处罚。

2.3　岩土工程控制区（地段）工程建设申报程序及申报内容

在岩土工程控制区（地段）的工程建设申报程序与一般工程建设申报程序基本一致，所不同的是在岩土工程控制区（地段）内进行工程建设，在建设项目前期应对滑坡、崩塌地质灾害进行专门的勘察、评估和申报，政府主管部门在立项审批时应征求斜坡安全管理机构的意见，滑坡、崩塌地质灾害防治工程作为工程建设不可分割的一部分，应与主体工程同步实施。其中滑坡、崩塌地质灾害防治方案必须得到斜坡安全管理机构的审查批准。

3　已有斜坡的调查评估与安全管理

所谓已有斜坡，是指天然斜坡和斜坡安全管理机构成立前已经存在的人工斜坡。由于历史的原因，目前我国极少有城市对其管辖区域内影响工程建设及公众安全的斜坡进行过系统的调查及拥有较齐全的资料，已有斜坡是否安全，风险程度如何等底数不清。而造成重大人身伤亡及经济损失的滑坡、崩塌地质灾害很多发生在已建成的斜坡上。其主要原因有斜坡建造的安全度不足、斜坡年久失修、后期的人为因素改变了斜坡周围的环境等等。对已有斜坡没有系统的跟踪管理，缺乏斜坡使用期间有效的检查、维修和管理是斜坡建成后发生破坏，造成重大人身伤亡及经济损失的根本原因。要对已有斜坡进行有效的管理，最基本的是掌握每一个斜坡的详细资料，因此，已有斜坡的调查与稳定性评估是滑坡、崩塌地质灾害防治和安全管理的基础工作。

3.1　已有斜坡的调查

已有斜坡的调查应按照由面到点的顺序进行，即先根据最新的地形图、航空影像、卫星影像、地质图等资料进行斜坡识别。结合当地的已有勘察成果和工程经验，确定可能发生滑坡、崩塌地质灾害且灾害发生后对公众的生命及财产安全构成威胁的斜坡，对其进行登记造册，而后逐一进行现场调查，并进行必要的工程地质测绘或勘察，以获取必要的地质资料和周围环境（如市政管线、建筑物等情况）资料。对已有人工斜坡除收集斜坡的地理位置、大小、形状、照片、工程地质条件、水文地质条件、周围环境等资料外，还应收集斜坡的设计图纸、建造年代、竣工资料、检查维修记录等资料，并应进行必要的现场校核。对于资料收集不全或没有基础资料的人工斜坡，应进行必要的勘察。

根据调查收集的资料及勘察资料，为每一个斜坡建立档案，逐步建立斜坡管理信息系统。

3.2 已有斜坡工程的勘察

对于没有基础资料或基础资料不全，无法进行斜坡稳定性评价的已有斜坡，应进行勘察工作。除斜坡体的勘察工作与新建斜坡工程的勘察一样外，还应重点查明已有斜坡工程支挡结构的结构型式、基础埋深、几何尺寸、斜坡护面及排水系统情况、支挡系统的损坏情况等，全面掌握支挡系统的结构构造和当前工作状态。综合斜坡体与支挡系统的勘察成果，对已有斜坡进行稳定性评价，需要时提出采取必要措施的建议。

对已有斜坡支挡系统的勘察，可采用井探、坑探、槽探、物探、钻探取芯等手段。勘察时应尽量减小对已有斜坡坡体及支挡系统的扰动和破坏。探井、探坑、探槽等在勘探后应及时封填密实；对支挡结构钻探取芯后应及时回填钻孔，并采取适当措施，使支挡结构不因钻探取芯而降低强度和安全度；勘察工作中破坏的护面及排水系统应及时修复。

3.3 已有斜坡的稳定性评价

应由符合资格的岩土工程师根据资料对已有斜坡进行稳定性评价，提出评价报告。稳定性评价可采用定性及定量两种方式。除高度不大，规模小，破坏后果轻微的斜坡可只采用定性评价外，对一般斜坡均应采取定性与定量相结合的方式进行综合评价。

定性评价的主要方法有经验法、工程地质类比法、统计法等；定量评价一般采用极限平衡法，有经验的地区可采用数值法、概率分析方法等。

进行定量计算时，首先应根据斜坡水文地质、工程地质、岩土体结构特征等确定斜坡可能破坏的边界及破坏模式，然后根据实际情况选择相应的参数指标及计算方法。对于土质斜坡和规模较大的碎裂结构岩质斜坡可采用圆弧滑动面法计算；对可能产生平面滑动的斜坡可采用平面滑动面法计算；对可能产生折线滑动的斜坡可采用折线滑动面法计算；对结构复杂的岩质斜坡可采用赤平极射投影法和实体比例投影法分析计算，也可采用数值计算法计算。根据实际情况，必要时还应考虑地震影响和地下水孔隙水压力、渗透压力的影响。

人工斜坡的稳定性验算，其稳定安全系数应根据斜坡的重要性（包括斜坡高度、破坏后果等）、破坏方式及所采用的计算方法，根据现行有关规范确定。

3.4 斜坡治理计划

根据已有斜坡稳定性评价结果，结合危险斜坡破坏可能产生的后果，以及社会及公众承受风险的能力，对已有斜坡进行风险评估。所谓风险可以理解为发生不幸事件的或然率与最终导致某种严重后果的或然率两者的乘积。按照风险的高低，将危险斜坡进行排序，综合考虑政府及社会的经济承受能力、斜坡加固工程对社会秩序的影响程度、有资质单位的工程承担能力等因素，合理制订危险斜坡的治理计划。

3.5 危险斜坡的安全管理

斜坡安全管理机构应制订详细的行政管理措施来规范和管理危险斜坡的安全，其主要手段是依据规定的程序向危险斜坡责任人发出"危险斜坡整治令"，限令危险斜坡的斜坡责任人在限定的期限内，进行斜坡的勘察和所需的加固工程。在斜坡责任人不遵从命令或不能寻获以及紧急情况下，斜坡安全管理机构可无需再行通知斜坡责任人，组织安排命令所指明的或必须的所有工程或勘察工作，并组织实施必须的加固工程。斜坡安全管理机构有权向有关斜坡责任人追讨上述斜坡安全管理机构代为进行或组织进行的工程费用。

斜坡安全管理机构一般在下列情况发出"危险斜坡整治令"：

第一，斜坡安全管理机构制订危险斜坡的治理计划后，根据计划安排向危险斜坡的斜坡责任人发出"危险斜坡整治令"，要求危险斜坡的斜坡责任人在限定的期限内，进行斜坡的勘察、设计和所需的加固工程。

第二，斜坡定期检查发现需要维修加固时，斜坡安全管理机构会向斜坡责任人发出"危险斜坡整治令"，要求其在限定的期限内予以维修加固。

第三，在紧急情况下，如发现有明显滑坡、崩塌迹象时，斜坡安全管理机构及时向斜坡责任人发出"危险斜坡整治令"，要求其立即采取有效措施予以加固。

为了防患于未然，"危险斜坡整治令"不一定都是针对危险斜坡发出的，如果斜坡在护面及排水系统有严重缺陷或边坡荷载增加，不及时修复可能变得危险时，斜坡安全管理机构亦可发出"危险斜坡整治令"。各地斜坡安全管理机构可根据当地的实际情况，制定发出"危险斜坡整治令"的准则及具体的行政管理措施。

4 新建斜坡工程的管理

4.1 新建斜坡工程的勘察

4.1.1 勘察内容

进行斜坡岩土工程勘察前应先进行资料收集、工程地质测绘和调查。负责勘察工作的工程师在充分研究已有资料及现场调查的基础上，拟定工程地质测绘及勘察工作方案。

资料的收集包括水文、气象、地震和人类活动资料，以及场地平面图、地形图、地质图、航空影像、卫星影像、场地及其周围已有的勘察资料等。

调查的范围应涵盖斜坡可能的破坏边界及斜坡破坏可能影响的区域。调查的内容应包括地表水、地下水、泉和湿地的分布、树木的异态、工程设施的变形、当地治理滑坡、崩塌地质灾害的经验、周围的建筑物及市政设施等情况。

工程地质测绘应查明斜坡的形态、坡角、结构面产状和性质等。斜坡勘察工作量的布置应根据斜坡及周围环境确定，综合考虑斜坡高度、岩土特性、地质构造、地形地貌特征以及斜坡风险高低等因素，并应符合《建筑边坡工程技术规范》GB 50330 等国家、行业及地方现行的有关标准的要求。

勘察工作结束后，探井、探坑、探槽等应及时封填密实，根据需要选取部分钻孔埋设地下水和斜坡变形监测设备，其余钻孔应及时封堵，以减小勘察工作对斜坡稳定性的影响。

4.1.2 勘察技术要点

勘察工作常用的方法有钻探、坑探、井探、槽探及物探等等。

1. 坑探、井探、槽探技术要点

坑探、井探、槽探一般适用于了解构造线、破碎带宽度、不同地层岩性的分界线、岩脉宽度及其延伸方向等。探槽的挖掘深度较浅，一般在覆盖层小于 3 米时使用，其长度根据所需了解的地质条件和需要决定，宽度和深度则根据覆盖层的性质、厚度和施工安全决定。土质较软易塌时，挖掘宽度需适当加大，甚至侧壁需挖成斜坡形；当覆盖层较薄，土质密实时，宽度亦可相应减小至便于工作时止。

探井、探坑能直接观察地质情况，详细描述岩性和分层，利用探井能取出接近实际的原状结构的土试样。因此，在地质条件复杂地区常采用。但探井存在着速度慢、劳动强度大和不太安全等缺点。探井平面面积不宜太大，以便于操作和取样即可。当岩性较松软、井壁易坍塌时需采取支护措施。

2. 钻探技术要点

钻探是了解斜坡地层结构与空间分布，查找坡体失稳原因，查找滑动面（带），进行稳定分析的重要手段。钻探有人工钻探和机械钻探。人工钻探适用于了解浅部土层，有小口径麻花钻钻探、小口径勺形钻钻探和洛阳铲钻探；机械钻探根据破碎岩土方法的不同可分为回转钻探、冲击钻探、振动钻探和冲洗钻探。钻探的方法应根据具体的地形、地质、环境条件及技术要求确定，并应符合《建筑工程地质钻探技术标准》JGJ 87 等国家、行业及地方现行的有关标准的规定。

3. 取样技术要点

《岩土工程勘察规范》GB 50021 根据土试样受扰动的程度，将土试样质量分为四个等级，同时给出了获取不同质量等级土试样的取样工具和取样方法。斜坡勘察工作中，应根据地层的性质及其需要测定的特性指标，确定所需土试样的等级及适宜的取样方法。土试样的保存及运输等还应符合国家、行业及地方现行的有关标准的规定。岩石试样的采取应根据工程需要确定，并应符合《原状土取样标准》JGJ 89 等国家、行业及地方现行的有关标准的规定。

4. 地球物理勘探技术要点

地球物理勘探方法很多，是一种低耗高效的勘探技术。电法勘探、地震勘探、面波勘探及多波映像技术等已广泛用于斜坡、地下工程、地基工程中疑难岩土工程勘探。现代物探技术的发展，勘探精度不断提高，服务面日益扩宽，传统的推断性方法，已开始向定性与半定量化发展。在斜坡地区的岩土工程勘察可用于：

1）探查斜坡地区的地基持力层、赋存的较弱易滑夹层（滑动面）与破碎带；

2）通过实测的波速参数，反演计算斜坡设计所需的岩土各种物理力学参数；

3）斜坡加固效果检测；

4）对斜坡与路面质量进行无损检测；

5）探测斜坡地区地下水及验算饱和砂土层液化的临界波速值，进行地震液化判别；

6）评价斜坡与挡土墙的稳定性。

在制定勘探方案及判释试验结果时，需要有经验的物探专业人员负责。地球物理勘探成果判释时，应考虑其多解性，区分有用信息与干扰信号，需要时应采用多种方法探测，进行综合判释，并利用已知物探参数和钻孔资料验证。

5. 室内试验技术要点

室内试验是利用勘探采取的岩土试样，获取岩土体物理力学性质指标的工作。为保证试验的准确性和可比较性，需要有严谨规范的试验标准及操作规程和制度，试验应严格执行国家、行业及地方现行的有关标准的规定。

负责勘察工作的工程师应根据现场实际情况，合理选择试验方法及试验条件，以达到尽量模拟岩土体实际受力状态，使试验结果更符合实际情况。

4.1.3 岩土工程勘察质量监管

斜坡安全管理机构应配合当地工程建设主管部门，进行岩土工程勘察质量的监管。勘察质量的好坏，取决于勘察工艺手段、设备及从业人员的素质等多种因素。因此勘察质量监管就要从这些因素控制入手。

1. 从业人员的要求

从业人员的素质是影响勘察质量的关键因素。勘察工作的负责人及物探、室内试验、钻探、现场编录等专项负责人，必须由符合资格要求的人员担任，且应持证上岗。所有其他从业人员，均应接受相应的岗位培训，做到队伍专业化。

2. 设备性能要求

勘察工作中所用的设备应能满足勘察工作的要求，原位测试及取样设备必须完好无损；钻杆及套管应配套齐全；各种量测工具齐全且准确；室内试验及物探设备必须处于可正常使用状态，且应按规定定期校准，应逐步推行物探及试验室的质量认证制度，以保证物探及试验工作的质量。

3. 勘探工艺要求

根据实际情况选用合适的勘探工艺方法或标准，不仅能保证勘探质量，还能加快勘探工作进度。另外积极研究开发新的勘探工艺、勘探手段是提高勘探质量与效率的前提条件。

4. 勘察成果要求

勘察成果以勘察报告的形式提交，勘察报告应给出斜坡工程设计、治理所需的工程地质条件、水文地质条件、岩土体特征及物理力学性质指标、气象及水文条件、斜坡可能的破坏范围边界、破坏模式等，对斜坡进行稳定性和危害性评价，并对斜坡工程设计、施工、监测提出合理的建议。

5. 勘察报告的审查

勘察报告使用前必须提交斜坡安全管理机构指定的审查机构审查，审查通过后方可使用。各地审查机构可根据当地的具体情况以及国家、行业及地方现行的有关标准，制订当地的审查要点和审查标准。

4.2 新建斜坡工程设计

4.2.1 斜坡工程设计的内容与安全标准

1. 斜坡工程设计的内容

对于滑坡、崩塌地质灾害防治工程的岩土工程设计，其内容应包括滑坡、崩塌地质灾害形成和发生的机理及潜在危险性的分析与评价，斜坡或危岩体的稳定性分析，危险斜坡或危岩体的加固方案选择，加固体系的稳定性分析，排水系统设计以及相应的设计图纸，另外在斜坡工程竣工时还应编制和提交《斜坡安全使用及维护须知》。

2. 斜坡工程设计的安全标准

滑坡、崩塌地质灾害防治等工程设计标准应与被保护对象——主体工程设计标准一致。要求滑坡、崩塌地质灾害防治等工程的设计使用寿命应不低于主体工程的设计使用寿命，滑坡、崩塌地质灾害防治等工程设计稳定安全系数应符合国家、行业及地方现行的有关标准、规范的要求。

4.2.2 斜坡工程设计要点

1. 滑坡、崩塌地质灾害形成及发生机理分析

根据勘察报告、地质灾害危险性评估报告以及建设场地的环境地质、气象、水文等资料，结合现场考察的情况，对滑坡、崩塌地质灾害的形成和发生机理、潜在危害性、危险斜坡特征及危险性进行分析，确定影响斜坡或危岩体稳定的主要因素。对斜坡或危岩体的可能破坏形式及其稳定性状态做出定性判断，确定其破坏的边界范围及破坏的地质模型。

2. 斜坡或危岩体的稳定性分析

在设计中稳定性分析方法应根据斜坡类型及可能的破坏形式进行选择，所选用的方法应能模拟这种破坏形式。

对于土质斜坡和较大规模的破碎结构岩质斜坡宜采用圆弧滑动法进行分析计算；对于可能产生平面滑动的斜坡宜采用平面滑动法进行分析计算；对于可能产生折线滑动的斜坡宜采用折线滑动法进行分析计算；对于结构复杂的岩质斜坡，可配合采用赤平极射投影法和实体比例投影法进行分析计算；当斜坡破坏机制复杂时，宜结合数值分析法进行分析计算。

3. 危险斜坡或危岩体的加固方案选择

危险斜坡或危岩体的加固方案应根据现场条件、工程需要以及工程造价等因素，因地制宜，合理确定。目前常用的方法有放坡、挡土墙、锚喷、抗滑桩、加筋土以及多种支护措施的组合，如锚杆挡土墙、抗滑桩加锚杆形成的桩锚支护体系等等。在条件允许时宜优先考虑放坡方案，使斜坡尽量处于自然稳定状态。对于填土坡可采用挡土墙、加筋土等支护方案，也可采用锚喷支护方案。对于削土坡及滑坡治理则可采用抗滑桩、锚喷及桩锚支护等方案。

对于一些开挖后未出现整体变形的岩质斜坡，可以采用破裂面（带）灌浆改善岩体的整体稳定状态，防止地表水的入渗，减少岩体风化，增加其稳定性。

4. 加固体系的稳定性分析

对加固体系除进行受力和结构内力验算外，还应进行整体稳定性验算，包括整体滑动、水平滑移、倾覆及承载力验算等。验算时应注意合理考虑施工荷载和斜坡使用过程中的附加荷载，如坡顶的道路、建筑物、堆料以及施工机械等荷载。

5. 排水系统设计

水在滑坡、崩塌地质灾害的形成和发生中起着关键的作用，多数滑坡、崩塌地质灾害都发生在暴雨季节，因此排水系统的设计是滑坡、崩塌地质灾害防治工程设计不可或缺的内容。排水系统包括地表排水系统和地下排水系统，地表排水工程措施应首先针对地表水，将地表水拦截在坡体之外，或将危险斜坡坡体上的地表水快速排出，减少地表水入渗。地表排水系统应能满足在最大降雨强度下地表水的排泄需要。地表排水系统的设计应考虑汇水面积、最大降雨强度、地面坡度、植被情况、斜坡地层特征等因素，原则上应以最直接的导向将地表径流导离斜坡区域，从造价和维护方面考虑，设计中应尽量减少地面排水渠的数量及长度。在斜坡的外围应设置地表截水沟，以阻止或减少斜坡范围外的地表水进入坡体。在坡体范围内应设置坡面排水沟，排水沟多呈树枝状布设，主沟与次沟相结合。支护结构前、分级平台和斜坡坡角处应设置排水沟。

地下排水系统应能保证使地下水位不超过设计验算所取用的地下水位标准。根据斜坡水文地质与工程地质条件，可选择排水盲沟、大口管井、水平排水管、排水截槽等，支护结构上应设泄水孔，泄水孔应优先设置于裂隙发育渗水严重的部位或含水层的位置。

6. 《斜坡安全使用及维护须知》

设计者根据设计计算所采用的假设条件、施工情况、现场环境等编写《斜坡安全使用及维护须知》，说明斜坡使用中的注意事项，对斜坡的使用与维护提出要求。《斜坡安全使用及维护须知》的主要内容参见附录1。

4.2.3 斜坡工程设计质量监管

滑坡、崩塌地质灾害防治工程设计质量的优劣，主要取决于设计单位的技术管理水平和设计人员的素质、经验等因素。因此斜坡工程设计质量监管就要从这些因素控制入手。

1. 对设计人员的要求

设计人员的素质、经验是影响设计质量的最关键因素。设计工作的负责人必须由符合资格的岩土工程师担任，且应持证上岗。

2. 对设计单位的要求

设计单位的技术管理水平对设计质量同样至关重要，设计单位必须具备相应的岩土工程设计资质并应建立完善的质量管理体系。

3. 对设计成果的要求

斜坡安全管理机构除对斜坡工程设计单位的资质和设计负责人的资格进行审查外，还应根据斜坡工程的重要性，组织相应的部门或专家对设计成果进行技术审查，审查通过后方可进行斜坡工程的施工。

4.3 斜坡工程施工的技术要求与安全管理

4.3.1 施工技术要求

由于斜坡工程的专业性强、施工技术要求高，施工单位必须高度重视。施工前应根据设计要求、现场的环境条件以及当地的气候条件、地形特征、地质条件等，确定科学合理的施工工艺、施工工序与施工顺序，制定合理可行的施工方案；施工过程中材料质量的控制与检验、工序的控制与检验等，都必须严格按照国家及地方现行的有关规定执行。施工过程中应进行必要的变形监测，对重要的工程实行信息化施工；鉴于岩土工程的复杂性和地质条件的变异性及不确定性，开工前除进行常规的技术交底外，在整个岩土工程施工期间，设计单位应派驻现场代表，发现现场情况与假设的设计计算条件有较大差异时，应及时调整设计方案。

排水工程是提高斜坡稳定性的重要措施之一。排水工程施工不宜在雨季进行。如果无法避免，开挖应从排水设施的最低点向最高点进行，且分段施工。每完成一段，在其临近部分开挖之前，就应进行衬砌，防止雨水侵蚀和沟渠底部渗水。开挖出来的弃土，应运送到不影响排水设施的地方。

支挡工程类型繁多，按其功用和结构特征，支挡工程措施可分为挡土墙、抗滑桩、预应力锚杆（索）、加筋土等类型。施工方案应根据不同的支护措施及施工时斜坡的稳定状态科学合理地制定，为减小施工对斜坡稳定的影响，一般宜采用分段施工或间隔施工的措施。

4.3.2 施工质量监管

斜坡工程的施工质量与安全的可靠性，主要取决于施工单位的技术保障能力、施工设备与工艺的先进性、施工人员的素质及工程经验、施工过程的控制与监管、检验与验收、岩土工程勘察设计单位的配合等因素。

1. 斜坡工程施工单位必须具备相应的施工能力与施工资质，并应建有完善的质量管理体系。

2. 施工项目负责人必须具备一定的岩土工程专业知识，具有较丰富的岩土工程施工经验。

3. 施工单位于开工前必须进行细致的施工准备，根据设计要求和现场条件，确定科学合理的施工工艺、施工工序与施工顺序，完成详细的施工方案并报斜坡安全管理机构审批。

4. 斜坡安全管理机构组织有关专家，对重要或复杂斜坡工程的施工方案进行审查和论证，并配合有关行政主管部门进行关键工序及工程竣工的检验与验收工作。

4.3.3 工程竣工验收与移交

斜坡防治工程是一项专业性极强的工作，它涉及到岩土工程、地质、防灾等相关专业，而且斜坡的变形破坏也涉及到自然的、人为的多种因素。斜坡防治工程竣工后，建设单位应组织岩土工程、地质、防灾及监理等相关部门专家对斜坡防治工程进行验收，并针对斜坡的施工情况，提出斜坡使用中的建议。斜坡安全管理机构应配合验收工作。

斜坡工程竣工时，设计单位应提交《斜坡安全使用及维护须知》给斜坡的责任单位或责任人，并同时提供一份报斜坡安全管理机构备案。

斜坡工程竣工并通过验收后，所有资料除按国家和地方现行的有关规定送交政府主管部门备案外，斜坡责任单位或责任人亦应妥善保管斜坡档案资料。

在斜坡正式投入使用后，斜坡责任单位或责任人应定期巡视、维护，并将每次巡视维护的情况记录在案。当斜坡出现变形、坡体开裂等异常情况时，应立即报告政府主管部门，同时采取必要的措施防止造成生命和财产的损失。

5 斜坡的安全维护

5.1 斜坡安全维护的要求

定期检查和妥善维修斜坡，可以保障斜坡表面排水系统和斜坡护面等设施状况良好，维持斜坡的稳定性，降低发生滑坡、崩塌地质灾害的机会，是贯彻"预防为主"方针的有力措施。坚持对斜坡进行良好的维护，能有效地减少斜坡因安全状况恶化而须进行加固治理的工程费用。

斜坡安全维护包括斜坡的检查、维修和加固，涉及政府有关管理部门、斜坡责任人、相关技术单位和公众，是一个社会性的工作，需要各方面的共同努力才能真正做好。斜坡安全管理机构应在当地政府的统一领导下，协同有关部门确定斜坡安全维护的责任人，即斜坡责任人。

岩土工程设计人员在移交岩土工程开发、治理项目设计资料时，应提供《斜坡安全使用及维护须知》。

斜坡责任人有责任和义务对其责任范围内的斜坡及支护结构进行妥善维护，应明确专人负责实施检查、维修及必要的加固工程，应按《斜坡安全使用及维护须知》的要求和时限对斜坡进行检查，并填写《斜坡检查记录表》（参见附录2）。发现斜坡护面、排水系统有损坏、堵塞等情况应及时维修。发现斜坡及周围出现不安全迹象或存在威胁斜坡安全的不利因素时，应咨询专家意见，采取相应的加固措施或进一步的详勘、治理等必要行动，并向斜坡安全管理机构报案。

斜坡安全管理机构应督促斜坡责任人对斜坡进行维护，并通过公众教育系统向斜坡责任人和相关人员提供斜坡维修的技术及程序方面的咨询，对斜坡的加固工程进行监管。

社会公众应自觉爱护斜坡，不随意在斜坡上挖方和堆填，不破坏斜坡上的设施，对维护不善的斜坡或发现斜坡有异常情况时，有义务向政府主管部门报告。

5.2 斜坡的安全检查

斜坡的安全检查分常规检查和专业检查两类，常规检查每年宜两次，分别在当地的雨季前后进行，或根据当地情况由斜坡安全管理机构确定时限，检查人员应具备滑坡、崩塌和斜坡维护的基本知识。专业检查宜每3至5年进行一次，或根据当地情况由斜坡安全管理机构确定时限，当斜坡因安全原因需要时，也应适时进行专业检查，专业检查应由有资格的岩土工程师进行。

5.2.1 常规检查

常规检查主要检查斜坡的地面排水设施、护面及斜坡周围的状况，其目的是确保斜坡安全性不会恶化，以及鉴定斜坡的风险程度是否在增高。检查人员应结合《斜坡安全使用及维护须知》制订检查纲要，明确检查重点。检查工作应及时，记录应详实，检查时必须核查上一次检查所提出建议的执行情况，检查中发现需进行维修的内容应在检查记录中明确提出处理意见，若发现斜坡及周围有异常现象或存在检查人员认为对斜坡安全有影响但又不能确定的因素时，应及时向斜坡责任人汇报，斜坡责任人应及时与有关部门联系，采取相应的跟进行动。检查记录应妥善存档保管以备查询和检查。

常规检查的主要内容有：

1. 通道

所有的坡级、沟渠和排水廊道都应设置通道以便检查和维修。所有新建斜坡工程的设计应包括设置适当的通道。为避免闲人闯入及破坏，通道应安装锁闸。常规检查应记录是否有良好的维修通道，公众是否不易进入通道，检查人员是否能到达坡顶、坡脚及坡级等。

2. 监测设备

应检查所有安装在斜坡上的监测设备及工作环境，以确保其在制造商规定的条件下运行。

检查人员还应汇总所有监测结果，判断读数是否可以接受，提出是否需要新增监测设备的建议。如监测设备的读数显示斜坡实际情况比设计考虑的情况严重，应建议斜坡责任人向专家咨询意见。

3. 斜坡表面

应检查不透水坡面状况、坡面植被状况、人工支护状况、坡脚护拦及坡脚挡墙状况，检查斜坡周围环境地表开裂状况等。

检查是否有显示斜坡破坏的位移迹象，详细记录裂缝的位置、长度、宽度以及相对位移，对于新裂缝应在合适的地点设置监测器或仪表量测点。

检查草植被覆盖的斜坡表面是否有虫蚀痕迹，记录冲蚀痕迹的位置、深度及范围。

岩石斜坡当节理表现为张性时，应设置监测器或仪表量测点监测其渐进位移，密节理的岩石可能表现出整体恶化，每次检查时拍摄岩面的彩色照片有助于评估斜坡情况的恶化范围。

检查斜坡上及附近的渗流迹象，记录来自渗流源、排水孔以及水平排水斜管的水流情况，在可能的情况下，检查能显示内部冲蚀的固体物质运动情况。

4. 支挡结构

检查支挡结构是否有明显位移，近期有无结构沉降、裂缝及倾斜，排水孔是否通畅，排水能力是否足够，支挡结构是否受植被的不良影响。

5. 排水系统

检查地面排水系统的水流情况，记录排水系统损坏、开裂、淤塞及正在恶化的位置和范围；当周围有建设工程时，应调查建设工程的情况，有些工程可能在斜坡责任范围以外，但其产生的淤泥和岩屑可能堵塞斜坡的排水系统。

坡体内的水平排水斜管应安装测压计，每次检查时记录每个排水管的流量，并建立与当地降雨量及测压计读数的关系，当记录到的流量增加时，应检查排水管附近是否有管线设施漏水的任何迹象；如测压计的读数显示地下水位上升，但同时排水管的流量减少，即意味着水平排水斜管的有效性正在降低，应建议进行改善排水系统的措施或增设排水管。

检查排水廊道结构的损坏迹象，记录流入水流的位置和流速，将其与总的排水量进行比较，当水流量增加，但并非直接由降雨引起时，应检查流入廊道水的位置，以找出是否有污水管及输水管渗漏的迹象。

6. 管线设施

雨水管、污水管和输水管道是最可能影响斜坡稳定性的管线设施，其他管线如电话线槽、电缆线槽和废弃管道也可能将水引入斜坡，从而降低斜坡的稳定性，应检查所有管线设施的渗漏或水流迹象，如怀疑在斜坡附近的输水管道和污水管有渗漏，应要求有关机构检测输水管道和污水管。

5.2.2 专业检查

专业检查应考虑周围环境的变化对斜坡的影响，检查可能导致斜坡破坏的任何成因，评估斜坡及支挡结构的整体状况，查寻竣工后可能产生的不稳定情况，复核常规检查结果。岩土工程师应根据实际情况，制订专业检查的实施方案，专业检查完成后，岩土工程师应提供斜坡安全性评价及提出是否需进行相关工程的咨询报告。专业检查的有关资料应作为斜坡档案资料的一部分提交斜坡安全管理机构并纳入斜坡数据资料库统一管理。

5.3 斜坡的维修加固

斜坡的维修可在常规检查时由检查人员进行，小型加固工程可由有经验的技术人员负责，大、中型的加固工程应由有相应资质的施工单位和注册工程师负责承担。

5.3.1 斜坡的维修

斜坡的一般例行维修内容及方法参见附录3。

1. 斜坡护面的维修

斜坡护面的维修主要是防止水的渗入。

应除去坡面不适宜的植物，修补或更换因树根作用受损坏的刚性护面。

由块石加水泥砂浆铺砌的护面，其裂缝通常沿着块石间的接缝处发展，应清理和修补受到影响的接缝。

应剥除受地下水流潜蚀的刚性斜坡护面，并查明和切断水流源，或者用水平排水斜管将水流引出地面，再铺好护面。

应修整受到冲蚀的草植被斜坡，如有需要可用填土。填土应水平成层并压实，必要时，应将受冲蚀区整平和分坡级，避免在过高的垂直坡面上填土。

在岩石斜坡作局部护面以防止水进入张开的节理，必要时为利于渗流的导出，应设置排水孔。

2. 排水系统

应清除地表排水系统和水平排水斜管排水口的堵塞物、排水管内的淤积物，以及清洗或更换内部滤层。

如果排水系统可能受到源于附近工程场地冲土的堵塞，应采取设置拦污栅、沉砂池、集水坑等防护措施。

如排水廊道出现损坏迹象，应征询专家的维修建议，在获得建议之前，不得作出修缮措施。

大型修补工程不应在雨季进行，若需重建某段沟渠时，应在旱季进行。如若重建的沟渠的容量增加了，其下游的沟渠可能需要重新建造修补。

对管线设施的维修应遵照专门的技术要求执行，或联系有关专业单位进行。

5.3.2 斜坡的加固

斜坡的加固工程应遵循相应的规定进行，开工前应向斜坡安全管理机构申报。小型的加固工程应由岩土工程设计人员提供加固方案，由有经验的技术人员负责组织和监督实施，竣工报告应妥善存档保管以备检查。大、中型的加固工程应按本指南第4章4.2、4.3节的有关要求进行设计和施工，若需勘察时，应按本指南第4章4.1节的有关要求进行。所有设计方案、施工方案应得到斜坡安全管理机构的批准，所有竣工资料应交斜坡安全管理机构存档备案。

5.4 斜坡安全维护的监督

斜坡安全管理机构应制定斜坡维护检查计划，在雨季前对斜坡进行巡查，对有较高风险的斜坡进行重点抽查。检查手段可采用现场踏勘、资料检查等。检查的重点是斜坡现状，斜坡责任人是否按时限进行斜坡维护，是否进行了要求的跟进工程，是否按要求报送有关资料，以及存档资料是否齐全等。对未进行斜坡维护工作或维护不善的斜坡责任人督促其改进，对未进行专业检查或未按要求进行斜坡维修、加固工程的斜坡责任人给予警告，必要时，斜坡安全管理机构可委托有关人员进行相应的工程，其费用由斜坡责任人承担。

5.5 斜坡范围内市政设施及工程施工的管理

当需要在已有或已建成的斜坡上进行市政设施或其他工程建设时，施工前其设计及施工方案必须得到斜坡安全管理机构的审核批准。坡脚的开挖、坡顶及坡面的堆载与弃渣、穿越斜坡的上下水管道布置等必须予以高度重视，做到设计合理并严格控制实施过程，对上下水管道应有运行监控措施。

6 斜坡的应急抢险

6.1 应急抢险指挥体系

斜坡的应急抢险应在当地政府的统一组织和指挥下，按照应急预案的规定进行。应急抢险指挥体系应由当地政府、斜坡安全管理机构、城镇建设主管部门、气象部门、公安部门、卫生部门以及各施工单位、斜坡责任人等组成。各地斜坡安全管理机构应设立斜坡应急抢险指挥部，明确指挥部成员及其职责。斜坡安全管理机构应急抢险指挥部的主要职责是及时了解掌握滑坡、崩塌地质灾害情况，根据情况需要向当地政府有关部门报告；组织专家开展滑坡、崩塌地质灾害调查，提出应急措施建议，为灾害控制和治理提供技术支持。

6.2 紧急事故的处置程序

当出现滑坡、崩塌地质灾害情况后，应立即向当地政府主管部门报告，当地政府根据需要启动应急预案，组织指挥各相关部门投入抢险工作，必要时联系军队和武警参加应急救援。斜坡安全管理机构应急抢险指挥部应立即开展工作，协调指挥抢险救援，组织有关专家指导现场抢险工作，协助当地政府提出应急对策方案。

6.3 应急预案的制定

在当地政府的组织和领导下，斜坡安全管理机构应会同有关部门，根据当地实际情况制定滑坡、崩塌地质灾害的紧急预案，建立滑坡、崩塌地质灾害应急值班制度，向公众公布紧急报案电话，随时准备应对滑坡、崩塌地质灾害的发生。

附录1　《斜坡安全使用及维护须知》的主要内容

《斜坡安全使用及维护须知》应包括下列主要内容：

斜坡的位置、范围、高度等；

斜坡的支护形式；

斜坡使用注意事项，如坡顶堆载的限制、坡脚的保护、排水系统的维护、坡顶及斜坡周围集水的限制；

斜坡上埋设的监测设施的分布及使用方法；

斜坡检查的频度及重点检查部位；

斜坡护面的简单维修方法及维修质量标准；

斜坡破坏的前兆特征；

斜坡破坏可能威胁的范围；

斜坡出现险情时的应急措施。

附录2　斜坡检查记录表（1）～表（3）（略）

附录3　斜坡维修工程的内容与方法（略）

关于印发建设工程质量检测机构资质
证书式样和资质申请表式样的通知

（建质函〔2005〕346号）

各省、自治区建设厅，直辖市建委，山东、江苏省建管局，新疆生产建设兵团建设局，国务院有关部门建设司：

《建设工程质量检测管理办法》（建设部令第141号）已于2005年11月1日施行。根据《建设工程质量检测管理办法》第五条和第七条规定，现将《建设工程质量检测机构资质证书》（正本和副本）式样和《建设工程质量检测机构资质申请表》式样印发给你们，请按照样本印制。

附件：1.《建设工程质量检测机构资质证书》（正本和副本）式样

　　　2.《建设工程质量检测机构资质申请表》式样

中华人民共和国建设部

二〇〇五年十一月五日

附件1：

建设工程质量检测机构

资 质 证 书

证书编号：建检字第　　　号

机构名称：

检测范围：

发证机关：

发证日期：　年　月　日

有效日期：　年　月　日

中华人民共和国建设部制

注：本页可放大为 A3 型纸印制。

244

建 设 工 程 质 量 检 测 机 构

资 质 证 书

（副本）

中华人民共和国建设部制

检测机构名称					
详 细 地 址					
邮　　　编		电　　　话			
成 立 时 间					
营业执照注册号					
法 定 代 表 人		职务		职称	
技 术 负 责 人		职务		职称	
证 书 编 号					
有 效 日 期	本证书于　　　年　　月　　日前有效				
备注：					

检 测 范 围 及 项 目

发证机关（印章）

年　月　日

检 测 机 构 变 更 栏

审查单位（印章）

年　月　日

审查单位（印章）

年　月　日

审查单位（印章）

年　月　日

检测机构变更栏
审查单位（印章） 　年　月　日
审查单位（印章） 　年　月　日
审查单位（印章） 　年　月　日

持 证 说 明

1. 《建设工程质量检测机构资质证书》是建设工程质量检测机构承揽检测业务的凭证。

2. 《建设工程质量检测机构资质证书》分为正本和副本，正本和副本具有同等法律效力。

3. 此证书只限本机构使用，任何单位和个人不得涂改、伪造、出借或转让；除发证机关外，任何单位和个人均不得非法扣压和没收。

4. 建设工程质量检测机构变更名称、地址、法定代表人、技术负责人等，或出现违规行为，应当在一个月内，到原审批部门办理变更手续。

5. 建设工程质量检测机构遗失《建设工程质量检测机构资质证书》，应当在公众媒体上声明作废后，方可中请补办。

6. 建设工程质量检测机构在领取新的《建设工程质量检测机构资质证书》的同时，应当将原资质证书交回原发证机关予以注销。

7. 检测机构资质实行动态管理。

建设工程质量检测机构
资质申请表

机构名称：＿＿＿＿＿＿＿＿＿＿＿＿

填报日期：　　　年　　月　　日

中华人民共和国建设部制

填　表　须　知

一、本表应使用黑色钢笔或签字笔填写，或使用计算机打印，要求字迹工整，不得涂改。

二、本表第一至第七部分由申请机构如实逐项填写，如遇没有的项目请填写"无"。

三、本表一律用中文填写，数字均使用阿拉伯数字。

四、申请时需要提供的材料：

（一）工商营业执照原件及复印件

（二）与所申请检测范围资质相对应的计量认证证书原件及复印件

（三）检测仪器、设备清单

（四）技术人员的职称证书、身份证、社会保险合同的原件及复印件

（五）内部管理制度及质量控制措施

五、本表可在建设部网站（www.cin.gov.cn）下载，填写时如需加页，应用 A4 型纸。

六、本表一式三份，省、自治区、直辖市建设行政主管部门、当地建设行政主管部门、检测机构各存一份。

一、检测机构法定代表人声明

　　本人_____（法定代表人）_____（身份证号码）郑重声明，本机构填报的《建设工程质量检测机构资质申请表》及附件材料的全部内容是真实的，无任何隐瞒和欺骗行为。本机构此次申请建设工程质量检测机构资质，如有隐瞒情况和提供虚假材料以及其他违法行为，本机构和本人愿意接受建设行政主管部门及其他有关部门依据有关法律法规给予的处罚。

检测机构法定代表人：
（签名）

（机构公章）
　年　月　日

二、机构基本情况

机构名称		设立时间	
机构地址			
联系电话		邮政编码	
传　真		电子邮箱	
工商营业执照注册号		发证机关	
注册资金		经济性质	
计量认证证书号		发证机关	
法定代表人		职务		职称	
技术负责人		职务		职称	
在编人员总数		专业技术人员数		
中级职称人数		高级职称人数		
仪器设备 总台（套）数		仪器设备固定 资产原值（万元）		
工作面积（m²）		房屋建筑面积（m²）		
申请检测范围	地基基础工程检测 □ 主体结构工程检测 □ 建筑幕墙工程检测 □ 钢结构工程检测 □ 见证取样检测 □		
备注			

三、法定代表人基本情况

姓名		性别		出生年月		相
职务		职称		学历		
何时/何校/何专业毕业						片
检测工作管理资历		办公电话		移动电话		
工作简历	由何年何月至何年何月		在何单位、从事何工作、任何职、受过何种奖励或处分			

申报材料属实

本人签字：　　　　　　　　　　　　　　　　年　　月　　日

四、技术负责人基本情况

姓名		性别		出生年月		相
职务		职称		学历		
何时/何校/何专业毕业						片
检测工作管理资历		办公电话		移动电话		
工作简历	由何年何月至何年何月		在何单位、从事何工作、任何职受过何种奖励或处分			

申报材料属实

本人签字：　　　　　　　　　　　　　　　　年　　月　　日

250

五、检测类别、内容及具备相应注册工程师资格人员情况

检测类别	检测内容	具备注册工程师资格人员情况						
		姓名	资格证书号	职称	专业	学历	检测年限	备注
专项检测	地基基础工程检测							
	主体结构工程检测							
	建筑幕墙工程检测							
	钢结构工程检测							
见证取样检测	见证取样检测							

六、专业技术人员情况总表

序号	姓名	性别	年龄	职务	学历	专业	职称	身份证号码	从事检测工作项目	从事检测工作年限

七、主要仪器设备（检测项目）及其检定/校准一览表

检测项目	主要仪器设备名称/型号/规格	技术指标		检定/校准机构	有效日期	自检/校项目	自检/校规范名称及编号	备注（比对情况）
		测量范围	准确度等级/不确定度					

八、申请审批情况

检测单位申报检测范围:	

地基基础工程检测 ☐
        主体结构工程检测 ☐
        建筑幕墙工程检测 ☐
        钢结构工程检测   ☐
        见证取样检测   ☐
 	
法定代表人签字:
 	
                                     （公 章）
                             年 月 日	

当地建设行政主管部门意见:
 	
负责人签字:
 	
                                     （公 章）
                             年 月 日	

省、自治区、直辖市建设行政主管部门审批意见:
 	
负责人签字:
 	
                                     （公 章）
                             年 月 日	

资质证书编号	
有 效 期	年 月 日至 年 月 日

关于严格实施建筑施工企业
安全生产许可证制度的若干补充规定

建质〔2006〕18 号

各省、自治区建设厅，直辖市建委，江苏省、山东省建管局：

为进一步贯彻落实《安全生产许可证条例》和《建筑施工企业安全生产许可证管理规定》，严格实施建筑施工企业安全生产行政许可制度，特制定以下补充规定：

一、除预拌商品混凝土专业承包企业和混凝土预制构件专业承包企业外，所有施工总承包企业、专业承包企业均应依法申领建筑施工企业安全生产许可证。

二、已经取得安全生产许可证的建筑施工企业改制、合并、分立，应当自取得新的企业法人营业执照之日起 10 个工作日内向原安全生产许可证颁发管理机关交回原安全生产许可证，并重新按有关规定申请建筑施工企业安全生产许可证。

三、市、县级地方人民政府建设行政主管部门及其委托的建筑安全监督机构要加强对取得安全生产许可证建筑施工企业承建工程项目的日常监督、巡查，因安全生产问题对同一企业三个以上（含三个）项目或同一项目二次以上（含二次）做出限期整改、责令停工等处理的，应于作出最后一次处理之日起 3 个工作日内报告（跨省施工的，通过省级人民政府建设行政主管部门）企业安全生产许可证颁发管理机关。企业安全生产许可证颁发管理机关应在接到报告之日起 5 个工作日内，重新复核违法违规企业的安全生产条件，发现其不再具备法定安全生产条件的，应依法暂扣其安全生产许可证，并限期整改。

四、取得安全生产许可证的建筑施工企业在本地区发生伤亡事故，安全生产许可证颁发管理机关或其委托的事故发生地建设行政主管部门应立即到事故现场调查了解情况，安全生产许可证颁发管理机关应于事故发生之日起 5 个工作日内暂扣企业（包括总承包企业和发生事故的分包企业）的安全生产许可证。

五、取得安全生产许可证的建筑施工企业在外埠发生伤亡事故的，工程所在地省级人民政府建设行政主管部门和其他有关部门应当在事故发生之日起 5 个工作日内将事故基本情况、企业违法违规事实（包括询问笔录）和暂扣安全生产许可证的建议，书面通报企业安全生产许可证颁发管理机关。颁发管理机关应当在接到通报之日起 5 个工作日内作出暂扣安全生产许可证等行政处罚。

六、除暂扣、吊销企业安全生产许可证的行政处罚由安全生产许可证颁发管理机关实施外，其余种类的行政处罚仍由各级建设行政主管部门按照《建筑法》、《建设工程安全生产管理条例》等法律法规实施（包括对在本省施工的外埠企业）。

七、施工总承包企业不得将工程分包给不具有安全生产许可证的建筑施工企业。工程监理单位应依法严格审查施工总承包企业分包工程情况和分包单位安全生产许可证具备情况。对于未取得安全生产许可证擅自进行施工活动的分包企业，依照《建筑施工企业安全生产许可证管理规定》第二十四条予以处罚。

八、各地安全生产许可证颁发管理机关应当建立健全安全生产许可证档案管理和信息发布机制，于每季度第一周通过本机关政府网站向社会公布新取得安全生产许可证的建筑施工企业情况，并及时通报暂扣、吊销建筑施工企业安全生产许可证情况。同时，要按规定及时通过网络将上述各项信息向建设部备案。

中华人民共和国建设部
二〇〇六年一月二十五日

关于实施《建设工程质量检测管理办法》有关问题的通知

建质〔2006〕25号

各省、自治区建设厅，直辖市建委，江苏、山东省建管局，新疆生产建设兵团建设局，国务院有关部门建设司：

为贯彻实施《建设工程质量检测管理办法》（建设部令第141号，以下简称《办法》），现将有关问题通知如下：

一、关于《办法》的调整范围

1. 从事《办法》附件一之外的工程质量检测，不属于《办法》的调整范围。

2. 室内环境质量检测仍按建设部办公厅《关于加强建筑工程室内环境质量管理的若干意见》（建办质〔2002〕17号）和《民用建筑工程室内环境污染控制规范》（GB 50325）执行。

3. 建筑节能检测、防水材料检测、墙体材料检测、门窗检测和智能建筑检测等仍按照国家及地方等有关规定执行。

4. 企业试验室是企业内部质量保证体系的组成部分，仅对本企业承揽的工程（产品）非见证试验项目、以及列入验收标准但未列入《办法》附件一的检测项目出具试验报告，并对试验报告的真实性、有效性负责。

二、关于检测机构资质审批

5. 检测机构申请专项检测资质可以是《办法》附件所列四个专项中的多项或某一项。

三、关于检测业务转包

6. 《办法》中的转包是指检测机构将其资质许可范围内的检测项目部分或者全部转包给其他检测机构的行为。对于检测项目中的个别参数，属于检测设备昂贵或使用率低，需要由其他检测机构进行该项目参数检测业务的，不属于转包。

四、关于跨省从事检测业务

7. 取得资质的检测机构跨省（自治区、直辖市）从事检测业务，应当向工程所在地的省、自治区、直辖市建设行政主管部门备案。工程所在地县级以上地方人民政府建设行政主管部门应当对其在当地的检测活动加强监督检查。

五、关于检测资料

8. 《办法》中"检测报告经建设单位或监理单位确认后，由施工单位归档"，是指检测报告由建设单位或工程监理单位审查后转交施工单位归档。

六、关于检测费用

9. 《办法》所指按照有关规定收取检测费，是指检测机构与委托方按照当地价格主管部门批准的政府指导价收取检测费用。没有收费标准的项目由双方协商确定。

七、关于检测人员培训

10. 检测人员培训工作在省、自治区、直辖市建设行政主管部门的指导下进行，由省级建设行政主管部门提出培训的要求和内容，由检测机构自行组织培训，或自行委托其他单位培训。

八、关于见证取样检测项目

11. 实施见证取样检测的项目仍按照《房屋建筑工程和市政基础设施工程实行见证取样和送检的规定》（建建〔2000〕211号）执行。

请各省、自治区、直辖市建设行政主管部门每年6月底和12月底将检测机构资质审批情况报建设部备案（资质审批情况备案表见附件）。

附件：建设工程质量检测机构资质审批情况备案表

中华人民共和国建设部
二○○六年二月九日

附件：建设工程质量检测机构资质审批情况备案表

____省（自治区、直辖市）建设工程质量检测机构资质审批情况备案表

共__页　第__页

序号	机构名称	证书编号	所在省、市（县）	在编人员数	技术人员数	具备注册工程师资格人数	检测业务内容				
							地基基础	主体结构	建筑幕墙	钢结构	见证取样

审批机关（盖章）：
备案日期：

关于做好建筑施工企业农民工参加工伤保险有关工作的通知

劳社部发〔2006〕44号

各省、自治区、直辖市劳动和社会保障厅（局）、建设厅（建委）：

建筑业是农民工较为集中、工伤风险程度较高的行业。《国务院关于解决农民工问题

的若干意见》（国发［2006］5 号，以下简称国务院 5 号文件）对农民工特别是建筑行业农民工参加工伤保险提出了明确要求，各地劳动保障部门和建设行政主管部门要深入贯彻落实，加快推进建筑施工企业农民工参加工伤保险工作。现就有关问题通知如下：

一、建筑施工企业要严格按照国务院《工伤保险条例》规定，及时为农民工办理参加工伤保险手续，并按时足额缴纳工伤保险费。同时，按照《建筑法》规定，为施工现场从事危险作业的农民工办理意外伤害保险。

二、建筑施工企业和农民工应当严格遵守有关安全生产和职业病防治的法律法规，执行安全卫生标准和规程，预防工伤事故的发生，避免和减少职业病的发生。

三、各地劳动保障部门要按照《工伤保险条例》、国务院 5 号文件和《关于农民工参加工伤保险有关问题的通知》（劳社部发［2004］18 号）、《关于实施农民工"平安计划"加快推进农民工参加工伤保险工作的通知》（劳社部发［2006］19 号）的要求，针对建筑施工企业跨地区施工、流动性大等特点，切实做好建筑施工企业参加工伤保险的组织实施工作。注册地与生产经营地不在同一统筹地区、未在注册地参加工伤保险的建筑施工企业，在生产经营地参保，鼓励各地探索适合建筑业农民工特点的参保方式；对上一年度工伤费用支出少、工伤发生率低的建筑施工企业，经商建设行政部门同意，在行业基准费率的基础上，按有关规定下浮费率档次执行；建筑施工企业农民工受到事故伤害或者患职业病后，按照有关规定依法进行工伤认定、劳动能力鉴定，享受工伤保险待遇；建筑施工企业办理了参加工伤保险手续后，社会保险经办机构要及时为企业出具工伤保险参保证明。

四、各地建设行政主管部门要加强对建筑施工企业的管理，落实国务院《安全生产许可证条例》和《建筑施工企业安全生产许可证管理规定》，在审核颁发安全生产许可证时，将参加工伤保险作为建筑施工企业取得安全生产许可证的必备条件之一。

五、劳动保障部门和建设行政主管部门要定期交流、通报建设施工企业参加工伤保险情况和相关收支情况，及时研究解决工作中出现的问题，加快推进建筑施工企业参加工伤保险。探索建立工伤预防机制，从工伤保险基金中提取一定比例的资金用于工伤预防工作，充分运用工伤保险浮动费率机制，促进建筑施工企业加强安全生产管理，切实保障农民工合法权益。

中华人民共和国劳动和社会保障部
中华人民共和国建设部
二○○六年十二月五日

关于进一步改善建筑业农民工作业、生活环境切实保障农民工职业健康的通知

建质［2006］58 号

各省、自治区建设厅、总工会，直辖市建委、工会，江苏省、山东省建管局，新疆生产建设兵团建设局、工会：

建筑业农民工队伍约占进城务工人员总数的三分之一，占从事建筑施工人员总数的

90％以上，在现代化建设中发挥着积极作用。为农民工创造良好的作业、生活环境，提高农民工队伍整体素质，对于统筹城乡发展，构建社会主义和谐社会，促进建筑业的健康发展具有重要意义。

为进一步改善建筑业农民工作业、生活环境，切实保障农民工职业健康，现提出以下要求：

一、统一思想，提高认识，切实保障建筑业农民工职业健康

各级建设行政主管部门和各级工会组织要以实践"三个代表"重要思想为指导，按照落实科学发展观和构建社会主义和谐社会的要求，采取积极有效的措施，为农民工创造良好的工作、生活环境，逐步实现农民工作业环境的标准化、生活环境的秩序化，安全警示人性化，全面提高农民工的职业素质和安全意识，逐步建立保障建筑业农民工职业健康的长效机制，真正体现"以人为本"的思想。

二、明确目标，落实责任，共同推进农民工作业、生活环境的改善和提高

各级建设行政主管部门、各级工会组织以及各有关单位要明确目标，落实责任，共同探索改善农民工作业、生活环境的有效途径。

建设行政主管部门要加大对安全防护、文明施工措施费用的拨付、使用的监督，督促建设单位及时拨付安全防护、文明施工措施费用，督促施工企业确保费用的及时投入。要督促施工企业按照规定为农民工配备安全生产和职业病防护设施，强化用人单位职业安全卫生的主体责任，要向新招用的农民工告知劳动安全、职业危害事项，发放符合要求的劳动防护用品。要加快推进工伤保险工作，应为从事危险作业的农民工办理意外伤害保险。

各级工会组织要在改善农民工作业、生活环境中发挥积极的作用，把维护农民工生命安全和身体健康作为维护农民工合法权益的首要任务。要监督施工企业（劳务企业）招用农民工时必须依法订立并严格履行劳动合同，建立权责明确的劳动关系，劳动合同中应包含劳动保护条件条款，并符合有关规定。工会组织应通过职工代表大会和厂务公开方式监督施工企业是否保证安全专项经费的足额支出。

三、充分发挥群众监督作用，加强施工现场安全生产工作

要全面落实"安全第一，预防为主，群防群治，防治结合"的指导方针，在建筑施工企业中发挥建筑安全群众监督员作用。选用一批长期在施工现场生产一线，熟悉建筑施工安全生产工作，责任心强，文化程度较高的农民工担任建筑安全群众监督员。充分发挥群众监督员的作用，加强对现场施工人员安全生产行为的监督。群众监督员发现违法违章行为要及时进行制止；发现事故隐患及时向企业报告；出现可能危及工人生命安全紧急情况时，协助有关人员组织工人及时撤离现场；对施工现场安全事故防范措施提出整改建议等。

四、积极开展安全质量标准化活动，进一步改善建筑业农民工的作业、生活环境

建筑施工企业要在继续深入开展创建文明工地活动的基础上，积极推行建筑施工安全质量标准化活动。

要按照《建筑施工现场环境与卫生标准》的有关要求，明确划分施工作业区和生活区，合理设置宿舍、食堂、饮水、淋浴、卫生等基本生活设施。有条件地区的施工单位可与电信运营单位联系合作，在农民工宿舍内或在施工现场安装基本通讯设施。要结合季节特点，做好农民工的饮食卫生和防暑降温、防疫等工作，特别是高温天气，要合理调剂户外作业时间，适当延长午休时间。定期组织农民工进行体检，使农民工真正感受到企业的温暖，增强企业的凝聚力、向心力。

施工企业的工会组织要切实为农民工创造业余文化学习和娱乐条件，配备相关的书报、杂志、电视机、棋牌等文化用品和文体活动设施，不断满足农民工业余文化生活的需要，体现对农民工的人文关怀。

五、积极开展建筑业农民工职业技能和安全教育培训工作，提高农民工队伍整体素质

各级建设行政主管部门和各级建设产业工会要切实做好农民工职业技能及安全教育培训工作，强化用人单位对农民工的岗位培训责任。要积极组织施工企业开展寓教于乐、贴近生活、贴近实际的农民工喜闻乐见的职业技能及安全教育培训活动，使广大农民工了解他们在安全生产中的责任、义务和权利，掌握劳动安全卫生知识和技能，提高自我保护的意识和能力，严格遵守安全生产规章制度和标准规范，形成我要安全、我懂安全、我保安全的企业文化氛围。对不履行培训义务的用人单位，应按国家规定强制提取职工教育培训费，用于政府组织的培训。施工企业工会组织要积极配合企业举办建筑业农民工夜校，有计划地对施工现场一线人员进行安全培训。有条件的施工企业可在施工现场建立临时培训教室，要在施工现场推行人性化警示用语，在施工现场作业区、加工区及生活区使用统一规范的警示牌。对从事特种作业的农民工要专门培训、持证上岗。各级建设行政主管部门要积极支持配合工会组织在建筑业开展"安康杯"等竞赛活动，提高企业安全生产管理水平，切实保障农民工职业健康。

六、加强舆论宣传，形成关心农民工的良好氛围

要大力宣传党和国家关于农民工的方针政策，宣传农民工在改革开放和现代化建设中的突出贡献和先进典型，加强对保障农民工权益情况的舆论监督。对优秀农民工要给予表彰奖励。总结和推广各地和施工企业关心农民工的做法经验，提高对农民工的服务和管理水平。要结合实际抓紧制定和完善保护农民工权益的配套措施和具体办法，积极研究解决工作中遇到的新问题，确保涉及建筑业农民工的各项政策措施落到实处。

中华人民共和国建设部

中华全国总工会

二〇〇六年三月十七日

关于严禁未取得安全生产许可证建筑施工
企业从事建筑施工活动的紧急通知

建质〔2006〕79 号

各省、自治区、直辖市建设厅（建委、建管局），安全生产监督管理局：

建筑施工企业安全生产许可制度是从源头强化政府安全生产监管、落实企业主体安全责任的重要手段。根据《安全生产许可证条例》，未取得安全生产许可证的建筑施工企业不得从事任何建筑施工活动。

截至 2006 年 3 月底，全国大部分建筑施工企业都依法申领了安全生产许可证，其中特级资质企业已经全部申领，一级资质企业也已基本申领，充分保证了各地建设任务的需求，但仍有一部分建筑施工企业尚未取得安全生产许可证。为进一步贯彻落实《安全生产许可证条例》第二条和《国务院办公厅关于认真抓好今冬明春安全生产工作的通知》（国办发明电［2005］32号）第六条规定要求，严格建筑安全生产管理，对于2006年3月底仍未取得安全生产许可证的建筑施工企业，各地应立即采取有效措施，严禁其从事建设项目招投标、施工等任何建筑施工活动。对于无安全生产许可证仍擅自进行建筑施工活动的企业，要按照《安全生产法》第九十三条、《安全生产许可证条例》第十九条对其严格处罚。

请各地认真统计应禁止从事建筑施工活动的企业名单，制定详细工作方案，切实贯彻落实本通知要求，并将本地区采取有关措施禁止企业从事建筑施工活动情况（包括已被禁止从事建筑施工活动的企业名单），于2006年4月25日前以各地区建设行政主管部门和安全生产监督管理部门联合文件形式报建设部、国家安全生产监管总局。

中华人民共和国建设部

国家安全生产监督管理总局

二〇〇六年四月十日

关于进一步加强建设系统安全事故快报工作的通知

建质［2006］110号

各省、自治区建设厅，直辖市建委及有关部门：

为了贯彻落实国务院关于加强安全管理工作的要求，及时了解掌握建设系统安全工作情况，有序、高效、妥善处置各类安全事故，我部决定进一步完善建设系统安全事故快报制度。现将有关事项通知如下：

一、安全事故快报范畴

建设领域安全事故分为建设工程施工安全事故、市政公用设施运行（营）安全事故和工程全生命周期质量安全事故（具体内容见附件1）。

二、安全事故快报时限要求

建设领域发生以下安全事故的，发生地省级建设行政主管部门应当在规定的时限内，按时上报建设部。

（一）发生死亡的安全事故：建设工程施工安全、市政公用设施运行（营）安全和工程全生命周期质量安全（包括农村和集镇）发生人员死亡的安全事故，发生地省级建设行政主管部门应在安全事故发生后24小时内上报至建设部。其中发生一次死亡3人以上（含3人）安全事故的，应在12小时内上报至建设部；发生一次死亡10人以上（含10人）安全事故的，必须在4小时内上报至建设部。

（二）造成重大经济损失的安全事故：建设工程施工安全、市政公用设施运行（营）安全和工程全生命周期质量安全造成直接经济损失在1000万元以上安全事故的，发生地省级建设行政主管部门应在安全事故发生后24小时内上报至建设部；其中造成直接经济损失在 5000 万元以上安全事故的，必须在 4 小时内上报至建设部。

（三）市政公用基础设施发生运行（营）供应中断的事故：

1. 城市供水：造成城市 1 万户以上居民供水连续停止 24 小时以上的事故，应当在 24 小时内上报至建设部；其中造成 3 万户以上居民供水连续停止 24 小时以上的事故，必须在 4 小时内上报至建设部。

2. 城市供气：造成城市 1 万户以上居民供气连续停止 24 小时以上的事故，应当在 24 小时内上报至建设部；其中造成 3 万户以上居民供气连续停止 24 小时以上的事故，必须在 4 小时内上报至建设部。

3. 城市供热：造成城市 1 万户或 100 万平方米以上集中供热居民用户连续停热 72 小时以上的事故，应当在 24 小时内上报至建设部；其中造成 3 万户或 300 万平方米以上集中供热居民用户连续停热 72 小时以上的事故，应当在 12 小时内上报至建设部。

4. 城市轨道交通：因突发性事件造成一条线路全线停运或两条以上线路同时区间停运超过 2 小时的事故，应当在 24 小时内上报至建设部；其中发生因突发性事件造成一条线路全线停运或两条以上线路同时区间停运超过 8 小时的事故，应当在 4 小时内上报至建设部。

5. 直辖市、省会城市、计划单列市的主要市政干道、重要桥梁及隧道损坏造成行车中断，且须采取封桥断路措施，预计经过抢修 24 小时内无法恢复通行并将对城市交通秩序产生重大影响的事故，应当在 12 小时内上报至建设部。其中，城市的重要隧道，跨江、跨海大桥，桥长在 2000 米以上的大桥，以及列入国家重点文物保护单位的城市桥梁，因自然灾害、人为事故等发生坍塌，或导致桥梁安全受到严重威胁的事故，应当在 4 小时内上报至建设部。

（四）其他事故：由于深基础支护、边坡失稳或地下空间施工坍塌，致使周边重要建筑物倒塌、毁坏、严重倾斜，或城市主要道路严重损坏，干管断裂，严重影响城市运行秩序的安全事故，应当在 12 小时内上报至建设部。

三、安全事故信息报送的内容

安全事故信息报送的内容包括：安全事故发生的时间、地点、伤亡人数、房屋建筑和城市市政公用基础设施的破坏情况、事故损失、事故初步原因分析、是否需要技术支持等基本情况。

四、安全事故快报平台和快报渠道

建设系统安全事故信息管理由建设部应急管理机构（建设部安全生产管理委员会）在建设部网站上统一建立网络平台，接收和发布建设系统安全事故信息。

凡属国家总体预案中法定 4 小时内快报的安全事故，以及不属于预案规范的建设领域其他死亡 3 人以上（含 3 人）的安全事故，除按照本通知的要求通过网络平台报送外，还必须以书面材料形式正式报送建设部值班室（见附件 2）。

涉及国家秘密工程和秘密事项的，应通过保密渠道报告。

五、安全事故的续报要求

省级建设行政主管部门应根据事故调查处理的进展情况和建设部对事故的反馈意见，在十日之内续报有关情况。

六、安全事故快报的责任

各省、自治区、直辖市建设行政主管部门要指定落实专门工作机构具体承担接报、核定、处理、传递、通报、报告、统计和分析有关安全事故的工作任务，同时应建立相应的工作责任追究制度。

七、其他

（一）发生在建设系统的企业、场所（如公共汽车、轮渡、公园、风景名胜区、建筑工地等），但监管或执法处罚及行政审批主体不是建设行政主管部门的其他安全事故，如消防、道路（水上）交通、食物中毒、地质灾害、特种设备、环境污染等方面发生重大安全事故的，发生地省级建设行政主管部门接到报告后，应向同级人民政府或有关部门及时通报，并同时抄报建设部；未接到报告的，应当及时向有关部门了解情况，并参照以上时限要求，报建设部。

（二）因自然灾害而发生安全事故快报制度另行制定。

中华人民共和国建设部
二〇〇六年五月十五日

附件1：

安全事故的快报分类

一、建设工程施工安全

在房屋建筑（包括农房）和市政基础设施新建、扩建、改建、拆除活动中，因施工组织设计、技术方案、防护或操作不符合强制性标准和有关规定，造成人员伤亡；或者深基础支护、土方开挖边坡失稳，致使周边建筑物、构筑物倒塌、毁坏、倾斜，隧道、桥梁塌陷，道路损坏，管线断裂，导致经济损失，严重影响社会秩序的安全事故。

二、市政公用设施运行（营）安全

1. 在城市轨道交通经营活动中，由各种因素引起的，造成人员伤亡，或者导致经济损失，严重影响社会运行秩序的安全事故。包括交通安全、火灾等安全事故。

2. 在燃气的生产、输送、使用过程中，由于燃气管道等燃气设施发生泄漏，引起中毒或爆炸，造成人员伤亡，或者导致经济损失，严重影响社会运行秩序的安全事故。在燃气的开采、生产、加工、处理、输送过程中，由于供气气质指标严重超标造成人员伤亡，或者导致经济损失，严重影响社会运行秩序的安全事故。

3. 在城市供水系统运行过程中，由各种因素引起的，造成人员伤亡，或者导致经济损失，严重影响社会运行秩序的安全事故。包括城市供水系统因各种原因造成的水质重大污染或严重不符合《生活饮用水卫生标准》等。

4. 在城市集中供热系统运行阶段，由各种因素引起的，造成人员伤亡，或者导致经济损失，严重影响社会运行秩序的安全事故。

5. 在城市排水系统运行阶段，由各种因素引起的，造成人员伤亡，或者导致经济损失，严重影响社会运行秩序的安全事故。包括城市排水设施中沼气等易燃易爆和有毒有害气体爆炸或大规模扩散等。

6. 城市生活垃圾因沼气引发爆炸、火灾，因暴雨等引起滑坡，或因突发流行、传染病疫情引起大规模污染，造成人员伤亡，或者导致经济损失，严重影响社会运行秩序的安全事故。

7. 在城市市政桥梁隧道运行阶段，由于自然力或人为破坏以及管理不善等造成桥梁隧道损毁、塌陷、坍塌而造成人员伤亡，或者导致经济损失，严重影响社会运行秩序的安全事故。

三、工程全生命周期质量安全

1. 在建或已竣工房屋建筑（包括农房）、市政基础设施和地下空间工程，因工程勘察、设计、施工质量不符合工程建设标准，引起建筑物、构筑物坍塌、倾斜，造成人员伤亡，或者对周边工程造成严重威胁，导致经济损失，严重影响社会秩序的安全事故。

2. 在房屋建筑使用阶段，由于所有权人、管理人、使用人对房屋建筑的非正常使用，或者对其损坏没有进行必要的修缮而造成人员伤亡，或者对周边工程造成严重威胁，导致经济损失，严重影响社会秩序的安全事故。包括：内外建筑设备安装和建筑装饰装修施工破坏主体结构，任意加层、加装设备超过设计荷载，屋面积雪清理不及时，改变房屋使用用途等原因造成建筑物坍塌、损毁等。

3. 斜坡（包括高切坡）防护工程因工程勘察、设计、施工质量不符合工程建设标准，表面、支挡结构、排水系统的缺陷，汛期雨水较集中等因素造成滑塌而造成人员伤亡，或者导致经济损失，严重影响社会秩序的安全事故。

附件2：

工程建设重大质量安全事故快报表

填报单位：（盖章）　　　　　　　　　　　　　　　　　　　报告日期：

事故基本信息			
序号		事故发生时间	
天气气候		事故发生地点	
发生地域类型		发生区域类型	
事故发生部位		事故类型	
事故简要经过原因初步分析			
工程概况			
工程名称			
工程类别		工程专业	
工程规模（平方米/延米）		工程造价（万元）	
结构类型		形象进度	

工程性质		投资主体		
本工程第几次 事 故		承包形式		
开工日期		计划竣工日期		
基本建设程序 履行概况	□ 立项	□ 用地许可证	□ 规划许可证	□ 施工许可证
	□ 招标投标	□ 施工图审查	□ 质量监督	□ 安全监督
负责该工程安全生产监管单位				
建设单位		资质证书编号	资质等级	
勘察单位		资质证书编号	资质等级	
设计单位		资质证书编号	资质等级	
监理单位		资质证书编号	资质等级	
监理总监姓名		注册证书编号	资质等级	
施工总承包单位				
名称		资质等级	企业性质	
资质证书编号		安全生产许可证编号		
法定代表人		安全考核合格证编号		
项目经理姓名		安全考核合格证编号		
专职安全人员		安全考核合格证编号		
本年度第几次 事故		企业 注册地		
专业施工分包单位				
名称		资质等级	企业性质	
资质证书编号		安全生产许可证编号		
法定代表人		安全考核合格证编号		
项目经理姓名		安全考核合格证编号		
专职安全人员		安全考核合格证编号		
本年度第几次 事故		企业 注册地		
劳务承包				
名称		资质等级	企业性质	
资质证书编号		安全生产许可证编号		
法定代表人		安全考核合格证编号		
项目经理姓名		安全考核合格证编号		
专职安全人员		安全考核合格证编号		
本年度第几次 事故		企业 注册地		
事故伤亡人员情况				
死亡人员数量（人）			重伤人员数量（人）		
总人数	职工人数	非职工人数	总人数	职工人数	非职工人数

填报人签章：   单位负责人签章：

序号：

施工伤亡人员情况								
姓名	性别	年龄	工种	用工形式	文化程度	从业时间	承包形式	伤亡情况

填报人签章：   单位负责人签章：

城市市政公用设施运行（营）重大事故快报表

填报单位：（盖章）   报告日期

行业：供水　供气　供热　排水和污水处理　垃圾处理　城市轨道交通　市政桥梁隧道　其他

事故基本信息			
序号		事故发生地点	
事故发生时间		事故单位	
联系电话及地址		单位负责人	
事故分类	死亡/经济损失/运行供应中断	事故分级（初步评估）	I级特别重大、II级重大、III级较大
是否需要技术支持　是　否			
事故简要经过原因初步分析需要何种技术支持			

填报人签章：   单位负责人签章：

城市市政公用设施运行（营）重大事故快报表

一、死亡（含失踪）、重伤人员情况

*死亡（含失踪）人员数量（人）			*重伤人员数量（人）			*危及生命安全人员数量（人）		
总人数	职工人数	非职工人数	总人数	职工人数	非职工人数	总人数	职工人数	非职工人数

二、经济损失情况（初步估计）

*直接经济损失（万元）	间接经济损失（万元）

三、市政公用运行供应中断事故情况（供水、供气、供热、排水和污水处理、垃圾处理、市政桥梁隧道等）

全市居民总户数（户）	本企业供应居民总户数（户）	*连续停止供应居民户数（户）	*运行供应中断时间（小时）	*预计恢复供应时间（*月*日*时）	*需紧急转移人数（人）

四、城市轨道交通运行供应中断事故情况

全市轨道交通线路（条）	全市轨道交通日平均客运量（万人次）	*事故影响线路数（条）	*停运状态（全线或区间停运或者区间停运）	*受影响乘客人数（人）

填报人签章：   单位负责人签章：

注：其中 * 为必填项目

265

职工伤亡人员情况					
姓名	性别	年龄	工种	用工形式	伤、亡、失踪情况

非职工伤亡人员情况				
姓名	性别	年龄	身份	伤、亡、失踪情况

填报人签章：　　　　　　　　　　　　　　　　　　单位负责人签章：

工程全寿命周期质量安全事故快报表

□ 在建　　　　　　　　　　　　　　　　　　　　□ 已竣工使用

填报单位：（盖章）　　　　　　　　　　　　　　　报告日期：

工程基本信息		
序号		事故发生时间
事故发生地点		
工程名称		
工程类别	□ 公共建筑　　　　　　　　　　　□ 住宅　　厂房、仓库　 □ 危险房屋　　　　　　　　　　　□ 高边坡	
开工/竣工时间		
产权人		
使用人		
目前用途		

266

事故简要情况				

事故伤亡情况				
死亡人员数量（人）				重伤人员数量（人）

直接经济损失	
金额（万元）	（1000万元以上）
金额（万元）	（5000万元以上）

工程名称				
基本建设程序履行概况	□ 立项	□ 用地许可证	□ 规划许可证	□ 施工许可证
	□ 招标投标	□ 施工图审查	□ 质量监督	□ 安全监督
建设单位				
勘察单位		资质等级		
设计单位		资质等级		
施工单位		资质等级		
监理单位		资质等级		
施工图审查机构		机构类别		
工程质量监督机构				

事故原因初步分析				

事故伤亡情况				
死亡人员数量（人）			重伤人员数量（人）	
姓名	性别	年龄	身份	伤亡情况

填报人签章：　　　　　　　　　　　　　　　　　　　单位负责人签章：

关于进一步加强建筑业技术创新工作的意见

建质 [2006] 174 号

各省、自治区建设厅，直辖市建委，国资委管理的有关企业：

为贯彻落实《国家中长期科学和技术发展规划纲要（2006～2020）》精神，加快我国建筑业技术进步的步伐，全面提高技术创新能力，现就进一步加强建筑业技术创新工作，提出如下意见：

一、进一步提高加强建筑业技术创新工作重要性的认识

随着我国建筑业的迅速发展，建筑业技术创新工作取得了长足进步，以企业为主体的新的创新体系逐步形成，许多建筑业企业正通过努力提高技术创新水平来增强核心竞争力。但是，目前我国建筑业技术创新工作还存在着一些问题：市场竞争不够规范，缺乏有效的技术进步与创新激励机制；建筑技术开发和推广应用机制尚不完善；企业技术研发资金和技术人员严重不足，普遍缺少专利技术和专有技术；勘察、设计、施工阶段的技术创新活动相互分离等。在全面建设小康社会和城镇化快速发展的新的历史时期，加强建筑业技术创新工作，提高建筑科技含量是贯彻落实科学发展观，建设创新型国家和资源节约型、环境友好型社会的重要内容；是全面提升建筑业经济效益、社会效益和环境效益，保障工程建设质量和安全的基础；也是增强企业核心竞争力，应对和参与国际竞争的迫切需要。

二、加强建筑业技术创新工作的指导思想和主要目标

加强建筑业技术创新工作的指导思想是：落实科学发展观，构筑符合市场经济要求的建筑业技术创新机制；通过技术进步与创新促进建筑业结构调整和增长方式的转变，加快建筑工业化进程，大幅度提升建筑品质，有效节约资源和保护环境，确保安全生产，推进工程建设与建筑业持续、协调、健康、快速发展。

加强建筑业技术创新工作应当根据建筑业生产特性，坚持以构建合理机制为目标，以制定技术经济政策为手段，全面推进制度创新，以制度创新促进技术创新；坚持以企业为主体、以项目为载体、以市场需求为主要动力，产学研相结合，发挥市场配置资源的基础性作用；坚持以竞争促发展，在市场竞争，特别是在参与国际市场竞争中提升核心竞争力；坚持规范市场，营造有利于企业技术进步与创新的政策激励环境。

到"十一五"期末，建筑业技术创新的主要目标是：基本形成与市场经济相适应的建筑业技术创新体系和工程项目组织管理方式；基本形成工程技术咨询体系和知识产权得到有效保护的技术市场体系；在主要工程技术领域达到国际先进水平，企业的研发能力和信息化水平有较大幅度的提高；培育一批具有国际竞争能力的工程总承包龙头企业，带动一大批中小型专业企业向"专、精、特"方向发展；建筑业科技贡献率提高 6%～7%，劳动生产率提高 10%。

三、建立健全建筑业技术创新体系

建立以企业为主体、市场为导向、产学研相结合的技术创新体系。充分发挥科研单位的工艺研发优势，高等院校的多学科综合研究优势，勘察设计企业的工程化能力优势和建筑施工企业的深化设计优势，建立和完善以高校和科研单位为主体的基础研究开发系统，以建筑施工企业和勘察设计企业为主体的建筑技术推广应用系统，以相关教育、培训、咨询机构为主体的中介服务系统，以政府主管部门和行业协会为主体的支持协调系统，形成以市场为纽带，以法律规范、经济杠杆和政策引导为主要调控手段，企业、高校、科研机构、咨询、中介服务紧密结合的建筑技术创新体系。

四、建立并完善知识产权保护与建筑技术转移机制

按照市场经济的原则，建立以专利、专有技术权属保护和有偿转让为动力的技术创新激励机制，促进建筑技术资源的合理优化配置。采取切实措施，引导企业加强技术创新、发展自己的专有技术和工法。要依法保护勘察、设计、施工企业的专有技术、计算机软件、设计方案、勘察设计成果等知识产权。推进建筑技术市场取向的改革，以工程项目为平台，培育技术咨询和中介服务市场，推动技术创新和科技成果转化。

五、切实发挥工程设计咨询在建筑业技术创新中的主导作用

工程设计咨询是建筑技术创新成果转化为现实生产力的桥梁和纽带，要切实发挥工程设计咨询在建筑业技术创新中的主导作用。工业设计企业要开发具有自主知识产权的专利和专有技术，在工业项目设计中积极采用高新技术和先进适用技术，把节约资源、保护环境、提高资源利用率贯穿工程设计全过程，提升工业装备水平和项目建成后的综合效益。建筑设计企业要不断开发新型建筑体系，设计工作中既要充分考虑结构安全、建筑外观、使用功能，又要充分考虑资源节约、环境保护和全生命周期成本等因素。

六、改革现行的设计施工生产组织管理方式

逐步改变设计与施工脱节的状况，实现设计与施工环节的互相渗透，提高工程建设整体效益和技术水平。大型工程设计企业要进一步强化方案设计和扩初设计能力，大型施工企业要进一步强化施工图深化设计能力，发展各类专业施工详图的集成设计能力。大力发展兼具设计施工能力的专业承包企业，促进设计与施工技术的结合与发展。在积极推行工程优化设计的同时，稳步推行初步设计文件作为招标文件编制依据，采用工程量清单计价方式，通过公开招标选择工程总承包单位的总承包模式，由工程总承包单位负责施工图设计，并全面承担质量、工期、造价控制责任。政府投资的市政基础设施和大型公共建筑，以及国有企业控股投资的大型工业交通项目，应当率先试行含施工图设计的工程总承包方式，率先推行优化设计和设计咨询，提高投资效益。

七、引导和推动建筑业走新型工业化道路

推广应用高性能、低能耗、可再生循环利用的建筑材料，提高建筑品质，延长建筑物使用寿命。大力发展整体装配式结构技术，提高建筑构配件的标准化、系列化、定型化程度，加大建筑部品部件产业化生产比重。提高建筑施工技术装备水平，全面提升施工现场装配和机械化生产能力，大幅度提高建筑业的劳动生产率。有效应用清洁生产技术，推进"绿色施工"，减少施工对环境的负面影响。创建节约型工地，在施工过程中节约使用煤电油气等资源，降低建筑施工能耗。施工总承包企业要充分利用信息技术提高项目管理能力；专业承包企业要大力开发专有技术和产品，形成设计、施工安装一体化服务优势；劳务分包企业应重点改进施工工艺，推广应用各类专用小型施工机具，减少手工作业，减轻操作人员劳动强度。

八、加强建筑业新技术、新工艺、新材料、新设备的研发和推广应用

通过政策引导、舆论宣传、资金扶持等，支持企业开展面向工程实际，面向市场需求的建筑业技术原始创新、集成创新、引进消化吸收再创新和综合课题的研究；鼓励企业加大科技投入，配置专业研发人员，设立实验室和中试基地，进行具有前瞻性的技术研究，做好技术储备。企业要加强知识管理，创建学习型组织，努力营造有利于技术创新的信息平台。加快开发和推广应用能够促进我国建筑业结构升级和可持续发展的共性技术、关键技术、配套技术，加强系统集成研究。要大力发展信息技术，全面推广、普及信息技术在企业中的应用，建立并完善协同工作模式、流程和技术标准，尽快实现企业商务电子化、经营网络化、管理信息化的高效反应、决策、运转机制。重视既有建筑改建技术的研发和应用，尽快形成成套技术。政府投资工程项目应成为建筑业共性技术、关键技术研发和应用的重要平台。

九、发挥技术标准在技术创新中的促进作用

进一步完善技术标准管理体制，加快创新成果向技术标准的转化进程。充分利用社会力量，加大资金投入，加强标准编制前期研究，广泛吸纳成熟适用的科技成果，加快工程建设标准的制订、修订，缩短编制周期，以先进的技术标准推动创新成果的应用。对工程上拟采用的新技术、新材料，可能影响建设工程质量和安全，又没有国家技术标准的，各地建设主管部门应按照有关规定及时组织专家进行技术可行性论证或工程试点。各地建设主管部门要及时发布推广使用和限制、淘汰技术目录，强制淘汰落后的技术、工艺、材料和设备。鼓励骨干企业加强技术积累与总结，积极制定企业标准。

十、加速建筑业人力资源的开发与整合

完善建筑业从业人员职业资格制度和职业技能岗位培训制度，建立起建筑科技人力资源交流、培训、考核鉴定的社会化平台，通过市场供求关系和建筑技术人员的合理流动，调整建筑业科技人才结构，促进人才资源的优化配置。推进建筑工人技师考评制度的改革，将技术工人的培养纳入施工企业人力资源开发计划。各类企业要制定本企业的人才战略，形成人才辈出、人尽其才的良好局面。要通过工作实践和有针对性的培养，形成由专业技术带头人、技术骨干和一般技术人员组成的专业人才梯队。加速培养开拓国际市场需要的懂技术、会管理、善经营的复合型人才。要积极探索企业核心骨干持股的股权激励机制，以及符合企业实际、行之有效的各种激励方式，吸引并留住人才。

十一、进一步完善有利于建筑业技术创新的配套政策措施

坚持政府规范市场，市场引导企业，企业改革发展的基本思路，加快完善各项配套措施，营造有利于企业技术创新的政策环境，提高企业以技术创新能力为主要内容的核心竞争力。要逐步建立更加科学有效的市场准入制度，在企业资质标准和工程质量标准中，应进一步体现企业管理技术、科技创新、资源节约和企业效益等内容，引导企业加强管理，降低资源消耗，带动行业整体技术水平的提高。在工程项目招标和设计方案评选中，要将技术的先进性与适用性作为评价的重要内容。政府投资工程的勘察设计施工，国内企业具有工程需要的主要专利技术或专有技术的，应优先选用国内企业。在建设系统组织的各类优质工程、优秀勘察设计奖项的评奖标准中，要将技术创新水平作为主要指标，确保各类奖项的科技含量。要建立以专利、专有技术和工法等为主要内容的建筑业技术进步指标和评价体系，积极开展企业技术进步水平评价活动。推行工程质量保险和职业责任保险制度，为技术创新提供经济保证。

各地、各有关单位和行业协会要结合实际，制定加强建筑业技术创新的政策和规划，加强工作指导、协调和落实，促进我国建筑业持续健康发展。

中华人民共和国建设部
二〇〇六年七月十一日

关于印发《民用建筑工程节能质量监督管理办法》的通知

建质〔2006〕192号

各省、自治区建设厅，直辖市建委（建设交通委），北京市规划委，新疆生产建设兵团建设局：

为进一步做好民用建筑工程节能质量的监督管理工作，保证建筑节能法律法规和技术标准的贯彻落实，我部制定了《民用建筑工程节能质量监督管理办法》，现印发给你们，请认真执行。

中华人民共和国建设部
二〇〇六年七月三十一日

民用建筑工程节能质量监督管理办法

第一条 为了加强民用建筑工程节能质量的监督管理，保证民用建筑工程符合建筑节能标准，根据《建设工程质量管理条例》、《建设工程勘察设计管理条例》、《实施工程建设强制性标准监督规定》、《民用建筑节能管理规定》、《房屋建筑和市政基础设施工程施工图设计文件审查管理办法》、《建设工程质量检测管理办法》等有关法规规章，制定本办法。

第二条 凡在中华人民共和国境内从事民用建筑工程的新建、改建、扩建等有关活动及对民用建筑工程质量实施监督管理的，必须遵守本办法。

本办法所称民用建筑，是指居住建筑和公共建筑。

第三条 建设单位、设计单位、施工单位、监理单位、施工图审查机构、工程质量检测机构等单位，应当遵守国家有关建筑节能的法律法规和技术标准，履行合同约定义务，并依法对民用建筑工程节能质量负责。

各地建设主管部门及其委托的工程质量监督机构依法实施建筑节能质量监督管理。

第四条 建设单位应当履行以下质量责任和义务：

1. 组织设计方案评选时，应当将建筑节能要求作为重要内容之一。

2. 不得擅自修改设计文件。当建筑设计修改涉及建筑节能强制性标准时，必须将修改后的设计文件送原施工图审查机构重新审查。

3. 不得明示或者暗示设计单位、施工单位降低建筑节能标准。

4. 不得明示或者暗示施工单位使用不符合建筑节能性能要求的墙体材料、保温材料、门窗部品、采暖空调系统、照明设备等。按照合同约定由建设单位采购的有关建筑材料和设备，建设单位应当保证其符合建筑节能指标。

5. 不得明示或者暗示检测机构出具虚假检测报告，不得篡改或者伪造检测报告。

6. 在组织建筑工程竣工验收时，应当同时验收建筑节能实施情况，在工程竣工验收报告中，应当注明建筑节能的实施内容。

大型公共建筑工程竣工验收时，对采暖空调、通风、电气等系统，应当进行调试。

第五条　设计单位应当履行以下质量责任和义务：

1. 建立健全质量保证体系，严格执行建筑节能标准。

2. 民用建筑工程设计要按功能要求合理组合空间造型，充分考虑建筑体形、围护结构对建筑节能的影响，合理确定冷源、热源的形式和设备性能，选用成熟、可靠、先进、适用的节能技术、材料和产品。

3. 初步设计文件应设建筑节能设计专篇，施工图设计文件须包括建筑节能热工计算书，大型公共建筑工程方案设计须同时报送有关建筑节能专题报告，明确建筑节能措施及目标等内容。

第六条　施工图审查机构应当履行以下质量责任和义务：

1. 严格按照建筑节能强制性标准对送审的施工图设计文件进行审查，对不符合建筑节能强制性标准的施工图设计文件，不得出具审查合格书。

2. 向建设主管部门报送的施工图设计文件审查备案材料中应包括建筑节能强制性标准的执行情况。

3. 审查机构应将审查过程中发现的设计单位和注册人员违反建筑节能强制性标准的情况，及时上报当地建设主管部门。

第七条　施工单位应当履行以下质量责任和义务：

1. 严格按照审查合格的设计文件和建筑节能标准的要求进行施工，不得擅自修改设计文件。

2. 对进入施工现场的墙体材料、保温材料、门窗部品等进行检验。对采暖空调系统、照明设备等进行检验，保证产品说明书和产品标识上注明的性能指标符合建筑节能要求。

3. 应当编制建筑节能专项施工技术方案，并由施工单位专业技术人员及监理单位专业监理工程师进行审核，审核合格，由施工单位技术负责人及监理单位总监理工程师签字。

4. 应当加强施工过程质量控制，特别应当加强对易产生热桥和热工缺陷等重要部位的质量控制，保证符合设计要求和有关节能标准规定。

5. 对大型公共建筑工程采暖空调、通风、电气等系统的调试，应当符合设计等要求。

6. 保温工程等在保修范围和保修期限内发生质量问题的，施工单位应当履行保修义务，并对造成的损失承担赔偿责任。

第八条 监理单位应当履行以下质量责任和义务：

1. 严格按照审查合格的设计文件和建筑节能标准的要求实施监理，针对工程的特点制定符合建筑节能要求的监理规划及监理实施细则。

2. 总监理工程师应当对建筑节能专项施工技术方案审查并签字认可。专业监理工程师应当对工程使用的墙体材料、保温材料、门窗部品、采暖空调系统、照明设备，以及涉及建筑节能功能的重要部位施工质量检查验收并签字认可。

3. 对易产生热桥和热工缺陷部位的施工，以及墙体、屋面等保温工程隐蔽前的施工，专业监理工程师应当采取旁站形式实施监理。

4. 应当在《工程质量评估报告》中明确建筑节能标准的实施情况。

第九条 工程质量检测机构应当将检测过程中发现建设单位、监理单位、施工单位违反建筑节能强制性标准的情况，及时上报当地建设主管部门或者工程质量监督机构。

第十条 建设主管部门及其委托的工程质量监督机构应当加强对施工过程建筑节能标准执行情况的监督检查，发现未按施工图设计文件进行施工和违反建筑节能标准的，应当责令改正。

第十一条 建设、勘察、设计、施工、监理单位，以及施工图审查和工程质量检测机构违反建筑节能有关法律法规的，建设主管部门依法给予处罚。

第十二条 达不到节能要求的工程项目，不得参加各类评奖活动。

关于印发《既有建筑幕墙安全维护管理办法》的通知

建质〔2006〕291号

各省、自治区建设厅，直辖市建委（规划委），新疆生产建设兵团建设局：

现将《既有建筑幕墙安全维护管理办法》印发给你们，请结合本地实际认真贯彻执行。执行中有何问题，请及时告我部工程质量安全监督与行业发展司。

附件：既有建筑幕墙安全维护管理办法

中华人民共和国建设部

二〇〇六年十二月五日

附件：

既有建筑幕墙安全维护管理办法

第一章 总 则

第一条 为了加强对既有建筑幕墙的安全管理，有效预防城市灾害，保护人民生命和财产安全，根据《中华人民共和国建筑法》和《建设工程质量管理条例》等法律、法规，制定本办法。

第二条　本办法所称既有建筑幕墙，是指各类已竣工验收交付使用的建筑幕墙。

第三条　既有建筑幕墙的安全维护，实行业主负责制。

第四条　国务院建设主管部门对全国的既有建筑幕墙安全维护实行统一监督管理。

县级以上地方人民政府建设主管部门对本行政区域的既有建筑幕墙安全维护实施监督管理。

第二章　保修和维护责任

第五条　施工单位在建筑幕墙工程竣工时，应向建设单位提供《建筑幕墙使用维护说明书》，并载明该工程的设计依据、主要性能参数、合理使用年限及今后使用、维护、检修要求，以及需要注意的事项。

第六条　建设单位的建筑幕墙工程竣工验收资料中，应包含设计依据文件、计算书、设计变更、工程材料质保书、检验报告、隐蔽工程记录、竣工图、质量验收记录和《建筑幕墙使用维护说明书》等。

建设单位不是该建筑物产权人的，还应向业主提供包括《建筑幕墙使用维护说明书》在内的完整技术资料。

建设单位应当在工程竣工验收后三个月内，向当地城建档案馆报送一套符合规定的建设工程档案。

第七条　施工单位应按国家有关规定和合同约定对建筑幕墙实施保修。

第八条　既有建筑幕墙安全维护责任人的确定：

（一）建筑物为单一业主所有的，该业主为其建筑幕墙的安全维护责任人；

（二）建筑物为多个业主共同所有的，各业主应共同协商确定一个安全维护责任人，牵头负责建筑幕墙的安全维护。

第九条　建筑幕墙工程竣工验收交付使用后，其安全维护责任人应及时制定日常使用、维护和检修的规定，并组织实施。

第十条　既有建筑幕墙的安全维护责任主要包括：

（一）按国家有关标准和《建筑幕墙使用维护说明书》进行日常使用及常规维护、检修；

（二）按规定进行安全性鉴定与大修；

（三）制定突发事件处置预案，并对因既有建筑幕墙事故而造成的人员伤亡和财产损失依法进行赔偿；

（四）保证用于日常维护、检修、安全性鉴定与大修的费用；

（五）建立相关维护、检修及安全性鉴定档案。

第三章　维　护　与　检　修

第十一条　既有建筑幕墙的日常维护、检修可委托物业管理单位或其他专门从事建筑幕墙维护的单位进行。安全维护合同应明确约定具体的维护和检修内容、方式及双方的权利和义务。

从事建筑幕墙安全维护的人员必须接受专业技术培训。

第十二条 既有建筑幕墙大修的时间和内容依据安全性鉴定结果确定，由具有相应建筑幕墙专业资质的施工企业进行。

第十三条 既有建筑幕墙的维护与检修，必须按照国家有关规定，保证安全维护人员的作业安全。

第四章 安全性鉴定

第十四条 国家相关建筑幕墙设计、制作、安装和验收等技术标准规范实施之前完成建设的建筑幕墙，以及未经验收投入使用的建筑幕墙，其安全维护责任人应履行安全维护责任，确保其使用安全。

第十五条 既有建筑幕墙出现下列情形之一时，其安全维护责任人应主动委托进行安全性鉴定。

（一）面板、连接构件或局部墙面等出现异常变形、脱落、爆裂现象；

（二）遭受台风、地震、雷击、火灾、爆炸等自然灾害或突发事故而造成损坏；

（三）相关建筑主体结构经检测、鉴定存在安全隐患。

建筑幕墙工程自竣工验收交付使用后，原则上每十年进行一次安全性鉴定。

第十六条 委托进行既有建筑幕墙安全性鉴定的，应委托具有建筑幕墙检测与设计能力的单位承担。

第十七条 既有建筑幕墙安全性鉴定按下列程序进行：

（一）受理委托，进行初始调查；

（二）确定内容和范围，制订鉴定方案；

（三）现场勘查，检测、验算；

（四）分析论证，安全性评定；

（五）提出处理意见，出具鉴定报告。

第十八条 鉴定单位依据国家有关技术标准，进行既有建筑幕墙的安全性鉴定，提供真实、准确的鉴定结果，并依法对鉴定结果负责。

第十九条 安全维护责任人对经鉴定存在安全隐患的既有建筑幕墙，应当及时设置警示标志，按照鉴定处理意见立即采取安全处理措施，确保其使用安全，并及时将鉴定结果和安全处置情况向当地建设主管部门或房地产主管部门报告。

第五章 监督管理

第二十条 国家对既有建筑幕墙的安全维护实行监督管理制度。

第二十一条 县级以上地方人民政府建设主管部门实行监督管理，可以采取下列措施：

（一）检查本地区既有建筑幕墙的设计、施工、质量监督、竣工验收等是否符合有关法定程序，竣工验收、备案技术资料是否完整，工程档案是否已向城建档案馆移交；

（二）监督既有建筑幕墙安全维护责任人是否履行安全维护责任；

（三）对因既有建筑幕墙发生事故造成严重后果的责任人，依法进行处罚。

第二十二条 任何单位和个人对既有建筑幕墙的质量安全问题都有权向建设主管部门检举、投诉。

第六章 附 则

第二十三条 各地建设主管部门应当根据本办法制定实施细则。

第二十四条 本办法自发布之日起施行。

关于学习贯彻《安全生产领域违法违纪行为政纪处分暂行规定》的实施意见

建质〔2006〕314号

各省、自治区建设厅，直辖市建委，江苏省、山东省建管局，新疆生产建设兵团建设局：

《安全生产领域违法违纪行为政纪处分暂行规定》（监察部、国家安全监管总局令第11号，以下简称《暂行规定》）已正式公布实施。为在建设系统认真学习贯彻《暂行规定》，强化安全生产工作，严惩安全生产违法违纪行为，遏制重大事故发生，保障人民群众生命财产和公共财产安全，现提出如下意见：

一、充分认识《暂行规定》的重要意义

《暂行规定》是我国第一部关于安全生产领域政纪处分的部门规章，它的颁布实施充分体现了党和政府对人民群众生命安全的高度负责和严肃查处安全生产领域违法违纪行为的坚定决心。该规定是查处安全生产领域违法违纪案件的重要依据，是从源头上强化政府安全监管主体、企业安全生产责任主体应负责任的重要措施。《暂行规定》的颁布实施，对于进一步强化建设系统安全生产工作，落实各级安全生产责任制，加大各项监管措施力度，控制和减少各类事故发生，牢固树立科学发展观和正确政绩观，构建社会主义和谐社会，具有重要意义。

二、深刻领会全面掌握《暂行规定》的内容实质

各地要认真学习《暂行规定》，深刻领会和全面掌握《暂行规定》的内容实质。一是领会目的。该规定为加强安全生产工作，惩处安全生产领域违法违纪行为，促进安全生产法律法规的贯彻实施，保障人民群众生命财产和公共财产安全提供了制度保证。二是明确处罚适用范围，即"国家行政机关及其公务员，企业、事业单位中由国家行政机关任命的人员"。三是掌握安全生产违法违规行为的具体表现形式，该规定界定了国家行政机关及其公务员的七大类25种违法违规行为和国有企业及其工作人员的五大类18种违法违规行为，以及事业单位及中介组织出具虚假报告造成安全生产隐患的行为。四是明确政纪处分种类。该规定对应不同情节的违法违规行为，针对公务员、国有企业工作人员和事业单位及中介组织工作人员分别规定了相应处分种类。

三、认真组织学习和培训《暂行规定》

各地建设主管部门（包括城乡规划、城乡建设、城乡管理、房地产行政主管部门，以下简称建设主管部门）要认真组织本地区建设系统的各级行政管理人员、安全监督执法人员，建筑施工企业、工程监理企业、城市市政公用行业企业等各类建设企业的主要负责人、项目负责人、专职安全生产管理人员和作业人员，以及有关中介组织的相关人员，认真学习《暂行规定》。要加强组织领导，精心制定学习和培训方案，把对《暂行规定》的

276

培训作为明年安全生产培训的重点内容之一，并与有关安全生产法律法规的培训结合起来，纳入安全生产培训的整体框架；同时，要利用广播、电视、报刊和网络等各种新闻媒介，采取多种形式，在建设系统大力宣传《暂行规定》和有关安全生产法律法规，推动安全监督执法人员依法行政意识和从业人员安全生产素质的提高。

四、坚持依法行政，全面履行政府安全监管职责

《暂行规定》的颁布实施，既为强化安全生产监管提供了有力手段，也对各级建设主管部门安全生产执法水平提出了更高的要求。各地要切实坚持依法行政，认真履行法定安全生产监管职责。一是要坚决贯彻落实国家安全生产方针政策和安全生产法律法规以及上级部门有关安全生产的决定、命令和指示，确保政令畅通、令行禁止。二是要按照《行政许可法》和《安全生产许可证条例》的要求，依法实施建筑施工企业安全生产许可证审批和"三类人员"安全生产考核合格证书核准等安全生产行政许可，严格许可条件和办事程序，并接受群众监督。三是要按规定进行事故处置工作，及时、规范上报重大事故发生情况，及时组织人员抢救等应急救援工作，根据职责分工认真履行事故调查职责，切实执行事故处理决定，严肃处理事故责任单位和责任人。四是要认真遵守党政干部廉洁自律的各项规定，尤其是各级领导干部要自觉遵纪守法，不得干预插手安全生产经营活动以及安全生产行政许可、事故调查处理、监督执法和中介活动。

五、进一步强化企业安全生产主体责任

企业是安全生产的责任主体。各类企业尤其是国有企业必须认真履行安全管理职责，建立健全安全保证体系，落实企业安全生产主体责任。一是企业必须在取得资质、安全生产许可证等相关证照后方可进入建设市场从事生产经营活动。企业在被依法责令停业整顿、暂扣或吊销安全生产许可证期间，不得擅自继续从事生产经营活动。二是企业应当建立健全以法定代表人为核心的安全生产责任体系，建立完善安全生产规章制度和操作规程，强化安全生产管理，及时消除重大安全隐患。同时，要依法接受建设主管部门的监督检查。三是企业在发生事故后，要按照国家规定及时、真实上报，并及时组织事故抢救，保护事故现场，同时要认真落实和执行上级机关批复的事故处理意见。四是从事安全生产评价、培训、检测、检验等工作的机构，要根据实际情况出具相关报告、文件和资料，坚决杜绝各类虚假和徇私舞弊行为。

六、严肃查处建设系统安全生产违法违纪行为

各地建设主管部门要认真全面地履行法定安全监管职责。对不认真履行安全监管职责导致重大事故发生的，要严格按照《暂行规定》对有关人员进行责任追究，需要给予组织处理的依照有关规定办理，涉嫌犯罪的移送司法机关依法处理。各级建设主管部门要积极配合监察部门进行安全生产领域违法违纪案件的查处工作，把查处事故背后的失职渎职和腐败问题作为事故调查处理的重要内容和必要程序，并根据有关人民政府批复的事故处理决定，对事故单位和事故责任人及时作出有关企业资质、安全生产许可证和人员执业资格等方面的行政处罚。同时，要将查处的典型案例予以曝光，加大安全生产社会舆论监督力度。

中华人民共和国建设部

二〇〇六年十二月二十七日

建设部关于做好第五批全国工程勘察设计大师评选工作的通知

建质函〔2006〕161号

各省、自治区建设厅，直辖市建委，国务院有关部门建设司，新疆生产建设兵团建设局，解放军总后营房部工程局，国资委管理的勘察设计企业：

为了增强广大工程勘察设计人员的社会责任感，引导激励他们在工程勘察设计工作中积极践行建设资源节约型、环境友好型社会的要求，不断提高工程勘察设计技术水平，我部决定今年开展第五批全国工程勘察设计大师评选工作。第五批全国工程勘察设计大师评选名额原则上不超过20名。请各地区、各单位按照修订后的《全国工程勘察设计大师评选办法》要求，认真做好第五批全国工程勘察设计大师的推荐申报工作。请将申报材料于2006年8月31日前报我部工程质量安全监督与行业发展司。

附件：1. 全国工程勘察设计大师评选办法
　　　2. 全国工程勘察设计大师申报表（略）

中华人民共和国建设部
二○○六年六月九日

附件1：

全国工程勘察设计大师评选办法

第一条　为了激发广大工程勘察设计人员的责任感与荣誉感，引导激励他们在工程勘察设计工作中积极践行建设资源节约型、环境友好型社会的要求，立足自主创新，为社会提供具有良好经济效益、社会效益和环境效益的优秀勘察设计成果，特制定本评选办法。

第二条　全国工程勘察设计大师是勘察设计行业的国家级荣誉称号。评选工作应坚持公开、公平、公正的原则，按照本办法规定的程序进行。

第三条　建设部成立工程勘察设计大师评选领导小组，负责对工程勘察设计大师评选工作的组织领导。工程勘察设计大师评选领导小组由建设部分管部长及有关司、协会负责人组成。

第四条　工程勘察设计大师每两年（偶数年）评选一次，每次评选名额一般不超过20名，具体评选名额和申报名额分配由工程勘察设计大师评选领导小组根据各专业技术人员数量、完成的勘察设计产值和科技进步水平确定。

第五条　工程勘察设计大师应当具备坚实的专业理论知识和丰富的实践经验，在勘察设计领域取得卓著成绩，在国内外享有较高声誉，同时具备下列条件：

（一）具有高尚职业道德、强烈社会责任感以及正高级技术职称的中国公民；

（二）自取得大学本科学历后，累计从事工程勘察或工程设计工作（含研究生就读期间）20 年以上（有特殊贡献者除外）；

（三）年龄一般不超过 65 周岁（以评选当年 6 月 30 日为计算截止日期）；

（四）为勘察设计行业相关专业领域的学术、专业带头人，曾多次主持过重大工程建设项目（含境外项目）的勘察或设计，项目技术水平达到同期、同类型项目的国际先进水平或国内领先水平，效益良好，个人贡献突出；

（五）在技术创新、新技术推广应用以及解决重大工程建设技术难题方面成效显著，主持的工程项目获得过国家级优秀工程勘察设计银奖及以上奖项或国家科技进步奖；

（六）在工程勘察或工程设计理论上有较高造诣，有专著，或在国家级核心期刊上发表过学术论文，在国内外产生了较大影响。

第六条 参加评选人员需符合工程勘察设计大师评选标准，由本人提出申请，填写申报表，同时经 2 位本专业工程勘察设计大师推荐（本专业没有勘察设计大师的，可由相近专业大师推荐），并由申请人所在单位负责审核申报材料的真实性，单位法定代表人签署意见，加盖单位公章。申报材料包括：申报表、有代表性的工程技术成果、论文、著作（包括重大工程勘察设计方面的重要报告和总结），以及重要奖项获奖证书的复印件和大师的书面推荐意见。

第七条 每位工程勘察设计大师每届至多可推荐 2 名申请人，且应优先推荐符合评选标准的优秀中青年工程技术专家。

第八条 凡已连续两次申报未入选的候选人，停止一次申报资格。

第九条 勘察、设计大师申报材料由申请人所在单位报各省、自治区、直辖市的建设行政主管部门，各地区建设行政主管部门对申报材料进行复核，根据评选条件，择优排序后报建设部。其中属于国资委管理企业的勘察、设计大师申报材料由申请人所在单位直接报建设部。

第十条 建设部组织成立工程勘察设计大师评选委员会，负责具体评选工作。工程勘察设计大师评选委员会由建设部和国务院有关部门、中国勘察设计协会及相关行业协会的负责人及勘察设计大师代表组成，人数为不少于 15 人的奇数。每届工程勘察设计大师评选委员会人员组成由建设部工程质量安全监督与行业发展司提出建议名单，由工程勘察设计大师评选领导小组决定。评选委员任期不超过两届。

第十一条 工程勘察设计大师评选委员会召开评审会议，对上报的工程勘察设计大师申报材料进行评审，提出本届工程勘察设计大师提名名单。评选委员会采用记名投票，得票数过半且前 20 位候选人确定为工程勘察设计大师提名名单。若过半的名单不足 20 名，不再补选。

第十二条 工程勘察设计大师提名名单在有关媒体和建设部网站上公示 15 个工作日，广泛征求意见。

第十三条 工程勘察设计大师评选领导小组根据公示反馈情况，对工程勘察设计大师提名名单进行审议，并按有关规定将审议结果报建设部部常务会议审定。对通过审定的工程勘察设计大师，由建设部授予荣誉称号，并颁发荣誉证书、奖章。奖励及有关待遇由各单位自定和解决。

第十四条 工程勘察设计大师评审工作经费由建设部承担，不向申请人及单位收取任何费用。

第十五条 本办法由建设部负责解释。

第十六条 本办法自颁布之日起施行。

关于加强大型公共建筑工程建设管理的若干意见

建质〔2007〕1号

各省、自治区建设厅、发展改革委、财政厅、监察厅、审计厅，直辖市建委、规划局（规委）、发展改革委、财政局、监察局、审计局：

大型公共建筑一般指建筑面积2万平方米以上的办公建筑、商业建筑、旅游建筑、科教文卫建筑、通信建筑以及交通运输用房。随着我国经济和社会快速发展，大型公共建筑日益增多，既促进了经济社会发展，又增强了为城市居民生产生活服务的功能。国家对大型公共建筑建设管理不断加强，逐步走上法制化轨道。但当前一些大型公共建筑工程，特别是政府投资为主的工程建设中还存在着一些亟待解决的问题，主要是一些地方不顾国情和财力，热衷于搞不切实际的"政绩工程"、"形象工程"；不注重节约资源能源，占用土地过多；一些建筑片面追求外形，忽视使用功能、内在品质与经济合理等内涵要求，忽视城市地方特色和历史文化，忽视与自然环境的协调，甚至存在安全隐患。这些问题必须采取有效措施加以解决。为进一步加强大型公共建筑建设管理，特提出以下意见：

一、贯彻落实科学发展观，进一步端正建设指导思想

从事建筑活动，尤其是进行大型公共建筑工程建设，要贯彻落实科学发展观，推进社会主义和谐社会建设，坚持遵循适用、经济，在可能条件下注意美观的原则。要以人为本，立足国情，弘扬历史文化，反映时代特征，鼓励自主创新。要确保建筑全寿命使用周期内的可靠与安全，注重投资效益、资源节约和保护环境，以营造良好的人居环境。

二、完善并严格执行建设标准，提高项目投资决策水平

1. 坚持对政府投资大型公共建筑工程立项的科学决策和民主决策。大型公共建筑工程的数量、规模和标准要与国家和地区经济发展水平相适应。项目投资决策前，建设单位应当委托专业咨询机构编制内容全面的可行性研究报告；应当组织专家合理确定工程投资和其他重要技术、经济指标，精心做好工程建设的前期工作。

2. 建立和完善政府投资项目决策阶段的建设标准体系。建设主管部门要重点加强文化、体育等大型公共建筑建设标准的编制，完善项目决策依据。总结国内外大型公共建筑建设经验，按照发展节能省地型建筑的要求，大型公共建筑工程要在节能、节地、节水、节材指标方面起到社会示范作用，并适时修订完善标准。

3. 严格执行已发布的建设标准。国家已发布的建设标准、市政工程投资估算指标、建设项目经济评价规则，是编制项目建议书和可行性研究报告的重要依据，建设单位要严格执行。建设主管部门和发展改革主管部门要加强对标准实施情况的监督检查，建立和完善强制性标准的实施和监管机制。

4. 严格履行固定资产投资项目管理程序。各级发展改革等主管部门要按照《国务院关于投资体制改革的决定》要求，加强对大型公共建筑项目的审批、核准或者备案管理。

5. 加强对政府投资大型公共建筑工程造价的控制。有关主管部门要规范和加强对政府投资的大型公共建筑工程可行性研究投资估算、初步设计概算和施工图预算的管理，严格执行经批准的可行性研究投资估算和初步设计概算，可行性研究报告批复的建设规模，原则上在初步设计等后续工作中不得突破。建设单位应积极推行限额设计，并在设计招标文件中予以明确。

三、规范建筑设计方案评选，增强评审与决策透明度

1. 加强城市规划行政管理部门对大型公共建筑布局和设计的规划管理工作。大型公共建筑的布局要符合经批准的城市规划；大型公共建筑的方案设计必须符合所在地块的控制性详细规划的有关规定；做好城市设计，并作为建筑方案设计的重要参考依据。大型公共建筑设计要重视保护和体现城市的历史文化、风貌特色。

2. 鼓励建筑设计方案国内招标。政府投资的大型公共建筑，建设单位应立足国内组织设计方案招标，避免盲目搞国际招标。组织国际招标的，必须执行我国的市场准入及设计收费的有关规定，并给予国内外设计单位同等待遇。

3. 细化方案评审办法。要在现有的建筑工程设计招标投标办法以及我国入世承诺的基础上，研究制订有关大型公共建筑工程方案设计招投标的管理办法，以进一步明确方案设计的内容和深度要求，完善方案设计评选办法，确保招标的公开、公平、公正。

4. 明确方案设计的评选重点。方案设计的评选首先要考虑建筑使用功能等建筑内涵，还要考虑建筑外观与传统文化及周边环境的整体和谐。对政府或国有企事业单位投资的大型公共建筑项目，参与投标的设计方案必须包括有关使用功能、建筑节能、工程造价、运营成本等方面的专题报告，防止单纯追求建筑外观形象的做法。

5. 建立公开透明的专家评审和社会公示制度。建设单位要进一步明确大型公共建筑设计方案评审专家的条件和责任。大型公共建筑必须依照有关法律法规实行公开招标，其方案评审专家应由城市规划、建筑、结构、机电设备、施工及建筑经济等各方面专家共同组成，评委名单和评委意见应当向社会公示，征求社会意见，接受社会监督，提高方案评审的透明度。对于政府投资的有重大社会影响的标志性建筑，应通过一定方式直接听取公众对设计方案的意见。

6. 进一步明确和强化项目业主责任。政府投资的大型公共建筑工程必须明确项目建设各方主体，落实责任。当建设单位采用经专家评审否定的设计方案时，应当向主管部门和专家委员会说明理由。

7. 加强方案评选后的监督管理。政府投资的大型公共建筑方案设计确定的建设内容和建设标准不得超出批准的可行性研究报告中提出的各项经济技术指标要求，应满足初步设计阶段控制概算的需要。如果中标的设计方案在初步设计时不能满足控制概算的需要，主管部门应责成建设单位重新选定设计方案。

8. 提高工程设计水平。设计单位要贯彻正确的建设指导思想，突出抓好建筑节能、节地、节水、节材和环保，提高原创设计能力和科技创新能力，不断提高设计水平。建设

单位应鼓励不同的设计单位联合设计，集体创作，取长补短。鼓励对大型公共建筑工程的初步设计进行优化设计，提高投资效益。

四、强化大型公共建筑节能管理，促进建筑节能工作全面展开

1. 新建大型公共建筑要严格执行工程建设节能强制性标准。贯彻落实《国务院关于加强节能工作的决定》，把能耗标准作为建设大型公共建筑项目核准和备案的强制性门槛，遏制高耗能建筑的建设。新建大型公共建筑必须严格执行《公共建筑节能设计标准》和有关的建筑节能强制性标准，建设单位要按照相应的建筑节能标准委托工程项目的规划设计，项目建成后应经建筑能效专项测评，凡达不到工程建设节能强制性标准的，有关部门不得办理竣工验收备案手续。

2. 加强对既有大型公共建筑和政府办公建筑的节能管理。建设主管部门要建立并逐步完善既有大型公共建筑运行节能监管体系，研究制定公共建筑用能设备运行标准及采暖、空调、热水供应、照明能耗统计制度。要对政府办公建筑和大型公共建筑进行能效测评，并将测评结果予以公示，接受社会监督，对其中能耗高的要逐步实施节能改造。要研究制定公共建筑能耗定额和超定额加价制度。各地应结合实际，研究制定大型公共建筑单位能耗限额。

五、推进建设实施方式改革，提高工程质量和投资效益

不断改进大型公共建筑建设实施方式。各级发展改革主管部门、财政主管部门和建设主管部门要积极改革政府投资工程的建设管理模式。对非经营性政府投资项目加快推行"代建制"，即通过招标等方式，选择专业化的项目管理单位负责建设实施，严格控制项目投资、质量和工期，竣工验收后移交给使用单位。同时，对大型公共建筑，也要积极推行工程总承包、项目管理等模式。建立和完善政府投资项目的风险管理机制。制定鼓励设计单位限额设计、代建单位控制造价的激励政策。

六、加强监督检查，确保各项规定的落实

1. 加强对大型公共建筑质量和安全的管理。参与大型公共建筑建设的有关单位要严格执行施工图审查、质量监督、安全监督、竣工验收等管理制度，严格执行工程建设强制性标准，确保施工过程中的安全，确保整个使用期内的可靠与安全，确保室内环境质量，确保防御自然灾害和应对突发事件的能力。

2. 加强对大型公共建筑工程建设的监督检查。大型公共建筑项目建设期间，建设行政主管部门要会同其他有关部门定期对大型公共建筑工程建设情况进行检查，对存在的违反管理制度和工程建设强制性标准等问题，要追究责任，依法处理。政府投资的大型公共建筑项目建成使用后，发展改革、财政、建设、监察、审计部门要按各自职责，对项目的规划设计、成本控制、资金使用、功能效果、工程质量、建设程序等进行检查和评价，总结经验教训，并根据检查和评价发现的问题，对相关责任单位和责任人作出处理。

3. 加强对中小型公共建筑建设的管理。对于 2 万平方米以下的中小型公共建筑，特别是社区中心、卫生所、小型图书馆等，各地要参照本意见精神，切实加强对其管理，以保障公共利益和公共安全。

各地要根据本意见的精神，结合当地实际制定加强大型公共建筑工程建设管理的实施意见和具体办法，并加强监督检查，将本意见的各项要求落到实处，切实提高我国大型公共建筑工程建设管理水平。

中华人民共和国建设部

中华人民共和国国家发展和改革委员会

中华人民共和国财政部

中华人民共和国监察部

中华人民共和国审计署

二〇〇七年一月五日

关于加强建设系统防灾减灾工作的意见

建质〔2007〕170 号

各省、自治区建设厅，直辖市建委及有关部门，新疆生产建设兵团建设局：

为了贯彻国务院关于防灾、抗灾、救灾的工作要求，提高建设系统社会管理和公共服务能力，加强建设系统防御与减轻自然灾害（以下简称建设系统防灾减灾）工作，提出如下意见：

一、充分认识加强建设系统防灾减灾工作的重要意义

（一）加强建设系统防灾减灾是保障人民生命财产安全的重要举措，是促进建设事业可持续发展的客观要求。我国幅员辽阔，各类自然灾害每年都给国民经济和人民生命财产造成损失，城乡建设与发展面临着地震、气象灾害等多种自然灾害的威胁。建设系统防灾减灾主要包括城乡房屋建筑和市政基础设施建设和使用过程中防御和减轻地震、气象灾害等多种自然灾害的工作。我国城乡建设事业正处于快速发展时期，城乡发展与防灾能力不足的矛盾日益突出，建设系统防灾减灾工作面临着新的问题和挑战。近年来各类极端性天气事件增多，给城乡建设和市政基础设施运营管理造成很大威胁和灾害。各地建设主管部门要认识到做好建设系统防灾减灾工作，减少灾害造成的人员伤亡、经济损失，保障城乡建设的可持续发展，是落实科学发展观和构建社会主义和谐社会的要求，是新形势下建设系统面临的一项长期、艰巨而又十分重要的任务。

二、指导思想、工作目标、基本思路和主要工作内容

（二）指导思想。以邓小平理论和"三个代表"重要思想为指导，用科学发展观统领建设系统防灾减灾工作全局，坚持以人为本，创新体制，健全机制、建立和完善法制，贯彻"预防为主，防、抗、避、救相结合的方针"，通过灾前预防、灾时应急和灾后恢复重建，最大限度地减轻自然灾害造成的损失，为构建社会主义和谐社会、促进建设事业健康发展奠定坚实基础。

（三）工作目标。建立社会主义市场经济条件下建设系统防灾减灾的管理体制和运行机制，全面提高城乡建设抗御自然灾害的能力，避免和减轻灾害中因房屋建筑、市政基础设施破坏造成的人员伤亡和经济损失，避免引发严重的次生灾害；避免和减少因市政基础设施运行中断对国民经济、人民群众生产生活和生态环境的影响；避免和减少建筑施工工地在灾害中的人员伤亡和经济损失。

（四）基本思路。以房屋建筑和市政基础设施抗灾设防为主线，以城乡建设防灾规划的制定和实施为着力点，以法律法规、工程建设标准和应急管理体系为保障，依靠科技创新，加强从规划、设计、施工到使用和运营管理的全过程防御。坚持以人为本，城乡统筹，推动城市综合防御和村镇全面设防；坚持预防为主，平灾结合，做到防灾常态管理与灾时应急管理并重；坚持科学防灾，综合防灾，统筹考虑空间管理与过程管理、近期安排与长远谋划。

（五）主要工作内容。推动城乡建设防灾减灾的法规建设，编制和实施城乡建设防灾减灾五年规划；开展城市、村庄与集镇防灾规划的编制，并纳入城市总体规划和村庄与集镇规划一并实施；组织工程建设防灾减灾的科研与技术攻关，健全工程建设标准体系和技术支撑体系；加强新建工程的抗灾设防质量监管，开展重要房屋建筑和市政基础设施的抗灾设防审查；推动重点城市抗灾能力普查工作，开展既有工程的抗灾能力鉴定和评价，对不具备抗灾能力的建筑和市政基础设施提出加固改造要求；加强灾前预警和信息报送工作，搭建建设系统防灾减灾信息管理平台；加强房屋建筑、市政基础设施和施工工地抢险、抢修、应急处置的组织和实施能力建设；加强对灾区恢复重建工作的技术指导和专业支撑；加强建设系统防灾文化建设，组织开展防灾教育、培训和国际合作。

三、加强建设系统防灾减灾机制和制度建设

（六）建立健全建设系统防灾减灾的法规制度。在制订有关法律、法规和规章时，要研究建立有利于推进建设系统防灾减灾工作的制度，及时将城乡防灾规划、工程抗灾设防、防灾应急管理和灾后恢复重建的有关工作制度和政策措施纳入法制化的管理轨道，为开展建设系统防灾减灾工作提供制度保障。

（七）加强建设系统防灾减灾体制和机制建设。各地建设主管部门要进一步明确防灾减灾管理工作机构，制定灾害管理工作程序和制度，保障必要的人员、经费等工作条件。要强化建设系统防灾减灾行政首长负责制，各地建设主管部门主要负责人是本地区建设系统防灾减灾的第一责任人，建设系统各单位主要负责人是本单位防灾工作的第一责任人。

（八）建立形势分析制度和重点防控机制。要定期分析本地区灾害形势对建设系统可能造成的影响，形成灾害防御分析报告，并根据分析结果，及时公布建设系统防御相关自然灾害的重点地区和薄弱环节，针对工作存在的突出问题开展专项整治。要建立建设系统防灾重点工程和次生灾害危险源数据库，在特殊季节或接到灾害预警时，及时做出切合实际、有针对性的部署，研究、落实各项保障措施。

（九）建立防灾减灾工作绩效评估制度。灾害发生后，要及时评估建设系统防灾减灾工作绩效，从体制、机制、法规、政策和技术层面深入分析本地区建设系统防灾减灾工作和应急措施的成效和不足，提出加强和改进工作的目标、措施，并向上级建设主管部门提出完善相关技术标准和应急预案的具体意见和建议。

四、着力提高建设系统重点领域防御灾害能力

（十）推进城市防灾规划的编制与实施工作。要结合城市总体规划的编制和修订，按照突出重点、统筹兼顾的原则，开展城市防灾规划的编制工作。处在高烈度抗震设防区的城镇要以防御地震为主，沿海地区要以防范台风为主，严寒地区要以防御雪灾为主，沿江沿河城镇要考虑防洪和防范江河水源污染，山区要考虑避开山洪和地质灾害危险区，并结合其他自然灾害和次生灾害的综合防御，在防灾规划中整合与城市建设、管理相关的防灾

要求。要将城市建设防灾规划作为城市总体规划的专项规划和强制性要求，强化城市分区规划、控制性详细规划和修建性详细规划阶段的防灾内容，提高城市综合防御各种自然灾害和次生灾害的能力，从源头上减轻可能的灾害损失。

（十一）做好市政基础设施、特别是城市生命线系统的抗灾设防。要重视市政基础设施、特别是城市轨道交通、城市桥梁、供气、供水、排水、供热等重要生命线系统的防灾能力建设，严格选址、设计、建设和运营的防灾管理。要把对重要市政基础设施的抗灾设防质量监管重心前移，在立项和方案阶段就针对防灾的关键性问题开展分析、研究和论证，提出防灾减灾意见和要求；在初步设计阶段进行抗灾设防的专项审查，或在相关审查中增加防灾的内容要求；在施工图审查阶段把抗灾设防质量作为审查的重要内容；在运行阶段定期开展防灾安全评价，及时维护、鉴定、维修、加固；在有灾害预警时加强检查，采取必要措施，确保市政基础设施的抗灾能力。

（十二）做好城镇房屋建筑特别是大型公共建筑的抗灾设防。严格按照工程建设强制性标准进行房屋建筑工程的设计、施工、监理，加强初步设计阶段超限高层建筑工程的抗震设防专项审查，在施工图审查和竣工验收中对大型公共建筑的抗灾能力严格把关，确保新建工程的抗灾设防质量。按照有关法律、法规和部门规章的要求，及时对未采取抗灾措施的房屋建筑工程进行抗灾鉴定和加固。指导并督促房屋产权人、管理人及使用人加强对房屋的维护、巡查。对建筑年代较长、建设标准较低、严重失修失养的直管公房要建立台账，针对不同季节和气候条件，对房屋的安全隐患进行重点检查。

（十三）提高村镇建设的防灾减灾能力。要把村镇建设的防灾工作作为社会主义新农村建设的重要内容，加强宣传指导。在村镇规划中充分考虑防灾避险和应急疏散的要求。要逐步将农村基础设施和公共建筑纳入工程质量监管体系，保障工程的抗灾能力。有条件的地方应适当提高农村医院、卫生所、学校等农村公共建筑的设防标准，并结合党员村级组织活动场所或村民文化活动场所建设，为村民提供应急避险场所。进一步加强对农民建房的管理和技术指导，开展对村镇建筑工匠的防灾技术培训，通过向农民提供抗灾设防设计图纸、建设农村防灾示范工程等多种方式，逐步提高农房的抗灾能力。

（十四）加强工程建设过程中的防灾能力建设。有针对性地开展工程建设过程中的灾害预防工作，进一步提高建筑工地抵御各种灾害的能力，避免引发次生灾害和危及公共安全的事件。特别要加强对建筑行业管理人员和农民工抗御台风、防范滑坡等防灾知识和技能教育。要组织制定施工现场临时建筑物安全防灾技术标准和建筑施工灾害天气预警应急预案，在有灾害预警时，强化对施工现场临时建筑、塔吊、施工用电、脚手架、基坑边坡等重点部位和环节的检查，采取必要的加固措施及时消除安全隐患，并根据需要及时组织防灾或避险及施工人员疏散撤离。

（十五）推进城市群和社区的防灾减灾工作。城市密集的地区要将全方位、全过程、系统性和整体性概念融入到防灾减灾工作中，综合考虑区域防灾要求的互相关联、防灾资源的整合以及建设系统防灾减灾工作的协调、配合和互相支援。要积极推动社区防灾减灾工作，新建社区的防灾设施、避险场所、疏散场地等要与房屋建筑和市政基础设施同时规划设计、同时建设、同时投入使用，确保防灾设施齐全和足够的避险、疏散空间。现有重要城区、大型厂矿区、商务中心区（CBD）、大型公共场所、大型地下空间和风景名胜区要进行综合防灾能力评价，不能满足有关防灾要求的，要有计划有步骤地进行改造。

五、提高建设系统防灾应急和恢复重建能力

（十六）制定和完善建设系统各类防灾应急预案。按照国务院对应急预案编制、管理的要求，根据当地的地震、台风、暴雨等灾害特点，制定和完善建设系统的各类防灾应急预案，明确相关部门和人员责权，加强灾害管理专家系统建设。要把制定和修订应急预案的过程作为不断总结经验教训、查找薄弱环节、改进工作的过程，保证预案完备可行。

（十七）建立健全有关灾害信息的收集、处理、上报渠道。加强与地震、气象、水利和国土资源等部门的协调、联系，做到信息先行，保证及时、准确地得到各种自然灾害预警信息；建立数字化的信息系统和信息报送制度，保证及时得到来自基层的第一手灾害情况报告；收集、研究国内外涉及建设系统的自然灾害案例和应急工作措施，为领导决策服务；明确负责灾害信息上报的机构、人员，确保按照规定时限向上级建设部门报告灾害信息。

（十八）做好抢险抢修和应急鉴定队伍建设及物资准备。建立反应迅速、机动灵活、装备精良、业务过硬的市政基础设施抢险抢修专业队伍；采取各种有效措施，依靠建筑设计、施工和研究等单位的力量，保证灾时能够及时组织房屋建筑应急鉴定队伍；建立抢险救灾投入补偿机制，确保分散在施工企业的大型设备能够在抢险救灾时及时到位；通过培训、演练，提高抢险抢修和应急鉴定队伍的快速反应能力和技术水平。

（十九）加强对灾后恢复重建的指导。按照统一规划、分步实施、基础设施先行的原则，指导灾区制定与改善群众生活相统一、与城乡规划相衔接的、满足防灾要求的恢复重建方案。确定合理的抗灾设防标准，加强对恢复重建工程的质量监管，提高工程的抗灾能力。加强对农村房屋灾后重建的技术指导，依靠专家的力量，在深入调查研究的基础上，针对各地农房和建筑材料的特点，充分考虑农民的经济承受能力，推广应用农房抗震、抗风等实用技术。

六、加强建设系统防灾减灾支撑保障体系建设

（二十）完善建设系统防灾减灾技术标准体系。要及时将先进适用的防灾减灾技术纳入工程建设技术标准，在完善抗震、抗风、防洪、防火等单灾种抗灾技术标准体系的基础上，重点加强城市建设防灾规划技术标准、城市避难空间设计导则等城市建设综合防灾方面的技术标准和技术指南的制定。鼓励根据当地的经济发展水平和自然灾害情况制定符合当地实际、优于国家标准的抗灾设防地方标准；在城乡规划标准中强化防灾避难空间的内容和要求；在设计规范中考虑灾害的关联性和多灾种防灾要求的整合；在施工规范中考虑施工过程中的防灾和安全监测；在市政基础设施运行和房屋建筑使用标准中注重防灾应急要求。

（二十一）加强防灾减灾技术支撑体系建设。鼓励高等院校和科研、规划、设计、施工单位开展城乡建设、工程建设防灾理论研究和技术创新，重点研究城市和城市群灾害模拟预测与综合防灾保障、城市重大灾害与事故耦合与派生规律、重大工程与城市生命线工程灾害监测预警与控制、农村民居防灾减灾技术、土木工程系统数字减灾技术等。充分依靠相关学术团体的技术力量，建立各级建设系统的防灾减灾专家队伍，在规划、勘察、设计、施工、管理、使用、运营和应急管理等各个环节发挥专家队伍的作用，全面提升建设系统防灾和应急管理的信息化程度和技术含量，做到科学决策。

（二十二）加强防灾减灾文化建设和教育培训工作。各地要采取多种方式加强防灾减灾文化建设，广泛宣传防灾减灾知识。要在高等院校土建类专业课程中安排防灾减灾的内容；要制订防灾管理培训规划和培训大纲，积极开展对建设系统各级领导干部防灾和应急管理培训；要将防灾减灾理论和知识作为注册城市规划师、建造师、注册建筑师、勘察设计注册工程师、造价工程师、监理工程师、房地产估价师、物业管理师等专业技术人员继续教育的重要内容；要加强建设系统各单位从业人员防灾减灾知识培训，定期组织各种防灾演习、演练。

中华人民共和国建设部

二○○七年七月十日

关于印发《建设工程质量监督机构和
人员考核管理办法》的通知

（建质［2007］184号）

各省、自治区建设厅，直辖市建委，国务院有关部门：

现将《建设工程质量监督机构和人员考核管理办法》印发给你们，请结合本地区、本部门实际情况认真贯彻执行。执行中有何问题，请及时告我部工程质量安全监督与行业发展司。

中华人民共和国建设部

二○○七年七月二十六日

建设工程质量监督机构和人员考核管理办法

第一章　总　　则

第一条　为了加强建设工程质量监督机构和人员的管理，根据《中华人民共和国建筑法》、《建设工程质量管理条例》等有关规定，制定本办法。

第二条　在中华人民共和国境内从事建设工程质量监督的机构和人员，应遵守本办法。

第三条　建设工程质量监督机构（以下简称监督机构）是指受县级以上地方人民政府建设主管部门或有关部门委托，经省级人民政府建设主管部门或国务院有关部门考核认定，依据国家的法律、法规和工程建设强制性标准，对工程建设实施过程中各参建责任主体和有关单位的质量行为及工程实体质量进行监督管理的具有独立法人资格的单位。

第四条　建设工程质量监督人员（以下简称监督人员）是指经省级人民政府建设主管

部门或国务院有关部门考核认定，依法从事建设工程质量监督工作的专业技术人员。

第五条 国务院建设主管部门对全国建设工程质量监督机构和人员考核工作实施统一监督管理。

铁路、交通、水利、信息、民航等国务院有关部门按照国务院规定的职责分工对所属的专业工程质量监督机构和人员实施考核管理。

省、自治区、直辖市人民政府建设主管部门对本行政区域内建设工程质量监督机构和人员进行考核管理和业务指导。

第二章 基 本 条 件

第六条 监督机构应具备的基本条件：

（一）具有一定数量的监督人员：

1. 地市级以上人民政府建设主管部门所属的监督机构（以下简称地市级以上监督机构）不少于9人；县级人民政府建设主管部门所属的监督机构（以下简称县级监督机构，包括县级市）不少于3人；

2. 监督人员专业结构合理，建筑工程水、电、智能化等安装专业技术人员与土建工程专业技术人员相配套；

3. 监督人员数量占监督机构总人数的比例不低于75%。

（二）有固定的工作场所和适应工程质量监督检查工作需要的仪器、设备和工具等；

（三）有健全的工作制度和管理制度；

（四）具备与质量监督工作相适应的信息化管理条件。

第七条 监督人员应当具备一定的专业技术能力和监督执法知识，熟悉掌握国家有关的法律、法规和工程建设强制性标准，具有良好职业道德。

监督人员应当符合下列基本条件，并经省级人民政府建设主管部门组织的上岗培训、考核合格后，方可从事工程质量监督工作。

（一）地市级以上监督机构的监督人员：

1. 具有工程类专业本科以上学历；

2. 具有中级以上专业技术职称；

3. 具有5年以上建设工程质量管理或设计、施工、监理等工作经历；

4. 年龄不超过60周岁。

（二）县级监督机构的监督人员：

1. 具有工程类专业大专以上学历；

2. 具有初级以上专业技术职称；

3. 具有3年以上建设工程质量管理或设计、施工、监理等工作经历；

4. 年龄不超过60周岁。

（三）取得注册建造师、监理工程师、结构工程师等工程类国家执业资格证书的，可不受上述（一）、（二）中1、2条件限制。连续从事质量监督工作满15年具有中级以上专业技术职称的，可不受上述（一）、（二）中1条件限制。

第八条 监督机构负责人应当具备同级监督人员基本条件，熟悉工程建设管理工作。

第三章 监督机构和人员考核

第九条 省、自治区、直辖市人民政府建设主管部门对本行政区域内的监督机构和人员初次考核合格后，颁发国务院建设主管部门统一格式的监督机构考核证书和监督人员资格证书。

对监督机构每三年进行一次验证考核。

对监督人员每两年进行一次岗位考核，每年进行一次法律、业务知识培训，并适时组织开展相关内容的继续教育培训。

第十条 监督机构考核的主要内容：

（一）执行国家工程建设法律、法规及地方有关规定情况；

（二）工程监督覆盖率、所监督工程参建责任主体的质量行为及工程实体质量符合国家工程建设法律、法规和工程建设强制性标准情况；

（三）监督机构基本条件的符合情况；

（四）工程质量监督档案建立情况；

（五）所监督区域发生重大质量事故的情况；

（六）其他有关规定内容。

第十一条 监督人员考核的主要内容：

（一）执行国家工程建设法律、法规及地方有关规定情况；

（二）所监督项目的参建责任主体的质量行为及工程实体质量符合国家工程建设法律、法规和工程建设强制性标准情况；

（三）监督职责履行情况；

（四）监督人员条件符合情况；

（五）参加业务知识培训情况。

第十二条 省、自治区、直辖市人民政府建设主管部门可组织成立考核委员会，负责实施监督机构和人员的考核、培训工作。考核程序、绩效评价以及具体实施由省级建设主管部门制定细则。

省级人民政府建设主管部门应当将考核结果向社会公布，并建立相应的考核管理档案。

第十三条 考核结果分为合格、不合格。

监督机构有下列情况之一的，考核结果为不合格：

（一）监督人员数量和工作情况不符合第六条有关规定的；

（二）出具虚假工程质量检查监督报告的；

（三）在监督工作中存在严重违反法律、法规规定行为的；

（四）因严重失职，导致重大质量事故，影响恶劣的。

监督人员有下列行为之一的，考核结果为不合格：

（一）不符合第七条有关规定的；

（二）不认真履行《工程质量监督工作导则》等有关规定的工作职责的；

（三）因监督失职，所监督的工程发生重大质量事故的；

（四）未直接监督工程或准许他人以本人名义、弄虚作假签署质量监督报告的；

（五）未按照有关法律法规和规定的标准和程序进行监督执法的；

（六）其他失职或违法行为。

第十四条 对考核不合格的监督机构，责令限期整改并由建设主管部门对其调整和充实力量。

对考核不合格的监督人员，责令限期培训后，重新考核仍不合格的，应当调离监督工作岗位。属严重监督失职或存在违法行为的，应当调离监督工作岗位，并按有关规定给予相应处分。

第四章　附　　则

第十五条 专业工程质量监督机构和人员的考核管理，由国务院有关主管部门参照本办法制定实施办法。

第十六条 省、自治区、直辖市人民政府建设主管部门可根据本办法制定实施细则。

第十七条 本办法自发布之日起施行。

关于建筑施工企业主要负责人、项目负责人和专职安全生产管理人员安全生产考核合格证书延期工作的指导意见

建质〔2007〕189 号

各省、自治区建设厅，直辖市建委，江苏省、山东省建管局，新疆生产建设兵团建设局，中央管理的建筑施工企业：

根据《建筑施工企业主要负责人、项目负责人和专职安全生产管理人员安全生产考核管理暂行规定》（建质〔2004〕59 号）规定，建筑施工企业管理人员安全生产考核合格证书有效期为三年。目前，各地区建筑施工企业主要负责人、项目负责人和专职安全生产管理人员（以下简称"三类人员"）即将陆续进入安全生产考核合格证书延期工作办理阶段，为进一步加强和规范"三类人员"安全生产考核合格证书延期工作，提出以下指导意见：

一、各地区"三类人员"安全生产考核合格证书颁发管理机关（以下简称"颁发管理机关"）要加强组织领导，切实做好"三类人员"安全生产考核合格证书延期工作。要以延期工作为契机，加强对"三类人员"的审查和继续教育培训工作，切实提高"三类人员"整体队伍素质；要结合实际，合理安排"三类人员"安全生产考核合格证书延期准备工作，做好与企业安全生产许可证延期的衔接工作；要规范办理程序，在办公场所、机关网站上公示延期的条件、程序、期限和需提交的材料，方便申请人办理延期手续。

二、各地区颁发管理机关要认真做好"三类人员"的安全生产知识继续教育工作。要将近期出台的一系列建筑安全生产相关法律法规以及技术标准作为继续教育内容的重点，进一步加强"三类人员"对安全生产法律、法规及技术标准的理解和掌握，提高安全生产管理能力，提升"三类人员"安全生产管理水平。

三、"三类人员"在安全生产考核合格证书有效期内，有下列行为之一的，安全生产考核合格证书有效期届满时，应重新考核：

（一）对于企业主要负责人：

1. 所在企业发生过较大及以上等级生产安全责任事故或两起及以上一般生产安全责任事故的；

2. 所在企业存在违法违规行为，或本人未依法认真履行安全生产管理职责，被处罚或通报批评的；

3. 未按规定接受企业年度安全生产培训教育和建设行政主管部门继续教育的；

4. 未按规定提出延期申请的；

5. 颁发管理机关认为有必要重新考核的其他行为。

（二）对于项目负责人：

1. 承建的工程项目发生过一般及以上等级生产安全责任事故的；

2. 承建的工程项目存在违法违规行为，或本人未依法认真履行安全生产管理职责，被处罚或通报批评的；

3. 未按规定接受企业年度安全生产培训教育和建设行政主管部门继续教育的；

4. 未按规定提出延期申请的；

5. 颁发管理机关认为有必要重新考核的其他行为。

（三）对于专职安全生产管理人员：

1. 企业安全监督机构的专职安全生产管理人员，其所在企业发生过较大及以上等级生产安全责任事故或两起及以上一般生产安全责任事故的；施工现场的专职安全生产管理人员，其所在工程项目发生过一般及以上等级生产安全责任事故的；

2. 所在企业或工程项目存在违法违规行为，或本人未依法履行安全生产管理职责，被处罚或通报批评的；

3. 未按规定接受企业年度安全生产培训教育和建设行政主管部门继续教育的；

4. 未按规定提出延期申请的；

5. 颁发管理机关认为有必要重新考核的其他行为。

四、对于在安全生产考核合格证书有效期内无上述行为，严格遵守有关安全生产的法律、法规和规章，认真履行安全生产职责，并接受企业年度安全生产培训教育和建设行政主管部门继续教育的"三类人员"，颁发管理机关可不再重新考核，其证书有效期可延期3年。

五、"三类人员"在安全生产考核合格证书三年有效期满前3个月，由本人向所在施工企业提出安全生产考核合格证书延期申请，经施工企业同意后，由施工企业向原颁发管理机关递交申请材料。申请材料包括"三类人员"安全生产考核申请表和"三类人员"安全生产考核申请名单（申请表可参照《中央管理的建筑施工企业（集团公司、总公司）主要负责人、项目负责人和专职安全生产管理人员安全生产考核管理实施细则》（建质函〔2004〕189号）。

逾期未办理延期申请且有效期满的，"三类人员"原证书自动失效。

六、各地区颁发管理机关在接到企业的延期申请后应在5个工作日内做出是否受理的决定。对于无需重新考核的，应当自受理安全生产考核合格证书延期申请之日起20个工作日内为其办理延期手续。颁发管理机关应在安全生产考核合格证书有效期一栏内填写新的有效期，加盖考核发证单位公章，并注明"经考核，同意延期三年"字样，其安全生产考核合格证书有效期延期3年。

对于需重新考核的"三类人员"，经颁发管理机关重新考核合格后，办理延期手续，并在其证书内注明"经重新考核，同意延期三年"字样。

七、各地区颁发管理机关应建立完善"三类人员"安全生产考核动态管理信息系统，定期向社会公布"三类人员"取得安全生产考核合格证书及延期情况。

八、各地区颁发管理机关可依照本通知，制定本地区的具体实施办法。

中华人民共和国建设部
二○○七年八月三日

关于建筑施工企业安全生产许可证
有效期满延期工作的通知

建质〔2007〕201号

各省、自治区建设厅，直辖市建委，江苏省、山东省建管局：

根据《安全生产许可证条例》和《建筑施工企业安全生产许可证管理规定》，建筑施工企业安全生产许可证有效期为三年。为切实做好全国第一批以及今后建筑施工企业安全生产许可证有效期满延期工作，进一步提高我国建筑施工企业安全生产管理水平，现通知如下：

一、延期工作指导原则

以科学发展观统领全局，按照统筹安排、严格条件、简化程序、方便企业的总体要求，坚持监督管理与服务企业并重、全面要求与差异化管理相结合的基本原则，认真做好建筑施工企业安全生产许可证有效期满延期工作。要利用延期工作的契机，进一步规范建筑施工企业安全生产行为和安全生产条件，促使企业建立起自我约束、持续改进的安全生产长效机制，减少和控制生产安全事故，以利于推动全国建筑安全生产形势的稳定好转。

二、延期企业审查范围

（一）属于下列范围的建筑施工企业，安全生产许可证颁发管理机关（以下简称颁发管理机关）应当重新对其安全生产条件进行审查：

1. 在安全生产许可证有效期内，发生生产安全事故且对事故发生负有责任的；

2. 在安全生产许可证有效期内，曾被暂扣过安全生产许可证的；

3. 在安全生产许可证有效期内，受到各级建设主管部门3次以上（含3次）处罚、通报批评或安全生产诚信不良记录的；

4. 未在原颁发管理机关规定时间内提出延期申请的；

5. 原颁发管理机关因其他原因认为有必要重新审查的。

（二）在安全生产许可证有效期内，严格遵守有关安全生产的法律、法规、规章和工程建设强制性标准，不属于第（一）项规定的应当重新审查范围的建筑施工企业，经原颁发管理机关同意，可以不再对其进行审查。但此类企业仍需提交本通知规定的有关申请材料。

（三）对预拌商品混凝土、混凝土预制构件、园林绿化等不属于建筑施工企业安全生产许可证发放范围的企业，如部分地区此前向其发放过安全生产许可证，本次延期将不再予以受理。

（四）对于已经申请领取安全生产许可证的劳务分包企业，本次应依照有关规定准予其延期；对于未对劳务分包企业申领安全生产许可证作出要求的地区，应统一要求本地劳务分包企业申领安全生产许可证。

三、延期工作内容、程序

（一）申请

安全生产许可证有效期满前三个月，企业应当向原颁发管理机关提出延期申请。

1. 需要进行重新审查的企业，应提交以下申请材料：

（1）建筑施工企业安全生产许可证延期申请表。由各地颁发管理机关将《建筑施工企业安全生产许可证管理规定实施意见》（建质〔2004〕148号，以下简称《实施意见》）规定的申请表修改为延期申请表，供本地企业使用。

（2）建筑业企业营业执照、资质证书、原安全生产许可证、企业"三类人员"安全生产考核合格证书（企业安全生产许可证获准延期之前，"三类人员"安全生产考核合格证书应在有效期之内）复印件（需交验原件）。

（3）《实施意见》第（六）条规定的有关文件、资料。

（4）各地颁发管理机关规定的其他申请材料。

2. 不需要进行重新审查的企业，提交上述第（1）、（2）、（4）项材料。

企业应对申请材料实质内容的真实性负责。

（二）受理

颁发管理机关对属于本次延期范围且申请材料齐全的企业予以受理；对申请材料不齐全的，当场或者在5个工作日内书面形式一次告知企业需要补正的全部内容，企业应及时补正并重新申报；对不属于本次延期范围或者企业隐瞒有关情况、提供虚假材料的，不予受理。

（三）审查

对于需要重新审查的企业，颁发管理机关依据有关法规、规章对企业申请材料进行审查，并应当随机对企业1到2个在建工程施工现场进行抽查。必要时，可以征求铁道、交通、水利等有关部门意见。

在安全生产许可证有效期届满前，对于不需要进行重新审查和经重新审查合格的，准予安全生产许可证延期；审查不合格的，不予延期，书面通知企业并说明理由，企业自接到通知之日起应当进行整改，整改合格后可再次提出延期申请。

（四）发证

1. 对于准予安全生产许可证延期的，颁发管理机关通知企业交回全部原安全生产许可证正本和副本，并换领新的安全生产许可证正本和副本。延期的安全生产许可证证号不变，副本采用新的样式（新样式见实物，填写说明、订购办法等另行通知）。

2. 自本通知下发之日起，新审批的安全生产许可证全部采用新的副本；对于尚在有效期内的安全生产许可证，企业可以使用原来的副本，待有效期满准予延期后再换领新的副本。

（五）监督管理

对于安全生产许可证有效期满未办理延期手续继续进行生产的，按照《安全生产许可证条例》第二十条规定进行处罚。

四、延期工作有关要求

（一）各地颁发管理机关要高度重视延期工作并加强对此项工作的组织领导。要结合工作实际，认真制定详细的实施细则和工作方案并及早向企业公布。要合理安排好安全生产许可证延期工作的时间和批次，确保符合条件的企业在安全生产许可证有效期届满之前申领到新的安全生产许可证。我部将适时对各地安全生产许可证延期工作进行检查。

（二）各地颁发管理机关应当在办公场所、本机关网站上公示延期的有关条件、程序、期限、延期申请所需提交的资料目录及要求，确定不需要重新审查和需要重新审查的企业名单并及时通知企业，便于企业提早作出申请准备。

（三）各地颁发管理机关本着服务企业和充分发挥基层建设主管部门积极性的原则，可以采取网上申请、设置受理网点、组织企业统一申报、根据企业安全信用情况采用灵活多样的审查方式等手段，切实提高延期工作效率，注意降低行政成本。

（四）各地颁发管理机关应当根据企业安全生产许可证延期情况，及时更新建设部"建筑施工企业安全生产许可证信息管理系统"有关内容，同时要定期向社会公布本地企业安全生产许可证延期以及发放、暂扣、吊销等情况。

（五）各地颁发管理机关在安全生产许可证延期的各个工作环节要严格遵守《行政许可法》等法律、法规和规章的要求，自觉贯彻落实各项廉洁自律规定。对有关违法违纪行为，要严格依照《行政机关公务员处分条例》和《安全生产领域违法违纪行为政纪处分暂行规定》等法规规章对有关人员进行责任追究。

中华人民共和国建设部

二〇〇七年八月二十二日

关于印发《绿色施工导则》的通知

建质〔2007〕223号

各省、自治区建设厅，直辖市建委，国务院有关部门：

现将《绿色施工导则》印发给你们，请结合本地区、本部门实际情况认真贯彻执行。执行中有何问题和建议，请及时告我部工程质量安全监督与行业发展司。

附件：绿色施工导则

中华人民共和国建设部
二〇〇七年九月十日

附件：

绿色施工导则

1　总　　则

1.1　我国尚处于经济快速发展阶段，。作为大量消耗资源、影响环境的建筑业，应全面实施绿色施工，承担起可持续发展的社会责任。

1.2　本导则用于指导建筑工程的绿色施工，并可供其他建设工程的绿色施工参考。

1.3　绿色施工是指工程建设中，在保证质量、安全等基本要求的前提下，通过科学管理和技术进步，最大限度地节约资源与减少对环境负面影响的施工活动，实现四节一环保（节能、节地、节水、节材和环境保护）。

1.4　绿色施工应符合国家的法律、法规及相关的标准规范，实现经济效益、社会效益和环境效益的统一。

1.5　实施绿色施工，应依据因地制宜的原则，贯彻执行国家、行业和地方相关的技术经济政策。

1.6　运用 ISO14000 和 ISO18000 管理体系，将绿色施工有关内容分解到管理体系目标中去，使绿色施工规范化、标准化。

1.7　鼓励各地区开展绿色施工的政策与技术研究，发展绿色施工的新技术、新设备、新材料与新工艺，推行应用示范工程。

2　绿色施工原则

2.1　绿色施工是建筑全寿命周期中的一个重要阶段。实施绿色施工，应进行总体方案优化。在规划、设计阶段，应充分考虑绿色施工的总体要求，为绿色施工提供基础条件。

2.2　实施绿色施工，应对施工策划、材料采购、现场施工、工程验收等各阶段进行控制，加强对整个施工过程的管理和监督。

3　绿色施工总体框架

绿色施工总体框架由施工管理、环境保护、节材与材料资源利用、节水与水资源利用、节能与能源利用、节地与施工用地保护六个方面组成（图 1）。这六个方面涵盖了绿色施工的基本指标，同时包含了施工策划、材料采购、现场施工、工程验收等各阶段的指标的子集。

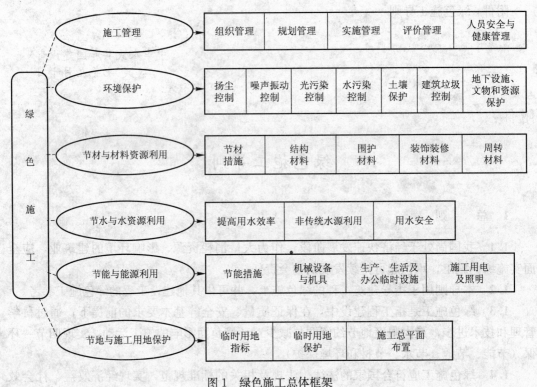

图 1　绿色施工总体框架

4　绿色施工要点

4.1　绿色施工管理主要包括组织管理、规划管理、实施管理、评价管理和人员安全与健康管理五个方面。

4.1.1　组织管理

1. 建立绿色施工管理体系，并制定相应的管理制度与目标。

2. 项目经理为绿色施工第一责任人，负责绿色施工的组织实施及目标实现，并指定绿色施工管理人员和监督人员。

4.1.2　规划管理

1. 编制绿色施工方案。该方案应在施工组织设计中独立成章，并按有关规定进行审批。

2. 绿色施工方案应包括以下内容：

（1）环境保护措施，制定环境管理计划及应急救援预案，采取有效措施，降低环境负荷，保护地下设施和文物等资源。

（2）节材措施，在保证工程安全与质量的前提下，制定节材措施。如进行施工方案的节材优化，建筑垃圾减量化，尽量利用可循环材料等。

（3）节水措施，根据工程所在地的水资源状况，制定节水措施。

（4）节能措施，进行施工节能策划，确定目标，制定节能措施。

（5）节地与施工用地保护措施，制定临时用地指标、施工总平面布置规划及临时用地节地措施等。

4.1.3 实施管理

1. 绿色施工应对整个施工过程实施动态管理，加强对施工策划、施工准备、材料采购、现场施工、工程验收等各阶段的管理和监督。

2. 应结合工程项目的特点，有针对性地对绿色施工作相应的宣传，通过宣传营造绿色施工的氛围。

3. 定期对职工进行绿色施工知识培训，增强职工绿色施工意识。

4.1.4 评价管理

1. 对照本导则的指标体系，结合工程特点，对绿色施工的效果及采用的新技术、新设备、新材料与新工艺，进行自评估。

2. 成立专家评估小组，对绿色施工方案、实施过程至项目竣工，进行综合评估。

4.1.5 人员安全与健康管理

1. 制订施工防尘、防毒、防辐射等职业危害的措施，保障施工人员的长期职业健康。

2. 合理布置施工场地，保护生活及办公区不受施工活动的有害影响。施工现场建立卫生急救、保健防疫制度，在安全事故和疾病疫情出现时提供及时救助。

3. 提供卫生、健康的工作与生活环境，加强对施工人员的住宿、膳食、饮用水等生活与环境卫生等管理，明显改善施工人员的生活条件。

4.2 环境保护技术要点

4.2.1 扬尘控制

1. 运送土方、垃圾、设备及建筑材料等，不污损场外道路。运输容易散落、飞扬、流漏的物料的车辆，必须采取措施封闭严密，保证车辆清洁。施工现场出口应设置洗车槽。

2. 土方作业阶段，采取洒水、覆盖等措施，达到作业区目测扬尘高度小于1.5m，不扩散到场区外。

3. 结构施工、安装装饰装修阶段，作业区目测扬尘高度小于0.5m。对易产生扬尘的堆放材料应采取覆盖措施；对粉末状材料应封闭存放；场区内可能引起扬尘的材料及建筑垃圾搬运应有降尘措施，如覆盖、洒水等；浇筑混凝土前清理灰尘和垃圾时尽量使用吸尘器，避免使用吹风器等易产生扬尘的设备；机械剔凿作业时可用局部遮挡、掩盖、水淋等防护措施；高层或多层建筑清理垃圾应搭设封闭性临时专用道或采用容器吊运。

4. 施工现场非作业区达到目测无扬尘的要求。对现场易飞扬物质采取有效措施，如洒水、地面硬化、围挡、密网覆盖、封闭等，防止扬尘产生。

5. 构筑物机械拆除前，做好扬尘控制计划。可采取清理积尘、拆除体洒水、设置隔挡等措施。

6. 构筑物爆破拆除前，做好扬尘控制计划。可采用清理积尘、淋湿地面、预湿墙体、屋面敷水袋、楼面蓄水、建筑外设高压喷雾状水系统、搭设防尘排栅和直升机投水弹等综合降尘。选择风力小的天气进行爆破作业。

7. 在场界四周隔挡高度位置测得的大气总悬浮颗粒物（TSP）月平均浓度与城市背

景值的差值不大于 0.08mg/m³。

4.2.2 噪声与振动控制

1. 现场噪声排放不得超过国家标准《建筑施工场界噪声限值》GB 12523—90 的规定。

2. 在施工场界对噪声进行实时监测与控制。监测方法执行国家标准《建筑施工场界噪声测量方法》GB 12524—90。

3. 使用低噪声、低振动的机具，采取隔声与隔振措施，避免或减少施工噪声和振动。

4.2.3 光污染控制

1. 尽量避免或减少施工过程中的光污染。夜间室外照明灯加设灯罩，透光方向集中在施工范围。

2. 电焊作业采取遮挡措施，避免电焊弧光外泄。

4.2.4 水污染控制

1. 施工现场污水排放应达到国家标准《污水综合排放标准》GB 8978—1996 的要求。

2. 在施工现场应针对不同的污水，设置相应的处理设施，如沉淀池、隔油池、化粪池等。

3. 污水排放应委托有资质的单位进行废水水质检测，提供相应的污水检测报告。

4. 保护地下水环境。采用隔水性能好的边坡支护技术。在缺水地区或地下水位持续下降的地区，基坑降水尽可能少地抽取地下水；当基坑开挖抽水量大于 50 万 m³ 时，应进行地下水回灌，并避免地下水被污染。

5. 对于化学品等有毒材料、油料的储存地，应有严格的隔水层设计，做好渗漏液收集和处理。

4.2.5 土壤保护

1. 保护地表环境，防止土壤侵蚀、流失。因施工造成的裸土，及时覆盖砂石或种植速生草种，以减少土壤侵蚀；因施工造成容易发生地表径流土壤流失的情况，应采取设置地表排水系统、稳定斜坡、植被覆盖等措施，减少土壤流失。

2. 沉淀池、隔油池、化粪池等不发生堵塞、渗漏、溢出等现象。及时清掏各类池内沉淀物，并委托有资质的单位清运。

3. 对于有毒有害废弃物如电池、墨盒、油漆、涂料等应回收后交有资质的单位处理，不能作为建筑垃圾外运，避免污染土壤和地下水。

4. 施工后应恢复施工活动破坏的植被（一般指临时占地内）。与当地园林、环保部门或当地植物研究机构进行合作，在先前开发地区种植当地或其他合适的植物，以恢复剩余空地地貌或科学绿化，补救施工活动中人为破坏植被和地貌造成的土壤侵蚀。

4.2.6 建筑垃圾控制

1. 制定建筑垃圾减量化计划，如住宅建筑，每万平方米的建筑垃圾不宜超过 400t。

2. 加强建筑垃圾的回收再利用，力争建筑垃圾的再利用和回收率达到 30%，建筑物拆除产生的废弃物的再利用和回收率大于 40%。对于碎石类、土石方类建筑垃圾，可采用地基填埋、铺路等方式提高再利用率，力争再利用率大于 50%。

3. 施工现场生活区设置封闭式垃圾容器，施工场地生活垃圾实行袋装化，及时清运。对建筑垃圾进行分类，并收集到现场封闭式垃圾站，集中运出。

4.2.7 地下设施、文物和资源保护

1. 施工前应调查清楚地下各种设施，做好保护计划，保证施工场地周边的各类管道、管线、建筑物、构筑物的安全运行。

2. 施工过程中一旦发现文物，立即停止施工，保护现场并通报文物部门并协助做好工作。

3. 避让、保护施工场区及周边的古树名木。

4. 逐步开展统计分析施工项目的 CO_2 排放量，以及各种不同植被和树种的 CO_2 固定量的工作。

4.3 节材与材料资源利用技术要点

4.3.1 节材措施

1. 图纸会审时，应审核节材与材料资源利用的相关内容，达到材料损耗率比定额损耗率降低 30%。

2. 根据施工进度、库存情况等合理安排材料的采购、进场时间和批次，减少库存。

3. 现场材料堆放有序。储存环境适宜，措施得当。保管制度健全，责任落实。

4. 材料运输工具适宜，装卸方法得当，防止损坏和遗洒。根据现场平面布置情况就近卸载，避免和减少二次搬运。

5. 采取技术和管理措施提高模板、脚手架等的周转次数。

6. 优化安装工程的预留、预埋、管线路径等方案。

7. 应就地取材，施工现场 500 公里以内生产的建筑材料用量占建筑材料总重量的 70% 以上。

4.3.2 结构材料

1. 推广使用预拌混凝土和商品砂浆。准确计算采购数量、供应频率、施工速度等，在施工过程中动态控制。结构工程使用散装水泥。

2. 推广使用高强钢筋和高性能混凝土，减少资源消耗。

3. 推广钢筋专业化加工和配送。

4. 优化钢筋配料和钢构件下料方案。钢筋及钢结构制作前应对下料单及样品进行复核，无误后方可批量下料。

5. 优化钢结构制作和安装方法。大型钢结构宜采用工厂制作，现场拼装；宜采用分段吊装、整体提升、滑移、顶升等安装方法，减少方案的措施用材量。

6. 采取数字化技术，对大体积混凝土、大跨度结构等专项施工方案进行优化。

4.3.3 围护材料

1. 门窗、屋面、外墙等围护结构选用耐候性及耐久性良好的材料，施工确保密封性、防水性和保温隔热性。

2. 门窗采用密封性、保温隔热性能、隔音性能良好的型材和玻璃等材料。

3. 屋面材料、外墙材料具有良好的防水性能和保温隔热性能。

4. 当屋面或墙体等部位采用基层加设保温隔热系统的方式施工时，应选择高效节能、耐久性好的保温隔热材料，以减小保温隔热层的厚度及材料用量。

5. 屋面或墙体等部位的保温隔热系统采用专用的配套材料，以加强各层次之间的粘结或连接强度，确保系统的安全性和耐久性。

6. 根据建筑物的实际特点，优选屋面或外墙的保温隔热材料系统和施工方式，例如保温板粘贴、保温板干挂、聚氨酯硬泡喷涂、保温浆料涂抹等，以保证保温隔热效果，并减少材料浪费。

7. 加强保温隔热系统与围护结构的节点处理，尽量降低热桥效应。针对建筑物的不同部位保温隔热特点，选用不同的保温隔热材料及系统，以做到经济适用。

4.3.4 装饰装修材料

1. 贴面类材料在施工前，应进行总体排版策划，减少非整块材的数量。

2. 采用非木质的新材料或人造板材代替木质板材。

3. 防水卷材、壁纸、油漆及各类涂料基层必须符合要求，避免起皮、脱落。各类油漆及胶粘剂应随用随开启，不用时及时封闭。

4. 幕墙及各类预留预埋应与结构施工同步。

5. 木制品及木装饰用料、玻璃等各类板材等宜在工厂采购或定制。

6. 采用自粘类片材，减少现场液态胶粘剂的使用量。

4.3.5 周转材料

1. 应选用耐用、维护与拆卸方便的周转材料和机具。

2. 优先选用制作、安装、拆除一体化的专业队伍进行模板工程施工。

3. 模板应以节约自然资源为原则，推广使用定型钢模、钢框竹模、竹胶板。

4. 施工前应对模板工程的方案进行优化。多层、高层建筑使用可重复利用的模板体系，模板支撑宜采用工具式支撑。

5. 优化高层建筑的外脚手架方案，采用整体提升、分段悬挑等方案。

6. 推广采用外墙保温板替代混凝土施工模板的技术。

7. 现场办公和生活用房采用周转式活动房。现场围挡应最大限度地利用已有围墙，或采用装配式可重复使用围挡封闭。力争工地临房、临时围挡材料的可重复使用率达到70%。

4.4 节水与水资源利用的技术要点

4.4.1 提高用水效率

1. 施工中采用先进的节水施工工艺。

2. 施工现场喷洒路面、绿化浇灌不宜使用市政自来水。现场搅拌用水、养护用水应采取有效的节水措施，严禁无措施浇水养护混凝土。

3. 施工现场供水管网应根据用水量设计布置，管径合理、管路简捷，采取有效措施减少管网和用水器具的漏损。

4. 现场机具、设备、车辆冲洗用水必须设立循环用水装置。施工现场办公区、生活区的生活用水采用节水系统和节水器具，提高节水器具配置比率。项目临时用水应使用节水型产品，安装计量装置，采取针对性的节水措施。

5. 施工现场建立可再利用水的收集处理系统，使水资源得到梯级循环利用。

6. 施工现场分别对生活用水与工程用水确定用水定额指标，并分别计量管理。

7. 大型工程的不同单项工程、不同标段、不同分包生活区，凡具备条件的应分别计量用水量。在签订不同标段分包或劳务合同时，将节水定额指标纳入合同条款，进行计量考核。

8. 对混凝土搅拌站点等用水集中的区域和工艺点进行专项计量考核。施工现场建立雨水、中水或可再利用水的搜集利用系统。

4.4.2 非传统水源利用

1. 优先采用中水搅拌、中水养护，有条件的地区和工程应收集雨水养护。

2. 处于基坑降水阶段的工地，宜优先采用地下水作为混凝土搅拌用水、养护用水、冲洗用水和部分生活用水。

3. 现场机具、设备、车辆冲洗、喷洒路面、绿化浇灌等用水，优先采用非传统水源，尽量不使用市政自来水。

4. 大型施工现场，尤其是雨量充沛地区的大型施工现场建立雨水收集利用系统，充分收集自然降水用于施工和生活中适宜的部位。

5. 力争施工中非传统水源和循环水的再利用量大于30%。

4.4.3 用水安全

在非传统水源和现场循环再利用水的使用过程中，应制定有效的水质检测与卫生保障措施，确保避免对人体健康、工程质量以及周围环境产生不良影响。

4.5 节能与能源利用的技术要点

4.5.1 节能措施

1. 制订合理施工能耗指标，提高施工能源利用率。

2. 优先使用国家、行业推荐的节能、高效、环保的施工设备和机具，如选用变频技术的节能施工设备等。

3. 施工现场分别设定生产、生活、办公和施工设备的用电控制指标，定期进行计量、核算、对比分析，并有预防与纠正措施。

4. 在施工组织设计中，合理安排施工顺序、工作面，以减少作业区域的机具数量，相邻作业区充分利用共有的机具资源。安排施工工艺时，应优先考虑耗用电能的或其他能耗较少的施工工艺。避免设备额定功率远大于使用功率或超负荷使用设备的现象。

5. 根据当地气候和自然资源条件，充分利用太阳能、地热等可再生能源。

4.5.2 机械设备与机具

1. 建立施工机械设备管理制度，开展用电、用油计量，完善设备档案，及时做好维修保养工作，使机械设备保持低耗、高效的状态。

2. 选择功率与负载相匹配的施工机械设备，避免大功率施工机械设备低负载长时间运行。机电安装可采用节电型机械设备，如逆变式电焊机和能耗低、效率高的手持电动工具等，以利节电。机械设备宜使用节能型油料添加剂，在可能的情况下，考虑回收利用，节约油量。

3. 合理安排工序，提高各种机械的使用率和满载率，降低各种设备的单位耗能。

4.5.3 生产、生活及办公临时设施

1. 利用场地自然条件，合理设计生产、生活及办公临时设施的体形、朝向、间距和窗墙面积比，使其获得良好的日照、通风和采光。南方地区可根据需要在其外墙窗设遮阳设施。

2. 临时设施宜采用节能材料，墙体、屋面使用隔热性能好的的材料，减少夏天空调、冬天取暖设备的使用时间及耗能量。

3. 合理配置采暖、空调、风扇数量，规定使用时间，实行分段分时使用，节约用电。

4.5.4 施工用电及照明

1. 临时用电优先选用节能电线和节能灯具，临电线路合理设计、布置，临电设备宜采用自动控制装置。采用声控、光控等节能照明灯具。

2. 照明设计以满足最低照度为原则，照度不应超过最低照度的20%。

4.6 节地与施工用地保护的技术要点

4.6.1 临时用地指标

1. 根据施工规模及现场条件等因素合理确定临时设施，如临时加工厂、现场作业棚及材料堆场、办公生活设施等的占地指标。临时设施的占地面积应按用地指标所需的最低面积设计。

2. 要求平面布置合理、紧凑，在满足环境、职业健康与安全及文明施工要求的前提下尽可能减少废弃地和死角，临时设施占地面积有效利用率大于90%。

4.6.2 临时用地保护

1. 应对深基坑施工方案进行优化，减少土方开挖和回填量，最大限度地减少对土地的扰动，保护周边自然生态环境。

2. 红线外临时占地应尽量使用荒地、废地，少占用农田和耕地。工程完工后，及时对红线外占地恢复原地形、地貌，使施工活动对周边环境的影响降至最低。

3. 利用和保护施工用地范围内原有绿色植被。对于施工周期较长的现场，可按建筑永久绿化的要求，安排场地新建绿化。

4.6.3 施工总平面布置

1. 施工总平面布置应做到科学、合理，充分利用原有建筑物、构筑物、道路、管线为施工服务。

2. 施工现场搅拌站、仓库、加工厂、作业棚、材料堆场等布置应尽量靠近已有交通线路或即将修建的正式或临时交通线路，缩短运输距离。

3. 临时办公和生活用房应采用经济、美观、占地面积小、对周边地貌环境影响较小、且适合于施工平面布置动态调整的多层轻钢活动板房、钢骨架水泥活动板房等标准化装配式结构。生活区与生产区应分开布置，并设置标准的分隔设施。

4. 施工现场围墙可采用连续封闭的轻钢结构预制装配式活动围挡，减少建筑垃圾，保护土地。

5. 施工现场道路按照永久道路和临时道路相结合的原则布置。施工现场内形成环形通路，减少道路占用土地。

6. 临时设施布置应注意远近结合（本期工程与下期工程），努力减少和避免大量临时建筑拆迁和场地搬迁。

5 发展绿色施工的新技术、新设备、新材料与新工艺

5.1 施工方案应建立推广、限制、淘汰公布制度和管理办法。发展适合绿色施工的资源利用与环境保护技术，对落后的施工方案进行限制或淘汰，鼓励绿色施工技术的发展，推动绿色施工技术的创新。

5.2 大力发展现场监测技术、低噪声的施工技术、现场环境参数检测技术、自密实混凝土施工技术、清水混凝土施工技术、建筑固体废弃物再生产品在墙体材料中的应用技术、新型模板及脚手架技术的研究与应用。

5.3 加强信息技术应用，如绿色施工的虚拟现实技术、三维建筑模型的工程量自动统计、绿色施工组织设计数据库建立与应用系统、数字化工地、基于电子商务的建筑工程材料、设备与物流管理系统等。通过应用信息技术，进行精密规划、设计、精心建造和优化集成，实现与提高绿色施工的各项指标。

6 绿色施工的应用示范工程

我国绿色施工尚处于起步阶段，应通过试点和示范工程，总结经验，引导绿色施工的健康发展。各地应根据具体情况，制订有针对性的考核指标和统计制度，制订引导施工企业实施绿色施工的激励政策，促进绿色施工的发展。

关于印发《大型建筑施工总承包企业
技术进步评价表（试行）》的通知

建质〔2007〕244 号

各省、自治区建设厅，直辖市建委，山东省、江苏省建管局：

为贯彻实施《国家中长期科学与技术发展规划纲要（2006—2020）》和《建设部关于进一步加强建筑业技术创新工作的意见》（建质〔2006〕174 号），提高建筑业企业核心竞争力，促进建筑业增长方式的转变，我们制定了《大型建筑施工总承包企业技术进步评价表（试行）》（以下简称《评价表》）。该《评价表》为大型建筑施工总承包企业开展技术进步水平自我评价和行业评价活动提供了统一的标准。现将《评价表》印发给你们，请结合实际，组织本地区建筑施工总承包企业开展自我评价，并在企业自愿基础上开展行业的评价活动。中小型施工总承包企业和专业施工承包企业可参照《评价表》实施。在实施中有何问题，请及时告我部工程质量安全监督与行业发展司。

附件：《大型建筑施工总承包企业技术进步评价表（试行）》及说明

中华人民共和国建设部
二〇〇七年十月二十三日

附件：

大型建筑施工总承包企业技术进步评价表（试行）

大项	分项	序号	子　项		分值
体制与机制（30）	组织与管理（6）	A1	企业技术进步规划体系建设健全		1
		A2	企业技术进步管理体系建设健全		2
		A3	企业设立技术中心（或研发中心）		2
		A4	企业决策层及最高管理层对企业技术进步工作高度重视		1
	科技投入（7）	A5	企业技术进步经费支出占产值的比例（%）	Ⅲ ≥0.3	5
				Ⅱ ≥0.2	(4)
				Ⅰ ≥0.1	(3)
		A6	企业技术进步经费支出占产值的比例比上年增长幅度	Ⅲ 近二年每年 >0	2
				Ⅱ 近一年 >0	(1)
	人才激励（6）	A7	近二年工程技术人员引进人数与流出人数之比 ≥1		2
		A8	企业对工程技术人员的奖励措施	Ⅲ 有奖励措施，设立奖励基金	4
				Ⅱ 有奖励措施	(3)
	人才培养（5）	A9	近二年工程技术人员国内外培训费占工程技术人员总收入比例≥6%		3
		A10	近二年工程技术人员国内外技术交流人次与工程技术总人数之比≥20%		2
	外部资源利用（6）	A11	外来技术、工艺消化吸收转化为生产力，创造产值		1
		A12	与科研院所、高等院校和同行有广泛合作		2
		A13	合作开发项目完成并应用的项目数	Ⅲ 近三年总数 ≥3 项	3
				Ⅱ 近三年总数 ≥2 项	(2)
实力与建设（20）	队伍建设（11）	B1	企业工程技术人员占职工总数的比例 ≥10%		3
		B2	工程技术人员中高中级职称人员占全体工程技术人员比例 ≥50%		3
		B3	企业工程技术人员中专家人数 ≥6		2
		B4	拥有全国专业技术职称和执业资格的工程技术人员占企业全部工程技术人员比例 ≥20%		3
	基础建设（5）	B5	企业技术中心（或研发中心）的建设	Ⅲ固定资产原值（不含房地产）≥500 万元，有专门的人员、场地	3
				Ⅱ固定资产原值（不含房地产）≥200 万元，有专门的人员、场地	(2)
	品牌建设（4）	B6	企业设有功能健全的技术档案室		2
		B7	企业通过国家或行业组织认证	≥3 项	2
				≥1 项	(1)
		B8	企业在行业中的技术品牌和技术优势	Ⅲ 在全国有公认的优势，有标志工程	2
				Ⅱ 在本省有公认的优势，有标志工程	(1)

大项	分项	序号	子项		分值
企业信息化（10）	重视度（1）	C1	制定企业信息化发展规划		1
	网络基础（1）	C2	企业局域网建设和广域网的连接，包括综合布线、网络设备（包括路由设备、交换设备和接入设备）、网络管理和网络安全等		1
	应用系统（5）	C3	办公自动化 集成系统	Ⅲ 综合集成	2
				Ⅱ 部分集成	(1)
		C4	项目管理信息系统	Ⅲ 功能齐全	2
				Ⅱ 功能欠齐全	(1)
		C5	用于施工的专项信息技术		1
	数据库（1）	C6	数据库建设与应用系统结合，体现企业决策支持与集成能力		1
	标准化（2）	C7	应用系统技术标准、数据标准（信息分类与编码、数据交换和数据质量控制等）和数据库技术标准等	Ⅲ 完整	2
				Ⅱ 欠完整	(1)
产出与效益（40）	技术进步产出（27）	D1	近三年内完成典型工程项目数（指大跨、超高、特种等）	Ⅲ ＞3	4
				Ⅱ ＝3	(3)
				Ⅰ ＝2	(2)
		D2	近三年内"十项新技术"示范工程数量（含省部级）	Ⅲ ＞2	4
				Ⅱ ＝2	(3)
				Ⅰ ＝1	(2)
		D3	近三年内获得省部级工程奖项数（含管理、质量、技术等）	Ⅲ ＞2	4
				Ⅱ ＝2	(3)
				Ⅰ ＝1	(2)
		D4	五年内授权各种专利数与其中属发明专利数	Ⅲ 专利数＞3 或发明专利数＞2	4
				Ⅱ 专利数＝3 或发明专利数＝2	(3)
				Ⅰ 专利数＝2 或发明专利数＝1	(2)
		D5	企业五年内主持或参加制定的国家、行业、协会、地方工程建设规范标准	Ⅲ 主持制定国家、行业工程建设规范标准	4
				Ⅱ 主持制定协会、地方工程建设规范标准	(3)
				Ⅰ 参加制定工程建设规范标准	(2)
		D6	企业五年内新批准的工法数（指省级和国家级）	Ⅲ ＞2	4
				Ⅱ ＝1，2	(3)

大项	分项	序号	子 项		分值
产出与效益（40）	技术进步产出（27）	D7	企业的技术标准（含企业工法）完善程度	Ⅲ 系统覆盖企业主营业务范围内	3
				Ⅱ 部分覆盖企业主营业务范围内	(2)
	技术进步效益（10）	D8	企业最近年度的国际市场施工承包产值（万美元）	Ⅲ ≥1000	2
				Ⅱ ≥500	(1)
		D9	企业最近年度的营业税入库总额（万元）	Ⅲ ≥10000	3
				Ⅱ ≥5000	(2)
		D10	企业最近年度的所得税入库总额（万元）	Ⅲ ≥5000	3
				Ⅱ ≥2000	(2)
		D11	企业最近年度的技术贸易收入（万元）	Ⅲ ≥100	2
				Ⅱ ≥50	(1)
	企业经济效益（3）	D12	企业最近年度的 产值利润率	Ⅲ ＞1.5%	3
				Ⅱ ≥1%	(2)
				Ⅰ ＞0.5%	(1)
特殊奖励加分			近五年获得国家科技进步奖　10　(5)　(3)		
			近五年获得省部级科技进步奖　4　(2)　(1)　(0.5)		

评 价 表 说 明

1. 指标设定

（1）本评价表用于大型建筑施工总承包企业的技术进步水平评价，中小型企业可以参考使用。

（2）本评价表指标共包括 4 个大项，16 个分项，40 个子项，另有特殊奖励子项 2 项。

（3）各子项的评分结果，不分档打分的，只有得分和不得分两种选择；分档打分的，Ⅲ 档为该子项的较高得分要求；Ⅱ 档为该子项的中等得分要求；Ⅰ 档为该子项的基本得分要求。为防止同一子项重复得分，Ⅱ 档和 Ⅰ 档的分值用括弧（）表示。评分时，同一条目中如包含多项要求，必须全部满足才能得分。

2. 总体评价

评价表总分值为 100 分，以实际得分作为评价指数，后附括号内为特殊奖励加分，如某企业技术进步指数为 78（5），表明该企业在总分 100 分的评价体系中得分 78 分，另有 5 分的特殊奖励加分，总分为 83 分。企业自评时，分值大于等于 80 分，为技术进步优势企业；分值在 80 分与 60 分之间，为技术进步一般企业；分值在 60 分以下，为技术进步弱势企业。

3. 名词解释

（1）技术进步经费

技术进步经费是指技术开发经费支出额、企业信息化支出额、企业培训费支出额和技术开发奖励经费支出额之和。技术开发经费支出额为新产品设计费，工艺规程制定费，设备调整费，原材料和半成品的试验费，技术图书资料费，中间试验费，研究机构人员的工资，研究设备折旧，与新产品的试验、技术研究有关的其他经费以及委托其他单位进行科研试制的费用。

（2）专家

指国务院、省、部和计划单列市认定的有突出贡献的专家或者享受国务院、省、部和计划单列市专项津贴的专家，博士及博士后，教授级高工等。

（3）授权专利数

指企业在报告年度内获得专利权属的发明、实用新型、外观设计专利数。即专利机构（局）批准（授权）的专利数，申请受理的专利不在统计之列。

（4）国际市场施工承包产值

国际市场施工承包产值是指企业签订的以外汇结算的施工承包合同的总值。

（5）技术贸易

技术贸易的业务范围为技术开发（合作开发、委托开发）、技术转让（专利权转让、专利申请权转让、专利实施许可和非专利技术转让）、技术服务（含技术中介、技术培训）、技术咨询等。

4. 各子项的意义

A1 条　制定了企业技术进步规划体系，并已开始实施，此项可得分。

A5 条　本条中所指产值为报告年度内财务总营业额。

C1 条　制定了企业信息化发展规划是指依据企业的战略规划和业务规划，对企业信息化进行应用架构、技术架构和管理架构的规划。

C3 条　是指企业通过信息技术手段，建立一个多任务、多功能的综合性办公系统。主要包括面向外部的电子公文交换、文档共享、收发文管理、档案管理、财务管理、人力资源管理、固定资产管理、项目统筹管理、科研技术管理、标准规范管理、质量管理、采购管理、营销管理、客户关系管理等功能模块。Ⅲ 综合集成要求具备上述全部功能，且集成度较高。Ⅱ 部分集成要求具备上述主要功能，且集成度较低。

C4 条　主要包括项目评估、项目人员管理、计划进度控制、估算与费用成本控制管理、采购管理和材料控制、质量控制、费用/进度综合检测、设计管理、安全管理、施工现场监控管理、合同管理、项目财务管理、项目电子文档及档案管理、项目质量跟踪与竣工维护管理等功能模块。Ⅲ 功能齐全要求具备上述全部功能。Ⅱ 部分集成要求具备上述主要功能。

C5 条　用于施工的专项信息技术是指虚拟现实（可视化）施工技术、GPS 建筑施工技术、计算机控制液压整体提升技术、大体积混凝土计算机控制自动测温技术、计算机控制激光测量与工程现场监控技术、开山工程施工测量数字化技术的应用或大型隧道工程计算机控制钻机施工技术等，只要有一项技术，即可得分。

C6 条 是指建立数据库（客户资源库、市场信息库、合同数据库等），实现市场信息综合分析与管理、实现客户资源管理、营销计划和营销合同管理、强化营销策略的研究、市场信息和历史信息的综合分析，逐步实现辅助决策。

D1 条 典型工程项目（指大跨、超高、特种等）指：

大跨是指大跨的标准钢筋混凝土结构为 30m，空间结构为 100m；

超高的标准是设计檐口标高在 100m 以上或在本省位于前三位的高层建筑；

特种是指在本省内有影响的支挡结构、基坑工程、贮液池、水塔等。

特殊奖励加分（同一奖励项目取其最高分）分以下几种情况：

（1）近五年获得国家科技进步奖一等奖，且作为负责单位，加 10 分；作为参加单位，加 5 分。

（2）近五年获得国家科技进步奖二等奖，且作为负责单位，加 5 分；作为参加单位，加 3 分。

（3）近五年获得省部级科技进步奖一等奖，且作为负责单位，加 4 分；作为参加单位，加 2 分。

（4）近五年获得省部级科技进步奖二等奖，且作为负责单位，加 2 分；作为参加单位，加 1 分。

（5）近五年获得省部级科技进步奖三等奖，且作为负责单位，加 1 分；作为参加单位，加 0.5 分。

关于印发《建筑施工人员个人劳动保护用品
使用管理暂行规定》的通知

建质〔2007〕255 号

各省、自治区建设厅，直辖市建委，江苏省、山东省建管局，新疆生产建设兵团建设局：

现将《建筑施工人员个人劳动保护用品使用管理暂行规定》印发给你们，请结合本地区实际，认真贯彻执行。

中华人民共和国建设部
二○○七年十一月五日

建筑施工人员个人劳动保护用品使用管理暂行规定

第一条 为加强对建筑施工人员个人劳动保护用品的使用管理，保障施工作业人员安全与健康，根据《中华人民共和国建筑法》、《建设工程安全生产管理条例》、《安全生产许可证条例》等法律法规，制定本规定。

第二条　本规定所称个人劳动保护用品，是指在建筑施工现场，从事建筑施工活动的人员使用的安全帽、安全带以及安全（绝缘）鞋、防护眼镜、防护手套、防尘（毒）口罩等个人劳动保护用品（以下简称"劳动保护用品"）。

第三条　凡从事建筑施工活动的企业和个人，劳动保护用品的采购、发放、使用、管理等必须遵守本规定。

第四条　劳动保护用品的发放和管理，坚持"谁用工，谁负责"的原则。施工作业人员所在企业（包括总承包企业、专业承包企业、劳务企业等，下同）必须按国家规定免费发放劳动保护用品，更换已损坏或已到使用期限的劳动保护用品，不得收取或变相收取任何费用。

劳动保护用品必须以实物形式发放，不得以货币或其他物品替代。

第五条　企业应建立完善劳动保护用品的采购、验收、保管、发放、使用、更换、报废等规章制度。同时应建立相应的管理台账，管理台账保存期限不得少于两年，以保证劳动保护用品的质量具有可追溯性。

第六条　企业采购、个人使用的安全帽、安全带及其他劳动防护用品等，必须符合《安全帽》（GB 2811）、《安全带》（GB 6095）及其他劳动保护用品相关国家标准的要求。

企业、施工作业人员，不得采购和使用无安全标记或不符合国家相关标准要求的劳动保护用品。

第七条　企业应当按照劳动保护用品采购管理制度的要求，明确企业内部有关部门、人员的采购管理职责。企业在一个地区组织施工的，可以集中统一采购；对企业工程项目分布在多个地区，集中统一采购有困难的，可由各地区或项目部集中采购。

第八条　企业采购劳动保护用品时，应查验劳动保护用品生产厂家或供货商的生产、经营资格，验明商品合格证明和商品标识，以确保采购劳动保护用品的质量符合安全使用要求。

企业应当向劳动保护用品生产厂家或供货商索要法定检验机构出具的检验报告或由供货商签字盖章的检验报告复印件，不能提供检验报告或检验报告复印件的劳动保护用品不得采购。

第九条　企业应加强对施工作业人员的教育培训，保证施工作业人员能正确使用劳动保护用品。

工程项目部应有教育培训的记录，有培训人员和被培训人员的签名和时间。

第十条　企业应加强对施工作业人员劳动保护用品使用情况的检查，并对施工作业人员劳动保护用品的质量和正确使用负责。实行施工总承包的工程项目，施工总承包企业应加强对施工现场内所有施工作业人员劳动保护用品的监督检查。督促相关分包企业和人员正确使用劳动保护用品。

第十一条　施工作业人员有接受安全教育培训的权利，有按照工作岗位规定使用合格的劳动保护用品的权利；有拒绝违章指挥、拒绝使用不合格劳动保护用品的权利。同时，也负有正确使用劳动保护用品的义务。

第十二条 监理单位要加强对施工现场劳动保护用品的监督检查。发现有不使用或使用不符合要求的劳动保护用品，应责令相关企业立即改正。对拒不改正的，应当向建设行政主管部门报告。

第十三条 建设单位应当及时、足额向施工企业支付安全措施专项经费，并督促施工企业落实安全防护措施，使用符合相关国家产品质量要求的劳动保护用品。

第十四条 各级建设行政主管部门应当加强对施工现场劳动保护用品使用情况的监督管理。发现有不使用或使用不符合要求的劳动保护用品的违法违规行为的，应当责令改正；对因不使用或使用不符合要求的劳动保护用品造成事故或伤害的，应当依据《建设工程安全生产管理条例》和《安全生产许可证条例》等法律法规，对有关责任方给予行政处罚。

第十五条 各级建设行政主管部门应将企业劳动保护用品的发放、管理情况列入建筑施工企业《安全生产许可证》条件的审查内容之一；施工现场劳动保护用品的质量情况作为认定企业是否降低安全生产条件的内容之一；施工作业人员是否正确使用劳动保护用品情况作为考核企业安全生产教育培训是否到位的依据之一。

第十六条 各地建设行政主管部门可建立合格劳动保护用品的信息公告制度，为企业购买合格的劳动保护用品提供信息服务。同时依法加大对采购、使用不合格劳动保护用品的处罚力度。

第十七条 施工现场内，为保证施工作业人员安全与健康所需的其他劳动保护用品可参照本规定执行。

第十八条 各地可根据本规定，制定具体的实施办法。

第十九条 本规定自发布之日起施行。

关于印发《关于进一步规范房屋建筑和市政工程生产安全事故报告和调查处理工作的若干意见》的通知

建质〔2007〕257号

各省、自治区建设厅，直辖市建委，江苏省、山东省建管局，新疆生产建设兵团建设局：

为贯彻落实《生产安全事故报告和调查处理条例》（国务院令第493号），规范房屋建筑和市政工程生产安全事故报告和调查处理工作，我们制定了《关于进一步规范房屋建筑和市政工程生产安全事故报告和调查处理工作的若干意见》，现印发给你们，请认真贯彻执行。

中华人民共和国建设部
二○○七年十一月九日

关于进一步规范房屋建筑和市政工程生产安全事故报告和调查处理工作的若干意见

为认真贯彻落实《生产安全事故报告和调查处理条例》（国务院令第493号，以下简称《条例》），规范房屋建筑和市政工程生产安全事故报告和调查处理工作，现提出如下意见：

一、事故等级划分

（一）特别重大事故，是指造成30人以上死亡，或者100人以上重伤，或者1亿元以上直接经济损失的事故；

（二）重大事故，是指造成10人以上30人以下死亡，或者50人以上100人以下重伤，或者5000万元以上1亿元以下直接经济损失的事故；

（三）较大事故，是指造成3人以上10人以下死亡，或者10人以上50人以下重伤，或者1000万元以上5000万元以下直接经济损失的事故；

（四）一般事故，是指造成3人以下死亡，或者10人以下重伤，或者1000万元以下100万元以上直接经济损失的事故。

本等级划分所称的"以上"包括本数，所称的"以下"不包括本数。

二、事故报告

（一）施工单位事故报告要求

事故发生后，事故现场有关人员应当立即向施工单位负责人报告；施工单位负责人接到报告后，应当于1小时内向事故发生地县级以上人民政府建设主管部门和有关部门报告。

情况紧急时，事故现场有关人员可以直接向事故发生地县级以上人民政府建设主管部门和有关部门报告。

实行施工总承包的建设工程，由总承包单位负责上报事故。

（二）建设主管部门事故报告要求

1. 建设主管部门接到事故报告后，应当依照下列规定上报事故情况，并通知安全生产监督管理部门、公安机关、劳动保障行政主管部门、工会和人民检察院：

（1）较大事故、重大事故及特别重大事故逐级上报至国务院建设主管部门；

（2）一般事故逐级上报至省、自治区、直辖市人民政府建设主管部门；

（3）建设主管部门依照本条规定上报事故情况，应当同时报告本级人民政府。国务院建设主管部门接到重大事故和特别重大事故的报告后，应当立即报告国务院。必要时，建设主管部门可以越级上报事故情况。

2. 建设主管部门按照本规定逐级上报事故情况时，每级上报的时间不得超过2小时。

3. 事故报告内容：

（1）事故发生的时间、地点和工程项目、有关单位名称；

（2）事故的简要经过；

（3）事故已经造成或者可能造成的伤亡人数（包括下落不明的人数）和初步估计的直接经济损失；

（4）事故的初步原因；

（5）事故发生后采取的措施及事故控制情况；

（6）事故报告单位或报告人员。

（7）其他应当报告的情况。

4.事故报告后出现新情况，以及事故发生之日起30日内伤亡人数发生变化的，应当及时补报。

三、事故调查

（一）建设主管部门应当按照有关人民政府的授权或委托组织事故调查组对事故进行调查，并履行下列职责：

1.核实事故项目基本情况，包括项目履行法定建设程序情况、参与项目建设活动各方主体履行职责的情况；

2.查明事故发生的经过、原因、人员伤亡及直接经济损失，并依据国家有关法律法规和技术标准分析事故的直接原因和间接原因；

3.认定事故的性质，明确事故责任单位和责任人员在事故中的责任；

4.依照国家有关法律法规对事故的责任单位和责任人员提出处理建议；

5.总结事故教训，提出防范和整改措施；

6.提交事故调查报告。

（二）事故调查报告应当包括下列内容：

1.事故发生单位概况；

2.事故发生经过和事故救援情况；

3.事故造成的人员伤亡和直接经济损失；

4.事故发生的原因和事故性质；

5.事故责任的认定和对事故责任者的处理建议；

6.事故防范和整改措施。

事故调查报告应当附具有关证据材料，事故调查组成员应当在事故调查报告上签名。

四、事故处理

（一）建设主管部门应当依据有关人民政府对事故的批复和有关法律法规的规定，对事故相关责任者实施行政处罚。处罚权限不属本级建设主管部门的，应当在收到事故调查报告批复后15个工作日内，将事故调查报告（附具有关证据材料）、结案批复、本级建设主管部门对有关责任者的处理建议等转送有权限的建设主管部门。

（二）建设主管部门应当依照有关法律法规的规定，对因降低安全生产条件导致事故发生的施工单位给予暂扣或吊销安全生产许可证的处罚；对事故负有责任的相关单位给予罚款、停业整顿、降低资质等级或吊销资质证书的处罚。

（三）建设主管部门应当依照有关法律法规的规定，对事故发生负有责任的注册执业资格人员给予罚款、停止执业或吊销其注册执业资格证书的处罚。

五、事故统计

（一）建设主管部门除按上述规定上报生产安全事故外，还应当按照有关规定将一般及以上生产安全事故通过《建设系统安全事故和自然灾害快报系统》上报至国务院建设主管部门。

（二）对于经调查认定为非生产安全事故的，建设主管部门应在事故性质认定后 10 个工作日内将有关材料报上一级建设主管部门。

六、其他要求

事故发生地的建设主管部门接到事故报告后，其负责人应立即赶赴事故现场，组织事故救援。

发生一般及以上事故或领导对事故有批示要求的，设区的市级建设主管部门应派员赶赴现场了解事故有关情况。

发生较大及以上事故或领导对事故有批示要求的，省、自治区建设厅，直辖市建委应派员赶赴现场了解事故有关情况。

发生重大及以上事故或领导对事故有批示要求的，国务院建设主管部门应根据相关规定派员赶赴现场了解事故有关情况。

七、各地区可以根据本地实际情况制定实施细则

关于印发建设工程质量监督机构
考核证书和监督人员资格证书式样的通知

建质函〔2007〕379 号

各省、自治区建设厅，直辖市建委，山东、江苏省建管局，新疆生产兵团建设局，国务院有关部门建设司：

根据《建设工程质量监督机构和人员考核管理办法》第九条规定，现将《建设工程质量监督机构考核证书》（正本和副本、申请表）式样、《建设工程质量监督人员资格证书》（正本和申请表）式样印发给你们，请按照样本印制并施行。

附件：1.《建设工程质量监督机构考核证书》（正本和副本、申请表）式样
　　　2.《建设工程质量监督人员资格证书》（正本和申请表）式样

中华人民共和国建设部
二○○七年十二月二十一日

附件1：

建设工程质量监督机构考核证书

证书编号：建质（　　）监字　　　号

监 督 机 构 名 称：

法定代表人（负责人）：

监 督 范 围：

发证机关

有效期：　年 月 日至　年 月 日　　　　　　年 月 日

建 设 工 程 质 量 监 督 机 构

考 核 证 书

（副本）

中华人民共和国建设部制

监督机构名称					
机构地址				邮 编	
批准设立机关					
成立日期					
事业单位编码					
法定代表人（负责人）		职务		职称	
联系人		电话		手机	
证书编号					
有效日期	本证书于　年　月　日前有效				
监督范围					

发证机关

（章）
年 月 日

监 督 机 构 变 更 栏

变更核准机关（章）
年 月 日

变更核准机关（章）
年 月 日

变更核准机关（章）
年 月 日

监 督 机 构 考 核 记 录
考核机关（章） 年 月 日
考核机关（章） 年 月 日
考核机关（章） 年 月 日

持 证 说 明

1. 《建设工程质量监督机构考核证书》是证书持有人具有从事工程建设质量监督管理的资质凭证。

2. 《建设工程质量监督机构考核证书》分为正本和副本，正本和副本具有同等法律效力。

3. 《建设工程质量监督机构考核证书》只限本机构使用，应当妥善保管，任何单位或个人不得涂改、伪造、出借、出租或转让。

4. 如本证书的有关内容发生变更，应在变更后的一个月内到原发证机关办理变更手续；

5. 《建设工程质量监督机构考核证书》因损毁影响使用的，应当到原审批部门申请更换新证书。

6. 《建设工程质量监督机构考核证书》遗失，应当在公众媒体上声明作废后，方可申请补办。

7. 更换新证书的，原证书应当交回原发证机关予以注销。

8. 监督机构撤消，其考核证书应在 30 个工作日内交还给发证机关。

9. 证书到期前 30 天应重新申请备案。

建质（　）监字　号

建设工程质量监督机构考核证书申请表

监 督 机 构 名 称＿＿＿＿＿＿＿＿＿＿

法定代表人（负责人）＿＿＿＿＿＿＿＿＿

填 报 日 期＿＿＿＿＿＿＿＿＿

中华人民共和国建设部

填 表 说 明

一、本表供建设工程质量监督机构在省级建设主管部门申请《建设工程质量监督机构考核证书》时领取填报。

二、本表应使用黑色钢笔或签字笔填写，或使用计算机打印，建设工程质量监督机构要根据本机构的实际情况认真、如实填写本表，字迹清晰、工整，不得随意涂改、修改。

三、本表请申请机构如实逐项填写，如遇没有的项目请填写"无"。

四、本表一律用中文填写，数字均使用阿拉伯数字，填写时如需加页，应用 A4 型纸。

五、申请时需要提供的材料：

（一）批准成立机构的正式文件；

（二）工作场所证明；

（三）监督人员数量、职称、所学专业和人事关系证明；

（四）需要提交的其他文件。

六、本表一式三份，省、自治区、直辖市建设主管部门、当地建设主管部门、监督机构各存一份。

一、监督机构基本情况

机 构 名 称						
机 构 地 址					邮 编	
批准设立机关		事业单位 编　码			成立日期	
法定代表人（负责人）		职 务			职 称	
联 系 人		固定电话			手 机	
机 构 网 址			电子邮箱			
定编人数	现有实际人数		技术人员数			
	男	女	高工	工程师	助理工程师	技术员
监督范围						
从事工程 建设质量 监督工作 情况						

二、法定代表人（负责人）基本情况

姓 名		性 别		出生年月		
政治面貌		职 务		职 称		（照片）
学 历		专 业		任职时间		
办公电话		移动电话				

工作简历：

　　　　　　　　　　　　　　　　　　　　　　　　　　申报材料属实

本人签字（章）：

年　月　日

318

三、监督机构人员情况

职工总数　　人，监督人员　　人，有职称的监督人员　　人

有职称的监督人员			
专业＼＼＼＼職称	高　级	中　级	初　级
土建			
水暖			
电气			
安装			
其他			

监督机构持证上岗人员名单									
序号	姓　名	性别	年龄	从业年限	学历	专业	职称	执业资格	证件编号

监督机构持证上岗人员名单

序号	姓　名	性别	年龄	从业年限	学历	专业	职称	执业资格	证件编号

注：1. 从业年限是指从事工程质量管理或设计、施工、监理等工作的年限。

　　2. 本名单可复制加页。

申请机构	法定代表人签字： （公章） 年　月　日
所在地区人民政府建设 主管部门意见	（公章） 年　月　日
省级人民政府建设主管 部门审核意见	（公章） 年　月　日
资质证书编号	
有　效　期	年　月　日至　　年　月　日

320

建设工程质量监督人员
资 格 证 书

证书编号：建质（　　　）监个字　　　号

签发机关：

年　月　日

姓名＿＿＿＿＿＿性别＿＿＿＿＿＿

出生年月＿＿＿＿＿＿年＿＿＿＿＿＿月

民族＿＿＿＿＿文化程度＿＿＿＿＿

身份证号码＿＿＿＿＿＿＿＿＿＿＿＿

监督类别＿＿＿＿＿＿＿＿＿＿＿＿＿

工作单位＿＿＿＿＿＿＿＿＿＿＿＿＿

有效期至＿＿＿＿年＿＿＿月＿＿＿日

继 续 教 育 情 况

继续教育活动名称	
继续教育活动形式	
起止时间	
总计学时	

学习内容	学习专题名称	是否合格

主办机构（盖章）

年 月 日

年 检 记 录

	年 月 日
	年 月 日
	年 月 日
	年 月 日
	年 月 日

322

持 证 说 明

1. 《建设工程质量监督人员资格证书》是证书持有人具有从事建设工程质量监督工作的资格凭证。

2. 《建设工程质量监督人员资格证书》只限本人使用，应当妥善保管，不得涂改、伪造、出借或转让。

3. 如本证书的有关内容发生变更，应在变更后的一个月内到原发证机关办理变更手续。

4. 《建设工程质量监督人员资格证书》遗失，应当在公众媒体上声明作废后，方可申请补办。

5. 更换新证书的，原证书应当交回原发证机关予以注销。

6. 监督人员调离工作岗位，资格证书应在 30 个工作日内交还给发证机关。

7. 证书到期前 30 天应重新申请备案。

建质（　　）监个字　　号

建设工程质量监督人员资格证书申请表

姓　　名＿＿＿＿＿＿＿＿＿＿＿

工作单位＿＿＿＿＿＿＿＿＿＿＿

职　　务＿＿＿＿＿＿＿＿＿＿＿

申请日期＿＿＿＿＿＿＿＿＿＿＿

中华人民共和国建设部

填 表 说 明

一、本表供工程建设质量监督人员在省级建设主管部门申请《建设工程质量监督人员资格证书》时领取填报。

二、本表应使用黑色钢笔或签字笔填写，或使用计算机打印，申请人要根据本人的实际情况认真、如实填写本表，字迹清晰、工整，不得随意涂改、修改。

三、本表请申请人如实逐项填写，如遇没有的项目请填写"无"。

四、本表一律用中文填写，数字均使用阿拉伯数字，填写时如需加页，应用 A4 型纸。

五、申请时需要提供的材料：

（一）身份证原件及复印件；

（二）技术职称证明原件及复印件；

（三）执业资格证书原件及复印件；

（四）最高学历证书原件及复印件。

六、本表一式三份，省、自治区、直辖市建设主管部门、当地建设主管部门、本人各存一份。

姓　名		性别		出生日期		照片
民　族		籍贯		政治面貌		
学　历		专业		执业资格		
职　称		专业工作年限				
职　务		工作单位				
身份证号						
单位地址					邮　编	
联系人		固定电话		手　机		

	起止日期	工　作　单　位	职　务
从事工程建设质量监督工作简历			

注：1. 专业工作年限是指从事工程质量管理或设计、施工、监理等工作年限。

所在地区人民政府建设主管部门意见	
	（公章） 年　月　日
省级人民政府建设主管部门审核意见	（公章） 年　月　日
资格证书编号	
有　效　期	年　月　日至　年　月　日

关于在部分城市限期禁止现场搅拌砂浆工作的通知

商改发〔2007〕205号

各省、自治区、直辖市散装水泥行政主管部门，公安厅（局），建设厅（委），交通厅（局），质检局，环保局，散装水泥办公室：

为贯彻落实《国务院关于做好建设节约型社会近期重点工作的通知》（国发〔2005〕21号）中关于"从使用环节入手，进一步加大散装水泥推广力度"的要求，根据《散装水泥管理办法》，现就在全国部分城市限期禁止在施工现场搅拌砂浆工作有关事项通知如下：

一、禁止在城市施工现场搅拌砂浆是提高散装水泥使用量的一项重要措施，也是保证建筑工程质量、提高建筑施工现代化水平、实现资源综合利用、促进文明施工的一项重要技术手段。

二、全国中心城市、国家环境保护模范城市、全国文明城市等要积极创造条件，分期分批开展禁止在施工现场使用水泥搅拌砂浆工作（家装等小型施工现场除外）。工程中使用预拌砂浆（含干拌砂浆和湿拌砂浆）。北京等10个城市（具体名单见附件，下同）从

2007年9月1日起禁止在施工现场使用水泥搅拌砂浆（第一批）；重庆等33个城市从2008年7月1日起禁止在施工现场使用水泥搅拌砂浆（第二批）；长春等84个城市从2009年7月1日起禁止在施工现场使用水泥搅拌砂浆（第三批）。其他城市由各省级散装水泥土管部门会同相关部门根据各地具体情况提出禁止在施工现场使用水泥搅拌砂浆的具体时间表，并报商务部备案。

三、各地要根据上述时间表和本地实际情况，制定发展预拌砂浆发展规划及预拌砂浆生产、使用管理办法，采取有效措施扶持预拌砂浆生产和物流配送企业发展，严把市场准入关，确保预拌砂浆产品质量，保证建筑工程预拌砂浆的供应，避免盲目投资造成的资源浪费。

四、县级以上人民政府确定的散装水泥主管部门及散装水泥行政管理部门会同建设行政管理部门、环保行政主管部门负责本行政区域内禁止现场搅拌砂浆的组织管理工作。

五、预拌砂浆生产企业的布点要符合城市建设规划、土地政策和环保要求，在生产过程中必须执行国家有关标准和地方相关的技术、环保要求，制定相应的应用技术规程，建立完善的质量控制体系，在标准化管理、计量管理、工序控制、质量检测等方面严格执行有关规定，确保预拌砂浆产品质量。

六、预拌砂浆生产企业必须全部使用符合标准要求的散装水泥。干拌砂浆生产企业，要配置必要的储存、运输设施，干拌砂浆产品的散装设施能力必须达到70%以上；施工单位要将使用预拌砂浆作为绿色文明施工的一项重要内容。散装水泥行政主管部门应会同有关行政管理部门制定加强预拌砂浆生产、使用的管理办法，共同做好监管工作。

七、鼓励企业在预拌砂浆过程中使用粉煤灰、脱硫灰渣和运用钢渣、工业尾矿等一般工业固体废物制造的人工机制砂，以减少对天然砂的使用。地方各级散装水泥行政主管部门要做好国家在资源综合利用方面优惠政策的宣传、引导工作。

八、各地公安交通管理部门要结合本地实际情况，研究制定预拌砂浆车辆在市区通行的措施。各级交通、公安部门要加强对车辆运输装载行为的监管，防止车辆超限超载。

九、各地建设行政主管部门要编制预拌砂浆预算定额，以便于建设、设计、施工单位将应用预拌砂浆纳入工程预算。依法必须招标的项目，招标人或招标代理机构应将使用预拌砂浆列入招标文件，投标人应将使用预拌砂浆费用列入投标报价。

十、散装水泥行政主管部门应与建设行政主管部门、质检部门等密切配合，加强对预拌砂浆生产企业产品质量和建设施工现场的监督检查，在严格执法的同时，做好各项协调服务工作。

十一、建设项目未按规定使用预拌砂浆、施工场地扬尘不达标的，由县级以上散装水泥主管部门会同建设行政主管部门、环保行政主管部门依照国家和地方有关法律、法规和相关标准规定予以处罚。

附件：限期禁止现场搅拌砂浆的城市名单

商务部、公安部、建设部、
交通部、质检总局、环保总局
二〇〇七年六月六日

附件：

限期禁止现场搅拌砂浆的城市名单（共计 127 个城市）

批次	城市名称
第一批（10个）	北京、天津、上海、郑州、广州、深圳、南京、常州、大连、葫芦岛
第二批（33个）	重庆、杭州、石家庄、武汉、长沙、哈尔滨、南昌、沈阳、合肥、西安、成都、昆明、贵州、济南、青岛、烟台、威海、桂林、洛阳、大庆、南宁、宁波、珠海、佛山、东莞、马鞍山、苏州、无锡、镇江、扬州、遵义、安顺、六盘水
第三批（84个）	长春、太原、银川、乌鲁木齐、西宁、兰州、呼和浩特、海口、三亚、淄博、泰安、潍坊、黄石、宜昌、襄樊、十堰、唐山市、邢台、廊坊、新乡、南阳、安阳、濮阳、焦作、平顶山、开封、齐齐哈尔、牡丹江、佳木斯、双鸭山、鹤岗、柳州、梧州、玉林、汕头、中山、惠州、清远、湛江、包头、赤峰、九江、赣州、新余、温州、嘉兴、绍兴、鞍山、抚顺、本溪、丹东、锦州、阜新、辽阳、营口、朝阳、芜湖、蚌埠、淮南、淮北、黄山、宝鸡、咸阳、大同、阳泉、长治、运城、临汾、晋中、朔州、晋城、忻州、徐州、连云港、南通、淮安、盐城、泰州、宿迁、都匀、凯里、兴义、毕节、铜仁

关于印发《民用建筑节能工程质量监督工作导则》的通知

建质〔2008〕19号

各省、自治区建设厅，直辖市建委，国务院有关部门建设司，新疆生产建设兵团建设局：

为了加强建筑节能管理工作，保证建筑节能工程质量，我部组织编制了《民用建筑节能工程质量监督工作导则》。现印发给你们，请结合实际贯彻执行。执行中有何问题和建议，请及时告我部工程质量安全监督与行业发展司。

附件：民用建筑节能工程质量监督工作导则

中华人民共和国建设部
二〇〇八年一月二十九日

附件：

民用建筑节能工程质量监督工作导则

1 总 则

1.0.1 为加强建筑节能工程质量监督管理工作，规范质量监督行为，依据《建设工程质量管理条例》、《民用建筑节能管理规定》（建设部令第 143 号）、《工程质量监督工作导则》和《民用建筑工程节能质量监督管理办法》，制定本工作导则。

1.0.2 本工作导则适用于新建、改建、扩建民用建筑节能工程的质量监督工作。本导则所称民用建筑是指居住建筑和公共建筑。

1.0.3 质量监督机构应采取抽查建筑节能工程的实体质量和相关工程质量控制资料的方法，督促各方责任主体履行质量责任，确保工程质量。

重点是监督检查、抽查建筑节能工程有关措施及落实情况，质量控制资料及相关产品的节能要求指标，加强事前控制，把检查各责任主体的节能工作行为放在首位。

1.0.4 民用建筑节能工程质量监督除应执行本工作导则的规定外，还应符合国家有关法律、法规和工程技术标准等规定。

1.0.5 质量监督机构应根据本地区民用建筑节能工程情况制定监督工作方案。

2 施工前期准备阶段的监督抽查内容

2.0.1 建筑节能工程施工图设计文件审查情况。

2.0.2 建筑节能工程施工图设计文件审查备案情况。

2.0.3 涉及建筑节能效果的设计变更重新报审和建设、监理单位确认情况。

2.0.4 建筑节能工程施工专项方案及建筑节能监理规划和实施细则编制、审批情况。

2.0.5 建筑节能专业施工人员岗前培训及技术交底情况。

2.0.6 建设、设计、施工（含分包）、监理等各方责任主体单位对建筑节能示范样板的确认情况。

3 施工过程的监督抽查内容

3.1 材料、构配件和设备质量

3.1.1 主要材料、构配件和设备的规格、型号、性能与设计文件要求是否相符。

3.1.2 主要材料、构配件和设备的合格证、中文说明书、型式检验报告、定型产品和成套技术应用型式检验报告、进场验收记录、见证取样送检复试报告的核查情况。

3.1.3 监理工程师对材料、构配件和设备的进场验收签认情况。

3.1.4 监督机构对建筑节能材料质量产生质疑时，监督机构应对建筑节能材料按一定比例委托具有相应资质的检测单位进行检测。

3.2 墙体节能工程

3.2.1 基层表面空鼓、开裂、松动、风化及平整度及妨碍粘结的附着物的处理。

3.2.2 保温层施工应结合不同工程做法根据规范规定，由各地制定监督抽查内容，重点对保温、牢固、开裂、渗漏、耐久性、防火等性能进行抽查。

3.2.3 雨水管卡具、女儿墙、分隔缝、变形缝、挑梁、连梁、壁柱、空调板、空调管洞、门窗洞口等易产生热桥部位保温措施。

3.2.4 施工产生的墙体缺陷（如穿墙套管、脚手眼、孔洞等）处理。

3.2.5 不同材料基体交接处、容易碰撞的阳角及门窗洞口转角处等特殊部位的保温层防止开裂和破损的加强措施。

3.2.6 隔汽层构造处理、穿透隔汽层处密封措施、隔汽层冷凝水排水构造处理。

3.3 非采暖公共间节能工程

3.3.1 非采暖公共间（如普通住宅楼梯间、高层住宅疏散楼梯间、电梯前室、公共通道、公共大堂大厅、地下室等）按图施工情况。

3.4 幕墙节能工程

3.4.1 幕墙工程热桥部位的隔断热桥措施。

3.4.2 幕墙与周边墙体间的缝隙处理。

3.4.3 建筑伸缩缝、沉降缝、抗震缝等变形缝的保温密封处理。

3.4.4 遮阳设施的安装。

3.5 门窗节能工程

3.5.1 外门窗框或副框与洞口、外门窗框与副框之间的间隙处理。

3.5.2 金属外门窗隔断热桥措施及金属副框隔断热桥措施。

3.5.3 严寒、寒冷、夏热冬冷地区建筑外窗气密性现场实体检验情况。

3.5.4 严寒、寒冷地区的外门安装及特种门安装的节能措施。

3.5.5 外门窗遮阳设施的安装。

3.5.6 天窗安装位置、坡度、密封节能措施。

3.5.7 门窗扇密封条的安装、镶嵌、接头处理。

3.5.8 门窗镀（贴）膜玻璃的安装方向及中空玻璃均压管密封及中空玻璃露点复检情况。

3.6 屋面节能工程

3.6.1 屋面保温、隔热层铺设质量、厚度控制。

3.6.2 屋面保温、隔热层的平整度、坡向、细部及屋面热桥部位的保温隔热措施。

3.6.3 屋面隔汽层位置、铺设方式及密封措施。

3.7 地面节能工程

3.7.1 基层处理的质量。

3.7.2 地面保温层、隔离层、防潮层、保护层等各层的设置和构造做法以及保温层的厚度。

3.7.3 地面节能工程的保温板与基层之间、各构造层的粘结及缝隙处理。

3.7.4 穿越地面直接接触室外空气的各种金属管道的隔断热桥保温措施。

3.7.5 严寒、寒冷地区的建筑首层直接与土壤接触的地面、采暖地下室与土壤接触的外墙、毗邻不采暖空间的地面及底面直接接触室外空气的地面等隔断热桥保温措施。

3.8 采暖节能工程

3.8.1 采暖系统安装应抽查以下内容：

1 采暖系统的制式及安装；

2 散热设备、阀门与过滤器、温度计及仪表安装；

3 系统各分支管路水力平衡装置安装及调试的情况；

4 分室（区）热量计量设施安装和调试的情况；

5 散热器恒温阀的安装。

3.8.2 采暖系统热力入口装置的安装应抽查以下内容：

1 热力入口装置的选型；

2 热计量装置的安装和调试的情况；

3 水力平衡装置的安装及调试的情况；

4 过滤器、压力表、温度计及各种阀门的安装。

3.8.3 采暖管道的保温层、防水层施工。

3.8.4 采暖系统安装完成后的系统试运转和调试。

3.9 通风与空调节能工程

3.9.1 通风与空调节能工程中的送、排风系统、空调风系统、空调水系统的安装应抽查以下内容：

1 各系统的制式及其安装；

2 各种设备、自控阀门与仪表安装；

3 水系统各分支管路水力平衡装置安装及调试的情况；

4 空调系统分栋、分户、分室（区）冷、热计量设备安装。

3.9.2 风管的制作与安装应抽查以下内容：

1 风管严密性及风管系统的严密性检测；

2 风管与部件、风管与土建风道及风管间的连接；

3 需要绝热的风管与金属支架的接触处、复合风管及需要绝热的非金属风管的连接和加固等处的冷桥处理。

3.9.3 各种空调机组的安装、与风管连接的情况及现场组装的组合式空调机组各功能段之间连接检测。

3.9.4 风机盘管机组的选型及安装和调试的情况。

3.9.5 空调与通风系统中风机的选型及安装。

3.9.6 带热回收功能的双向换气装置和集中排风系统中的排风热回收装置选型及安装。

3.9.7 空调机组回水管上的电动两通调节阀、风机盘管机组回水管上的电动两通（调节）阀、空调冷热水系统中的水力平衡装置、冷（热）量计量装置等自控阀门与仪表的选型及安装。

3.9.8 风管和空调水系统管道隔热层、防潮层选材。

3.9.9 空调水系统的冷热水管道及配件与支、吊架之间绝热衬垫安装和冷桥隔断的措施。

3.9.10 通风与空调系统安装完毕后的通风机和空调机组等设备的单机试运转和调试及通风空调系统无生产负荷下的联合试运转和调试检测。

3.10 空调与采暖系统冷热源及管网节能工程

3.10.1 空调与采暖系统冷热源设备和辅助设备及其管网系统的安装。

3.10.2 空调冷热源水系统管道及配件绝热层和防潮层的施工情况。

3.10.3 空调与采暖系统冷热源和辅助设备及其管道和管网系统安装完毕后的系统试运转及调试情况。

3.11 配电与照明节能工程

3.11.1 锅炉房动力用电、冷却塔水泵用电和照明用电计量设备安装。

3.11.2 住宅公共部分和公共建筑的照明的高效光源、高效灯具和节能控制装置安装。

3.11.3 水泵、风机等设备的节能装置安装。

3.11.4 低压配电系统及照明系统检测。

3.12 监测与控制节能工程

3.12.1 监测与自动控制系统的安装、调试和联动情况。

3.12.2 监测和自动控制系统与空调、采暖、配电和照明等系统联动运行、监测情况。

3.13 施工过程中的检测和试验

3.13.1 施工过程中是否按相关规范规定进行了各项测试、试验。

3.13.2 测试、试验的批次、数量是否符合要求。

3.13.3 测试、试验的结果是否满足设计要求。

4 质量问题的处理

4.0.1 监督检查发现违反规范规程的一般问题，应当下达《责令整改通知书》，并督促责任单位落实整改。

4.0.2 监督检查时发现违反规范规程中"强制性条文"的、没有进行施工图设计文件审查的、不按审查合格的设计文件施工的、没有进行建筑节能专项备案的、建筑节能设计变更未进行复审和备案的、没有建筑节能专项施工方案的、没有做建筑节能工程施工示范样板的，应当下达《责令暂停施工通知书》，经整改复查合格后，方可复工。

4.0.3 对在监督检查中发现的严重质量违规行为，监督机构应报告建设行政主管部门，由建设行政主管部门按有关法律、法规进行查处。

5 建筑节能工程竣工分部质量验收的监督

5.0.1 建筑节能工程验收应满足以下条件：

1 施工单位出具的建筑节能工程分部质量验收报告，建筑围护结构的外墙节能构造实体检验，严寒、寒冷和夏热冬冷地区的外窗气密性现场实体检测，采暖、通风与空调、照明系统检测资料等合格证明文件，以及施工过程中发现的质量问题整改报告等；

2 检查建筑节能分部工程重点部位隐蔽验收记录和相关图像资料；

3 检查相关节能分部工程检验批、分项工程、子分部工程验收合格标准及合格依据，以及检验批和分项工程的划分；

4 设计单位出具的建筑节能工程质量检查报告；

5 监理单位出具的建筑节能工程质量评估报告。

5.0.2 监督机构应对验收组成员组成及节能验收程序进行监督。

5.0.3 监督机构应对节能工程实体质量进行抽测、对观感质量进行检查。

5.0.4 节能工程竣工验收监督的记录应包括下列内容：

1 对节能工程建设强制性标准执行情况的评价；

2 对节能工程观感质量检查验收的评价；

3 对节能工程验收的组织及程序的评价；

4 对节能工程验收报告的评价。

6 工程质量监督报告的内容

6.0.1 节能工程概况。

6.0.2 对建筑节能施工过程中责任主体和有关机构质量行为及执行工程建设强制性标准的检查情况，包括图纸是否经过审图机构审查和到节能管理部门备案、节能材料进场是否经过复试、节能工程是否有专项施工方案、是否有施工示范样板、是否有节能专项验收等。

6.0.3 建筑节能工程实体质量监督抽查（包括监督检测）情况，监督机构对涉及建筑节能系统安全、使用功能、关键部位的实体质量或材料进行监督抽测、检测记录。

6.0.4 建筑节能工程质量技术档案和施工管理资料抽查情况。

6.0.5 建筑节能工程质量问题的整改和质量事故处理情况。

6.0.6 建筑节能施工过程中各方质量责任主体及相关有资格人员的不良记录内容。

6.0.7 建筑节能分部工程质量验收监督记录及监督评价和建议。

7 建筑节能工程质量监督档案

7.0.1 建筑节能工程质量监督档案是单位工程质量监督档案的组成部分。

7.0.2 建筑节能工程质量监督档案应包括以下主要内容：

1 建筑节能工程项目监督工作方案；

2 建筑节能工程施工过程监督抽查（包括监督检测）记录；

3 建筑节能工程质量分部验收监督记录；

4 节能分部施工中发生质量问题的整改和质量事故处理的有关资料；

5 建筑节能工程监督过程中所形成的照片（含底片）、音像资料。

关于印发《建筑施工特种作业人员管理规定》的通知

建质〔2008〕75号

各省、自治区建设厅，直辖市建委，江苏省、山东省建管局，新疆生产建设兵团建设局：

现将《建筑施工特种作业人员管理规定》印发给你们，请结合本地区实际贯彻执行。

中华人民共和国住房和城乡建设部
二〇〇八年四月十八日

建筑施工特种作业人员管理规定

第一章 总 则

第一条 为加强对建筑施工特种作业人员的管理，防止和减少生产安全事故，根据《安全生产许可证条例》、《建筑起重机械安全监督管理规定》等法规规章，制定本规定。

第二条 建筑施工特种作业人员的考核、发证、从业和监督管理,适用本规定。

本规定所称建筑施工特种作业人员是指在房屋建筑和市政工程施工活动中,从事可能对本人、他人及周围设备设施的安全造成重大危害作业的人员。

第三条 建筑施工特种作业包括:

(一)建筑电工;

(二)建筑架子工;

(三)建筑起重信号司索工;

(四)建筑起重机械司机;

(五)建筑起重机械安装拆卸工;

(六)高处作业吊篮安装拆卸工;

(七)经省级以上人民政府建设主管部门认定的其他特种作业。

第四条 建筑施工特种作业人员必须经建设主管部门考核合格,取得建筑施工特种作业人员操作资格证书(以下简称"资格证书"),方可上岗从事相应作业。

第五条 国务院建设主管部门负责全国建筑施工特种作业人员的监督管理工作。

省、自治区、直辖市人民政府建设主管部门负责本行政区域内建筑施工特种作业人员的监督管理工作。

第二章 考 核

第六条 建筑施工特种作业人员的考核发证工作,由省、自治区、直辖市人民政府建设主管部门或其委托的考核发证机构(以下简称"考核发证机关")负责组织实施。

第七条 考核发证机关应当在办公场所公布建筑施工特种作业人员申请条件、申请程序、工作时限、收费依据和标准等事项。

考核发证机关应当在考核前在机关网站或新闻媒体上公布考核科目、考核地点、考核时间和监督电话等事项。

第八条 申请从事建筑施工特种作业的人员,应当具备下列基本条件:

(一)年满18周岁且符合相关工种规定的年龄要求;

(二)经医院体检合格且无妨碍从事相应特种作业的疾病和生理缺陷;

(三)初中及以上学历;

(四)符合相应特种作业需要的其他条件。

第九条 符合本规定第八条规定的人员应当向本人户籍所在地或者从业所在地考核发证机关提出申请,并提交相关证明材料。

第十条 考核发证机关应当自收到申请人提交的申请材料之日起5个工作日内依法作出受理或者不予受理决定。

对于受理的申请,考核发证机关应当及时向申请人核发准考证。

第十一条 建筑施工特种作业人员的考核内容应当包括安全技术理论和实际操作。

考核大纲由国务院建设主管部门制定。

第十二条 考核发证机关应当自考核结束之日起10个工作日内公布考核成绩。

第十三条 考核发证机关对于考核合格的,应当自考核结果公布之日起10个工作日内颁发资格证书;对于考核不合格的,应当通知申请人并说明理由。

第十四条 资格证书应当采用国务院建设主管部门规定的统一样式，由考核发证机关编号后签发。资格证书在全国通用。

资格证书样式见附件一，编号规则见附件二。

第三章 从 业

第十五条 持有资格证书的人员，应当受聘于建筑施工企业或者建筑起重机械出租单位（以下简称用人单位），方可从事相应的特种作业。

第十六条 用人单位对于首次取得资格证书的人员，应当在其正式上岗前安排不少于3个月的实习操作。

第十七条 建筑施工特种作业人员应当严格按照安全技术标准、规范和规程进行作业，正确佩戴和使用安全防护用品，并按规定对作业工具和设备进行维护保养。

建筑施工特种作业人员应当参加年度安全教育培训或者继续教育，每年不得少于24小时。

第十八条 在施工中发生危及人身安全的紧急情况时，建筑施工特种作业人员有权立即停止作业或者撤离危险区域，并向施工现场专职安全生产管理人员和项目负责人报告。

第十九条 用人单位应当履行下列职责：

（一）与持有效资格证书的特种作业人员订立劳动合同；

（二）制定并落实本单位特种作业安全操作规程和有关安全管理制度；

（三）书面告知特种作业人员违章操作的危害；

（四）向特种作业人员提供齐全、合格的安全防护用品和安全的作业条件；

（五）按规定组织特种作业人员参加年度安全教育培训或者继续教育，培训时间不少于24小时；

（六）建立本单位特种作业人员管理档案；

（七）查处特种作业人员违章行为并记录在档；

（八）法律法规及有关规定明确的其他职责。

第二十条 任何单位和个人不得非法涂改、倒卖、出租、出借或者以其他形式转让资格证书。

第二十一条 建筑施工特种作业人员变动工作单位，任何单位和个人不得以任何理由非法扣押其资格证书。

第四章 延 期 复 核

第二十二条 资格证书有效期为两年。有效期满需要延期的，建筑施工特种作业人员应当于期满前3个月内向原考核发证机关申请办理延期复核手续。延期复核合格的，资格证书有效期延期2年。

第二十三条 建筑施工特种作业人员申请延期复核，应当提交下列材料：

（一）身份证（原件和复印件）；

（二）体检合格证明；

（三）年度安全教育培训证明或者继续教育证明；

334

（四）用人单位出具的特种作业人员管理档案记录；

（五）考核发证机关规定提交的其他资料。

第二十四条　建筑施工特种作业人员在资格证书有效期内，有下列情形之一的，延期复核结果为不合格：

（一）超过相关工种规定年龄要求的；

（二）身体健康状况不再适应相应特种作业岗位的；

（三）对生产安全事故负有责任的；

（四）2年内违章操作记录达3次（含3次）以上的；

（五）未按规定参加年度安全教育培训或者继续教育的；

（六）考核发证机关规定的其他情形。

第二十五条　考核发证机关在收到建筑施工特种作业人员提交的延期复核资料后，应当根据以下情况分别作出处理：

（一）对于属于本规定第二十四条情形之一的，自收到延期复核资料之日起5个工作日内作出不予延期决定，并说明理由；

（二）对于提交资料齐全且无本规定第二十四条情形的，自受理之日起10个工作日内办理准予延期复核手续，并在证书上注明延期复核合格，并加盖延期复核专用章。

第二十六条　考核发证机关应当在资格证书有效期满前按本规定第二十五条作出决定；逾期未作出决定的，视为延期复核合格。

第五章　监　督　管　理

第二十七条　考核发证机关应当制定建筑施工特种作业人员考核发证管理制度，建立本地区建筑施工特种作业人员档案。

县级以上地方人民政府建设主管部门应当监督检查建筑施工特种作业人员从业活动，查处违章作业行为并记录在档。

第二十八条　考核发证机关应当在每年年底向国务院建设主管部门报送建筑施工特种作业人员考核发证和延期复核情况的年度统计信息资料。

第二十九条　有下列情形之一的，考核发证机关应当撤销资格证书：

（一）持证人弄虚作假骗取资格证书或者办理延期复核手续的；

（二）考核发证机关工作人员违法核发资格证书的；

（三）考核发证机关规定应当撤销资格证书的其他情形。

第三十条　有下列情形之一的，考核发证机关应当注销资格证书：

（一）依法不予延期的；

（二）持证人逾期未申请办理延期复核手续的；

（三）持证人死亡或者不具有完全民事行为能力的；

（四）考核发证机关规定应当注销的其他情形。

第六章　附　　则

第三十一条　省、自治区、直辖市人民政府建设主管部门可结合本地区实际情况制定实施细则，并报国务院建设主管部门备案。

第三十二条　本办法自 2008 年 6 月 1 日起施行。

附件一：建筑施工特种作业操作资格证书样式

附件二：建筑施工特种作业操作资格证书编号规则

附件一：

建筑施工特种作业操作资格证书样式

1. 封皮采用深绿色塑料封皮对开，尺寸为 100mm×75mm。如下图：

建筑施工

特种作业操作资格证书

（封皮正面）

中华人民共和国住房和城乡建设部监制

（封皮背面）

2. 特种作业操作资格证书正本及副本均采用纸质，正本加盖钢印和发证机关章后塑封，尺寸为 90mm×60mm。如下图：

建筑施工特种作业操作资格证

证号

姓名 ＿＿＿＿＿＿ 身份证号 ＿＿＿＿＿＿

操作类别 ＿＿＿＿＿＿＿＿＿＿

| 发
证
机
关
印
章 | 初次领证日期 ＿＿＿＿＿＿

使用期 自 ＿＿＿＿＿＿
　　　 至 ＿＿＿＿＿＿

第一次复核 ＿＿＿＿＿＿ | 一 寸
彩 色
照 片 |

（正本）

建筑施工特种作业操作资格证副证

证号

姓名 ＿＿＿＿＿＿＿ 身份证号 ＿＿＿＿＿＿＿

操作类别 ＿＿＿＿＿＿＿＿＿＿

第一次复核记录：　　　　　第二次复核记录：

发证机关（盖章）　　　　　发证机关（盖章）

（副本）

附件二：

建筑施工特种作业操作资格证书编号规则

1. 建筑施工特种作业操作资格证书编号共十四位。其中：

（1）第一位为持证人所在省（市、自治区）简称，如山东省为"鲁"；

（2）第二位为持证人所在地设区市的英文代码，由各省自行确定；

（3）第三、四位为工种类别代码，用2个阿拉伯数字标注（工种类别代码表见表A）；

（4）第五至八位为发证年份，用4个阿拉伯数字标注；

（5）第八至十四位为证书序号，用6个阿拉伯数字标注，从000001开始。

2. 示例：鲁A012008000001

表示在山东济南的建筑电工，2008年取得证书，证书序列号为000001。

3. 工种类别代码表A

序号	工 种 类 别	代 码
1	建筑电工	01
2	建筑架子工	02
3	建筑起重信号司索工	03
4	建筑起重机械司机	04
5	建筑起重机械安装拆卸工	05
6	高处作业吊篮安装拆卸工	06

关于印发《建筑起重机械备案登记办法》的通知

建质〔2008〕76号

各省、自治区建设厅，直辖市建委，江苏省、山东省建管局，新疆生产建设兵团建设局：

现将《建筑起重机械备案登记办法》印发给你们，请结合本地区实际贯彻执行。

中华人民共和国住房和城乡建设部

二○○八年四月十八日

建筑起重机械备案登记办法

第一条 为加强建筑起重机械备案登记管理，根据《建筑起重机械安全监督管理规定》（建设部令第166号），制定本办法。

第二条 本办法所称建筑起重机械备案登记包括建筑起重机械备案、安装（拆卸）告知和使用登记。

第三条 县级以上地方人民政府建设主管部门可以使用计算机信息管理系统办理建筑起重机械备案登记，并建立数据库。

县级以上地方人民政府建设主管部门应当提供本行政区域内建筑起重机械备案登记查询服务。

第四条 出租、安装、使用单位应当按规定提交建筑起重机械备案登记资料，并对所提供资料的真实性负责。

县级以上地方人民政府建设主管部门应当建立建筑起重机械备案登记诚信考核制度。

第五条 建筑起重机械出租单位或者自购建筑起重机械使用单位（以下简称"产权单位"）在建筑起重机械首次出租或安装前，应当向本单位工商注册所在地县级以上地方人民政府建设主管部门（以下简称"设备备案机关"）办理备案。

第六条 产权单位在办理备案手续时，应当向设备备案机关提交以下资料：

（一）产权单位法人营业执照副本；

（二）特种设备制造许可证；

（三）产品合格证；

（四）制造监督检验证明；

（五）建筑起重机械设备购销合同、发票或相应有效凭证；

（六）设备备案机关规定的其他资料。

所有资料复印件应当加盖产权单位公章。

第七条 设备备案机关应当自收到产权单位提交的备案资料之日起7个工作日内，对符合备案条件且资料齐全的建筑起重机械进行编号，向产权单位核发建筑起重机械备案证明。

建筑起重机械备案编号规则见附件一。

第八条 有下列情形之一的建筑起重机械，设备备案机关不予备案，并通知产权单位：

（一）属国家和地方明令淘汰或者禁止使用的；

（二）超过制造厂家或者安全技术标准规定的使用年限的；

（三）经检验达不到安全技术标准规定的。

第九条 起重机械产权单位变更时，原产权单位应当持建筑起重机械备案证明到设备备案机关办理备案注销手续。设备备案机关应当收回其建筑起重机械备案证明。

原产权单位应当将建筑起重机械的安全技术档案移交给现产权单位。

现产权单位应当按照本办法办理建筑起重机械备案手续。

第十条 建筑起重机械属于本办法第八条情形之一的，产权单位应当及时采取解体等销毁措施予以报废，并向设备备案机关办理备案注销手续。

第十一条 从事建筑起重机械安装、拆卸活动的单位（以下简称"安装单位"）办理建筑起重机械安装（拆卸）告知手续前，应当将以下资料报送施工总承包单位、监理单位审核：

（一）建筑起重机械备案证明；

（二）安装单位资质证书、安全生产许可证副本；

（三）安装单位特种作业人员证书；

（四）建筑起重机械安装（拆卸）工程专项施工方案；

（五）安装单位与使用单位签订的安装（拆卸）合同及安装单位与施工总承包单位签订的安全协议书；

（六）安装单位负责建筑起重机械安装（拆卸）工程专职安全生产管理人员、专业技术人员名单；

（七）建筑起重机械安装（拆卸）工程生产安全事故应急救援预案；

（八）辅助起重机械资料及其特种作业人员证书；

（九）施工总承包单位、监理单位要求的其他资料。

第十二条 施工总承包单位、监理单位应当在收到安装单位提交的齐全有效的资料之日起 2 个工作日内审核完毕并签署意见。

第十三条 安装单位应当在建筑起重机械安装（拆卸）前 2 个工作日内通过书面形式、传真或者计算机信息系统告知工程所在地县级以上地方人民政府建设主管部门，同时按规定提交经施工总承包单位、监理单位审核合格的有关资料。

第十四条 建筑起重机械使用单位在建筑起重机械安装验收合格之日起 30 日内，向工程所在地县级以上地方人民政府建设主管部门（以下简称"使用登记机关"）办理使用登记。

第十五条 使用单位在办理建筑起重机械使用登记时，应当向使用登记机关提交下列资料：

（一）建筑起重机械备案证明；

（二）建筑起重机械租赁合同；

（三）建筑起重机械检验检测报告和安装验收资料；

（四）使用单位特种作业人员资格证书；

（五）建筑起重机械维护保养等管理制度；

（六）建筑起重机械生产安全事故应急救援预案；

（七）使用登记机关规定的其他资料。

第十六条 使用登记机关应当自收到使用单位提交的资料之日起 7 个工作日内，对于符合登记条件且资料齐全的建筑起重机械核发建筑起重机械使用登记证明。

第十七条 有下列情形之一的建筑起重机械，使用登记机关不予使用登记并有权责令使用单位立即停止使用或者拆除：

（一）属于本办法第八条情形之一的；

（二）未经检验检测或者经检验检测不合格的；

（三）未经安装验收或者经安装验收不合格的。

第十八条 使用登记机关应当在安装单位办理建筑起重机械拆卸告知手续时，注销建筑起重机械使用登记证明。

第十九条 建筑起重机械实行年度统计上报制度。省、自治区、直辖市人民政府建设主管部门应当在每年年底将本地区建筑起重机械备案登记情况汇总后上报国务院建设主管部门。

建筑起重机械备案登记汇总表见附件二。

第二十条 县级以上地方人民政府建设主管部门应当对施工现场的建筑起重机械备案登记情况进行监督检查。

第二十一条 省级以上人民政府建设主管部门应当按照有关规定及时公布限制或禁止使用的建筑起重机械。

第二十二条 出租、安装、使用单位未按规定办理建筑起重机械备案、安装（拆卸）告知、使用登记及注销手续的，由建设主管部门依照有关法规和规章进行处罚。

第二十三条 省、自治区、直辖市人民政府建设主管部门可结合本地区实际制定实施细则。

第二十四条 本办法自 2008 年 6 月 1 日起施行。

附件一：建筑起重机械备案编号规则
附件二：建筑起重机械备案登记汇总表

附件一：

建筑起重机机械备案编号规则

1. 建筑起重机械备案编号：

×××—× ×××××
(1)　(2)　　(3)

其中：

(1) 起重机械备案属地代号——第一位"×"表示省（区）的简称；第二位"×"为设区市的英文字母代号；第三位"×"为区、市（县）的英文字母代号。设区市的代号以及区、市（县）的代号，由各省（区）自行确定。

(2) 起重机械规格型号——"×"表示起重机械类别英文字母代号（代号对照表见表 A）。

(3) 起重机械备案序号——"×××××"表示五位阿拉伯数字备案序号，由区、市（县）从 00001 开始编号。

2. 示例：苏 AB—T00001

表示：江苏 A 市 B 县进行起重机械备案的一台塔式起重机，备案序号为 00001 号。

3. 代号对照表表 A

类别	塔式起重机	施工升降机 （不含物料提升机）	物料提升机	其他起重机械
代号	T	S	W	由各地自定

建筑起重机械备案登记汇总表

省（章）：　　　　　　　　　　　　　　　填表日期：　　年　月　日

类别	本年度核发建筑起重机械备案证数量	本年度注销建筑起重机械备案证数量	本年度核发使用登记证数量	本年度注销使用登记证数量
塔式起重机				
施工升降机（不含物料提升机）				
物料提升机				
其他起重机械				
合计				

关于印发《建筑施工企业安全生产管理机构设置及专职安全生产管理人员配备办法》的通知

建质〔2008〕91号

各省、自治区建设厅，直辖市建委，江苏、山东省建管局，新疆生产建设兵团建设局，中央管理的建筑企业：

为进一步规范建筑施工企业安全生产管理机构设置及专职安全生产管理人员配备，全面落实建筑施工企业安全生产主体责任，我们组织修订了《建筑施工企业安全生产管理机构设置及专职安全生产管理人员配备办法》，现印发给你们，请遵照执行。原《关于印发〈建筑施工企业安全生产管理机构设置及专职安全生产管理人员配备办法〉和〈危险性较大工程安全专项施工方案编制及专家论证审查办法〉的通知》（建质〔2004〕213号）中的《建筑施工企业安全生产管理机构设置及专职安全生产管理人员配备办法》同时废止。

中华人民共和国住房和城乡建设部

二〇〇八年五月十三日

建筑施工企业安全生产管理机构设置及专职安全生产管理人员配备办法

第一条　为规范建筑施工企业安全生产管理机构的设置，明确建筑施工企业和项目专职安全生产管理人员的配备标准，根据《中华人民共和国安全生产法》、《建设工程安全生产管理条例》、《安全生产许可证条例》及《建筑施工企业安全生产许可证管理规定》，制定本办法。

第二条　从事土木工程、建筑工程、线路管道和设备安装工程及装修工程的新建、改建、扩建和拆除等活动的建筑施工企业安全生产管理机构的设置及其专职安全生产管理人员的配备，适用本办法。

第三条 本办法所称安全生产管理机构是指建筑施工企业设置的负责安全生产管理工作的独立职能部门。

第四条 本办法所称专职安全生产管理人员是指经建设主管部门或者其他有关部门安全生产考核合格取得安全生产考核合格证书，并在建筑施工企业及其项目从事安全生产管理工作的专职人员。

第五条 建筑施工企业应当依法设置安全生产管理机构，在企业主要负责人的领导下开展本企业的安全生产管理工作。

第六条 建筑施工企业安全生产管理机构具有以下职责：

（一）宣传和贯彻国家有关安全生产法律法规和标准；

（二）编制并适时更新安全生产管理制度并监督实施；

（三）组织或参与企业生产安全事故应急救援预案的编制及演练；

（四）组织开展安全教育培训与交流；

（五）协调配备项目专职安全生产管理人员；

（六）制订企业安全生产检查计划并组织实施；

（七）监督在建项目安全生产费用的使用；

（八）参与危险性较大工程安全专项施工方案专家论证会；

（九）通报在建项目违规违章查处情况；

（十）组织开展安全生产评优评先表彰工作；

（十一）建立企业在建项目安全生产管理档案；

（十二）考核评价分包企业安全生产业绩及项目安全生产管理情况；

（十三）参加生产安全事故的调查和处理工作；

（十四）企业明确的其他安全生产管理职责。

第七条 建筑施工企业安全生产管理机构专职安全生产管理人员在施工现场检查过程中具有以下职责：

（一）查阅在建项目安全生产有关资料、核实有关情况；

（二）检查危险性较大工程安全专项施工方案落实情况；

（三）监督项目专职安全生产管理人员履责情况；

（四）监督作业人员安全防护用品的配备及使用情况；

（五）对发现的安全生产违章违规行为或安全隐患，有权当场予以纠正或作出处理决定；

（六）对不符合安全生产条件的设施、设备、器材，有权当场作出查封的处理决定；

（七）对施工现场存在的重大安全隐患有权越级报告或直接向建设主管部门报告；

（八）企业明确的其他安全生产管理职责。

第八条 建筑施工企业安全生产管理机构专职安全生产管理人员的配备应满足下列要求，并应根据企业经营规模、设备管理和生产需要予以增加：

（一）建筑施工总承包资质序列企业：特级资质不少于 6 人；一级资质不少于 4 人；二级和二级以下资质企业不少于 3 人。

（二）建筑施工专业承包资质序列企业：一级资质不少于 3 人；二级和二级以下资质

企业不少于 2 人。

（三）建筑施工劳务分包资质序列企业：不少于 2 人。

（四）建筑施工企业的分公司、区域公司等较大的分支机构（以下简称分支机构）应依据实际生产情况配备不少于 2 人的专职安全生产管理人员。

第九条 建筑施工企业应当实行建设工程项目专职安全生产管理人员委派制度。建设工程项目的专职安全生产管理人员应当定期将项目安全生产管理情况报告企业安全生产管理机构。

第十条 建筑施工企业应当在建设工程项目组建安全生产领导小组。建设工程实行施工总承包的，安全生产领导小组由总承包企业、专业承包企业和劳务分包企业项目经理、技术负责人和专职安全生产管理人员组成。

第十一条 安全生产领导小组的主要职责：

（一）贯彻落实国家有关安全生产法律法规和标准；

（二）组织制定项目安全生产管理制度并监督实施；

（三）编制项目生产安全事故应急救援预案并组织演练；

（四）保证项目安全生产费用的有效使用；

（五）组织编制危险性较大工程安全专项施工方案；

（六）开展项目安全教育培训；

（七）组织实施项目安全检查和隐患排查；

（八）建立项目安全生产管理档案；

（九）及时、如实报告生产安全事故。

第十二条 项目专职安全生产管理人员具有以下主要职责：

（一）负责施工现场安全生产日常检查并做好检查记录；

（二）现场监督危险性较大工程安全专项施工方案实施情况；

（三）对作业人员违规违章行为有权予以纠正或查处；

（四）对施工现场存在的安全隐患有权责令立即整改；

（五）对于发现的重大安全隐患，有权向企业安全生产管理机构报告；

（六）依法报告生产安全事故情况。

第十三条 总承包单位配备项目专职安全生产管理人员应当满足下列要求：

（一）建筑工程、装修工程按照建筑面积配备：

1. 1 万平方米以下的工程不少于 1 人；

2. 1 万～5 万平方米的工程不少于 2 人；

3. 5 万平方米及以上的工程不少于 3 人，且按专业配备专职安全生产管理人员。

（二）土木工程、线路管道、设备安装工程按照工程合同价配备：

1. 5000 万元以下的工程不少于 1 人；

2. 5000 万～1 亿元的工程不少于 2 人；

3. 1 亿元及以上的工程不少于 3 人，且按专业配备专职安全生产管理人员。

第十四条 分包单位配备项目专职安全生产管理人员应当满足下列要求：

（一）专业承包单位应当配置至少 1 人，并根据所承担的分部分项工程的工程量和施工危险程度增加。

（二）劳务分包单位施工人员在 50 人以下的，应当配备 1 名专职安全生产管理人员；

50~200 人的，应当配备 2 名专职安全生产管理人员；200 人及以上的，应当配备 3 名及以上专职安全生产管理人员，并根据所承担的分部分项工程施工危险实际情况增加，不得少于工程施工人员总人数的 5‰。

第十五条　采用新技术、新工艺、新材料或致害因素多、施工作业难度大的工程项目，项目专职安全生产管理人员的数量应当根据施工实际情况，在第十三条、第十四条规定的配备标准上增加。

第十六条　施工作业班组可以设置兼职安全巡查员，对本班组的作业场所进行安全监督检查。

建筑施工企业应当定期对兼职安全巡查员进行安全教育培训。

第十七条　安全生产许可证颁发管理机关颁发安全生产许可证时，应当审查建筑施工企业安全生产管理机构设置及其专职安全生产管理人员的配备情况。

第十八条　建设主管部门核发施工许可证或者核准开工报告时，应当审查该工程项目专职安全生产管理人员的配备情况。

第十九条　建设主管部门应当监督检查建筑施工企业安全生产管理机构及其专职安全生产管理人员履责情况。

第二十条　本办法自颁发之日起实施，原《关于印发〈建筑施工企业安全生产管理机构设置及专职安全生产管理人员配备办法〉和〈危险性较大工程安全专项施工方案编制及专家论证审查办法〉的通知》（建质〔2004〕213 号）中的《建筑施工企业安全生产管理机构设置及专职安全生产管理人员配备办法》废止。

关于印发《建筑施工企业安全生产许可证动态监管暂行办法》的通知

建质〔2008〕121 号

各省、自治区建设厅，直辖市建委：

为强化建筑施工企业安全生产许可证动态监管，促进施工企业保持和改善安全生产条件，控制和减少生产安全事故，我部制定了《建筑施工企业安全生产许可证动态监管暂行办法》。现印发给你们，请结合本地区实际执行。

中华人民共和国住房和城乡建设部

二〇〇八年六月三十日

建筑施工企业安全生产许可证动态监管暂行办法

第一条　为加强建筑施工企业安全生产许可证的动态监管，促进建筑施工企业保持和改善安全生产条件，控制和减少生产安全事故，根据《安全生产许可证条例》、《建设工程安全生产管理条例》和《建筑施工企业安全生产许可证管理规定》等法规规章，制定本办法。

第二条　建设单位或其委托的工程招标代理机构在编制资格预审文件和招标文件时，应当明确要求建筑施工企业提供安全生产许可证，以及企业主要负责人、拟担任该项目负责人和专职安全生产管理人员（以下简称"三类人员"）相应的安全生产考核合格证书。

第三条　建设主管部门在审核发放施工许可证时，应当对已经确定的建筑施工企业是否具有安全生产许可证以及安全生产许可证是否处于暂扣期内进行审查，对未取得安全生产许可证及安全生产许可证处于暂扣期内的，不得颁发施工许可证。

第四条　建设工程实行施工总承包的，建筑施工总承包企业应当依法将工程分包给具有安全生产许可证的专业承包企业或劳务分包企业，并加强对分包企业安全生产条件的监督检查。

第五条　工程监理单位应当查验承建工程的施工企业安全生产许可证和有关"三类人员"安全生产考核合格证书持证情况，发现其持证情况不符合规定的或施工现场降低安全生产条件的，应当要求其立即整改。施工企业拒不整改的，工程监理单位应当向建设单位报告。建设单位接到工程监理单位报告后，应当责令施工企业立即整改。

第六条　建筑施工企业应当加强对本企业和承建工程安全生产条件的日常动态检查，发现不符合法定安全生产条件的，应当立即进行整改，并做好自查和整改记录。

第七条　建筑施工企业在"三类人员"配备、安全生产管理机构设置及其他法定安全生产条件发生变化以及因施工资质升级、增项而使得安全生产条件发生变化时，应当向安全生产许可证颁发管理机关（以下简称颁发管理机关）和当地建设主管部门报告。

第八条　颁发管理机关应当建立建筑施工企业安全生产条件的动态监督检查制度，并将安全生产管理薄弱、事故频发的企业作为监督检查的重点。

颁发管理机关根据监管情况、群众举报投诉和企业安全生产条件变化报告，对相关建筑施工企业及其承建工程项目的安全生产条件进行核查，发现企业降低安全生产条件的，应当视其安全生产条件降低情况对其依法实施暂扣或吊销安全生产许可证的处罚。

第九条　市、县级人民政府建设主管部门或其委托的建筑安全监督机构在日常安全生产监督检查中，应当查验承建工程施工企业的安全生产许可证。发现企业降低施工现场安全生产条件的或存在事故隐患的，应立即提出整改要求；情节严重的，应责令工程项目停止施工并限期整改。

第十条　依据本办法第九条责令停止施工符合下列情形之一的，市、县级人民政府建设主管部门应当于作出最后一次停止施工决定之日起 15 日内以书面形式向颁发管理机关（县级人民政府建设主管部门同时抄报设区市级人民政府建设主管部门；工程承建企业跨省施工的，通过省级人民政府建设主管部门抄告）提出暂扣企业安全生产许可证的建议，并附具企业及有关工程项目违法违规事实和证明安全生产条件降低的相关询问笔录或其他证据材料。

（一）在 12 个月内，同一企业同一项目被两次责令停止施工的。

（二）在 12 个月内，同一企业在同一市、县内三个项目被责令停止施工的。

（三）施工企业承建工程经责令停止施工后，整改仍达不到要求或拒不停工整改的。

第十一条　颁发管理机关接到本办法第十条规定的暂扣安全生产许可证建议后，应当于 5 个工作日内立案，并根据情节轻重依法给予企业暂扣安全生产许可证 30 日至 60 日的处罚。

第十二条　工程项目发生一般及以上生产安全事故的，工程所在地市、县级人民政府建设主管部门应当立即按照事故报告要求向本地区颁发管理机关报告。

工程承建企业跨省施工的，工程所在地省级建设主管部门应当在事故发生之日起 15 日内将事故基本情况书面通报颁发管理机关，同时附具企业及有关项目违法违规事实和证明安全生产条件降低的相关询问笔录或其他证据材料。

第十三条　颁发管理机关接到本办法第十二条规定的报告或通报后，应立即组织对相关建筑施工企业（含施工总承包企业和与发生事故直接相关的分包企业）安全生产条件进行复核，并于接到报告或通报之日起 20 日内复核完毕。

颁发管理机关复核施工企业及其工程项目安全生产条件，可以直接复核或委托工程所在地建设主管部门复核。被委托的建设主管部门应严格按照法规规章和相关标准进行复核，并及时向颁发管理机关反馈复核结果。

第十四条　依据本办法第十三条进行复核，对企业降低安全生产条件的，颁发管理机关应当依法给予企业暂扣安全生产许可证的处罚；属情节特别严重的或者发生特别重大事故的，依法吊销安全生产许可证。

暂扣安全生产许可证处罚视事故发生级别和安全生产条件降低情况，按下列标准执行：

（一）发生一般事故的，暂扣安全生产许可证 30 至 60 日。

（二）发生较大事故的，暂扣安全生产许可证 60 至 90 日。

（三）发生重大事故的，暂扣安全生产许可证 90 至 120 日。

第十五条　建筑施工企业在 12 个月内第二次发生生产安全事故的，视事故级别和安全生产条件降低情况，分别按下列标准进行处罚：

（一）发生一般事故的，暂扣时限为在上一次暂扣时限的基础上再增加 30 日。

（二）发生较大事故的，暂扣时限为在上一次暂扣时限的基础上再增加 60 日。

（三）发生重大事故的，或按本条（一）、（二）处罚暂扣时限超过 120 日的，吊销安全生产许可证。

12 个月内同一企业连续发生三次生产安全事故的，吊销安全生产许可证。

第十六条　建筑施工企业瞒报、谎报、迟报或漏报事故的，在本办法第十四条、第十五条处罚的基础上，再处延长暂扣期 30 日至 60 日的处罚。暂扣时限超过 120 日的，吊销安全生产许可证。

第十七条　建筑施工企业在安全生产许可证暂扣期内，拒不整改的，吊销安全生产许可证。

第十八条　建筑施工企业安全生产许可证被暂扣期间，企业在全国范围内不得承揽新的工程项目。发生问题或事故的工程项目停工整改，经工程所在地有关建设主管部门核查合格后方可继续施工。

第十九条　建筑施工企业安全生产许可证被吊销后，自吊销决定作出之日起一年内不得重新申请安全生产许可证。

第二十条　建筑施工企业安全生产许可证暂扣期满前 10 个工作日，企业需向颁发管理机关提出发还安全生产许可证申请。颁发管理机关接到申请后，应当对被暂扣企业安全生产条件进行复查，复查合格的，应当在暂扣期满时发还安全生产许可证；复查不合格的，增加暂扣期期限直至吊销安全生产许可证。

第二十一条　颁发管理机关应建立建筑施工企业安全生产许可动态监管激励制度。对于安全生产工作成效显著、连续三年及以上未被暂扣安全生产许可证的企业，在评选各级各类安全生产先进集体和个人、文明工地、优质工程等时可以优先考虑，并可根据本地实际情况在监督管理时采取有关优惠政策措施。

第二十二条 颁发管理机关应将建筑施工企业安全生产许可证审批、延期、暂扣、吊销情况，于做出有关行政决定之日起 5 个工作日内录入全国建筑施工企业安全生产许可证管理信息系统，并对录入信息的真实性和准确性负责。

第二十三条 在建筑施工企业安全生产许可证动态监管中，涉及有关专业建设工程主管部门的，依照有关职责分工实施。

各省、自治区、直辖市人民政府建设主管部门可根据本办法，制定本地区的实施细则。

关于进一步加强住宅装饰装修管理的通知

建质〔2008〕133 号

各省、自治区建设厅，直辖市建委（房管局）：

近年来，随着我国经济快速发展和人民生活水平的提高，住宅装饰装修市场规模不断扩大，在增加就业、带动经济发展、改善人居条件等方面发挥了重要作用。但是，在住宅装饰装修过程中，一些用户违反国家法律法规，擅自改变房屋使用功能、损坏房屋结构等情况时有发生，给人民生命和财产安全带来很大隐患。为进一步加强住宅装饰装修管理，切实保障住宅质量安全和使用寿命，现将有关事项通知如下：

一、提高思想认识，加强组织领导

住宅装饰装修与人民群众的生活和安全息息相关，由装饰装修引发的结构安全问题时有发生，特别是在汶川地震遭受破坏的建筑中尤为突出，这直接关系到人民生命财产安全，也关系到社会稳定和社会主义和谐社会的构建。各级建设主管部门要从落实科学发展观的高度，进一步转变思想，提高认识，增强做好装饰装修管理工作的责任感和紧迫感，切实把这项工作摆到重要议事日程上来。要根据本地区实际，以治理野蛮装修、防止破坏房屋结构为重点，不断健全工作机制，创新工作方法，改进工作作风，加强领导，明确责任，狠抓落实，着力把好住宅装饰装修安全关。

二、严格管理制度，落实相关责任

各级建设主管部门要根据国务院《建设工程质量管理条例》和《住宅室内装饰装修管理办法》（建设部令第 110 号）等有关规定，进一步完善本地区住宅装饰装修管理制度，落实装修人、装修企业和物业服务企业等住宅管理单位的责任。要加快建立装修企业信用管理制度，严格对装修人和装修企业违法违规行为的处罚。要坚持完善装修开工申报制度，装饰装修企业要严格执行《住宅装饰装修工程施工规范》（GB 50327—2001），确保装修质量。要采取切实有效措施，充分调动物业服务企业等住宅管理单位、居委会和住宅使用者参与监督的积极性，逐步形成各方力量共同参与、相互配合的联合监督机制。

三、切实加强监管，确保质量安全

各级建设主管部门要会同有关部门，切实加强住宅装饰装修过程中的监督巡查，发现未经批准擅自开工、不按装修方案施工或破坏房屋结构行为的，责令立即整改。物业服务企业等住宅管理单位应按照装饰装修管理服务协议进行现场检查，进一步强化竣工验收环节的管理，发现影响结构质量安全的问题，应要求装修人和装修企业改正，并报政府主管部门处理。建设主管部门要健全装修投诉举报机制，对住宅装饰装修中出现的影响公众利益的质量事故和质量缺陷，必须依法认真调查，立即责令纠正，严肃处理。

四、完善扶持政策，推广全装修房

各地要继续贯彻落实《关于推进住宅产业现代化提高住宅质量若干意见》（国办发〔1999〕72号）和《商品住宅装修一次到位实施导则》（建住房〔2002〕190号），制定出台相关扶持政策，引导和鼓励新建商品住宅一次装修到位或菜单式装修模式。要根据本地实际，科学规划，分步实施，逐步达到取消毛坯房，直接向消费者提供全装修成品房的目标。

五、强化宣传培训，营造良好环境

各地要充分发挥宣传舆论的导向作用，利用网络、电视、广播、报纸和杂志等宣传手段，采用板报标语、宣传图册等群众喜闻乐见、易于接受的宣传形式，大力宣传装修过程中私拆滥改的危害，普及住宅装饰装修基本知识，增强广大业主维护自身权益的法律意识和质量安全意识，树立文明装修、合理使用的思想。要针对物业服务企业等住宅管理单位和装修企业，有组织地开展相关培训，提高他们的质量意识和技术水平。要在建筑装饰装修行业积极开展创优评先活动，加强行业自律，建设诚信体系，营造人人重视安全、人人保障安全的良好执、守法环境。

中华人民共和国住房和城乡建设部
二〇〇八年七月二十九日

关于印发《建筑工程设计文件编制深度规定》（2008 年版）的通知

建质〔2008〕216 号

各省、自治区建设厅，直辖市建委（规划委、城乡建设交通委），国务院各有关部门：

为进一步贯彻《建设工程质量管理条例》和《建设工程勘察设计管理条例》，确保建筑工程设计质量，我部组织中南建筑设计院（主编）等单位编制了《建筑工程设计文件编制深度规定》（2008 年版），经审查，现批准颁布，自 2009 年 1 月 1 日起施行。原《建筑工程设计文件编制深度规定》（2003 年版）同时废止。

中华人民共和国住房和城乡建设部
二〇〇八年十一月二十六日

关于加强工程勘察质量管理工作的若干意见

建质〔2008〕231 号

各省、自治区建设厅，直辖市建委（规划委、城乡建设交通委）：

近年来，我国工程勘察质量水平总体稳定，对确保建筑工程质量和效益发挥了重要作用。但是仍存在市场竞争不够规范、企业诚信不足、合理工期和费用得不到有效保证、勘察数据和文件造假、未严格执行工程建设强制性标准等问题。为切实加强工程勘察质量管理，进一步提高勘察质量水平，确保建筑工程质量安全，现提出如下意见：

一、充分认识工程勘察工作的重要性

工程勘察是工程建设的基础，其质量的优劣，直接影响后续建设环节的顺利进行，直接关系到建筑工程质量、投资效益和使用安全。切实保证工程勘察质量，是提高建筑工程质量水平的重要保障。随着我国各类工程建设持续快速发展，特别是一批投资规模大、结构体系和地质条件复杂的大型工程相继投入建设，工程勘察质量责任更加重大。各地建设主管部门和有关各方要从贯彻落实科学发展观的高度，进一步增强做好勘察质量管理工作的紧迫感和使命感，高度重视，扎实推进。

二、切实保证工程勘察工作的科学性

各类工程建设必须严格执行先勘察、后设计、再施工的基本建设程序，严格执行国家有关法律、法规和技术标准，精心勘察，科学勘察，确保勘察质量。要重视和加强规划、可行性研究等前期勘察分析工作，查明场地的工程与水文地质条件、周边环境对建筑工程的影响，确保勘察工作的科学性和可靠性。重大工程特别是地下工程和边坡工程，在施工过程中应强化动态监测，建立健全险情预警和响应机制，及时消除质量安全隐患和风险。

三、进一步加强工程勘察市场管理

工程勘察企业必须在资质证书规定的资质等级和业务范围内承接业务，不得允许其他单位或个人以本单位的名义承揽业务，不得转包和违法分包业务。建设单位不得将工程勘察项目委托给个人和不具备相应资质的单位。建设主管部门要采取有效措施，严厉查处挂靠、转包、违法分包以及无资质、超越资质承揽业务等违法违规行为，整顿市场秩序，净化市场环境。要逐步完善招投标管理制度，强化技术方案的主导作用，坚决制止擅自压缩勘察周期、片面追求低价中标等不良倾向。要加快诚信体系建设，强化诚信评估和不良记录管理，定期将违规企业和个人的不良记录向社会公示。

四、全面落实工程勘察有关各方质量责任

建设单位要为勘察工作提供必要的现场工作条件，保证合理的勘察周期，提供真实、可靠的勘察依据和相关资料，同时要充分利用城建档案资料。要严格执行国家收费标准，不得迫使勘察企业以低于成本价承揽任务。不得明示或暗示勘察企业违反工程建设强制性标准。

勘察企业要严格按照有关法律、法规和技术标准开展勘察工作，并对勘察质量全面负责。要按照《工程建设勘察企业质量管理规范》要求，建立健全内部质量管理体系和质量责任制度，强化现场作业质量和试验工作管理，保证原始记录和试验数据的可靠性、真实性和完整性，严禁离开现场进行追记、补记和修改记录。要对复杂场地条件和可能给工程造成危险的环境条件，作出必要说明。勘察文件须符合国家关于城建档案管理的要求。

施工图审查机构要对勘察文件中涉及工程建设强制性标准的内容严格把关，必要时可对现场作业原始记录和测试、试验记录等进行核查。审查不合格的勘察文件要及时退还建设单位并书面说明不合格原因，发现有关违反法律、法规和工程建设强制性标准的问题，应报建设主管部门。

工程设计、施工、监理企业发现勘察文件不符合工程建设强制性标准，存在质量安全问题和隐患的，要及时报告建设单位和有关部门。

五、建立健全工程勘察从业人员执业、上岗制度

要加快推动实施注册土木工程师（岩土）执业制度，全面推进岩土工程师队伍建设，切实落实个人质量责任。工程勘察项目负责人、审核人、审定人及有关技术人员应具有注册土木工程师（岩土）资格或相应技术职称。项目负责人要组织做好勘察现场作业工作并加强管理，必须对勘察过程中各项作业资料包括现场原始记录进行验收和签字，并对项目的勘察文件负主要质量责任。

工程勘察企业应加强职工技术培训和执业道德教育，提高勘察人员的质量责任意识。观测员、试验员、记录员、机长等现场作业人员应当接受专业培训，方可上岗。

六、着力强化工程勘察质量监督执法工作

各地建设主管部门要切实加强工程勘察质量监管，特别是对政府投资、建设场地条件复杂、技术要求高的工程，要加大监督检查力度、深度和频次。要加强对勘察企业质量管理程序的实施、人员资格、装备能力等情况的检查。要持续开展勘察质量专项治理工作，重点检查钻孔数量、深度等现场作业不符合规范要求和勘察方案，以及编造虚假数据等问题，注重根据施工中反映出的实际地质情况核查勘察成果质量。对于未按工程建设强制性标准和勘察方案进行勘察、弄虚作假等行为，要依法严肃处罚，情节严重的，吊销资质证书，并及时向社会公布。

七、积极推动工程勘察技术进步

各地建设主管部门要结合本地区实际，针对工程勘察面临的新风险、新问题，统筹安排，逐步加大对工程勘察基础研究、新技术开发应用的经费支持力度。要组织开展专项课题研究，集中力量解决带有普遍性的关键问题。同时采取有效措施，鼓励和引导勘察企业加大技术投入，加强技术储备和技术创新，提高质量安全的技术保障能力，促进行业技术进步和工程勘察质量整体水平的提升。要积极推动工程勘察质量保险制度，有效防范和化解工程技术风险。

中华人民共和国住房和城乡建设部

二〇〇八年十二月三十日

关于成立全国城市抗震防灾规划审查委员会的通知

建质函 〔2008〕6 号

各省、自治区建设厅，直辖市建委、规划委，各有关单位：

为贯彻《城市抗震防灾规划管理规定》（建设部令第 117 号），做好城市抗震防灾规划审查工作，保障城市抗震防灾安全，我部决定成立全国城市抗震防灾规划审查委员会。现将有关事项通知如下：

一、全国城市抗震防灾规划审查委员会在建设部领导下工作，受建设部委托，负责起草、修改有关城市抗震防灾规划审查的技术规定，参加各地建设、规划主管部门组织的城市抗震防灾规划技术审查。全国城市抗震防灾规划审查委员会章程见附件1。

二、全国城市抗震防灾规划审查委员会第一届委员会设主任委员 1 名，委员 36 名，主任委员、委员由建设部聘任，任期 3 年。名单见附件 2。

三、全国城市抗震防灾规划审查委员会下设办公室，负责委员会日常工作。全国城市抗震防灾规划审查委员会办公室设在中国城市规划学会城市安全与防灾学术委员会。以全国城市抗震防灾规划审查委员会名义进行的活动由审查委员会办公室统一组织。

附件：1. 全国城市抗震防灾规划审查委员会章程
　　　2. 全国城市抗震防灾规划审查委员会第一届委员会主任委员、委员名单
　　　3. 全国城市抗震防灾规划审查委员会办公室主任、副主任名单及工作电话

中华人民共和国建设部
二〇〇八年一月七日

附件 1：

全国城市抗震防灾规划审查委员会章程

第一条 全国城市抗震防灾规划审查委员会（以下简称审查委员会）是在建设部领导下，根据国家有关法律法规和《城市抗震防灾规划管理规定》（建设部令第 117 号），开展城市抗震防灾规划技术审查及有关活动的机构。

第二条 审查委员会的宗旨是：通过审查委员会的工作，加强对各地城市抗震防灾规划编制工作的指导，提高我国城市抗震防灾规划的编制水平，推动各地城市抗震防灾规划的实施，发挥城市抗震防灾规划对城市合理建设与科学发展的促进作用。

第三条 审查委员会的基本任务是：

一、受建设部委托，起草、修改有关城市抗震防灾规划审查的技术规定，提出关于城市抗震防灾规划编制、实施的技术政策建议；

二、广泛征求抗震防灾规划编制、研究和管理人员的意见，对与城市抗震防灾相关的技术标准、技术措施进行研讨，提出制订或修订相关规划技术标准的建议；

三、受建设部或各地建设、规划主管部门委托，派员参加各地城市抗震防灾规划技术审查工作；

四、受建设部或各地建设、规划主管部门委托，对有争议的审查结果提出技术处理意见；

五、组织城市抗震防灾规划编制和实施工作的国内外学术交流和技术培训。

第四条 审查委员会由国内长期从事城市抗震防灾规划研究的规划、勘察、抗震专家和管理人员组成。其成员由建设部在全国范围内聘任，每届任期三年，任期满后可根据需要连聘连任。审查委员会设主任委员一名，负责审查委员会的全面工作。

审查委员会委员工作不力、造成不良影响的，由审查委员会主任委员提出建议，建设部视情节轻重，予以警告或取消审查委员会委员资格。

第五条 审查委员会办公室为审查委员会的常设办事机构，负责审查委员会的日常工作。

第六条　审查委员会委员应熟练掌握有关城市抗震防灾规划的法律、法规、规章和技术标准，认真完成审查委员会办公室安排或各地邀请参加的审查任务，积极参加审查委员会办公室组织安排的各项活动。委员个人不得以审查委员会的名义进行未经授权的抗震防灾规划审查活动。

第七条　审查委员会按照《城市抗震防灾规划管理规定》（建设部令第 117 号）开展审查工作，主要工作内容包括：

一、审查委员会办公室受各地建设、规划主管部门委托，根据城市抗震防灾规划的性质、规模和特点，组织委员参加甲、乙类模式城市抗震防灾规划的技术审查；审查委员会委员受各地建设、规划主管部门邀请参加城市抗震防灾规划技术审查。

二、审查委员会委员参加各地建设、规划主管部门组织的专家评审委员会，根据有关法律、法规和部门规章的要求，依据《城市抗震防灾规划标准》（GB 50413），开展技术审查工作。

三、审查完成后，参加审查的审查委员会委员将专家评审委员会审查意见和有关审查情况报审查委员会办公室备案。

四、当对审查意见或相关的审查依据等出现重大争议时，由审查委员会主任委员主持召开审查委员会工作会议，提出技术性处理意见，报组织相关项目审查的建设、规划主管部门处理，同时报建设部备案。

第八条　审查委员会办公室每年向建设部报送甲、乙类模式城市抗震防灾规划审查项目汇总表和审查情况分析总结。

附件 2：

全国城市抗震防灾规划审查委员会
第一届委员会主任委员、委员名单

主任委员：

周锡元	中国科学院院士	研究员

委员（以姓氏笔画为序）：

于一丁	武汉市城市规划设计研究院	教授级高工
马东辉	北京工业大学	副研究员
方美琪	中国人民大学	教授
王晓云	中国气象局大气探测技术中心	研究员
冯启民	中国海洋大学	教授
叶燎原	云南大学	教授
叶耀先	中国建筑设计研究院	教授级高工
乔占平	新疆维吾尔自治区地震学会	高级工程师
任爱珠	清华大学	教授
刘志刚	中国勘察设计协会抗震防灾分会	教授级高工
朱思诚	中国城市规划设计研究院	教授级高工

毕兴锁	山西省建筑科学研究院	教授级高工
江见鲸	清华大学	教授
张　耀	西部建筑抗震勘察设计研究院	教授级高工
张敏政	中国地震局工程力学研究所	研究员
李　杰	同济大学	教授
李文艺	同济大学	教授
杨明松	中国城市规划设计研究院	研究员
杨保军	中国城市规划设计研究院	研究员
汪　彤	北京市劳动保护科学研究所	研究员
狄载君	苏州市抗震办公室	教授级高工
苏幼坡	河北省地震工程研究中心	教授
苏经宇	北京工业大学	研究员
周克森	广东省工程防震研究院	研究员
金　磊	北京市建筑设计研究院	研究员
赵振东	中国地震局工程力学研究所	研究员
曾德民	中国建筑科学研究院	副研究员
程晓陶	中国水利水电科学研究院	研究员
葛学礼	中国建筑科学研究院	研究员
董津城	北京市勘察设计研究院	教授级高工
蒋　溥	中国地震局地质研究所	研究员
谢映霞	中国城市规划设计研究院	教授级高工
韩　阳	河南工业大学	教授
廖河山	厦门市建设与管理局	高级工程师
颜茂兰	四川省建筑科学研究院	教授级高工
戴慎志	同济大学	教授

附件 3：

全国城市抗震防灾规划审查委员会办公室
主任、副主任名单及工作电话

一、全国城市抗震防灾规划审查委员会办公室主任：
苏经宇　中国城市规划学会城市安全与防灾学术委员会秘书长
二、全国城市抗震防灾规划审查委员会办公室副主任：
谢映霞　中国城市规划学会城市安全与防灾学术委员会副秘书长
马东辉　中国城市规划学会城市安全与防灾学术委员会副秘书长
三、全国城市抗震防灾规划审查委员会办公室工作电话：
010－67392241

关于贯彻实施《防震减灾法》加强城乡建设抗震防灾工作的通知

建质〔2009〕42 号

各省、自治区建设厅，直辖市、计划单列市建委及有关部门，新疆生产建设兵团建设局：

修订后的《中华人民共和国防震减灾法》将于 2009 年 5 月 1 日正式施行。根据中国地震局、国家发展改革委、住房城乡建设部、民政部、卫生部、公安部《关于贯彻实施中华人民共和国防震减灾法的通知》（中震发〔2009〕37 号）的总体部署和要求，为使各地建设系统更好地贯彻实施《防震减灾法》，做好城乡建设抗震防灾工作，现将有关工作要求通知如下：

一、进一步提高认识，认真学习宣传《防震减灾法》

地震是严重威胁人类安全的自然灾害，具有突发性强、破坏性大、危害面广、难以预测等特点。我国是全球大陆地震最为活跃的地区之一，2008 年我国的地震活动数量多、分布广、震级高、损失重，除汶川特大地震给四川、甘肃、陕西、重庆、云南等地造成重大损失之外，新疆、西藏、云南、青海、甘肃等地还发生了 15 次破坏性地震。据预测，未来一个时期我国地震形势仍然十分严峻，人民群众生命财产安全和经济社会发展面临着地震灾害的潜在威胁。

防御与减轻地震灾害是保护人民生命和财产安全，促进经济社会可持续发展的重要工作，涉及地震监测预报、地震灾害预防、地震应急救援、地震灾后过渡性安置和恢复重建等多项工作内容。《防震减灾法》明确指出，地震工作主管部门和经济综合宏观调控、建设、民政、卫生、公安以及其他有关部门要在各级政府的统一领导下，按照职责分工，各负其责、密切配合，共同做好防震减灾工作。

各地住房和城乡建设主管部门要增强紧迫感和责任感，加强对城乡建设抗震防灾工作的领导，加大对修订后的《防震减灾法》的学习、宣传力度，进一步提高工程建设各方责任主体的法律意识，做好城乡建设抗震防灾工作。

二、贯彻《防震减灾法》，健全和落实城乡建设抗震防灾管理制度

防震减灾工作，实行预防为主、防御与救助相结合的方针。各地要结合《防震减灾法》的实施，深入贯彻《房屋建筑工程抗震设防管理规定》、《市政公用设施抗灾设防管理规定》、《城市抗震防灾规划管理规定》、《超限高层建筑工程抗震设防管理规定》等部门规章和《建设系统破坏性地震应急预案》，制定切实可行的实施办法，落实城乡建设抗震设防的各项管理措施。

要结合当地实际情况，积极研究新形势下加强房屋建筑和市政公用设施抗震设防管理工作的体制、机制，适时将成熟的城乡建设抗震防灾管理制度以法规、规章的形式确立下来，推动地方抗震防灾法规体系建设，进一步提高城乡建设抗震防灾工作的法制化、规范化水平。

要在加大普法力度的同时，加强管理队伍建设，加大执法监督力度，定期对建设系统实施《防震减灾法》和相关法律、法规和部门规章的情况进行检查，对违法、违规行为进行查处，不断强化依法行政能力和水平。

三、新建、扩建、改建工程必须严格按照工程建设标准进行抗震设防

历次国内外震害表明，新建、扩建、改建工程的抗震设防是防御与减轻地震灾害最积极、最有效的手段。修订后的《防震减灾法》明确规定：新建、扩建、改建建设工程应当达到抗震设防要求，学校、医院等人员密集场所的建设工程应当按照高于当地房屋建筑的抗震设防要求进行设计和施工。现行《建筑抗震设计规范》等工程建设强制性标准提出了建设工程达到抗震设防要求的技术措施；现行《建筑工程抗震设防分类标准》将学校、医院等人员密集场所的建筑工程抗震设防类别提高到重点设防类。这些规定是对《防震减灾法》上述条款的具体落实。各地要严格按照相关工程建设标准，加强建设工程的抗震设防管理，相关地方标准不能与国家标准相抵触。

在新建、扩建、改建工程中，建设单位要对建设工程抗震设计、施工的全过程负责，设计、施工、工程监理单位要对相应的抗震设计、施工质量负责。设计单位要按照抗震设防要求和工程建设强制性标准进行抗震设计，施工单位应当按照施工图设计文件和工程建设强制性标准进行施工，建设单位、施工单位应当选用符合施工图设计文件和国家有关标准规定的材料、构配件和设备，工程监理单位应当按照施工图设计文件和工程建设强制性标准实施监理。

对超限高层建筑工程，建设单位要在初步设计阶段报请省级建设主管部门组织开展抗震设防专项审查；对按照《市政公用设施抗灾设防管理规定》要求应做抗震专项论证的市政公用设施，建设单位应当在初步设计阶段组织专家进行抗震专项论证。施工图审查机构要把抗震设防作为设计审查的重要内容，严格按照工程建设强制性标准和抗震设防专项审查、抗震专项论证结论进行施工图审查。

四、继续做好现有工程的抗震鉴定与抗震加固工作

抗震加固是提高现有工程抗震性能的重要措施。修订后的《防震减灾法》扩大并进一步明确了应进行抗震性能鉴定，并采取必要的抗震加固措施的建设工程范围，要求对未采取抗震设防措施或者抗震设防措施未达到抗震设防要求的重大建设工程，可能发生严重次生灾害的建设工程，具有重大历史、科学、艺术价值或者重要纪念意义的建设工程，学校、医院等人员密集场所的建设工程和地震重点监视防御区内的建设工程，进行抗震性能鉴定，并采取必要的抗震加固措施。

各地住房和城乡建设主管部门要在当地人民政府的领导下，积极开展既有房屋建筑和市政公用设施的抗震性能普查，切实加强抗震加固工作。要在保证原有抗震加固经费渠道的同时，不断总结经验，积极探索符合社会主义市场经济形势的既有工程抗震设防管理与抗震加固的新思路。

五、强化城市抗震防灾规划和镇、乡、村防灾规划的编制与实施工作

修订后的《防震减灾法》明确提出，城乡规划应当根据地震应急避难的需要，合理确定应急疏散通道和应急避难场所，统筹安排地震应急避难所必需的交通、供水、供电、排水等基础设施建设。

城市抗震防灾规划和镇、乡、村庄防灾规划是城乡规划的专业规划，是城乡建设抗震防灾的重要指导性文件。编制和实施抗震防灾规划和镇、乡、村庄防灾规划是提高城乡综合抗震能力的有力保障。各级住房和城乡建设行政主管部门要根据《城乡规划法》和修订

后的《防震减灾法》的有关要求，进一步贯彻落实《城市抗震防灾规划管理规定》和《市政公用设施抗灾设防管理规定》中关于编制与实施城市抗震防灾规划和镇、乡、村庄防灾规划的规定，加快城市抗震防灾规划和镇、乡、村庄防灾规划的编制和修编工作。有条件的城市，要充分利用地理信息系统等先进技术，按照建设数字城市的要求，积极开发建立城市数字抗震防灾系统。

要把城市抗震防灾规划和镇、乡、村庄防灾规划纳入城乡规划一并实施。在推动规划实施过程中，要特别重视地震应急疏散通道和应急避难场所建设，以及重大工程和易产生严重次生灾害工程的规划选址。市政公用设施的布局与设置应当满足抗震和震后迅速恢复供应的要求，防止发生重大次生灾害。要通过规划的实施，切实提高城乡综合抗震防灾能力。

六、加强城乡统筹，提高村镇建设抗震防灾能力

长期以来，农村房屋特别是农民住房抗震设防一直是薄弱环节。各地住房和城乡建设主管部门要在当地人民政府的领导下，进一步加强对农村基础设施、公共建筑、中小学校、统建住宅和其他限额以上工程的抗震设防管理，严格要求按现行工程建设标准进行抗震设计和施工，杜绝无证设计、无设计施工和无抗震措施工程。

要积极组织开展农村民居实用抗震技术的研究和开发，推广达到抗震设防要求、经济适用、具有当地特色的建筑设计和施工技术。要加强宣传指导，加大对《镇（乡）村建筑抗震技术规程》的宣贯力度，积极开展基层工匠技术培训，通过编印农民住房通用图集、建房知识读本（挂图）和示范工程建设，向农民普及建设技术与抗震知识，引导农民建房时加强抗震设防措施，逐步提高农村村民住宅抗震设防水平。

各级住房和城乡建设行政主管部门一定要以贯彻实施《防震减灾法》为契机，加强抗震管理机构和队伍建设，强化抗震防灾管理工作，特别要加强对新的住房和城市基础设施工程建设项目和灾区恢复重建项目的抗震设防监管，为促进我国经济平稳较快增长，提高我国城乡建设的抗御地震灾害综合能力作出应有的贡献。

中华人民共和国住房和城乡建设部

二〇〇九年三月十九日

关于进一步加强建筑工程质量监督管理的通知

建质 ［2009］ 55 号

各省、自治区住房和城乡建设厅，直辖市建委，江苏省、山东省建管局，新疆生产建设兵团建设局：

今年以来，随着国家"扩内需、保增长"投资项目的实施，工程建设规模不断扩大，对工程质量提出了更高的要求。为认真贯彻落实国务院关于开展"质量和安全年"活动的部署和全国住房和城乡建设工作会议精神，加强质量监督管理，落实质量责任，提高建筑工程质量水平，现就今年进一步加强建筑工程质量监督管理工作通知如下：

一、工作目标

扎实开展加强建筑工程质量监督管理的各项工作，进一步贯彻"百年大计、质量第

一"的方针，促进工程建设各方主体质量责任意识普遍提高；进一步健全企业质量保证体系，严格落实质量责任，强化质量过程控制，有效防范和遏制重大质量事故；进一步完善政府质量监管体系，加强监管队伍建设，提高监管效能，促进建筑工程质量的稳步提升。

二、主要内容

（一）加强法规制度建设

1. 健全法规体系。抓紧建设工程质量法的研究，起草《城市轨道交通工程质量安全管理条例》和《建设工程抗御地震灾害管理条例》，修订《房屋建筑和市政基础设施工程施工图设计文件审查管理办法》、《建设工程质量检测管理办法》、《房屋建筑工程质量保修办法》等部令，进一步建立和完善质量保险、施工图审查、质量检测、竣工验收、质量保修等监督管理制度。各地住房城乡建设主管部门要结合本地实际，建立健全相应的管理制度。

2. 提高住宅工程质量。制定《住宅工程质量分户验收技术要点》，加快推行住宅工程质量分户验收制度，确保住宅工程结构安全和使用功能质量。

3. 推行工程质量保险制度。制定《关于在房地产开发项目中推行工程质量保证保险的若干意见（试行）》，加快推进住宅工程质量保险工作，强化住宅工程质量保障机制。

4. 加快质量诚信体系建设。做好工程质量各方责任主体和有关单位不良记录管理工作，加强对从业单位和人员的质量不良记录管理，探索实行差别化质量监管机制。通过通告、公示等方式对不良行为主体进行信用惩戒，通过市场约束增强各方责任主体的质量责任意识。

（二）加强监管队伍建设

1. 改革质量监督管理机制。制定《房屋建筑和市政基础设施工程质量监督管理规定》，明确质量监督机构的职责和定位，规范监督程序和内容，转变监管方式，强化监督巡查和抽查，缓解工程建设规模不断扩大与质量监督力量不足的矛盾。

2. 明确质量监督重点。制定《建筑工程质量监督要点》，进一步明确对各方责任主体质量行为监督和工程实体质量监督的重点，规范质量监督行为。

3. 严格监督机构和人员的考核。按照《建设工程质量监督机构和人员考核管理办法》，严格质量监督机构和人员的资格认定，2009年完成对全国质量监督人员的考核，实现持证上岗。

4. 加强继续教育。分片区举办质量监督人员培训班，认真组织学习有关法律法规、《建筑工程质量监督要点》和工程建设强制性标准，提高监督人员执法水平，提高监管效能。

5. 保障监督工作经费。各级住房城乡建设主管部门要努力争取财政经费预算对质量监督费的保障支持，确保监督队伍稳定，确保质量监督工作正常运行，确保质量监督水平不断提升。

（三）加强执法监督检查

1. 组织开展全国工程质量监督执法检查。检查重点为在建公共建筑、市政基础设施和保障性住房工程。检查的主要内容包括：一是各地贯彻落实《建设工程质量管理条例》、《建设工程勘察设计管理条例》等有关法律法规、部门规章和工程建设强制性标准的情况；二是开展超限高层建筑工程抗震设防审查的情况，开展工程质量检查或巡查、抽查的情况，对工程质量事故及违法、违规行为的处理情况；三是建设、勘察、设计、施工、监理等各方责任主体和施工图审查、质量检测等有关单位以及项目经理、总监理工程师等执业人员，执行国家法律法规和工程建设强制性标准的情况；四是工程实体质量情况。

2. 各地住房城乡建设主管部门要结合本地区建筑工程质量实际情况，认真做好工程质量监督执法检查的组织实施工作。在组织企业自查的基础上，通过随机抽查、巡查的方式加强监督检查，对查出的质量问题和隐患，特别是抗震设防质量问题，要及时督促整改，对检查中发现的违法违规行为，要依法进行处罚。通过检查，对本地区建筑工程质量的总体情况进行认真分析研究，总结经验，找出差距，特别要针对"扩内需、保增长"投资项目的质量管理，查找存在的问题并提出相应的整治措施。

3. 在各地组织自查的基础上，住房和城乡建设部于5月份对15个城市开展在建地铁工程质量安全专项检查；8～9月份组成检查组，携带相关检查仪器和设备，分两批对全国30个省、自治区、直辖市（西藏除外）开展工程质量监督执法检查，检查结束后向全国通报。

（四）加强灾区恢复重建工作

1. 加快推进灾区恢复重建。按照中央"灾后重建要加大力度，加快进度"的要求，相关省市要针对灾后重建工作时间紧、任务重、涉及面广等特点，认真组织，精心建设，充实质量监督力量，扎实做好质量管理工作，为加快推进恢复重建工作提供有力保障。

2. 保证恢复重建工程质量。5月份在四川召开援建工程现场会，总结交流和推广各援建省市在加强质量监督、保证援建工程质量方面好的经验和做法，加强对汶川地震灾区恢复重建工程和援建工程的监督检查和分类指导。

3. 开展质量检测技术服务。充分发挥国家建筑工程质量监督检验中心的作用，为灾区恢复重建工程和维修加固工程提供高水平的检测服务。举办检测技术人员培训班，提高灾区检测技术水平，严格质量把关，预防质量风险。

（五）推动质量总结提升工作

1. 9月份召开全国工程质量监督工作会议暨质量监督工作25周年总结表彰大会。总结实施工程质量监督制度25年来取得的成绩，表彰一批先进工程质量监督机构和个人，研究部署今后一段时期工程质量监管工作。

2. 11月份举办第三届中国建设工程质量论坛。以"质量、民生、发展"为主题，以地铁工程质量管理、建筑抗震技术、结构安全性和耐久性为重点，为政府、企业及专家学者等提供一个共商工程质量管理工作的高端对话平台，促进和深化各地工程质量管理工作的交流与合作，推动我国工程质量管理的理论创新与技术发展。

3. 组织丰富多彩的质量宣教活动。各地要结合本地区情况，积极开展形式多样、内容丰富的质量宣教表彰活动，大力宣传建筑工程质量管理工作的典型经验和先进事迹，营造全社会重视工程质量的氛围，进一步提高质量责任意识，促进建筑工程质量水平的提升。

4. 充分发挥企业提升质量的主体作用。督促企业认真执行《工程建设勘察企业质量管理规范》、《工程建设设计企业质量管理规范》和《工程建设施工企业质量管理规范》，积极开展全员质量意识和质量管理教育培训活动，在全体员工中牢固树立"质量第一"的思想。推动广大企业进一步健全质量保证体系，强化质量过程控制，走"质量兴企"的道路。

三、工作要求

（一）加强组织领导。各级住房城乡建设主管部门要高度重视，加强领导，精心组织，结合本地实际尽快制定具体实施方案，认真做好进一步加强建筑工程质量监督管理的工作部署和落实措施。各有关单位主要负责人要切实履行第一责任人的责任，明确工作目标，确保责任到位、工作到位。各省、自治区、直辖市住房城乡建设主管部门于5月5日前将贯彻落实"质量和安全年"要求、加强建筑工程质量监督管理的具体方案报我部工程质量安全监管司。

（二）坚持统筹协调。各级住房城乡建设主管部门要把进一步加强建筑工程质量监督管理工作与各地人民政府"质量和安全年"活动部署相结合，与今年质量工作部署相结合，与日常管理工作相结合，进一步完善规章制度，建立健全长效机制，深入推动建筑工程质量监管各项工作。

（三）组织全员参与。建设、勘察、设计、施工、监理、施工图审查、质量检测等有关单位要有组织、有针对性、有步骤地推进各项工作，充分发挥提升质量的主体作用，履行质量主体责任，切实加强全员、全过程、全方位质量管理。

（四）突出工作重点。各级住房城乡建设主管部门要针对重点地区、重点企业、重点工程和重点环节存在的质量问题，开展重点督查，加大行政执法和处罚力度，严肃查处各方主体的违法违规行为。发现问题要及时下达整改通知，对重大质量隐患要实行挂牌督办、跟踪落实。

（五）加强监督检查。各级住房城乡建设主管部门要制定和落实工作责任制，加强监督检查，及时总结推广典型经验，及时研究解决突出问题，务求各项工作落到实处，确保建筑工程质量水平上新台阶。各省、自治区、直辖市住房城乡建设主管部门将加强建筑工程质量监督管理的工作总结于12月上旬报我部工程质量安全监管司。

中华人民共和国住房和城乡建设部

二〇〇九年四月十三日

关于切实做好全国中小学校舍安全工程有关问题的通知

建质〔2009〕77号

各省、自治区住房和城乡建设厅，直辖市、计划单列市建委及有关部门，新疆生产建设兵团建设局：

最近，国务院办公厅下发了《关于印发全国中小学校舍安全工程实施方案的通知》（国办发〔2009〕34号），明确提出要突出重点，分步实施，经过一段时间的努力，将中小学校建成最安全、家长最放心的地方。各地住房和城乡建设主管部门要充分认识实施这项工程的重大意义，认真做好各项工作。现就有关问题通知如下：

一、高度重视校舍安全工程工作

校舍安全直接关系广大师生的生命安全，关系社会和谐稳定。实施校舍安全工程意义重大，影响深远。把中小学校舍建成最安全、最牢固、让人民群众最放心的建筑，住房和城乡建设系统有义不容辞的责任。住房和城乡建设系统广大干部职工，一定要从贯彻落实科学发展观的高度，从对党、对人民、对历史负责的高度，认真做好全国中小学校舍安全工程的各项工作。

二、严格程序标准，加强技术指导，强化监督检查，确保质量安全

确保质量安全是中小学校舍安全工程的核心。要严格执行工程建设程序和标准，加强技术指导，强化监督检查，确保中小学校舍安全工程质量和建筑施工安全。

（一）严格执行法定建设程序和工程建设标准

实施校舍安全工程要认真执行基本建设程序，严格执行工程建设程序，要坚持先勘察、后设计、再施工的原则，建设、鉴定、检测、勘察、设计、施工、监理等单位都必须严格执行《建筑法》、《城乡规划法》、《防震减灾法》、《建设工程质量管理条例》、《建设工程安全生产管理条例》等有关法律法规。要实行项目法人责任制、招投标制、工程监理制和合同管理制。鉴定、检测、勘察、设计、施工、监理等单位以及专业技术人员，应当具备相应的资质或资格。

实施校舍安全工程的建设单位和鉴定、检测、勘察、设计、施工、监理等各方责任主体，要严格遵守工程建设强制性标准，全面落实质量责任。施工图审查单位要严格按照工程建设强制性标准对校舍加固改造或新建施工图设计文件进行审查。

（二）积极做好技术指导和技术支持

各地住房和城乡建设主管部门要切实加强对本地区校舍排查鉴定、加固改造以及新建工程的技术指导和技术支持。要针对校舍建筑结构类型、当地工程地质条件和房屋加固改造工程的特点，积极开展对本地区工程技术人员和一线管理人员的培训和指导。要分别制定校舍排查鉴定、加固改造和新建工程的技术指导及技术培训的工作方案。特别要做好技术力量不足或边远落后地区的技术培训和技术指导工作。

（三）强化工程质量安全监督检查

各地住房和城乡建设主管部门及其委托的工程质量安全监督机构，要把校舍安全工程作为本地区工程质量安全监督的重点，加大监督检查力度，督促各方责任主体认真履行职责。要制定具体质量安全工作方案，建立有效工作机制，依法加强对本地区校舍新建和加固工程各个环节建筑活动的监督管理。要切实加强对校舍新建和加固工程的建设、鉴定、检测、勘察、设计、施工、监理等各方主体执行法律法规和工程建设标准行为的监督管理，严肃查处违法违规行为。要督促相关单位认真做好施工安全工作，特别重视校舍加固改造时学校师生的安全，制定详细的教学区与施工区隔离等安全施工方案，确保师生绝对安全。

三、加强领导，落实责任

做好校舍安全工程，使命光荣，任务艰巨，责任重大，必须切实加强组织领导、落实责任。各地住房和城乡建设主管部门要把校舍安全工程作为当前和今后一个时期的一项重点工作，列入重要议事日程，按照当地人民政府的统一部署和安排，与当地教育、发展改革、财政、国土资源、水利、地震等部门加强沟通和协作，加强住房和城乡建设系统内部

的协调配合，精心组织，周密安排，加强人员配备，层层落实责任，把工作做细做实，真正把校舍安全工程建成"放心工程"、"安全工程"。

中华人民共和国住房和城乡建设部

二〇〇九年五月三日

关于印发《危险性较大的分部分项工程
安全管理办法》的通知

建质〔2009〕87号

各省、自治区住房和城乡建设厅，直辖市建委，江苏省、山东省建管局，新疆生产建设兵团建设局，中央管理的建筑企业：

为进一步规范和加强对危险性较大的分部分项工程安全管理，积极防范和遏制建筑施工生产安全事故的发生，我们组织修定了《危险性较大的分部分项工程安全管理办法》，现印发给你们，请遵照执行。

中华人民共和国住房和城乡建设部

二〇〇九年五月十三日

危险性较大的分部分项工程安全管理办法

第一条 为加强对危险性较大的分部分项工程安全管理，明确安全专项施工方案编制内容，规范专家论证程序，确保安全专项施工方案实施，积极防范和遏制建筑施工生产安全事故的发生，依据《建设工程安全生产管理条例》及相关安全生产法律法规制定本办法。

第二条 本办法适用于房屋建筑和市政基础设施工程（以下简称"建筑工程"）的新建、改建、扩建、装修和拆除等建筑安全生产活动及安全管理。

第三条 本办法所称危险性较大的分部分项工程是指建筑工程在施工过程中存在的、可能导致作业人员群死群伤或造成重大不良社会影响的分部分项工程。危险性较大的分部分项工程范围见附件一。

危险性较大的分部分项工程安全专项施工方案（以下简称"专项方案"），是指施工单位在编制施工组织（总）设计的基础上，针对危险性较大的分部分项工程单独编制的安全技术措施文件。

第四条 建设单位在申请领取施工许可证或办理安全监督手续时，应当提供危险性较大的分部分项工程清单和安全管理措施。施工单位、监理单位应当建立危险性较大的分部分项工程安全管理制度。

第五条 施工单位应当在危险性较大的分部分项工程施工前编制专项方案；对于超过

一定规模的危险性较大的分部分项工程，施工单位应当组织专家对专项方案进行论证。超过一定规模的危险性较大的分部分项工程范围见附件二。

第六条 建筑工程实行施工总承包的，专项方案应当由施工总承包单位组织编制。其中，起重机械安装拆卸工程、深基坑工程、附着式升降脚手架等专业工程实行分包的，其专项方案可由专业承包单位组织编制。

第七条 专项方案编制应当包括以下内容：

（一）工程概况：危险性较大的分部分项工程概况、施工平面布置、施工要求和技术保证条件。

（二）编制依据：相关法律、法规、规范性文件、标准、规范及图纸（国标图集）、施工组织设计等。

（三）施工计划：包括施工进度计划、材料与设备计划。

（四）施工工艺技术：技术参数、工艺流程、施工方法、检查验收等。

（五）施工安全保证措施：组织保障、技术措施、应急预案、监测监控等。

（六）劳动力计划：专职安全生产管理人员、特种作业人员等。

（七）计算书及相关图纸。

第八条 专项方案应当由施工单位技术部门组织本单位施工技术、安全、质量等部门的专业技术人员进行审核。经审核合格的，由施工单位技术负责人签字。实行施工总承包的，专项方案应当由总承包单位技术负责人及相关专业承包单位技术负责人签字。

不需专家论证的专项方案，经施工单位审核合格后报监理单位，由项目总监理工程师审核签字。

第九条 超过一定规模的危险性较大的分部分项工程专项方案应当由施工单位组织召开专家论证会。实行施工总承包的，由施工总承包单位组织召开专家论证会。

下列人员应当参加专家论证会：

（一）专家组成员；

（二）建设单位项目负责人或技术负责人；

（三）监理单位项目总监理工程师及相关人员；

（四）施工单位分管安全的负责人、技术负责人、项目负责人、项目技术负责人、专项方案编制人员、项目专职安全生产管理人员；

（五）勘察、设计单位项目技术负责人及相关人员。

第十条 专家组成员应当由5名及以上符合相关专业要求的专家组成。

本项目参建各方的人员不得以专家身份参加专家论证会。

第十一条 专家论证的主要内容：

（一）专项方案内容是否完整、可行；

（二）专项方案计算书和验算依据是否符合有关标准规范；

（三）安全施工的基本条件是否满足现场实际情况。

专项方案经论证后，专家组应当提交论证报告，对论证的内容提出明确的意见，并在论证报告上签字。该报告作为专项方案修改完善的指导意见。

第十二条 施工单位应当根据论证报告修改完善专项方案，并经施工单位技术负责人、项目总监理工程师、建设单位项目负责人签字后，方可组织实施。

实行施工总承包的，应当由施工总承包单位、相关专业承包单位技术负责人签字。

第十三条 专项方案经论证后需做重大修改的，施工单位应当按照论证报告修改，并重新组织专家进行论证。

第十四条 施工单位应当严格按照专项方案组织施工，不得擅自修改、调整专项方案。

如因设计、结构、外部环境等因素发生变化确需修改的，修改后的专项方案应当按本办法第八条重新审核。对于超过一定规模的危险性较大工程的专项方案，施工单位应当重新组织专家进行论证。

第十五条 专项方案实施前，编制人员或项目技术负责人应当向现场管理人员和作业人员进行安全技术交底。

第十六条 施工单位应当指定专人对专项方案实施情况进行现场监督和按规定进行监测。发现不按照专项方案施工的，应当要求其立即整改；发现有危及人身安全紧急情况的，应当立即组织作业人员撤离危险区域。

施工单位技术负责人应当定期巡查专项方案实施情况。

第十七条 对于按规定需要验收的危险性较大的分部分项工程，施工单位、监理单位应当组织有关人员进行验收。验收合格的，经施工单位项目技术负责人及项目总监理工程师签字后，方可进入下一道工序。

第十八条 监理单位应当将危险性较大的分部分项工程列入监理规划和监理实施细则，应当针对工程特点、周边环境和施工工艺等，制定安全监理工作流程、方法和措施。

第十九条 监理单位应当对专项方案实施情况进行现场监理；对不按专项方案实施的，应当责令整改，施工单位拒不整改的，应当及时向建设单位报告；建设单位接到监理单位报告后，应当立即责令施工单位停工整改；施工单位仍不停工整改的，建设单位应当及时向住房城乡建设主管部门报告。

第二十条 各地住房城乡建设主管部门应当按专业类别建立专家库。专家库的专业类别及专家数量应根据本地实际情况设置。

专家名单应当予以公示。

第二十一条 专家库的专家应当具备以下基本条件：

（一）诚实守信、作风正派、学术严谨；

（二）从事专业工作 15 年以上或具有丰富的专业经验；

（三）具有高级专业技术职称。

第二十二条 各地住房城乡建设主管部门应当根据本地区实际情况，制定专家资格审查办法和管理制度并建立专家诚信档案，及时更新专家库。

第二十三条 建设单位未按规定提供危险性较大的分部分项工程清单和安全管理措施，未责令施工单位停工整改的，未向住房城乡建设主管部门报告的；施工单位未按规定编制、实施专项方案的；监理单位未按规定审核专项方案或未对危险性较大的分部分项工程实施监理的；住房城乡建设主管部门应当依据有关法律法规予以处罚。

第二十四条 各地住房城乡建设主管部门可结合本地区实际，依照本办法制定实施细则。

第二十五条 本办法自颁布之日起实施。原《关于印发〈建筑施工企业安全生产管理机构设置及专职安全生产管理人员配备办法〉和〈危险性较大工程安全专项施工方案编制及专家论证审查办法〉的通知》（建质〔2004〕213号）中的《危险性较大工程安全专项施工方案编制及专家论证审查办法》废止。

　　附件一：危险性较大的分部分项工程范围
　　附件二：超过一定规模的危险性较大的分部分项工程范围

附件一：

危险性较大的分部分项工程范围

一、基坑支护、降水工程

开挖深度超过3m（含3m）或虽未超过3m但地质条件和周边环境复杂的基坑（槽）支护、降水工程。

二、土方开挖工程

开挖深度超过3m（含3m）的基坑（槽）的土方开挖工程。

三、模板工程及支撑体系

（一）各类工具式模板工程：包括大模板、滑模、爬模、飞模等工程。

（二）混凝土模板支撑工程：搭设高度5m及以上；搭设跨度10m及以上；施工总荷载$10kN/m^2$及以上；集中线荷载15kN/m及以上；高度大于支撑水平投影宽度且相对独立无联系构件的混凝土模板支撑工程。

（三）承重支撑体系：用于钢结构安装等满堂支撑体系。

四、起重吊装及安装拆卸工程

（一）采用非常规起重设备、方法，且单件起吊重量在10kN及以上的起重吊装工程。

（二）采用起重机械进行安装的工程。

（三）起重机械设备自身的安装、拆卸。

五、脚手架工程

（一）搭设高度24m及以上的落地式钢管脚手架工程。

（二）附着式整体和分片提升脚手架工程。

（三）悬挑式脚手架工程。

（四）吊篮脚手架工程。

（五）自制卸料平台、移动操作平台工程。

（六）新型及异型脚手架工程。

六、拆除、爆破工程

（一）建筑物、构筑物拆除工程。

（二）采用爆破拆除的工程。

七、其他

（一）建筑幕墙安装工程。

（二）钢结构、网架和索膜结构安装工程。

（三）人工挖扩孔桩工程。

（四）地下暗挖、顶管及水下作业工程。

（五）预应力工程。

（六）采用新技术、新工艺、新材料、新设备及尚无相关技术标准的危险性较大的分部分项工程。

附件二：

超过一定规模的危险性较大的分部分项工程范围

一、深基坑工程

（一）开挖深度超过5m（含5m）的基坑（槽）的土方开挖、支护、降水工程。

（二）开挖深度虽未超过5m，但地质条件、周围环境和地下管线复杂，或影响毗邻建筑（构筑）物安全的基坑（槽）的土方开挖、支护、降水工程。

二、模板工程及支撑体系

（一）工具式模板工程：包括滑模、爬模、飞模工程。

（二）混凝土模板支撑工程：搭设高度8m及以上；搭设跨度18m及以上；施工总荷载15kN/m^{2}及以上；集中线荷载20kN/m及以上。

（三）承重支撑体系：用于钢结构安装等满堂支撑体系，承受单点集中荷载700kg以上。

三、起重吊装及安装拆卸工程

（一）采用非常规起重设备、方法，且单件起吊重量在100kN及以上的起重吊装工程。

（二）起重量300kN及以上的起重设备安装工程；高度200m及以上内爬起重设备的拆除工程。

四、脚手架工程

（一）搭设高度50m及以上落地式钢管脚手架工程。

（二）提升高度150m及以上附着式整体和分片提升脚手架工程。

（三）架体高度20m及以上悬挑式脚手架工程。

五、拆除、爆破工程

（一）采用爆破拆除的工程。

（二）码头、桥梁、高架、烟囱、水塔或拆除中容易引起有毒有害气（液）体或粉尘扩散、易燃易爆事故发生的特殊建、构筑物的拆除工程。

（三）可能影响行人、交通、电力设施、通信设施或其他建、构筑物安全的拆除工程。

（四）文物保护建筑、优秀历史建筑或历史文化风貌区控制范围的拆除工程。

六、其他

（一）施工高度50m及以上的建筑幕墙安装工程。

（二）跨度大于36m及以上的钢结构安装工程；跨度大于60m及以上的网架和索膜结构安装工程。

（三）开挖深度超过 16m 的人工挖孔桩工程。

（四）地下暗挖工程、顶管工程、水下作业工程。

（五）采用新技术、新工艺、新材料、新设备及尚无相关技术标准的危险性较大的分部分项工程。

关于发布《全国民用建筑工程设计技术措施》
（2009 年版）的通知

建质〔2009〕124 号

各省、自治区住房和城乡建设厅，直辖市建委及有关部门，总后营房部工程局，新疆生产建设兵团建设局，国务院有关部门：

为进一步贯彻《建设工程质量管理条例》，保证和提高民用建筑工程设计、施工质量，我部组织中国建筑标准设计研究院等单位对《全国民用建筑工程设计技术措施》（2003 年版）作了第一次修编。《全国民用建筑工程设计技术措施》（2009 年版）包括《规划·建筑·景观》、《结构》、《给水排水》、《暖气空调·动力》、《电气》、《建筑产品选用技术》和《防空地下室》分册，经审查批准，现予以发布。

中华人民共和国住房和城乡建设部

二〇〇九年七月二十日

关于做好住宅工程质量分户验收工作的通知

建质〔2009〕291 号

各省、自治区住房和城乡建设厅，直辖市建委及有关部门，新疆生产建设兵团建设局：

为进一步加强住宅工程质量管理，落实住宅工程参建各方主体质量责任，提高住宅工程质量水平，现就做好住宅工程质量分户验收工作通知如下：

一、高度重视分户验收工作

住宅工程质量分户验收（以下简称分户验收），是指建设单位组织施工、监理等单位，在住宅工程各检验批、分项、分部工程验收合格的基础上，在住宅工程竣工验收前，依据国家有关工程质量验收标准，对每户住宅及相关公共部位的观感质量和使用功能等进行检查验收，并出具验收合格证明的活动。

住宅工程涉及千家万户，住宅工程质量的好坏直接关系到广大人民群众的切身利益。各地住房城乡建设主管部门要进一步增强做好分户验收工作的紧迫感和使命感，把全面开展住宅工程质量分户验收工作提高到实践科学发展观、构建社会主义和谐社会的高度来认识，明确要求，制定措施，加强监管，切实把这项工作摆到重要的议事日程，抓紧抓好。

二、分户验收内容

分户验收内容主要包括：

（一）地面、墙面和顶棚质量；

（二）门窗质量；

（三）栏杆、护栏质量；

（四）防水工程质量；

（五）室内主要空间尺寸；

（六）给水排水系统安装质量；

（七）室内电气工程安装质量；

（八）建筑节能和采暖工程质量；

（九）有关合同中规定的其他内容。

三、分户验收依据

分户验收依据为国家现行有关工程建设标准，主要包括住宅建筑规范、混凝土结构工程施工质量验收、砌体工程施工质量验收、建筑装饰装修工程施工质量验收、建筑地面工程施工质量验收、建筑给水排水及采暖工程施工质量验收、建筑电气工程施工质量验收、建筑节能工程施工质量验收、智能建筑工程质量验收、屋面工程质量验收、地下防水工程质量验收等标准规范，以及经审查合格的施工图设计文件。

四、分户验收程序

分户验收应当按照以下程序进行：

（一）根据分户验收的内容和住宅工程的具体情况确定检查部位、数量；

（二）按照国家现行有关标准规定的方法，以及分户验收的内容适时进行检查；

（三）每户住宅和规定的公共部位验收完毕，应填写《住宅工程质量分户验收表》（见附件），建设单位和施工单位项目负责人、监理单位项目总监理工程师分别签字；

（四）分户验收合格后，建设单位必须按户出具《住宅工程质量分户验收表》，并作为《住宅质量保证书》的附件，一同交给住户。

分户验收不合格，不能进行住宅工程整体竣工验收。同时，住宅工程整体竣工验收前，施工单位应制作工程标牌，将工程名称、竣工日期和建设、勘察、设计、施工、监理单位全称镶嵌在该建筑工程外墙的显著部位。

五、分户验收的组织实施

分户验收由施工单位提出申请，建设单位组织实施，施工单位项目负责人、监理单位项目总监理工程师及相关质量、技术人员参加，对所涉及的部位、数量按分户验收内容进行检查验收。已经预选物业公司的项目，物业公司应当派人参加分户验收。

建设、施工、监理等单位应严格履行分户验收职责，对分户验收的结论进行签认，不得简化分户验收程序。对于经检查不符合要求的，施工单位应及时进行返修，监理单位负责复查。返修完成后重新组织分户验收。

工程质量监督机构要加强对分户验收工作的监督检查，发现问题及时监督有关方面认真整改，确保分户验收工作质量。对在分户验收中弄虚作假、降低标准或将不合格工程按合格工程验收的，依法对有关单位和责任人进行处罚，并纳入不良行为记录。

六、加强对分户验收工作的领导

各地住房城乡建设主管部门应结合本地实际，制定分户验收实施细则或管理办法，明确提高住宅工程质量的工作目标和任务，突出重点和关键环节，尤其在保障性住房中应全面推行分户验收制度，把分户验收工作落到实处，确保住宅工程结构安全和使用功能质量，促进提高住宅工程质量总体水平。

　　附件：住宅工程质量分户验收表

中华人民共和国住房和城乡建设部
二〇〇九年十二月二十二日

附件：

住宅工程质量分户验收表

工程名称			房（户）号		
建设单位			验收日期		
施工单位			监理单位		
序号	验收项目	主要验收内容	验收记录		
1	楼地面、墙面和顶棚	地面裂缝、空鼓、材料环保性能，墙面和顶棚爆灰、空鼓、裂缝，装饰图案、缝格、色泽、表面洁净			
2	门窗	窗台高度、渗水、门窗启闭、玻璃安装			
3	栏杆	栏杆高度、间距、安装牢固、防攀爬措施			
4	防水工程	屋面渗水、厨卫间渗水、阳台地面渗水、外墙渗水			
5	室内主要空间尺寸	开间净尺寸、室内净高			
6	给水排水工程	管道渗水、管道坡向、安装固定、地漏水封、给水口位置			
7	电气工程	接地、相位、控制箱配置，开关、插座位置			
8	建筑节能	保温层厚度、固定措施			
9	其他	烟道、通风道、邮政信报箱等			

分户验收结论：

建设单位	施工单位	监理单位	物业或其他单位
项目负责人： 验收人员： 　　　　年　月　日	项目经理： 验收人员： 　　　　年　月　日	总监理工程师： 验收人员： 　　　　年　月　日	项目负责人： 验收人员： 　　　　年　月　日

关于印发《建筑节能工程施工技术要点》的通知

建质〔2009〕253 号

各省、自治区住房和城乡建设厅，直辖市建委（建设交通委），新疆生产建设兵团建设局，国务院有关部门：

为加强建筑节能施工过程技术管理，确保《建筑节能工程施工质量验收规范》的贯彻实施，我部组织中国建筑股份有限公司等单位编制了《建筑节能工程施工技术要点》，现印发给你们。使用中有何问题和建议，请及时告我部工程质量安全监管司。

中华人民共和国住房和城乡建设部

二〇〇九年十月二十三日

关于印发《建设工程高大模板支撑系统施工
安全监督管理导则》的通知

建质〔2009〕254 号

各省、自治区住房和城乡建设厅，直辖市建委（建设交通委），江苏省、山东省建管局，新疆生产建设兵团建设局，中央管理的建筑企业：

为进一步规范和加强对建设工程高大模板支撑系统施工安全的监督管理，积极预防和控制建筑生产安全事故，我们组织制定了《建设工程高大模板支撑系统施工安全监督管理导则》，现印发给你们，请遵照执行。

中华人民共和国住房和城乡建设部

二〇〇九年十月二十六日

建设工程高大模板支撑系统施工安全监督管理导则

1　总　则

1.1　为预防建设工程高大模板支撑系统（以下简称高大模板支撑系统）坍塌事故，保证施工安全，依据《建设工程安全生产管理条例》及相关安全生产法律法规、标准规范，制定本导则。

1.2　本导则适用于房屋建筑和市政基础设施建设工程高大模板支撑系统的施工安全监督管理。

1.3　本导则所称高大模板支撑系统是指建设工程施工现场混凝土构件模板支撑高度

超过 8m，或搭设跨度超过 18m，或施工总荷载大于 15kN/m²，或集中线荷载大于 20kN/m 的模板支撑系统。

1.4 高大模板支撑系统施工应严格遵循安全技术规范和专项方案规定，严密组织，责任落实，确保施工过程的安全。

2 方案管理

2.1 方案编制

2.1.1 施工单位应依据国家现行相关标准规范，由项目技术负责人组织相关专业技术人员，结合工程实际，编制高大模板支撑系统的专项施工方案。

2.1.2 专项施工方案应当包括以下内容：

（一）编制说明及依据：相关法律、法规、规范性文件、标准、规范及图纸（国标图集）、施工组织设计等。

（二）工程概况：高大模板工程特点、施工平面及立面布置、施工要求和技术保证条件，具体明确支模区域、支模标高、高度、支模范围内的梁截面尺寸、跨度、板厚、支撑的地基情况等。

（三）施工计划：施工进度计划、材料与设备计划等。

（四）施工工艺技术：高大模板支撑系统的基础处理、主要搭设方法、工艺要求、材料的力学性能指标、构造设置以及检查、验收要求等。

（五）施工安全保证措施：模板支撑体系搭设及混凝土浇筑区域管理人员组织机构、施工技术措施、模板安装和拆除的安全技术措施、施工应急救援预案，模板支撑系统在搭设、钢筋安装、混凝土浇捣过程中及混凝土终凝前后模板支撑体系位移的监测监控措施等。

（六）劳动力计划：包括专职安全生产管理人员、特种作业人员的配置等。

（七）计算书及相关图纸：验算项目及计算内容包括模板、模板支撑系统的主要结构强度和截面特征及各项荷载设计值及荷载组合，梁、板模板支撑系统的强度和刚度计算，梁板下立杆稳定性计算，立杆基础承载力验算，支撑系统支撑层承载力验算，转换层下支撑层承载力验算等。每项计算列出计算简图和截面构造大样图，注明材料尺寸、规格、纵横支撑间距。

附图包括支模区域立杆、纵横水平杆平面布置图，支撑系统立面图、剖面图，水平剪刀撑布置平面图及竖向剪刀撑布置投影图，梁板支模大样图，支撑体系监测平面布置图及连墙件布设位置及节点大样图等。

2.2 审核论证

2.2.1 高大模板支撑系统专项施工方案，应先由施工单位技术部门组织本单位施工技术、安全、质量等部门的专业技术人员进行审核，经施工单位技术负责人签字后，再按照相关规定组织专家论证。下列人员应参加专家论证会：

（一）专家组成员；

（二）建设单位项目负责人或技术负责人；

（三）监理单位项目总监理工程师及相关人员；

（四）施工单位分管安全的负责人、技术负责人、项目负责人、项目技术负责人、专项方案编制人员、项目专职安全管理人员；

（五）勘察、设计单位项目技术负责人及相关人员。

2.2.2 专家组成员应当由5名及以上符合相关专业要求的专家组成。本项目参建各方的人员不得以专家身份参加专家论证会。

2.2.3 专家论证的主要内容包括：

（一）方案是否依据施工现场的实际施工条件编制；方案、构造、计算是否完整、可行；

（二）方案计算书、验算依据是否符合有关标准规范；

（三）安全施工的基本条件是否符合现场实际情况。

2.2.4 施工单位根据专家组的论证报告，对专项施工方案进行修改完善，并经施工单位技术负责人、项目总监理工程师、建设单位项目负责人批准签字后，方可组织实施。

2.2.5 监理单位应编制安全监理实施细则，明确对高大模板支撑系统的重点审核内容、检查方法和频率要求。

3 验收管理

3.1 高大模板支撑系统搭设前，应由项目技术负责人组织对需要处理或加固的地基、基础进行验收，并留存记录。

3.2 高大模板支撑系统的结构材料应按以下要求进行验收、抽检和检测，并留存记录、资料。

3.2.1 施工单位应对进场的承重杆件、连接件等材料的产品合格证、生产许可证、检测报告进行复核，并对其表面观感、重量等物理指标进行抽检。

3.2.2 对承重杆件的外观抽检数量不得低于搭设用量的30%，发现质量不符合标准、情况严重的，要进行100%的检验，并随机抽取外观检验不合格的材料（由监理见证取样）送法定专业检测机构进行检测。

3.2.3 采用钢管扣件搭设高大模板支撑系统时，还应对扣件螺栓的紧固力矩进行抽查，抽查数量应符合《建筑施工扣件式钢管脚手架安全技术规范》（JGJ 130）的规定，对梁底扣件应进行100%检查。

3.3 高大模板支撑系统应在搭设完成后，由项目负责人组织验收，验收人员应包括施工单位和项目两级技术人员、项目安全、质量、施工人员，监理单位的总监和专业监理工程师。验收合格，经施工单位项目技术负责人及项目总监理工程师签字后，方可进入后续工序的施工。

4 施工管理

4.1 一般规定

4.1.1 高大模板支撑系统应优先选用技术成熟的定型化、工具式支撑体系。

4.1.2 搭设高大模板支撑架体的作业人员必须经过培训，取得建筑施工脚手架特种作业操作资格证书后方可上岗。其他相关施工人员应掌握相应的专业知识和技能。

4.1.3 高大模板支撑系统搭设前，项目工程技术负责人或方案编制人员应当根据专项施工方案和有关规范、标准的要求，对现场管理人员、操作班组、作业人员进行安全技术交底，并履行签字手续。

安全技术交底的内容应包括模板支撑工程工艺、工序、作业要点和搭设安全技术要求等内容，并保留记录。

4.1.4 作业人员应严格按规范、专项施工方案和安全技术交底书的要求进行操作，并正确配戴相应的劳动防护用品。

4.2 搭设管理

4.2.1 高大模板支撑系统的地基承载力、沉降等应能满足方案设计要求。如遇松软土、回填土，应根据设计要求进行平整、夯实，并采取防水、排水措施，按规定在模板支撑立柱底部采用具有足够强度和刚度的垫板。

4.2.2 对于高大模板支撑体系，其高度与宽度相比大于两倍的独立支撑系统，应加设保证整体稳定的构造措施。

4.2.3 高大模板工程搭设的构造要求应当符合相关技术规范要求，支撑系统立柱接长严禁搭接；应设置扫地杆、纵横向支撑及水平垂直剪刀撑，并与主体结构的墙、柱牢固拉接。

4.2.4 搭设高度2m以上的支撑架体应设置作业人员登高措施。作业面应按有关规定设置安全防护设施。

4.2.5 模板支撑系统应为独立的系统，禁止与物料提升机、施工升降机、塔吊等起重设备钢结构架体机身及其附着设施相连接；禁止与施工脚手架、物料周转料平台等架体相连接。

4.3 使用与检查

4.3.1 模板、钢筋及其他材料等施工荷载应均匀堆置，放平放稳。施工总荷载不得超过模板支撑系统设计荷载要求。

4.3.2 模板支撑系统在使用过程中，立柱底部不得松动悬空，不得任意拆除任何杆件，不得松动扣件，也不得用作缆风绳的拉接。

4.3.3 施工过程中检查项目应符合下列要求：

（一）立柱底部基础应回填夯实；

（二）垫木应满足设计要求；

（三）底座位置应正确，顶托螺杆伸出长度应符合规定；

（四）立柱的规格尺寸和垂直度应符合要求，不得出现偏心荷载；

（五）扫地杆、水平拉杆、剪刀撑等设置应符合规定，固定可靠；

（六）安全网和各种安全防护设施符合要求。

4.4 混凝土浇筑

4.4.1 混凝土浇筑前，施工单位项目技术负责人、项目总监确认具备混凝土浇筑的安全生产条件后，签署混凝土浇筑令，方可浇筑混凝土。

4.4.2 框架结构中，柱和梁板的混凝土浇筑顺序，应按先浇筑柱混凝土，后浇筑梁板混凝土的顺序进行。浇筑过程应符合专项施工方案要求，并确保支撑系统受力均匀，避免引起高大模板支撑系统的失稳倾斜。

4.4.3 浇筑过程应有专人对高大模板支撑系统进行观测，发现有松动、变形等情况，必须立即停止浇筑，撤离作业人员，并采取相应的加固措施。

4.5 拆除管理

4.5.1 高大模板支撑系统拆除前，项目技术负责人、项目总监应核查混凝土同条件试块强度报告，浇筑混凝土达到拆模强度后方可拆除，并履行拆模审批签字手续。

4.5.2 高大模板支撑系统的拆除作业必须自上而下逐层进行，严禁上下层同时拆除作业，分段拆除的高度不应大于两层。设有附墙连接的模板支撑系统，附墙连接必须随支撑架体逐层拆除，严禁先将附墙连接全部或数层拆除后再拆支撑架体。

4.5.3 高大模板支撑系统拆除时，严禁将拆卸的杆件向地面抛掷，应有专人传递至地面，并按规格分类均匀堆放。

4.5.4 高大模板支撑系统搭设和拆除过程中，地面应设置围栏和警戒标志，并派专人看守，严禁非操作人员进入作业范围。

5 监督管理

5.1 施工单位应严格按照专项施工方案组织施工。高大模板支撑系统搭设、拆除及混凝土浇筑过程中，应有专业技术人员进行现场指导，设专人负责安全检查，发现险情，立即停止施工并采取应急措施，排除险情后，方可继续施工。

5.2 监理单位对高大模板支撑系统的搭设、拆除及混凝土浇筑实施巡视检查，发现安全隐患应责令整改，对施工单位拒不整改或拒不停止施工的，应当及时向建设单位报告。

5.3 建设主管部门及监督机构应将高大模板支撑系统作为建设工程安全监督重点，加强对方案审核论证、验收、检查、监控程序的监督。

6 附则

6.1 建设工程高大模板支撑系统施工安全监督管理，除执行本导则的规定外，还应符合国家现行有关法律法规和标准规范的规定。

关于进一步做好建筑生产安全事故处理工作的通知

建质〔2009〕296号

各省、自治区住房和城乡建设厅，直辖市建委（建设交通委），新疆生产建设兵团建设局：

2007年以来，各地住房城乡建设主管部门认真贯彻《生产安全事故报告和调查处理条例》（国务院令第493号）和《关于进一步规范房屋建筑和市政工程生产安全事故报告和调查处理工作的若干意见》（建质〔2007〕257号），建筑生产安全事故处理工作取得了一定成效，但在一些地区还存在着事故处理不够规范、处理周期过长及与其他部门沟通配合不够等问题。为进一步做好建筑生产安全事故处理工作，现就有关事项通知如下：

一、高度重视事故处理工作

生产安全事故的调查处理，是安全生产的重要环节。做好建筑生产安全事故（以下简称事故）处理工作，不仅有利于强化事故责任追究，也有利于预防和减少事故发生。各地住房城乡建设主管部门要高度重视事故处理工作，认真学习和掌握相关的法律法规，依法依规对事故进行严肃处理。对事故处理工作中存在的问题，各地住房城乡建设主管部门要认真进行分析研究，改进加强各项措施，切实做好事故处理工作。

二、及时上报事故有关情况

各地住房城乡建设主管部门要按照《生产安全事故报告和调查处理条例》规定的内容和时限，及时上报事故有关情况。逐级上报事故情况时，每级上报的时间不得超过 2 小时。对于特别重大和重大事故，省级住房城乡建设主管部门要在事故发生后 3 小时内，通过传真方式将情况上报住房城乡建设部。对于情况不太清楚、内容不全的，了解情况后要及时补充上报。情况紧急、性质严重的事故，可先电话报告，了解核实情况后再以书面形式上报。事故应急处置过程中，要及时续报有关情况。省级住房城乡建设主管部门还应当按照规定，通过"建设系统安全事故和自然灾害快报系统"将事故有关情况及时上报住房城乡建设部。

三、积极做好事故调查工作

各地住房城乡建设主管部门要按照《生产安全事故报告和调查处理条例》和《关于进一步规范房屋建筑和市政工程生产安全事故报告和调查处理工作的若干意见》的规定，在当地人民政府的统一领导下，认真组织或积极参与事故的调查工作。在事故调查工作中，要切实履行职责，充分发挥住房城乡建设主管部门的作用，依据国家建筑安全生产的法律法规和有关规定，对事故的有关责任单位和责任人员提出处理意见或建议。

四、加强事故结案和报送工作

各地住房城乡建设主管部门要加强与有关部门的沟通联系，及时掌握事故调查情况，积极做好事故处理工作，做到在规定的期限内及时结案。在事故调查报告批复后，对于事故责任单位和责任人员的处罚权限属于本级住房城乡建设主管部门的，应当依据相关法律法规及时作出相应处理。对事故处罚权限不在本级住房城乡建设主管部门的，应当在收到事故调查报告批复后 15 个工作日内，将事故调查报告、结案批复和本级住房城乡建设主管部门对事故有关责任者的处理建议等材料，报送有处罚权限的住房城乡建设主管部门。

五、依法依规做好事故处罚工作

各级住房城乡建设主管部门要加大事故处罚力度，对于不履行职责、不落实责任，导致发生生产安全事故的责任单位和责任人员，要真正按照"四不放过"的原则和依法依规、实事求是、注重实效的要求，严肃追究事故责任。对于责任单位，该吊销资质证书的吊销资质证书，该降低资质等级的降低资质等级，该暂扣吊销安全生产许可证的暂扣吊销安全生产许可证，该责令停业整顿的责令停业整顿，该罚款的罚款。要强化对从业人员违法违规行为的处罚，对于负有责任的相关执业资格注册人员和安全管理人员，该吊销执业资格证书的吊销执业资格证书，该责令停止执业的责令停止执业，该吊销岗位证书的吊销岗位证书，该罚款的罚款，决不能姑息迁就。

六、建立事故分析和通报制度

各地住房城乡建设主管部门要进一步加强对事故的统计分析工作。对本地区发生的事故特别是较大及以上事故，要进行深入剖析。通过加强对事故的统计分析和研究，认真查找事故发生的特点和规律，积极探索防范事故的措施和对策，进一步减少事故的发生。要建立事故通报制度，按月度或季度进行事故通报，特别是对发生较大及以上事故和连续发生事故的地区和企业及时进行通报，吸取事故教训，切实起到警示借鉴效果。

为更好地指导监督各地做好事故处理工作，我部将从 2010 年起建立"建筑生产安全事故处理统计通报制度"，对全国事故处理情况进行统计分析，对事故处理工作做得好的地区予以表扬，对事故处理不及时、工作不到位的地区进行批评。各地住房城乡建设主管部门要根据本地实际情况，积极研究存在的问题，加强各项工作措施，切实做好事故处理工作，扎实推进建筑安全生产形势的稳定好转。

中华人民共和国住房和城乡建设部
二〇〇九年十二月二十五日

关于公布国家市政公用设施抗震专项论证专家库名单的通知

建质函〔2009〕49号

各省、自治区建设厅，直辖市建委及有关部门，计划单列市建委及有关部门，新疆生产建设兵团建设局：

根据《市政公用设施抗灾设防管理规定》（住房和城乡建设部令第1号），现将国家市政公用设施抗震专项论证专家库名单予以公布（详见住房和城乡建设部网站 http：//www.mohurd.gov.cn/kzzjk，请注意查询）。

专家库分为综合组、城镇桥梁工程组、隧道工程和地下空间工程组、室外给水排水工程组、燃气热力工程组。根据专项论证工作开展情况和专家个人情况，专家库名单将定期更新，届时仅在网站公布，不再另行通知。

各地开展专项论证工作过程中对专家库成员及论证工作有何意见和建议，请向我部质量安全司反映（联系电话：010—58933376）。

中华人民共和国住房和城乡建设部
二〇〇九年三月三日

国家市政公用设施抗震设防专项论证专家库名单

一、综合组

姓名	单位	专业\专长	职务\职称
王长祥	中国市政工程华北设计研究总院	结构	副总工、教授级高工
王亚勇	中国建筑科学研究院	工程抗震	研究员
吕西林	同济大学	工程抗震	所长、教授
李 杰	同济大学	结构工程	所长、教授
沈世杰	北京市市政工程设计研究总院	结构	原副总、教授级高工
周 云	广州大学	工程抗震	教授
周锡元	中国建筑科学研究院	工程抗震	院士
黄世敏	中国建筑科学研究院	工程抗震、结构工程	所长、研究员

二、城镇桥梁工程组

姓名	单　位	专业 \ 专长	职务 \ 职称
刘旭锴	天津市市政工程设计研究院	桥梁工程	总工、教授级高工
刘 钊	东南大学	桥梁工程	教授
张 仁	北京市交通委	道路与交通规划设计	教授级高工
张俊杰	辽宁省沈阳市市政工程设计研究院	道桥	副总工、教授级高工
张 哲	大连理工大学	桥梁工程	所长、教授
李龙安	中铁大桥勘测设计院有限公司	桥梁抗震抗风	所长、教授级高工
李建中	同济大学	桥梁工程	研究室主任、教授
邵长宇	上海市政工程设计研究总院	桥梁工程	总工、教授级高工
陈宜言	深圳市市政工程设计院有限公司	道桥（大型桥梁关键技术）	院长、教授级高工
陈祖勋	北京市市政工程管理处	道桥	教授级高工
范立础	同济大学	桥梁工程	院士、教授
商国平	上海市市政工程管理处	桥梁工程	副总工、教授级高工
康孝先	四川省绵阳市城市建设局	桥梁与隧道工程	工学博士、高级工程师
黄宗明	重庆大学	结构抗震（桥梁）	副校长、教授
谢 旭	浙江大学	桥梁结构工程	教授

三、隧道工程和地下空间工程组

姓名	单　位	专业 \ 专长	职务 \ 职称
王卫东	华东建筑设计研究院	岩土工程	副总工、教授级高工
刘维宁	北京交通大学	隧道与地下工程	系主任、教授
宋敏华	北京城建设计研究总院有限责任公司	城市轨道交通工程	院长、教授级高工
张建民	清华大学	岩土工程	教授
张海波	中铁二院工程集团有限责任公司	隧道与地下铁道工程	副总工、教授级高工
张鸿儒	北京交通大学	隧道与地下工程	副院长、教授
张 雁	中国土木工程学会	岩土工程	秘书长、研究员
张瑞龙	中国建筑标准设计研究院	结构工程	所长、教授级高工
杨秀仁	北京城建设计研究总院	隧道与地下铁道工程	总工、教授级高工
杨林德	上海市同济大学地下建筑与工程系	隧道与地下工程	教授
沈小克	北京市勘察设计研究院有限公司	岩土工程	董事长、教授级高工
贺长俊	北京市城建集团（中国岩土锚固协会）	隧道与地下铁道工程	教授级高工
郭陕云	中铁隧道集团	隧道与地下工程、铁道工程	教授级高工
陶连金	北京工业大学	地下工程抗震	教授
曹文宏	上海市隧道工程轨道交通设计研究院	隧道与地下工程	副院长、总工、教授级高工
滕延京	中国建筑科学研究院	岩土工程	所长、研究员

四、室外给水排水工程组

姓名	单 位	专业	职务\职称
王乃震	北京市政工程设计研究总院	结构	所总工、教授级高工
计定安	四川省内江市供排水总公司	给排水专业	总工、教授级高工
叶建宏	四川省绵阳市水务（集团）有限公司	给排水专业	总经理、高级工程师
刘雨生	北京市政工程设计研究总院	给排水结构	副总工、教授级高工
刘锁祥	北京市自来水集团有限公司	室外给排水专业	副总经理、教授级高工
李 伟	四川省成都市自来水有限责任公司	给排水专业	总经理、高级工程师
李成江	中国市政工程华北设计研究院	给排水专业	高级工程师
苏发怀	中国市政工程西北设计研究院有限公司	结构	顾问总工、教授级高工
郗燕秋	北京市政工程设计研究总院	给排水专业、环境工程	副总工、教授级高工
侯忠良	中冶集团建筑研究总院远达国际	结构、工程抗震	技术顾问、教授级高工
胡 俊	北京城市排水集团有限公司	给排水专业	高级工程师
郭天木	中国市政工程西南设计研究院	结构	副总工、教授级高工
薛晓荣	中国市政工程中南设计研究院	市政结构	副总工、教授级高工

五、燃气热力工程组

姓名	单 位	专业	职务\职称
么 儒	吉林省吉林市热力有限公司	暖通	董事长、高级工程师
马建勋	西安交通大学人居环境与建筑工程学院	土木工程	副院长、教授
元永泰	四川省成都市城市燃气有限责任公司	城市燃气工程	总工、高级工程师
冯继蓓	北京市煤气热力工程设计院有限公司	热力	副总工、高级工程师
张世忱	中国寰球工程公司	结构力学	主任工程师、教授级高工
李永威	北京市燃气学会	燃气	教授级高工
杨开武	陕西省西安秦华天然气有限公司	城市燃气工程	副总经理、高级工程师
汪隆毓	中国城市燃气协会	城镇燃气供应	高级工程师
狄洪发	清华大学建筑技术科学系	热力	教授
陆景慧	北京市煤气热力工程设计院有限公司	工民建	副总工、高级工程师
赵 鸣	同济大学	结构工程	副教授
闻作祥	北京市热力集团有限责任公司	热能动力	副总经理、高级工程师
贾 震	北京市机械工程学会动力分会	热力	高级工程师
曹家祥	天津市热电公司	热能动力	总工、高级工程师
章申远	中国石油集团工程设计有限责任公司西南分公司	油气储运	教授级高工
樊锦仁	中国市政工程西北设计研究院有限公司	结构	副总结构师、教授级高工

关于进一步加强建设工程施工现场消防安全工作的通知

公消〔2009〕131 号

各省、自治区、直辖市公安厅、局，建设厅、建委，江苏省、山东省建管局，新疆生产建设兵团公安局、建设局：

近期，一些地方建设工程施工现场接连发生火灾，给国家和人民生命财产带来了严重损失，造成了重大的社会影响。2009 年 2 月 9 日，中央电视台新址园区在建附属文化中心工地，由于建设单位违规燃放礼花引燃可燃材料引发火灾；2008 年 7 月、11 月，山东济南在建奥体中心体育馆顶部施工两次发生火灾；2008 年 10 月 9 日，黑龙江省哈尔滨市在建"经纬 360 度"高层商住楼双子座 A 座和四层裙房发生火灾。这些火灾均暴露出施工现场消防安全责任制度不落实，以及消防车通道不畅，缺乏消防水源、消防设施、灭火器材等，消防安全意识不强等诸多问题。为深刻汲取火灾教训，确保建设工程施工现场消防安全，各地公安消防、建设主管部门要严格按照《消防法》和有关法律、法规的要求，加强对建设工程施工现场的管理，进一步强化对建设工程各方责任主体的监督管理力度，加强对建设工程施工现场的消防安全检查，督促建设工程各方责任主体特别是施工单位建立并落实消防安全责任制度，改善消防安全条件，重点做好以下工作：

一、保障施工现场具备以下消防安全条件

（一）施工现场要设置消防通道并确保畅通。建筑工地要满足消防车通行、停靠和作业要求。在建建筑内应设置标明楼梯间和出入口的临时醒目标志，视情安装楼梯间和出入口的临时照明，及时清理建筑垃圾和障碍物，规范材料堆放，保证发生火灾时，现场施工人员疏散和消防人员扑救快捷畅通。

（二）施工现场要按有关规定设置消防水源。应当在建设工程平地阶段按照总平面设计设置室外消火栓系统，并保持充足的管网压力和流量。根据在建工程施工进度，同步安装室内消火栓系统或设置临时消火栓，配备水枪水带，消防干管设置水泵接合器，满足施工现场火灾扑救的消防供水要求。

（三）施工现场应当配备必要的消防设施和灭火器材。施工现场的重点防火部位和在建高层建筑的各个楼层，应在明显和方便取用的地方配置适当数量的手提式灭火器、消防沙袋等消防器材。

（四）施工现场的办公、生活区与作业区应当分开设置，并保持安全距离；施工单位不得在尚未竣工的建筑物内设置员工集体宿舍。

二、制定并落实各项消防安全管理制度和操作规程

施工单位应当在施工组织设计中编制消防安全技术措施和专项施工方案，并由专职安全管理人员进行现场监督。动用明火必须实行严格的消防安全管理，禁止在具有火灾、爆炸危险的场所使用明火；需要进行明火作业的，动火部门和人员应当按照用火管理制度办理审批手续，落实现场监护人，在确认无火灾、爆炸危险后方可动火施工；动火施工人员应当遵守消防安全规定，并落实相应的消防安全措施；易燃易爆危险物品和场所应有具体防火防爆措施；电焊、气焊、电工等特殊工种人员必须持证上岗，将容易发生火灾、一旦发生火灾后果严重的部位确定为重点防火部位，实行严格管理。

三、加强施工现场人员消防安全教育培训

施工人员上岗前的安全培训应当包括以下消防内容：有关消防法规、消防安全制度和保障消防安全的操作规程，本岗位的火灾危险性和防火措施，有关消防设施的性能、灭火器材的使用方法，报火警、扑救初起火灾以及自救逃生的知识和技能等，保障施工现场人员具有相应的消防常识和逃生自救能力。

四、落实防火检查，消防火灾隐患

施工单位应及时纠正违章操作行为，及时发现火灾隐患并采取防范、整改措施。国家、省级等重点工程的施工现场应当进行每日防火巡查，其他施工现场也应根据需要组织防火巡查。施工单位防火检查的内容应当包括：火灾隐患的整改情况以及防范措施的落实情况，疏散通道、消防车通道、消防水源情况，灭火器材配置及有效情况，用火、用电有无违章情况，重点工种人员及其他施工人员消防知识掌握情况，消防安全重点部位管理情况，易燃易爆危险物品和场所防火防爆措施落实情况，防火巡查落实情况等。

五、加强初期火灾扑救和疏散演练

施工单位应当根据国家有关消防法规和建设工程安全生产法规的规定，建立施工现场消防组织，制定灭火和应急疏散预案，并至少每半年组织一次演练，提高施工人员及时报警、扑灭初期火灾和自救逃生能力。

各地建设主管部门要加强对辖区建设工程项目各方责任主体的监督管理，在对建设单位审核发放施工许可证时，应当对建设工程是否具备保障安全的具体措施进行审查，不具备条件的，不得颁发施工许可证。各地公安消防部门要加强对辖区内建设工程施工现场尤其是高层建筑施工现场的消防监督检查，对于不满足施工现场消防安全条件、施工现场消防安全责任制不落实的要依法督促整改。各地公安消防、建设主管部门要密切配合，建立协作机制，采取切实有效措施，最大限度地减少火灾，最大限度降低火灾危害，确保施工现场消防安全。

中华人民共和国公安部

中华人民共和国住房和城乡建设部

二○○九年三月二十五日

关于加强重大工程安全质量保障措施的通知

发改投资 ［2009］ 3183 号

各省、自治区、直辖市及计划单列市、副省级省会城市人民政府，新疆生产建设兵团：

工程安全质量关系人民生命财产安全。近年来，各地区、各部门普遍加强了工程安全质量管理，工程安全质量水平不断提高。但在重大工程领域，仍有一些项目前期工作准备不足、深度不够，不顾客观条件盲目抢时间、赶进度，安全质量管理不严，责任制未真正落实，造成工程质量下降，安全隐患增加，包括城市地下工程、油气水电等生命线工程和

水利、能源、交通运输等大型基础设施在内的重大工程安全质量形势面临严峻挑战和考验。对此，必须引起高度重视，采取有效措施切实加以解决。为深入贯彻落实科学发展观，保证重大工程安全质量，促进国民经济又好又快发展，经国务院批准，现就有关事项通知如下：

一、科学确定并严格执行合理的工程建设周期

合理的工程建设周期是保证工程安全质量的重要前提。有关方面对此要高度重视，科学确定并严格执行合理工期。

（一）科学确定合理工期。建设单位要根据实际情况对工程进行充分评估、论证，从保证工程安全和质量的角度，科学确定合理工期及每个阶段所需的合理时间。要严格基本建设程序，坚决防止边勘察、边设计、边施工。

（二）严格执行合理工期。在工程招标投标时，要将合理的工期安排作为招标文件的实质性要求和条件。要严格按照施工图招标，不能预招标或边设计边招标。与中标方签订的建设工程合同应明确勘察、设计、施工等环节的合理周期，相关单位要严格执行。

（三）严肃工期调整。建设工程合同要严格规定工期调整的前提和条件，坚决杜绝任何单位和个人任意压缩合同约定工期，严禁领导干部不顾客观规律随意干预工期调整。确需调整工期的，必须经过充分论证，并采取相应措施，通过优化施工组织等，确保工程安全质量。

二、充分做好工程开工前的准备工作

工程开工前的准备工作是保证工程安全质量的基础环节。要充分做好规划、可行性研究、初步设计、招标投标、征地拆迁等各阶段的准备工作，为有效预防安全质量事故打下坚实基础。

（一）建立工程安全评估管理制度。建设单位要对工程建设过程中可能存在的重大风险进行全面评估，并将评估结论作为确定设计和施工方案的重要依据。实行工程安全风险动态分级管理，要针对重大风险编制专项方案和应急预案。

（二）前期工作各环节都要加强风险管理。规划阶段要不断优化工程选线、选址方案，尽量避免风险较大的敏感区域。可行性研究报告要对涉及工程安全质量的重大问题进行专门分析、评价，提出应对方案。工程初步设计必须达到规定深度要求，严格执行工程建设强制性标准，提出专门的安全质量防护措施，并对施工方案提出相应要求。工程开工前要切实做好拆迁和安置工作，减少工程安全质量隐患，为项目顺利实施创造良好外部环境。

（三）工程招标投标要体现安全质量要求。建设单位应将强制性安全与质量标准等作为招标文件的实质性要求和条件。施工单位要按照《高危行业企业安全生产费用财务管理暂行办法》（财企〔2006〕478号）的有关规定提取安全生产费用，并列入工程造价，在竞标时不得删减。招标投标确定的中标价格要体现合理造价要求，建立防范低于成本价中标的机制，杜绝造价过低带来的安全质量问题。勘察、设计、施工、物资材料和设备供应等环节的招标投标合同要对工程质量以及相应的义务和责任作出明确约定。

三、切实加强工程建设全过程安全质量管理

工程的实施是项目建设的中心环节。建设、勘察、设计、施工、监理单位等有关方面应认真贯彻执行《建设工程质量管理条例》和《建设工程安全生产管理条例》，切实提高安全质量意识，强化安全质量管理，确保工程质量安全。

（一）建设单位要全面负起管理职责。建设单位是项目实施管理总牵头单位，要根据事前确定的设计、施工方案，组织设计、施工、监理等单位加强安全质量管理，确保工程安全质量。要认真执行工程的安全设施与主体工程同时设计、同时施工、同时投入生产和使用的有关规定。要定期和不定期地对安全质量管理体系运行情况，勘察设计单位、施工单位和监理单位落实安全质量责任情况进行检查。

（二）加强设计服务，降低工程风险。设计单位要加强项目实施过程中的驻场设计服务，了解现场施工情况，对施工单位发现的设计错误、遗漏或对设计文件的疑问，要及时予以解决，同时对施工安全提出具体要求和措施。要根据项目进展情况，不断优化设计方案，降低工程风险。

（三）加强施工管理，切实保障工程安全质量。施工单位要按照设计图纸和技术标准进行施工，严格执行有关安全质量的要求，认真落实设计方案中提出的专门安全质量防护措施，对列入建设工程概算的安全生产费用，不得挪作他用；要加强对施工风险点的监测管理，根据标准规程，科学编制监控量测方案，合理布置监测点。

（四）加强工程监理，减少安全质量隐患。监理单位应认真审查施工组织设计中的安全技术措施，确保专项施工方案符合工程建设强制性标准。要发挥现场监理作用，确保施工的关键部位、关键环节、关键工序监理到位。落实安全监理巡查责任，履行对重大安全隐患和事故的督促整改和报告责任。

（五）建立施工实时监测和工程远程监控制度。建设单位应委托独立的第三方监测单位，对工程进展和周边地质变形情况等进行监测、分析，并及时采取防范措施。建立工程远程监控网络系统，接收并及时分析处理施工现场信息，强化工程安全质量的信息化管理。

（六）强化竣工验收质量管理。要严格按照国家有关规定和技术标准开展竣工验收工作，将工程质量作为工程竣工验收的重要内容。工程质量达到规定要求的，方可通过竣工验收；工程质量未达到要求的，要及时采取补救措施，直至符合工程相关质量验收标准后，方可交付使用。

四、严格落实安全质量责任

要切实提高安全质量责任意识，严格落实有关各方责任，建立各负其责、齐抓共管的工程安全质量责任约束机制，有效保障工程安全质量。

（一）严格落实工程安全质量责任制。建设单位对项目建设的安全质量负总责，勘察设计单位对勘察、设计安全质量负责，施工单位对建设工程施工安全质量负责，监理单位对施工安全质量承担监理责任。相关单位违反国家规定，降低工程安全质量标准的，依法追究责任。由此发生的费用由责任单位承担。

（二）严格注册执业人员责任。注册建筑师、勘察设计注册工程师等注册执业人员对其签字的设计文件负责。施工单位确定的工程项目经理、技术负责人和施工管理责任人按照各自职责对施工负责。总监理工程师、监理工程师按各自职责对监理工作负责。造成安全质量事故的，要依法追究有关方面责任。

（三）强化工程中介服务机构的责任。工程监测、检测、科研、施工图审查等单位，因监测数据、检测和科研结果严重失准或者施工图审查意见有重大失误，造成重大事故的，应承担赔偿责任，并追究相关单位领导的行政责任。对技术总负责人要取消技术职称，不得从事该领域工作。

（四）落实工程质量终身责任制。各参建单位工作人员，以及工程监测、检测、咨询评估及施工图审查等单位工作人员，按各自职责对其经手的工程质量负终身责任。对由于调动工作、退休等原因离开原单位的相关人员，如发现在原单位工作期间违反国家建设工程质量管理有关规定，或未切实履行相应职责，造成重大事故的，应依法追究法律责任。

（五）建立安全质量信息发布制度。建设、勘察、设计、施工、材料和设备供应、监理等单位的安全质量信息，应采取适当方式向社会公布，并纳入企业信用等级评定体系。在市场准入、招标投标、资质管理等工作中，应充分利用安全质量信息，激励守信行为，惩处失信行为。

五、建立健全快速有效的应急救援体系

进一步建立健全快速有效的应急救援体系，确保在发生重大工程安全事故时能够及时有效地开展应急救援工作，最大限度减少人员伤亡和财产损失，防止安全质量事故扩大蔓延，保障项目建设秩序尽快恢复。

（一）健全政府部门应急救援机制。各级建设、铁道、交通、水利、电力等行业主管部门，要制定重大工程安全质量事故应急救援预案，落实应急组织、程序、资源及措施。地方各级人民政府要以城市为单位建立工程抢险专业力量，强化工程突发险情和事故的应急处置。有关部门要组织做好救援物资储备工作。

（二）规范事故报告和调查处理。各级行业主管部门和安全监管部门要严格按照《生产安全事故报告和调查处理条例》等有关规定，在同级人民政府领导下，做好事故报告和调查处理工作。对国家、部省重点建设项目、跨区市实施项目和特殊复杂工程，建立事故调查协调处理机制。

（三）建立参建单位应急抢险机制。建设单位要完善应急抢险机构设置，提早制定施工应急预案，并开展应急预案的演练；施工单位要根据施工特点制定切实可行的应急救援预案，配备相应装备和人员，并按有关规定进行演练。建设、施工单位等要共同建立起与政府应急体系的联动机制，确保应急救援工作反应灵敏、行动迅速、处置得力。

六、全面提高基础保障能力

消除重大工程安全质量隐患，根本在于提高基础保障能力，要从实行标准化管理、严格工程规范、充实监管力量、推动科技进步、加强人员培训等方面，全方位提高重大工程安全质量的基础保障能力。

（一）推动工程安全质量标准化管理。各行业主管部门及行业协会要加强工程质量安全标准化工作，制定具有可操作性的工程安全质量管理标准和技术标准，明确管理的重点领域、关键部门和重点环节。建设、施工单位要结合项目情况制定作业标准和相关规定，严格落实各项工程规范。

（二）加强政府安全质量监管队伍建设。要加强安全质量监管队伍建设，充实监管人员，提供必要的工作条件。工程安全质量监督机构的经费，各级财政预算要予以保障。严格工程安全质量监督机构和人员的考核，落实责任制，建立责权明确、行为规范、执法有力的安全质量监管队伍。

（三）通过科技进步促进工程安全质量。加大安全科学技术研究的投入和扶持力度，鼓励和引导企业加大工程安全科技投入。鼓励有利于保障工程安全质量的新技术、新材料、新设备、新工艺的研发和推广应用。

（四）加强人才培养和工程安全质量教育培训。建设行政主管部门要会同有关方面，进一步打破市场分割，完善考试、培训和资格认证等制度，努力增加设计、施工、监理力量的有效供应。行业主管部门、行业协会等要定期组织工程安全质量教育培训。建设、施工单位要加强对技术人员和一线操作人员的培训和考核，尤其要做好新入场农民工等非专业人员上岗、转岗前的培训工作。要加强对监理人员的安全技术培训。

地方各级人民政府及相关部门要高度重视重大工程安全质量工作，切实加强组织领导。按照中共中央办公厅、国务院办公厅《关于开展工程建设领域突出问题专项治理工作的意见》（中办发〔2009〕27 号）有关加强工程质量与安全工作的要求，结合今年"质量和安全年"的部署，严格落实重大工程安全质量的各项保障措施，组织开展全国工程安全质量大检查，排查隐患，堵塞管理漏洞，加大安全质量事故处理力度，严肃追究有关单位和人员责任，形成重大工程安全质量保障工作的长效机制，不断提高工程质量，确保工程安全。

国家发展改革委工业和信息化部、住房城乡建设部

交通运输部、铁道部、水利部、安全监管总局

二〇〇九年十二月十四日

关于印发《城市轨道交通工程安全质量管理暂行办法》的通知

建质〔2010〕5 号

各省、自治区住房城乡建设厅，直辖市建委（建设交通委），新疆生产建设兵团建设局：

现将《城市轨道交通工程安全质量管理暂行办法》印发给你们，请结合本地区实际，认真贯彻执行。贯彻执行中的有关问题和情况及时反馈住房和城乡建设部。

中华人民共和国住房和城乡建设部

二〇一〇年一月八日

城市轨道交通工程安全质量管理暂行办法

第一章 总 则

第一条 为了加强城市轨道交通工程安全质量管理，保障人民群众生命财产安全，制定本办法。

第二条 在中华人民共和国境内从事城市轨道交通新建、扩建、改建等有关活动及实

施对城市轨道交通工程安全质量的监督管理，必须遵守本办法。

第三条　从事城市轨道交通工程建设活动必须坚持先勘察、后设计、再施工的原则，严格执行基本建设程序，保证各阶段合理的工期和造价，加强全过程安全质量风险管理。

第四条　国务院住房和城乡建设主管部门负责全国城市轨道交通工程安全质量的监督管理。

县级以上地方人民政府承担城市轨道交通工程安全质量监督管理职责的主管部门（以下称建设主管部门）负责本行政区域内城市轨道交通工程安全质量的监督管理。

第二章　建设单位安全质量责任

第五条　建设单位对工程项目管理负总责。

建设单位必须建立健全安全质量责任制和管理制度，设置安全质量管理机构，配备与建设规模相适应的安全质量管理人员，对勘察、设计、施工、监理、监测等单位进行安全质量履约管理。

第六条　建设单位应当在初步设计阶段组织开展城市轨道交通工程安全质量风险评估（含建设工期、造价对工程安全质量影响性评估）并组织专家论证，同时按照有关规定组织专家进行抗震、抗风等专项论证。

建设单位在报送初步设计文件审查时，应当提交经专家论证的安全质量风险评估报告。

第七条　建设单位应当向设计、施工、监理、监测等单位提供气象水文和地形地貌资料，工程地质和水文地质资料，施工现场及毗邻区域内的建筑物和构筑物、地下管线、桥梁、隧道、道路、轨道交通设施等（以下简称工程周边环境）资料。

建设单位因工程需要，组织调查前款相关资料时，有关部门或单位应当支持配合。

第八条　工程周边环境严重影响工程实施或因工程施工可能造成其严重损害的，建设单位应当在确定线路规划方案时尽可能予以避让。无法避让且因条件所限不能进行拆除、迁移的，建设单位应当根据设计要求和工程实际，组织开展现状评估，并将现状评估报告提供给设计、施工、监理、监测等单位。

第九条　建设单位应当依法将施工图设计文件（含勘察文件）报送经认定具有资格的施工图审查机构进行审查。

施工图设计文件未经审查或审查不合格的，不得使用。

第十条　建设单位应当按规定办理安全、质量监督手续。

第十一条　建设单位应当及时组织勘察单位向设计单位进行勘察文件交底，在施工前组织勘察、设计单位向施工、监理、监测等单位进行勘察、设计文件交底。

勘察、设计文件交底应当重点说明勘察、设计文件中涉及工程安全质量的内容，并形成文字记录，由各方签字并盖章。

第十二条　建设单位应当委托工程监测单位和质量检测单位进行第三方监测和质量检测。

第十三条　建设单位在编制工程概算时，应当包括安全质量风险评估费、工程监测费、工程周边环境调查费及现状评估费等保障工程安全质量所需的费用。

第十四条 建设单位在施工招标前，应当组织专家对施工工期和造价进行论证，论证时应充分考虑工程的复杂程度及其周边环境拆除、迁移等对施工工期和造价的影响。

专家论证报告作为招标文件编制的依据。

第十五条 建设单位应当依法执行国家有关勘察设计费、监理费等管理规定，不得明示或暗示勘察、设计、施工、监理、监测等单位以低于成本的价格或政府指导价竞标。

建设单位应当科学确定勘察、设计、施工等各阶段工期，不得任意压缩合同约定的工期。

迫使承包方以低于成本的价格或政府指导价竞标，或任意压缩合同约定工期导致发生安全质量事故的，建设单位应当承担相应责任。

第十六条 建设单位在编制工程量清单时，应当将安全措施费用单列，施工单位竞标时不得删减。

建设单位与施工单位应当在施工合同中明确安全措施费用，以及费用预付、支付计划，使用要求及调整方式等条款。

建设单位应当按合同约定及时将安全措施费用拨付给施工单位。

第十七条 建设单位应当在施工前组织地下管线产权单位或管理单位向施工单位进行现场交底，并形成文字记录，由各方签字并盖章。

第十八条 建设单位应当在工程完工后组织不载客试运行调试，试运行调试三个月后，方可按有关规定进行工程竣工验收并办理工程竣工验收备案手续。

第三章 勘察、设计单位安全质量责任

第十九条 勘察、设计单位从事城市轨道交通工程勘察、设计业务，必须具有相应资质，不得转包或者违法分包所承揽的工程勘察、设计业务。

第二十条 勘察、设计单位对工程项目的安全质量承担勘察、设计责任。

勘察、设计单位的主要负责人对本单位勘察、设计安全质量工作全面负责。

项目负责人应当具有相应执业资格和城市轨道交通工程勘察、设计工作经验。项目负责人对所承担工程项目的勘察、设计安全质量负责。

从事工程勘察、设计的执业人员应当对其签字的勘察、设计文件负责。

第二十一条 勘察、设计单位必须建立健全安全质量责任制和管理制度，设置或明确安全质量管理机构，对工程勘察、设计的安全质量实施管理。

勘察外业工作应当严格执行勘察方案、操作规程和安全生产有关规定，并采取措施保护勘察作业范围内的地下管线和地下构筑物等，保证外业安全质量。

勘探孔应当按规定及时回填，避免对工程施工等造成影响。

第二十二条 勘察单位进行勘察时，对尚不具备现场勘察条件的，应当书面通知建设单位，并在勘察文件中说明情况，提出合理建议。在具备现场勘察条件后，应当及时进行勘察。

工程设计、施工条件发生变化的，建设单位应当及时委托勘察单位进行补充勘察。

第二十三条 勘察单位提交的勘察文件应当真实、准确、可靠，符合国家规定的勘察深度要求，满足设计、施工的需要，并结合工程特点明确说明地质条件可能造成的工程风险，必要时针对特殊地质条件提出专项勘察建议。

第二十四条　设计单位提交的设计文件应当符合国家规定的设计深度要求，并应根据工程周边环境的现状评估报告提出设计处理措施，必要时进行专项设计。

设计文件中应当注明涉及工程安全质量的重点部位和环节，并提出保障工程安全质量的设计处理措施。

施工图设计应当包括工程及其周边环境的监测要求和监测控制标准等内容。

第二十五条　设计单位应当对安全质量风险评估确定的高风险工程的设计方案、工程周边环境的监测控制标准等组织专家论证。

第二十六条　工程设计条件发生变化的，设计单位应当及时变更施工图设计。施工图设计发生重大变更的，应当按有关规定重新报审。

第二十七条　勘察、设计单位应当将勘察、设计文件和原始资料归档保存。

第二十八条　勘察、设计单位应当委派专业技术人员配合施工单位及时解决与勘察、设计工作有关的问题。

第四章　施工单位安全质量责任

第二十九条　施工单位从事城市轨道交通工程施工活动，必须具备相应资质，依法取得安全生产许可证，不得转包或者违法分包。

第三十条　施工单位对工程项目的施工安全质量负责。

施工单位主要负责人对本单位施工安全质量工作全面负责，项目负责人对所承担工程项目的施工安全质量负责。

施工单位主要负责人、项目负责人和专职安全生产管理人员应当依法取得安全生产考核合格证书。项目负责人应当具有相应执业资格和城市轨道交通工程施工管理工作经验。建筑施工特种作业人员应当持证上岗。

第三十一条　施工单位必须建立健全安全质量责任制和管理制度，加强对施工现场项目管理机构的管理。

项目安全质量管理人员专业、数量应当符合相关规定，并满足项目管理需要。

第三十二条　施工单位项目负责人原则上在一个工程项目任职，如确需在其他项目兼任的，应当征得建设单位书面同意。

第三十三条　施工总承包单位对施工现场安全生产负总责。

总承包单位依法将工程分包给专业分包单位的，专业分包合同应当明确各自的安全责任。总承包单位和专业分包单位对专业分包工程的安全生产承担连带责任。

总承包单位和专业分包单位依法进行劳务分包的，总承包单位和专业分包单位应当对劳务作业进行管理。

第三十四条　施工单位应当按照合同约定的工期要求编制合理的施工进度计划，不得盲目抢进度、赶工期。

施工单位不得以低于成本的价格竞标。

第三十五条　施工单位应将安全措施费用用于施工安全防护用具及设施的采购和更新、安全施工措施的落实、安全生产条件的改善等，不得挪作他用。

第三十六条　施工单位应当对工程周边环境进行核查。工程周边环境现状与建设单位提供的资料不一致的，建设单位应当组织有关单位及时补充完善。

第三十七条　施工单位应当按照有关规定对危险性较大分部分项工程（含可能对工程周边环境造成严重损害的分部分项工程，下同）编制专项施工方案。对超过一定规模的危险性较大分部分项工程专项施工方案应当组织专家论证。

专项施工方案应当根据设计处理措施、专项设计和工程实际情况编制，并经施工单位技术负责人和总监理工程师签字后实施，不得随意变更。

第三十八条　工程施工前，施工单位项目技术人员应当就有关施工安全质量的技术要求向施工作业班组、作业人员作详细说明，并由双方签字确认。

第三十九条　施工单位应当指定专人保护施工现场地下管线及地下构筑物等，在施工前将地下管线、地下构筑物等基本情况、相应保护及应急措施等向施工作业班组和作业人员作详细说明，并在现场设置明显标识。

第四十条　施工单位应当对工程支护结构、围岩以及工程周边环境等进行施工监测、安全巡视和综合分析，及时向设计、监理单位反馈监测数据和巡视信息。发现异常时，及时通知建设、设计、监理等单位，并采取应对措施。

施工单位应当按照设计要求和工程实际编制施工监测方案，并经监理单位审查后实施。

第四十一条　施工单位应当按照施工图设计文件和施工技术标准施工，落实设计文件中提出的保障工程安全质量的设计处理措施，不得擅自修改工程设计，不得偷工减料。

施工单位应当按照规定和合同约定对建筑材料、建筑构配件、设备等进行检验。未经检验或检验不合格的，不得使用。

对涉及结构安全的试块、试件及有关材料，施工单位应当在监理单位见证下，按规定进行现场取样，并送有相应资质的质量检测单位进行质量检测。

第四十二条　建筑起重机械安装完成后，施工单位应当委托具有相应资质的检测检验机构进行检验，经检验合格并经验收合格后方可使用。

施工单位应当按规定向工程所在地建设主管部门办理建筑起重机械使用登记手续。

第四十三条　施工单位应当按照有关规定对管理人员和作业人员进行安全质量教育培训，教育培训情况记入个人工作档案。教育培训考核不合格的人员，不得上岗。

第四十四条　施工单位应当按规定做好安全质量资料的收集、整理和归档，保证安全质量文件真实、完整。

第四十五条　施工单位在提交工程竣工验收报告时，应当向建设单位出具质量保修书，明确保修范围、保修期限和保修责任等。保修范围、保修期限应当符合国家有关规定。

第五章　监理单位安全质量责任

第四十六条　监理单位从事城市轨道交通工程监理业务，必须具备相应资质，不得转让所承担的工程监理业务。

监理单位不得与被监理工程的施工单位以及建筑材料、建筑构配件和设备供应单位有隶属关系或者其他利害关系。

第四十七条　监理单位对工程项目的安全质量承担监理责任。监理单位主要负责人对本单位监理工作全面负责。项目总监理工程师对所承担工程项目的安全质量监理工作负责。

项目总监理工程师应当具有相应专业的注册监理工程师执业资格和城市轨道交通工程监理工作经验。

第四十八条　监理单位必须建立健全安全质量责任制和管理制度，加强对施工现场项目监理机构的管理。

项目监理人员专业、数量应当满足监理工作的需要。

第四十九条　项目总监理工程师原则上在一个工程项目任职，如确需在其他项目兼任的，应当征得建设单位书面同意。

第五十条　监理单位应当编制包括工程安全质量监理内容的项目监理规划，对超过一定规模的危险性较大工程编制专项安全生产监理实施细则。

第五十一条　监理单位应当审查施工组织设计中安全技术措施、专项施工方案及施工监测方案是否符合工程建设强制性标准和设计文件要求。

第五十二条　建筑材料、建筑构配件和设备未经注册监理工程师签字，不得在工程上使用或安装，施工单位不得进行下一道工序的施工。

第五十三条　监理单位应当会同有关单位按照施工技术标准规范和有关规定进行隐蔽工程和分部分项工程验收，并对工程重要部位和环节进行施工前条件验收。

第五十四条　监理单位应当检查施工监测点的布置和保护情况，比对、分析施工监测和第三方监测数据及巡视信息。发现异常时，及时向建设、施工单位反馈，并督促施工单位采取应对措施。

第五十五条　监理单位在实施监理过程中，发现施工单位有下列情况之一的，应当要求施工单位立即整改。情况严重的，应当要求施工单位暂时停止施工，并及时报告建设单位。

（一）工程施工不符合工程设计和标准规范要求的；

（二）不按批准的施工组织设计、专项施工方案或施工监测方案组织施工或监测的；

（三）未落实安全措施费用的；

（四）施工现场存在安全质量隐患的；

（五）项目主要管理人员不到位或资格、数量不符合要求的；

（六）其他违法违规行为。

施工单位拒不整改或者不停止施工的，监理单位应当及时向建设单位报告，建设单位应当责令施工单位整改或停止施工，施工单位仍不整改或不停止施工的，建设单位应当向工程所在地建设主管部门报告。

第五十六条　监理单位应当按规定对监理人员进行安全质量培训。

第五十七条　监理单位应当按照规定将工程监理资料立卷归档。

第六章　工程监测、质量检测单位安全质量责任

第五十八条　从事城市轨道交通工程第三方监测业务的工程监测单位（以下简称监测单位），应当具有相应工程勘察资质，并向工程所在地建设主管部门办理备案手续。

监测单位不得转包监测业务，不得与所监测工程的施工单位有隶属关系或者其他利害关系。

第五十九条　从事城市轨道交通工程质量检测业务的质量检测单位，应当具备相应资质。

质量检测单位不得转包检测业务，不得与所检测工程项目相关的设计单位、施工单位、监理单位有隶属关系或者其他利害关系。

第六十条　监测单位对工程项目的安全质量承担监测责任。监测单位主要负责人应当对本单位监测工作全面负责。项目监测负责人对所承担工程项目的安全质量监测工作负责。

项目监测负责人应当具有相应执业资格和城市轨道交通工程监测工作经验。

第六十一条　监测单位必须建立健全安全质量责任制和管理制度，加强对施工现场项目监测机构的管理。

项目监测人员专业、数量应当满足监测工作的需要。

第六十二条　监测单位应当根据勘察设计文件、安全质量风险评估报告、监测合同及有关资料编制第三方监测方案，经专家论证并经监测单位主要负责人签字后实施。

监测单位应当按照第三方监测方案开展监测和巡视工作，及时向建设、监理、设计单位提供监测报告。发现异常时，立即向建设单位反馈。

第六十三条　质量检测机构应当按照工程建设标准和国家有关规定进行质量检测。在检测过程中发现有结构安全检测结果不合格、严重影响使用功能等情况，应当及时向建设、监理单位反馈。

第六十四条　监测、质量检测单位出具的监测、检测报告应当经监测、检测人员签字，监测、质量检测单位法定代表人或其授权签字人签署，并加盖公章后方可生效。质量检测单位出具的见证取样检测报告中应当注明见证人单位及姓名。

监测、质量检测单位应当对监测、检测报告的真实性和准确性负责。

第六十五条　监测、质量检测单位应当按规定对监测、检测人员进行安全质量培训，培训考核合格后方可上岗。

第六十六条　监测、质量检测单位应当按照规定将工程监测、质量检测资料立卷归档。

第七章　安全质量事故应急处置

第六十七条　城市轨道交通工程所在地县级以上地方人民政府建设主管部门、建设单位、施工单位应当编制城市轨道交通工程安全质量事故应急预案，建立健全安全生产预警和应急协调保障机制。

建设单位、施工单位应当将编制的应急预案报工程所在地建设主管部门备案，并组织定期演练。

第六十八条　城市轨道交通工程安全质量事故发生后，施工单位应当立即采取防止事故危害扩大的必要措施，并按有关规定向工程所在地建设主管部门报告。工程所在地建设主管部门接到报告后，应当按照规定逐级上报上级建设主管部门。

工程所在地建设主管部门应当在当地人民政府的统一领导下，针对事故危害程度，启动相应应急预案，可以采取以下应急处置措施：

（一）组织制定抢险救援方案；

（二）组织应急抢险队伍参加抢险救援工作；

（三）拆除、迁移妨碍应急处置和抢险救援的设施、设备或者其他障碍物等；

（四）采取防止发生次生、衍生灾害的其他必要措施。

第六十九条 应急抢险结束后，建设单位应当组织设计、施工等单位制定工程恢复方案，必要时经专家论证后实施。

第七十条 鼓励建设、施工等单位参加工程保险，采用现代化信息技术加强施工现场监控管理，提高风险防范能力。

第八章 监 督 管 理

第七十一条 城市轨道交通工程所在地县级以上地方人民政府建设主管部门应当对城市轨道交通工程安全质量相关法律、法规以及强制性标准的执行情况实施监督检查。

第七十二条 城市轨道交通工程所在地县级以上地方人民政府建设主管部门可以委托建设工程安全质量监督机构（以下简称监督机构）具体实施对城市轨道交通工程安全质量的监督检查。

监督机构应当根据城市轨道交通工程规模，配备城市轨道交通工程相关专业监督人员。

第七十三条 城市轨道交通工程所在地县级以上地方人民政府建设主管部门或其委托的监督机构履行监督检查职责时，有权采取下列措施：

（一）要求被检查单位提供工程安全质量的文件和资料；

（二）进入被检查单位的施工现场或工作场所进行检查；

（三）对检查中发现的安全质量隐患，责令立即整改；对于重大安全质量隐患，责令暂时停止施工。

第七十四条 城市轨道交通工程所在地县级以上人民政府建设主管部门应当建立、公布并及时更新城市轨道交通工程专家库，并制定相应管理制度。

第七十五条 城市轨道交通工程安全质量情况实行逐级报送制度。城市轨道交通工程所在地县级以上地方人民政府建设主管部门应当每季度向上级建设主管部门上报上季度本行政区域内城市轨道交通工程安全质量情况。发生安全质量事故的，应当及时报送事故调查处理情况。

城市轨道交通工程所在地县级以上地方人民政府建设主管部门应当定期公布建设、勘察、设计、施工、监理、监测、质量检测等单位安全质量信息。

第七十六条 建设、勘察、设计、施工、监理、监测、质量检测等单位有违反建设法律法规规章行为的，由县级以上人民政府建设主管部门按照管理权限依法予以罚款、停业整顿、降低资质等级、吊销资质证书等行政处罚；构成犯罪的，依法追究刑事责任。

第九章 附 则

第七十七条 本办法由国务院住房和城乡建设主管部门负责解释。

第七十八条 本办法自公布之日起施行。

关于进一步做好全国中小学校舍安全工程有关工作的通知

建质［2010］52 号

各省、自治区住房和城乡建设厅，直辖市、计划单列市建委及有关部门，新疆生产建设兵团建设局：

为贯彻《关于落实全国中小学校舍安全工程领导小组第二次全体会议纪要的通知》（全国校安办［2010］1 号）要求，现就住房城乡建设系统进一步做好全国中小学校舍安全工程有关工作通知如下：

一、高度重视校舍安全工程有关工作

实施校舍安全工程意义重大，影响深远。按照全国校安办制定的工程实施规划，2010 年是实施校舍安全工程任务最重的一年，各地住房和城乡建设主管部门要进一步提高认识，深入贯彻落实科学发展观，以对党、对人民、对历史负责的高度，认真贯彻落实全国中小学校舍安全工程领导小组第二次全体会议精神，严格按照《国务院办公厅关于印发全国中小学校舍安全工程实施方案的通知》（国办发［2009］34 号）要求，继续认真履行职责，配合相关部门做好各项工作。

二、严格执行法定建设程序和工程建设标准

凡是纳入校舍安全工程实施规划，需进行加固、新建、迁建、拆除重建的校舍，都要认真执行基本建设程序，坚持先勘察、后设计、再施工的原则，严格执行《建筑法》、《城乡规划法》、《防震减灾法》、《建设工程质量管理条例》、《建设工程安全生产管理条例》等有关法律法规。要实行项目法人责任制、招投标制、工程监理制和合同管理制。鉴定、检测、勘察、设计、施工、监理等单位及专业技术人员，都应当具备相应的资质或资格。实施校舍安全工程的建设单位和鉴定、检测、勘察、设计、施工、监理等各方责任主体，要严格遵守工程建设强制性标准，全面落实质量责任。施工图审查单位要严格按照工程建设强制性标准对校舍加固改造或新建施工图设计文件进行审查。

三、继续为校舍安全工程提供直接、具体、有力的指导

省级住房和城乡建设主管部门要在省校安办的统一领导下，密切配合教育部门，进一步做好针对性技术指导和技术支持工作。加固改造工程不同于新建工程，不同地区的校舍结构类型、工程地质条件差别很大，实施加固改造技术要求较高。各地要采取各种措施，进一步开展针对性的培训，对工程实施过程中的疑难技术问题要及时答疑解惑。要按照省级校安办的要求和部署，加强对加固改造任务重、技术力量薄弱、工程进展缓慢地区的帮助和指导。

四、切实做好工程质量安全监督工作

校舍安全工程量大面广，工程质量安全监督工作任务繁重。各地住房和城乡建设主管部门要把校舍安全工程作为本地区工程质量安全监督的重点，加大监督检查力度。要制定具体质量安全工作方案，建立有效工作机制，依法加强对本地区校舍新建和加固工程各个环节建筑活动的监督管理。要对校舍新建和加固工程的建设、鉴定、检测、勘察、设计、施工、监理等各方主体执行法律法规和工程建设标准行为进行重点检查，严肃查处违法违规行为。要继续认真做好施工安全监管工作，把校舍加固改造时在校师生的安全作为重中之重，督促建设、施工、监理等各方主体科学制定教学区施工区安全隔离方案，严格执行工程建设标准，切实落实安全生产责任。

2010年，各地住房和城乡建设主管部门要在当地人民政府的统一领导下，按照校舍安全工程领导小组的部署和要求，进一步加强领导，继续把实施中小学校舍安全工程作为一项重要工作，加强与相关部门的沟通和协作，加强住房和城乡建设系统内部的协调配合，精心组织，周密安排，层层落实责任，把工作做细做实。

中华人民共和国住房和城乡建设部

二〇一〇年四月十一日

关于印发《市政公用设施抗震设防专项论证技术要点
（室外给水、排水、燃气、热力和生活垃圾
处理工程篇）》的通知

建质［2010］70号

各省、自治区住房和城乡建设厅，直辖市建委及有关部门，新疆生产建设兵团建设局：

根据《市政公用设施抗灾设防管理规定》（住房和城乡建设部令第1号），我部组织编制了《市政公用设施抗震设防专项论证技术要点（室外给水、排水、燃气、热力和生活垃圾处理工程篇）》，现印发给你们，供在有关专项论证工作中使用。各地住房和城乡建设主管部门要加强监管，确保市政公用设施抗震设防专项论证制度的落实。

各地在论证和管理工作中发现的有关问题，请告我部工程质量安全监管司。

中华人民共和国住房和城乡建设部

二〇一〇年四月二十一日

市政公用设施抗震设防专项论证技术要点

（室外给水、排水、燃气、热力和生活垃圾处理工程篇）

第一章　总　则

第一条　根据《市政公用设施抗灾设防管理规定》（住房和城乡建设部令第1号），为做好全国城镇市政公用设施新建、扩建、改建工程初步设计阶段的抗震设防专项论证工作，制定本技术要点。

第二条　本技术要点适用于抗震设防区的下列工程：

（一）20万人口以上的城镇或7度及以上的县及县级市，其主要取水设施和输配水管

线，管网中的加压或提升泵房，水质净化处理厂的主要水处理建（构）筑物、配水井、送水泵房、中控室、化验室等；

（二）20万人口以上的城镇或7度及以上的县及县级市，其污水干管（含合流），管网中的加压或提升泵房，主要污水处理厂的主要水处理建（构）筑物、进水泵房、中控室、化验室，以及城市排涝泵站、城镇主干道立交处的雨水泵房；

（三）20万人口以上的城镇和所有县及县级市，其主要燃气厂的主厂房、贮气罐、加压泵房和压缩间、调度楼及相应的超高和高压调压间、高压和次高压输配气管道等主要设施；

（四）50万人口以上的城镇的主要热力厂主厂房、调度楼、中继泵站及相应的主要设施用房，热力管网的主干线；

（五）易产生严重次生灾害的生活垃圾处理设施；

（六）超出现行工程建设标准适用范围的给水、排水、燃气、热力和生活垃圾处理工程。

第三条 依据本技术要点论证后，应达到以下抗震设防目标：当遭受低于本地区抗震设防烈度的多遇地震（50年超越概率约为63%）影响时，工程设施不致损坏或不需修理便可继续使用；当遭受相当于本地区抗震设防烈度的设防地震（50年超越概率约为10%）影响时，建（构）筑物不需修理或经一般修理后即可继续使用，管网震害可控制在局部范围内，不致引发次生灾害；当遭受高于本地区抗震设防烈度的罕遇地震（50年超越概率2%～3%）影响时，建（构）筑物不致发生危及生命或导致重大经济损失的严重损坏，管网震害不致引发严重次生灾害，并便于抢修、迅速恢复使用。

第二章　专项论证的技术资料

第四条 项目建设单位组织抗震设防专项论证时，应提供以下技术资料，并提前至少三天送交参加论证的专家：

（一）建设项目基本情况（见附录）；

（二）建设项目的可行性研究报告及项目核准文件；

（三）建设项目的岩土工程勘察报告；

（四）建设项目的初步设计文件（含工艺、设备和建筑、结构及其主要施工工法）；

（五）结构设计的初步设计计算书；

（六）当参考或引用国外有关抗震设计标准、工程实例、震害资料和计算机设计软件时，应提供相应的说明与论证。

第五条 抗震设防专项论证的技术资料应符合下列具体要求：

（一）建设项目的可行性研究报告，应论证其选址、布局等符合城镇总体规划和抗震防灾专项规划的要求，并说明其与已建、续建同类工程的关系。

（二）岩土工程勘察报告，应包括岩土特性参数、地基承载力特征值、场地类别、液化评价、剪切波速测试结果、地基及基础设施建设方案。对测定土层剪切波速的钻孔数量，应符合《室外给水排水和燃气热力工程抗震设计规范》GB 50032的要求。

当处于抗震不利地段时，应有相应的岩土地震稳定性（如滑坡、崩塌、液化和震陷特性等）评价，以及地形及断裂影响等抗震性能评价内容。

（三）结构设计的计算书，应包括燃气、热力、给水工程的水质净化处理、排水工程的污水处理、生活垃圾处理厂站内各种功能的主要建筑物、构筑物和管网结构的抗震计算。

建筑物的结构抗震设计，应符合《建筑抗震设计规范》GB 50011 的规定；构筑物和管道结构的抗震设计应符合《室外给水排水和燃气热力工程抗震设计规范》GB 50032 的规定。对超越规范适用范围的结构，应说明其抗震设计依据，并论证相应抗震措施的可靠性。

当采用软件分析时，应提供软件名称、原始设计参数，并对计算结果作分析论证。

（四）要求工艺和设备满足的抗震措施。

（五）除本条要求外，初步设计文件的深度应符合《市政公用工程设计文件编制深度规定》的要求。

第三章　专项论证的内容

第六条　给水、排水、燃气、热力和生活垃圾处理工程设施的布局应符合下列要求：

（一）给水水源、燃气气源、热力供暖热源不宜少于两个，并尽可能布局在城镇的不同方位。

（二）取地表水为水源的城镇，宜配置适量的提取水质合格的地下水的水源井，以备应急用水。

（三）给水、燃气管网的干线应环状布置；热力管网的主干线应联网运行。

（四）燃气气源的布局应充分考虑气源的热值与组分，具备互换性。

（五）城镇内的排水系统宜分区布局，就近处理，分散排放。

（六）城镇生活垃圾处理设施的布局应符合当地有关规划的要求，并应避开发震断裂影响、滑坡、泥石流、沼泽地段。

第七条　岩土工程勘察成果应符合下列要求：

（一）波速测试孔数数量和布置应符合规范要求；测量数据的数量应符合规定。

（二）建设场地的类别划分、液化判别和液化等级评定、不利和危险地段的判断（含对存在断裂评价）应准确、可靠。

（三）对河、湖、塘等处的岩土边坡稳定性，应提供抗震性能评估。

第八条　抗震设防依据的采用应符合下列要求：

（一）应正确无误地应用岩土工程勘察成果；

（二）应正确无误地采用设计地震动参数；

（三）对建筑物的结构抗震计算和采用的抗震措施，应符合国家标准《建筑抗震设计规范》GB 50011 的规定；对构筑物和管网结构的抗震计算、抗震措施，应符合国家标准《室外给水排水和燃气热力工程抗震设计规范》GB 50032 的规定；

（四）根据《防震减灾法》、《地震安全性评价管理条例》等法律法规应做地震安全性评价的给水、排水、燃气、热力、生活垃圾集中处理工程，符合相关技术标准的地震安全性评价报告提出的评价结论，可作为工程抗震设防的基础性依据。

第九条　给水、排水工程的构筑物和管网的抗震设防，应符合下列要求：

（一）对厂站的厂址和管网的线路，应由工程设计的工艺专业会同结构专业通过可行性研究或初步设计论证确定。首先应依据岩土工程勘察报告做好场地的选择，尽量避开不利地段，选择有利地段，不应在危险地段建设。

（二）当管道、厂站内构筑物不能避免在液化地段建造时，应对液化土层进行抗震处理。液化土层的抗震处理，应根据构筑物、管道的使用功能和土层液化等级，按国家标准《室外给水排水和燃气热力工程抗震设计规范》GB 50032 的规定，区别对待提供处理措施。

（三）当管道线路不可避免需要靠近或通过发震断裂建造时（指已评价为不可忽视的必震断裂影响），应符合下列要求：

1. 当靠近发震断裂建造时，应避开一定的距离；避开的最小距离，不应小于规范规定的要求；

2. 当管道不可避免通过发震断裂时，应尽量与断裂带正交；管道应采用钢管或聚乙烯（PE）管（无压、中低压管道）；管道应敷设在套管内，周围填充砂料；断裂带两侧的管道上应设置紧急关断阀（宜采用振动控制的速闭阀门），以及时控制震害。

（四）当管道和厂站内构筑物靠近河、湖、塘边坡建造时，如地基内存在液化土或软土时，应通过对边坡的抗震滑动稳定验算，做好边坡加固处理。

（五）对管网应根据其运行功能，分区、分段设置阀门，以便按需切断，控制震害；阀门处应设置阀门井。

（六）对于中、小城镇由于条件限制，仅具备一个水源时，应适当增加净水厂中清水池的有效容积；增加容量不少于最高日运行量的 10%。

（七）管网中管道结构的抗震设防，应符合下列要求：

1. 采用承插连接的圆形管道，其接口内应为柔性连接构造；当采用刚性接口圆形管道或钢筋混凝土矩形管道（含共同沟）时，应按国家标准《室外给水排水和燃气热力工程抗震设计规范》GB 50032 的规定作抗震计算，依据计算结果配置必要的柔性接口或变形缝；

2. 采用钢管时，应具备可靠的管内、外及管件的防腐措施；

3. 采用 PE 管时，应根据 PE 管不同结构形式的特点按规范规定进行抗震计算，同时在计算中不宜计入管土共同作用（即位移传递系数取 1.0）；

4. 采用钢管或刚性连接口管道时，在与设备连接处应设置可靠的抗震措施，防止在地震行波作用下管道呈现拉、压（瞬时交替作用）导致损坏设备。

（八）盛水构筑物的抗震设防应符合下列要求：

1. 盛水构筑物一般不宜采用普通砌体结构；当设防烈度为 8 度、9 度时，不应采用普通砌体结构。

2. 矩形水池的角隅处属抗震的薄弱部位，应通过抗震设计加强该处截面的配筋量。

3. 对采用板柱（无梁）结构的盛水构筑物、顶板与周壁间应牢靠连接，保证周壁起到抗震墙作用。

4. 对有盖的盛水构筑物，当设防烈度为 8 度且场地为Ⅲ、Ⅳ类时，池壁应留有足够的干弦（余高），以免在长周期地震波作用下水面涌起波浪，对顶板产生负压。

5. 对盛水构筑物进行抗震计算时，应区分地面式和地下式；对所有大型分体式敞口式水池，其内部结构单元及池体内部的墙体构件应按地面水池对待；对其他池高一半以上埋于地下的构筑物，可按地下式水池计算。

第十条 取水构筑物和泵房的抗震设防应符合下列要求：

（一）取地下水的水源井：

1. 井管应采用钢管；当地基内存在液化土层时，井管内径与泵体外径间的空隙不宜少于 50mm；

2. 水泵的出水管应设置良好的柔性连接；

3. 对运转中可能出砂的管井，应设置补充滤料设施。

（二）取地表水的进水泵房，当靠近河、湖边坡设置时，应对边坡进行抗震分析，以确保边坡的抗震稳定。

（三）泵房与配电室、控制室等毗连建造时，当两者的竖向高程、平面布置相差较大，应对整体结构作空间抗震分析，在连接部位加强抗震措施，或设置防震缝加以分割；如同时考虑兼作沉降缝时，则应贯通基础。

（四）泵房的地面以上结构的抗震设防，应符合国家标准《建筑抗震设计规范》GB 50011 的规定；地下部分结构的抗震设防，应符合国家标准《室外给水排水和燃气热力工程抗震设计规范》GB 50032 的规定。

第十一条 燃气、热力工程设施的抗震设防应符合下列要求：

（一）关于建设场地选择、液化地段和管道靠近或通过发震断裂带等抗震设防要求，同第九条（一）至（四）款。

（二）燃气厂、门站、储配站、气化站、减压站、混气站、输气管道的首、末站、分输站和气源接收站的进出口，均应设置紧急切断阀。

在中压及以上压力级燃气干管上，应设置分段阀门，并应在阀门两侧设置放散管；在燃气支管的起点处、燃气管道穿越或跨越河道的两岸，均应设置阀门。

（三）热力工程中每台锅炉的供油（气）干管上，应设置快速切断阀；回油（气）干管上应设置止回阀。贮气罐承受的地震作用，应按国家标准《室外给水排水和燃气热力工程抗震设计规范》GB 50032 的规定计算确定。

（四）球形贮气罐在地震力作用下，主要应核算其支承结构。支承结构的基础，当设防烈度为 7 度且场地 I、II 时可采用独立墩式基础，当场地为 III、IV 类或设防烈度为 8度、9 度时应采用环形基础，使基础连成整体。

卧罐应设置鞍型支座、支座与支墩间应采用螺栓连接。

水槽式螺旋轨贮气罐每组导轮的轴座，应具有良好的整体性；当罐容量大于或等于5000m³ 时，贮气各塔的导轮不宜采用小于 24kg/m 的钢轨。

与贮气罐相连的液相、气相管、进出燃气管，均应设置补偿器、金属软管或其他可绕性连接措施。

（五）对现行抗震设计标准中未涵盖的设施，应提供抗震设防依据及相应抗震措施的可靠性，供论证分析。

第十二条 生活垃圾处理工程的抗震设防，应符合下列要求：

（一）垃圾焚烧厂内的主要设施：进料车间、焚烧厂房、发电机房、变配电间、烟气处理车间、控制室等，应符合国家标准《建筑抗震设计规范》GB 50011 的规定；锅炉房、油库等应符合国家标准《构筑物抗震设计规范》GB 50192 的规定；污水处理站的构筑物应符合国家标准《室外给水排水和燃气热力工程抗震设计规范》GB 50032 的规定。

（二）垃圾卫生填埋场内的主要设施：污水调节池、污水处理站等应符合国家标准《室外给水排水和燃气热力工程抗震设计规范》GB 50032 的规定；垃圾填埋库区及运输道路的边坡抗震稳定、垃圾坝的抗震设计及抗震措施，应符合《水工建筑物抗震设计规范》SDJ 10 的规定（应注意荷载、工况等不同条件）。

（三）垃圾堆肥厂的主要设施：进料车间、分拣车间、堆肥车间、变配电间、污水处理站等、抗震设防要求同本条第（一）款。

第十三条　城镇中给水、排水、燃气、热力工程的重要厂站和交通主干道处的排水泵站，应配置自备应急电源。

第十四条　对新建、改建和扩建的给水、排水、燃气、热力工程设施中有特殊要求时应设置的安全监测系统、健康监测系统，应论证其装置布局是否合理、适用；装置设备是否可靠；并列入建设项目预算，与主体工程同时设计、同时施工、同时投入使用。

第四章　专 项 论 证 意 见

第十五条　抗震设防专项论证意见主要包括下列内容：

（一）总体评价。对建设项目的抗震设防标准、工程的总体布局、场地评价、建（构）筑物的体型规则性、结构体系及分析模型，管网管材的选用、工艺及结构构造措施，抗震计算的正确性等，作出简要评定。

（二）存在问题。对影响抗震安全的问题，应在论证意见中提出，并明确处理意见。

（三）结论。结论可分为"可行"、"修改"、"不可行"三种：

1. 符合抗震设防要求的工程项目列为"可行"。勘察设计单位对论证提出的重要意见的执行情况，由施工图审查机构在施工图审查时进行检查。

2. 对抗震设计、工艺和结构抗震措施不尽合理，抗震设防存在缺陷的工程，应列为"修改"。由设计单位补充修改后提出局部修改报告，经原专项论证组确认通过后，建设单位按有关规定存档，并由施工图审查机构在施工图审查时检查其执行情况。

3. 对存在严重抗震安全问题的项目（工程布局和管网管材的选用不符合抗震设防要求、工艺抗震措施缺失、勘察设计结论或结构抗震计算有误等），应列为"不可行"。勘察设计单位应重新进行勘察或初步设计，由建设单位重新组织专项论证。

第五章　附　　　则

第十六条　本技术要点所称抗震设防区，是指地震基本烈度 6 度及 6 度以上地区（地震动峰值加速度≥0.05g 的地区）。

第十七条　本技术要点由住房和城乡建设部工程质量安全监管司负责解释。

附件：给水、排水、燃气、热力和生活垃圾处理工程建设项目基本情况表

给水、排水、燃气、热力和生活垃圾处理
工程建设项目基本情况表

编号：　　　　　　　　　　　　　　　　　　　　　　　　填表日期：

工程名称		填表人	
联系人		联系方式	
建设单位			
设计单位		勘察单位	
工程建设地点			
场地类别	_____类；覆盖层厚；波速变化范围；有无不利地段；液化类别、_____等级；发震断裂影响		
设防烈度	____度（____g）、设计地震第____组		
设防类别	_____类		
工程规模	日供水_____t/d；日处理水_____t/d；日处理垃圾_____t/d；日供热量_____MW；日供燃气_____m³		
厂站建筑物	_____座；结构类型；材料强度；建筑平、立面规则性；基础型式；地基持力层名称、承载力；地基处理方法		
厂站构筑物	_____座；容积；地上_____m、地下_____m；平面形式及尺寸、总高度；结构类型；材料强度；基础型式；地基持力层名称、承载力；地基处理方法		
管网	管型；管材；接口形式；材料强度及控制变形指标；管道横截面尺寸、壁厚；运行内压；埋深最浅_____m、最深_____m		

注：项目较大时，可将建筑物、构筑物、管道分别填报。

关于印发《超限高层建筑工程抗震设防
专项审查技术要点》的通知

建质〔2010〕109号

各省、自治区住房和城乡建设厅，直辖市建设委及有关部门，新疆生产建设兵团建设局：

现将修订后的《超限高层建筑工程抗震设防专项审查技术要点》印发给你们，请严格按照要求开展抗震设防专项审查工作。2006年9月印发的《超限高层建筑工程抗震设防专项审查技术要点》（建质〔2006〕220号）同时废止。

各地在审查工作中发现的有关问题，请及时告部工程质量安全监管司和全国超限高层建筑工程抗震设防审查委员会。

中华人民共和国住房和城乡建设部

二〇一〇年七月十六日

超限高层建筑工程抗震设防专项审查技术要点

第一章 总　则

第一条　为做好全国及各省、自治区、直辖市超限高层建筑工程抗震设防专家委员会的专项审查工作，根据《行政许可法》和《超限高层建筑工程抗震设防管理规定》（建设部令第 111 号），制定本技术要点。

第二条　下列工程属于超限高层建筑工程：

（一）房屋高度超过规定，包括超过《建筑抗震设计规范》（以下简称《抗震规范》）第 6 章钢筋混凝土结构和第 8 章钢结构最大适用高度、超过《高层建筑混凝土结构技术规程》（以下简称《高层混凝土结构规程》）第 7 章中有较多短肢墙的剪力墙结构、第 10 章中错层结构和第 11 章混合结构最大适用高度的高层建筑工程。

（二）房屋高度不超过规定，但建筑结构布置属于《抗震规范》、《高层混凝土结构规程》规定的特别不规则的高层建筑工程。

（三）房屋高度大于 24m 且屋盖结构超出《网架结构设计与施工规程》和《网壳结构技术规程》规定的常用形式的大型公共建筑工程（暂不含轻型的膜结构）。

超限高层建筑工程的主要范围参见附录一。

第三条　在本技术要点第二条规定的超限高层建筑工程中，属于下列情况的，建议委托全国超限高层建筑工程抗震设防审查专家委员会进行抗震设防专项审查：

（一）高度超过《高层混凝土结构规程》B 级高度的混凝土结构，高度超过《高层混凝土结构规程》第 11 章最大适用高度的混合结构；

（二）高度超过规定的错层结构，塔体显著不同或跨度大于 24m 的连体结构，同时具有转换层、加强层、错层、连体四种类型中三种的复杂结构，高度超过《抗震规范》规定且转换层位置超过《高层混凝土结构规程》规定层数的混凝土结构，高度超过《抗震规范》规定且水平和竖向均特别不规则的建筑结构；

（三）超过《抗震规范》第 8 章适用范围的钢结构；

（四）各地认为审查难度较大的其他超限高层建筑工程。

第四条　对主体结构总高度超过 350m 的超限高层建筑工程的抗震设防专项审查，应满足以下要求：

（一）从严把握抗震设防的各项技术性指标；

（二）全国超限高层建筑工程抗震设防审查专家委员会进行的抗震设防专项审查，应会同工程所在地省级超限高层建筑工程抗震设防审查专家委员会共同开展，或在当地超限高层建筑工程抗震设防审查专家委员会工作的基础上开展；

（三）审查后及时将审查信息录入全国重要超限高层建筑数据库，审查信息包括超限高层建筑工程抗震设防专项审查申报表项目（附录二）和超限高层建筑工程抗震设防专项审查情况表（附录三）。

第五条　建设单位申报抗震设防专项审查的申报材料应符合第二章的要求。专家组提出的专项审查意见应符合第六章的要求。

对于本技术要点第二条（三）款规定的建筑工程的抗震设防专项审查，除参照第三、四章的相关内容外，应按第五章执行。

第二章　申报材料的基本内容

第六条　建设单位申报抗震设防专项审查时，应提供以下资料：

（一）超限高层建筑工程抗震设防专项审查申报表（申报表项目见附录二，至少5份）；

（二）建筑结构工程超限设计的可行性论证报告（至少5份）；

（三）建设项目的岩土工程勘察报告；

（四）结构工程初步设计计算书（主要结果，至少5份）；

（五）初步设计文件（建筑和结构工程部分，至少5份）；

（六）当参考使用国外有关抗震设计标准、工程实例和震害资料及计算机程序时，应提供理由和相应的说明；

（七）进行模型抗震性能试验研究的结构工程，应提交抗震试验研究报告。

第七条　申报抗震设防专项审查时提供的资料，应符合下列具体要求：

（一）高层建筑工程超限设计可行性论证报告应说明其超限的类型（如高度、转换层形式和位置、多塔、连体、错层、加强层、竖向不规则、平面不规则、超限大跨空间结构等）和程度，并提出有效控制安全的技术措施，包括抗震技术措施的适用性、可靠性，整体结构及其薄弱部位的加强措施和预期的性能目标。

（二）岩土工程勘察报告应包括岩土特性参数、地基承载力、场地类别、液化评价、剪切波速测试成果及地基方案。当设计有要求时，应按规范规定提供结构工程时程分析所需的资料。

处于抗震不利地段时，应有相应的边坡稳定评价、断裂影响和地形影响等抗震性能评价内容。

（三）结构设计计算书应包括：软件名称和版本，力学模型，电算的原始参数（是否考虑扭转耦连、周期折减系数、地震作用修正系数、内力调整系数、输入地震时程记录的时间、台站名称和峰值加速度等），结构自振特性（周期，扭转周期比，对多塔、连体类含必要的振型）、位移、扭转位移比、结构总重力和地震剪力系数、楼层刚度比、墙体（或筒体）和框架承担的地震作用分配等整体计算结果，主要构件的轴压比、剪压比和应力比控制等。

对计算结果应进行分析。采用时程分析时，其结果应与振型分解反应谱法计算结果进行总剪力和层剪力沿高度分布等的比较。对多个软件的计算结果应加以比较，按规范的要求确认其合理、有效性。

（四）初步设计文件的深度应符合《建筑工程设计文件编制深度的规定》的要求，设计说明要有建筑抗震设防分类、设防烈度、设计基本地震加速度、设计地震分组、结构的抗震等级等内容。

（五）抗震试验数据和研究成果，要有明确的适用范围和结论。

第三章 专项审查的控制条件

第八条 抗震设防专项审查的重点是结构抗震安全性和预期的性能目标。为此，超限工程的抗震设计应符合下列最低要求：

（一）严格执行规范、规程的强制性条文，并注意系统掌握、全面理解其准确内涵和相关条文。

（二）不应同时具有转换层、加强层、错层、连体和多塔等五种类型中的四种及以上的复杂类型。

（三）房屋高度在《高层混凝土结构规程》B 级高度范围内且比较规则的高层建筑应按《高层混凝土结构规程》执行。其余超限工程，应根据不规则项的多少、程度和薄弱部位，明确提出为达到安全而比现行规范、规程的规定更严格的针对性强的抗震措施或预期性能目标。其中，房屋高度超过《高层混凝土结构规程》的 B 级高度以及房屋高度、平面和竖向规则性等三方面均不满足规定时，应提供达到预期性能目标的充分依据，如试验研究成果、所采用的抗震新技术和新措施，以及不同结构体系的对比分析等的详细论证。

（四）在现有技术和经济条件下，当结构安全与建筑形体等方面出现矛盾时，应以安全为重；建筑方案（包括局部方案）设计应服从结构安全的需要。

第九条 对超高很多或结构体系特别复杂、结构类型特殊的工程，当没有可借鉴的设计依据时，应选择整体结构模型、结构构件、部件或节点模型进行必要的抗震性能试验研究。

第四章 专项审查的内容

第十条 专项审查的内容主要包括：

（一）建筑抗震设防依据；

（二）场地勘察成果；

（三）地基和基础的设计方案；

（四）建筑结构的抗震概念设计和性能目标；

（五）总体计算和关键部位计算的工程判断；

（六）薄弱部位的抗震措施；

（七）可能存在的其他问题。

对于特殊体型或风洞试验结果与荷载规范规定相差较大的风荷载取值以及特殊超限高层建筑工程（规模大、高宽比大等）的隔震、减震技术，宜由相关专业的专家在抗震设防专项审查前进行专门论证。

第十一条 关于建筑结构抗震概念设计：

（一）各种类型的结构应有其合适的使用高度、单位面积自重和墙体厚度。结构的总体刚度应适当（含两个主轴方向的刚度协调符合规范的要求），变形特征应合理；楼层最大层间位移和扭转位移比符合规范、规程的要求。

（二）应明确多道防线的要求。框架与墙体、筒体共同抗侧力的各类结构中，框架部分地震剪力的调整应依据其超限程度比规范的规定适当增加。主要抗侧力构件中沿全高不开洞的单肢墙，应针对其延性不足采取相应措施。

（三）超高时应从严掌握建筑结构规则性的要求，明确竖向不规则和水平向不规则的程度，应注意楼板局部开大洞导致较多数量的长短柱共用和细腰形平面可能造成的不利影响，避免过大的地震扭转效应。对不规则建筑的抗震设计要求，可依据抗震设防烈度和高度的不同有所区别。

主楼与裙房间设置防震缝时，缝宽应适当加大或采取其他措施。

（四）应避免软弱层和薄弱层出现在同一楼层。

（五）转换层应严格控制上下刚度比；墙体通过次梁转换和柱顶墙体开洞，应有针对性的加强措施。水平加强层的设置数量、位置、结构形式，应认真分析比较；伸臂的构件内力计算宜采用弹性膜楼板假定，上下弦杆应贯通核心筒的墙体，墙体在伸臂斜腹杆的节点处应采取措施避免应力集中导致破坏。

（六）多塔、连体、错层等复杂体型的结构，应尽量减少不规则的类型和不规则的程度；应注意分析局部区域或沿某个地震作用方向上可能存在的问题，分别采取相应加强措施。

（七）当几部分结构的连接薄弱时，应考虑连接部位各构件的实际构造和连接的可靠程度，必要时可取结构整体模型和分开模型计算的不利情况，或要求某部分结构在设防烈度下保持弹性工作状态。

（八）注意加强楼板的整体性，避免楼板的削弱部位在大震下受剪破坏；当楼板在板面或板厚内开洞较大时，宜进行截面受剪承载力验算。

（九）出屋面结构和装饰构架自身较高或体型相对复杂时，应参与整体结构分析，材料不同时还需适当考虑阻尼比不同的影响，应特别加强其与主体结构的连接部位。

（十）高宽比较大时，应注意复核地震下地基基础的承载力和稳定。

第十二条 关于结构抗震性能目标：

（一）根据结构超限情况、震后损失、修复难易程度和大震不倒等确定抗震性能目标。即在预期水准（如中震、大震或某些重现期的地震）的地震作用下结构、部位或结构构件的承载力、变形、损坏程度及延性的要求。

（二）选择预期水准的地震作用设计参数时，中震和大震可仍按规范的设计参数采用。

（三）结构提高抗震承载力目标举例：水平转换构件在大震下受弯、受剪极限承载力复核。竖向构件和关键部位构件在中震下偏压、偏拉、受剪屈服承载力复核，同时受剪截面满足大震下的截面控制条件。竖向构件和关键部位构件中震下偏压、偏拉、受剪承载力设计值复核。

（四）确定所需的延性构造等级。中震时出现小偏心受拉的混凝土构件应采用《高层混凝土结构规程》中规定的特一级构造，拉应力超过混凝土抗拉强度标准值时宜设置型钢。

（五）按抗震性能目标论证抗震措施（如内力增大系数、配筋率、配箍率和含钢率）的合理可行性。

第十三条 关于结构计算分析模型和计算结果：

（一）正确判断计算结果的合理性和可靠性，注意计算假定与实际受力的差异（包括刚性板、弹性膜、分块刚性板的区别），通过结构各部分受力分布的变化，以及最大层间位移的位置和分布特征，判断结构受力特征的不利情况。

（二）结构总地震剪力以及各层的地震剪力与其以上各层总重力荷载代表值的比值，应符合抗震规范的要求，Ⅲ、Ⅳ类场地时尚宜适当增加（如 10% 左右）。当结构底部的总地震剪力偏小需调整时，其以上各层的剪力也均应适当调整。

（三）结构时程分析的嵌固端应与反应谱分析一致，所用的水平、竖向地震时程曲线应符合规范要求，持续时间一般不小于结构基本周期的 5 倍（即结构屋面对应于基本周期的位移反应不少于 5 次往复）；弹性时程分析的结果也应符合规范的要求，即采用三组时程时宜取包络值，采用七组时程时可取平均值。

（四）软弱层地震剪力和不落地构件传给水平转换构件的地震内力的调整系数取值，应依据超限的具体情况大于规范的规定值；楼层刚度比值的控制值仍需符合规范的要求。

（五）上部墙体开设边门洞等的水平转换构件，应根据具体情况加强；必要时，宜采用重力荷载下不考虑墙体共同工作的手算复核。

（六）跨度大于 24m 的连体计算竖向地震作用时，宜参照竖向时程分析结果确定。

（七）错层结构各分块楼盖的扭转位移比，应利用电算结果进行手算复核。

（八）对于结构的弹塑性分析，高度超过 200m 应采用动力弹塑性分析；高度超过 300m 应做两个独立的动力弹塑性分析。计算应以构件的实际承载力为基础，着重于发现薄弱部位和提出相应加强措施。

（九）必要时（如特别复杂的结构、高度超过 200m 的混合结构、大跨空间结构、静载下构件竖向压缩变形差异较大的结构等），应有重力荷载下的结构施工模拟分析，当施工方案与施工模拟计算分析不同时，应重新调整相应的计算。

（十）当计算结果有明显疑问时，应另行专项复核。

第十四条　关于结构抗震加强措施：

（一）对抗震等级、内力调整、轴压比、剪压比、钢材的材质选取等方面的加强，应根据烈度、超限程度和构件在结构中所处部位及其破坏影响的不同，区别对待、综合考虑。

（二）根据结构的实际情况，采用增设芯柱、约束边缘构件、型钢混凝土或钢管混凝土构件，以及减震耗能部件等提高延性的措施。

（三）抗震薄弱部位应在承载力和细部构造两方面有相应的综合措施。

第十五条　关于岩土工程勘察成果：

（一）波速测试孔数量和布置应符合规范要求；测量数据的数量应符合规定。

（二）液化判别孔和砂土、粉土层的标准贯入锤击数据以及粘粒含量分析的数量应符合要求；水位的确定应合理。

（三）场地类别划分、液化判别和液化等级评定应准确、可靠；脉动测试结果仅作为参考。

（四）处于不同场地类别的分界附近时，应要求用内插法确定计算地震作用的特征周期。

第十六条　关于地基和基础的设计方案：

（一）地基基础类型合理，地基持力层选择可靠。

（二）主楼和裙房设置沉降缝的利弊分析正确。

404

（三）建筑物总沉降量和差异沉降量控制在允许的范围内。

第十七条 关于试验研究成果和工程实例、震害经验：

（一）对按规定需进行抗震试验研究的项目，要明确试验模型与实际结构工程相符的程度以及试验结果可利用的部分。

（二）借鉴国外经验时，应区分抗震设计和非抗震设计，了解是否经过地震考验，并判断是否与该工程项目的具体条件相似。

（三）对超高很多或结构体系特别复杂、结构类型特殊的工程，宜要求进行实际结构工程的动力特性测试。

第五章 超限大跨空间结构的审查

第十八条 关于可行性论证报告：

（一）明确所采用的大跨屋盖的结构形式和具体的结构安全控制荷载和控制目标。

（二）列出所采用的屋盖结构形式与常用结构形式在振型、内力分布、位移分布特征等方面的不同。

（三）明确关键杆件和薄弱部位，提出有效控制屋盖构件承载力和稳定的具体措施，详细论证其技术可行性。

第十九条 关于结构计算分析：

（一）作用和作用效应组合：

设防烈度为 7 度（0.15g）及以上时，屋盖的竖向地震作用应参照时程分析结果按支承结构的高度确定。

基本风压和基本雪压应按 100 年一遇采用；屋盖体型复杂时，屋面积雪分布系数、风载体型系数和风振系数，应比规范要求增大或经风洞试验等方法确定；屋盖坡度较大时尚宜考虑积雪融化可能产生的滑落冲击荷载。尚可依据当地气象资料考虑可能超出荷载规范的风力。

温度作用应按合理的温差值确定。应分别考虑施工、合拢和使用三个不同时期各自的不利温差。

除有关规范、规程规定的作用效应组合外，应增加考虑竖向地震为主的地震作用效应组合。

（二）计算模型和设计参数

屋盖结构与支承结构的主要连接部位的构造应与计算模型相符。

计算模型应计入屋盖结构与下部结构的协同作用。

整体结构计算分析时，应考虑支承结构与屋盖结构不同阻尼比的影响。若各支承结构单元动力特性不同且彼此连接薄弱，应采用整体模型与分开单独模型进行静载、地震、风力和温度作用下各部位相互影响的计算分析的比较，合理取值。

应进行施工安装过程中的内力分析。地震作用及使用阶段的结构内力组合，应以施工全过程完成后的静载内力为初始状态。

除进行重力荷载下几何非线性稳定分析外，必要时应进行罕遇地震下考虑几何和材料非线性的弹塑性分析。

超长结构（如大于 400m）应按《抗震规范》的要求考虑行波效应的多点和多方向地震输入的分析比较。

第二十条　关于屋盖构件的抗震措施：

（一）明确主要传力结构杆件，采取加强措施。

（二）从严控制关键杆件应力比及稳定要求。在重力和中震组合下以及重力与风力组合下，关键杆件的应力比控制应比规范的规定适当加严。

（三）特殊连接构造及其支座在罕遇地震下安全可靠，并确保屋盖的地震作用直接传递到下部支承结构。

（四）对某些复杂结构形式，应考虑个别关键构件失效导致屋盖整体连续倒塌的可能。

第二十一条　关于屋盖的支承结构：

（一）支座（支承结构）差异沉降应严格控制。

（二）支承结构应确保抗震安全，不应先于屋盖破坏；当其不规则性属于超限专项审查范围时，应符合本技术要点的有关要求。

（三）支座采用隔震、滑移或减震等技术时，应有可行性论证。

第六章　专项审查意见

第二十二条　抗震设防专项审查意见主要包括下列三方面内容：

（一）总评。对抗震设防标准、建筑体型规则性、结构体系、场地评价、构造措施、计算结果等做简要评定。

（二）问题。对影响结构抗震安全的问题，应进行讨论、研究，主要安全问题应写入书面审查意见中，并提出便于施工图设计文件审查机构审查的主要控制指标（含性能目标）。

（三）结论。分为"通过"、"修改"、"复审"三种。

审查结论"通过"，指抗震设防标准正确，抗震措施和性能设计目标基本符合要求；对专项审查所列举的问题和修改意见，勘察设计单位应明其落实方法。依法办理行政许可手续后，在施工图审查时由施工图审查机构检查落实情况。

审查结论"修改"，指抗震设防标准正确，建筑和结构的布置、计算和构造不尽合理、存在明显缺陷；对专项审查所列举的问题和修改意见，勘察设计单位落实后所能达到的具体指标尚需经原专项审查专家组再次检查。因此，补充修改后提出的书面报告需经原专项审查专家组确认已达到"通过"的要求，依法办理行政许可手续后，方可进行施工图设计并由施工图审查机构检查落实。

审查结论"复审"，指存在明显的抗震安全问题、不符合抗震设防要求、建筑和结构的工程方案均需大调整。修改后提出修改内容的详细报告，由建设单位按申报程序重新申报审查。

第七章　附　则

第二十三条　本技术要点由全国超限高层建筑工程抗震设防审查专家委员会办公室负责解释。

附录一：

超限高层建筑工程主要范围的参照简表

表一 房屋高度（m）超过下列规定的高层建筑工程

结构类型		6度	7度 （含0.15g）	8度 （0.20g）	8度 （0.30g）	9度
混凝土结构	框架	60	50	40	35	24
	框架－抗震墙	130	120	100	80	50
	抗震墙	140	120	100	80	60
	部分框支抗震墙	120	100	80	50	不应采用
	框架－核心筒	150	130	100	90	70
	筒中筒	180	150	120	100	80
	板柱－抗震墙	80	70	55	40	不应采用
	较多短肢墙		100	60	60	不应采用
	错层的抗震墙和 框架－抗震墙		80	60		不应采用
混合结构	钢外框－钢筋混凝土筒	200	160	120	120	70
	型钢混凝土外框－ 钢筋混凝土筒	220	190	150	150	70
钢结构	框架	110	110	90	70	50
	框架－支撑（抗震墙板）	220	220	200	180	140
	各类筒体和巨型结构	300	300	260	240	180

注：当平面和竖向均不规则（部分框支结构指框支层以上的楼层不规则）时，其高度应比表内数值降低至少10%。

表二 同时具有下列三项及以上不规则的高层建筑工程（不论高度是否大于表一）

序号	不规则类型	简要涵义	备　注
1a	扭转不规则	考虑偶然偏心的扭转位移比大于1.2	参见GB 50011－3.4.2
1b	偏心布置	偏心率大于0.15或相邻层质心相差大于相应边长15%	参见JGJ 99－3.2.2
2a	凹凸不规则	平面凹凸尺寸大于相应边长30%等	参见GB 50011－3.4.2
2b	组合平面	细腰形或角部重叠形	参见JGJ 3－4.3.3
3	楼板不连续	有效宽度小于50%，开洞面积大于30%，错层大于梁高	参见GB 50011－3.4.2
4a	刚度突变	相邻层刚度变化大于70%或连续三层变化大于80%	参见GB 50011－3.4.2
4b	尺寸突变	竖向构件位置缩进大于25%，或外挑大于10%和4m，多塔	参见JGJ 3－4.4.5
5	构件间断	上下墙、柱、支撑不连续，含加强层、连体类	参见GB 50011－3.4.2
6	承载力突变	相邻层受剪承载力变化大于80%	参见GB 50011－3.4.2
7	其他不规则	如局部的穿层柱、斜柱、夹层、个别构件错层或转换	已计入1～6项者除外

注：深凹进平面在凹口设置连梁，其两侧的变形不同时仍视为凹凸不规则，不按楼板不连续中的开洞对待；

序号a、b不重复计算不规则项；

局部的不规则，视其位置、数量等对整个结构影响的大小判断是否计入不规则的一项。

表三 具有下列某一项不规则的高层建筑工程（不论高度是否大于表一）

序号	不规则类型	简 要 涵 义
1	扭转偏大	裙房以上的较多楼层，考虑偶然偏心的扭转位移比大于1.4
2	抗扭刚度弱	扭转周期比大于0.9，混合结构扭转周期比大于0.85
3	层刚度偏小	本层侧向刚度小于相邻上层的50%
4	高位转换	框支墙体的转换构件位置：7度超过5层，8度超过3层
5	厚板转换	7～9度设防的厚板转换结构
6	塔楼偏置	单塔或多塔与大底盘的质心偏心距大于底盘相应边长20%
7	复杂连接	各部分层数、刚度、布置不同的错层 连体两端塔楼高度、体型或者沿大底盘某个主轴方向的振动周期显著不同的结构
8	多重复杂	结构同时具有转换层、加强层、错层、连体和多塔等复杂类型的3种

注：仅前后错层或左右错层属于表二中的一项不规则，多数楼层同时前后、左右错层属于本表的复杂连接。

表四 其 他 高 层 建 筑

序号	简称	简 要 涵 义
1	特殊类型 高层建筑	抗震规范、高层混凝土结构规程和高层钢结构规程暂未列入的其他高层建筑结构，特殊形式的大型公共建筑及超长悬挑结构，特大跨度的连体结构等
2	超限大跨 空间结构	屋盖的跨度大于120m或悬挑长度大于40m或单向长度大于300m，屋盖结构形式超出常用空间结构形式的大型列车客运候车室、一级汽车客运候车楼、一级港口客运站、大型航站楼、大型体育场馆、大型影剧院、大型商场、大型博物馆、大型展览馆、大型会展中心，以及特大型机库等

注：表中大型建筑工程的范围，参见《建筑工程抗震设防分类标准》GB 50223。

说明：

1. 当规范、规程修订后，最大适用高度等数据相应调整。

2. 具体工程的界定遇到问题时，可从严考虑或向全国、工程所在地省级超限高层建筑工程抗震设防专项审查委员会咨询。

附录二：

超限高层建筑工程抗震设防专项审查申报表项目

1. 基本情况（包括：建设单位，工程名称，建设地点，建筑面积，申报日期，勘察单位及资质，设计单位及资质，联系人和方式等）

2. 抗震设防标准（包括：设防烈度或设计地震动参数，抗震设防分类等）

3. 勘察报告基本数据（包括：场地类别，等效剪切波速和覆盖层厚度，液化判别，持力层名称和埋深，地基承载力和基础方案，不利地段评价等）

4. 基础设计概况（包括：主楼和裙房的基础类型，基础埋深，地下室底板和顶板的厚度，桩型和单桩承载力，承台的主要截面等）

5. 建筑结构布置和选型（包括：主楼高度和层数，出屋面高度和层数，裙房高度和层数，特大型屋盖的尺寸；防震缝设置；建筑平面和竖向的规则性；结构类型是否属于复

杂类型；特大型屋盖结构的形式；混凝土结构抗震等级等）

6. 结构分析主要结果（包括：计算软件；总剪力和周期调整系数，结构总重力和地震剪力系数，竖向地震取值；纵横扭方向的基本周期；最大层位移角和位置、扭转位移比；框架柱、墙体最大轴压比；构件最大剪压比和钢结构应力比；楼层刚度比；框架部分承担的地震作用；时程法的波形和数量，时程法与反应谱法结果比较，隔震支座的位移；大型空间结构屋盖稳定性等）

7. 超限设计的抗震构造（包括：结构构件的混凝土、钢筋、钢材的最高和最低材料强度；关键部位梁柱的最大和最小截面，关键墙体和筒体的最大和最小厚度；短柱和穿层柱的分布范围；错层、连体、转换梁、转换桁架和加强层的主要构造；关键钢结构构件的截面形式、基本的连接构造；型钢混凝土构件的含钢率和构造等）

8. 需要重点说明的问题（包括：性能设计目标简述；超限工程设计的主要加强措施，有待解决的问题，试验结果等）

注：填表人根据工程项目的具体情况增减，自行制表，以下为示例。

超限高层建筑工程初步设计抗震设防审查申报表（示例）

编号：　　　　　　　　　　　　　　　　　　　　　　　　　　申报时间：

工程名称		申报人 联系方式	
建设单位		建筑面积	地上　　万 m² 地下　　万 m²
设计单位		设防烈度	度（　　g），设计　　组
勘察单位		设防类别	类
建设地点		建筑高度 和层数	主楼　　m（n=　）出屋面 地下　　m（n=　）相连裙房　m
场地类别 液化判别	类，波速　　覆盖层 液化等级　　液化处理	平面尺寸 和规则性	长宽比
基础 持力层	类型　　埋深　　桩长（或底板厚度） 名称　　　　　　承载力	竖向 规则性	高宽比
结构类型		抗震等级	框架　　　墙、筒 框支层　　加强层　错层
计算软件		材料强度 （范围）	梁　　　柱 墙　　　楼板
计算参数	周期折减 楼面刚度（刚□弹□分段□） 地震方向（单□双□斜□竖□）	梁截面	下部　　剪压比 标准层
地上总重 剪力系数 （%）	$G_E=$　　　平均重力 X= Y=	柱截面	下部　　轴压比 中部　　轴压比 顶部　　轴压比
自振周期 （s）	X： Y： T：	墙厚	下部　　轴压比 中部　　轴压比 顶部　　轴压比

最大层间位移角	X= （n= ）对应扭转比 Y= （n= ）对应扭转比	钢 梁 柱 支撑	截面形式 长细比
扭转位移比 （偏心5%）	X= （n= ）对应位移角 Y= （n= ）对应位移角	短柱 穿层柱	位置范围 剪压比 位置范围 穿层数
时程分析	波形峰值	1 2 3	转换层 刚度比	位置 n= 转换梁截面 X Y
	剪力比较	X= （底部），X= （顶部） Y= （底部），Y= （顶部）	错层	满布 局部（位置范围） 错层高度 平层间距
	位移比较	X= （n= ） Y= （n= ）	连体 含连廊	数量 支座高度 竖向地震系数 距度
弹塑性位移角	X= （n= ） Y= （n= ）	加强层 刚度比	数量 位置 形式（梁□桁架□） X Y
框架承担的比例	倾覆力矩 X= Y= 总剪力 X= Y=	多塔 上下偏心	数量 形式（等高□对称□大小不等□） X Y
大型层盖	结构 尺寸 支座高度 支座连接方式 最大位移 竖向振动周期 竖向地震系数 构件应力比范围		
超限设计简要说明	（性能设计目标简述；超限工程设计的主要加强措施，有待解决的问题等等）		

附录三：

超限高层建筑工程专项审查情况表

工程名称				
审查主持单位				
审查时间		审查地点		
审查专家组	姓名	职称	单 位	
组长				
副组长				
审查组成员 （按实际人数增减）				
专家组 审查意见				
审查结论	通过□		修改□	复审□
主管部门给建设单位的复函	（扫描件）			

关于做好房屋建筑和市政基础设施
工程质量事故报告和调查处理工作的通知

建质〔2010〕111号

各省、自治区住房和城乡建设厅，直辖市建委（建设交通委、规委），新疆生产建设兵团建设局：

为维护国家财产和人民生命财产安全，落实工程质量事故责任追究制度，根据《生产安全事故报告和调查处理条例》和《建设工程质量管理条例》，现就规范、做好房屋建筑和市政基础设施工程（以下简称工程）质量事故报告与调查处理工作通知如下：

一、工程质量事故，是指由于建设、勘察、设计、施工、监理等单位违反工程质量有关法律法规和工程建设标准，使工程产生结构安全、重要使用功能等方面的质量缺陷，造成人身伤亡或者重大经济损失的事故。

二、事故等级划分

根据工程质量事故造成的人员伤亡或者直接经济损失，工程质量事故分为4个等级：

（一）特别重大事故，是指造成30人以上死亡，或者100人以上重伤，或者1亿元以上直接经济损失的事故；

（二）重大事故，是指造成10人以上30人以下死亡，或者50人以上100人以下重伤，或者5000万元以上1亿元以下直接经济损失的事故；

（三）较大事故，是指造成3人以上10人以下死亡，或者10人以上50人以下重伤，或者1000万元以上5000万元以下直接经济损失的事故；

（四）一般事故，是指造成3人以下死亡，或者10人以下重伤，或者100万元以上1000万元以下直接经济损失的事故。

本等级划分所称的"以上"包括本数，所称的"以下"不包括本数。

三、事故报告

（一）工程质量事故发生后，事故现场有关人员应当立即向工程建设单位负责人报告；工程建设单位负责人接到报告后，应于1小时内向事故发生地县级以上人民政府住房和城乡建设主管部门及有关部门报告。

情况紧急时，事故现场有关人员可直接向事故发生地县级以上人民政府住房和城乡建设主管部门报告。

（二）住房和城乡建设主管部门接到事故报告后，应当依照下列规定上报事故情况，并同时通知公安、监察机关等有关部门：

1. 较大、重大及特别重大事故逐级上报至国务院住房和城乡建设主管部门，一般事故逐级上报至省级人民政府住房和城乡建设主管部门，必要时可以越级上报事故情况。

2. 住房和城乡建设主管部门上报事故情况，应当同时报告本级人民政府；国务院住房和城乡建设主管部门接到重大和特别重大事故的报告后，应当立即报告国务院。

3. 住房和城乡建设主管部门逐级上报事故情况时，每级上报时间不得超过2小时。

4. 事故报告应包括下列内容：

（1）事故发生的时间、地点、工程项目名称、工程各参建单位名称；

（2）事故发生的简要经过、伤亡人数（包括下落不明的人数）和初步估计的直接经济损失；

（3）事故的初步原因；

（4）事故发生后采取的措施及事故控制情况；

（5）事故报告单位、联系人及联系方式；

（6）其他应当报告的情况。

5. 事故报告后出现新情况，以及事故发生之日起 30 日内伤亡人数发生变化的，应当及时补报。

四、事故调查

（一）住房和城乡建设主管部门应当按照有关人民政府的授权或委托，组织或参与事故调查组对事故进行调查，并履行下列职责：

1. 核实事故基本情况，包括事故发生的经过、人员伤亡情况及直接经济损失；

2. 核查事故项目基本情况，包括项目履行法定建设程序情况、工程各参建单位履行职责的情况；

3. 依据国家有关法律法规和工程建设标准分析事故的直接原因和间接原因，必要时组织对事故项目进行检测鉴定和专家技术论证；

4. 认定事故的性质和事故责任；

5. 依照国家有关法律法规提出对事故责任单位和责任人员的处理建议；

6. 总结事故教训，提出防范和整改措施；

7. 提交事故调查报告。

（二）事故调查报告应当包括下列内容：

1. 事故项目及各参建单位概况；

2. 事故发生经过和事故救援情况；

3. 事故造成的人员伤亡和直接经济损失；

4. 事故项目有关质量检测报告和技术分析报告；

5. 事故发生的原因和事故性质；

6. 事故责任的认定和事故责任者的处理建议；

7. 事故防范和整改措施。

事故调查报告应当附具有关证据材料。事故调查组成员应当在事故调查报告上签名。

五、事故处理

（一）住房和城乡建设主管部门应当依据有关人民政府对事故调查报告的批复和有关法律法规的规定，对事故相关责任者实施行政处罚。处罚权限不属本级住房和城乡建设主管部门的，应当在收到事故调查报告批复后 15 个工作日内，将事故调查报告（附具有关证据材料）、结案批复、本级住房和城乡建设主管部门对有关责任者的处理建议等转送有权限的住房和城乡建设主管部门。

（二）住房和城乡建设主管部门应当依据有关法律法规的规定，对事故负有责任的建设、勘察、设计、施工、监理等单位和施工图审查、质量检测等有关单位分别给予罚款、停业整顿、降低资质等级、吊销资质证书其中一项或多项处罚，对事故负有责任的注册执业人员分别给予罚款、停止执业、吊销执业资格证书、终身不予注册其中一项或多项处罚。

六、其他要求

（一）事故发生地住房和城乡建设主管部门接到事故报告后，其负责人应立即赶赴事故现场，组织事故救援。

发生一般及以上事故，或者领导有批示要求的，设区的市级住房和城乡建设主管部门应派员赶赴现场了解事故有关情况。

发生较大及以上事故，或者领导有批示要求的，省级住房和城乡建设主管部门应派员赶赴现场了解事故有关情况。

发生重大及以上事故，或者领导有批示要求的，国务院住房和城乡建设主管部门应根据相关规定派员赶赴现场了解事故有关情况。

（二）没有造成人员伤亡，直接经济损失没有达到 100 万元，但是社会影响恶劣的工程质量问题，参照本通知的有关规定执行。

七、村镇建设工程质量事故的报告和调查处理按照有关规定执行。

八、各省、自治区、直辖市住房和城乡建设主管部门可以根据本地实际制定实施细则。

中华人民共和国住房和城乡建设部

二〇一〇年七月二十日

关于进一步加强城市地下管线保护工作的通知

建质〔2010〕126 号

各省、自治区住房城乡建设厅，直辖市建委（建交委）及有关部门，新疆生产建设兵团建设局：

2010 年 7 月 28 日，扬州鸿运建设配套工程有限公司在江苏省南京市栖霞区的原南京塑料四厂旧址，平整拆迁土地过程中，挖掘机挖穿地下丙烯管道，发生爆炸事故，造成了重大人员伤亡和财产损失。为认真吸取事故教训，加强城市地下管线保护工作，保障城市地下管线安全运行，现就有关事项通知如下：

一、要充分认识地下管线保护工作的重要意义

城市地下管线安全是城市正常稳定运行的保障，关系到广大人民群众的切身利益。各有关部门及单位要充分认识做好城市地下管线保护工作的重要意义，全面加强城市地下管线的保护工作，采取切实有效措施，确保城市地下管线安全。

二、要切实加强地下管线规划、建设和管理

（一）城市人民政府应根据城市发展的需要，在组织编制城市规划时必须同步编制地下管线综合规划。城市地下管线权属单位应当依据城市总体规划及各自行业发展规划，编制城市地下管线专业规划，并按规定进行审批。有条件的城市可成立地下管线开挖变更审批联席会议，统一审批道路管线的开挖和更改。

（二）各地住房城乡建设主管部门要按照《建筑工程施工许可管理办法》的规定，对涉及地下管线的工程项目进行认真审查。城市地下管线建设单位应按有关规定履行报建程序，在施工前应到城建档案管理机构查询施工区域地下管线档案，取得地下管线现状资料。在施工现场，要公开地下管线施工的负责人和管理人姓名与相关责任。

（三）城市地下管线权属单位要建立有效机制，定期对地下管线进行维护保养和运行状态评估。应当按照有关要求，对地下管线进行安全监测、检测，及时排除隐患，确保运行安全。

三、要严格落实工程建设各方主体相关责任

（一）工程项目建设、勘察、设计、施工、监理等单位，要严格遵守《中华人民共和国城乡规划法》、《中华人民共和国建筑法》、《建设工程安全生产管理条例》等法律法规，认真履行建筑施工过程中对城市地下管线保护的责任。

（二）工程项目建设单位应当向施工单位提供施工现场及毗邻区域内城市地下管线的现状资料，并保证资料的真实、准确、完整。工程项目竣工后，建设单位应及时向城建档案管理机构报送工程项目竣工资料。

（三）工程项目勘察单位在勘察作业时，应当严格执行操作规程，采取措施保证城市地下管线安全。勘察、设计单位按要求出具的勘察、设计文件，应当对施工现场及毗邻区域内城市地下管线情况，进行详细说明。

（四）工程项目施工单位在编制施工组织设计时，应当充分考虑施工现场及毗邻区域内城市地下管线的情况，制定相应的保证地下管线安全的具体措施。

（五）工程项目施工单位要加强施工现场管理，明确和落实相关管理人员的责任。对施工过程中可能造成城市地下管线损害的，应当采取专项保护措施，避免盲目开工、冒险施工。

（六）工程项目施工单位在施工过程中，发现城市地下管线资料有未标注或标注与实际情况不符的，应当立即停止施工，及时向建设单位报告。待建设单位确认并补充相关资料后，方可继续施工。

（七）工程项目监理单位应当深入现场认真审查施工组织设计或专项施工方案中涉及城市地下管线保护的技术措施。在实施监理过程中，发现存在危及城市地下管线安全的隐患时，应当立即要求施工单位整改；情况严重的，应当及时报告建设单位和有关主管部门。

四、要提高地下管线安全应急救援能力

（一）城市地下管线权属单位应当建立地下管线安全应急指挥系统，加强地下管线事故的应急处理能力，制定应急救援预案，储备必要的应急救援器材、设备，定期组织开展应急演练。

（二）施工过程中出现损坏城市地下管线情况时，工程项目施工单位要立即采取应急处置措施，并及时向有关主管部门和地下管线权属单位报告。地下管线权属单位或应急救援队伍抢险维修时，工程项目的施工、建设等单位应当积极配合，协助做好抢险维修工作。

五、要加强监督检查和相关服务工作

（一）工程项目建设单位因建设需要，向城建档案管理部门和地下管线权属单位查询城市地下管线相关档案时，城建档案管理部门和地下管线权属单位应当按照有关规定及时提供。

（二）各地住房城乡建设主管部门要认真贯彻落实《城市地下管线工程档案管理办法》，建立和完善城市地下管线档案资料。城建档案管理机构要建立完善地下管线档案资料的查询使用及告知、移交、验收等制度，为工程项目建设做好服务工作。

（三）各地住房城乡建设主管部门在办理建设单位申请的工程项目施工许可证时，要将施工区域涉及的城市地下管线保护的技术措施作为是否具备施工条件的一项内容进行审查。对不符合规定要求的，不予发放工程项目施工许可证。

（四）各地住房城乡建设主管部门要加强对施工过程中城市地下管线保护工作的监督检查。对监督检查中发现的隐患，要督促有关责任单位立即进行整改。城市地下管线权属单位要积极配合相关主管部门，做好对沿地下管线工程建设项目的相关管理工作。

（五）各地住房城乡建设主管部门对不按照有关法律法规要求，在施工过程中违章指挥、违规作业造成城市地下管线损坏的相关责任单位和人员，要依法追究责任。

中华人民共和国住房和城乡建设部

二〇一〇年八月十一日

关于贯彻实施《房屋建筑和市政基础设施工程质量监督管理规定》的通知

建质〔2010〕159 号

各省、自治区住房和城乡建设厅，直辖市建委（建交委、规委），新疆生产建设兵团建设局：

《房屋建筑和市政基础设施工程质量监督管理规定》（住房和城乡建设部令第5号，以下简称《规定》）已于2010年9月1日起正式施行。为全面贯彻实施《规定》，进一步加强房屋建筑和市政基础设施工程质量监督管理工作，现就有关事项通知如下：

一、充分认识贯彻实施《规定》的重要意义

工程质量监督制度是我国工程质量管理方面的一项基本制度，是政府对工程质量实施监管的主要手段，对督促工程参建各方认真执行有关法律法规和工程建设强制性标准、确保我国工程质量具有重要作用。《规定》是规范工程质量监督工作的重要部门规章。贯彻实施好《规定》，是新形势下加强和改进工程质量监督工作的迫切需要，是加强工程质量管理制度建设和完善工程质量管理体系的重要举措，是推动我国工程质量水平不断提高和促进工程建设又好又快发展的重要保障，是当前工程质量监督系统的一项重要任务。各级建设主管部门要从全面落实科学发展观和保障民生的高度，充分认识贯彻实施《规定》的重要意义，把这项工作放到突出位置抓紧抓好。

二、认真组织开展学习培训和宣传工作

各级建设主管部门要高度重视《规定》的学习培训和宣传工作，积极营造浓厚的宣传贯彻氛围。要抓好住房城乡建设系统工作人员特别是工程质量监督人员的学习培训，通过宣传贯彻会、专题讲座、集中研讨、培训班等多种形式，使每一位干部职工都能系统学习《规定》内容，深刻领会并准确把握各项规定的精神实质，增强贯彻落实的自觉性和主动性，提高依法行政能力和水平。要统筹策划，充分利用电视、报刊、杂志、网络等媒体，广泛深入宣传《规定》，积极扩大其社会影响力。要切实提高宣传工作的针对性，增强广大群众以及社会各界对工程质量监督工作的理解和支持，为推动工程质量监督工作的发展营造良好的社会氛围。

三、抓紧完善相关配套制度和政策

各级建设主管部门要抓紧完善相关配套制度和政策，确保《规定》的顺利贯彻执行。省级住房城乡建设主管部门要结合本地实际尽快制定出台具体实施办法，进一步细化工程质量监督工作的内容、程序以及监督机构和人员的考核管理等规定，增强《规定》可操作性。各地要依法对本地区现行的工程质量监督管理有关文件进行一次全面清理，凡是与《规定》要求不一致的，要及时予以修订或废止。要加强调查研究，认真总结工作实践中积累的有益经验，在做好《规定》贯彻落实工作的同时，不断探索创新，深化改革，完善制度，共同推动工程质量监督工作的持续健康发展。

四、全面加强和改进工程质量监督工作

各级建设主管部门要认真贯彻《规定》要求，全面加强和改进工程质量监督工作，不断提高监督工作水平。要严格执行《规定》的工程质量监督内容和程序，加快建立健全以抽查为主要方式、以行政执法为基本特征的工程质量监督模式，切实加大监督执法力度，增强监督工作的权威性和威慑力。要积极推行差别化监管，根据工程类别、重要性及工程参与单位的业绩、信誉、质量保证能力等情况实施分类监督，着力增强监督工作的针对性和有效性，提高监督效能。要大力加强工程质量不良记录管理，加快建立本地区工程质量信用档案，认真执行在建筑物明显部位设置永久性标牌、及时公布工程质量问题及整改情况等规定，强化对违法违规行为的信用惩戒，充分发挥市场机制的约束作用。

五、进一步强化工程质量监督队伍建设

各级建设主管部门要进一步强化工程质量监督队伍建设，为做好工程质量监督工作提供有效的组织保障。要按照履行行政执法职责的要求，积极稳妥推进工程质量监督机构编制定位和经费保障工作，特别是仍没有落实工作经费的地区，要主动加强与同级编制、财政部门的沟通，抓紧解决财政保障工作经费的问题。要严格执行关于工程质量监督机构及人员条件的规定，加强考核管理，确保队伍基本素质。要大力加强工程质量监督人员的业务培训和作风建设，不断提高队伍的执法能力和水平。要逐步健全工程质量监督责任追究制度，规范和强化责任追究，增强监督人员的责任意识和法制意识，确保严格依法履行监督职责。

自本通知发布之日起，《工程质量监督工作导则》（建质〔2003〕162号）同时废止。

中华人民共和国住房和城乡建设部

二〇一〇年九月三十日

关于贯彻落实《国务院关于进一步加强企业安全生产工作的通知》的实施意见

建质〔2010〕164号

各省、自治区住房和城乡建设厅，直辖市建委（建交委），新疆生产建设兵团建设局：

为贯彻落实《国务院关于进一步加强企业安全生产工作的通知》（国发〔2010〕23号，以下简称《通知》）精神，严格落实企业安全生产责任，全面提高建筑施工安全管理水平，现提出以下实施意见：

一、充分认识《通知》的重要意义

（一）《通知》是继2004年《国务院关于进一步加强安全生产工作的决定》之后的又一重要文件，充分体现了党中央、国务院对安全生产工作的高度重视。《通知》进一步明确了现阶段安全生产工作的总体要求和目标任务，提出了新形势下加强安全生产工作的一系列政策措施，是指导全国安全生产工作的纲领性文件。各地住房城乡建设部门要充分认识《通知》的重要意义，从深入贯彻落实科学发展观，加快推进经济发展方式转变的高度，进一步增强做好安全生产工作的紧迫感、责任感和使命感。要根据建筑施工特点和实际情况，坚定不移抓好各项政策措施的贯彻落实，努力推动全国建筑安全生产形势的持续稳定好转。

二、严格落实企业安全生产责任

（二）规范企业生产经营行为。企业是安全生产的主体，要健全和完善严格的安全生产制度，坚持不安全不生产。施工企业要设立独立的安全生产管理机构，配备足够的专职安全生产管理人员，取得安全生产许可证后方可从事建筑施工活动。建设单位要依法履行安全责任，不得压缩工程项目的合理工期、合理造价，及时支付安全生产费用。监理企业要熟练掌握建筑安全生产方面的法律法规和标准规范，严格实施施工现场的安全监理。

（三）强化施工过程管理的领导责任。企业要加强工程项目施工过程的日常安全管理。工程项目要有施工企业负责人或项目负责人、监理企业负责人或项目监理负责人在现场带班，并与工人同时上班、同时下班。对无负责人带班或该带班而未带班的，对有关负责人按擅离职守处理，同时给予规定上限的经济处罚。发生事故而没有负责人现场带班的，对企业给予规定上限的经济处罚，并依法从重追究企业主要负责人的责任。

（四）认真排查治理施工安全隐患。企业要经常性开展安全隐患排查，切实做到整改措施、责任、资金、时限和预案"五到位"。要对在建工程项目涉及的深基坑、高大模板、脚手架、建筑起重机械设备等施工部位和环节进行重点检查和治理，并及时消除隐患。对重大隐患，企业负责人要现场监督整改，确保隐患消除后再继续施工。省级住房城乡建设部门要对重大隐患治理实行挂牌督办，住房城乡建设部将加强督促检查。对不执行政府及有关部门下达的安全隐患整改通知，不认真进行隐患整改以及对隐患整改不力造成事故的，要依法从重追究企业和相关负责人的责任。

（五）加强安全生产教育培训。企业主要负责人、项目负责人、专职安全生产管理人员必须参加安全生产教育培训，按有关规定取得安全生产考核合格证书。工程项目的特种作业人员，必须经安全教育培训，取得特种作业人员考核合格证书后方可上岗。要加强对施工现场一线操作人员尤其是农民工的安全教育培训，使其掌握安全操作基本技能和安全防护救护知识。对新入场和进入新岗位的作业人员，必须进行安全培训教育，没有经过培训的不得上岗。企业每年要对所有人员至少进行一次安全教育培训。对存在无证上岗、不经培训上岗等问题的企业，要依法进行处罚。

（六）推进建筑施工安全标准化。企业要深入开展以施工现场安全防护标准化为主要内容的建筑施工安全标准化活动，提高施工安全管理的精细化、规范化程度。要健全建筑施工安全标准化的各项内容和制度，从工程项目涉及的脚手架、模板工程、施工用电和建筑起重机械设备等主要环节入手，作出详细的规定和要求，并细化和量化相应的检查标准。对建筑施工安全标准化不达标，不具备安全生产条件的企业，要依法暂扣其安全生产许可证。

三、加强安全生产保障体系建设

（七）完善安全技术保障体系。企业要加强安全生产技术管理，强化技术管理机构的安全职能，按规定配备安全技术人员。要确保必要的安全研发经费投入，推动安全生产科技水平不断提高。要积极推进信息化建设，充分应用高科技手段，工程项目的起重机械设备等重点部位要安装安全监控管理系统。要强制推行先进适用的安全技术装备，逐步淘汰人工挖孔桩等落后的生产技术、工艺和设备。因安全技术问题不解决产生重大隐患的，要对企业主要负责人、主要技术负责人和有关人员给予处罚，发生事故的，依法追究责任。

（八）完善安全预警应急机制。企业要建立完善安全生产动态监控及预警预报体系，对所属工程项目定期进行安全隐患和风险的排查分析。要加强对深基坑等危险性较大的分部分项工程的监测，并增加安全隐患和风险排查分析的频次。发现事故征兆要立即发布预警信息，落实防范和应急处置措施。对工程建设中的重大危险源和重大隐患，要及时采取措施，并报工程所在地的住房城乡建设部门进行备案。企业要制定完善的应急救援预案，有专门机构和人员负责，配备必要的应急救援器材和设备，并定期组织演练，提高应急救援能力。企业应急预案要与当地政府应急预案相衔接。鼓励有条件的企业，加强专业救援力量的建设。

（九）加大安全生产专项投入。企业要加强对安全生产费用的管理，确保安全生产费用足额投入。工程项目的建设单位要严格按照有关规定，提供安全生产费用，不得扣减。施工企业必须将安全生产费用全部用于安全生产方面，不得挪作他用。要加强对建筑企业安全生产费用提取和使用管理的监督检查，确保安全生产费用的落实。

四、加大安全生产监督管理力度

（十）严厉打击违法违规行为。要严厉查处不办理施工许可、质量安全监督等法定建设手续，擅自从事施工活动的行为。严厉查处建筑施工企业无施工资质证书、无安全生产许可证，企业"三类"人员（企业主要负责人、项目负责人、专职安全生产管理人员）无安全生产考核合格证书、特种作业人员无操作资格证书进行施工活动的行为。严厉查处拒不执行政府有关部门下达的停工整改通知的行为。对违法违规造成人员伤亡的，以及有瞒报事故、事故逃逸等恶劣情节的，要依法从重处罚。对打击违法违规行为不力的地方，要严肃追究有关领导的责任。

（十一）加强建筑市场监督管理。要认真整顿规范建筑市场秩序，认真落实质量安全事故"一票否决制"，将工程质量安全作为建筑市场资质资格动态监管的重要内容。强化建筑市场准入管理，在企业资质审批、工程招投标、项目施工许可等环节上严格把关，将安全生产条件作为一项重要的审核指标，确保只有真正符合条件的企业才能进入市场。加大市场清出力度，对企业落实安全责任情况进行监督检查，不符合安全生产条件的企业要坚决取消市场准入资格。对在建筑施工活动中随意降低安全生产条件，工程项目建设中存在违法分包、转包等违法违规行为的，要依法责令停业整顿，并依法追究项目建设方、承包方等各方责任。

（十二）严肃查处生产安全事故。要依法严格事故查处，按照"四不放过"的原则，严肃追究事故责任者的责任。除依法追究刑事、党纪、政纪责任外，还要依法加大对事故责任企业的资质和责任人员的执业资格的处罚力度。对事故责任企业，该吊销资质证书的吊销资质证书，该降低资质等级的降低资质等级，该暂扣吊销安全生产许可证的暂扣吊销安全生产许可证，该责令停业整顿的责令停业整顿，该罚款的罚款。对事故责任人员，该吊销执业资格证书的吊销执业资格证书，该责令停止执业的责令停止执业，该吊销岗位证书的吊销岗位证书，该罚款的罚款。要建立生产安全事故查处督办制度，重大事故查处由住房城乡建设部负责督办，较大及以下事故查处由省级住房城乡建设部门负责督办。事故查处情况要在媒体上予以公告，接受社会监督。对发生较大及以上事故的企业及其负责人，由住房城乡建设部向社会公告；发生其他事故的企业及其负责人由省级住房城乡建设部门向社会公告，进行通报批评。对重大、特别重大生产安全事故负有主要责任的企业，其主要负责人终身不得担任本行业企业负责人。

（十三）加强社会和舆论监督。充分发挥新闻媒体作用，大力宣传建筑安全生产法律法规和方针政策，以及安全生产工作的先进经验和典型。对忽视建筑安全生产，导致事故发生的企业和人员，要予以曝光。要依法维护和落实企业职工对安全生产的参与权与监督权，鼓励职工监督举报各类安全隐患，对举报者予以奖励。要进一步畅通社会监督渠道，设立举报箱、公开举报电话，接受人民群众的公开监督。要加大对安全生产的宣传教育，形成全社会共同重视建筑安全生产的局面。

五、注重安全生产长效机制建设

（十四）完善安全生产法规体系。住房城乡建设部将制定修订《建筑施工企业主要负责人、项目负责人及专职安全生产管理人员管理规定》等部门规章及规范性文件，制定颁布《建筑施工企业安全生产管理规范》等标准规范。各地住房城乡建设部门要结合本地实际，制定和完善地方建筑安全生产法规及标准规范，及时修改与有关法律法规不相符的内容。

（十五）加强建筑安全科技研究。安全生产科技进步是提高建筑安全生产水平的有效途径，要不断推进安全生产科技进步。要加强科研和技术开发工作，组织高等院校、科研机构、生产企业、社会团体等安全生产科研资源，共同推动建筑安全生产科技进步。要注重政府引导与市场导向相结合，研究建立安全生产激励机制，鼓励企业加大安全生产科技投入。要结合安全生产实际，推广安全适用、先进可靠的生产工艺和技术装备，限制和强制淘汰落后的生产技术、工艺和设备。

（十六）加强安全监管队伍建设。建立健全建筑安全生产监督管理机构，根据建设工程规模不断扩大的实际情况，配备满足工作需要的人员，并有效解决工作经费来源。加强对建筑安全监督执法人员的安全生产法律法规和业务能力的教育培训，建立完善考核持证上岗制度，切实提高监督执法人员的服务意识和依法监督的行政管理水平。

各地住房城乡建设部门要按照《通知》精神和本实施意见的要求，结合本地实际，制定具体的实施办法，并认真组织实施。

中华人民共和国住房和城乡建设部
二〇一〇年十月十三日

关于做好《建筑业 10 项新技术（2010）》推广应用的通知

建质〔2010〕170 号

各省、自治区住房和城乡建设厅，直辖市建委（建交委），山东省、江苏省建管局，新疆生产建设兵团建设局，国务院有关部门，中央管理的有关企业：

《建筑业 10 项新技术》的推广应用，对推进建筑业技术进步起到了积极作用。近年来，奥运工程、世博工程等一批重大工程的相继建设，促进了工程技术的创新和研发应用。

为适应当前建筑业技术迅速发展的形势，加快推广应用促进建筑业结构升级和可持续发展的共性技术和关键技术，我部对《建筑业 10 项新技术（2005）》进行了修订，现将修订后的《建筑业 10 项新技术（2010）》印发你们。请各地继续加大以建筑业 10 项新技术为主要内容的新技术推广力度，充分发挥"建筑业新技术应用示范工程"的示范作用，促进建筑业新技术的广泛应用和技术创新工作。

附件：《建筑业 10 项新技术（2010）》（略）

中华人民共和国住房和城乡建设部
二〇一〇年十月十四日

关于发布《房屋建筑和市政基础设施工程勘察
文件编制深度规定》（2010 年版）的通知

建质〔2010〕215 号

各省、自治区住房和城乡建设厅，直辖市建委（规划委、建交委），新疆生产建设兵团建设局：

为进一步贯彻《建设工程质量管理条例》和《建设工程勘察设计管理条例》，确保房屋建筑和市政基础设施工程勘察质量，我部组织建设综合勘察研究设计院（主编）等单位编制了《房屋建筑和市政基础设施工程勘察文件编制深度规定》（2010 年版），经审查，现批准发布，自 2011 年 1 月 1 日起施行。原《建筑工程勘察文件编制深度规定》（试行）

同时废止。

附件：《房屋建筑和市政基础设施工程勘察文件编制深度规定》（2010 年版）（略）

中华人民共和国住房和城乡建设部

二〇一〇年十二月二十日

关于进一步加强建筑工地食堂食品安全工作的意见

国食药监食〔2010〕172 号

各省、自治区、直辖市食品药品监管局、住房和城乡建设厅（委），北京市卫生局、福建省卫生厅，新疆生产建设兵团食品药品监管分局、建设局：

为认真贯彻落实《食品安全法》、《食品安全法实施条例》以及《国务院办公厅关于印发食品安全整顿工作方案的通知》（国办发〔2009〕8 号）、《国务院办公厅关于印发 2010 年食品安全整顿工作安排的通知》（国办发〔2010〕17 号）要求，进一步加强建筑工地食堂食品安全工作，确保广大建筑工人饮食安全，现提出如下意见：

一、充分认识加强建筑工地食堂食品安全工作的重要性

近年来，各地餐饮服务食品安全监管部门和住房城乡建设主管部门在当地政府统一领导下，密切合作，不断强化监管力度，建筑工地食堂食品安全管理水平进一步提高。但有些建筑施工单位负责人和食堂从业人员还存在食品安全意识不强、管理制度不健全、责任落实不到位等问题，食品安全事件时有发生。建筑工地食堂食品安全关系广大建筑工人身心健康，关系社会的和谐发展与稳定。各级食品药品监管部门和住房城乡建设主管部门要深入贯彻科学发展观，认真落实《食品安全法》及其实施条例，进一步增强大局意识和责任意识，把建筑工地食堂食品安全摆在突出位置，贯彻落实地方政府负总责、监管部门各负其责、企业是第一责任人的要求，认真落实相关责任，强化建筑企业主体责任，做到日常监管与集中整治、食堂自律与强化监管有机结合，进一步提高建筑工地食堂食品安全管理水平。

二、严格规范建筑工地食堂餐饮服务许可

各地食品药品监管部门要加强建筑工地食堂餐饮服务许可管理，按照《餐饮服务许可管理办法》规定的许可条件和程序，审查核发《餐饮服务许可证》。对于申请开办食堂的建筑工地，应当要求其提供符合规定的用房、科学合理的流程布局，配备加工制作和消毒等设施设备，健全食品安全管理制度，配备食品安全管理人员和取得健康合格证明的从业人员。不符合法定要求的，一律不发许可证。对未办理许可证经营的，要严格依法进行处理。

三、切实加强建筑工地食堂日常监督管理

各地食品药品监管部门要在当地政府的统一领导下采取切实有效措施加强建筑工地食堂食品安全工作。要督促建筑工地食堂落实食品原料进货查验和采购索证索票制度，不得采购和使用《食品安全法》禁止生产经营的食品，减少加工制作高风险食品；要按照食品安全操作规范加工制作食品，严防食品交叉污染；要加强对建筑工地食堂关键环节的控制和监管，加强厨房设施、设备的检查；要针对建筑工地食堂加工制作的重点食品品种进行抽样检验，及时了解食品安全状况，认真解决存在的突出问题，防止不安全食品流入工地食堂。

各地住房城乡建设主管部门要加强对建筑工地食堂食品安全措施落实情况的巡查工作，并将建筑工地食堂食品安全管理作为施工企业文明施工的重要检查内容。

四、督促建筑施工企业认真落实主体责任

建筑施工企业是建筑工地食堂食品安全的责任主体。建筑工地应当建立健全以项目负责人为第一责任人的食品安全责任制，建筑工地食堂要配备专职或者兼职食品安全管理人员，明确相关人员的责任，建立相应的考核奖惩制度，确保食品安全责任落实到位。要建立健全食品安全管理制度，建立从业人员健康管理档案，食堂从业人员取得健康证明后方可持证上岗。对于从事接触直接入口食品工作的人员患有痢疾、伤寒、甲型病毒性肝炎、戊型病毒性肝炎等消化道传染病，以及患有活动性肺结核、化脓性或者渗出性皮肤病等有碍食品安全的疾病的，应当将其调整到其他不影响食品安全的工作岗位。建筑工地食堂要依据食品安全事故处理的有关规定，制定食品安全事故应急预案，提高防控食品安全事故能力和水平。发生食品安全事故时，要迅速采取措施控制事态的发展并及时报告，积极做好相关处置工作，防止事故危害的扩大。

五、畅通投诉举报渠道

各地食品药品监管部门要与住房和城乡建设主管部门密切配合，建立健全建筑工地食堂食品安全投诉举报网络，畅通投诉举报渠道，及时受理投诉举报，依法查处建筑工地食堂违法违规经营行为。

六、加强食品安全信息通报

各级食品药品监管部门与住房城乡建设主管部门应当建立健全建筑工地食堂食品安全事故信息通报制度，畅通报送渠道，及时通报建筑工地食堂餐饮服务许可、监督检查和巡查、违法违规行为查处以及建筑工地食堂食品安全事件处理等情况，共同强化食品安全监管。

七、严厉查处违法违规行为

各地食品药品监管部门要按照《食品安全法》及其实施条例，以及《餐饮服务食品安全监督管理办法》的规定，严厉查处建筑工地食堂无证经营、采购和使用假冒伪劣食品等违法违规行为，对性质恶劣、后果严重的违法案件，要依法加大处罚力度；构成犯罪的，移交司法机关处理。

国家食品药品监督管理局
中华人民共和国住房和城乡建设部
二〇一〇年四月三十日

关于印发《市政公用设施抗震设防专项论证技术要点（地下工程篇）》的通知

建质［2011］13号

各省、自治区住房和城乡建设厅，直辖市建委（建交委）及有关部门，新疆生产建设兵团建设局：

根据《市政公用设施抗灾设防管理规定》（住房和城乡建设部令第1号），我部组织制订了《市政公用设施抗震设防专项论证技术要点（地下工程篇）》，现印发给你们，请遵照执行。各地住房和城乡建设主管部门要加强监管，确保市政公用设施抗震设防专项论证制度的落实。

各地在执行中发现的有关问题，请及时告我部工程质量安全监管司。

中华人民共和国住房和城乡建设部
二〇一一年一月二十八日

市政公用设施抗震设防专项论证技术要点
（地下工程篇）

第一章 总 则

第一条 为做好全国新建、改建、扩建地下工程初步设计阶段的抗震设防专项论证（以下简称专项论证）工作，根据《市政公用设施抗灾设防管理规定》（住房和城乡建设部令第1号），制定本技术要点。

第二条 本技术要点适用于抗震设防区的下列地下工程：

（一）总建筑面积超过10000m² 的城市轨道交通地下车站工程；

（二）处于可能液化或产生震陷、岩石与土变化分界、地质灾害可能波及等抗震不利地层的城市轨道交通地下车站和区间工程；

（三）临近活动断裂带的城市轨道交通地下工程；

（四）紧邻或穿越《建筑工程抗震设防分类标准》中规定的特殊、重点设防类建筑工程，且其破坏可能影响周边建筑工程正常使用的城市轨道交通地下工程；

（五）地震后可能发生严重次生灾害的城市轨道交通地下工程；

（六）符合上述规模和条件的市政地下停车场、市政隧道和共同沟等其他地下工程。

第三条 建设单位按本技术要点组织专项论证时，应至少有3名国家或工程所在地省、自治区、直辖市市政公用设施抗震专项论证专家库相关专业的成员参加，专项论证的专家数量不宜少于5名。

第四条 依据本技术要点论证后，应达到以下抗震设防目标：

（一）当遭受低于本工程抗震设防烈度的多遇地震影响时，市政地下工程不损坏，对周围环境和市政设施正常运营无影响；

（二）当遭受相当于本工程抗震设防烈度的地震影响时，市政地下工程不损坏或仅需对非重要结构部位进行一般修理，对周围环境影响轻微，不影响市政设施正常运营；

（三）当遭受高于本工程抗震设防烈度的罕遇地震（高于设防烈度1度）影响时，市政地下工程主要结构支撑体系不发生严重破坏且便于修复，无重大人员伤亡，对周围环境不产生严重影响，修复后市政设施可正常运营。

第五条 各省、自治区、直辖市人民政府住房城乡建设主管部门可根据本地的具体情况，对本要点做出必要的补充规定，但抗震设防目标不得低于第四条规定。

第二章 专项论证的技术资料

第六条 项目建设单位组织专项论证时，应提供以下技术资料，并提前至少3天送交参加论证的专家：

（一）建设项目基本情况（见附录）及相应的规划依据；

（二）建设项目的可行性研究报告（仅限已实施可行性研究的项目）及有关审批、核准文件；

（三）建设项目可行性研究阶段开展的工程场地地震安全性评价报告（仅限于根据有关法律法规应做地震安全性评价的项目）；

（四）建设项目的岩土工程勘察报告；

（五）建设项目的初步设计文件（含结构计算书）；

（六）当参考使用国内外有关设计标准、工程实例、震害资料、计算机程序及采用模型试验成果时，应提供必要的资料和说明；

（七）必要时应提交其他专项评价报告。

第七条 专项论证的技术资料应符合下列要求：

（一）工程可行性研究报告，应论证工程选址、布局等符合城镇总体规划和抗震防灾专项规划的要求，并说明其与已建、续建和相邻工程的关系，城市轨道交通工程还应说明其在城市交通总体规划中的作用。根据有关法律法规应做地质灾害危险性评估的项目，应包含地质灾害危险性评估报告。

（二）地震安全性评价报告，应提出地下工程场地和区域地震地质条件、地震活动性、结构设计基准期以内的各项地震参数，包括建议的抗震设防烈度、工程场地设计地震动参数和特性曲线、分层地层位移等。

（三）岩土工程勘察报告，应包括岩土特性参数、地基承载力、场地类别、液化评价及其不良地质情况、剪切波速测试成果及水文地质资料、地下水位、断裂构造评价、危险性地段评价。必要时，应进行岩土材料动力试验。当工程处于边坡等不利地段时，应有相应的边坡稳定性评价、断裂影响和地形影响等抗震性能评价内容。

（四）初步设计文件，应包括工程抗震设防分类、设防烈度、设计地震分组和设计地震动参数、抗震设防目标、结构的抗震等级等内容；结构计算书，应包括采用的软件、计算分析方法、计算模型与参数、结构抗震性能分析及其结果汇总等。

（五）工程可行性研究报告、初步设计文件的深度应符合现行《市政公用工程设计文件编制深度规定》的要求。

第三章 专项论证的内容

第八条 专项论证的主要内容包括：

（一）抗震设防类别的确定、设防烈度及设计地震动参数等抗震设防依据的采用情况；

（二）岩土工程勘察成果及不良地质情况；

（三）抗震基本要求；

（四）抗震计算、计算分析方法的适宜性和结构抗震性能评价；

（五）主要抗震构造措施和结构薄弱部位及其对应的工程判断分析；

（六）可能的环境影响、次生灾害及防御和应对措施等。

第九条 岩土勘察成果应符合下列要求：

（一）勘察钻孔的数量及深度应符合规定；

（二）液化判别孔数量、孔深和饱和砂土、粉土的标准贯入锤击数据以及粘粒含量分析的数量应符合要求；地下水的类型、水位的确定以及变化应正确合理；

（三）场地类别划分、液化判别和液化等级评定、不利和危险地段判断（含断裂或地裂缝构造评价）应准确可靠；

（四）场地和附近其他不良地质作用、地质灾害以及其对地下结构影响的评价应明确；

（五）对不良地质作用和地质灾害的处理意见应得当。

第十条 抗震基本要求：

（一）应避免在地震不利地质条件下建设市政地下工程，当无法避免时应有针对性的措施；

（二）应采用有利于抗震的地下结构体系和结构形式，保证结构在地震作用下的整体安全和稳定。

第十一条 抗震计算、计算分析方法的适宜性和结构抗震性能评价应符合下列要求：

（一）抗震分析方法应与地下结构的形式、体量和特点相适宜，结构布置方案应合理；

（二）抗震分析计算模型和边界条件应合理；

（三）所选取各项参数及地震作用应合理；

（四）地下结构地震响应（如变形、内力等）应合理；

（五）复杂结构之间相互作用分析应合理，并要求采用两种以上的计算分析方法进行计算比较，可以用反应谱和时间历程输入计算作为参考；

（六）不良地质作用对结构抗震影响分析应合理；

（七）地震条件下对临近重大基础设施和重要建、构筑物的影响分析应合理；

（八）结构抗震性能总体评价应合理。

第十二条 主要抗震构造措施和结构薄弱部位的工程判断应符合下列要求：

（一）地下结构主要抗震构造措施应合理；

（二）工程抗震薄弱部位的判断应准确，相关措施应合理。

第四章 专项论证意见

第十三条 专项论证意见主要包括下列内容：

（一）总体评价。对建设项目的抗震设防标准、工程选址和布局、岩土工程勘察和地质评价、地下结构方案、抗震分析方法和参数选取、计算结果及结构的总体抗震性能等结论的合理性进行评定。

（二）存在问题。对影响抗震安全的问题，应在论证意见中提出，并提出便于施工图审查的主要控制指标（含性能指标）及内容。

（三）结论。结论可分为"可行"、"修改"、"不可行"三种：

1. 符合抗震设防要求的工程项目，列为"可行"。勘察设计单位对专项论证意见的执行情况，由施工图审查机构在施工图审查时进行检查。

2. 基本符合抗震设防要求，但在计算、构造方面不尽合理或存在局部问题的工程项目，列为"修改"。由勘察设计单位补充修改相关材料，经原专项论证专家组确认"可行"，出具结论意见，建设单位按有关规定存档，并由施工图审查机构负责检查执行情况。

3. 对存在明显抗震安全问题、不符合抗震设防要求、建筑和结构工程方案需进行较大调整的工程项目，列为"不可行"。勘察设计单位应对存在的问题重新进行工程勘察或初步设计，由建设单位重新组织专项论证。

第五章　附　　则

第十四条　本技术要点所称抗震设防区，是指地震基本烈度 6 度及 6 度以上地区（地震动峰值加速度≥0.05g 的地区）。

第十五条　本技术要点由住房和城乡建设部工程质量安全监管司负责解释。

市政公用设施地下工程抗震设防专项论证
申报工程基本情况表

申报单位：（签章）　　　　　　　　填表日期：

工程名称			
联系人		联系方式	
建设单位			
设计单位			
勘察单位			
可行性研究单位			
地震安全性评价单位			
工程建设地点			
工程类别			
设防烈度	度（_____ g）、设计地震第_____组		

设防类别	_____类		
建设规模	项目总体规模		
	单体工程规模		
	建筑体型	（建筑物的长宽尺寸和形状信息）	
	层数		
施工方法			
结构形式			
底板埋深/覆土厚度			
场地类别			
液化判别	（液化等级和液化处理措施）		
基础持力层			
计算方法/计算软件			
抗震设计简要说明			
（性能设计目标、采取的抗震技术措施及其适用性和可靠性、特殊部位的加强措施和有待解决的问题等）			

关于进一步加强建筑工程使用钢筋质量管理工作的通知

建质〔2011〕26号

各省、自治区、直辖市住房和城乡建设厅（建委）、质量技术监督局，新疆生产建设兵团建设局、质量技术监督局：

近期，一些地方在建筑工程中违反工程建设相关法律法规和技术标准，使用违法加工的钢筋，给工程质量安全埋下隐患。为规范钢筋使用和加工行为，确保建筑工程质量，现就加强建筑工程使用钢筋质量管理工作通知如下：

一、高度重视建筑工程使用钢筋质量管理工作

钢筋是建筑工程的主要材料，违法使用违规张拉或冷拔调直加工的钢筋，会直接影响工程质量，危害人民群众生命财产安全。各级住房城乡建设主管部门和质量技术监督部门必须进一步提高认识，高度重视建筑工程使用钢筋的质量，要积极采取有效措施，加强对钢筋加工质量的监管，坚决遏制钢筋违法加工行为，切实保障人民群众生命财产安全。

二、严把钢筋进场关

建筑工程要严格按照设计要求使用合格钢筋。钢筋原材料进场时，施工和监理单位必须进行进场复验，核查产品合格证和出厂检验报告，检查钢筋外观质量和重量，并按有关规定进行见证取样检测，钢筋质量必须符合国家标准《钢筋混凝土用钢第 1 部分：热轧光圆钢筋》（GB 1499.1—2008）和《钢筋混凝土用钢第 2 部分：热轧带肋钢筋》（GB 1499.2—2007）的要求。钢筋原材料进场复验合格后，方可进行加工。

三、加强钢筋加工过程控制

钢筋加工必须严格按国家标准规范进行。盘条钢筋调直加工宜采用机械方法，也可采用冷拉方法，禁止采用冷拔方法。当采用冷拉方法调直钢筋时，应严格按要求控制冷拉率，对 HPB235 级钢筋冷拉率不得大于 4%，对 HRB335 级、HRB400 级和 RRB400 级钢筋冷拉率不得大于 1%。

钢筋加工应在施工现场进行。确需委托外加工的，施工单位要与钢筋加工企业签订书面合同，钢筋加工企业要严格按有关标准进行加工，并对加工后的钢筋质量负责。施工单位要实行外加工钢筋检测制度，建立外加工钢筋进场台账，并按进场批次再次进行见证取样检测，检测不合格的不得投入使用。

四、严格钢筋分项工程验收

在浇筑混凝土前，监理、施工单位要严格按照国家标准《混凝土结构工程施工质量验收规范》（GB 50204—2002）（2010 年版）要求进行钢筋分项工程验收，尤其要加强对冷拉等钢筋加工项目的验收。验收人员要重点检查钢筋直径是否符合设计要求，发现不合格钢筋的，一律不得进行下一工序施工。对于钢筋委托外加工的，加工后钢筋的检测报告要作为钢筋分项工程验收的重要内容。

五、加强建筑工程使用钢筋质量监督管理

各级住房城乡建设主管部门要加强对建设、施工、监理单位及检测机构的监管，对违反规定使用不合格钢筋以及检测数据弄虚作假的行为，要依法严肃查处，严格追究相关责任单位和个人的责任。各级质量技术监督部门要加强对钢筋生产企业的监管，对生产不合格钢筋违法行为，要严格依法查处。各级住房城乡建设、质量技术监督部门要加强协调配合，及时通报有关信息，形成监管合力，坚决禁止不合格钢筋用于建筑工程，确保建筑工程质量。

中华人民共和国住房和城乡建设部
中华人民共和国国家质量监督检验检疫总局
二〇一一年二月二十一日

关于印发《市政公用设施抗震设防专项论证技术要点（城镇桥梁工程篇）》的通知

建质〔2011〕30号

各省、自治区住房和城乡建设厅，直辖市建委（建交委）及有关部门，新疆生产建设兵团建设局：

根据《市政公用设施抗灾设防管理规定》（住房和城乡建设部令第1号），我部组织制订了《市政公用设施抗震设防专项论证技术要点（城镇桥梁工程篇）》，现印发给你们，请遵照执行。各地住房和城乡建设主管部门要加强监管，确保市政公用设施抗震设防专项论证制度的落实。

各地在执行中发现的有关问题，请及时告我部工程质量安全监管司。

中华人民共和国住房和城乡建设部

二〇一一年三月四日

市政公用设施抗震设防专项论证技术要点
（城镇桥梁工程篇）

第一章 总 则

第一条 为做好全国新建、改建、扩建城镇桥梁工程初步设计阶段的抗震设防专项论证（以下简称专项论证）工作，根据《市政公用设施抗灾设防管理规定》（住房和城乡建设部令第1号），制定本技术要点。

第二条 本技术要点适用于抗震设防区位于城市快速路、主干道路、城市轨道交通线路的下列城镇桥梁工程：

（一）主跨跨径150m及以上的斜拉桥、悬索桥等缆索承重桥梁以及拱桥；

（二）立体交叉线路为3层及3层以上（不计地面道路及地道）的大型互通立交桥梁；

（三）采用国内尚无工程应用实例的减震、隔震技术（以下简称特殊减震、隔震技术）或结构材料超越现行设计规范（以下简称新材料）的桥梁；

（四）抗震设防烈度7度及以上（地震动峰值加速度≥0.1g，g为重力加速度）的下列桥梁：

1. 建设在软弱土、液化土层等现行设计规范定义为对桥梁抗震不利的地段，且单跨跨度超过80m或总长超过500m的桥梁；

2. 联长超过250m的连续桥梁；

3. 单跨跨度超过50m或者联长超过150m，且曲率半径小于15b（b为桥宽）的曲线桥；

4. 单跨跨度超过80m，且属于结构动力特性复杂的异型桥梁；

5. 墩高超过 30m，且在 E2 地震作用下允许结构进入塑性区的高墩桥梁；

6. 上部结构重心位置位于悬臂盖梁，且重心位置的悬臂长度≥5m 的桥梁。

第三条 建设单位按本技术要点组织专项论证时，应至少有 3 名国家或者工程所在地的省、自治区、直辖市市政公用设施抗震专项论证专家库相关专业的成员参加，专项论证的专家数量不应少于 5 名。

第四条 各省、自治区、直辖市人民政府住房城乡建设主管部门可根据本地的具体情况，对本要点做出必要的补充规定，但抗震设防目标不得低于本要点第八条的规定。

第二章　专项论证的技术资料

第五条 项目建设单位组织专项论证时，应提供以下技术资料，并提前至少 3 天送交参加论证的专家：

（一）建设项目的基本情况（见附录）及相应的规划依据；

（二）建设项目的工程可行性研究报告（仅限已实施可行性研究的桥梁工程）及项目审批、核准文件；

（三）建设项目可行性研究阶段开展的工程场地地震安全性评价报告（仅限《建筑工程抗震设防分类标准》中规定属于特殊设防类，即符合本要点第二条第一项的桥梁工程）；

（四）建设项目的岩土工程勘察报告；

（五）建设项目的初步设计文件；

（六）桥梁推荐方案的结构抗震分析报告；

（七）抗震试验研究报告（仅限已进行抗震性能试验研究的桥梁工程）；

（八）参考使用的国内外技术标准、工程实例及相关审批文件（仅限采用特殊减震、隔震技术的桥梁，或者采用新材料的桥梁工程）。

第六条 专项论证的技术资料应符合下列要求：

（一）工程可行性研究报告，应论证工程选址、道路设计等符合城市、镇总体规划和抗震防灾专项规划的要求，并说明本工程在城市综合交通体系规划中的作用。

（二）工程场地地震安全性评价以及场地地震动分析应按不低于现行《工程场地地震安全性评价》规定的 II 级工作要求实施，包括地震危险性概率分析、场地地震动参数确定和地震地质灾害评价等相关内容，并满足如下要求：

1. 根据地震风险概率分析确定的不同超越概率加速度反应谱曲线，其周期成分应包含桥梁的基本周期；

2. 应按地震重现期给出 E1 地震和 E2 地震两个不同等级的地震动参数；

3. 设计指定深度与加速度反应谱相吻合的拟合设计加速度时程不应少于 3 组，每组同时包含三个方向的时程，且任意两组间同方向时程的相关系数绝对值应小于 0.1；

4. 当桥梁结构基本周期大于 3.0s 时，拟合设计加速度时程的持续时间不宜短于 40s。

（三）岩土工程勘察报告，应包括各土层的岩土特性参数、地基承载力、场地类别、液化判别、地震稳定性、剪切波速测试结果、地基及基础建设方案等方面内容。当桥址位于抗震不利地段时，应做出相应的岩土地震稳定性（如滑坡、崩塌、液化和震陷特性等）及发震断裂对桥梁抗震性能的影响评价。对有特殊土动力学性质的场地，应给出确切的抗震性能评价结果。

（四）推荐方案的抗震性能分析报告应包括以下内容：

1. 抗震设防标准；

2. 地震动参数、地震影响和地震作用；

3. 主要构件的损伤容许值和抗震安全性验算要求；

4. 结构计算模型及主要的原始输入数据说明，支承及连接条件、结构耗能体系；

5. 计算软件名称，并对计算结果作分析论证；

6. 结构地震反应计算结果；

7. 在 E1 和 E2 地震作用下的结构抗震安全性验算结果；

8. 结构构造措施（当桥址处于抗震不利地段时，应有相应的抵抗场地变形或地基失效的措施）。

（五）试验研究报告应内容翔实、依据充分、结论明确。

（六）采用特殊减震、隔震技术的桥梁，或者采用新材料的桥梁，应提供有关适用性论证资料（包括应用实例、试验资料、理论研究等）和必要的审批文件，明确设计、施工、验收标准和养护细则。

（七）工程可行性研究报告、初步设计文件的深度应符合现行《市政公用工程设计文件编制深度规定》的要求。

第三章 专项论证的内容

第七条 抗震设防标准应按国家规定的权限审批、颁发的文件（图件）确定，一般情况下应符合下列要求：

（一）符合本要点第二条第一项的桥梁，地震作用应高于本地区抗震设防烈度的要求，其值按有关部门批准的地震安全性评价结果确定；其他桥梁，地震作用应符合本地区抗震设防烈度的要求。

（二）当抗震设防烈度为 6～8 度时，抗震措施应符合本地区抗震设防烈度提高一度的要求，当抗震设防烈度为 9 度时，抗震措施应符合比 9 度抗震设防更高的要求。

（三）立体交叉跨线桥梁的上线桥梁抗震设防标准不应低于下线桥梁。

第八条 抗震设防目标应达到下列要求：

（一）在 E1 地震作用下，结构地震反应总体上在弹性范围，基本无损伤，桥梁在震后可立即使用。

（二）在 E2 地震作用下，结构可发生有限或者轻微的地震损伤，符合本要点第二条第一项的桥梁，不需修复或经简单修复可立即使用；其他桥梁经抢修可恢复使用，在地震后经过永久性修复可恢复正常的运营功能。

第九条 岩土工程勘察报告及桥址选择，应符合下列要求：

（一）岩土工程勘察报告给出场地类别依据准确可靠，波速测试孔数量和布置符合现行桥梁抗震设计规范要求，液化判别和液化等级评定、不利和危险地段的判断及发震断裂评价等正确；

（二）桥位选择在抗震有利地段，尽量避开不利地段，避开危险地段；

（三）当工程无法避开液化土地基时，应按现行规范要求采取消除液化影响的措施；

（四）当工程无法避开其他不利地段时，设计应考虑因场地变形带来的不利影响，优先选用整体刚度较大的结构体系，并做好防落梁等构造措施；

（五）当工程场地范围内分布有发震断裂且不能忽略其错动影响时，按规范要求避开主断裂带，同时做好防落梁等构造措施。

第十条 桥梁结构抗震概念设计及抗震体系，应符合下列要求：

（一）桥梁结构应具有明确、可靠的地震作用传递途径，当抗震设防烈度等于或大于8度时，多跨连续桥梁不宜采用一个桥墩（台）集中传递纵向地震作用的结构体系；

（二）采取有效的位移约束措施，避免桥梁发生落梁破坏，特别是建设在软弱性土层、液化土层和地层显著不均匀地段的桥梁，宜采用整体刚度较高的结构体系；

（三）桥梁联内的刚度、质量分布均衡，桥墩（台）分担的地震作用合理；

（四）相邻联桥梁的基本周期相差不宜过大；

（五）当匝道桥与主线桥结构刚度差异较大时，应对连续和分离两种结构体系进行比较，避免分叉处地震作用集中或结构发生落梁破坏；

（六）相邻桥梁之间预留足够的间距，防止发生地震碰撞，曲线桥、斜桥应考虑转动引起的桥梁横向位移；

（七）当抗震设防烈度等于或大于8度时，不宜采用上部结构支承在大悬臂盖梁上的结构体系，重要桥梁宜避免采用独柱式桥墩的结构体系；

（八）合理选择潜在塑性区的位置，提高桥梁结构的延性，基础、拱肋、盖梁不宜作为耗能构件设计。

第十一条 桥梁结构地震反应计算，应符合下列要求：

（一）正确采用设计地震动参数，采用时程分析方法计算桥梁结构地震反应时，输入加速度时程的反应谱应与设防目标反应谱一致，加速度时程不应少于3组，宜采用含实际地震动记录的7组加速度时程，任意两组加速度时程之间同方向分量的相关系数绝对值应小于0.1，选用的历史记录应与设定地震震级、距离、场地特性大体相近，通过调整使其加速度反应谱与设计反应谱匹配；

（二）地震影响、地震作用以及作用方向、地震作用效应组合应按现行设计规范的相关规定执行；

（三）结构地震反应计算模型合理，单元之间的连接及边界约束条件正确，结构刚度和质量参数取值准确，合理确定结构阻尼参数；

（四）应考虑基础—地基之间的相互作用；

（五）桥梁跨度超过250m，或者桥墩（台）之间场地条件差异显著时，地震反应计算宜考虑地震动的空间变化效应；

（六）按振型分解反应谱法计算地震反应时，考虑的振型数在计算方向的累计有效质量应达到90%以上；

（七）采用非线性时程分析方法时，应选用合理的弹塑性恢复力计算模型。

第十二条 桥梁结构抗震性能验算，应符合下列要求：

（一）桥梁结构抗震性能符合相关的专题研究成果和结构地震反应分析结果；

（二）基础、桥墩（台）、支座、上部结构抗震性能满足相关要求，桥梁整体的抗震性能达到第八条规定的抗震设防目标；

（三）地震位移小于容许值，不发生落梁破坏，宜避免结构发生碰撞；

（四）结构不发生脆性破坏，作为能力保护构件设计的结构应进行相应的验算；

（五）结构出现塑性地震反应的位置仅限于预期的潜在塑性区范围；

（六）轨道交通桥梁宜对 E1 地震作用下的列车安全运行进行验算；

（七）附属设施（如过桥管线、景观设施、轨道交通的设备等）不应限制桥梁正常的地震位移反应。

第十三条　采用特殊减震、隔震技术设计的桥梁，还应满足下列要求：

（一）场地条件和结构形式应符合现行桥梁抗震设计规范有关减震、隔震设计的基本条件；

（二）提供的相关参考资料应内容翔实、依据充分、结论明确；

（三）对国内无相应工程建设标准的特殊减震、隔震装置，应按照国家有关规定申请核准后使用；

（四）减震、隔震装置力学性能稳定可靠、安装方便、耐久性好、可更换，日常检查和维护方便；

（五）结构地震反应计算宜采用非线性时程分析方法，正确模拟减震、隔震装置的非线性恢复力特性；

（六）减震、隔震装置应满足在地震中能正常发挥作用的技术要求；

（七）采用减震、隔震装置的结构体系，不影响桥梁的正常使用要求。

第十四条　采用新材料的桥梁，还应满足下列要求：

（一）采用不符合工程建设强制性标准的新技术、新工艺、新材料的桥梁，应按有关规定进行核准；

（二）通过前期相关研究，调查工程实例和实际应用情况，并通过理论分析和试验研究检验结构的抗震性能达到设计所要求的设防目标。

第十五条　对新建、改建和扩建的重要桥梁或者采用新颖结构形式的特殊桥梁，在初步设计阶段应论证布置健康监测系统的必要性和相应布置方案的合理性，并列入建设项目的预算，与主体工程同时设计、同时施工，桥梁建成后尽早投入使用。

第四章　专项论证意见

第十六条　专项论证意见主要包括下列内容：

（一）总体评价。对工程项目的抗震设防标准、桥位选址、场地抗震性能评价、结构体系和抗震概念设计、计算模型和计算结果的正确性、结构抗震性能等，做出简要评定。

（二）存在问题。对影响结构抗震安全的问题，应在论证意见中提出，并提出便于施工图审查的主要控制指标（含性能指标）及内容。

（三）结论。结论可分为"可行"、"修改"、"不可行"三种：

1. 符合抗震设防要求的工程项目，列为"可行"。勘察设计单位对专项论证意见的执行情况，由施工图审查机构在施工图审查时进行检查。

2. 基本符合抗震设防要求，但在结构体系、抗震措施、抗震分析和结构抗震性能等方面不尽合理，或存在局部问题的工程项目，列为"修改"。由勘察设计单位补充修改后提出局部修改报告，经原专项论证组确认"可行"，出具结论意见，建设单位按有关规定存档，并由施工图审查机构在施工图审查时检查其执行情况。

3. 对设防标准、桥位选择、结构体系和抗震安全等方面存在严重安全问题的工程项目，列为"不可行"。勘察设计单位应针对存在的问题重新进行工程勘察或者初步设计，由建设单位重新组织专项论证。

第五章　附　　则

第十七条　本技术要点所称抗震设防区，是指地震基本烈度 6 度及 6 度以上地区（地震动峰值加速度≥0.05g 的地区）。

第十八条　本技术要点所称的 E1 地震，是指一级设防水准地震，重现期为 475 年，相当于设防地震；E2 地震，是指二级设防水准地震，重现期为 2500 年，相当于罕遇地震。

第十九条　本技术要点由住房和城乡建设部工程质量安全监管司负责解释。

市政公用设施城镇桥梁工程抗震设防专项论证申报工程基本情况表

申报单位：（签章）　　　　　　　　　　　　　　　　　　　　填表日期：

工程名称			
联系人		联系方式	
建设单位			
设计单位			
勘察单位			
可行性研究单位			
地震安全性评价单位			
工程建设地点			
工程类别			
设防烈度	度（_____g）、设计地震第_____组		
设防类别	_____类		
道路等级、功能			
桥梁设计技术标准			
建筑净空要求			
结构型式			
主跨跨度			
场地条件			
有否采用特殊减震、隔震技术			
有否采用新材料			
是否进行相关试验或者理论分析研究工作			
施工方法			
场地类别			

液化判别	
基础持力层	
计算方法/计算软件	

抗震设计简要说明

（性能设计目标、采取的抗震技术措施及其适用性和可靠性、特殊部位的加强措施和有待解决的问题等）

关于印发《房屋市政工程生产安全和质量事故查处督办暂行办法》的通知

建质〔2011〕66号

各省、自治区住房城乡建设厅，直辖市建委（建交委），新疆生产建设兵团建设局：

为贯彻落实《国务院关于进一步加强企业安全生产工作的通知》（国发〔2010〕23号），进一步规范和加强房屋市政工程生产安全和质量事故的查处工作，我部制定了《房屋市政工程生产安全和质量事故查处督办暂行办法》。现印发给你们，请遵照执行。

中华人民共和国住房和城乡建设部
二○一一年五月十一日

房屋市政工程生产安全和质量事故
查处督办暂行办法

第一条 为依法严肃查处房屋市政工程生产安全和质量事故，有效防范和遏制事故发生，保障人民群众生命和财产安全，根据《国务院关于进一步加强企业安全生产工作的通知》（国发〔2010〕23号），制定本办法。

第二条 本办法所称房屋市政工程生产安全和质量事故查处督办，是指上级住房城乡建设行政主管部门督促下级住房城乡建设行政主管部门，依照有关法律法规做好房屋建筑和市政工程生产安全和质量事故的调查处理工作。

第三条 依照《关于进一步规范房屋建筑和市政工程生产安全事故报告和调查处理工作的若干意见》（建质〔2007〕257号）和《关于做好房屋建筑和市政基础设施工程质量事故报告和调查处理工作的通知》（建质〔2010〕111号）的事故等级划分，住房城乡建设部负责房屋市政工程生产安全和质量较大及以上事故的查处督办，省级住房城乡建设行政主管部门负责一般事故的查处督办。

第四条 房屋市政工程生产安全和质量较大及以上事故的查处督办，按照以下程序办理：

（一）较大及以上事故发生后，住房城乡建设部质量安全司提出督办建议，并报部领导审定同意后，以住房城乡建设部安委会或办公厅名义向省级住房城乡建设行政主管部门下达《房屋市政工程生产安全和质量较大及以上事故查处督办通知书》；

（二）在住房城乡建设部网站上公布较大及以上事故的查处督办信息，接受社会监督。

第五条 《房屋市政工程生产安全和质量较大及以上事故查处督办通知书》包括下列内容：

（一）事故名称；

（二）事故概况；

（三）督办事项；

（四）办理期限；

（五）督办解除方式、程序。

第六条 省级住房城乡建设行政主管部门接到《房屋市政工程生产安全和质量较大及以上事故查处督办通知书》后，应当依据有关规定，组织本部门及督促下级住房城乡建设行政主管部门按照要求做好下列事项：

（一）在地方人民政府的领导下，积极组织或参与事故的调查工作，提出意见；

（二）依据事故事实和有关法律法规，对违法违规企业给予吊销资质证书或降低资质等级、吊销或暂扣安全生产许可证、责令停业整顿、罚款等处罚，对违法违规人员给予吊销执业资格注册证书或责令停止执业、吊销或暂扣安全生产考核合格证书、罚款等处罚；

（三）对违法违规企业和人员处罚权限不在本级或本地的，向有处罚权限的住房城乡建设行政主管部门及时上报或转送事故事实材料，并提出处罚建议；

（四）其他相关的工作。

第七条　省级住房城乡建设行政主管部门应当在房屋市政工程生产安全和质量较大及以上事故发生之日起60日内，完成事故查处督办事项。有特殊情况不能完成的，要向住房城乡建设部作出书面说明。

第八条　省级住房城乡建设行政主管部门完成房屋市政工程生产安全和质量较大及以上事故查处督办事项后，要向住房城乡建设部作出书面报告，并附送有关材料。住房城乡建设部审核后，依照规定解除督办。

第九条　在房屋市政工程生产安全和质量较大及以上事故查处督办期间，省级住房城乡建设行政主管部门应当加强与住房城乡建设部质量安全司的沟通，及时汇报有关情况。住房城乡建设部质量安全司负责对事故查处督办事项的指导和协调。

第十条　房屋市政工程生产安全和质量一般事故的查处督办参照本办法执行。省级住房城乡建设行政主管部门可制定具体实施细则。

第十一条　各级住房城乡建设行政主管部门不得对房屋市政工程生产安全和质量事故查处督办事项无故拖延、敷衍塞责，或者在解除督办过程中弄虚作假。

第十二条　各级住房城乡建设行政主管部门要将房屋市政工程生产安全和质量事故查处情况，及时予以公告，接受社会监督。

第十三条　各级住房城乡建设行政主管部门要定期总结房屋市政工程生产安全和质量事故查处工作，并报告上级住房城乡建设行政主管部门。

第十四条　房屋市政工程生产安全和质量事故查处工作实行通报和约谈制度，上级住房城乡建设行政主管部门对工作不力的下级住房城乡建设行政主管部门予以通报批评，并约谈部门的主要负责人。

第十五条　本办法自印发之日起施行。

关于印发《2011～2015年建筑业信息化发展纲要》的通知

建质〔2011〕67号

各省、自治区住房和城乡建设厅，直辖市建委（建交委），新疆生产建设兵团建设局，中央管理的有关企业：

现将《2011～2015年建筑业信息化发展纲要》印发给你们，请结合实际贯彻执行。执行中有何问题和建议，请及时告我部工程质量安全监管司。

附件：2011～2015年建筑业信息化发展纲要

中华人民共和国住房和城乡建设部
二〇一一年五月十日

附件：

2011～2015 年建筑业信息化发展纲要

一、指导思想

深入贯彻落实科学发展观，坚持自主创新、重点跨越、支撑发展、引领未来的方针，高度重视信息化对建筑业发展的推动作用，通过统筹规划、政策导向，进一步加强建筑企业信息化建设，不断提高信息技术应用水平，促进建筑业技术进步和管理水平提升。

二、发展目标

（一）总体目标

"十二五"期间，基本实现建筑企业信息系统的普及应用，加快建筑信息模型（BIM）、基于网络的协同工作等新技术在工程中的应用，推动信息化标准建设，促进具有自主知识产权软件的产业化，形成一批信息技术应用达到国际先进水平的建筑企业。

（二）具体目标

1. 企业信息化建设

工程总承包类　进一步优化业务流程，整合信息资源，完善提升设计集成、项目管理、企业运营管理等应用系统，构建基于网络的协同工作平台，提高集成化、智能化与自动化程度，推进设计施工一体化。

勘察设计类　完善提升企业管理系统，强化勘察设计信息资源整合，逐步建立信息资源的开发、管理及利用体系。推动基于 BIM 技术的协同设计系统建设与应用，提高工程勘察问题分析能力，提升检测监测分析水平，提高设计集成化与智能化程度。

施工类　优化企业和项目管理流程，提升企业和项目管理信息系统的集成应用水平，建设协同工作平台，研究实施企业资源计划（ERP）系统，支撑企业的集约化管理和持续发展。

以上各类企业应加强信息基础设施建设，提高企业信息系统安全水平，初步建立知识管理、决策支持等企业层面的信息系统，实现与企业和项目管理等信息系统的集成，提升企业决策水平和集中管控能力。

2. 专项信息技术应用

加快推广 BIM、协同设计、移动通讯、无线射频、虚拟现实、4D 项目管理等技术在勘察设计、施工和工程项目管理中的应用，改进传统的生产与管理模式，提升企业的生产效率和管理水平。

3. 信息化标准

完善建筑业行业与企业信息化标准体系和相关的信息化标准，推动信息资源整合，提高信息综合利用水平。

三、发展重点

（一）建筑企业信息系统

1. 工程总承包类企业

围绕企业应用的两个层面，重点建设一个平台、八大应用系统。

两个层面指核心业务层和企业管理层；一个平台指信息基础设施平台；八大应用系统

指核心业务层的设计集成、项目管理、项目文档管理、材料与采购管理、运营管理等系统，以及企业管理层的综合管理、辅助决策、知识管理与智能企业门户等系统。

（1）信息基础设施平台

加强信息基础设施和信息系统安全体系建设。重点强化数据中心和服务体系建设，打造安全可靠、资源共享的信息基础设施，支撑信息系统高效高质量运行。遵循国家信息安全等级保护要求，对重要应用系统实现分级保护，提升信息安全防护能力。

建立和完善信息标准体系，支撑信息系统开发和应用。重点建设信息基础设施、信息安全、信息编码、信息资源（如数据模型、模板等）以及信息系统应用等方面的标准。

（2）应用系统

① 设计与施工集成系统

重点研究与应用智能化、可视化、模型设计、协同等技术，在提升各设计专业软件和普及应用新型智能二维和三维设计系统的基础上，逐步建立方案/工艺设计集成系统和专有技术与方案设计数据库，集成主要方案/工艺设计软件，创建方案/工艺设计协同工作平台；逐步建立工程设计集成系统和工程数据库，集成主要工程设计软件，创建工程设计协同工作平台；同时，逐步实现方案/工艺设计、工程设计、项目管理、施工管理、企业级管理等系统的集成。

② 工程项目管理系统

以项目组合管理和项目群管理理论为基础，完善提升项目管理系统构架、管理工作流和信息流，整合项目资源，建立集成项目管理系统，提升项目管理整体执行力。规范与整合项目资源分解结构（WBS、CBS、OBS、RBS 等）和编码体系；深化估算、投标报价和费用控制等系统，逐步建立适应国际工程估算、报价与费用控制的体系；完善商务与合同管理、风险管理及工程财务管理等系统，提升项目法律、融资、商务、资金、费用与成本管理水平和风险管控能力；深化应用计划进度控制系统，逐步建立施工管理和开车管理系统。同时，逐步实现与其他核心业务系统及企业级管理系统的集成。

③ 项目文档管理系统

整合与提升项目文档管理系统。优化文档管理流程，建立管理标准，完善文件编码体系；强化以工作流和状态为核心的过程管理和沟通管理，开发推广文档计划、跟踪、检测等控制功能，实现文档产生、批准、发布、升版、作废的生命周期管理，并逐步实现该系统与其他核心业务系统及企业级管理系统的集成。

④ 材料与采购管理系统

完善材料与采购管理系统。建立企业级材料标准库和编码库，实现材料表、请购、询价、评标、采购、催交、检验、运输、接运、仓库管理、材料预测、配料、材料发放及结算等全过程一体化的材料和采购管理；逐步建立以信誉认证、交易和电子支付等为核心的采购电子商务系统，优化材料供销过程；实现材料库与工厂安装模拟可视化系统的集成；逐步实现该系统与设计、项目管理、施工管理等系统的集成。

⑤ 企业运营管理系统

应用工作流、内容管理、电子印章、数字签名等技术，优化工作流程，有效组织和利用信息资源，增强运营管理的体系化和流程化，提高远程办公和协同工作能力；逐步实现与其他核心业务系统及企业级管理系统的集成。

⑥ 综合管理系统

以现代项目管理理论为基础，以经营管理、预算管理、成本管理、项目管理体系和核心业务系统为支撑，建立企业级综合管理系统，为决策层和职能管理层提供综合管理平台。整合企业项目与组织分解结构，建立项目核算和管控体系，加强经营、综合和执行计划的管理，实现预算、调度、成本核算和绩效考核的一体化，以及企业层面的统筹、协同、分级管控和资源优化配置。

⑦ 辅助决策系统

逐步建立企业数据仓库，并利用商业智能（BI）和数据挖掘等技术，依据决策理论，逐步建立辅助决策系统。

⑧ 知识管理系统与智能企业门户

收集、整理、组织和整合描述设计对象和专业技术的信息资源，研究知识管理机制与体系及知识管理系统建立的工具、方法、过程，建立知识管理的体系和系统。基于企业核心业务系统、综合管理系统、知识管理系统和企业数据仓库，整合企业内外网络信息资源，逐步建立智能企业门户，方便知识的利用，形成企业信息资源中心与个人信息资源中心。

2. 勘察设计类企业

（1）信息基础设施平台

按需提升局域网、广域网和通信系统的性能。网络的主干带宽与客户端带宽能满足应用需求；条件具备时采用万兆网络平台，满足国际合作、异地协同工作及多媒体应用等需求。

加强网络新技术的应用，如虚拟专用网技术、3G无线通讯技术等，重视工程项目专网的建设。

适时更新和配备计算机设备，提高存储与备份系统的容量和性能，建立异地容灾备份系统，满足不断发展的企业应用需求。

配备有效的网络管理工具，实现对企业局域网与广域网、服务器、数据库系统及应用系统的有效监控和管理。

根据信息安全建设规划和应用需求，逐步建立较为完整的集防入侵、防病毒、传输加密、认证和访问控制于一体、具有较完备安全制度的信息安全体系。

（2）应用系统

推进BIM技术、基于网络的协同工作技术应用，提升和完善企业综合管理平台，实现企业信息管理与工程项目信息管理的集成，促进企业设计水平和管理水平的提高。

研究发展基于BIM技术的集成设计系统，逐步实现建筑、结构、水暖电等专业的信息共享及协同。

企业运营管理。完善财务管理、人力资源管理、办公自动化、档案管理等系统，并实现上述系统的集成；建设企业门户网站和客户关系管理系统；探索研究电子商务在工程建设过程中的应用。实现企业管理信息系统的提升。

生产经营管理。完善包含经营管理、合同管理、项目管理、技术管理、质量管理等功能的生产经营管理系统，与企业运营管理等系统有效集成，实现生产经营活动全过程的监控与管理。

（3）数据中心

逐步建立勘察设计信息资源的开发、管理及利用体系，探索发展信息资源产业机制，实现信息资源科学采集、广泛共享、快速流动、深度开发、有序配置、有效利用。

建立企业资源数据库，包括勘察设计标准、规范和标准图数据库，建筑材料、部品、工艺和设备数据库，岩土工程、区域水文地质、地下工程和相关检测监测数据库，建筑方案和典型设计数据库，以及工程项目信息与文档数据库等。

建设企业数字图书馆系统，实现设计图档、文档、图书、期刊、技术资料、有关政策法规和标准规范的数字化管理。

探索研究勘察设计知识的采集模式和表达方式，构建勘察设计知识库，积累并科学利用勘察设计知识资源，辅助设计创新能力的提升。

进一步研究制定企业资源数据库和知识库相关标准，重点研究制定资料信息数据、三维模型数据、电子工程图档信息等标准，为行业数据共享创造条件。

针对不同类型、不同规模勘察设计企业的特点，探索建立企业数据中心，并研究相应的管理模式和运行机制，为企业提供信息保障。

3. 施工类企业

（1）特级资质施工总承包企业

研究实施企业资源计划系统（ERP），结合企业需求实现企业现有管理信息系统的集成，或者基于企业资源计划的理念建立新的管理信息系统，支撑企业向集约化管理和协同管理发展。

依据现代企业管理制度的需求，梳理、优化企业管理和主营业务流程，整合资源，适应信息化处理需求。

① 信息基础设施平台

建设与软件应用需求相匹配、覆盖下属企业的专用网络，并实现项目现场与企业网络的连接。完善安全措施，保障应用系统的高效、安全、稳定运行。

参考国家及行业标准，借鉴其他企业标准，制定本企业的信息化标准，重点建设基础信息编码及施工项目信息化管理等标准。

② 应用系统

项目综合管理系统。进一步推进项目综合管理系统的普及应用，全面提升施工项目管理水平。

企业管理信息系统。重点实现人力资源、财务资金、物资设备、工程项目等管理的集成，消除信息孤岛，在此基础上，逐步建立企业资源计划系统。

企业知识管理系统。研究相关知识的采集和管理方法，建立知识管理机制，实现知识管理系统化，为企业提供便利的知识资源再利用平台。

企业商业智能和决策支持系统。在完善企业管理信息系统的基础上，探索建立企业数据仓库，逐步发展企业商业智能和决策支持系统。

企业间的协同工作平台。围绕施工项目，建立企业间的协同工作平台，实现企业与项目其他参与方的有序信息沟通和数据共享。

（2）一级施工企业

① 信息基础设施平台

建设与软件应用需求相匹配的企业网络系统，实现与下属企业及项目现场的网络连接。完善安全措施，保障应用系统的高效、安全、稳定运行。

② 应用系统

企业办公自动化系统。普及应用企业办公自动化系统，提高企业办公效率。

项目综合管理系统。普及应用项目综合管理系统，提升施工项目管理水平。

企业管理信息系统。重点建设并集成人力资源、财务资金、物资材料等三大系统，实现企业管理与主营业务的信息化。

企业间的协同工作平台。围绕施工项目，逐步建立企业间的协同工作平台，实现企业与项目其他参与方的有序信息沟通和数据共享。

（3）二级及专业分包施工企业

① 信息基础设施平台

建设与软件应用需求相匹配的企业网络系统，实现与项目现场的网络连接。完善安全措施，保障应用系统的高效、安全、稳定运行。

② 应用系统

企业办公自动化系统。建设企业办公自动化系统，提高企业办公效率

企业管理信息系统。重点建设并集成财务资金及物资材料等系统，逐步实现企业管理与主营业务的信息化。

（二）专项信息技术应用

1. 设计阶段

（1）积极推进协同设计技术的普及应用，通过协同设计技术改变工程设计的沟通方式，减少"错、漏、碰、缺"等错误的发生，提高设计产品质量。

（2）探索研究基于 BIM 技术的三维设计技术，提高参数化、可视化和性能化设计能力，并为设计施工一体化提供技术支撑。

（3）积极探索项目全生命期管理（PLM）技术的研究和应用，实现工程全生命期信息的有效管理和共享。

（4）研究高性能计算技术在各类超高、超长、大跨等复杂工程设计中的应用，解决大型复杂结构高精度分析、优化和控制等问题，促进工程结构设计水平和设计质量的提高。

（5）推进仿真模拟和虚拟现实技术的应用，方便客户参与设计过程，提高设计质量。

（6）探索研究勘察设计成果电子交付与存档技术，逐步实现从传统文档管理到电子文档管理的转变。

2. 施工阶段

（1）在施工阶段开展 BIM 技术的研究与应用，推进 BIM 技术从设计阶段向施工阶段的应用延伸，降低信息传递过程中的衰减。

（2）继续推广应用工程施工组织设计、施工过程变形监测、施工深化设计、大体积混凝土计算机测温等计算机应用系统。

（3）推广应用虚拟现实和仿真模拟技术，辅助大型复杂工程施工过程管理和控制，实现事前控制和动态管理。

（4）在工程项目现场管理中应用移动通讯和射频技术，通过与工程项目管理信息系统结合，实现工程现场远程监控和管理。

（5）研究基于 BIM 技术的 4D 项目管理信息系统在大型复杂工程施工过程中的应用，实现对建筑工程有效的可视化管理。

（6）研究工程测量与定位信息技术在大型复杂超高建筑工程以及隧道、深基坑施工中的应用，实现对工程施工进度、质量、安全的有效控制。

（7）研究工程结构健康监测技术在建筑及构筑物建造和使用过程中的应用。

（三）信息化标准

进一步完善建筑业行业与企业信息化标准体系，重点完善建筑工程设计、施工、验收全过程的信息化标准体系，推动信息资源的整合，提高信息综合利用水平。

进一步完善相关的信息化标准，重点完善建筑行业信息编码标准、数据交换标准、电子工程图档标准、电子文档交付标准等。

建立覆盖信息化应用水平、技术水平、普及程度以及应用成效等方面的建筑企业信息化绩效评价标准。

四、保障措施

（一）加强各级住房和城乡建设主管部门的引导作用

1. 加强建筑业信息化软科学研究，为建筑业信息化发展提供理论支撑。

2. 组织制定建筑企业信息化水平评价标准，推动企业开展信息化水平评价，促进企业信息化水平的提高。

3. 鼓励企业进行信息化标准建设，支持企业信息化标准上升为行业标准。

4. 积极推动企业信息系统安全等级保护工作和信息化保障体系的建设，提高企业信息安全水平。

5. 组织开展建筑业信息化示范工程，发挥示范企业与工程的示范带动作用，引导并推动本地区以及建筑行业整体信息化水平的提升。

6. 培育产业化示范基地，扶持自主产权软件企业，带动建筑业应用软件的产业化发展。

（二）发挥行业协会的服务作用

1. 组织编制行业信息化标准，规范信息资源，促进信息共享与集成。

2. 组织行业信息化经验和技术交流，开展企业信息化水平评价活动，促进企业信息化建设。

3. 开展行业信息化培训，推动信息技术的普及应用。

4. 开展行业应用软件的评价和推荐活动，保障企业信息化的投资效益。

（三）加强企业信息化保障体系建设

1. 加强企业信息化管理组织建设，设立专职的信息化管理部门，推进企业信息化主管（CIO）制度。

2. 加强企业信息化人才建设，建立和完善多渠道、多层次的信息化人才培养和考核制度，制定吸引与稳定信息化人才的措施。

3. 加大企业信息化资金投入，每年应编制独立的信息化预算，保障信息化建设资金需要。

4. 重视企业信息化标准建设工作，重点进行业务流程与信息的标准化。

5. 建立企业信息安全保障体系，确保企业信息安全。

关于印发《全国优秀工程勘察设计奖评选办法》的通知

建质〔2011〕103号

各省、自治区住房和城乡建设厅，直辖市住房和城乡建委（规划委、建设交通委），国务院有关部门，总后基建营房部工程局，新疆生产建设兵团建设局，有关行业勘察设计协会：

现将修订后的《全国优秀工程勘察设计奖评选办法》印发给你们，请按照规定，做好全国优秀工程勘察设计奖评选的有关工作。原《全国优秀工程勘察设计奖评选办法》（建质〔2006〕302号）同时废止。

附件：全国优秀工程勘察设计奖评选办法

中华人民共和国住房和城乡建设部

二〇一一年七月十九日

附件：

全国优秀工程勘察设计奖评选办法

第一章 总 则

第一条 为贯彻落实科学发展观，推动工程勘察设计行业技术创新，提高工程勘察设计水平，引导、鼓励工程勘察设计单位和工程勘察设计人员创作出更多质量优、水平高、效益好的工程勘察设计项目，规范全国优秀工程勘察设计奖评选工作，特制定本办法。

第二条 全国优秀工程勘察设计奖是我国工程勘察设计行业国家级最高奖项，包括优秀工程勘察、优秀工程设计、优秀工程建设标准设计、优秀工程勘察设计计算机软件，分设金质奖和银质奖。每次评选的获奖项目总数不超过200项，其中金质奖与银质奖的比例原则上为30％和70％。达不到评定等级标准的奖项可空缺。

第三条 全国优秀工程勘察设计奖的评选工作遵循实事求是、科学严谨和公开、公平、公正的原则。

第四条 全国优秀工程勘察设计奖每两年评选一次。

第五条 住房和城乡建设部负责全国优秀工程勘察设计奖的评选工作，委托中国勘察设计协会等相关协会办理具体事务工作。

第二章 评 选 范 围

第六条 全国优秀工程勘察奖评选范围包括：

一、结构主体工程完成两年以上（以项目业主或有关部门证明的日期为准）的岩土工程（工程地质）勘察项目，地下工程竣工后经两年以上时间检验的岩土工程设计、治理项目。

二、规划、建设方验收后的工程测量项目（含城市规划测量项目）。

三、地下水开采达到设计要求，或暂未达到设计水平但有开采性抽水试验（试验抽水能力大于设计水量）或经两年以上长期观测资料验证，并经相关机构认可的水资源评价（论证）、钻井工程、专门水文地质勘察（评价）等水文地质勘察项目。

四、地质条件复杂的大型水利、铁道、公路等工程勘察，可按批准立项文件或批准的初步设计分期、分单项或以单位工程申报，按整个项目申报时，其子项目原则上不再另行申报。

第七条 全国优秀工程设计奖评选范围包括：

一、建成并经过交（竣）工验收，且经过两年及以上（以项目业主或有关部门验收证明的日期为准）生产运营（使用）；季节性生产的项目，还需经过一个完整生产考核期的生产运营，已形成生产能力或独立功能的整体工程设计项目（包括新建、扩建和改建项目）。

二、大型工程设计项目如矿井、水利工程、铁道、公路等，可按批准立项文件或批准的初步设计分期、分单项或以单位工程申报，按整个项目申报时，其子项目原则上不再另行申报。

三、经规定程序审查批准并付诸实施的城乡规划项目及其他规划项目（如江河流域规划、水利工程专项规划等）。

第八条 全国优秀工程建设标准设计奖评选范围包括：

一、经省、自治区、直辖市住房和城乡建设主管部门，国务院有关部门或行业协会审查批准出版的工程建设标准设计。

二、经地方或行业标办审查、批准，出版发行的工程建设标准设计。

三、申报项目须经过两年以上实际应用，且使用效果显著。

第九条 全国优秀工程勘察设计计算机软件奖评选范围包括：

一、具有自主知识产权，适用于工程勘察设计行业的国产软件。

二、引进后经二次开发，适用于工程勘察设计行业的软件。

三、申报软件应通过鉴定和行业测评，经过两年以上实际应用，且具有显著经济效益或能提高管理效率。

第十条 引进国外（境外）技术或者中外合作设计建在我国境内的工程设计项目，由中方进行基础设计（建筑方案设计、初步设计）的项目可以申报。

我国工程勘察设计单位在国外（境外）独立承接的工程勘察、工程设计项目可以申报。申报材料需附项目合同、上级主管部门或业主对工程勘察、工程设计的评价证明及竣工质量验收证明，以及当地有关主管部门的环保、消防、安全证明材料。

第三章 评选条件和标准

第十一条 申报全国优秀工程勘察设计奖评选的项目必须具备下列条件：

一、符合国家工程建设的法律、法规和方针、政策，严格执行工程建设强制性标准。采用突破国家技术标准的新技术、新材料，须按照规定通过技术审定。

二、严格贯彻执行国家的产业政策，具有先进的勘察设计理念，其主导专业或多个专业采用适用、安全、经济、可靠和促进可持续发展的新技术，经实践检验取得良好的经济、社会和环境效益。

三、获得省、自治区、直辖市住房和城乡建设主管部门，国务院有关部门或行业协会优秀工程勘察设计一等奖及以上奖项。

四、符合基本建设程序，各项手续完备，取得建设规划、环保、节能、安全、消防、卫生、城建档案管理等相关审批、验收文件，以及项目业主、生产运行单位对工程勘察设计的书面评价意见。

五、申报优秀工程勘察和优秀工程设计的单位，必须具有相应的工程勘察设计资质证书，且最近 3 年内没有发生过重大勘察设计质量安全事故。

第十二条 获奖项目应对推动工程建设行业技术进步具有示范作用。金质奖项目主要技术成果指标应达到同期国际先进水平（申报单位应附查新报告），在技术创新方面有公认的突出成就；银质奖项目主要技术成果指标应达到同期国内领先水平（申报单位应附查新报告），在技术创新上有显著成就。

第四章　申报、评审及评选结果的公布

第十三条 申请参加全国优秀工程勘察设计奖评选的项目，由申报单位根据奖项类别填写申报表（见附件 1、2、3、4），单位法定代表人签署意见，加盖单位公章。申报材料应包括申报表、本办法规定的评选范围和评选条件所要求材料和相关证明等。

第十四条 同一个项目只能申报一次，不得通过不同渠道重复申报。

第十五条 全国优秀工程勘察设计奖项目申报材料由申报单位报省、自治区、直辖市住房和城乡建设行政主管部门、国务院有关部门或行业协会。省、自治区、直辖市住房和城乡建设行政主管部门、国务院有关部门或行业协会对申报材料进行复核，并根据评选条件择优排序，按专业分组（专业分组表见附件 5）分别填写项目次序表（见附件 6）后报送住房和城乡建设部。

第十六条 住房和城乡建设部委托中国勘察设计协会组织全国优秀工程勘察设计各专业评审组，负责相应专业项目的初评工作。各专业评审组人数为不少于 9 人的奇数。

全国优秀工程勘察设计奖评审专家应为具有高级技术职称及 20 年以上的工程勘察设计工作经验，身体健康，年龄一般不超过 70 周岁。院士和工程勘察设计大师优先选任。

第十七条 全国优秀工程勘察设计奖评审程序：

一、初评。专业评审组对申报材料进行初步评审，采取记名投票方式，提出本专业组的优秀工程勘察设计获奖项目建议名单。

二、综评。住房和城乡建设部组织专家对各专业评审组提交的建议名单进行综合评审，采用记名投票方式，提出优秀工程勘察设计获奖项目提名名单。

三、公示。住房和城乡建设部将全国优秀工程勘察设计奖提名名单在网上进行公示，公示期限为 15 个工作日。

四、审定。根据公示情况，按有关规定，住房和城乡建设部常务会议对全国优秀工程勘察设计奖提名名单进行审定。

第十八条 对通过住房和城乡建设部常务会议审定的全国优秀工程勘察设计项目，由

住房和城乡建设部公布。

第五章　奖　　惩

第十九条　对获全国优秀工程勘察设计奖的项目，住房和城乡建设部向获奖单位颁发奖牌、证书，向主要勘察设计人员颁发个人荣誉证书。

第二十条　全国优秀工程勘察和全国优秀工程设计单项授奖人数不超过 15 人，全国优秀工程标准设计和全国优秀工程勘察设计计算机软件单项授奖人数不超过 10 人。

第二十一条　对获全国优秀工程勘察设计奖的主要勘察设计人员，所在单位应将其业绩记入本人技术档案，作为职称评定和晋级的依据并可予以表彰和奖励。

第二十二条　申报评选的单位必须实事求是，不得弄虚作假。评选结果公布后如发现与获奖条件不符或重复申报，将视情节轻重和影响程度，分别给予降低奖励等级、撤销奖励、通报批评、停止获奖单位两届申报资格的处理。

项目获奖后如发生因勘察设计原因导致的质量安全事故或严重问题，将撤销奖励，停止获奖单位两届申报资格。

第二十三条　参加评审的专家要以严肃、认真和高度负责的态度进行评选工作，对违反评选纪律者，取消其评审专家资格。

第六章　附　　则

第二十四条　全国优秀工程勘察设计奖评选不向申报单位收取任何费用。

第二十五条　本办法自公布之日起施行。原《全国优秀工程勘察设计奖评选办法》（建质〔2006〕302 号）同时废止。

第二十六条　本办法由住房和城乡建设部负责解释。

附件：1. 全国优秀工程勘察奖申报表（略）
　　　2. 全国优秀工程设计奖申报表（略）
　　　3. 全国优秀工程建设标准设计奖申报表（略）
　　　4. 全国优秀工程勘察设计计算机软件奖申报表（略）
　　　5. 全国优秀工程勘察设计奖专业评审组分组表（略）
　　　6. 推荐参加全国优秀工程勘察设计奖评选项目次序表（略）

关于印发《建筑施工企业负责人及
项目负责人施工现场带班暂行办法》的通知

建质〔2011〕111 号

各省、自治区住房城乡建设厅，直辖市建委（建交委），新疆生产建设兵团建设局，中央管理的建筑施工企业：

为贯彻落实《国务院关于进一步加强企业安全生产工作的通知》（国发〔2010〕23 号），切实加强建筑施工企业及施工现场质量安全管理工作，我部制定了《建筑施工企业负责人及项目负责人施工现场带班暂行办法》。现印发给你们，请遵照执行。

中华人民共和国住房和城乡建设部

二〇一一年七月二十二日

建筑施工企业负责人及项目负责人
施工现场带班暂行办法

第一条 为进一步加强建筑施工现场质量安全管理工作，根据《国务院关于进一步加强企业安全生产工作的通知》（国发〔2010〕23号）要求和有关法规规定，制定本办法。

第二条 本办法所称的建筑施工企业负责人，是指企业的法定代表人、总经理、主管质量安全和生产工作的副总经理、总工程师和副总工程师。

本办法所称的项目负责人，是指工程项目的项目经理。

本办法所称的施工现场，是指进行房屋建筑和市政工程施工作业活动的场所。

第三条 建筑施工企业应当建立企业负责人及项目负责人施工现场带班制度，并严格考核。

施工现场带班制度应明确其工作内容、职责权限和考核奖惩等要求。

第四条 施工现场带班包括企业负责人带班检查和项目负责人带班生产。

企业负责人带班检查是指由建筑施工企业负责人带队实施对工程项目质量安全生产状况及项目负责人带班生产情况的检查。

项目负责人带班生产是指项目负责人在施工现场组织协调工程项目的质量安全生产活动。

第五条 建筑施工企业法定代表人是落实企业负责人及项目负责人施工现场带班制度的第一责任人，对落实带班制度全面负责。

第六条 建筑施工企业负责人要定期带班检查，每月检查时间不少于其工作日的25％。

建筑施工企业负责人带班检查时，应认真做好检查记录，并分别在企业和工程项目存档备查。

第七条 工程项目进行超过一定规模的危险性较大的分部分项工程施工时，建筑施工企业负责人应到施工现场进行带班检查。对于有分公司（非独立法人）的企业集团，集团负责人因故不能到现场的，可书面委托工程所在地的分公司负责人对施工现场进行带班检查。

本条所称"超过一定规模的危险性较大的分部分项工程"详见《关于印发〈危险性较大的分部分项工程安全管理办法〉的通知》（建质〔2009〕87号）的规定。

第八条 工程项目出现险情或发现重大隐患时，建筑施工企业负责人应到施工现场带班检查，督促工程项目进行整改，及时消除险情和隐患。

第九条 项目负责人是工程项目质量安全管理的第一责任人，应对工程项目落实带班制度负责。

项目负责人在同一时期只能承担一个工程项目的管理工作。

第十条　项目负责人带班生产时，要全面掌握工程项目质量安全生产状况，加强对重点部位、关键环节的控制，及时消除隐患。要认真做好带班生产记录并签字存档备查。

第十一条　项目负责人每月带班生产时间不得少于本月施工时间的 80%。因其他事务需离开施工现场时，应向工程项目的建设单位请假，经批准后方可离开。离开期间应委托项目相关负责人负责其外出时的日常工作。

第十二条　各级住房城乡建设主管部门应加强对建筑施工企业负责人及项目负责人施工现场带班制度的落实情况的检查。对未执行带班制度的企业和人员，按有关规定处理；发生质量安全事故的，要给予企业规定上限的经济处罚，并依法从重追究企业法定代表人及相关人员的责任。

第十三条　工程项目的建设、监理等相关责任主体的施工现场带班要求应参照本办法执行。

第十四条　省级住房城乡建设主管部门可依照本办法制定实施细则。

第十五条　本办法自发文之日起施行。

关于印发《城乡建设防灾减灾"十二五"规划》的通知

建质〔2011〕141 号

各省、自治区住房和城乡建设厅，直辖市、计划单列市建委（建交委）及有关部门，新疆生产建设兵团建设局，部机关各单位：

为指导"十二五"时期我国城乡建设防灾减灾工作，我部组织制定了《城乡建设防灾减灾"十二五"规划》，现印发给你们。请结合实际，认真贯彻落实。

中华人民共和国住房和城乡建设部

二〇一一年九月十四日

城乡建设防灾减灾"十二五"规划

目　录

序　言

  根据《国民经济和社会发展第十二个五年规划纲要》和住房城乡建设部"十二五"发展规划编制工作要求，制定本规划。本规划是住房城乡建设事业"十二五"专项规划之一，内容涵盖城乡防灾规划、房屋建筑和市政公用设施抗灾设防、城乡加固改造和灾后恢复重建，是各级住房城乡建设主管部门履行公共服务职能、制定防灾减灾政策、安排防灾减灾工作的依据。

城乡建设防灾减灾"十二五"规划

一、发展现状和面临形势

  "十一五"期间，我国国民经济保持了平稳快速发展，住房城乡建设系统在总结防御和应对特大自然灾害经验的基础上，突出工作重点，注重工作实效，经过全系统共同努力，成功应对特大自然灾害，城乡建设防灾减灾能力明显提高。

  （一）发展成就

  1. 法制建设进一步加强

  "十一五"期间，《中华人民共和国突发事件应对法》、《城乡规划法》和《防震减灾法》相继出台或修订，规定城乡规划应符合防灾减灾的需求，并提出了防灾避难场所建设、新建工程抗震设防、既有工程抗震加固等方面的要求。汶川地震发生后出台的《汶川地震灾后恢复重建条例》提出了灾后恢复重建工作的方针、原则，并对过渡性安置、调查评估、恢复重建规划和实施等内容作了全面规定。《房屋建筑工程抗震设防管理规定》、

《市政公用设施抗灾设防管理规定》、《关于加强建设系统防灾减灾工作的意见》、《地震重点监视防御区建设系统抗震防灾工作要点》、《关于加强城市绿地系统建设提高城市防灾避险能力的意见》、《市政公用设施抗震设防专项论证技术要点》等一系列部门规章、规范性文件相继出台，有效指导了城乡建设防灾减灾工作。各地通过制订有关法规或规范性文件，强化了工程抗灾设防管理和应对各类自然灾害的应急管理工作。

2. 技术标准体系逐步完善

"十一五"期间，颁布实施了《城市抗震防灾规划标准》、《村庄整治技术规范》、《镇（乡）村建筑抗震技术规程》，编制了《农村民居抗震设计图集》，完成了《镇（乡）村防灾规划标准》的审查工作。汶川地震发生后，组织编制了《地震灾后建筑鉴定与加固技术指南》，修订了《建筑抗震设计规范》、《建筑工程抗震设防分类标准》、《建筑抗震鉴定标准》、《建筑抗震加固技术规程》等技术标准，进一步完善了防灾减灾技术标准体系。

3. 建筑工程抗灾设防监管取得进展

"十一五"期间，房屋建筑和市政公用设施抗灾设防的监管力度不断加强，抗震和结构安全已成为重要监管内容。一是在超限高层建筑工程抗震设防专项审查中增加了关于超限大跨空间结构审查的有关内容，并对奥运工程、世博工程等进行专项审查，确保了其抗震安全。二是推动各地实施市政公用设施抗震设防专项论证制度。三是加强对中小学校舍安全工程的技术支持和质量监管，出台了《中小学校舍抗震加固图集》、《全国中小学校舍抗震鉴定与加固示例》等技术性文件。

4. 防灾规划编制与实施有效推进

"十一五"期间，根据《城市抗震防灾规划管理规定》，成立了全国城市抗震防灾规划审查委员会，加强对各地城市抗震防灾规划编制工作的指导。泉州、南通、合肥、徐州、苏州、海口、武汉、宜昌、十堰、荆州、溧阳、泸州、喀什等20多个城市相继开展城市抗震防灾规划编制或修订工作，其中泉州市、南通市等地开展了规划实施试点工作。厦门市编制了综合防范地震、台风、建筑边坡灾害的城市建设综合防灾规划，并制定了合理有效的实施计划。

5. 村镇抗震设防工作逐步开展

"十一五"期间，各地积极贯彻全国农村民居防震保安工作会议精神，通过实施抗震安居工程、加强农村工匠技术培训、提供农居抗灾图集等形式，促进村镇房屋抗灾能力的提高。如新疆2003年至2010年，新建农村抗震安居房194.9万户，累计投入262.5亿元；云南2007年至2010年，完成农村民居地震安全工程85.5万户；四川汶川地震灾区完成了360万户震损农房的修复加固和145.91万户农房重建任务。抗震安居工程经受了地震考验，保障了人民群众的生命财产安全，产生了显著的社会和经济效益。

6. 应对特大自然灾害取得成效

一是抗灾救灾工作部署和技术指导及时。2008年雨雪冰冻灾害后，各地积极做好应对防范工作并建立了受灾及应对情况报告制度。汶川、玉树地震灾后，协助灾区制定了城镇受损房屋安全鉴定及修复加固、过渡安置房质量验收、农牧区居住房屋抗震节能设计、灾区危房拆除及建筑垃圾清理利用等方面的技术文件。舟曲泥石流灾害发生后，研究制订了受损建筑物安全性应急鉴定等方面的技术性文件。

二是对灾区应急评估和安全鉴定工作支持有力。汶川、玉树地震以及舟曲泥石流灾害发生后，组织房屋建筑应急评估专家组赶赴灾区，对公共建筑和居民住宅受损情况进行应急评估；协调各地推荐有关技术单位，支持灾后房屋建筑安全鉴定工作。四川、陕西、甘肃、青海、云南、新疆、西藏、江西等地住房城乡建设主管部门积极应对灾害，有效地开展了地震、洪水灾后应急评估和安全鉴定工作。

三是基础设施和群众生活保障灾后应急支撑体系得到保障。2008年雨雪冰冻灾害后，协调各地加大城市水源地，城市供水、供气、供热等重要基础设施抢修力度，切实保障了市政公用设施正常运行。汶川、玉树地震后，组织支援灾区应急供水救援车、真空式吸污车、压缩式垃圾运输车、移动厕所、垃圾桶等，并选派专家对保障基础设施提供技术支持，指导生活垃圾和建筑垃圾处理工作。

7. 国际合作和科学研究不断深化

"十一五"期间，我国先后承办了第十四届世界地震工程大会、2007年国际减灾会议、第五届中日美生命线地震工程三边研讨会、东北亚城市防灾技术发展与人才培养国际研讨会等国际学术会议。汶川地震后，住房城乡建设部与日本国际合作机构联合开展了抗震技术培训项目，加强了城乡建设防灾减灾国际交流。

国家有关部门针对灾害影响机理以及重要建筑、市政设施和村镇防灾等课题开展了多个攻关项目。住房城乡建设部针对城市建设防灾减灾技术、农村民居抗震防灾措施、抗震抗风新技术研究与应用、城乡防灾减灾管理等方面，先后启动了50余项研究课题，取得了一系列重要研究成果。

(二) 主要问题

一是在灾害管理方面"重救轻防"。灾前城乡建设防灾减灾人力和资金投入不足，特别是城乡建设中应急保障基础设施、防灾避难场所、抗灾鉴定与加固等公益性事项缺乏稳定、连续的资金投入。

二是城乡防灾规划的编制和实施工作有待加强。防灾规划中针对新灾害类型的防灾措施研究不够；防灾避难场所布局不合理，数量和规模不够；重要防灾减灾设施和生命线工程建设实施不到位。

三是城乡建设存在防灾薄弱环节。大量村镇、城中村、旧城区的老旧民房和城乡结合部的私建建筑存在灾害隐患；大型公共建筑、学校、医院的防灾措施尚需加强；市政公用设施抗灾能力参差不齐，灾后应急救灾保障能力差。

四是科技创新和成果转化能力仍待加强。城乡防灾减灾科技水平与发达国家相比有一定差距，研究力量分散、防灾研究偏重单一技术，缺乏科研成果转化能力。

(三) 面临形势

1. 严峻的自然灾害形势

"十一五"期间，我国自然灾害共造成22亿人次受灾，10.3万人因灾死亡、失踪，直接经济损失达2.4万亿元。这期间几次大灾巨灾严重影响我国城乡建设：2006年"桑美"台风造成483人死亡；2008年雨雪冰冻灾害，造成129人死亡，紧急转移安置166万人，直接经济损失1517亿元；2008年汶川地震，造成69227人死亡、17923人失踪，紧急转移安置1510万人，直接经济损失8451亿元；2010年玉树地震，造成2698人遇难、270人失踪，经济损失数十亿元；2010年舟曲泥石流灾害，造成1765人遇难或失踪。

据民政部统计，1993至2009年我国因灾直接经济损失平均每年超过2600亿元人民币，约占当年 GDP 比例2.2％，远高于发达国家0.5％左右的水平。自然灾害已成为制约我国城乡可持续发展的重要因素，是"十二五"期间城乡建设面临的严峻挑战之一。

2. 城镇化对防灾减灾工作提出了迫切要求

城市运行对交通、供水、燃气等市政公用设施的依赖程度很高，而各系统之间相互影响、制约，一旦受灾极易产生连锁、放大效应，从而造成严重灾难。2007年7月18日济南特大暴雨，造成37人死亡，1.4万平方米市区道路毁坏，直接经济损失13.2亿元；2010年5月7日广州特大暴雨，造成7人死亡，38间房屋倒塌，30多个地下车库被淹。

"十二五"期间，我国城镇化水平将突破50％，人口、产业、工程设施将进一步向城镇集中，城镇发展与防灾能力不足的矛盾会更加突出，加强城镇防灾减灾能力迫在眉睫。

3. 统筹城乡发展对防灾减灾工作提出新的要求

"十一五"期间，通过村庄整治、农村危房改造以及抗震安居工程的建设，在一定程度上加强了村镇房屋和基础设施的防灾能力。但由于历史上城乡二元化管理，村镇整体抗灾设防水准仍较低，受灾时人员伤亡远比城市严重，小灾大损失的现象屡屡发生。甘肃岷县5.2级、云南鲁甸5.6级等中等规模地震，平均使十余个乡镇、上万人受灾，反映了村镇建设防灾能力不能适应经济发展需要的严峻现实。

"十二五"期间为实现城乡统筹发展的战略要求，急需解决如何在城乡建设中统筹考虑城市与农村的防灾减灾工作、提升城乡防灾减灾总体水平的问题。

二、指导思想、基本原则和规划指标

（一）指导思想

以城乡防灾规划制定和实施为先导，以房屋建筑和市政公用设施抗灾设防监管为主线，以应急基础设施建设为重点，以城乡建设防灾减灾法律法规、标准体系为依据，以应急管理队伍建设和防灾减灾技术进步为支撑，进一步完善城乡建设防灾减灾管理体系。全面提高城乡建设防灾减灾能力，最大限度地避免和减轻灾害中因房屋建筑、市政公用设施破坏造成的人员伤亡和经济损失。

（二）基本原则

贯彻"预防为主，防、抗、避、救相结合"的方针；坚持以人为本，城乡统筹，推动城市综合防御和村镇全面设防；坚持预防为主，平灾结合，做到防灾常态管理与灾时应急管理并重；坚持科学防灾，综合防灾，统筹考虑空间管理与过程管理、近期安排与长远谋划。

（三）规划指标

1. 法规制度建设。进一步完善城乡建设防灾减灾法律、法规与技术标准体系。强化工程质量安全监管和城乡规划监察中针对城乡防灾减灾的监督管理内容，加大监管力度。

2. 防灾规划编制。地震高烈度地区和地震重点监视防御区基本完成城市抗震防灾规划编制；重点针对地震、台风、雨雪冰冻、暴雨、地质灾害等自然灾害，开展城镇综合防灾规划、村镇防灾规划的编制试点工作。

3. 防灾避难场所建设。开展城市绿地系统防灾避险规划编制或修订完善；基本完成位于地震重点监视防御区和灾害风险较高地区城镇中心城区的防灾避难场所和避难通道的规划和建设，其他地区开展防灾避难场所建设试点工作；开展农村防灾避难场所建设试点。

4. 市政公用设施抗灾设防。城市市政公用设施抗灾设防率达到 100%，发达地区镇（乡）、村市政公用设施抗灾设防率达到 100%，其他地区达到 60% 以上。

5. 房屋建筑抗灾设防。城市新建、改建、扩建房屋建筑工程抗灾设防率达到 100%，地震重点监视防御区的超限高层建筑工程抗震设防专项审查率达到 100%；规模较大的乡镇公共建筑工程抗灾设防率达到 100%，其他地区达到 80% 以上；发达地区新建农房基本达到当地抗震设防要求，一般地区新建农房考虑防灾措施。

6. 重要建筑抗灾设防。新建学校、医院和大型公共建筑 100% 按照《建筑工程抗震设防分类标准》及相关规范进行抗灾设计和建设，指导完成存在隐患的学校、医院和大型公共建筑的抗震加固，建设依托学校、医院和大型公共建筑的防灾避难场所试点。

三、主要任务

（一）加强法规、标准、制度建设

一是加强法律法规建设。在相关法律制定中强化有关建设工程防灾减灾的内容；做好《建设工程抗御地震灾害管理条例》的论证起草工作；开展《城市抗震防灾规划管理规定》的修订工作；各地根据实际情况，制定配套法规和规范性文件完善城乡建设防灾减灾监管制度。

二是完善城乡建设防灾减灾技术标准体系。完善抗震、抗风、防洪、抗雨雪冰冻和保障建筑边坡安全的技术标准；在设计规范中考虑灾害的关联性和多灾种防灾要求的整合，在市政公用设施运行标准中注重防灾减灾和应急处置要求；重点加强城镇防灾规划、防灾避难场所建设、防灾减灾地理信息共享、防灾减灾标识等方面技术标准的制定；完成城镇综合防灾、村镇住宅防洪工程、城市地下空间防洪工程等方面标准的编制工作；推动各地根据当地自然灾害情况和经济发展水平制定符合当地实际、深化国家标准的地方标准。

三是建立城乡建设防灾减灾重点防控机制和绩效评估制度。定期分析本地区灾害形势，及时公布防御相关自然灾害的重点地区和薄弱环节，并针对突出问题开展专项整治；建立重要工程和次生灾害危险源数据库，在特殊季节或接到灾害预警时，及时部署、落实各项保障措施；开展灾后工作绩效评估，提出改进工作的措施和完善技术标准的建议。

四是完善房屋建筑和市政公用设施抗灾设防监管制度。进一步贯彻超限高层建筑工程抗震设防管理制度和技术政策，加强超限高层建筑抗震设防管理；全面推动市政公用设施抗震设防论证，适时修订《市政公用设施抗震设防专项论证技术要点》等规范性文件，不断完善监管内容和手段。

五是建立城乡防灾规划监管制度。将城镇防灾规划作为城市、镇总体规划的专项规划，与总体规划同时编制实施；明确城乡防灾规划的强制性内容和监管要求，并在城乡规划审批、实施中严格审查把关；组织开展城乡防灾规划强制性内容执行情况的监督检查，促进城乡防灾规划按期实施。

（二）全面开展城乡规划编制实施

一是在省域城镇体系规划中提出防灾减灾的原则要求。综合考虑邻近城镇间防灾需要，探索建立区域防灾体系，协调防灾减灾工作；加强对区域防灾减灾问题的研究，完善区域重大基础设施的应急功能和资源共享机制；建立各类灾害信息管理系统，促进部门、地区之间资源共享和应对灾害联动机制建设，加强灾后应急反应和协同工作能力。

二是开展城镇防灾规划的编制工作。基本完成地震高烈度地区和地震重点监视防御区城市抗震防灾规划编制或修编工作；针对城镇灾害类型，组织编制应对台风、雨雪冰冻、暴雨等自然灾害和工业灾害的城镇综合防灾规划；加快城市绿地系统防灾避险规划编制；研究利用先进信息技术，提高防灾规划的编制和管理水平。

三是推进社区、村庄防灾规划工作的开展。针对大中城市特点，研究编制大型商业区、经济开发区、重要商务区、居住区等不同类型社区防灾规划的技术要求，推进新建社区的防灾设施、避难场所与房屋建筑同时规划设计，确保社区防灾设施齐全和足够的避难疏散空间；根据各地的灾害类型和特点，开展村庄防灾规划编制试点工作。

四是强化城乡防灾规划的落实。在控制性详细规划和修建性详细规划阶段，强化对城乡防灾规划中灾害防御要求、城区建设与改造的设防标准、防灾避难场所建设、次生灾害防御等措施的落实；现有重要城区、大型厂矿区、商务中心区、大型公共场所、大型地下空间和风景名胜区，不能满足有关防灾要求的，要有计划地进行改造。

（三）积极推进防灾避难场所建设

一是结合城镇防灾规划和绿地系统防灾避险规划的编制和实施，基本建立具有综合防灾特点的防灾避难和灾后安置体系，完善相关应急保障基础设施，大幅提高我国城镇应急救灾能力。

二是制定《城镇防灾避难场所设计规范》，进行避难场所及其配套设施建设，完善避难场所各项防灾功能。在固定防灾避难场所建设中，加强防灾避难功能审查，严格工程质量监管；建立和完善日常管理制度，确保防灾避难场所的保障能力；结合城镇详细规划和社区建设，开展防灾避难场所和疏散道路整治，以及高密度城区防灾据点建设。

三是建立以城镇人均防灾避难场所有效疏散面积为主要考核指标的评价体系，确保各类防灾避难场所的规划布局、服务范围、用地规模和道路、给水、电力、排水等配套基础设施满足城镇应急避难需要。

（四）确保市政公用设施抗灾能力

一是提高新建市政公用设施防灾减灾能力。在立项、选址和方案论证阶段，研究地震、台风、雨雪冰冻、暴雨等灾害防御措施；在初步设计阶段进行抗灾设防的专项审查或论证；在施工图审查中把抗灾设防质量作为审查的重要内容；在施工阶段加强工程质量监管，提高工程质量安全水平。

二是提高现有市政公用设施防灾减灾能力。建立市政公用设施定期防灾安全评价制度，及时维护、鉴定、维修；开展重点地区城镇道路、给排水、燃气等市政公用设施的抗灾能力安全排查工作；对早期建设的抗灾标准偏低的市政公用设施进行改造升级，按照国家有关标准进行抗灾设防。

三是加强市政公用设施防灾监控和应急处置能力建设。建设、完善市政公用设施的安全监测和应急处置设施，提高燃气、轨道交通等设施突发灾害紧急自动处置能力；加强灾后应急设施建设，研发灾后应急抢修、紧急恢复技术。

（五）提高城乡房屋建筑抗灾能力

一是开展对学校、医院和体育馆等大型公共建筑的鉴定和加固工作。研究编制大型公共建筑抗灾评估技术指南，对未能达到防灾安全要求的公共建筑进行加固改造；完善公共建筑的各类防灾设施，加强使用过程中的安全监测与预警功能，增强其全寿命期内的综合抗灾能力；继续开展中小学校舍加固改造工作，全面提高中小学校舍的综合防灾能力。

二是提升旧城区及城中村房屋抗灾能力。结合城中村改造、农居改造、危房改造等工作，提高城中村及旧城区房屋建筑的抗震、抗风、防涝能力。地震重点监视防御区和有条件的地区，应制定有针对性的区域抗震防灾政策措施，对未达到抗震设防要求的建筑物、构筑物进行抗震鉴定，并限期采取必要的抗震加固措施。

三是提高村镇工程的抗灾能力。加强对农村民居抗灾设防的政策引导和技术指导，逐步建立村镇防灾服务体系；加强村镇住宅图集的推广使用，支持各地因地制宜开展农村民居抗震新技术、新材料研究与应用；组织村镇工程防灾技术培训，提高基层工程技术人员防灾意识。

四是开展具有历史价值建筑的防灾保护。吸取汶川地震等自然灾害中大量文物和古建筑损毁的教训，研究各类具有历史价值建筑的防灾减灾目标、抗灾设防标准和防灾减灾措施，并开展抗灾鉴定和加固试点，提高其抗灾能力。

（六）提高灾害应急和恢复重建能力

一是制定和完善住房城乡建设系统各类防灾应急预案。根据当地灾害特点，制定和完善各类防灾应急预案，明确人员职责和操作流程；加强对重要次生灾害源的监控，提高风险管理水平；开展住房城乡建设系统各重要业务信息系统及基础数据的灾备系统建设。

二是建立健全住房城乡建设系统灾害信息收集、上报渠道。加强部门间协调与联系，确保灾害预警信息及时、准确；建立数字化信息系统和信息报送制度，明确负责灾害信息上报的机构、人员，保证灾害情况及时上报；收集、研究国内外自然灾害案例和应急工作措施，改善应急决策机制。

三是加强对灾后恢复重建的指导。按照统一规划、分步实施、基础设施先行的原则，指导灾区制定重建方案；确定合理的抗灾设防标准；加强质量监管，提高对恢复重建工程的抗灾能力；加强对农村房屋灾后重建的技术指导，积极推广应用农房抗灾实用技术。

四、保障措施

（一）加强队伍建设与政策研究

一是加强城乡建设防灾减灾管理和专家队伍的建设。落实防灾减灾行政首长负责制；完善住房城乡建设系统防灾减灾工作制度，保障人员、经费、设备等工作条件；建立有效的专家参与防灾减灾的工作机制，充分发挥各类防灾减灾专家委员会辅助决策作用。

二是做好抢险抢修和应急鉴定队伍建设及物资准备。整合设计、施工和科研等单位的技术力量，建立平灾结合的房屋建筑应急鉴定队伍；建立机动灵活、装备精良的市政公用设施抢险抢修专业队伍；通过培训、演练，提高抢险抢修和应急鉴定队伍的快速反应能力和技术水平。

三是积极探索与经济社会发展相协调的城乡建设防灾减灾投入机制。建立应急评估和工程抢险的激励政策和投入补偿机制；研究应用隔震减震等抗灾新技术的激励政策，提高行业采用新技术的积极性；配合相关部门推行灾害保险机制，提高社会对灾害的承受能力。

（二）推动抗灾科学研究与成果转化

一是加大城乡建设防灾减灾科学研究的投入。依托现有科研力量分区、分级设立城乡建设防灾减灾研究中心，建立科研基地支撑体系；针对不同区域的地理、经济条件，开展城镇群灾害综合防御体系试点研究；加强对学校、医院和体育馆等大型公共建筑防灾技术的研究；加强对应急保障基础设施预警保护、应急抢修及安全恢复等技术的研究。

二是强化城乡防灾减灾科技创新和技术集成应用。鼓励各地开展多种形式的防灾减灾技术应用试点；支持实用抗震、抗风、防火等各类防灾新技术、新产品的开发研究，并积极、稳妥地推广应用；制定、完善技术配套措施，提高设计施工企业应用新技术的能力。

三是指导地震重点监视防御区和有条件的城市开展抗震能力普查。按照平震结合的原则，结合数字化城市建设，充分利用抗震防灾规划编制资料建立、健全城市抗震防灾信息数据系统，并随着城市建设、改造同步更新相关数据，保障灾害发生时尽快掌握相关基础资料。

（三）开展防灾减灾教育与国际合作

一是推动城乡建设防灾减灾普及教育。积极开展对住房城乡建设系统各级领导干部防灾和应急管理培训；加强住房城乡建设系统从业人员防灾减灾知识培训，定期组织各种防灾演习、演练；加强注册城市规划师、注册建造师、注册建筑师等专业技术人员继续教育中的防灾减灾内容。

二是积极开展防灾减灾领域的国际交流与合作。支持相关人员对国际减灾管理及技术方面的调研，学习国外先进的防灾减灾技术及管理经验；积极支持中外学术研讨，共享减灾信息与技术；通过试点建设，加强对国际防灾减灾先进经验技术的利用和再创新。

关于印发《房屋市政工程生产安全
重大隐患排查治理挂牌督办暂行办法》的通知

建质〔2011〕158号

各省、自治区住房城乡建设厅，直辖市建委（建交委），新疆生产建设兵团建设局：

为贯彻落实《国务院关于进一步加强企业安全生产工作的通知》（国发〔2010〕23号），推动企业落实生产安全重大隐患排查治理责任，积极防范和有效遏制事故的发生，我部制定了《房屋市政工程生产安全重大隐患排查治理挂牌督办暂行办法》。现印发给你们，请遵照执行。

中华人民共和国住房和城乡建设部

二〇一一年十月八日

房屋市政工程生产安全
重大隐患排查治理挂牌督办暂行办法

第一条 为推动企业落实房屋市政工程生产安全重大隐患排查治理责任，积极防范和有效遏制事故的发生，根据《国务院关于进一步加强企业安全生产工作的通知》（国发〔2010〕23号），对房屋市政工程生产安全重大隐患排查治理实行挂牌督办。

第二条 本办法所称重大隐患是指在房屋建筑和市政工程施工过程中，存在的危害程度较大、可能导致群死群伤或造成重大经济损失的生产安全隐患。

本办法所称挂牌督办是指住房城乡建设主管部门以下达督办通知书以及信息公开等方式，督促企业按照法律法规和技术标准，做好房屋市政工程生产安全重大隐患排查治理的工作。

第三条　建筑施工企业是房屋市政工程生产安全重大隐患排查治理的责任主体，应当建立健全重大隐患排查治理工作制度，并落实到每一个工程项目。企业及工程项目的主要负责人对重大隐患排查治理工作全面负责。

第四条　建筑施工企业应当定期组织安全生产管理人员、工程技术人员和其他相关人员排查每一个工程项目的重大隐患，特别是对深基坑、高支模、地铁隧道等技术难度大、风险大的重要工程应重点定期排查。对排查出的重大隐患，应及时实施治理消除，并将相关情况进行登记存档。

第五条　建筑施工企业应及时将工程项目重大隐患排查治理的有关情况向建设单位报告。建设单位应积极协调勘察、设计、施工、监理、监测等单位，并在资金、人员等方面积极配合做好重大隐患排查治理工作。

第六条　房屋市政工程生产安全重大隐患治理挂牌督办按照属地管理原则，由工程所在地住房城乡建设主管部门组织实施。省级住房城乡建设主管部门进行指导和监督。

第七条　住房城乡建设主管部门接到工程项目重大隐患举报，应立即组织核实，属实的由工程所在地住房城乡建设主管部门及时向承建工程的建筑施工企业下达《房屋市政工程生产安全重大隐患治理挂牌督办通知书》，并公开有关信息，接受社会监督。

第八条　《房屋市政工程生产安全重大隐患治理挂牌督办通知书》包括下列内容：

（一）工程项目的名称；

（二）重大隐患的具体内容；

（三）治理要求及期限；

（四）督办解除的程序；

（五）其他有关的要求。

第九条　承建工程的建筑施工企业接到《房屋市政工程生产安全重大隐患治理挂牌督办通知书》后，应立即组织进行治理。确认重大隐患消除后，向工程所在地住房城乡建设主管部门报送治理报告，并提请解除督办。

第十条　工程所在地住房城乡建设主管部门收到建筑施工企业提出的重大隐患解除督办申请后，应当立即进行现场审查。审查合格的，依照规定解除督办。审查不合格的，继续实施挂牌督办。

第十一条　建筑施工企业不认真执行《房屋市政工程生产安全重大隐患治理挂牌督办通知书》的，应依法责令整改；情节严重的要依法责令停工整改；不认真整改导致生产安全事故发生的，依法从重追究企业和相关负责人的责任。

第十二条　省级住房城乡建设主管部门应定期总结本地区房屋市政工程生产安全重大隐患治理挂牌督办工作经验教训，并将相关情况报告住房和城乡建设部。

第十三条　省级住房城乡建设主管部门可根据本地区实际，制定具体实施细则。

第十四条　本办法自印发之日起施行。

三、部安委会文件

关于加强既有建筑装修、改扩建质量
安全监督管理的通知

（建安办函［2007］4号）

各省、自治区建设厅，直辖市建委（规委、市政管委），新疆生产建设兵团建设局：

2007年4月9日下午1时，四川省成都市锦江区东光街一幢临街单层商铺（58间，建筑面积1011平方米）的屋檐发生整体垮塌，目前已造成10人死亡，26人受伤。该商铺是建于2001年7月的临时建筑，属拆迁安置的过渡营业用房，位于居民密集区域。2005年7月的街区风貌整治中给商铺增加了仿古屋檐，未经正式设计、施工、质量监督与竣工验收，而发生垮塌的正是后来增加的屋檐部分。

类似的事故其他地方也有发生。2006年7月7日凌晨，河南省郑州市金水区黑朱庄村一栋七层居民楼，因盲目加层使用而发生倒塌，事故造成4人死亡，3人受伤。

这两起既有建筑事故均由于擅自装修、改扩建而引发：一是工程建设未执行法定程序；二是装修、加层、改建项目未履行工程报建手续，方案未经正式设计；三是施工过程无质量监督，竣工无验收。

事故的发生给人民生命和财产造成巨大损失，在社会上造成了严重影响。它反映了一些地方对既有建筑装修、改扩建工程的监管相对滞后，已成为工程建设质量安全监管工作的一个薄弱环节。各地建设主管部门要认真汲取事故教训，举一反三，以防止此类事故再次发生。为进一步加强对既有建筑装修、改扩建工程的质量安全监管，切实保障既有建筑的使用安全，现就有关问题通知如下：

一、提高认识，切实履行质量安全监管职责

各地建设行政主管部门要提高认识，坚持以人为本，认真落实科学发展观，进一步完善建设工程质量安全监管机制，扩大监管覆盖面。按照《建筑法》、《建设工程质量管理条例》和《建设工程安全生产管理条例》的要求，认真抓好既有建筑装修、改扩建质量安全监管责任的落实工作，防止类似事故的再次发生。

二、认真做好排查工作，避免恶性事故发生

各地建设行政主管部门要会同有关部门，共同组织力量对辖区范围内的既有建筑进行一次全面安全隐患排查工作。检查重点：

一是未执行法定程序的建设工程。对此类工程要彻底进行清查，并追究相关单位和人员的责任；

二是学校、商场、娱乐场所等人员集中的公共建筑。检查其装修、改扩建、附加装饰物或大型户外广告牌等，是否办理报建手续和施工许可。

对于检查出的安全隐患，要监督产权人或责任人尽快制定并落实相应解危措施，该停用的坚决停用，该拆除的坚决拆除，确保既有建筑的使用安全。

三、严格管理制度，加大处罚和责任追究力度

各地建设行政主管部门要采取切实有效措施，依法严肃查处违反法定建设程序的行为，并强化社会监督。凡既有建筑装修、加层、改建、扩建以及附加装饰物或大型户外广告牌等，必须按照国家有关法律、法规和工程建设强制性标准实施质量监督管理和施工许可制度，确保按照批准的装修、改扩建方案进行施工。对于不实施监管而造成质量安全事故的，要依法严肃追究相关责任单位和个人的责任。

四、切实加强监管，保证既有建筑使用安全

各地建设行政主管部门在加强新建工程质量监管的同时，要更加注重建筑物使用过程的安全维护、装修和改扩建等监管工作，制定相应的安全维护管理规定，进一步提高建筑物安全使用与管理水平。当前应做好以下几方面工作：

一是要全面落实产权单位（个人）对既有建筑使用安全的主体责任，同时要强化建设（房地产）行政主管部门的监管责任；

二是要加大对建筑物装修、加层、改扩建或改变用途等的检查和执法力度，对违反建设程序的要进行整改，并经鉴定符合安全条件后，方可继续使用；

三是要通过多种形式加强对建筑物使用安全的宣传工作，抓住典型案例举一反三，增强全社会遵守法律、法规和规章的自觉性，提高安全防范意识，避免和减少既有建筑质量安全事故的发生。

建设部安全生产管理委员会办公室

二〇〇七年四月十六日

关于进一步规范住房和城乡建设系统安全生产重大及以上事故报告工作的通知

建安〔2009〕1号

各省、自治区住房和城乡建设厅，直辖市建委，江苏省、山东省建管局，新疆生产建设兵团建设局：

按照《国家突发公共事件总体应急预案》和国务院的有关要求，为进一步规范住房和城乡建设系统安全生产重大及以上事故报告工作，现就有关事项通知如下：

一、事故报告范围

住房和城乡建设领域安全生产特别重大和重大事故以及敏感地区、敏感时间发生的事故或者可能演化为特别重大和重大的事故。

主要包括：房屋建筑和市政工程施工安全和质量安全事故、市政公用设施运行安全事故、房屋建筑使用安全事故、农村住房建设和农村住房安全事故以及由于地震、台风、暴雨、雨雪冰冻等自然灾害引发的安全生产事故。

二、事故报告时限

《国家突发公共事件总体应急预案》规定，特别重大和重大事故发生后4个小时内上报国务院。

省级住房和城乡建设主管部门要在特别重大和重大事故发生后3个小时内上报住房和城乡建设部，我部按预案要求上报国务院。

三、事故报告内容

事故报告内容主要包括时间、地点、信息来源、事件性质、影响范围、事件发展趋势和已采取措施等。

四、事故报告方式

省级住房和城乡建设主管部门应通过传真及时上报特别重大和重大事故。对于情况不够清楚、要素不全的特别重大和重大事故，要及时核实、补充内容后上报。情况紧急、性质严重的事故，可先电话报告，了解核实情况后及时以书面形式上报。事故应急处置过程中，要及时续报有关情况。

五、其他要求

（一）"建设系统安全事故和自然灾害快报系统"仍按原要求执行。

（二）各地要高度重视住房城乡建设系统安全生产重大及以上事故报告工作，不得迟报、漏报。我部将每季度对各地安全生产重大及以上事故报告情况进行汇总，对迟报、漏报的进行通报，并要求查找原因，提出整改措施。

我部值班电话：010－58933681，传真：010－68335878

中华人民共和国住房和城乡建设部安全生产管理委员会
二〇〇九年六月十八日

四、部办公厅文（函）

关于印发《房屋建筑工程和市政基础设施工程竣工验收备案表》的通知

（建办建〔2000〕18号）

各省、自治区、直辖市建委（建设厅），各计划单列市建委：

《房屋建筑工程和市政基础设施工程竣工验收备案管理暂行办法》（以下简称《暂行办法》）经建设部第22次部常务会议通过，并以建设部令第78号发布。各地要按照《暂行办法》的规定，抓紧制定必要的实施细则，做好工程竣工验收备案的各项准备工作。

为规范工程竣工验收备案管理工作，建设部制定了《房屋建筑工程和市政基础设施工程竣工验收备案表》格式，现将表格印发给你们，请各地按此格式统一印制。

附件：房屋建筑工程和市政基础设施工程竣工验收备案表

中华人民共和国建设部办公厅

二〇〇〇年五月十二日

附件：

房屋建筑工程和市政基础设施工程
竣工验收备案表

中华人民共和国建设部制

房屋建筑工程和市政基础设施工程竣工验收备案表

建设单位名称			
备案日期			
工程名称			
工程地点			
建筑面积（m²）			
结构类型			
工程用途			
开工日期			
竣工验收日期			
施工许可证号			
施工图审查意见			
勘察单位名称		资质等级	
设计单位名称		资质等级	
施工单位名称		资质等级	
监理单位名称		资质等级	
工程质量监督机构名称			

竣工验收意见	勘察单位意见	单位（项目）负责人： （公章） 年　月　日
	设计单位意见	单位（项目）负责人： （公章） 年　月　日
	施工单位意见	单位（项目）负责人： （公章） 年　月　日
	监理单位意见	总监理工程师： （公章） 年　月　日
	建设单位意见	单位（项目）负责人： （公章） 年　月　日
工程竣工验收备案文件目录		1. 工程竣工验收报告； 2. 工程施工许可证； 3. 施工图设计文件审查意见； 4. 单位工程质量综合验收文件； 5. 市政基础设施的有关质量检测和功能性试验资料； 6. 规划、公安消防、环保等部门出具的认可文件或者准许使用文件； 7. 施工单位签署的工程质量保修书； 8. 商品住宅的《住宅质量保证书》和《住宅使用说明书》； 9. 法规、规章规定必须提供的其他文件
备案意见		该工程的竣工验收备案文件一已于　　年　　月　　日收讫，文件齐全。 （公章） 年　月　日
备案机关负责人		备案经手人
备案机关处理意见：		 （公章） 年　月　日

关于印发《关于加强建筑工程室内环境质量管理的若干意见》的通知

建办质〔2002〕17 号

各省、自治区建设厅，直辖市建委，国务院有关部门建设司：

为了更好地贯彻执行国家标准《民用建筑工程室内环境污染控制规范》，加强对建设工程勘察、设计、施工、验收阶段的管理，我部制定了《关于加强建筑工程室内环境质量管理的若干意见》，现印发给你们，请各地结合实际，贯彻执行。

中华人民共和国建设部办公厅

二〇〇二年三月一日

关于加强建筑工程室内环境质量管理的若干意见

为了预防和控制新建、扩建、改建的民用建筑工程室内环境污染，建设部制定了《民用建筑工程室内环境污染控制规范》（以下简称《规范》），对建筑工程室内氡、甲醛、苯、氨、总挥发性有机化合物（TVOC）含量的控制指标作了规定。这是我国第一部控制室内环境污染的工程建设强制性标准，将从颁布之日起施行。现就贯彻执行《规范》和加强建筑工程室内环境质量管理提出以下意见。

一、提高对建筑工程室内环境污染严重性和控制室内环境污染紧迫性的认识。近年来由于建筑工程环境污染日益严重，已引起社会各界的关注。有关部门制定的建筑和装修材料的环境指标，以及《规范》的颁布实施，基本形成了控制建筑工程室内环境污染的技术标准体系。各地建设行政主管部门要把控制室内环境污染作为确保建筑工程质量和居民身体健康的一项重要工作，抓实抓好。

二、在勘察设计和施工过程中严格执行《规范》。各地要组织工程建设有关单位学习《规范》，对有关人员进行室内环境污染与控制知识的培训。勘察设计单位要在工程勘察和室内通风、装饰装修设计中充分考虑室内环境污染控制。施工单位和监理单位要做好材料进场检验工作，凡无出厂环境指标检验报告或者放射性指标、有害物质含量指标超标的产品不得使用在工程上。积极引导和鼓励勘察、设计、施工企业贯彻 ISO14000 环境管理体系认证，不断改进施工工艺，开展洁净生产。

三、建立民用建筑工程室内环境竣工验收检测制度。建筑工程竣工时，建设单位要按照《规范》要求对室内环境质量检查验收，委托经考核认可的检测机构对建筑工程室内氡、甲醛、苯、氨、总挥发性有机化合物（TVOC）的含量指标进行检测。建筑工程室内有害物质含量指标不符合《规范》规定的，不得投入使用。

从事建筑工程室内环境质量检测的机构要经过有关部门认证后，方可从事对建筑工程室内环境质量检测。

四、加强对建筑工程室内环境质量的监督管理。各级工程质量监督机构应将建筑工程室内环境质量作为工程质量监督的重要内容之一。在工程质量监督机构报送给工程竣工验收备案机关的工程质量监督报告中，应包括对建筑工程室内环境质量监督的结论性意见。备案机关发现建筑工程室内环境质量不符合规范规定的，不得同意备案。对于施工单位不按照设计图纸和强制性标准施工，或者使用国家明令淘汰的建筑材料的，使用没有出厂检验报告的建筑材料，不按规定对有关建筑材料进行有害物质含量指标复验的，要根据《建设工程质量管理条例》第六十四条、第六十五条规定对责任单位进行处罚。对于建设单位在竣工验收时不对室内有害物质含量进行检查，或检查不合格擅自投入使用的，要根据《建设工程质量管理条例》第五十八条规定对责任单位进行处罚。

关于建立全国建筑安全生产联络员制度和印发
《全国建筑安全生产联络员工作办法》的通知

建办质〔2004〕32号

各省、自治区建设厅，直辖市建委，江苏省、山东省建管局，新疆生产建设兵团建设局：

为及时了解和掌握全国各地区建筑安全生产工作情况，分析建筑安全生产形势，研究遏制重特大事故的对策、措施，指导、促进建筑安全工作制度化、规范化，建设部决定建立全国建筑安全生产联络员制度，以加强信息通报和工作协调。现将《全国建筑安全生产联络员工作办法》（见附件一）印发给你们，请遵照执行。

请各省（区、市）建设行政主管部门确定一名负责建筑安全工作的处级干部（原则上为主管部门内设处室负责同志）担任全国建筑安全生产联络员，并填写联络员登记表（见附件二），于6月20日前报至建设部工程质量安全监督与行业发展司。

附件一：《全国建筑安全生产联络员工作办法》（略）
附件二：全国建筑安全生产联络员登记表（略）

中华人民共和国建设部办公厅
二〇〇四年六月三日

关于加强大型公共建筑质量安全管理的通知

建办质〔2004〕35号

各省、自治区建设厅，直辖市建委，新疆生产建设兵团建设局：

随着我国经济快速发展，一批大量采用新技术、新材料、新工艺，造型独特，结构形式复杂的大型公共建筑相继建设。有的工程设计突破了现行工程建设标准，施工难度增大，建筑工程技术风险增大。为了防范工程技术风险，确保大型公共建筑的质量安全，现将有关事项通知如下：

一、严格遵守基本建设程序，落实项目法人责任制。建设单位要依法履行职责，履行合同约定义务，对工程质量负全面责任；勘察、设计、施工、监理等单位在建设单位的组织协调下，依据法律法规和技术标准，履行合同约定义务并承担相应的质量安全责任。

二、严格遵循科学规律，合理确定设计周期和施工工期，坚持质量第一，安全第一。任何单位和个人不得强行要求设计、施工单位违背合同约定抢进度、赶工期。

三、加强招投标管理，择优选择设计、施工、监理队伍。大型公共建筑必须依法进行招标，严禁超越资质承包，严禁转包、挂靠和违法分包。承担大型公共建筑工程设计、施工、监理以及材料设备供应的单位，应通过 ISO9000 质量体系认证。项目经理和项目总监应具有大型公共建筑项目管理和工程监理的经验。

四、高度重视设计方案评选和评审，确保结构体系合理。对设计方案要进行科学评审和优化，在考虑建筑造型要求时，要把技术可靠性放在首位。建筑方案评审应吸收结构设计方面专家。对于异型结构、大跨度及大跨悬挑结构，建设单位应组织专家对结构设计方案仔细论证，必要时应进行模型试验。建设单位应在合同中约定，工程项目的结构设计负责人应到现场检查工程重要结构部位的质量状况。

五、严格执行施工图审查制度。施工图设计文件完成后，须进行审查，审查的重点是地基基础和主体结构体系的安全性，以及施工图设计文件是否符合工程建设标准强制性条文。必要时，应采用不同的结构计算软件进行校核分析。施工图设计文件未经审查或审查不合格，不得用于施工。

六、严格执行超限高层建筑抗震设防的有关规定。凡在抗震设防区进行的，超出国家现行规范、规程规定的适用高度和适用结构类型的高层建筑工程，体型特别不规则的高层建筑工程，以及有关规范、规程规定应当进行抗震专项审查的高层建筑工程，建设单位应向工程所在地的省、自治区、直辖市建设行政主管部门专项报审，由省级建设行政主管部门组织专家委员会，开展抗震设防专项审查，并将审查意见作为施工图审查的依据。

七、施工单位要针对深基础支护，地下空间施工，大体积混凝土浇筑，预应力、钢结构的制作与焊接、大型构件设备安装等特殊工序做出专项技术方案，并经单位技术负责人签字后报送监理单位、建设单位审核；重要部位及技术难度较大部位的施工方案应组织专家进行评审、确定。

八、严格实行工程监理制度。监理单位必须配备足够的、具有相应资格的监理人员组成项目监理部。项目监理部要按规定采取旁站、巡视等形式，按作业程序即时跟班到位进行监督检查，对隐蔽工程和其他关键部位、关键工序进行旁站监理。对大型预制构件建设单位应派驻驻厂监理。

九、加强工程施工试验与检测管理。检测单位必须具有相应资质，必要时应取得实验室国家认可。建设单位可在合同约定中提高见证取样比例和扩大见证取样范围，对影响结构安全的材料可以采取 100％见证取样。对于不合格检测试验项目，检测单位要及时向建设单位、监理单位通报，并上报建设行政主管部门。

十、大型公共建筑所在地建设行政主管部门，要制定专项质量监督方案，安排业务素质较高的监督人员，加强对技术复杂工程的监督检查。要采取巡回和定点相结合的监督抽查方式，对工程参建各方履行质量责任情况及工程的地基基础、主体结构、重要设备安装、主要建材、工程试验检测进行监督检查。

十一、严格执行工程建设强制性标准和国家有关新技术的审查程序。工程建设中拟采用的新技术、新工艺、新材料，可能影响建设工程质量和安全，又没有国家技术标准的，应当由拟采用单位提请建设单位委托国家认可的检测机构进行试验、论证，出具检测报告，并经国务院建设行政主管部门或者省、自治区、直辖市建设行政主管部门组织的建设工程技术专家委员会审定后，方可使用。工程建设中采用国际标准或者国外标准，现行强制性标准未作规定的，建设单位应当向国务院建设行政主管部门备案。

十二、大型公共建筑参建各方要加强工程资料管理，及时收集和整理各项工程技术资料。工程竣工后，建设单位要及时向有关城建档案管理部门移交工程档案，确保工程建设各环节的可追溯性。

十三、各级建设行政主管部门要于近期对大型公共建筑工程组织一次专项检查。检查重点是在建和已竣工的体育场馆、机场航站楼、大型剧院、会展中心、地铁等大型公共建筑的质量安全。将检查情况于 7 月 15 日前告我部工程质量安全监督与行业发展司。

中华人民共和国建设部

二〇〇四年六月十二日

关于建筑施工企业三类人员安全生产考核和安全生产许可证核发管理工作有关事项的通知

建办质〔2005〕20 号

各省、自治区建设厅，直辖市建委，江苏省、山东省、浙江省建管局，新疆生产建设兵团建设局，各有关单位：

建筑施工企业三类人员安全生产考核和安全生产许可证核准两项行政许可（以下简称"两项行政许可"），是强化建筑施工安全生产管理的重要手段。目前，全国各地两项行政许可的审批和管理工作陆续进行，但工作进展不平衡。有的地区建设主管部门对实施两项行政许可制度的组织工作不到位，审查和发证工作进展缓慢；一些从业人员未经安全生产考核，仍然担任企业三类人员相关职务；部分施工企业未取得安全生产许可证，仍继续从事建筑施工活动；一些建设单位不了解施工企业具备安全生产许可证是申领施工许可证的条件之一，出现由于中标企业尚未取得安全生产许可证，导致建设单位无法申领施工许可证等问题。为保证两项行政许可工作的规范、顺利进行，现就有关事项通知如下：

一、各地建设主管部门要充分认识两项行政许可是从源头上加强安全生产监管的有效措施，切实提高贯彻实施两项许可制度的自觉性和紧迫性。要加大宣传力度，充分利用新闻媒体向社会广泛宣传，把两项行政许可制度的主要精神和基本内容宣传到建设、施工、监理、招标代理等单位和机构。督促有关人员及时参加建设主管部门组织的安全生产考核；督促施工企业在从事建筑施工活动前，依法申领安全生产许可证；同时，要告知并积极引导建设单位在工程招标时对投标人是否申领安全生产许可证进行审查。

二、有关建设主管部门要制定工作计划，加快工作进度，严格按照法定条件、程序和时限实施两项行政许可。对于近三年来发生过三级以上施工安全事故或在 2004 年度发生过施工安全事故的施工单位，各地要严格审查其安全生产条件及各项申报材料。对建设主管部门工作人员在两项行政许可工作中，违反法定程序、滥用职权、玩忽职守，向不具备条件的人员和企业颁发考核合格证书或安全生产许可证的，要依法追究其法律责任。

三、各地建设主管部门要认真做好安全生产许可证和施工许可证两项制度的衔接工作。在审核发放施工许可证时，依法对已经确定的建筑施工企业是否有安全生产许可证进行审查，对没有取得安全生产许可证的，不得颁发施工许可证。

四、各地建设主管部门要加强对两项行政许可的日常监督管理。对未取得安全生产考核合格证书的人员，企业不得聘任其担任三类人员相关职务。对未取得安全生产许可证从事建筑施工活动的施工企业，或虽已取得安全生产许可证、但不再具备安全生产条件的施工企业，要依法进行处罚。

五、各地建设主管部门要建立信息公示制度，认真做好两项行政许可有关信息的上报备案工作。在 2005 年 6 月 1 日之前，将本地区已颁发的建筑施工企业三类人员安全生产考核合格证书和安全生产许可证信息报我部备案（证书信息上报操作方法见"建筑安全生产监督管理信息系统"〈www.jzaq.net〉）；今后新审查或者考核颁发的证书信息，各地要在每季度末定期报我部备案；对证书的日常管理信息，如暂扣、吊销、撤销、变更等，各地要在作出决定 10 日内通过网络报我部备案。

中华人民共和国建设部办公厅

二〇〇五年三月二十三日

备注：

建筑施工企业安全生产许可证和三类人员安全
生产考核合格证书信息备案操作方法

根据备案及信息公示需要，建设部为各省级建筑安全主管部门提供了一个数据标准接口以及非常详细的帮助，下载后，按照格式要求填写完毕，将数据导入即可，具体操作方法：

进入"建筑安全生产监督管理信息系统"（http：//www.jzaq.net）主页面，点击"建筑施工企业安全生产许可证公示"和"建筑施工企业三类人员考核合格证公示"，进入"管理部门证书维护"，输入本省安全事故快报的用户名和密码（见安全事故快报授权书），即可进入证书维护页面，进行相关的操作。

1. 对于已使用"省版建筑施工企业安全生产许可证和三类人员考核合格证管理系统"（以下简称"省版安全许可系统"）省市数据备案的操作方法：

1）通过省版安全许可系统进行证书信息的发布后，进入"安全合格证管理"或"企业许可管理"模块，点击"导入安全许可证"按钮，将本省三类人员证书信息以及企业许可证信息导入到公示系统中；

2）对导入的三类人员安全合格证以及企业许可证信息进行检查，确认导入信息是否准确，确认信息无误后，点击"发布"按钮，进行本省的信息发布，公众即可通过公示系统进行相关信息的查询。

2. 对于未使用省版安全许可系统省市数据备案的操作方法：

1）进入"证书接口下载"模块，下载标准接口，按照格式要求将上报数据填写完毕；

2）进入"证书导入"模块，点击"浏览"按钮，选择填写好的数据，点击"导入"按钮完成数据的导入，导入过程中系统会自动检查填写的数据，对于填写不准确的数据系统不予导入，需重新检查填写的数据再进行导入工作；

3）数据成功导入系统后，进入"安全合格证管理"或"企业许可管理"模块，对本地区的三类人员安全合格证以及企业许可证信息进行检查，确认导入信息是否准确，确认信息无误后，点击"发布"按钮，进行本省的信息发布，公众即可通过公示系统进行相关信息的查询。对于错误的证书信息，可以通过再次导入进行覆盖更新，也可以直接将该证书删除，重新进行数据导入。

各省在数据备案过程中遇到有关问题，可通过质量安全司为各省建筑安全行业管理部门建立的行业 BQQ 进行有关问题的交流，行业 BQQ 用户名和密码见第一次联络员会议上发的 BQQ 授权书，BQQ 下载地址：http：//www.ccir.com.cn/ftp/bqq315.exe，服务器名称：ccir.com.cn，端口：8000。

联 系 人：建设部质量安全司　张强

联系电话：010－68393920

技术支持：建设部安全系统项目组

联 系 人：任淑芬

联系电话：010－88018260 转 813

邮　　箱：renshufen@126.com

关于印发《工程建设重大安全事故快报表单》及填写说明的通知

（建办质［2005］24 号）

各省、自治区建设厅，直辖市建委，江苏省、山东省、浙江省建管局，新疆生产建设兵团建设局：

建设系统重大质量安全事故快报系统（以下简称快报系统）运行近两年来，在提高事故报告和统计工作效率、全面掌握全国建筑施工事故情况方面发挥了重要作用。为了进一步全方位、多角度的分析事故，为科学决策提供详实、可信的基础数据，决定在快报系统的基础上，建设开发重大质量安全事故统计分析系统。现将《工程建设重大安全事故快报表单》及填写说明印发你们。自 2005 年 5 月 1 日起，请按照新的表单填写上报事故。在使用中遇到的有关问题请及时与我部工程质量安全监督与行业发展司联系。

附件：工程建设重大安全事故统计分析说明

中华人民共和国建设部办公厅
二○○五年四月一日

附件：

工程建设重大安全事故统计分析说明
（重大质量安全事故统计分析系统功能）

一、按事故发生类型、部位统计分析

（一）按事故发生类型统计分析

主要包括：物体打击、车辆伤害、机具伤害、起重伤害、触电、高处坠落、坍塌、中毒和窒息、火灾和爆炸、淹溺、其他。

（二）按事故发生部位统计分析

主要包括：土石方工程、基坑、模板、脚手架、洞口和临边、井架及龙门架、塔吊、外用电梯、施工机具、现场临时用电线路、外电线路、墙板结构、临时设施、其他。

二、按事故发生工程情况统计分析

（一）按事故发生工程专业统计分析

主要包括：房屋建筑工程、市政基础设施工程、交通工程、水利工程、铁道工程、冶金工程、电力工程、港湾工程、其他工程。

（二）按事故发生工程类别统计分析

主要包括：新建工程、改扩建工程、拆除工程。

（三）按事故发生的工程形象进度进行统计分析

主要包括：施工准备、基础施工、主体结构、装饰装修。

（四）按事故发生工程基本建设程序履行情况统计分析

主要包括：履行程序的、未履行程序的和部分履行程序的。

（五）按事故发生工程造价情况统计分析

根据工程实际造价填报。

（六）按事故发生工程投资主体统计分析

主要包括：政府投资、企业投资、个人投资。

（七）按事故发生工程承包形式统计分析

主要包括：总承包、专业分包、劳务分包。

（八）按工程结构类型进行统计分析

主要包括：砖混结构、混凝土结构、钢结构、其他。

（九）按事故发生工程规模统计分析

主要包括：在建工程的建筑面积或延长米。

（十）按事故发生工程性质统计分析

主要包括：住宅、公共建筑、厂房、其他，本项主要针对房屋建筑工程。

（十一）按本工程发生第几次事故进行统计分析

主要统计本工程自开工以来发生了几起事故、都是哪一级的事故。

三、按事故发生地域、区域统计分析

（一）按事故发生地域统计分析

主要包括：直辖市（计划单列市）及省会城市、地级城市、县级城市（含县城关镇）、村镇。

（二）按事故发生区域统计

主要包括：各类园区（经济开发区、高校园区、工业科技园区）、非园区。

四、按事故发生天气气候等情况分析

（一）按事故发生的天气气候情况统计分析

主要包括：阴、晴、雨、雪、雾、风。

（二）按事故发生的时间统计分析

根据需要选取时间段。

五、按事故伤亡人员情况统计分析

（一）按施工伤亡人员的用工形式进行统计分析

主要分为：正式工、合同工、临时工。

（二）按施工伤亡人员承包形式进行统计分析

主要分为：总承包单位作业人员、专业分包单位作业人员、劳务分包。

（三）按施工伤亡人员的工种进行统计分析

主要分为：管理人员、木工、瓦工、架子工等工种。

（四）按死亡人员的年龄进行统计分析

主要分为：25 岁以下、25 至 35 岁、35 至 45 岁、45 至 55 岁、55 岁以上。

（五）按施工伤亡人员的文化程度进行统计分析

主要分为：小学及小学以下、初高中（中专）、大专及大专以上。

（六）按施工伤亡人员从业时间进行统计分析

主要分为：3 个月以下、3 个月至 1 年、1 年至 2 年、2 年至 3 年、3 年至 5 年、5 年以上。

六、按事故发生的施工企业进行统计分析

（一）按事故发生施工企业性质进行统计分析

主要分为：国有（控股）企业、集体（控股）企业、其他股份制企业、民营企业、其他。

（二）按事故发生施工企业资质进行统计分析

主要分为：特级、总承包一级、总承包二级、总承包三级、专业承包一级、专业承包二级、专业承包三级、劳务分包、无资质。

（三）按施工企业本年度发生事故的起数进行统计分析

主要分为：四级事故、1、2、3、4……

三级事故、1、2、3、4……

二级事故、1、2、3……

一级事故、1、2、3……

（四）按事故发生的施工企业的注册地区进行统计分析

主要是指：发生事故的企业在哪个省、市、县注册的。

（五）按事故发生的施工企业的法定代表人、工程项目的项目经理、安全专职人员进行统计分析

主要包括：这三类人员的资质、安全考核合格证，他们所管理的企业或工程发生的伤

亡事故次数。

（六）按事故发生工程的有关单位进行统计分析

主要包括：工程的监管，建设勘察、设计、监理单位、资质等级情况及总监的资格。

关于电梯安装企业是否申领安全生产许可证的意见

（建办质〔2008〕38号）

各省、自治区建设厅，直辖市建委：

根据有关法规和安全生产许可证颁发管理的相关规定，电梯安装企业在其许可规定的业务范围内从事生产经营活动，不必申领建筑施工企业安全生产许可证。

中华人民共和国住房和城乡建设部办公厅

二〇〇八年六月十七日

关于建筑施工特种作业人员考核工作的实施意见

建办质〔2008〕41号

各省、自治区建设厅，直辖市建委，江苏省、山东省建管局，新疆生产建设兵团建设局：

为规范建筑施工特种作业人员考核管理工作，根据《建筑施工特种作业人员管理规定》（建质〔2008〕75号），制定以下实施意见：

一、考核目的

为提高建筑施工特种作业人员的素质，防止和减少建筑施工生产安全事故，通过安全技术理论知识和安全操作技能考核，确保取得《建筑施工特种作业操作资格证书》人员具备独立从事相应特种作业工作能力。

二、考核机关

省、自治区、直辖市人民政府建设主管部门或其委托的考核机构负责本行政区域内建筑施工特种作业人员的考核工作。

三、考核对象

在房屋建筑和市政工程（以下简称"建筑工程"）施工现场从事建筑电工、建筑架子工、建筑起重信号司索工、建筑起重机械司机、建筑起重机械安装拆卸工、高处作业吊篮安装拆卸工以及经省级以上人民政府建设主管部门认定的其他特种作业的人员。

《建筑施工特种作业操作范围》见附件一。

四、考核条件

参加考核人员应当具备下列条件：

（一）年满18周岁且符合相应特种作业规定的年龄要求；

（二）近三个月内经二级乙等以上医院体检合格且无妨碍从事相应特种作业的疾病和

生理缺陷；

（三）初中及以上学历；

（四）符合相应特种作业规定的其他条件。

五、考核内容

建筑施工特种作业人员考核内容应当包括安全技术理论和安全操作技能。《建筑施工特种作业人员安全技术考核大纲》（试行）见附件二。

考核内容分掌握、熟悉、了解三类。其中掌握即要求能运用相关特种作业知识解决实际问题，熟悉即要求能较深理解相关特种作业安全技术知识，了解即要求具有相关特种作业的基本知识。

六、考核办法

（一）安全技术理论考核，采用闭卷笔试方式。考核时间为 2 小时，实行百分制，60 分为合格。其中，安全生产基本知识占 25％、专业基础知识占 25％、专业技术理论知识占 50％。

（二）安全操作技能考核，采用实际操作（或模拟操作）、口试等方式。考核实行百分制，70 分为合格。《建筑施工特种作业人员安全技能考核标准》（试行）见附件三。

（三）安全技术理论考核不合格的，不得参加安全操作技能考核。安全技术理论考试和实际操作技能考核均合格的，为考核合格。

七、其他事项

（一）考核发证机关应当建立健全建筑施工特种作业人员考核、发证及档案管理计算机信息系统，加强考核场地和考核人员队伍建设，注重实际操作考核质量。

（二）首次取得《建筑施工特种作业操作资格证书》的人员实习操作不得少于三个月。实习操作期间，用人单位应当指定专人指导和监督作业。指导人员应当从取得相应特种作业资格证书并从事相关工作 3 年以上、无不良记录的熟练工中选择。实习操作期满，经用人单位考核合格，方可独立作业。

附件一：建筑施工特种作业操作范围

附件二：建筑施工特种作业人员安全技术考核大纲（试行）

附件三：建筑施工特种作业人员安全操作技能考核标准（试行）

中华人民共和国住房和城乡建设部

二〇〇八年七月十八日

附件一：

建筑施工特种作业操作范围

一、建筑电工：在建筑工程施工现场从事临时用电作业；

二、建筑架子工（普通脚手架）：在建筑工程施工现场从事落地式脚手架、悬挑式脚手架、模板支架、处电防护架、卸料平台、洞口临边防护等登高架设、维护、拆除作业；

三、建筑架子工（附着升降脚手架）：在建筑工程施工现场从事附着式升降脚手架的安装、升降、维护和拆卸作业；

四、建筑起重司索信号工：在建筑工程施工现场从事对起吊物体进行绑扎、挂钩等司索作业和起重指挥作业；

五、建筑起重机械司机（塔式起重机）：在建筑工程施工现场从事固定式、轨道式和内爬升式塔式起重机的驾驶操作；

六、建筑起重机械司机（施工升降机）：在建筑工程施工现场从事施工升降机的驾驶操作；

七、建筑起重机械司机（物料提升机）：在建筑工程施工现场从事物料提升机的驾驶操作；

八、建筑起重机械安装拆卸工（塔式起重机）：在建筑工程施工现场从事固定式、轨道式和内爬升式塔式起重机的安装、附着、顶升和拆卸作业；

九、建筑起重机械安装拆卸工（施工升降机）：在建筑工程施工现场从事施工升降机的安装和拆卸作业；

十、建筑起重机械安装拆卸工（物料提升机）：在建筑工程施工现场从事物料提升机的安装和拆卸作业；

十一、高处作业吊篮安装拆卸工：在建筑工程施工现场从事高处作业吊篮的安装和拆卸作业。

附件二：

建筑施工特种作业人员安全技术考核大纲
（试行）

1　建筑电工安全技术考核大纲

2　建筑架子工（普通脚手架）安全技术考核大纲

3　建筑架子工（附着升降脚手架）安全技术考核大纲

4　建筑起重司索信号工安全技术考核大纲

5　建筑起重机械司机（塔式起重机）安全技术考核大纲

6　建筑起重机械司机（施工升降机）安全技术考核大纲

7　建筑起重机械司机（物料提升机）安全技术考核大纲

8　建筑起重机械安装拆卸工（塔式起重机）安全技术考核大纲

9　建筑起重机械安装拆卸工（施工升降机）安全技术考核大纲

10　建筑起重机械安装拆卸工（物料提升机）安全技术考核大纲

11　高处作业吊篮安装拆卸工安全技术考核大纲

1　建筑电工安全技术考核大纲（试行）

1.1　安全技术理论

1.1.1　安全生产基本知识

1　了解建筑安全生产法律法规和规章制度

2　熟悉有关特种作业人员的管理制度

3　掌握从业人员的权利义务和法律责任

4　熟悉高处作业安全知识

5　掌握安全防护用品的使用

6　熟悉安全标志、安全色的基本知识

7　熟悉施工现场消防知识

8　了解现场急救知识

9　熟悉施工现场安全用电基本知识

1.1.2　专业基础知识

1　了解力学基本知识

2　了解机械基础知识

3　熟悉电工基础知识

（1）电流、电压、电阻、电功率等物理量的单位及含义

（2）直流电路、交流电路和安全电压的基本知识

（3）常用电气元器件的基本知识、构造及其作用

（4）三相交流电动机的分类、构造、使用及其保养

1.1.3　专业技术理论

1　了解常用的用电保护系统的特点

2　掌握施工现场临时用电 TN-S 系统的特点

3　了解施工现场常用电气设备的种类和工作原理

4　熟悉施工现场临时用电专项施工方案的主要内容

5　掌握施工现场配电装置的选择、安装和维护

6　掌握配电线路的选择、敷设和维护

7　掌握施工现场照明线路的敷设和照明装置的设置

8　熟悉外电防护、防雷知识

9　了解电工仪表的分类及基本工作原理

10　掌握常用电工仪器的使用

11　掌握施工现场临时用电安全技术档案的主要内容

12　熟悉电气防火措施

13　了解施工现场临时用电常见事故原因及处置办法

1.2　安全操作技能

1.2.1　掌握施工现场临时用电系统的设置技能

1.2.2　掌握电气元件、导线和电缆规格、型号的辨识能力

1.2.3　掌握施工现场临时用电接地装置接地电阻、设备绝缘电阻和漏电保护装置参数的测试技能

1.2.4　掌握施工现场临时用电系统故障及电气设备故障的排除技能

1.2.5　掌握利用模拟人进行触电急救操作技能

2 建筑架子工（普通脚手架）安全技术考核大纲（试行）

2.1 安全技术理论

2.1.1 安全生产基本知识

1 了解建筑安全生产法律法规和规章制度

2 熟悉有关特种作业人员的管理制度

3 掌握从业人员的权利义务和法律责任

4 熟悉高处作业安全知识

5 掌握安全防护用品的使用

6 熟悉安全标志、安全色的基本知识

7 了解施工现场消防知识

8 了解现场急救知识

9 熟悉施工现场安全用电基本知识

2.1.2 专业基础知识

1 了解力学基本知识

2 了解建筑识图知识

3 了解杆件的受力特点

2.1.3 专业技术理论

1 了解脚手架专项施工方案的主要内容

2 熟悉脚手架搭设图样

3 了解脚手架的种类、形式

4 熟悉脚手架材料的种类、规格及材质要求

5 熟悉扣件式、碗扣式钢管脚手架和门式脚手架的构造

6 掌握扣件式、碗扣式钢管脚手架和门式脚手架的搭设和拆除方法

7 掌握安全网的挂设方法

8 熟悉脚手架的验收内容和方法

9 了解脚手架常见事故原因及处置方法

2.2 安全操作技能

2.2.1 掌握辨识脚手架及构配件的名称、功能、规格的能力

2.2.2 掌握辨识不合格脚手架构配件的能力

2.2.3 掌握常用脚手架的搭设和拆除方法

2.2.4 掌握常用模板支架的搭设和拆除方法

3 建筑架子工（附着升降脚手架）安全技术考核大纲（试行）

3.1 安全技术理论

3.1.1 安全生产基本知识

1 了解建筑安全生产法律法规和规章制度

2 熟悉有关特种作业人员的管理制度

3 掌握从业人员的权利义务和法律责任

4 熟悉高处作业的安全知识

5 掌握安全防护用品的使用

6 熟悉安全标志、安全色的基本知识

7 了解施工现场消防知识

8 了解现场急救知识

9 熟悉施工现场安全用电基本知识

3.1.2 专业基础知识

1 熟悉力学基本知识

2 了解电工基础知识

3 了解机械基础知识

4 了解液压基础知识

5 了解钢结构基础知识

6 了解起重吊装基本知识

3.1.3 专业技术理论

1 了解附着升降脚手架专项施工方案的主要内容

2 熟悉脚手架的种类、型式

3 熟悉附着升降脚手架的类型和结构

4 熟悉各种类型附着升降脚手架基本构造、工作原理和基本技术参数

5 掌握各种附着升降脚手架安全装置的构造、工作原理

6 掌握附着升降脚手架的搭设、拆卸、升降作业安全操作规程

7 熟悉升降机构及控制柜的工作原理

8 掌握附着升降脚手架升降机构及安全装置的维护保养及调试

9 熟悉附着升降脚手架的验收内容和方法

10 了解附着升降脚手架常见事故原因及处置方法

3.2 安全操作技能

3.2.1 掌握附着升降脚手架的搭设、拆除方法

3.2.2 掌握附着升降脚手架提升和下降及提升和下降前、后操作内容、方法

3.2.3 掌握附着升降脚手架提升和下降过程中的监控方法

3.2.4 掌握附着升降脚手架升降机构及安全装置常见故障判断及处置方法

3.2.5 掌握附着升降脚手架架体的防护和加固方法

3.2.6 掌握紧急情况处置方法

4 建筑起重信号司索工安全技术考核大纲（试行）

4.1 安全技术理论

4.1.1 安全生产基本知识

1 了解建筑安全生产规律法规和规章制度

2 熟悉有关特种作业人员的管理制度

3 掌握从业人员的权利义务和法律责任

4 熟悉高处作业安全知识

5　掌握安全防护用品的使用

6　熟悉安全标志、安全色的基本知识

7　了解施工现场消防知识

8　了解现场急救知识

9　熟悉施工现场安全用电基本知识

4.1.2　专业基础知识

1　熟悉力学基础知识

2　了解机械基础知识

3　了解液压传动知识

4.1.3　专业技术理论

1　了解常用起重机械的分类、主要技术参数、基本构造及其工作原理

2　熟悉物体的重量和重心的计算、物体的稳定性等知识

3　掌握起重吊点的选择和物体绑扎、吊装等基本知识

4　掌握吊装索具、吊具等的选择、安全使用方法、维护保养和报废标准

5　熟悉两台或多台起重机械联合作业的安全理论知识和负荷分配方法

6　掌握起重信号司索作业的安全技术操作规程

7　了解起重信号司索作业常见事故原因及处置方法

8　掌握《起重吊运指挥信号》（GB 5082）的内容

4.2　安全操作技能

4.2.1　掌握起重指挥信号的运用

4.2.2　掌握正确装置绳卡的基本要领和滑轮穿绕的操作技能

4.2.3　掌握常用绳结的编打方法并说明其应用场合

4.2.4　掌握钢丝绳、卸扣、吊环、绳卡等起重索具、吊具，以及常用起重机具的识别判断能力

4.2.5　掌握钢丝绳、吊钩报废的标准

4.2.6　掌握钢丝绳、卸扣、吊链的破断拉力、允许拉力的计算

4.2.7　掌握常见基本形状物体的重量估算能力，并能判断出物体的重心，合理选择吊点

5　建筑起重机械司机（塔式起重机）安全技术考核大纲（试行）

5.1　安全技术理论

5.1.1　安全生产基本知识

1　了解建筑安全生产法律法规和规章制度

2　熟悉有关特种作业人员的管理制度

3　掌握从业人员的权利义务和法律责任

4　熟悉高处作业安全知识

5　掌握安全防护用品的使用

6　熟悉安全标志、安全色的基本知识

7　了解施工现场消防知识

8 了解现场急救知识

9 熟悉施工现场安全用电基本知识

5.1.2 专业基础知识

1 了解力学基本知识

2 了解电工基础知识

3 熟悉机械基础知识

4 了解液压传动知识

5.1.3 专业技术理论

1 了解塔式起重机的分类

2 熟悉塔式起重机的基本技术参数

3 熟悉塔式起重机的基本构造与组成

4 熟悉塔式起重机的基本工作原理

5 熟悉塔式起重机的安全技术要求

6 熟悉塔式起重机安全防护装置的结构、工作原理

7 了解塔式起重机安全防护装置的维护保养、调试

8 熟悉塔式起重机试验方法和程序

9 熟悉塔式起重机常见故障的判断与处置方法

10 熟悉塔式起重机的维护与保养的基本常识

11 掌握塔式起重机主要零部件及易损件的报废标准

12 掌握塔式起重机的安全技术操作规程

13 了解塔式起重机常见事故原因及处置方法

14 掌握《起重吊运指挥信号》（GB 5082）内容

5.2 安全操作技能

5.2.1 掌握吊起水箱定点停放操作技能

5.2.2 掌握吊起水箱绕木杆运行和击落木块的操作技能

5.2.3 掌握常见故障识别判断的能力

5.2.4 掌握塔式起重机吊钩、滑轮和钢丝绳的报废标准

5.2.5 掌握识别起重吊运指挥信号的能力

5.2.6 掌握紧急情况处置技能

6 建筑起重机械司机（施工升降机）安全技术考核大纲（试行）

6.1 安全技术理论

6.1.1 安全生产基本知识

1 了解建筑安全生产法律法规和规章制度

2 熟悉有关特种作业人员的管理制度

3 掌握从业人员的权利义务和法律责任

4 熟悉高处作业安全知识

5 掌握安全防护用品的使用

6 熟悉安全标志、安全色的基本知识

7 了解施工现场消防知识

8 了解现场急救知识

9 熟悉施工现场安全用电基本知识

6.1.2　专业基础知识

1 了解力学基本知识

2 了解电工基本知识

3 熟悉机械基本知识

4 了解液压传动知识

6.1.3　专业技术理论

1 了解施工升降机的分类、性能

2 熟悉施工升降机的基本技术参数

3 熟悉施工升降机的基本构造和基本工作原理

4 掌握施工升降机主要零部件的技术要求及报废标准

5 熟悉施工升降机安全保护装置的结构、工作原理和使用要求

6 熟悉施工升降机安全保护装置的维护保养和调整（试）方法

7 掌握施工升降机的安全使用和安全操作

8 掌握施工升降机驾驶员的安全职责

9 熟悉施工升降机的检查和维护保养常识

10 熟悉施工升降机常见故障的判断和处置方法

11 了解施工升降机常见事故原因及处置方法

6.2　安全操作技能

6.2.1　掌握施工升降机操作技能

6.2.2　掌握主要零部件的性能及可靠性的判定

6.2.3　掌握安全器动作后检查与复位处理方法

6.2.4　掌握常见故障的识别、判断

6.2.5　掌握紧急情况处置方法

7　建筑起重机械司机（物料提升机）安全技术考核大纲（试行）

7.1　安全技术理论

7.1.1　安全生产基本知识

1 了解建筑安全生产法律法规和规章制度

2 熟悉有关特种作业人员的管理制度

3 掌握从业人员的权利义务和法律责任

4 熟悉高处作业安全知识

5 掌握安全防护用品的使用

6 熟悉安全标志、安全色的基本知识

7 了解施工现场消防知识

8 了解现场急救知识

9 熟悉施工现场安全用电基本知识

7.1.2 专业基础知识

1 了解力学基本知识

2 了解电工基本知识

3 熟悉机械基础知识

7.1.3 专业技术理论

1 了解物料提升机的分类、性能

2 熟悉物料提升机的基本技术参数

3 了解力学的基本知识、架体的受力分析

4 了解钢桁架结构基本知识

5 熟悉物料提升机技术标准及安全操作规程

6 熟悉物料提升机基本结构及工作原理

7 熟悉物料提升机安全装置的调试方法

8 熟悉物料提升机维护保养常识

9 了解物料提升机常见事故原因及处置方法

7.2 安全操作技能

7.2.1 掌握物料提升机的操作技能

7.2.2 掌握主要零部件的性能及可靠性的判定

7.2.3 掌握常见故障的识别、判断

7.2.4 掌握紧急情况处置方法

8 建筑起重机械安装拆卸工（塔式起重机）安全技术考核大纲（试行）

8.1 安全技术理论

8.1.1 安全生产基本知识

1 了解建筑安全生产法律法规和规章制度

2 熟悉有关特种作业人员的管理制度

3 掌握从业人员的权利义务和法律责任

4 掌握高处作业安全知识

5 掌握安全防护用品的使用

6 熟悉安全标志、安全色的基本知识

7 了解施工现场消防知识

8 了解现场急救知识

9 熟悉施工现场安全用电基本知识

8.1.2 专业基础知识

1 熟悉力学基本知识

2 了解电工基础知识

3 熟悉机械基础知识

4 熟悉液压传动知识

5 了解钢结构基础知识

6 熟悉起重吊装基本知识

8.1.3 专业技术理论

1 了解塔式起重机的分类

2 掌握塔式起重机的基本技术参数

3 掌握塔式起重机的基本构造和工作原理

4 熟悉塔式起重机基础、附着及塔式起重机稳定性知识

5 了解塔式起重机总装配图及电气控制原理知识

6 熟悉塔式起重机安全防护装置的构造和工作原理

7 掌握塔式起重机安装、拆卸的程序、方法

8 掌握塔式起重机调试和常见故障的判断与处置

9 掌握塔式起重机安装自检的内容和方法

10 了解塔式起重机的维护保养的基本知识

11 掌握塔式起重机主要零部件及易损件的报废标准

12 掌握塔式起重机安装、拆除的安全操作规程

13 了解塔式起重机安装、拆卸常见事故原因及处置方法

14 熟悉《起重吊运指挥信号》(GB 5082)内容

8.2 安全操作技能

8.2.1 掌握塔式起重机安装、拆卸前的检查和准备

8.2.2 掌握塔式起重机安装、拆卸的程序、方法和注意事项

8.2.3 掌握塔式起重机调试和常见故障的判断

8.2.4 掌握塔式起重机吊钩、滑轮、钢丝绳和制动器的报废标准

8.2.5 掌握紧急情况处置方法

9 建筑起重机械安装拆卸工(施工升降机)安全技术考核大纲(试行)

9.1 安全技术理论

9.1.1 安全生产基本知识

1 了解建筑安全生产法律法规和规章制度

2 熟悉有关特种作业人员的管理制度

3 掌握从业人员的权利义务和法律责任

4 掌握高处作业安全知识

5 掌握安全防护用品的使用

6 熟悉安全标志、安全色的基本知识

7 了解施工现场消防知识

8 了解现场急救知识

9 熟悉施工现场安全用电基本知识

9.1.2 专业基础知识

1 熟悉力学基本知识

2 了解电工基本知识

3 掌握机械基本知识

4 了解液压传动知识

5　了解钢结构基础知识

6　熟悉起重吊装基本知识

9.1.3　专业技术理论

1　了解施工升降机的分类、性能

2　熟悉施工升降机的基本技术参数

3　掌握施工升降机的基本构造和工作原理

4　熟悉施工升降机主要零部件的技术要求及报废标准

5　熟悉施工升降机安全保护装置的构造、工作原理

6　掌握施工升降机安全保护装置的调整（试）方法

7　掌握施工升降机的安装、拆除的程序、方法

8　掌握施工升降机安装、拆除的安全操作规程

9　掌握施工升降机主要零部件安装后的调整（试）

10　熟悉施工升降机维护保养要求

11　掌握施工升降机安装自检的内容和方法

12　了解施工升降机安装、拆卸常见事故原因及处置方法

9.2　安全操作技能

9.2.1　掌握施工升降机安装、拆卸前的检查和准备

9.2.2　掌握施工升降机的安装、拆卸工序和注意事项

9.2.3　掌握主要零部件的性能及可靠性的判定

9.2.4　掌握防坠安全器动作后的检查与复位处理方法

9.2.5　掌握常见故障的识别、判断

9.2.6　掌握紧急情况处置方法

10　建筑起重机械安装拆卸工（物料提升机）安全技术考核大纲（试行）

10.1　安全技术理论

10.1.1　安全生产基本知识

1　了解建筑安全生产法律法规和规章制度

2　熟悉有关特种作业人员的管理制度

3　掌握从业人员的权利义务和法律责任

4　熟悉高处作业安全知识

5　掌握安全防护用品的使用

6　熟悉安全标志、安全色的基本知识

7　了解施工现场消防知识

8　了解现场急救知识

9　熟悉施工现场安全用电基本知识

10.1.2　专业基础知识

1　熟悉力学基本知识

2　了解电学基本知识

3　熟悉机械基础知识

4　了解钢结构基础知识

5　熟悉起重吊装基本知识

10.1.3　专业技术理论

1　了解物料提升机的分类、性能

2　熟悉物料提升机的基本技术能数

3　掌握物料提升机的基本结构和工作原理

4　掌握物料提升机安装、拆卸的程序、方法

5　掌握物料提升机安全保护装置的结构、工作原理和调整（试）方法

6　掌握物料提升机安装、拆卸的安全操作规程

7　掌握物料提升机安装自检内容和方法

8　熟悉物料提升机维护保养要求

9　了解物料提升机安装、拆卸常见事故原因及处置方法

10.2　安全操作技能

10.2.1　掌握装拆工具、起重工具、索具的使用

10.2.2　掌握钢丝绳的选用、更换、穿绕、固结

10.2.3　掌握物料提升机架体、提升机构、附墙装置或缆风绳的安装、拆卸

10.2.4　掌握物料提升机的各主要系统安装调试

10.2.5　掌握紧急情况应急处置方法

11　高处作业吊篮安装拆卸工安全技术考核大纲（试行）

11.1　安全技术理论

11.1.1　安全生产基本知识

1　了解建筑安全生产法律法规和规章制度

2　熟悉有关特种作业人员的管理制度

3　掌握从业人员的权利义务和法律责任

4　熟悉高处作业安全知识

5　掌握安全防护用品的使用

6　熟悉安全标志、安全色的基本知识

7　了解施工现场消防知识

8　了解现场急救知识

9　熟悉施工现场安全用电基本知识

11.1.2　专业基础知识

1　了解力学基本知识

2　了解电工基础知识

3　了解机械基础知识

11.1.3　专业技术理论

1　了解高处作业吊篮分类及标记方法

2　熟悉常用高处作业吊篮的构造特点

3　熟悉高处作业吊篮主要性能参数

4 熟悉高处作业吊篮提升机的性能、工作原理及调试方法

5 掌握高处作业吊篮安全锁、提升机的构造、工作原理

6 掌握钢丝绳的性能、承载能力和报废标准

7 了解电气控制元器件的分类和功能

8 掌握悬挂机构的结构和工作原理

9 掌握高处作业吊篮安装、拆卸的安全操作规程

10 掌握高处作业吊篮安装自检内容和方法

11 熟悉高处作业吊篮的维护保养

12 了解高处作业吊篮安装、拆卸事故原因及处置方法

11.2 安全操作技能

11.2.1 掌握高处作业吊篮安装、拆卸的方法和程序

11.2.2 掌握主要零部件的性能、作用及报废标准

11.2.3 掌握高处作业吊篮安全装置的调试

11.2.4 掌握操作人员安全绳的固定方法

11.2.5 掌握高处作业吊篮的运行操作及手动下降方法

11.2.6 掌握紧急情况处置方法

附件三：

建筑施工特种作业人员安全操作技能考核标准
（试行）

1 建筑电工安全操作技能考核标准

2 建筑架子工（普通脚手架）安全操作技能考核标准

3 建筑架子工（附着升降脚手架）安全操作技能考核标准

4 建筑起重司索信号工安全操作技能考核标准

5 建筑起重机械司机（塔式起重机）安全操作技能考核标准

6 建筑起重机械司机（施工升降机）安全操作技能考核标准

7 建筑起重机械司机（物料提升机）安全操作技能考核标准

8 建筑起重机械安装拆卸工（塔式起重机）安全操作技能考核标准

9 建筑起重机械安装拆卸工（施工升降机）安全操作技能考核标准

10 建筑起重机械安装拆卸工（物料提升机）安全操作技能考核标准

11 高处作业吊篮安装拆卸工安全操作技能考核标准

1 建筑电工安全操作技能考核标准（试行）

1.1 设置施工现场临时用电系统

1.1.1 考核设备和器具

1 设备：总配电箱、分配电箱、开关箱（或模板）各1个，用电设备1台，电气元件若干，电缆、导线若干；

2 测量仪器：万用表、兆欧表（绝缘电阻测试仪）、漏电保护器测试仪、接地电阻测试仪；

3 其他器具：十字口螺丝刀、一字口螺丝刀、电工钳、电工刀、剥线钳、尖嘴钳、扳手、钢板尺、钢卷尺、千分尺、计时器等；

4 个人安全防护用品。

1.1.2 考核方法

1 根据图纸在模板上组装总配电箱电气元件；

2 按照规定的临时用电方案，将总配电箱、分配电箱、开关箱与用电设备进行连接，并通电试验。

1.1.3 考核时间：90min。具体可根据实际考核情况调整。

1.1.4 考核评分标准

满分 60 分。考核评分标准见表 1.1。各项目所扣分数总和不得超过该项应得分值。

表 1.1 考核评分标准

序号	扣分标准	应得分值
1	电线、电缆选择使用错误，每处扣 2 分	8
2	漏电保护器、断路器、开关选择使用错误，每处扣 3 分	8
3	电流表、电压表、电度表、互感器连接错误，每处扣 2 分	8
4	导线连接及接地、接零错误或漏接，每处扣 3 分	8
5	导线分色错误，每处扣 2 分	4
6	用电设备通电试验不能运转，扣 10 分	10
7	设置的临时用电系统达不到 TN-S 系统要求的，扣 14 分	14
	合　计	60

1.2 测试接地装置的接地电阻、用电设备绝缘电阻、漏电保护器参数

1.2.1 考核设备和器具

1 接地装置 1 组、用电设备 1 台、漏电保护器 1 只；

2 接地电阻测试仪、兆欧表（绝缘电阻测试仪）、漏电保护器测试仪、计时器；

3 个人安全防护用品。

1.2.2 考核方法

使用相应仪器测量接地装置的接地电阻值、测量用电设备绝缘电阻、测量漏电保护器参数。

1.2.3 考核时间：15min。具体可根据实际考核情况调整。

1.2.4 考核评分标准

满分 15 分。完成一项测试项目，且测量结果正确的，得 5 分。

1.3 临时用电系统及电气设备故障排除

1.3.1 考核设备和器具

1 施工现场临时用电模拟系统 2 套，设置故障点 2 处；

2　相关仪器、仪表和电工工具、计时器；

3　个人安全防护用品。

1.3.2　考核方法

查找故障并排除。

1.3.3　考核时间：15min。

1.3.4　考核评分标准

满分 15 分。在规定时间内查找出故障并正确排除的，每处得 7.5 分；查找出故障但未能排除的，每处得 4 分。

1.4　利用模拟人进行触电急救操作

1.4.1　考核器具

1　心肺复苏模拟人 1 套；

2　消毒纱布面巾或一次性吹气膜、计时器等。

1.4.2　考核方法

设定心肺复苏模拟人呼吸、心跳停止，工作频率设定为 100 次/min 或 120 次/min，设定操作时间 250 秒。由考生在规定时间内完成以下操作：

1　将模拟人气道放开，人工口对口正确吹气 2 次；

2　按单人国际抢救标准比例 30:2 一个循环进行胸外按压与人工呼吸，即正确胸外按压 30 次，正确人工呼吸口吹气 2 次；连续操作完成 5 个循环。

1.4.3　考核时间：5min。具体可根据实际考核情况调整。

1.4.4　考核评分标准

满分 10 分。在规定时间内完成规定动作，仪表显示"急救成功"的，得 10 分，动作正确，仪表未显示"急救成功"的，得 5 分；动作错误的，不得分。

2　建筑架子工（普通脚手架）操作技能考核标准（试行）

2.1　现场搭设双排落地扣件式钢管脚手架

2.1.1　考核场地、设施

1　具备搭设脚手架条件的场地；

2　具备搭设脚手架条件的建筑物或构筑物。

2.1.2　考核料具

1　钢管：规格 φ48×3.5，长度 6m、5m、4m、3m、2m、1.5m 若干；

2　扣件：直角扣件、旋转扣件、对接扣件若干；

3　垫木、底座、脚手板（木脚手板、钢脚手板或者竹脚手板）、挡脚板、密目式安全网、安全平网、系绳、铅丝若干；

4　工具：钢卷尺、扳手、扭力扳手、计时器；

5　个人安全防护用品。

2.1.3　考核方法

每 6～8 名考生为一组，搭设一宽 5 跨、高 5 步的双排落地扣件式钢管脚手架。脚手架步距 1.8m，纵距 1.5m，横距 1.3m；连墙件按二步三跨设置；操作层设置在第四步处。

2.1.4 考核时间：180min。具体可根据实际考核情况调整。

2.1.5 考核评分标准

满分 70 分。考核评分标准见表 2.1。第 1～10 项为集体考核项目，考核得分即为每个人得分；第 11～12 项为个人考核项目。各项目所扣分数总和不得超过该项应得分值。

表 2.1　考核评分标准

序号	项目	扣 分 标 准	应得分值
1	垫木和底座	未设置垫木的，扣 6 分；设置不正确的，每处扣 2 分；未设置底座的，每处扣 2 分	6
2	立杆	杆件间距尺寸偏差超过规定值的，每处扣 2 分；立杆垂直度偏差超过规定值的，每处扣 2 分；连接不正确的，每处扣 2 分	6
3	扫地杆	未设置扫地杆的，扣 6 分；设置不正确的，每处扣 2 分	6
4	纵向水平杆	杆件间距尺寸偏差超过规定值的，每处扣 1 分；设置不正确的，每处扣 2 分	4
5	横向水平杆	未设置横向水平杆的，每处扣 2 分；设置不正确的，每处扣 1 分	4
6	连墙件	连墙件数量不足的，每缺少一处扣 4 分；设置位置错误的，每处扣 2 分；设置方法错误的，每处扣 2 分	8
7	剪刀撑	未设置剪刀撑的，扣 6 分；设置不正确的，每处扣 2 分	6
8	扣件拧紧扭力矩	随机抽查 4 个扣件的拧紧扭力矩，不符合要求的，每处扣 2 分	4
9	安全网	未设置首层平网的，扣 4 分；未设置随层平网的，扣 4 分；未挂设密目式安全网的，扣 4 分；安全网设置不符合要求的，每处扣 2 分	8
10	操作层防护	未设置挡脚板的，扣 4 分；设置不正确的，每处扣 2 分。未设置防护栏杆的，扣 4 分；设置不正确的，每处扣 2 分。未设置脚手板的，扣 8 分；未满铺的，扣 2～6 分。未按规定进行对接或搭接的，每处扣 2 分；出现探头板的，扣 8 分	8
11	个人安全防护用品使用	未佩戴安全帽的，扣 4 分；佩戴不正确的，扣 2 分。高处悬空作业时未系安全带的，扣 4 分；系挂不正确的，扣 2 分	4
12	扭力扳手的使用	不能正确使用扭力扳手测量扣件拧紧扭力矩的，扣 6 分	6
合　计			70

说明：1. 本考题中脚手架的步距、纵距和横距，各地可根据当地实际情况，依据《建筑施工扣件式钢管脚手架安全技术规范》自行确定；

2. 本考题也可采用碗扣式脚手架、门式脚手架、竹脚手架、木脚手架，考核项目和评分标准由各地自行拟定。

2.2　查找满堂脚手架（模板支架）存在的安全隐患

2.2.1　考核设备和器具

1　已搭设好的模板支架，高度 3～5m，上部无荷载。其中设置构造缺陷（问题）若干处；

2　个人安全防护用品、计时器 1 个。

2.2.2　考核方法

由考生检查已搭设好的模板支架，在规定时间内查找出 5 处存在的缺陷（问题）并说明原因。

2.2.3 考核时间：20min。

2.2.4 考核评分标准

满分20分。在规定时间内每准确查找出一处缺陷（问题）并正确说明原因的，得4分；查找出缺陷（问题）但未正确说明原因的，得2分。

2.3 扣件式钢管脚手架部件的判废

2.3.1 考核器具

1 钢管、扣件等实物或图示、影像资料（包括达到报废标准和有缺陷的）；

2 其他器具：计时器1个。

2.3.2 考核方法

1 从钢管实物或图示、影像资料中随机抽取2件（张），由考生判断其是否存在缺陷或达到报废标准，并说明原因。

2 从扣件实物或图示、影像资料中随机抽取2件（张），由考生判断其是否存在缺陷或达到报废标准，并说明原因。

2.3.3 考核时间：10min。

2.3.4 考核评分标准

满分10分。在规定时间内能正确判断并说明原因的，每项得2.5分；判断正确但不能准确说明原因的，每项得1.5分。

3 建筑架子工（附着升降脚手架）安全操作技能考核标准（试行）

3.1 附着升降脚手架现场安装、升降作业

3.1.1 考核场地、设施

1 具备搭设附着升降脚手架条件的场地；

2 具备搭设附着升降脚手架条件的建筑物或构筑物。

3.1.2 考核料具

1 钢管：规格 $\phi48 \times 3.5$，长度6m、5m、4m、3m、2m、1.2m若干（其中包含不合格品）；

2 扣件：直角扣件、旋转扣件、对接扣件、防滑扣件若干（其中包含不合格品）；

3 设备：三套升降机构（动力设备为电动葫芦）、便携式控制箱；

4 水平梁（桁）架、竖向主框架及配件；

5 方木、脚手板、挡脚板、密目式安全网、安全平网、系绳、铁丝若干；

6 工具：钢卷尺、扳手、小钢锯、水平尺、线锤、钢丝钳、计时器等；

7 个人安全防护用品。

3.1.3 考核方法

A 三套升降机构的附着升降脚手架安装

每次3组、每4位考生一组，3组共同按照图3.1.3搭设包含带转角、三套升降机构的附着长降脚手架。上部为扣件式钢管脚手架，长8跨、高2~5步。

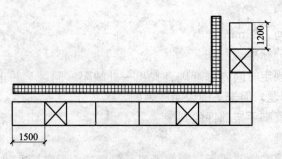

图 3.1.3 架体搭设平面布置示意图

B 升降作业

每次 3 组、每 4 位考生一组，每组负责一个机位，操作三套升降机构的升降作业。

3.1.4 考核时间：100min。具体可根据实际考核情况调整。

3.1.5 考核评分标准

A 三套升降机构的附着升降脚手架安装

满分 80 分，考核评分标准见表 3.1.5.1。第 1～12 项为集体考核项目，考核得分即为每个人得分；第 13 项为个人考核项目。各项目所扣分数总和不得超过该项应得分值。

表 3.1.5.1 考核评分标准

序号	项目	扣 分 标 准	应得分值
1	材料选用	使用不合格的钢管、扣件的，每件扣 2 分	4
2	水平梁（桁）架、竖向主框架安装	水平梁（桁）架及竖向主框架在两相邻附着支承结构处的高差超过规定值的，每处扣 2 分。竖向主框架和防倾装置的垂直偏差超过规定值的，每处扣 2 分；使用扣件连接的，每处扣 2 分	8
3	杆件间距	杆件间距尺寸偏差超过规定值的，每处扣 2 分	4
4	水平杆	纵向水平杆间距尺寸偏差超过规定值的，每处扣 1 分；设置不正确的，每处扣 2 分。未设置横向水平杆的，每处扣 2 分；设置不正确的，每处扣 1 分	4
5	立杆	立杆垂直度偏差超过规定值的，每处扣 2 分；连接不正确的，每处扣 2 分	4
6	操作层防护	未设置挡脚板的，扣 4 分；设置不正确的，每处扣 2 分。未设置防护栏杆的，扣 4 分；设置不正确的，每处扣 2 分。未设置脚手板的，扣 8 分；未满铺的，扣 2～6 分。未按规定进行对接或搭接的，每处扣 2 分；出现探头板的，扣 8 分	8
7	扣件拧紧扭力矩	随机抽查 4 个扣件的拧紧扭力矩，不符合要求的，每处扣 2 分	4
8	安全网	未设置首层平网、作业层平网和密目式安全网的，每项扣 4 分；设置不符合要求的，每处扣 2 分	8
9	附着支承结构安装	穿墙螺杆松动、双螺母缺失的，每处扣 4 分。未设置垫板的，扣 4 分；垫板不符合要求的，每处扣 2 分	8
10	电动葫芦及连接件的安装	电动葫芦安装不牢固、传动部分不灵活的，每处扣 2 分。连接件缺损的，扣 4 分；使用非标准连接件的，扣 4 分；安装不牢固的，扣 4 分	12

序号	项目	扣分标准	应得分值
11	防倾装置安装	防倾导轨（座）变形、导轮缺损的，每处扣2分；防倾导轨（座）、导轮安装不牢的，每处扣2分	4
12	防坠装置调试	调试不到位、动作不可靠的，每处扣4分	8
13	个人安全防护用品使用	未佩戴安全帽的，扣4分；佩戴不正确的，扣2分。高处悬空作业未系安全带的，扣4分；系挂不正确的扣2分	4
合　计			80

B　升降作业

满分80分，考核评分标准见表3.1.5.2。第1～13项为集体考核项目，考核得分即为每个人得分；第14项为个人考核项目。各项目所扣分数总和不得超过该项应得分值。

表3.1.5.2　考核评分标准

序号	项目		扣分标准	应得分值
1	升降前作业	连墙构件安装、检查	穿墙螺杆固定不牢、缺失螺母的，每处扣4分；未设置垫板的，每处扣4分；垫板不符合要求的，每处扣2分	8
2		电动葫芦及连接件的安装	电动葫芦传动不灵，各个电动葫芦预紧张力不均，环链绞结的，每处扣4分。连接件固定不牢、受力不均的，每处扣2分；使用非标准连接件的，每处扣2分	10
3		供、用电线路检查	未对供、用电线路检查的，扣4分；电缆缠绕，绑扎不牢的，每处扣2分	4
4		防倾装置检查	防倾导轨（座）固定不牢、导轮有破损的，每处扣3分	6
5		防坠装置调试	未进行调试复位的，每处扣4分	8
6		障碍物清理	未对妨碍升降的障碍物进行清理的，每处扣2分	4
7	升降作业	相邻提升点间的高差	相邻提升点间的高差调整达不到标准要求的，扣4分	4
8		架体重直度	架体垂直度调整达不到标准要求的，扣4分	4
9		架体与墙体距离	架体与墙体距离调整达不到标准要求的，扣4分	4
10	升降后作业	防坠装置锁定	电动葫芦卸载前，防坠装置未可靠锁定的，每处扣4分	8
11		防倾装置检查	防倾导轨（座）固定不牢、导轮有破损的，每处扣3分	6
12		架体加固	未按标准要求设置架体与墙体间硬拉结的，每少一处扣3分	6
13		架体与墙体间防护	架体与墙体间的封闭未恢复的，扣4分；封闭不严的，每处扣2分	4
14	个人安全防护用品使用		未佩戴安全帽的，扣4分；佩戴不正确的，扣2分。高处悬空作业时未系安全带的，扣4分；系挂不正确的，扣2分	4
合　计				80

说明：1. 本考题分A、B两个题，即附着升降脚手架安装和升降作业，在考核时可任选一题；

2. 本考题也可采用液压等其他动力升降形式的附着升降脚手架，考核项目和考核评分标准由各地自行拟定。

3. 考核过程中，现场应设置2名以上的考评人员。

3.2 故障识别判断

3.2.1 考核器具

1 设置电动葫芦卡链、防倾装置出轨等故障;

2 其他器具:计时器1个。

3.2.2 考核方法

由考生识别判断电动葫芦卡链、防倾装置出轨等故障(对每个考生只设置二个)。

3.2.3 考核时间:15min。

3.2.4 考核评分标准

满分10分。在规定时间内正确识别判断的,每项得5分。

3.3 紧急情况处置

3.3.1 考核器具

1 设置相邻机位不同步、突然断电等紧急情况或图示、影像资料;

2 其他器具:计时器1个。

3.3.2 考核方法

由考生对相邻机位不同步、突然断电等紧急情况或图示、影像资料中所示的紧急情况进行描述,并口述处置方法。对每个考生设置一种。

3.3.3 考核时间:10min。

3.3.4 考核评分标准

满分10分。在规定时间内对存在的问题描述正确并正确叙述处置方法的,得10分;对存在的问题描述正确,但未能正确叙述处置方法的,得5分。

4 建筑起重信号司索工安全操作技能考核标准(试行)

4.1 起重吊运指挥信号的运用

4.1.1 考核器具

1 起重吊运指挥信号用红、绿色旗1套,指挥用哨子1只,计时器1个;

2 个人安全防护用品。

4.1.2 考核方法

在考核人员的指挥下,考生分别使用音响信号与手势信号配合、音响信号与旗语信号配合,各完成《起重吊运指挥信号》(GB 5082)中规定的5个指挥信号动作。

4.1.3 考核时间:10min。具体可根据实际模拟情况调整。

4.1.4 考核评分标准

满分30分。按标准完成一个动作得3分。

4.2 装置绳卡

4.2.1 考核器具

1 三种不同规格钢丝绳(每种钢丝绳长度为3～4m);

2 不同规格的绳卡各5只;

3 其他器具:扳手2把、计时器1个;

4 个人安全防护用品。

4.2.2 考核方法

由考生装置一组钢丝绳绳卡。

4.2.3 考核时间：10min。

4.2.4 考核评分标准

满分 10 分。绳卡规格与钢丝绳不匹配的（或者绳卡数量不符合要求、绳卡设置方向错误的），不得分。螺栓扣紧度、绳卡间距、安全弯（绳头）设置不符合要求的，每项扣 2 分。

4.3 穿绕滑轮组

4.3.1 考核器具

1 滑轮组 2 副，长度为 4m 的麻绳（或化学纤维绳）2 根，计时器 1 个；

2 个人安全防护用品。

4.3.2 考核方法

由考生分别采用顺穿法和花穿法各穿绕一副滑轮组。

4.3.3 考核时间：5min。

4.3.4 考核评分标准

满分 10 分。在规定时间内穿绕正确、规范的，每副得 5 分；穿绕基本正确，但不规范的，每副得 2 分。

4.4 编打绳结

4.4.1 考核器具

1 长度 1m 的麻绳（或化学纤维绳）若干段；

2 其他器具：计时器 1 个。

4.4.2 考核方法

由考生编打二种绳结，并说明其应用场合。

4.4.3 考核时间：5min。

4.4.4 考核评分标准

满分 10 分。在规定时间内编打正确，并正确说明其应用场合的，每种得 5 分；编打正确，但不能正确说明其应用场合的，每种得 3 分；编打错误，但能够正确说明其应用场合的，每种得 2 分。

4.5 起重吊具、索具和机具的识别判断

4.5.1 考核器具

1 不同规格的钢丝绳若干；

2 卸扣、绳卡、千斤顶、倒链滑车、绞磨、手扳葫芦、电动葫芦等起重吊、索具和机具实物或图示、影像资料；

3 其他器具：计时器 1 个。

4.5.2 考核方法

1 随机抽取 2 根不同规格的钢丝绳，由考生判断钢丝绳的规格；

2 从起重吊、索具和机具实物或图示、影像资料中随机抽取 5 种，由考生识别并说明其名称。

4.5.3 考核时间：10min。

4.5.4 考核评分标准

满分 10 分。在规定时间内正确判断一种规格钢丝绳，得 2.5 分；在规定时间内正确识别一种起重吊具、索具和机具的，得 1 分。

4.6　钢丝绳、卸扣、绳卡和吊钩的判废

4.6.1　考核器具

1　钢丝绳、卸扣、绳卡、吊钩等实物或图示、影像资料（包括达到报废标准和有缺陷的）；

2　其他器具：计时器 1 个。

4.6.2　考核方法

从钢丝绳、卸扣、吊钩、绳卡实物或图示、影像资料中随机抽取 4 件（张），由考生判断其是否达到报废标准或有缺陷，并说明原因。

4.6.3　考核时间：8min。

4.6.4　考核评分标准

满分 10 分。在规定时间内正确判断并说明原因的，每项得 2.5 分；判断正确但不能准确说明原因的，每项得 1 分。

4.7　重量估算

4.7.1　考核器具

1　各种规格钢丝绳、麻绳若干；

2　钢构件（管、线、板、型材组成的简单构件）实物或图示、影像资料；

3　其他器具：计时器 1 个；

4　个人安全防护用品。

4.7.2　考核方法

1　从各种规格钢丝绳、麻绳中随机分别抽取一种规格的钢丝绳和麻绳，由考生分别计算钢丝绳、麻绳的破断拉力、允许拉力；

2　随机抽取两种钢构件实物或图示、影像资料，由考生估算其重量，并判断其重心位置。

4.7.3　考核时间：10min。具体可根据实际考核情况调整。

4.7.4　考核评分标准

满分 20 分，考核评分标准见表 4.7。

表 4.7　考核评分标准

序号	扣分标准	应得分值
1	钢丝绳、麻绳破断拉力计算错误的，每项扣 2.5 分	5
2	钢丝绳、麻绳允许拉力计算错误的，每项扣 2.5 分	5
3	钢材估算重量误差超过±10%的，每项扣 2.5 分	5
4	未能正确判定其重心位置的，每项扣 2.5 分	5
合　　计		20

5 建筑起重机械司机（塔式起重机）安全操作技能考核标准（试行）

5.1 起吊水箱定点停放（图 5.1、表 5.1）

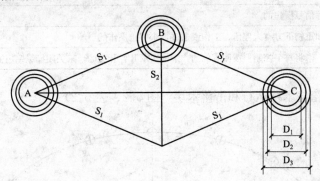

图 5.1

表 5.1 (单位：m)

起重机高度	S₁	S₂	D₁	D₂	D₃
20≤H≤30	18	13	1.7	1.9	2.1

5.1.1 考核设备和器具

1 设备：固定式 QTZ 系列塔式起重机 1 台，起升高度在 20m 以上 30m 以下；

2 吊物：水箱 1 个。水箱边长 1000×1000×1000mm，水面距箱口 200mm，吊钩距箱口 1000mm；

3 其他器具：起重吊运指挥信号用红、绿色旗 1 套，指挥用哨子 1 只，计时器 1 个；

4 个人安全防护用品。

5.1.2 考核方法

考生接到指挥信号后，将水箱由 A 处吊起，先后放入 B 圆、C 圆内，再将水箱由 C 处吊起，返回放入 B 圆、A 圆内，最后将水箱由 A 处吊起，直接放入 C 圆内。水箱由各处吊起时均距地面 4000mm，每次下降途中准许各停顿二次。

5.1.3 考核时间：4min。

5.1.4 考核评分标准

满分 40 分。考核评分标准见表 5.1.4。

表 5.1.4 考核评分标准

序号	扣 分 项 目	扣分值
1	送电前，各控制器手柄未放在零位的	5分
2	作业前，未进行空载运转的	5分
3	回转、变幅和吊钩升降等动作前，未发出音响信号示意的	5分/次
4	水箱出内圆（D₁）的	2分
5	水箱出中圆（D₂）的	4分
6	水箱出外圆（D₃）的	6分

序号	扣 分 项 目	扣分值
7	洒水的	1～3分/次
8	未按指挥信号操作的	5分/次
9	起重臂和重物下方有人停留、工作或通过，未停止操作的	5分
10	停机时，未将每个控制器拨回零位的，未依次断开各开关的，未关闭操纵室门窗的	5分/项

5.2 起吊水箱绕木杆运行和击落木块（图5.2、表5.2）

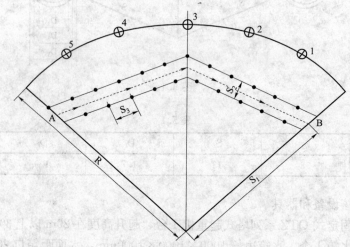

图中 • 标示标杆　⊗ 表示放置木块的立柱　⟶ 表示运行方向

图5.2

表5.2

（单位：m）

起重机高度	R	S_1	S_2	S_3
20≤H≤30	19	15	2.0	2.5

5.2.1 考核设备和器具

1　设备：固定式QTZ系列塔式起重机1台，起升高度在20m以上30m以下；

2　吊物：水箱1个。水箱边长1000×1000×1000mm，水面距箱口200mm，吊钩距箱口1000mm；

3　标杆23根，每根高2000mm，直径20～30mm；底座23个，每个直径300mm，厚度10mm；

4　立柱5根，高度依次为1000、1500、1800、1500、1000mm，均匀分布在CD弧上；立柱顶端分别立着放置200×200×300mm的木块；

5　其他器具：起重吊运指挥信号用红、绿色旗1套，指挥用哨子1只，计时器1个；

6　个人安全防护用品。

5.2.2 考核方法

考生接到指挥信号后，将水箱中A处吊离地面1000mm，按图示路线在杆内运行，行至 B 处上方，即反向旋转，并用水箱依次将立柱顶端的木块击落，最后将水箱放回 A 处。在击落木块的运行途中不准开倒车。

5.2.3 考核时间：4min。具体可根据实际考核情况调整。

5.2.4 考核评分标准

满分 40 分。考核评分标准见表 5.2.4。

表 5.2.4　考核评分标准

序号	扣 分 项 目	扣分值
1	送电前，各控制器手柄未放在零位的	5分
2	作业前，未进行空载运转的	5分
3	回转、变幅和吊钩升降等动作前，未发出音响信号示意的	5分/次
4	碰杆的	2分/次
5	碰倒杆的	3分/次
6	碰立柱的	3分/次
7	未击落木块的	3分/个
8	未按指挥信号操作的	5分/次
9	起重臂和重物下方有人停留、工作或通过，未停止操作的	5分
10	停机时，未将每个控制器拨回零位的，未依次断开各开关的，未关闭操纵室门窗的	5分/项

5.3　故障识别判断

5.3.1　考核设备和器具

1　塔式起重机设置安全限位装置失灵、制动器失效等故障或图示、影像资料；

2　其他器具：计时器 1 个。

5.3.2　考核方法

由考生识别判断安全限位装置失灵、制动器失效等故障或图示、影像资料（对每个考生只设置一种）。

5.3.3　考核时间：10min。

5.3.4　考核评分标准

满分 5 分。在规定时间内正确识别判断的，得 5 分。

5.4　零部件的判废

5.4.1　考核器具

1　塔式起重机零部件（吊钩、钢丝绳、滑轮等）实物或图示、影像资料（包括达到报废标准和有缺陷的）；

2．其他器具：计时器 1 个。

5.4.2　考核方法

从塔机零部件实物或图示、影像资料中随机抽取 2 件（张），由考生判断其是否达到报废标准并说明原因。

5.4.3　考核时间：5min。

5.4.4 考核评分标准

满分 5 分。在规定时间内正确判断并说明原因的，每项得 2.5 分；判断正确但不能准确说明原因的，每项得 1.5 分。

5.5 识别起重吊运指挥信号

5.5.1 考核器具

1 起重吊运指挥信号图示、影像资料等；

2 其他器具：计时器 1 个。

5.5.2 考核方法

考评人员做 5 种起重吊运指挥信号，由考生判断其代表的含义；或从一组指挥信号图示、影像资料中随机抽取 5 张，由考生回答其代表的含义。

5.5.3 考核时间：5min。

5.5.4 考核评分标准

满分 5 分。在规定时间内每正确回答一项，得 1 分。

5.6 紧急情况处置

5.6.1 考核器具

1 设置塔式起重机钢丝绳意外卡住、吊装过程中遇到障碍物等紧急情况或图示、影像资料；

2 其他器具：计时器 1 个。

5.6.2 考核方法

由考生对钢丝绳意外卡住、吊装过程中遇到障碍物等紧急情况或图示、影像资料中所示的紧急情况进行描述，并口述处置方法。对每个学生设置一种。

5.6.3 考核时间：10min。

5.6.4 考核评分标准

满分 5 分。在规定时间内对存在的问题描述正确并正确叙述处置方法的，得 5 分；对存在的问题描述正确，但未能正确叙述处置方法的，得 3 分。

6 建筑起重机械司机（施工升降机）安全操作技能考核标准（试行）

6.1 施工升降机驾驶

6.1.1 考核设备和器具

1 施工升降机 1 台或模拟机 1 台，行程高度 20m；

2 其他器具：计时器 1 个。

6.1.2 考核方法

在考评人员指挥下，考生驾驶施工升降机上升、下降各一个过程；在上升和下降过程中各停层一次。

6.1.3 考核时间：20min。

6.1.4 考核评分标准

满分 60 分。考核评分标准见表 6.1。

表 6.1　考核评分标准

序号	扣 分 项 目	扣分值
1	启动前，未确认控制开关在零位的	5分
2	作业前，未发出音响信号示意的	5分/次
3	运行到最上层或最下层时，触动上、下限位开关的	5分/次
4	停层超过规定距离±20mm的	5分/次
5	未关闭层门启动升降机的	10分
6	作业后，未将梯笼降到底层、未将各控制开关拨到零位的、未切断电源的、未闭锁梯笼门的	5分/项

6.2　故障识别判断

6.2.1　考核设备和器具

1　设置简单故障的施工升降机或图示、影像资料；

2　其他器具：计时器1个。

6.2.2　考核方法

由考生识别判断施工升降机或图示、影像资料设置的二个简单故障。

6.2.3　考核时间：10min。

6.2.4　考核评分标准

满分15分。在规定时间内正确识别判断的，每项得7.5分。

6.3　零部件判废

6.3.1　考核器具

1　施工升降机零部件实物或图示、影像资料（包括达到报废标准和有缺陷的）；

2　其他器具：计时器1个。

6.3.2　考核方法

从施工升降机零部件实物或图示、影像资料中随机抽取2件（张、个），由考生判断其是否达到报废标准并说明原因。

6.3.3　考核时间：10min。

6.3.4　考核评分标准

满分15分。在规定时间内正确判断并说明原因的，每项得7.5分；判断正确但不能准确说明原因的，每项得4分。

6.4　紧急情况处置

6.4.1　考核设备和器具

1　设置施工升降机电动机制动失灵、突然断电、对重出轨等紧急情况或图示、影像资料；

2　其他器具：计时器1个。

6.4.2　考核方法

由考生对施工升降机电动机制动失灵、突然断电、对重出轨等紧急情况或图示、影像资料中所示的紧急情况进行描述，并口述处置方法。对每个考生设置一种。

6.4.3　考核时间：10min。

6.4.4　考核评分标准

满分 10 分。在规定时间内对存在的问题描述正确并正确叙述处置方法的，得 10 分；对存在的问题描述正确，但未能正确叙述处置方法的，得 5 分。

7 建筑起重机械司机（物料提升机）安全操作技能考核标准（试行）

7.1 物料提升机的操作

7.1.1 考核设备和器具

1 设备：物料提升机 1 台，安装高度在 10m 以上、25m 以下；

2 砝码：在吊笼内均匀放置砝码 200kg；

3 其他器具：哨笛 1 个，计时器 1 个。

7.1.2 考核方法

根据指挥信号操作，每次提升或下降均需连续完成，中途不停。

1 将吊笼从地面提升至第一停层接料平台处，停止；

2 从任意一层接料平台处提升至最高停层接料平台处，停止；

3 从最高停层接料平台处下降至第一停层接料平台处，停止；

4 从第一停层接料平台处下降至地面。

7.1.3 考核时间：15min。

7.1.4 考核评分标准

满分 60 分。考核评分标准见表 7.1。

表 7.1 考核评分标准

序号	扣 分 项 目	扣分值
1	启动前，未确认控制开关在零位的	5 分
2	启动前，未发出音响信号示意的	5 分/次
3	运行到最上层或最下层时，触动上、下限位开关的	5 分/次
4	未连续运行，有停顿的	5 分/次
5	到规定停层未停止的	5 分/次
6	停层超过规定距离±100mm 的	10 分/次
7	停层超过规定距离±50mm，但不超过±100mm 的	5 分/次
8	作业后，未将吊笼降到底层的、未将各控制开关拨到零位的、未切断电源的	5 分/项

7.2 故障识别判断

7.2.1 考核设备和器具

1. 设置安全装置失灵等故障的物料提升机或图示、影像资料；

2 其他器具：计时器 1 个。

7.2.2 考核方法

由考生识别判断物料提升机或图示、影像资料设置的安全装置失灵等故障（对每个考生只设置二种）。

7.2.3 考核时间：10min。

7.2.4 考核评分标准

满分 10 分。在规定时间内正确识别判断的，每项得 5 分。

7.3 零部件判废

7.3.1 考核设备和器具

1 物料提升机零部件（钢丝绳、滑轮、联轴节或制动器）实物或图示、影像资料（包括达到报废标准和有缺陷的）；

2 其他器具：计时器1个。

7.3.2 考核方法

从零部件的实物或图示、影像资料中随机抽取2件（张），判断其是否达到报废标准（缺陷）并说明原因。

7.3.3 考核时间：10min。

7.3.4 考核评分标准

满分20分。在规定时间内能正确判断并说明原因的，每项得10分；判断正确但不能准确说明原因的，每项得5分。

7.4 紧急情况处置

7.4.1 考核设备和器具

1 设置电动机制动失灵、突然断电、钢丝绳意外卡住等紧急情况或图示、影像资料；

2 其他器具：计时器1个。

7.4.2 考核方法

由考生对电动机制动失灵、突然断电、钢丝绳意外卡住等紧急情况或图示、影像资料中所示的紧急情况进行描述，并口述处置方法。对每个考生设置一种。

7.4.3 考核时间：10min。

7.4.4 考核评分标准

满分10分。在规定时间内对存在的问题描述正确并正确叙述处置方法的，得10分；对存在的问题描述正确，但未能正确叙述处置方法的，得5分。

8 建筑起重机械安装拆卸工（塔式起重机）安全操作技能考核标准（试行）

8.1 塔式起重机的安装、拆卸

8.1.1 考核设备和器具

1 QTZ型塔机一台（5节以上标准节），也可用模拟机；

2 辅助起重设备一台；

3 专用扳手一套，吊、索具长、短各一套，铁锤2把，相应的卸扣6个；

4 水平仪、经纬仪、万用表、拉力器、30米长卷尺、计时器；

5 个人安全防护用品。

8.1.2 考核方法

每6位考生一组，在实际操作前口述安装或顶升全过程的程序及要领，在辅助起重设备的配合下，完成以下作业；

A 塔式起重机起重臂、平衡臂部件的安装

安装顺序：安装底座→安装基础节→安装回转支承→安装塔帽→安装平衡臂及起升机构→安装1~2块平衡重（按使用说明书要求）→安装起重臂→安装剩余平衡重→穿绕起重钢丝绳→接通电源→调试→安装后自验。

B 塔式起重机顶升加节

顶升顺序：连接回转下支承与外套架→检查液压系统→找准顶升平衡点→顶升前锁定回转机构→调整外套架导向轮与标准节间隙→搁置顶升套架的爬爪、标准节踏步与顶升横梁→拆除回转下支承与标准节连接螺栓→顶升开始→拧紧连接螺栓或插入销轴（一般要有2个顶升行程才能加入标准节）→加节完毕后油缸复原→拆除顶升液压线路及电气。

8.1.3 考核时间：120min。具体可根据实际考核情况调整。

8.1.4 考核评分标准

A 塔式起重机起重臂、平衡臂部件的安装

满分70分。考核评分标准见表8.1.4.1，考核得分即为每个人得分，各项目所扣分数总和不得超过该项应得分值。

表 8.1.4.1 考核评分标准

序号	扣分标准	应得分值
1	未对器具和吊索具进行检查的，扣5分	5
2	底座安装前未对基础进行找平的，扣5分	5
3	吊点位置确定不正确的，扣10分	10
4	构件连接螺栓未拧紧、或销轴固定不正确的，每处扣2分	10
5	安装3节标准节时未用（或不会使用）经纬仪测量垂直度的，扣5分	5
6	吊装外套架索具使用不当的，扣4分	4
7	平衡臂、起重臂、配重安装顺序不正确的，每次扣5分	10
8	穿绕钢丝绳及端部固定不正确的，每处扣2分	6
9	制动器未调整或调整不正确的，扣5分	5
10	安全装置未调试的，每处扣5分；调试精度达不到要求的，每处扣2分	10
	合　　计	70

B 塔式起重机顶升加节

满分70分。考核评分标准见表8.1.4.2，考核得分即为每个人得分，各项目所扣分数总和不得超过该项应得分值。

表 8.1.4.2 考核评分标准

序号	扣分标准	应得分值
1	构件连接螺栓未紧固或未按顺序进行紧固的，每处扣2分	10
2	顶升作业前未检查液压系统工作性能的，扣10分	10
3	顶升前未按规定找平衡的，每次扣5分	10
4	顶升前未锁定回转机构的，扣5分	5
5	未能正确调整外套架导向轮与标准节主弦杆间隙的，每处扣5分	15
6	顶升作业未按顺序进行的，每次扣10分	20
	合　　计	70

说明：1. 本考题分A、B两个题，即塔式起重机起重臂、平衡臂部件的安装和塔式起重机顶升加节作业，在考核时可任选一题；

2. 本考题也可以考核塔式起重机降节作业和塔式起重机起重臂、平衡臂部件拆卸、考核项目和考核评分标准由各地自地拟定。

3. 考核过程中，现场应设置2名以上的考评人员。

8.2 零部件判废

8.2.1 考核器具

1 吊钩、滑轮、钢丝绳和制动器等实物或图示、影像资料（包括达到报废标准和有缺陷的）；

2 其他器具：计时器1个。

8.2.2 考核方法

从吊钩、滑轮、钢丝绳、制动器等实物或图示、影像资料中随机抽取3件（张），判断其是否达到报废标准并说明原因。

8.2.3 考核时间：10min。

8.2.4 考核评分标准

满分15分。在规定时间内能正确判断并说明原因的，每项得5分；判断正确但不能准确说明原因的，每项得3分。

8.3 紧急情况处置

8.3.1 考核设备和器具

1 设置突然断电、液压系统故障、制动失灵等紧急情况或图示、影像资料；

2 其他器具：计时器1个。

8.3.2 考核方法

由考生对突然断电、液压系统故障、制动失灵等紧急情况或图示、影像资料中所示紧急情况进行描述，并口述处置方法。对每个考生设置一种。

8.3.3 考核时间：10min。

8.3.4 考核评分标准

满分15分。在规定时间内对存在的问题描述正确并正确叙述处置方法的，得15分；对存在的问题描述正确，但未能正确叙述处置方法的，得7.5分。

9 建筑起重机械安装拆卸工（施工升降机）安全操作技能考核标准（试行）

9.1 施工升降机的安装和调试

9.1.1 考核设备和器具

1 导轨架底节、标准节（导轨架）6节、附着装置1套，吊笼1个；

2 辅助起重设备；

3 扳手1套、扭力扳手、安全器复位专用扳手、经纬仪、线柱小撬棒2根、道木4根、塞尺、计时器；

4 个人安全防护用品。

9.1.2 考核方法

每5位考生一组，在辅助起重设备的配合下，完成以下作业；

1 安装标准节（导轨架）和一道附着装置，并调整其垂直度；

2 安装吊笼，并对就位的吊笼进行手动上升操作，调整滚轮及背轮的间隙；

3 防坠安全器动作后的复位调整。

9.1.3 考核时间：240min。具体可根据实际模拟情况调整。

9.1.4 考核评分标准

满分 70 分。考核评分标准见表 9.1，考核得分即为每个人得分，各项目所扣分数总和不得超过该项应得分值。

表 9.1 施工升降机安装和调试考核评分标准

序号	项目	扣分标准	应得分值
1	架体、吊笼安装及垂直度的调整	螺栓紧固力矩未达标准的，每处扣 2 分	10
2		导轨架垂直度未达标准的，扣 10 分	10
3		未按照工艺流程安装的，扣 15 分	15
4	吊笼滚轮及背轮间隙的调整	滚轮间隙调整未达标准的，每处扣 4 分	4
5		背轮间隙调整未达标准的，每处扣 4 分	4
6		手动下降未达要求的，扣 2 分	2
7		未按照工艺流程操作的，扣 15 分	15
8	防坠安全器复位调整	复位前未对升降机进行检查的，扣 3 分	3
9		复位前未上升吊笼使离心块脱档的，扣 5 分	5
10		复位后指示销未与外壳端面平齐的，扣 2 分	2
合　计			70

9.2 故障识别判断

9.2.1 考核器具

1 设置故障的施工升降机或图示、影像资料；

2 其他器具：计时器 1 个。

9.2.2 考核方法

由考生识别判断施工升降机或图示、影像资料设置的二个故障。

9.2.3 考核时间：10min。

9.2.4 考核评分标准

满分 10 分。在规定时间内正确识别判断的，每项得 5 分。

9.3 零部件判废

9.3.1 考核器具

1 施工升降机零部件实物或图示、影像资料（包括达到报废标准和有缺陷的）；

2 其他器具：计时器 1 个。

9.3.2 考核方法

从施工升降机零部件实物或图示、影像资料中随机抽取 2 件（张），由考生判断其是否达到报废标准并说明原因。

9.3.3 考核时间：10min。

9.3.4 考核评分标准

满分 10 分。在规定时间内正确判断并说明原因的，每项得 5 分；判断正确但不能准确说明原因的，每项得 3 分。

9.4 紧急情况处置

9.4.1 考核器具

1 设置施工升降机电动机制动失灵、突然断电、对重出轨等紧急情况或图示、影像资料；

2 其他器具：计时器 1 个。

9.4.2 考核方法

由考生对施工升降机电动机制动失灵、突然断电、对重出轨等紧急情况或图示、影像资料中所示的紧急情况进行描述，并口述处置方法。对每个考生设置一种。

9.4.3 考核时间：10min。

9.4.4 考核评分标准

满分 10 分。在规定时间内对存在的问题描述正确并正确叙述处置方法的，得 10 分；对存在的问题描述正确，但未能正确叙述处置方法的，得 5 分。

10 建筑起重机械安装拆卸工（物料提升机）安全操作技能考核标准（试行）

10.1 物料提升机的安装与调试

10.1.1 考核设备和器具

1 满足安装运行调试条件的物料提升机部件 1 套（架体钢结构杆件、吊笼、安全限位装置、滑轮组、卷扬机、钢丝绳及紧固件等），或模拟机 1 套；

2 机具：起重设备、扭力扳手、钢丝绳绳卡、绳索；

3 其他器具：哨笛 1 个、塞尺 1 套、计时器 1 个；

4 个人安全防护用品。

10.1.2 考核方法

每 5 名考生一组，在辅助起重设备的配合下，完成以下作业：

1 安装高度 9m 左右的物料提升机；

2 对吊笼的滚轮间隙进行调整；

3 对安全装置进行调试。

10.1.3 考核时间：180 分钟，具体可根据实际模拟情况调整。

10.1.4 考核评分标准

满分 70 分。考核评分标准见表 10.1，考核得分即为每个人得分，各项目所扣分数总和不得超过该项应得分值。

表 10.1 考核评分标准

序号	项目	扣分标准	应得分值
1	整机安装	杆件安装和螺栓规格选用错误的，每处扣 5 分	10
2		漏装螺栓、螺母、垫片，每处扣 2 分	5
3		未按照工艺流程安装的，扣 10 分	10
4		螺母紧固力矩未达标准的，每处扣 2 分	5
5		未按照标准进行钢丝绳连接的，每处扣 2 分	5
6		卷扬机的固定不符合标准要求的，扣 5 分	5
7		附墙装置或缆风绳安装不符合标准要求的，每组扣 2 分	5
8	吊笼滚轮间隙调整	吊笼滚轮间隙过大或过小的，每处扣 2 分	5
9		螺栓或螺母未锁住的，每处扣 2 分	5

序号	项目	扣 分 标 准	应得分值
10	安全装置	安全装置未调试的，每处扣5分	10
11	进行调试	调试精度达不到要求的，每处扣2分	5
	合　　计		70

10.2　零部件的判废

10.2.1　考核设备和器具

1　物料提升机零部件（钢丝绳、滑轮、联轴节或制动器）实物或图示、影像资料（包括达到报废标准和有缺陷的）；

2　其他器具：计时器1个。

10.2.2　考核方法

从零部件的实物或图示、影像资料中随机抽取2件（张），由考生判断其是否达到报废标准（缺陷）并说明原因。

10.2.3　考核时间：10min。

10.2.4　考核评分标准

满分20分。在规定时间内能正确判断并说明原因的，每项得10分；判断正确但不能准确说明原因的，每项得5分。

10.3　紧急情况处置

10.3.1　考核器具

1　设置电动机制动失灵、突然断电、钢丝绳意外卡住等紧急情况或图示、影像资料；

2　其他器具：计时器1个。

10.3.2　考核方法

由考生对电动机制动失灵、突然断电、钢丝绳意外卡住等紧急情况或图示、影像资料所示的紧急情况进行描述，并口述处置方法。对每个考生设置一种。

10.3.3　考核时间：10min。

10.3.4　考核评分标准

满分10分。在规定时间内对存在的问题描述正确并正确叙述处置方法的，得10分；对存在的问题描述正确的，但未能正确叙述处置方法的，得5分。

11　高处作业吊篮安装拆卸工安全操作技能考核标准（试行）

11.1　高处作业吊篮的安装与调试

11.1.1　考核设备和器具

1　高处作业吊篮1套（悬挂机构、提升机、吊篮、安全锁、提升钢丝绳、安全钢丝绳）；

2　安装工具1套、计时器1个；

3　个人安全防护用品。

11.1.2　考核方法

每4位考生一组，在规定时间内完成以下作业：

1 高处作业吊篮的整机安装；

2 提升机、安全锁安装调试。

11.1.3 考核时间：60min，具体可根据实际模拟情况调整。

11.1.4 考核评分标准

满分80分。考核评分标准见表11.1，考核得分即为每个人得分，各项目所扣分数总和不得超过该项应得分值。

表11.1 考核评分标准

序号	项目	扣 分 标 准	应得分值
1	整机安装	钢丝绳绳卡规格、数量不符合要求的，每处扣2分	6
2		钢丝绳绳卡设置方向错误的，每处扣2分	4
3		配重安装数量不足的，每缺少一块扣2分	6
4		配重未固定或固定不牢的，扣10分	10
5		支架安装螺栓数量不足或松动的，每处扣2分	6
6		前后支架距离不符合要求的，扣10分	10
7	提升机、安全锁安装调试与升降操作	提升机、安全锁安装不正确的，每项扣3分	6
8		提升（安全）钢丝绳穿绕方式不符合要求的，扣8分	8
9		防倾安全锁防倾功能试验不符合要求的，扣6分	6
10		吊篮升降调试不符合要求的，扣6分	6
11		吊篮升降操作不符合要求的，扣6分	6
12		手动下降操作不符合要求的，扣6分	6
合　计			80

11.2 零部件判废

11.2.1 考核器具

1 高处作业吊篮零部件实物或图示、影像资料（包括达到报废标准和有缺陷的）；

2 其他器具：计时器1个。

11.2.2 考核方法

从高处作业吊篮零部件实物或图示、影像资料中随机抽取2件（张），由考生判断其是否达到报废标准并说明原因。

11.2.3 考核时间：10min。

11.2.4 考核评分标准

满分10分。在规定时间内正确判断并说明原因的，每项得5分；判断正确但不能准确说明原因的，每项得3分。

11.3 紧急情况处理

11.3.1 考核器具

1 设置突然停电、制动失灵、工作钢丝绳断裂和卡住等紧急情况或图示、影像资料；

2 其他器具：计时器1个。

11.3.2 考核方法

由考生对突然停电、制动失灵、工作钢丝绳断裂和卡住等紧急情况或图示、影像资料中所示的紧急情况进行描述，并口述处置方法。对每个考生设置一种。

11.3.3 考核时间：10min。

11.3.4 考核评分标准

满分10分。在规定时间内对存在的问题描述正确并正确叙述处置方法的，得10分；对存在的问题描述正确，但未能正确叙述处置方法的，得5分。

关于开展在建地铁工程监理人员质量安全培训工作的通知

（建办质函〔2009〕313号）

有关省、自治区住房和城乡建设厅，直辖市建委（建设交通委）：

为加强地铁工程建设质量安全管理，提高有关人员质量安全事故防范意识和风险控制能力，经研究，决定对在建地铁工程专业人员进行质量安全培训，今年将首先开展在建地铁工程监理人员质量安全培训工作。现就有关事项通知如下：

一、培训目的

加强地铁工程建设监理工作，提高监理人员质量安全风险防控能力，确保地铁工程的质量安全。

二、培训对象

全国在建地铁工程施工现场从事监理工作的工程监理人员。

三、培训内容

地铁工程监理相关法规政策和规范；地铁工程风险防范及监理要点；地铁工程质量安全事故案例分析等。

四、组织实施与要求

住房和城乡建设部负责指导监督全国在建地铁工程监理人员质量安全培训工作，委托中国建设监理协会制定培训大纲（见附件一），编制培训教材，并逐步将质量安全培训内容纳入监理工程师继续教育范畴。

省级住房和城乡建设主管部门负责组织实施本地区在建地铁工程的监理人员质量安全培训工作。对于目前尚不具备相应教学能力，或因参加培训人数过少不宜单独办班的地区，由中国建设监理协会组织集中培训。

有关监理企业要积极组织有关人员在工程所在地参加培训，保证培训所需时间和经费。

有关地铁工程建设单位（业主）要协调和支持监理企业组织人员参加培训，协助配合当地住房和城乡建设主管部门做好培训工作。

五、培训考核

按照"谁培训谁发证"的原则，在建地铁工程监理人员培训考核合格后，取得住房和城乡建设部统一样式的《地铁工程监理人员质量安全培训合格证书》（见附件二）。

六、监督检查

有关地区住房和城乡建设主管部门要加强对本地区在建地铁工程的质量安全监管，将地铁工程专业人员质量安全培训情况纳入监督检查工作的重点内容。住房和城乡建设部将在今年全国地铁工程安全检查工作中重点督查监理人员质量安全培训情况。

七、其他要求

在建地铁工程监理人员质量安全培训工作要结合实际，统筹安排脱产或半脱产的集中培训形式；要选择有经验的授课教师按照培训大纲认真授课，严格考核，确保培训质量。培训收费标准要严格按照国家和地方有关规定执行。

附件一：在建地铁工程监理人员质量安全培训大纲

附件二：地铁工程监理人员质量安全培训合格证书样式（略）

中华人民共和国住房和城乡建设部办公厅

二〇〇九年四月九日

附件一：

在建地铁工程监理人员质量安全培训大纲

一、培训目的

通过培训，使学员了解地铁工程特点，掌握地铁工程相关法规标准、风险防范知识及监理工作要点，并能结合实际加以运用，以增强地铁工程监理工作的针对性和有效性，提高地铁工程质量和安全生产管理水平。

二、培训对象

在建地铁工程施工现场从事监理工作的工程监理人员。

三、培训原则

（一）实践性原则。针对地铁工程特点，结合各地区工程、水文地质条件，注重理论知识与工作实践相结合，提高学员解决实际问题的能力。

（二）规范性原则。认真执行本大纲，加强教学管理，落实考核纪律和考勤制度，确保培训工作质量。培训收费严格执行国家和地方有关规定，不得以营利为目的。

四、培训方式

（一）根据各地区和企业实际，采取脱产或半脱产的集中培训方式。

（二）理论讲授与案例分析相结合，提高培训效果。

五、培训内容及学时要求

（一）地铁工程监理相关法规政策和规范

1. 掌握有关法律法规和规范性文件（2学时）

2. 掌握国家相关工程建设标准（2学时）

（二）地铁工程风险防范及监理要点

1. 了解地铁工程基本知识（0.5学时）

2. 熟悉地铁工程地质勘察报告（1.5学时）

3. 熟悉地铁工程监控量测（2学时）

4. 掌握地铁车站工程风险防范及监理要点（4学时）

5. 掌握区间隧道工程风险防范及监理要点（4学时）

6. 掌握地铁轨道和机电设备安装工程风险防范及监理要点（2学时）

7. 熟悉地铁工程应急管理（2学时）

（三）地铁工程质量安全事故案例分析（4学时）

六、培训考核

根据培训大纲命题并组织闭卷笔试。培训考核合格的，取得《地铁工程监理人员质量安全培训合格证书》。

五、司文（函）

关于印发房屋建筑和市政基础设施工程施工图设计文件审查示范文本的通知

建质质函〔2005〕140号

各省、自治区建设厅，直辖市建委（规划委）：

为贯彻落实《房屋建筑和市政基础设施工程施工图设计文件审查管理办法》，进一步规范施工图设计文件审查工作，我司组织编制了房屋建筑和市政基础设施工程施工图设计文件审查示范文本。现印发你们，供各地在工作中参考。

附件：1. 施工图审查机构认定流程框图及示范文本

        2. 施工图审查流程框图及示范文本

建设部工程质量安全监督与行业发展司

二〇〇五年十二月六日

附件1：

房屋建筑和市政基础设施工程施工图设计文件审查

施工图审查机构认定流程框图及示范文本

目 录

房屋建筑和市政基础设施工程施工图设计文件审查

审查机构认定流程框图

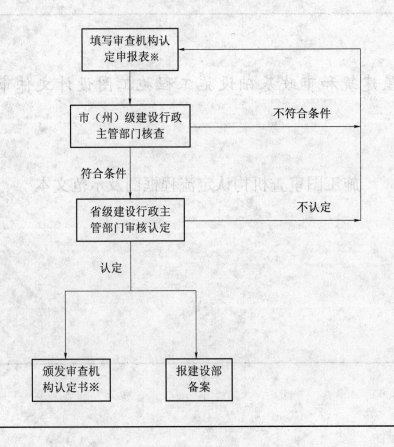

房屋建筑和市政基础设施工程施工图设计文件审查

审查机构认定申报表

申报机构类别：_____

申报审查业务范围：_____

申报单位：_____

申报日期：_____年_____月_____日

中华人民共和国建设部制

审查机构认定申报表填写说明

1. 申报表封面

① "申报机构类别" 根据申报单位技术力量选择填报 "一类" 或 "二类" 二个类别中的一个。

② "申报审查业务范围" 须与申报类别一致，审查业务范围与机构类别的对应关系详见 "建设部令第134号"。

2. "申报单位概况表"（表1）

① "产权性质" 系指办公场所的房屋所有权性质；

② "原证书编号" 为已被认定且已取得《认定书》的审查机构再次申报时填写，"营业执照号" 为工商行政管理部门颁发的营业执照编号；

③ "申报类别" 栏中 "一类"、"二类" 根据申报单位所申报的的类别对应填写，且须填写该类别的具体业务范围，业务范围详见 "建设部令第134号"；

④ "审查人员情况" 中的 "专职" 人员为申报单位在岗在册且专门从事技术审查的人员，"兼职" 人员为从外单位聘请非专门从事技术审查的人员。

3. "审查人员概况表"（表3）"从业状态" 栏仅填写 "兼职" 或 "退休"；"主要业绩" 栏中的 "工程规模" 仅填写本人主持完成的同一专业的 5 个项目（一类审查机构人员填写 5 个甲级或一级或大型项目，二类审查机构人员填写 5 个乙级或二级或中型及以上等级或规模的项目）。

房屋建筑和市政基础设施工程施工图设计文件审查

申报单位概况表

单位名称				
法定代表人		职务		职称	
技术负责人		职务		职称	
单位地址		办公面积		产权性质	☐ 租赁 ☐ 自有产权
邮政编码		联系电话		经济性质	
邮箱地址				原认定书编号	
注册资金		成立年份		营业执照号	
申请类别	一类：				
	二类：				

职工总数 _____ 人；

其中：高级职称 _____ 人；中级职称 _____ 人，初级职称 _____ 人；

一级注册建筑师 _____ 人；二级注册建筑师 _____ 人；

一级注册结构师 _____ 人，二级注册结构师 _____ 人；

注册岩土工程师 _____ 人；

注册公用设备工程师 _____ 人（给排水 _____ 人、暖通 _____ 人、动力 _____ 人）；

注册电气工程师 _____ 人；

其他注册工程师 _____ 人。

注：随本表将营业执照及办公场所产权证明复印件附后。

房屋建筑和市政基础设施工程施工图设计文件审查

审查人员一览表

序号	姓名	性别	年龄	专业	职称	注册类别及等级	从事勘察设计工作年限	取得审查资格时间	从业状态		备注
									是否兼职	是否退休	

房屋建筑和市政基础设施工程施工图设计文件审查

审查人员概况表

姓　名		性　别		出生年月日		身份证号	
专　业		学　历		职　称		注册类别等级及注册号	
从事本专业勘察设计工作年限				取得审查资格日期			
资格证编号		审查专业		从业状态		现工作单位及技术职务	

学习培训简历	
技术工作简历	

审　查　人　员　主　要　业　绩					
序号	工程名称	工程规模	工程等级	主持专业	完成日期
1					
2					
3					
4					
5					

注：随本表将本人身份证、毕业证、资格证、职称证的复印件，兼职人员现工作单位同意本人兼职的证明附后。

房屋建筑和市政基础设施工程施工图设计文件审查

申报单位简介

单位简介：

房屋建筑和市政基础设施工程施工图设计文件审查

技术管理和质量保证体系

技术管理和质量保证体系（含审查规程、管理制度）：

申报单位的承诺	本单位对本次申报的全部资料的真实性负责，如有不实或弄虚作假，愿承担全部责任。 法人签字： 年　月　日（盖章）
市（州）建设行政主管部门意见	 年　月　日（盖章）
省级建设行政主管部门认定意见	 年　月　日（盖章）
备注	

房屋建筑和市政基础设施工程施工图设计文件审查

审查机构认定书

机 构 名 称：

法 定 代 表 人：

机 构 类 别：

审 查 业 务 范 围：

认 定 书 编 号：

有 效 期：

认 定 部 门（盖章）：

认 定 日 期：

中华人民共和国建设部制

房屋建筑和市政基础设施工程
施工图设计文件审查

施工图审查流程框图及示范文本

目　录

房屋建筑和市政基础设施工程施工图设计文件审查

施工图审查流程框图

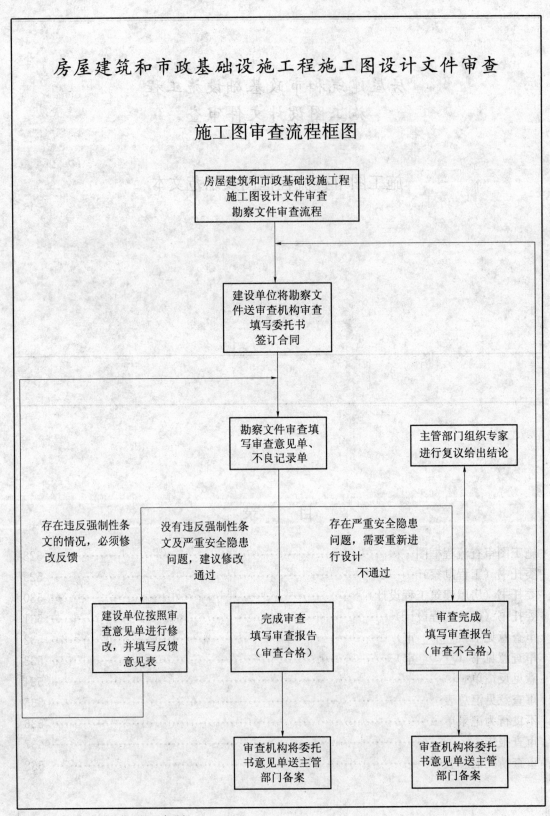

房屋建筑和市政基础设施工程
施工图设计文件审查
勘察文件审查流程

建设单位将勘察文
件送审查机构审查
填写委托书
签订合同

勘察文件审查填
写审查意见单、
不良记录单

主管部门组织专家
进行复议给出结论

存在违反强制性条
文的情况，必须修
改反馈

没有违反强制性条
文及严重安全隐患
问题，建议修改
通过

存在严重安全隐患
问题，需要重新进
行设计
不通过

建设单位按照审
查意见单进行修
改，并填写反馈
意见表

完成审查
填写审查报告
（审查合格）

审查完成
填写审查报告
（审查不合格）

审查机构将委托
书意见单送主管
部门备案

审查机构将委托
书意见单送主管
部门备案

注：设计文件审查依照此程序进行。

房屋建筑和市政基础设施工程施工图设计文件审查

委托书（工程勘察）

编 号：

工程名称				工程编号		
工程地址	市（州） 县（市）					
勘察类别	□岩土工程 □工程测量 □水文地质					
建设单位			联系人		联系电话	
勘察单位			资质等级		证书编号	

工程概况	工程类别：□建筑工程 □市政工程 工程性质：□新建 □改建 □扩建 工程类型：□住宅 □公建 □商住楼 □厂房 □其他 □给水 □排水 □燃气 □热力 □道路 □桥隧 □风景园林 □环境卫生 □公共交通

	基础形式		结构体系		层 数	地上： 地下：
	总 投 资	万元	超限高层	□是 □否	是否超标	□是 □否
	工程规模		设防烈度	度	工程等级	

子项目名称	层数		高度	建筑面积	基础形式	结构体系	投资额	其他
	地上	地下						

送审材料	1. 政府批件及附件：
	2. 工程勘察成果报告：_____套
	3. 计算书：
	4. 其他资料：

主要勘察人员	姓 名	身份证号	专 业	注册等级	注册号

建设单位（盖章）：	审查机构（盖章）：
材料报送人：	材料接收人：
日 期： 年 月 日	日 期： 年 月 日

注：1. 此表下载有效，请建设单位如实填写表中内容；

2. 建设单位不能将同一个项目同时委托两家及两家以上审查机构审查；

3. 此表一式三份，建设单位、审查机构和建设行政主管部门备案各一份。

房屋建筑和市政基础设施工程施工图设计文件审查

委 托 书（房屋建筑工程设计）

编　号：

工程名称		工程编号	
工程地址	市（州）　　　县（市）		
建设单位		联系人	联系电话
勘察单位		资质等级	证书编号
设计单位		资质等级	证书编号
勘察文件审查机构		审查结论	证书编号

工程概况	工程性质：□新建　　　□改建　　　□扩建								
	工程类型：□住宅　　□公建　　□商住楼　　□厂房　　□其他								
	建筑面积		m²	建筑高度		m	层　数	地下：　　地上：	
	基础形式			结构类型			设防烈度		度
	总 投 资		万元	超限高层	□是　□否		是否超标	□是　□否	
	工业建筑的火灾危险性分类						工程等级		

	子项目名称	层数		建筑面积	高度	结构类型	工程等级	耐火等级	其他
		地上	地下						

民用建筑执行节能设计标准的情况	建筑体型系数		建筑物耗热量指标（W/m²）			
	外围护结构传热系数 K 值（W/m²·K）		外墙	门窗	屋面	
	保温材料及构造做法	屋面			保温层厚度（mm）	
		墙体			保温层厚度（mm）	
		地面			保温层厚度（mm）	
	墙材种类			墙材厚度（mm）		
	节能门窗种类					
	楼梯间入口处的避风措施	□有　□无	采暖系统分户控制		□是　□否	
	安装热计量表或预留位置	□是　□否	采暖系统形式			

送审材料	1. 政府批件及附件：
	2. 勘察文件审查合格报告：＿＿＿份
	3. 工程勘察成果报告：＿＿＿套；施工图设计文件：＿＿＿套
	4. 计算书（含热工计算书）：
	5. 其他资料：

主要设计人员	姓　名	身份证号	专　业	注册等级	注册号

建设单位（盖章）：	审查机构（盖章）：
材料报送人：	材料接收人：
日　　期：　年　月　日	日　　期：　年　月　日

注：1. 此表下载有效，请建设单位如实填写表中内容；

　　2. 建设单位同一个项目不能同时委托两家及两家以上审查机构审查；

　　3. 此表一式四份，建设单位、审查机构存档，建设行政主管部门、建筑节能主管部门备案各一份。

房屋建筑和市政基础设施工程施工图设计文件审查

委　托　书（市政工程设计）

编　号：

工程名称			工程编号	
工程地址				
建设单位		联系人		联系电话
勘察单位		资质等级		证书编号
设计单位		资质等级		证书编号
勘察文件审查机构		审查结论		证书编号

<table>
<tr><td rowspan="9">工程概况</td><td colspan="4">工程性质：□ 新建　　　　□ 改建　　　　□ 扩建
主导工艺：□ 给水　□ 排水　□ 燃气　□ 热力　□ 道路　□ 桥隧　□ 风景园林　□ 环境卫生　□ 公共交通</td></tr>
<tr><td>总 投 资</td><td></td><td>万元　是否超标</td><td>□ 是 □ 否</td></tr>
<tr><td>工程规模</td><td></td><td colspan="2">工程等级</td></tr>
<tr><td>子项目名称</td><td>工程规模</td><td>工程等级</td><td>其他</td></tr>
<tr><td></td><td></td><td></td><td></td></tr>
<tr><td></td><td></td><td></td><td></td></tr>
<tr><td></td><td></td><td></td><td></td></tr>
<tr><td></td><td></td><td></td><td></td></tr>
</table>

送审材料	1. 政府批准文件及附件：
	2. 勘察文件审查合格报告：＿＿＿份
	3. 工程勘察成果报告：＿＿＿套　　　施工图设计文件：＿＿＿套
	4. 计算书：
	5. 其他资料：

<table>
<tr><td rowspan="4">主要设计人员</td><td>姓　名</td><td>身份证号</td><td>专　业</td><td>注册等级</td><td>注册号</td></tr>
<tr><td></td><td></td><td></td><td></td><td></td></tr>
<tr><td></td><td></td><td></td><td></td><td></td></tr>
<tr><td></td><td></td><td></td><td></td><td></td></tr>
</table>

建设单位（盖章）： 材料报送人： 日　期：　　年　月　日	审查机构（盖章）： 材料接收人： 日　期：　　年　月　日

注：1. 此表下载有效，请建设单位如实填写表中内容；

　　2. 建设单位同一个项目不能同时委托两家及两家以上审查机构审查；

　　3. 此表一式三份，建设单位、审查机构和建设行政主管部门备案各一份。

房屋建筑和市政基础设施工程施工图设计文件审查

审 查 意 见 书 (_____审)

该项目施工图设计文件已于_____年_____月_____日完成审查，审查意见为：

☐ 没有违反强制性条文及严重安全隐患问题，审查通过。

☐ 存在违反强制性条文的情况，必须修改并反馈。

☐ 存在严重安全隐患问题，需要重新设计，审查未通过。

请建设单位将审查意见书及时送达勘察设计单位，按审查意见修改后，以意见反馈单、设计变更单或修改施工图的形式反馈。

工程名称：

建设单位：

勘察单位：

设计单位：

审查机构（盖章）：

建设单位签收：

年　月　日

房屋建筑和市政基础设施工程施工图设计文件审查

审查意见书（_____审）

工程名称				审查编号		
专 业		审查意见				
审查人		复审人		日 期	年 月 日	
序号	图号	审 查 意 见		规范编号	违规类型	处理意见

注：此表一式两份，建设单位、审查机构各一份。

房屋建筑和市政基础设施工程施工图设计文件审查

意见反馈单

专业：　　　　　　　　　　　　　　　　　　　　　　　　共 页，第 页

工程名称		审查编号	
建设单位			
勘察单位			
设计单位			

反馈意见（可另附图纸）：

设计人：＿＿＿＿＿＿ 勘察设计单位印章：　　　　年　月　日	反馈文件审查意见： 审查人：　　　　年　月　日

注：此表一式三份，建设单位、勘察（设计）单位、审查机构各一份。

房屋建筑和市政基础设施工程施工图设计文件审查

审查意见汇总表

工程名称												审查编号									

违反工程建设标准强制性条文数（条次）																					

工程勘察				建筑工程								市政工程									
地基勘察	基坑支护	地基处理	城市勘察	建筑设计	建筑节能	建筑防火	建筑设备	勘察和地基基础	结构设计	房屋抗震设计	结构鉴定和加固	城市供水排水	城市供热	城镇燃气	城市公共交通	城市道路	城市桥梁	城市环境卫生	城市园林绿化		

发现严重安全隐患问题数（条次）						违反地方规范情况（条次）															

不良行为汇总（条次）																					

建设单位					勘察单位									设计单位							
1	2	3	4	5	1	3	4	5	6	7	8	9	10	12	1	2	3	4	5	7	8	10	11	12

注：1. 违反标准条文的数目，只统计第一次审查时的情况；同一条文在同类问题中重复出现时记为一条，在不同类问题中出现时重复计入。

2. 此表一式三份，建设单位、审查机构、备案部门各一份。

房屋建筑和市政基础设施工程施工图设计文件审查

不良行为记录单

工程名称	
工程编号	
单位类型	□ 勘察单位　　□ 设计单位　　□ 建设单位
单位名称	
审查机构名称	
不良行为内容	

涉 及 人 员					
姓　　名	性别	证件类型	证件号码	承担工作	不良记录描述

注：此表一式三份，建设单位、审查机构、备案部门各一份。

房屋建筑和市政基础设施工程施工图设计文件审查

审 查 报 告

编　号：

工程名称			工程编号	
工程地址				
建设单位		联系人	联系电话	
勘察单位		资质等级	证书编号	
设计单位		资质等级	证书编号	

各专业意见：（房屋建筑工程审查含建筑节能）

＿＿专业意见	□合格　　□不合格 审查人（签章）： 审查日期：　年　月　日	＿＿专业意见	□合格　　□不合格 审查人（签章）： 审查日期：　年　月　日
＿＿专业意见	□合格　　□不合格 审查人（签章）： 审查日期：　年　月　日	＿＿专业意见	□合格　　□不合格 审查人（签章）： 审查日期：　年　月　日
＿＿专业意见	□合格　　□不合格 审查人（签章）： 审查日期：　年　月　日	＿＿专业意见	□合格　　□不合格 审查人（签章）： 审查日期：　年　月　日

审查结论：

　　根据《房屋建筑和市政基础设施工程施工图设计文件审查管理办法》（建设部令第134号），本工程施工图设计文件经审查□合格　　□不合格。

　　　　　　　　　审查机构法人（签字）：
　　　　　　　　　审查机构（公章）：
　　　　　　　　　审查日期：　年　月　日

备案部门意见：

　　根据《房屋建筑和市政基础设施工程施工图设计文件审查管理办法》（建设部令第134号），本工程已完成施工图设计文件审查，现□准予备案　　□不予备案。

　　　　　　　　　备案部门（盖章）：
　　　　　　　　　备案日期：　年　月　日

注：1. 本报告书一式四份，建设单位、审查机构、建设行政主管部门和建筑节能主管部门各一份，在工程竣工后作为工程档案归档；
　　2. 本报告书是基本建设程序的法定文书，不得涂改、伪造。

房屋建筑和市政基础设施工程施工图设计文件审查审查情况汇总表

统计单位名称(盖章)：

统计日期：　年　月　日

1. 按业务情况统计

序号	工程类别	级别	应审项目数	审查项目数	一次审查即获批准项目数	一次审查合格率%	一次审查退回项目数	发现严重安全隐患问题数	违反工程建设标准强制性条文数			
									地基勘察	基坑支护	地基处理	城市勘察
1	工程勘察	甲级										
		乙级										
		丙级										
		合计										

序号	工程类别	工程规模	应审项目数	审查项目数	建筑面积(万m²)	投资额(万元)	一次审查即获批准项目数	一次审查合格率%	一次审查退回项目数	发现严重安全隐患问题数	违反工程建设标准强制性条文数							
											建筑设计	建筑节能	建筑防火	建筑设备	勘察和地基基础	结构设计	房屋抗震设计	结构鉴定和加固
2	建筑工程	特级																
		一级																
		二级																
		三级																
		合计																

序号	工程类别	级别	应审项目数	审查项目数	投资额(万元)	一次审查即获批准项目数	一次审查合格率%	一次审查退回项目数	发现严重安全隐患问题数	违反工程建设标准强制性条文数							
										城市供水排水	城市供热	城镇燃气	城市公共交通	城市道路	城市桥梁	城市环境卫生	城市园林与绿化
3	市政工程	大型															
		中型															
		小型															
		合计															

2. 按勘察设计单位统计

勘察设计单位	审查项目数					一次审查通过项目数				
	总数	建筑工程		市政工程	勘察工程	总数	建筑工程		市政工程	勘察工程
		项目数	其中住宅				项目数	其中住宅		
甲级勘察设计单位										
乙级勘察设计单位										
丙级勘察设计单位										
丁级勘察设计单位										
专项勘察设计单位										

3. 审查机构信息

	资质等级	合计	一类	二类
按机构类型	独立的审查机构（企业）			
	独立的审查机构（事业）			
	设计院			
	其他			
审查人员专业情况	建筑			
	结构			
	勘察			
	其他			
	合计			

4. 审查机构收费情况（万元）

审查收入合计	审查机构最高收入	审查机构低收入	审查机构最高人均收入	审查机构最低人均收入

5. 审查机构抽检信息

一类审查机构		二类审查机构		丙级审查机构	
抽检项目数	合格项目数	抽检项目数	合格项目数	抽检项目数	合格项目数

6. 不良记录

单位类型	不良记录类型	涉及项目数	不良记录条次
建设单位	(1)		
	(2)		
	(3)		
	(4)		
	(5)		
勘察单位	(1)		
	(3)		
	(4)		
	(5)		
	(6)		
	(7)		
	(8)		
	(9)		
	(10)		
	(12)		
设计单位	(1)		
	(3)		
	(4)		
	(5)		
	(6)		
	(7)		
	(8)		
	(10)		
	(11)		
	(12)		
审查机构	(1)		
	(2)		
	(3)		
	(4)		

注：此表由各地区建设行政主管部门汇总，每半年上报建设厅。